EDICIÓN REVISADA

BIEN
Y EL
MAL

LA GRAN BIBLIA COMIC DE ACCIÓN

MICHAEL PEARL

Nuestro deseo es que después de haber leído El Bien y El Mal®, usted será motivado a leer la Biblia completa y que cobre vida para usted. Hágase un hábito diario de leer una parte de la Biblia y luego ore que Dios le ayude a entender y aplicarla.

El Bien y El Mal® La Gran Biblia Cómic de Acción está autorizada a:

No Greater Joy Ministries, Inc.
1000 Pearl Road
Pleasantville, TN 37033-1796
1-866-292-9936

Todas las citas Bíblicas han sido tomadas de la Santa Biblia, Reina Valera, 1960 (RVR 60), que es la palabra escrita de Dios para la gente de habla Español.
El Bien y El Mal® es la Palabra de Dios adaptada en forma de historia.

Print ISBN: 978-1-934794-43-2

1. Biblia 2. Antiguo Testamento 3. Nuevo Testamento 4. Jesús 5. Religión
6. Cristianismo 7. Salvación 8. Novela Gráfica
I. Pearl, Michael II. El Bien y El Mal® La Gran Biblia Cómica de Acción

El Bien y El Mal® La Gran Biblia Cómica de Acción puede ser comprada por cantidad a precio especial para promociones, regalos, recaudación de fondos, círculos de lectores, o para propósitos educativos para iglesias, ministerio a las prisiones, escuelas y universidades. Acuerdos de Derechos y Licencias están disponibles. Para más información contactar a GoodAndEvil@nogreaterjoy.org.

Impreso en los Estados Unidos de América.
Primera edición en español: 25,000 libros impresos
Edición revisada en español: 30,000 libros impresos

CONTENIDO

LA HISTORIA

CRÉDITOS

Autor: Michael Pearl

Artista: Danny Bulanadi

Colores: Clint Cearley

El Bien y El Mal® La Gran Biblia Cómica de Acción es un libro de historia Bíblica con la intención de atraer a lectores de todas las edades a la Biblia. La mayor parte del contenido de El Bien y El Mal® no son citas directas de las Escrituras, así que le animamos a leer las citas Bíblicas al pie de cada página en su Biblia.

UNA MARAVILLA MODERNA PARA MISIONES

Con la llegada de un milenio nuevo, evangelista y autor Michael Pearl llegó a una nueva visión para difundir el Evangelio. Para enfrentar los problemas de comunicación con los grupos lingüísticos divergentes y con personas marginadas en lectura, él soñó con llevar el mensaje de Cristo via formato de novela gráfica. Aunque Michael y su esposa Debi habían apoyado varias misiones por más de 40 años, la preocupación de Michael sobre los obstáculos en comunicaciones transculturales alcanzó su punto máximo cuando su hija empezó a ministrar a una tribu primitiva en una montaña remota en Papúa Nueva Guinea. Ella necesitaba alguna forma simple de historia Bíblica artística que pudiera hablar claramente a la tribu Kumboi, pero el único arte disponible en ese tiempo estaba mal-hecho o demasiado caro. La necesidad inmediata de su hija conectó con la visión de Michael Pearl y él, a su vez, conectó con el talento asombroso y la experiencia del artista de Marvel Comics, Danny Bulanadi.

Dios había estado trabajando en la vida de Danny y se había hecho Cristiano nacido de nuevo unos años antes de que Michael lo contactara. Como ya no estaba tranquilo con el arte cómico que estaba produciendo, Danny había renunciado a su trabajo para Marvel Comics y había tomado un trabajo de velador en San Francisco. Michael le ofreció a Danny una nueva oportunidad para trabajar en arte de estilo cómico y juntos crearon El Bien y El Mal, esta presentación en estilo de novela gráfica que abarca desde Génesis hasta Apocalipsis, que muestra la obra de Dios de salvar a la humanidad del pecado. Una vez que Michael y Danny crearon la versión en blanco y negro, se aliaron con el ilustrador Clint Cearley para agregar el color asombroso que le da vida a este libro.

Aunque algunas historias Bíblicas familiares no están incluídas (por ejemplo, David y Goliat), esta presentación cronológica del Antiguo Testamento comunica todo el trasfondo que es necesario para comprender la realidad del Dios de Abraham, Isaac, Jacob y los Apóstoles del Nuevo Testamento, tanto como la necesidad de salvación a través de Jesucristo. Desde la publicación de la primera edición en el 2008, El Bien y El Mal ha entretenido y educado a lectores de habla Inglesa, y fiel a la intención original, también ha establecido un récord extraordinario de comunicación transcultural. El libro ahora ministra a gente en más de 40 lenguajes—Español, Ucranio, Lao, Thai, Hmong, Birmano, Cebuano, Karen y Wa por nombrar unos pocos—y ha sido producido en un video de 13 episodios en formato animado. Además, El Bien y El Mal es bienvenido en lugares que de otra manera están cerrados al Evangelio. La atractiva y energética obra de arte atrae aún a los Hindús y Musulmanes y se puede encontrar en los estantes de algunos de los puestos de carretera más remotos del mundo.

Gracias a El Bien y El Mal, las misiones modernas nunca serán igual y al sumergirse en la aventura Bíblica que sigue, se asombrará de lo que leerá. La versión original de cada historia en El Bien y El Mal está registrada en la Biblia. Las citas Bíblicas correspondientes a estos relatos gráficos están anotadas al pie de cada página para que pueda buscar y leer las historias en la Biblia misma.

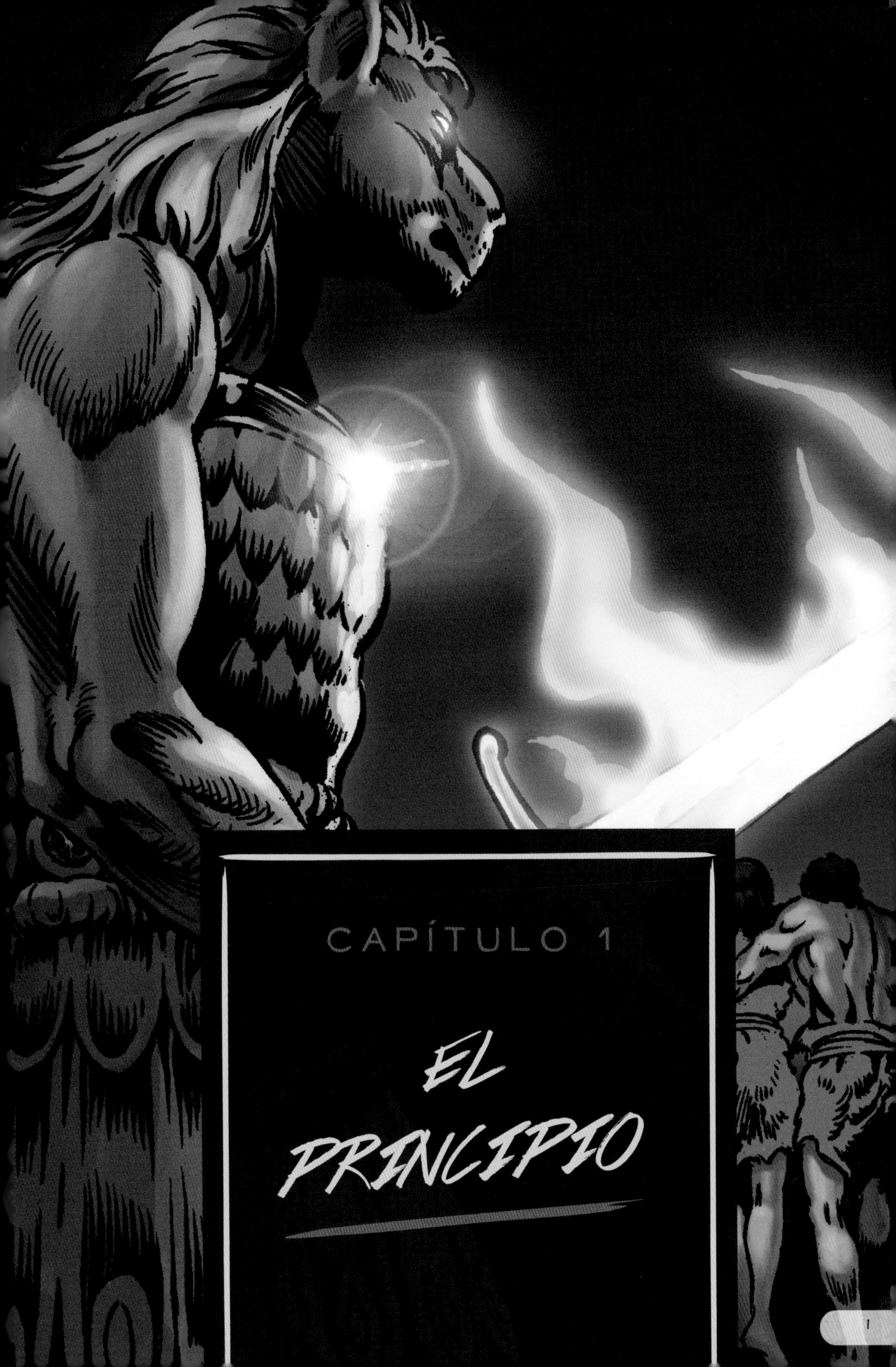

CAPÍTULO 1

EL PRINCIPIO

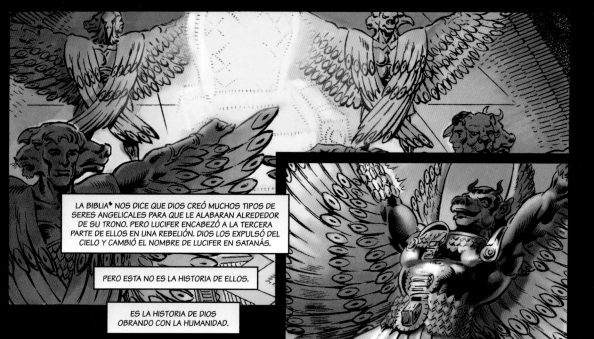

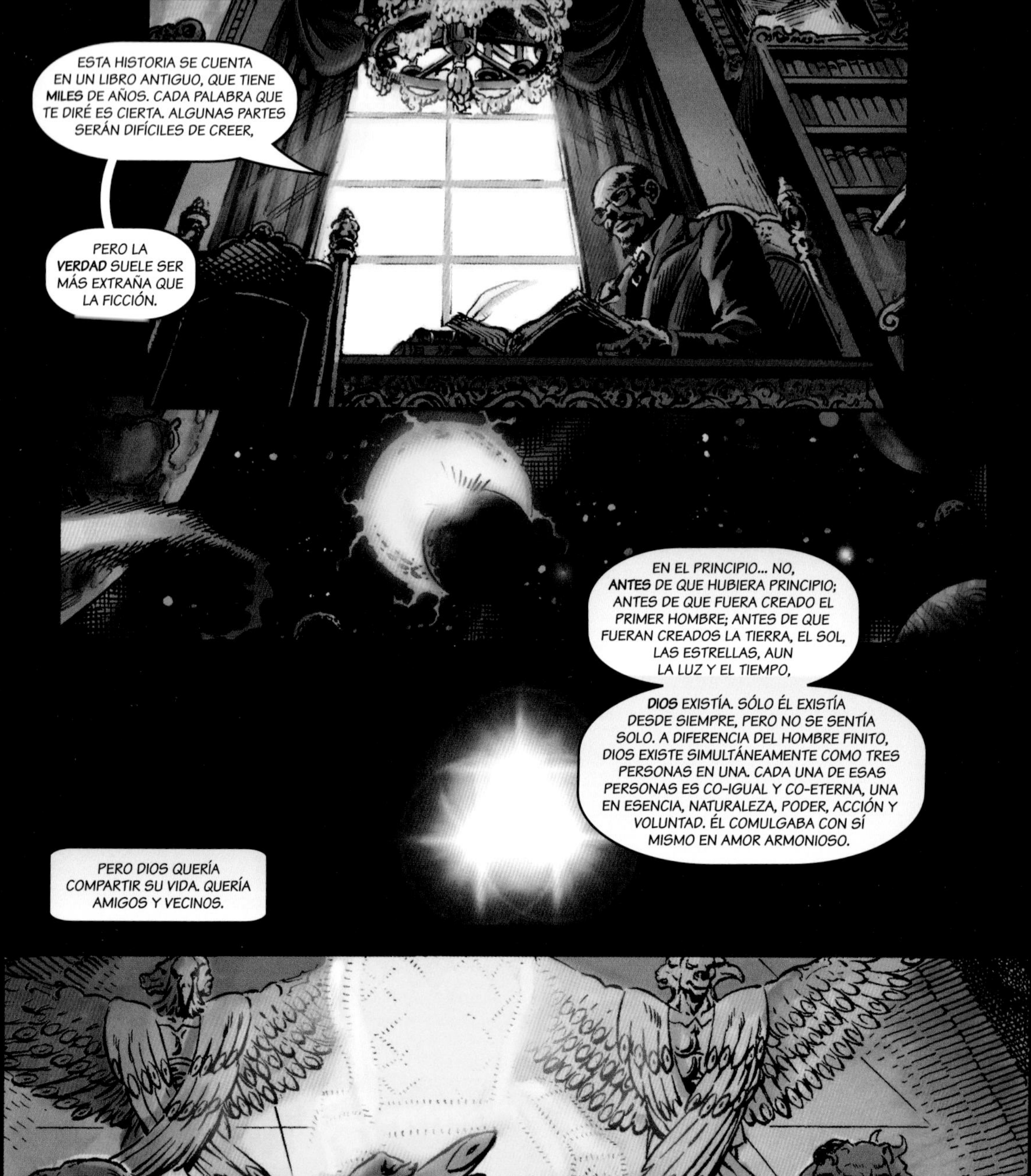
ESTA HISTORIA SE CUENTA EN UN LIBRO ANTIGUO, QUE TIENE MILES DE AÑOS. CADA PALABRA QUE TE DIRÉ ES CIERTA. ALGUNAS PARTES SERÁN DIFÍCILES DE CREER,
PERO LA VERDAD SUELE SER MÁS EXTRAÑA QUE LA FICCIÓN.
EN EL PRINCIPIO... NO, ANTES DE QUE HUBIERA PRINCIPIO; ANTES DE QUE FUERA CREADO EL PRIMER HOMBRE; ANTES DE QUE FUERAN CREADOS LA TIERRA, EL SOL, LAS ESTRELLAS, AUN LA LUZ Y EL TIEMPO,
DIOS EXISTÍA. SÓLO ÉL EXISTÍA DESDE SIEMPRE, PERO NO SE SENTÍA SOLO. A DIFERENCIA DEL HOMBRE FINITO, DIOS EXISTE SIMULTÁNEAMENTE COMO TRES PERSONAS EN UNA. CADA UNA DE ESAS PERSONAS ES CO-IGUAL Y CO-ETERNA, UNA EN ESENCIA, NATURALEZA, PODER, ACCIÓN Y VOLUNTAD. ÉL COMULGABA CON SÍ MISMO EN AMOR ARMONIOSO.
PERO DIOS QUERÍA COMPARTIR SU VIDA. QUERÍA AMIGOS Y VECINOS.
LA BIBLIA* NOS DICE QUE DIOS CREÓ MUCHOS TIPOS DE SERES ANGELICALES PARA QUE LE ALABARAN ALREDEDOR DE SU TRONO. PERO LUCIFER ENCABEZÓ A LA TERCERA PARTE DE ELLOS EN UNA REBELIÓN. DIOS LOS EXPULSÓ DEL CIELO Y CAMBIÓ EL NOMBRE DE LUCIFER EN SATANÁS.
PERO ESTA NO ES LA HISTORIA DE ELLOS.
ES LA HISTORIA DE DIOS OBRANDO CON LA HUMANIDAD.

*VÉASE EN LA PÁGINA 311 UNA BREVE DESCRIPCIÓN DEL LIBRO LLAMADO LA BIBLIA.
PARA MÁS INFORMACIÓN SOBRE SATANÁS, VÉASE: ISAÍAS 14:12-14, 45:18; EZEQUIEL 28:13-19; MATEO 25:41; LUCAS 10:18; APOCALIPSIS 12:4, 20:2

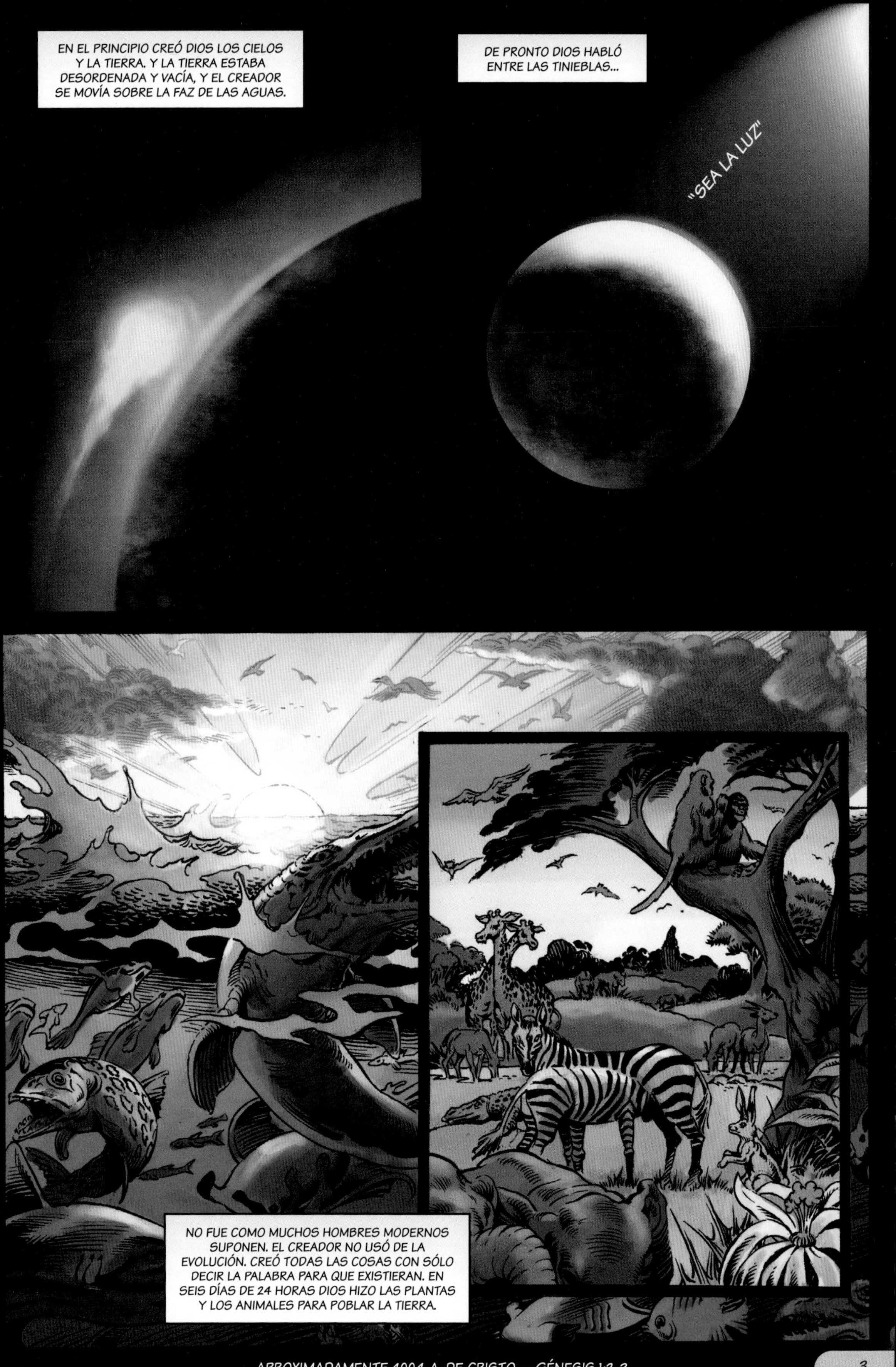
EN EL PRINCIPIO CREÓ DIOS LOS CIELOS Y LA TIERRA. Y LA TIERRA ESTABA DESORDENADA Y VACÍA, Y EL CREADOR SE MOVÍA SOBRE LA FAZ DE LAS AGUAS.
DE PRONTO DIOS HABLÓ ENTRE LAS TINIEBLAS...
"SEA LA LUZ"
NO FUE COMO MUCHOS HOMBRES MODERNOS SUPONEN. EL CREADOR NO USÓ DE LA EVOLUCIÓN. CREÓ TODAS LAS COSAS CON SÓLO DECIR LA PALABRA PARA QUE EXISTIERAN. EN SEIS DÍAS DE 24 HORAS DIOS HIZO LAS PLANTAS Y LOS ANIMALES PARA POBLAR LA TIERRA.

APROXIMADAMENTE 4004 A. DE CRISTO — GÉNESIS 1:2-3

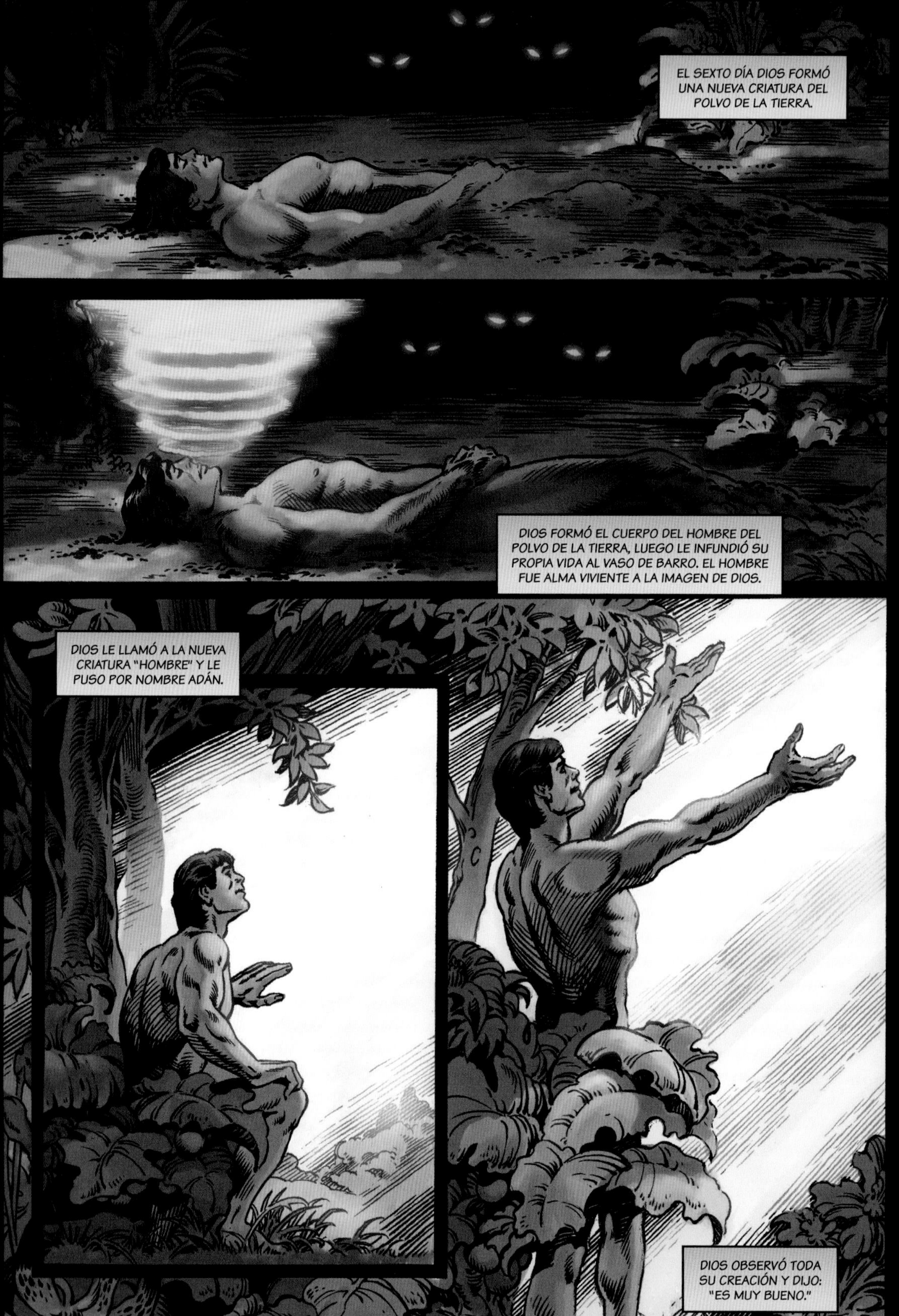
EL SEXTO DÍA DIOS FORMÓ UNA NUEVA CRIATURA DEL POLVO DE LA TIERRA.
DIOS FORMÓ EL CUERPO DEL HOMBRE DEL POLVO DE LA TIERRA, LUEGO LE INFUNDIÓ SU PROPIA VIDA AL VASO DE BARRO. EL HOMBRE FUE ALMA VIVIENTE A LA IMAGEN DE DIOS.
DIOS LE LLAMÓ A LA NUEVA CRIATURA "HOMBRE" Y LE PUSO POR NOMBRE ADÁN.
DIOS OBSERVÓ TODA SU CREACIÓN Y DIJO: "ES MUY BUENO."

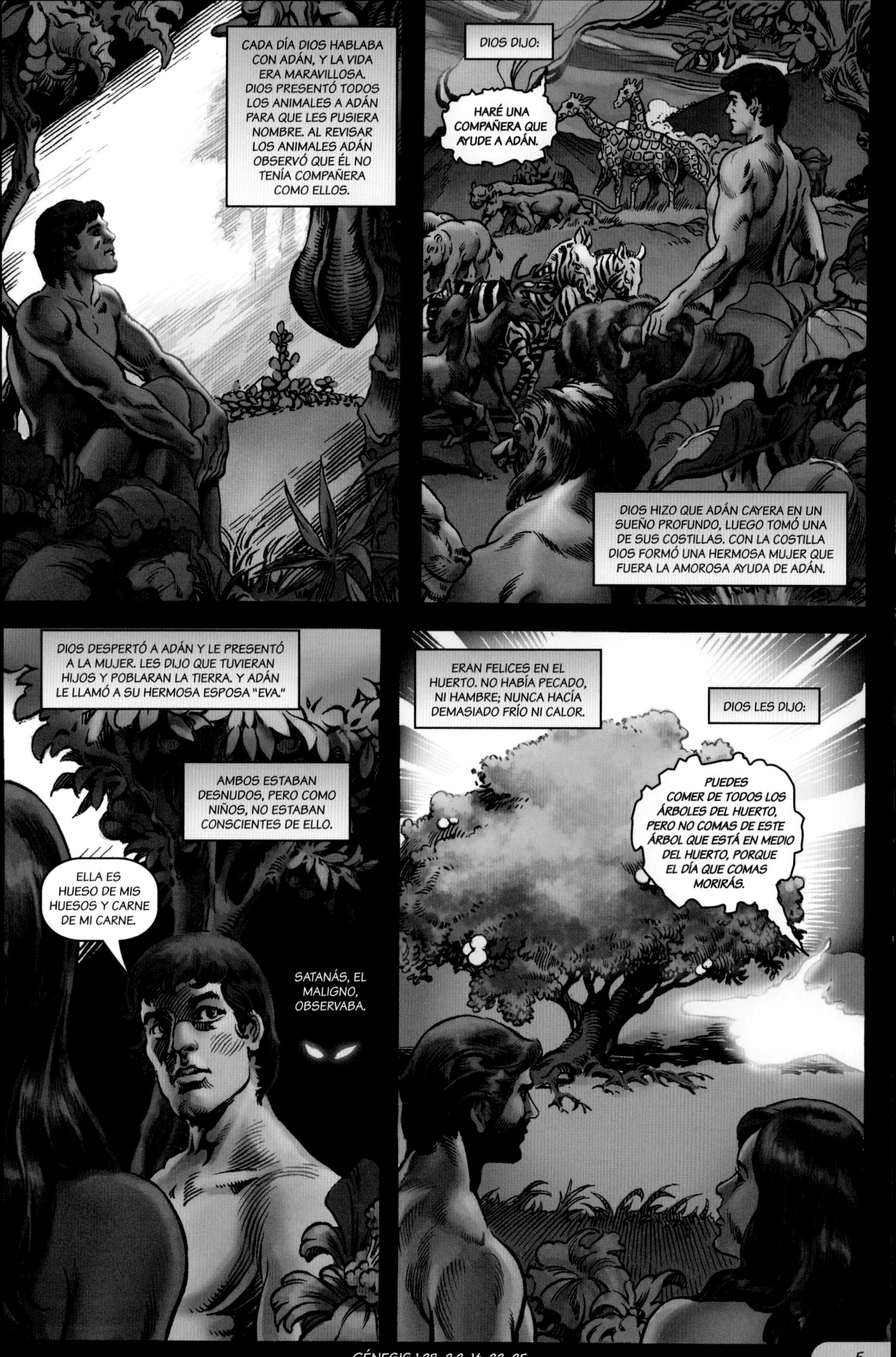
CADA DÍA DIOS HABLABA CON ADÁN, Y LA VIDA ERA MARAVILLOSA. DIOS PRESENTÓ TODOS LOS ANIMALES A ADÁN PARA QUE LES PUSIERA NOMBRE. AL REVISAR LOS ANIMALES ADÁN OBSERVÓ QUE ÉL NO TENÍA COMPAÑERA COMO ELLOS.
DIOS DIJO:
HARÉ UNA COMPAÑERA QUE AYUDE A ADÁN.
DIOS HIZO QUE ADÁN CAYERA EN UN SUEÑO PROFUNDO, LUEGO TOMÓ UNA DE SUS COSTILLAS. CON LA COSTILLA DIOS FORMÓ UNA HERMOSA MUJER QUE FUERA LA AMOROSA AYUDA DE ADÁN.
DIOS DESPERTÓ A ADÁN Y LE PRESENTÓ A LA MUJER. LES DIJO QUE TUVIERAN HIJOS Y POBLARAN LA TIERRA. Y ADÁN LE LLAMÓ A SU HERMOSA ESPOSA "EVA."
AMBOS ESTABAN DESNUDOS, PERO COMO NIÑOS, NO ESTABAN CONSCIENTES DE ELLO.
ELLA ES HUESO DE MIS HUESOS Y CARNE DE MI CARNE.
SATANÁS, EL MALIGNO, OBSERVABA.
ERAN FELICES EN EL HUERTO. NO HABÍA PECADO, NI HAMBRE; NUNCA HACÍA DEMASIADO FRÍO NI CALOR.
DIOS LES DIJO:
PUEDES COMER DE TODOS LOS ÁRBOLES DEL HUERTO, PERO NO COMAS DE ESTE ÁRBOL QUE ESTÁ EN MEDIO DEL HUERTO, PORQUE EL DÍA QUE COMAS MORIRÁS.

GÉNESIS 1:28, 2:2, 16-22, 25

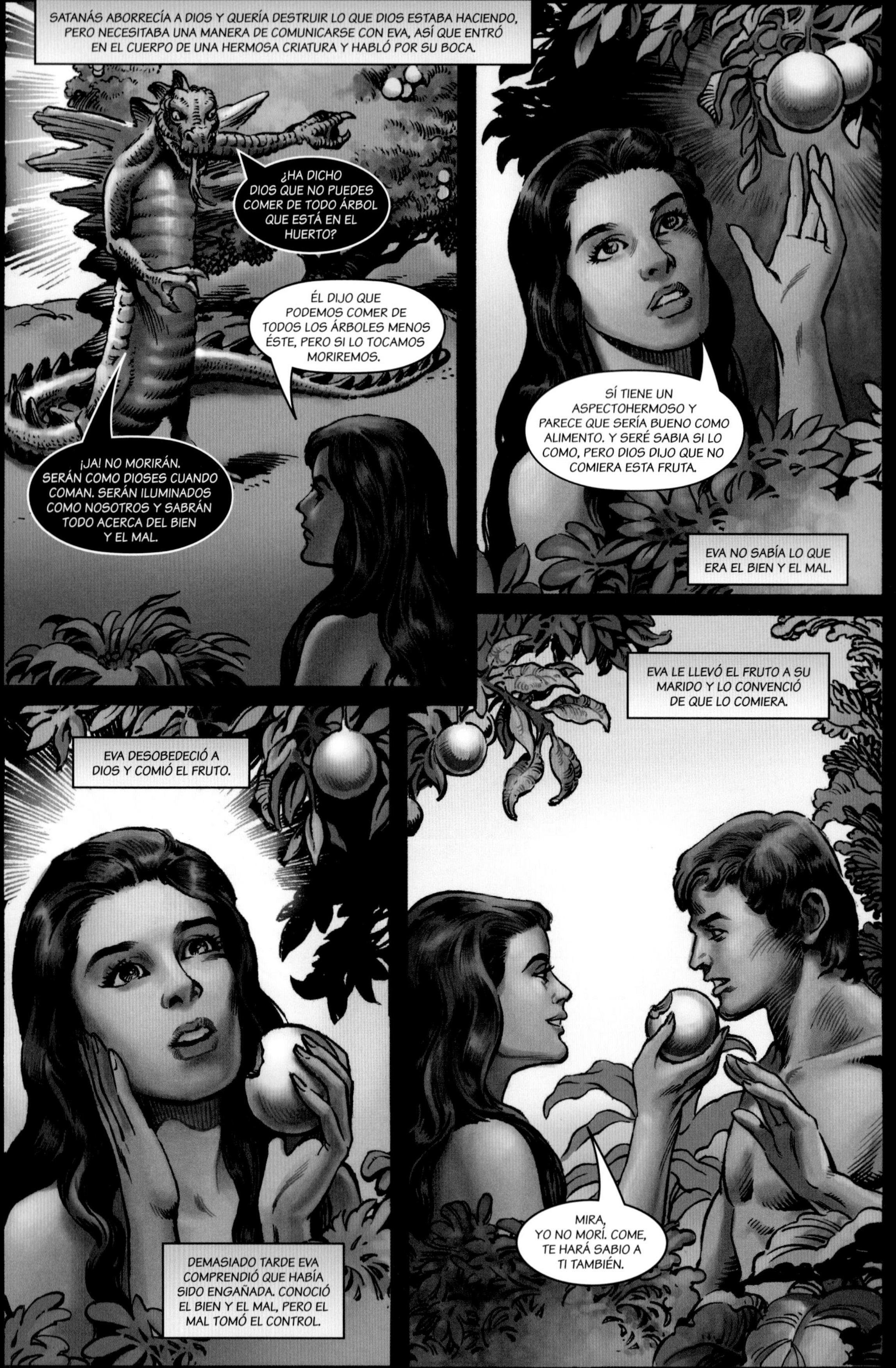
SATANÁS ABORRECÍA A DIOS Y QUERÍA DESTRUIR LO QUE DIOS ESTABA HACIENDO, PERO NECESITABA UNA MANERA DE COMUNICARSE CON EVA, ASÍ QUE ENTRÓ EN EL CUERPO DE UNA HERMOSA CRIATURA Y HABLÓ POR SU BOCA.
¿HA DICHO DIOS QUE NO PUEDES COMER DE TODO ÁRBOL QUE ESTÁ EN EL HUERTO?
ÉL DIJO QUE PODEMOS COMER DE TODOS LOS ÁRBOLES MENOS ÉSTE, PERO SI LO TOCAMOS MORIREMOS.
¡JA! NO MORIRÁN. SERÁN COMO DIOSES CUANDO COMAN. SERÁN ILUMINADOS COMO NOSOTROS Y SABRÁN TODO ACERCA DEL BIEN Y EL MAL.
SÍ TIENE UN ASPECTOHERMOSO Y PARECE QUE SERÍA BUENO COMO ALIMENTO. Y SERÉ SABIA SI LO COMO, PERO DIOS DIJO QUE NO COMIERA ESTA FRUTA.
EVA NO SABÍA LO QUE ERA EL BIEN Y EL MAL.
EVA DESOBEDECIÓ A DIOS Y COMIÓ EL FRUTO.
DEMASIADO TARDE EVA COMPRENDIÓ QUE HABÍA SIDO ENGAÑADA. CONOCIÓ EL BIEN Y EL MAL, PERO EL MAL TOMÓ EL CONTROL.
EVA LE LLEVÓ EL FRUTO A SU MARIDO Y LO CONVENCIÓ DE QUE LO COMIERA.
MIRA, YO NO MORÍ. COME, TE HARÁ SABIO A TI TAMBIÉN.

GÉNESIS 3:1-6; APOCALIPSIS 20:2

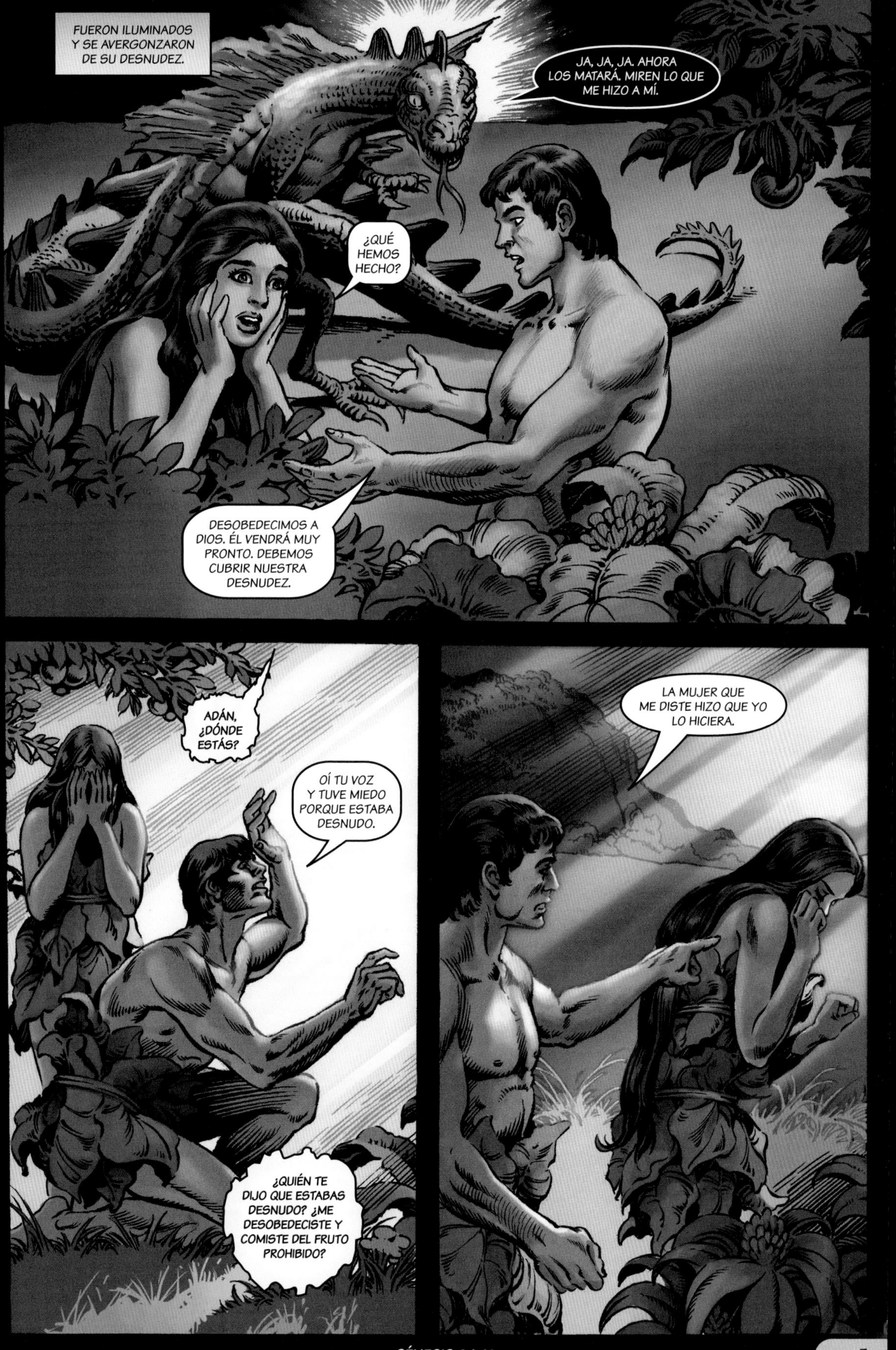
FUERON ILUMINADOS Y SE AVERGONZARON DE SU DESNUDEZ.
JA, JA, JA. AHORA LOS MATARÁ. MIREN LO QUE ME HIZO A MÍ.
¿QUÉ HEMOS HECHO?
DESOBEDECIMOS A DIOS. ÉL VENDRÁ MUY PRONTO. DEBEMOS CUBRIR NUESTRA DESNUDEZ.
ADÁN, ¿DÓNDE ESTÁS?
OÍ TU VOZ Y TUVE MIEDO PORQUE ESTABA DESNUDO.
¿QUIÉN TE DIJO QUE ESTABAS DESNUDO? ¿ME DESOBEDECISTE Y COMISTE DEL FRUTO PROHIBIDO?
LA MUJER QUE ME DISTE HIZO QUE YO LO HICIERA.

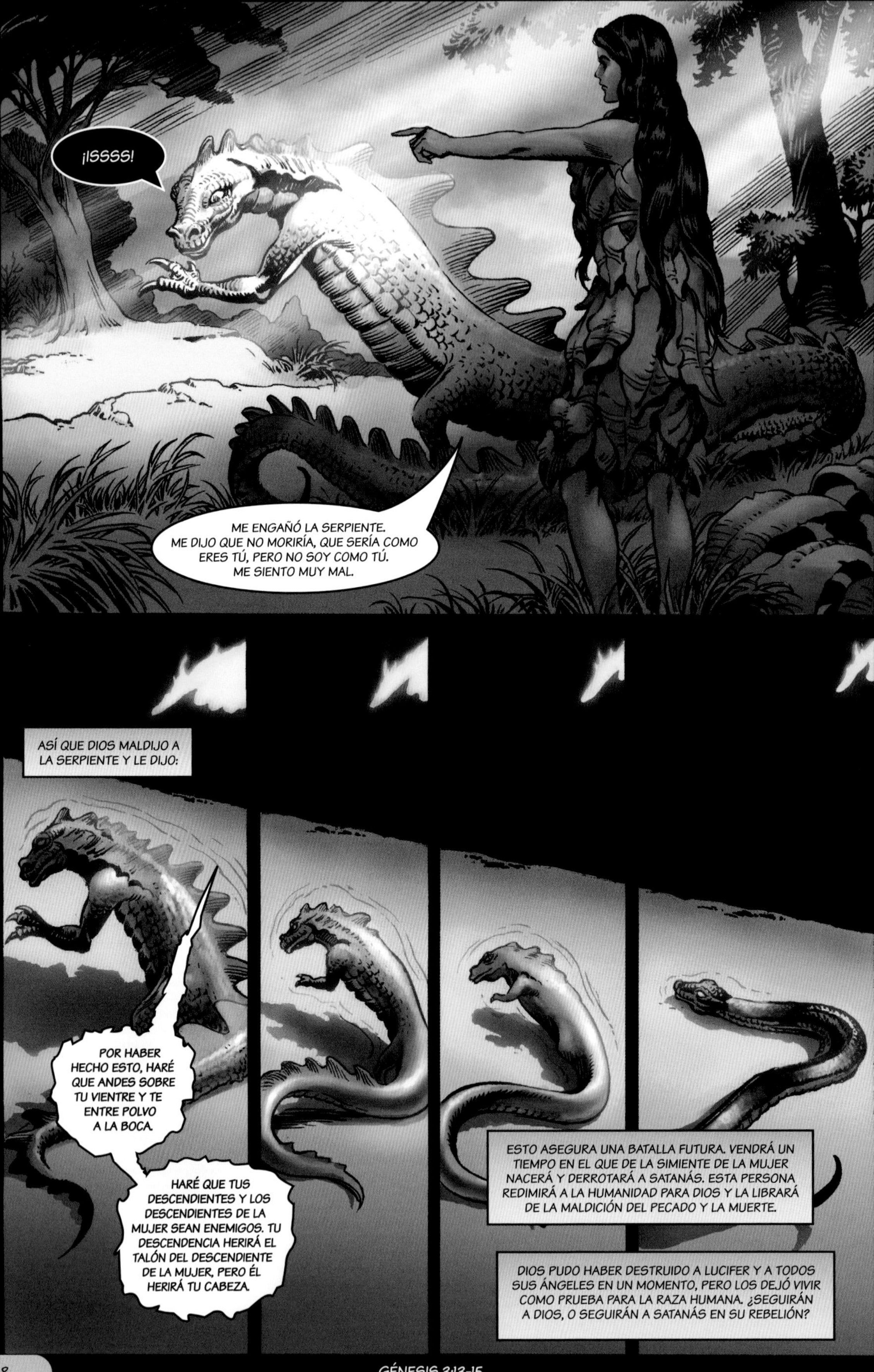

¡ISSSS!
ME ENGAÑÓ LA SERPIENTE. ME DIJO QUE NO MORIRÍA, QUE SERÍA COMO ERES TÚ, PERO NO SOY COMO TÚ. ME SIENTO MUY MAL.
ASÍ QUE DIOS MALDIJO A LA SERPIENTE Y LE DIJO:
POR HABER HECHO ESTO, HARÉ QUE ANDES SOBRE TU VIENTRE Y TE ENTRE POLVO A LA BOCA.
HARÉ QUE TUS DESCENDIENTES Y LOS DESCENDIENTES DE LA MUJER SEAN ENEMIGOS. TU DESCENDENCIA HERIRÁ EL TALÓN DEL DESCENDIENTE DE LA MUJER, PERO ÉL HERIRÁ TU CABEZA.
ESTO ASEGURA UNA BATALLA FUTURA. VENDRÁ UN TIEMPO EN EL QUE DE LA SIMIENTE DE LA MUJER NACERÁ Y DERROTARÁ A SATANÁS. ESTA PERSONA REDIMIRÁ A LA HUMANIDAD PARA DIOS Y LA LIBRARÁ DE LA MALDICIÓN DEL PECADO Y LA MUERTE.
DIOS PUDO HABER DESTRUIDO A LUCIFER Y A TODOS SUS ÁNGELES EN UN MOMENTO, PERO LOS DEJÓ VIVIR COMO PRUEBA PARA LA RAZA HUMANA. ¿SEGUIRÁN A DIOS, O SEGUIRÁN A SATANÁS EN SU REBELIÓN?

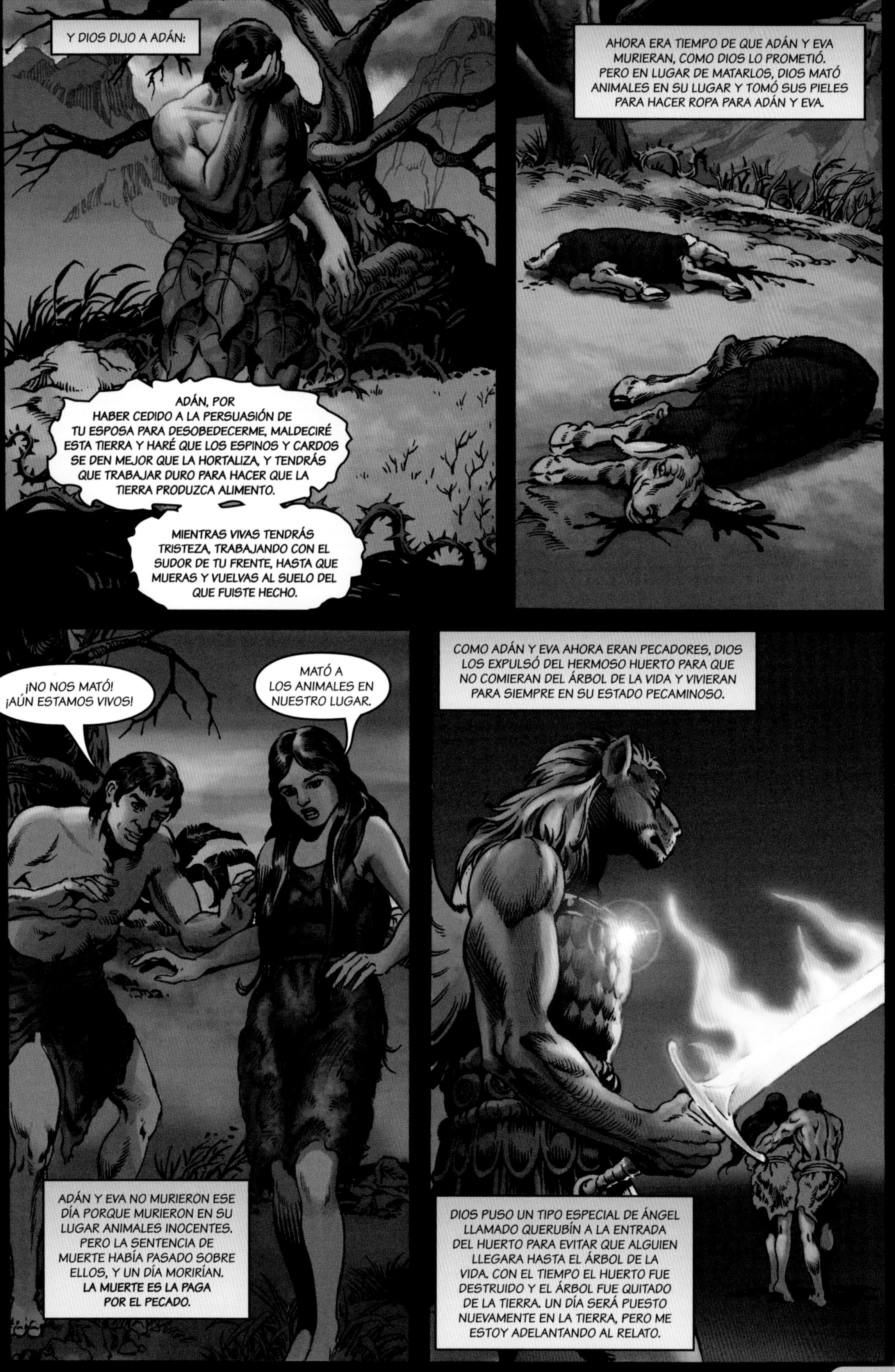
Y DIOS DIJO A ADÁN:
ADÁN, POR HABER CEDIDO A LA PERSUASIÓN DE TU ESPOSA PARA DESOBEDECERME, MALDECIRÉ ESTA TIERRA Y HARÉ QUE LOS ESPINOS Y CARDOS SE DEN MEJOR QUE LA HORTALIZA, Y TENDRÁS QUE TRABAJAR DURO PARA HACER QUE LA TIERRA PRODUZCA ALIMENTO.
MIENTRAS VIVAS TENDRÁS TRISTEZA, TRABAJANDO CON EL SUDOR DE TU FRENTE, HASTA QUE MUERAS Y VUELVAS AL SUELO DEL QUE FUISTE HECHO.
AHORA ERA TIEMPO DE QUE ADÁN Y EVA MURIERAN, COMO DIOS LO PROMETIÓ. PERO EN LUGAR DE MATARLOS, DIOS MATÓ ANIMALES EN SU LUGAR Y TOMÓ SUS PIELES PARA HACER ROPA PARA ADÁN Y EVA.
¡NO NOS MATÓ! ¡AÚN ESTAMOS VIVOS!
MATÓ A LOS ANIMALES EN NUESTRO LUGAR.
ADÁN Y EVA NO MURIERON ESE DÍA PORQUE MURIERON EN SU LUGAR ANIMALES INOCENTES. PERO LA SENTENCIA DE MUERTE HABÍA PASADO SOBRE ELLOS, Y UN DÍA MORIRÍAN. LA MUERTE ES LA PAGA POR EL PECADO.
COMO ADÁN Y EVA AHORA ERAN PECADORES, DIOS LOS EXPULSÓ DEL HERMOSO HUERTO PARA QUE NO COMIERAN DEL ÁRBOL DE LA VIDA Y VIVIERAN PARA SIEMPRE EN SU ESTADO PECAMINOSO.
DIOS PUSO UN TIPO ESPECIAL DE ÁNGEL LLAMADO QUERUBÍN A LA ENTRADA DEL HUERTO PARA EVITAR QUE ALGUIEN LLEGARA HASTA EL ÁRBOL DE LA VIDA. CON EL TIEMPO EL HUERTO FUE DESTRUIDO Y EL ÁRBOL FUE QUITADO DE LA TIERRA. UN DÍA SERÁ PUESTO NUEVAMENTE EN LA TIERRA, PERO ME ESTOY ADELANTANDO AL RELATO.

GÉNESIS 3:17-24; EZEQUIEL 18:4

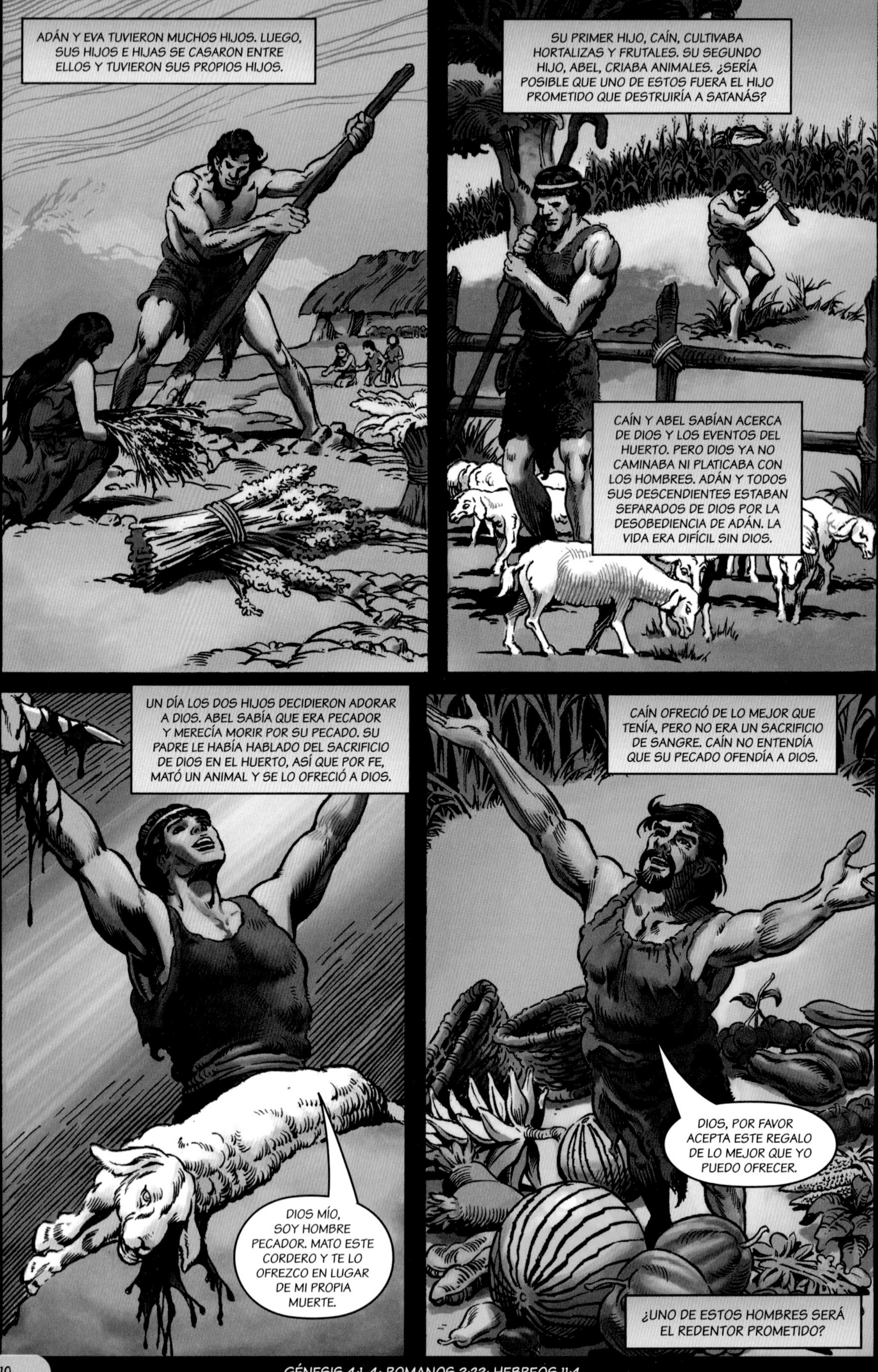
ADÁN Y EVA TUVIERON MUCHOS HIJOS. LUEGO, SUS HIJOS E HIJAS SE CASARON ENTRE ELLOS Y TUVIERON SUS PROPIOS HIJOS.
SU PRIMER HIJO, CAÍN, CULTIVABA HORTALIZAS Y FRUTALES. SU SEGUNDO HIJO, ABEL, CRIABA ANIMALES. ¿SERÍA POSIBLE QUE UNO DE ESTOS FUERA EL HIJO PROMETIDO QUE DESTRUIRÍA A SATANÁS?
CAÍN Y ABEL SABÍAN ACERCA DE DIOS Y LOS EVENTOS DEL HUERTO. PERO DIOS YA NO CAMINABA NI PLATICABA CON LOS HOMBRES. ADÁN Y TODOS SUS DESCENDIENTES ESTABAN SEPARADOS DE DIOS POR LA DESOBEDIENCIA DE ADÁN. LA VIDA ERA DIFÍCIL SIN DIOS.
UN DÍA LOS DOS HIJOS DECIDIERON ADORAR A DIOS. ABEL SABÍA QUE ERA PECADOR Y MERECÍA MORIR POR SU PECADO. SU PADRE LE HABÍA HABLADO DEL SACRIFICIO DE DIOS EN EL HUERTO, ASÍ QUE POR FE, MATÓ UN ANIMAL Y SE LO OFRECIÓ A DIOS.
DIOS MÍO, SOY HOMBRE PECADOR. MATO ESTE CORDERO Y TE LO OFREZCO EN LUGAR DE MI PROPIA MUERTE.
CAÍN OFRECIÓ DE LO MEJOR QUE TENÍA, PERO NO ERA UN SACRIFICIO DE SANGRE. CAÍN NO ENTENDÍA QUE SU PECADO OFENDÍA A DIOS.
DIOS, POR FAVOR ACEPTA ESTE REGALO DE LO MEJOR QUE YO PUEDO OFRECER.
¿UNO DE ESTOS HOMBRES SERÁ EL REDENTOR PROMETIDO?

GÉNESIS 4:1-4; ROMANOS 3:23; HEBREOS 11:4

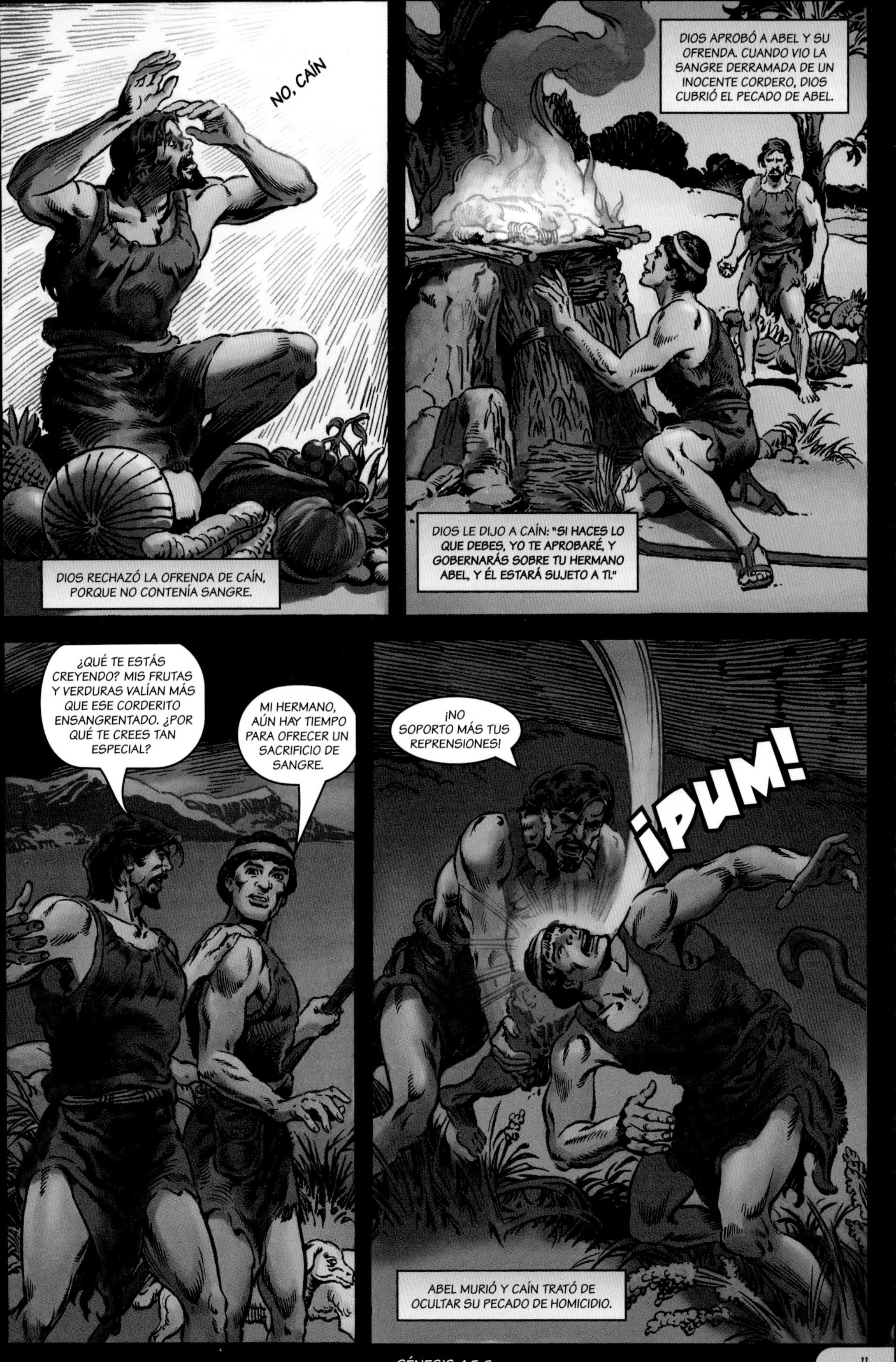
NO, CAÍN
DIOS RECHAZÓ LA OFRENDA DE CAÍN, PORQUE NO CONTENÍA SANGRE.
DIOS APROBÓ A ABEL Y SU OFRENDA. CUANDO VIO LA SANGRE DERRAMADA DE UN INOCENTE CORDERO, DIOS CUBRIÓ EL PECADO DE ABEL.
DIOS LE DIJO A CAÍN: "SI HACES LO QUE DEBES, YO TE APROBARÉ, Y GOBERNARÁS SOBRE TU HERMANO ABEL, Y ÉL ESTARÁ SUJETO A TI."
¿QUÉ TE ESTÁS CREYENDO? MIS FRUTAS Y VERDURAS VALÍAN MÁS QUE ESE CORDERITO ENSANGRENTADO. ¿POR QUÉ TE CREES TAN ESPECIAL?
MI HERMANO, AÚN HAY TIEMPO PARA OFRECER UN SACRIFICIO DE SANGRE.
¡NO SOPORTO MÁS TUS REPRENSIONES!
¡PUM!
ABEL MURIÓ Y CAÍN TRATÓ DE OCULTAR SU PECADO DE HOMICIDIO.

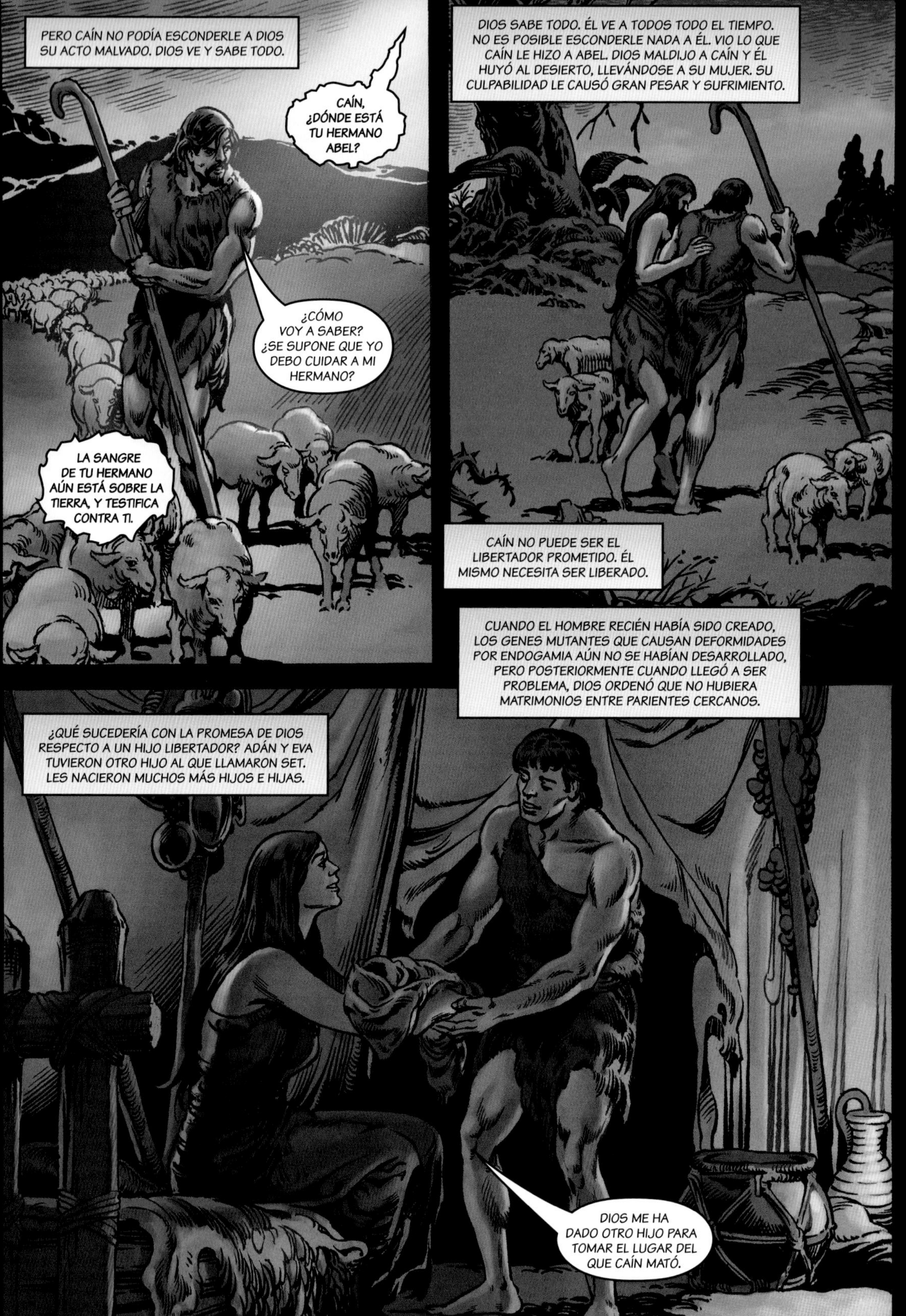
PERO CAÍN NO PODÍA ESCONDERLE A DIOS SU ACTO MALVADO. DIOS VE Y SABE TODO.
CAÍN, ¿DÓNDE ESTÁ TU HERMANO ABEL?
¿CÓMO VOY A SABER? ¿SE SUPONE QUE YO DEBO CUIDAR A MI HERMANO?
LA SANGRE DE TU HERMANO AÚN ESTÁ SOBRE LA TIERRA, Y TESTIFICA CONTRA TI.
DIOS SABE TODO. ÉL VE A TODOS TODO EL TIEMPO. NO ES POSIBLE ESCONDERLE NADA A ÉL. VIO LO QUE CAÍN LE HIZO A ABEL. DIOS MALDIJO A CAÍN Y ÉL HUYÓ AL DESIERTO, LLEVÁNDOSE A SU MUJER. SU CULPABILIDAD LE CAUSÓ GRAN PESAR Y SUFRIMIENTO.
CAÍN NO PUEDE SER EL LIBERTADOR PROMETIDO. ÉL MISMO NECESITA SER LIBERADO.
CUANDO EL HOMBRE RECIÉN HABÍA SIDO CREADO, LOS GENES MUTANTES QUE CAUSAN DEFORMIDADES POR ENDOGAMIA AÚN NO SE HABÍAN DESARROLLADO, PERO POSTERIORMENTE CUANDO LLEGÓ A SER PROBLEMA, DIOS ORDENÓ QUE NO HUBIERA MATRIMONIOS ENTRE PARIENTES CERCANOS.
¿QUÉ SUCEDERÍA CON LA PROMESA DE DIOS RESPECTO A UN HIJO LIBERTADOR? ADÁN Y EVA TUVIERON OTRO HIJO AL QUE LLAMARON SET. LES NACIERON MUCHOS MÁS HIJOS E HIJAS.
DIOS ME HA DADO OTRO HIJO PARA TOMAR EL LUGAR DEL QUE CAÍN MATÓ.

GÉNESIS 4:9-16, 5:4; HECHOS 17:24-26

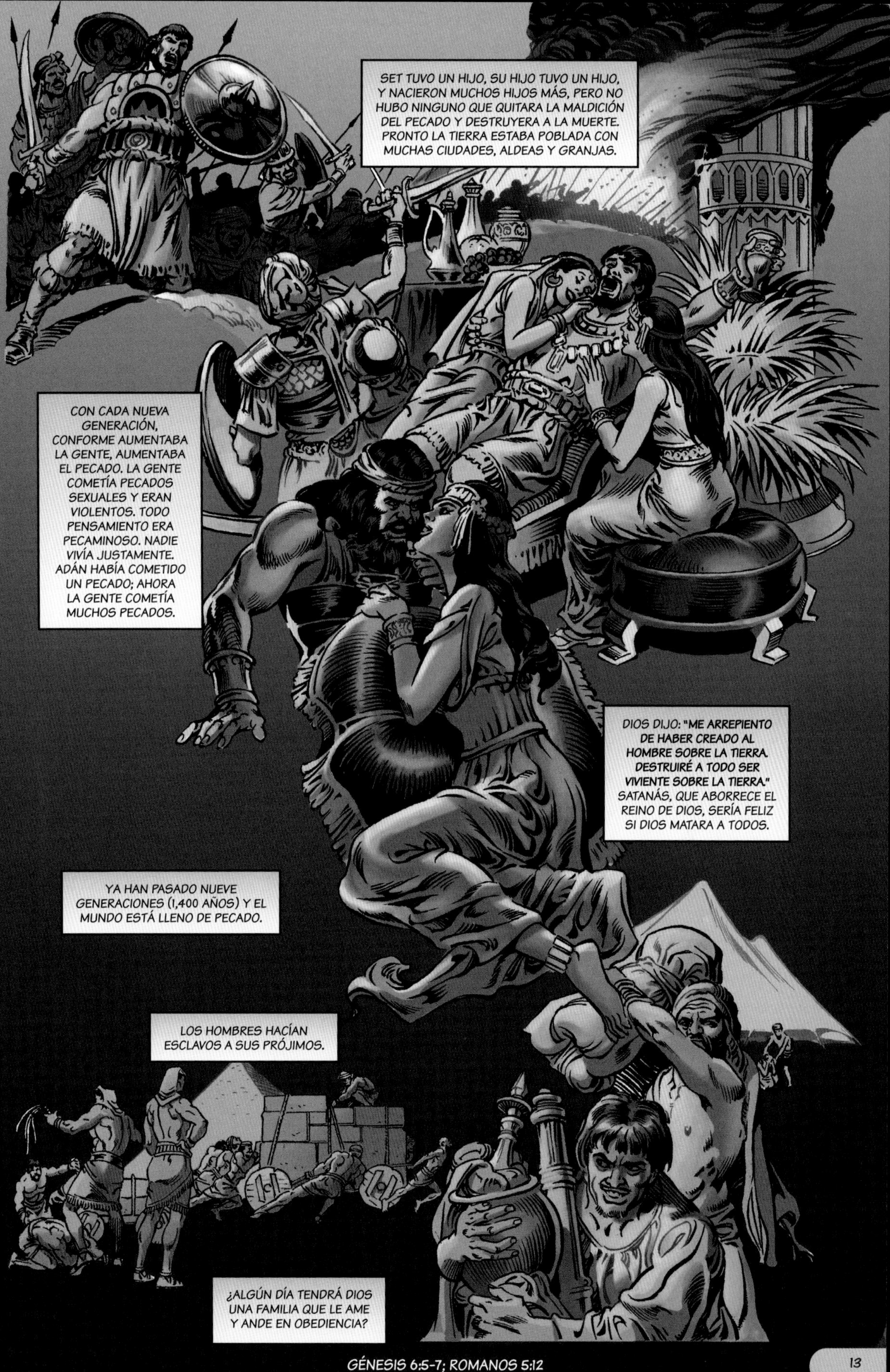
SET TUVO UN HIJO, SU HIJO TUVO UN HIJO, Y NACIERON MUCHOS HIJOS MÁS, PERO NO HUBO NINGUNO QUE QUITARA LA MALDICIÓN DEL PECADO Y DESTRUYERA A LA MUERTE. PRONTO LA TIERRA ESTABA POBLADA CON MUCHAS CIUDADES, ALDEAS Y GRANJAS.
CON CADA NUEVA GENERACIÓN, CONFORME AUMENTABA LA GENTE, AUMENTABA EL PECADO. LA GENTE COMETÍA PECADOS SEXUALES Y ERAN VIOLENTOS. TODO PENSAMIENTO ERA PECAMINOSO. NADIE VIVÍA JUSTAMENTE. ADÁN HABÍA COMETIDO UN PECADO; AHORA LA GENTE COMETÍA MUCHOS PECADOS.
DIOS DIJO: "ME ARREPIENTO DE HABER CREADO AL HOMBRE SOBRE LA TIERRA. DESTRUIRÉ A TODO SER VIVIENTE SOBRE LA TIERRA." SATANÁS, QUE ABORRECE EL REINO DE DIOS, SERÍA FELIZ SI DIOS MATARA A TODOS.
YA HAN PASADO NUEVE GENERACIONES (1,400 AÑOS) Y EL MUNDO ESTÁ LLENO DE PECADO.
LOS HOMBRES HACÍAN ESCLAVOS A SUS PRÓJIMOS.
¿ALGÚN DÍA TENDRÁ DIOS UNA FAMILIA QUE LE AME Y ANDE EN OBEDIENCIA?

GÉNESIS 6:5-7; ROMANOS 5:12

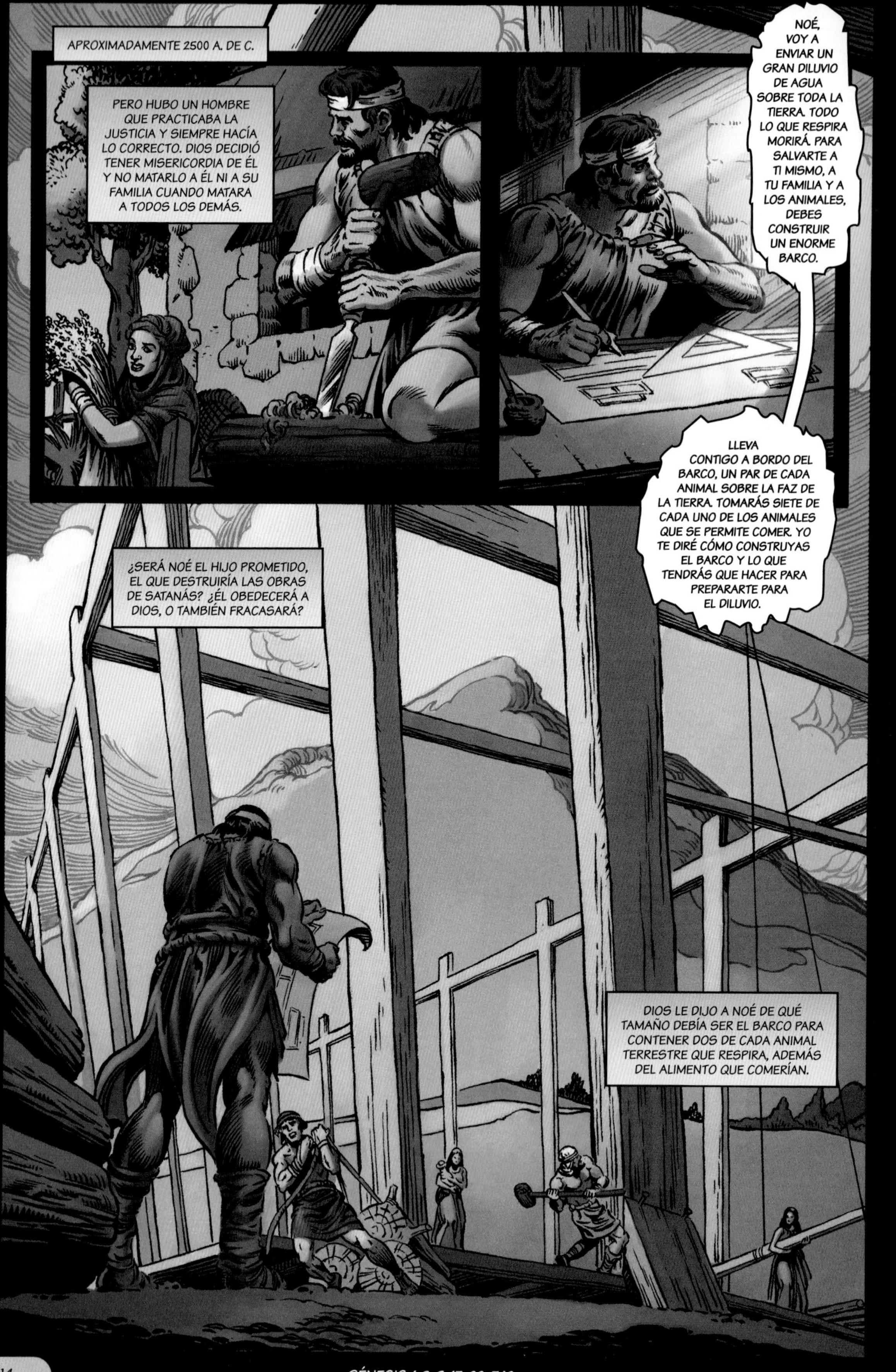
APROXIMADAMENTE 2500 A. DE C.
PERO HUBO UN HOMBRE QUE PRACTICABA LA JUSTICIA Y SIEMPRE HACÍA LO CORRECTO. DIOS DECIDIÓ TENER MISERICORDIA DE ÉL Y NO MATARLO A ÉL NI A SU FAMILIA CUANDO MATARA A TODOS LOS DEMÁS.
NOÉ, VOY A ENVIAR UN GRAN DILUVIO DE AGUA SOBRE TODA LA TIERRA. TODO LO QUE RESPIRA MORIRÁ. PARA SALVARTE A TI MISMO, A TU FAMILIA Y A LOS ANIMALES, DEBES CONSTRUIR UN ENORME BARCO.
LLEVA CONTIGO A BORDO DEL BARCO, UN PAR DE CADA ANIMAL SOBRE LA FAZ DE LA TIERRA. TOMARÁS SIETE DE CADA UNO DE LOS ANIMALES QUE SE PERMITE COMER. YO TE DIRÉ CÓMO CONSTRUYAS EL BARCO Y LO QUE TENDRÁS QUE HACER PARA PREPARARTE PARA EL DILUVIO.
¿SERÁ NOÉ EL HIJO PROMETIDO, EL QUE DESTRUIRÍA LAS OBRAS DE SATANÁS? ¿ÉL OBEDECERÁ A DIOS, O TAMBIÉN FRACASARÁ?
DIOS LE DIJO A NOÉ DE QUÉ TAMAÑO DEBÍA SER EL BARCO PARA CONTENER DOS DE CADA ANIMAL TERRESTRE QUE RESPIRA, ADEMÁS DEL ALIMENTO QUE COMERÍAN.

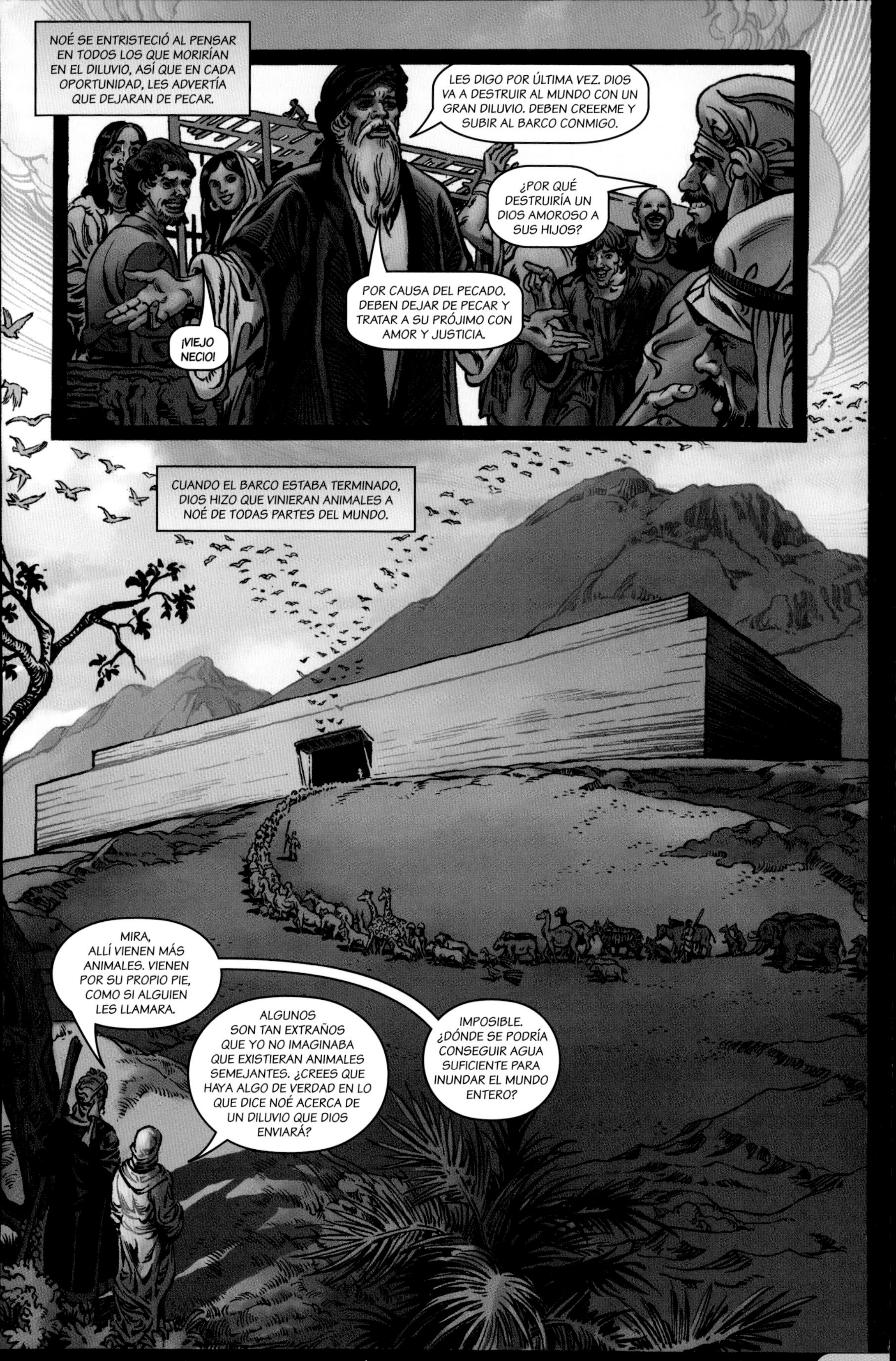
NOÉ SE ENTRISTECIÓ AL PENSAR EN TODOS LOS QUE MORIRÍAN EN EL DILUVIO, ASÍ QUE EN CADA OPORTUNIDAD, LES ADVERTÍA QUE DEJARAN DE PECAR.
LES DIGO POR ÚLTIMA VEZ. DIOS VA A DESTRUIR AL MUNDO CON UN GRAN DILUVIO. DEBEN CREERME Y SUBIR AL BARCO CONMIGO.
¿POR QUÉ DESTRUIRÍA UN DIOS AMOROSO A SUS HIJOS?
POR CAUSA DEL PECADO. DEBEN DEJAR DE PECAR Y TRATAR A SU PRÓJIMO CON AMOR Y JUSTICIA.
¡VIEJO NECIO!
CUANDO EL BARCO ESTABA TERMINADO, DIOS HIZO QUE VINIERAN ANIMALES A NOÉ DE TODAS PARTES DEL MUNDO.
MIRA, ALLÍ VIENEN MÁS ANIMALES. VIENEN POR SU PROPIO PIE, COMO SI ALGUIEN LES LLAMARA.
ALGUNOS SON TAN EXTRAÑOS QUE YO NO IMAGINABA QUE EXISTIERAN ANIMALES SEMEJANTES. ¿CREES QUE HAYA ALGO DE VERDAD EN LO QUE DICE NOÉ ACERCA DE UN DILUVIO QUE DIOS ENVIARÁ?
IMPOSIBLE. ¿DÓNDE SE PODRÍA CONSEGUIR AGUA SUFICIENTE PARA INUNDAR EL MUNDO ENTERO?

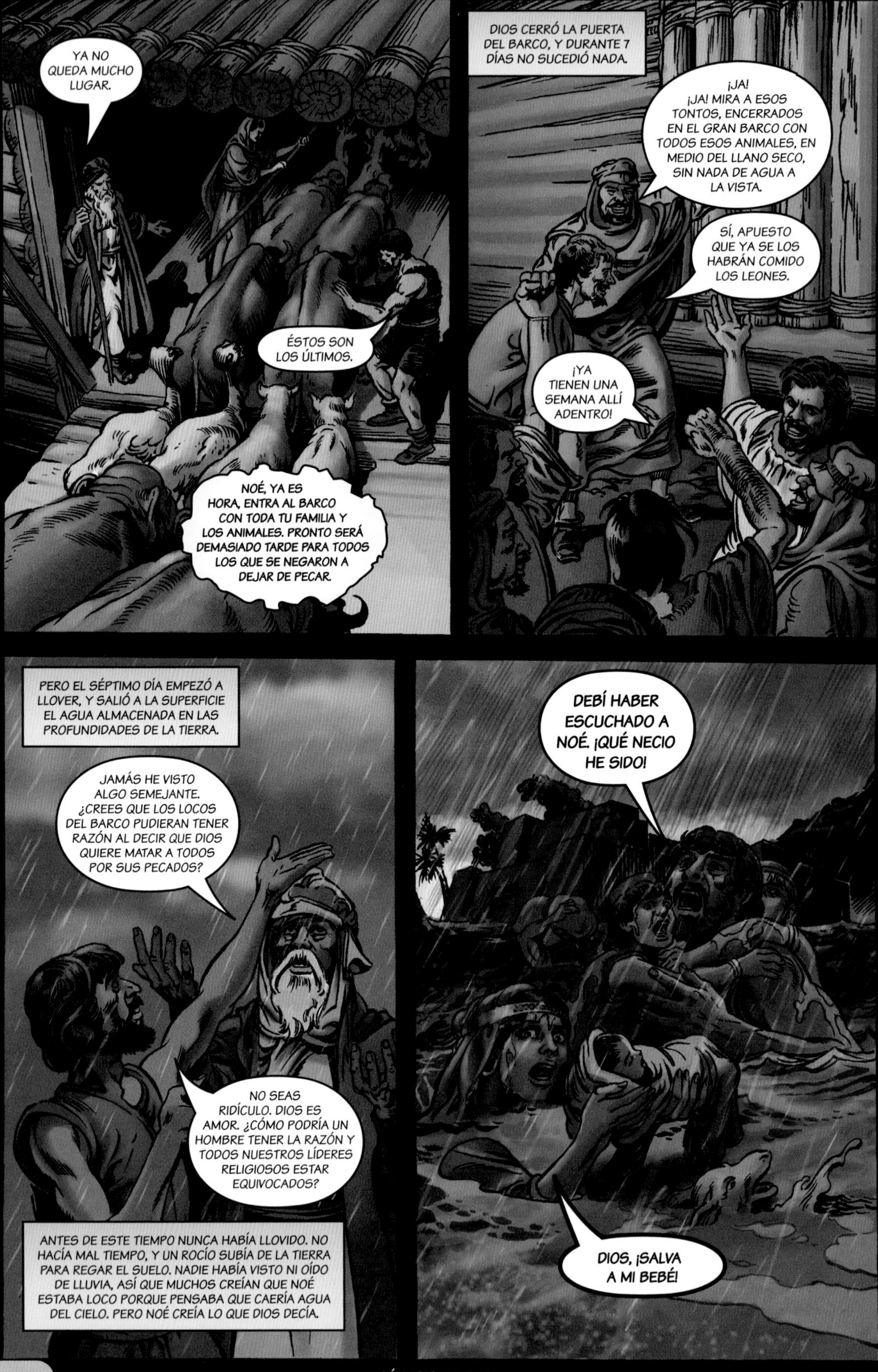
YA NO QUEDA MUCHO LUGAR.
ÉSTOS SON LOS ÚLTIMOS.
NOÉ, YA ES HORA, ENTRA AL BARCO CON TODA TU FAMILIA Y LOS ANIMALES. PRONTO SERÁ DEMASIADO TARDE PARA TODOS LOS QUE SE NEGARON A DEJAR DE PECAR.
DIOS CERRÓ LA PUERTA DEL BARCO, Y DURANTE 7 DÍAS NO SUCEDIÓ NADA.
¡JA! ¡JA! MIRA A ESOS TONTOS, ENCERRADOS EN EL GRAN BARCO CON TODOS ESOS ANIMALES, EN MEDIO DEL LLANO SECO, SIN NADA DE AGUA A LA VISTA.
SÍ, APUESTO QUE YA SE LOS HABRÁN COMIDO LOS LEONES.
¡YA TIENEN UNA SEMANA ALLÍ ADENTRO!
PERO EL SÉPTIMO DÍA EMPEZÓ A LLOVER, Y SALIÓ A LA SUPERFICIE EL AGUA ALMACENADA EN LAS PROFUNDIDADES DE LA TIERRA.
JAMÁS HE VISTO ALGO SEMEJANTE. ¿CREES QUE LOS LOCOS DEL BARCO PUDIERAN TENER RAZÓN AL DECIR QUE DIOS QUIERE MATAR A TODOS POR SUS PECADOS?
NO SEAS RIDÍCULO. DIOS ES AMOR. ¿CÓMO PODRÍA UN HOMBRE TENER LA RAZÓN Y TODOS NUESTROS LÍDERES RELIGIOSOS ESTAR EQUIVOCADOS?
ANTES DE ESTE TIEMPO NUNCA HABÍA LLOVIDO. NO HACÍA MAL TIEMPO, Y UN ROCÍO SUBÍA DE LA TIERRA PARA REGAR EL SUELO. NADIE HABÍA VISTO NI OÍDO DE LLUVIA, ASÍ QUE MUCHOS CREÍAN QUE NOÉ ESTABA LOCO PORQUE PENSABA QUE CAERÍA AGUA DEL CIELO. PERO NOÉ CREÍA LO QUE DIOS DECÍA.
DEBÍ HABER ESCUCHADO A NOÉ. ¡QUÉ NECIO HE SIDO!
DIOS, ¡SALVA A MI BEBÉ!

APROXIMADAMENTE 2348 A. DE C.

PARA CUANDO LA GENTE SE CONVENCIÓ DE QUE NOÉ HABÍA DICHO LA VERDAD, YA ERA DEMASIADO TARDE.

LLOVIÓ DURANTE 40 DÍAS Y 40 NOCHES, HASTA QUE EL AGUA CUBRIÓ TODO MONTE EN TODA LA TIERRA. TODO SER VIVIENTE QUE RESPIRABA MURIÓ, EXCEPTO LOS QUE ESTABAN EN EL BARCO CON NOÉ. PASARÍA MÁS DE UN AÑO ANTES DE QUE PUDIERAN SALIR DEL BARCO.

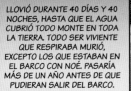

ME ALEGRARÉ CUANDO BAJE EL AGUA Y PODAMOS SALIR DEL BARCO.

FINALMENTE NOÉ SOLTÓ UNA PALOMA Y REGRESÓ CON UNA RAMA EN SU PICO, LO QUE SIGNIFICABA QUE EN ALGÚN LUGAR HABÍA ÁRBOLES CRECIENDO. MÁS TARDE LA VOLVIÓ A SOLTAR, Y ESA VEZ NO REGRESÓ; O SEA QUE HABÍA ENCONTRADO UN BUEN LUGAR PARA VIVIR.

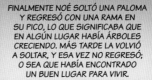

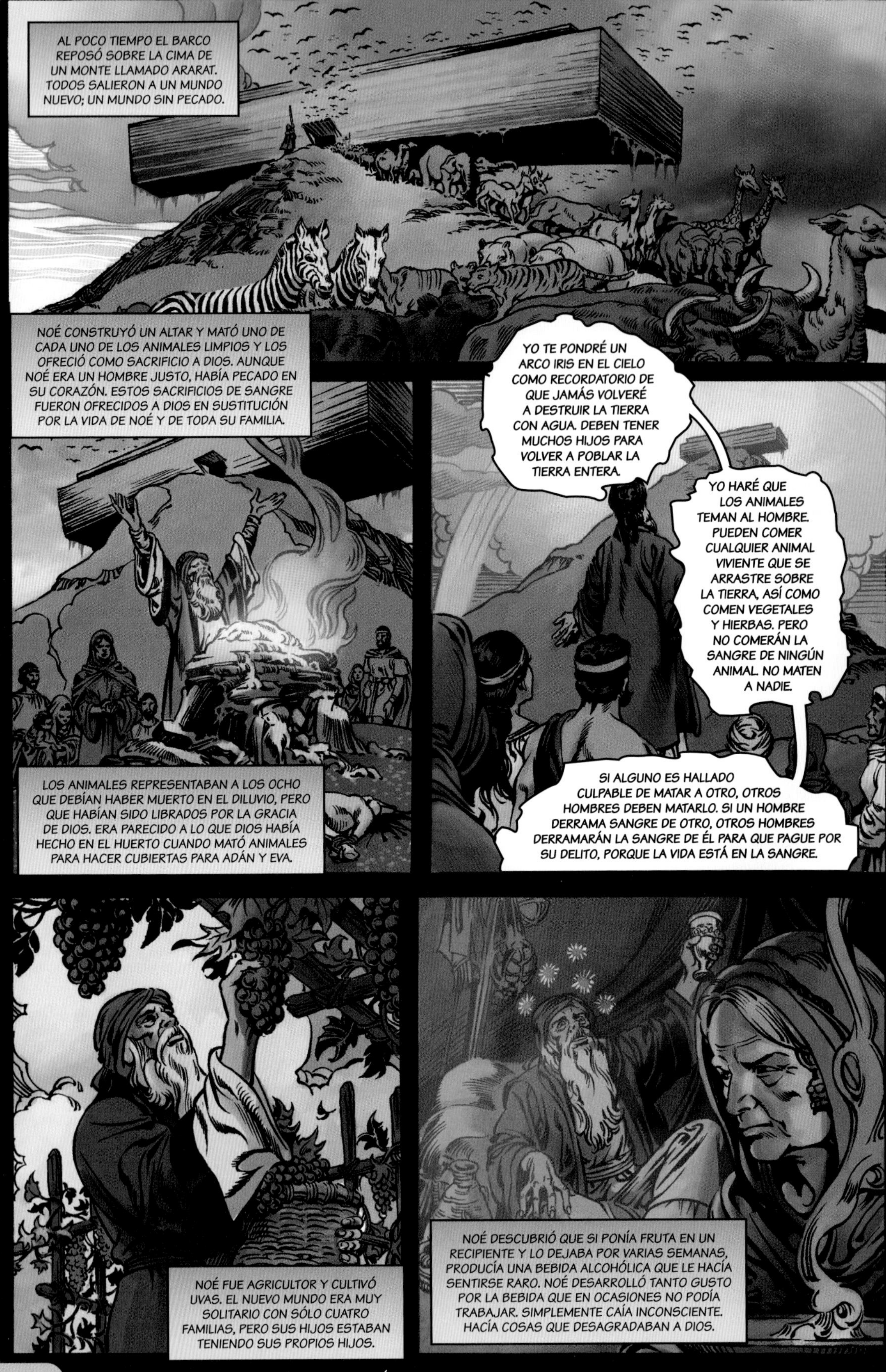
AL POCO TIEMPO EL BARCO REPOSÓ SOBRE LA CIMA DE UN MONTE LLAMADO ARARAT. TODOS SALIERON A UN MUNDO NUEVO; UN MUNDO SIN PECADO.
NOÉ CONSTRUYÓ UN ALTAR Y MATÓ UNO DE CADA UNO DE LOS ANIMALES LIMPIOS Y LOS OFRECIÓ COMO SACRIFICIO A DIOS. AUNQUE NOÉ ERA UN HOMBRE JUSTO, HABÍA PECADO EN SU CORAZÓN. ESTOS SACRIFICIOS DE SANGRE FUERON OFRECIDOS A DIOS EN SUSTITUCIÓN POR LA VIDA DE NOÉ Y DE TODA SU FAMILIA.
LOS ANIMALES REPRESENTABAN A LOS OCHO QUE DEBÍAN HABER MUERTO EN EL DILUVIO, PERO QUE HABÍAN SIDO LIBRADOS POR LA GRACIA DE DIOS. ERA PARECIDO A LO QUE DIOS HABÍA HECHO EN EL HUERTO CUANDO MATÓ ANIMALES PARA HACER CUBIERTAS PARA ADÁN Y EVA.
YO TE PONDRÉ UN ARCO IRIS EN EL CIELO COMO RECORDATORIO DE QUE JAMÁS VOLVERÉ A DESTRUIR LA TIERRA CON AGUA. DEBEN TENER MUCHOS HIJOS PARA VOLVER A POBLAR LA TIERRA ENTERA.
YO HARÉ QUE LOS ANIMALES TEMAN AL HOMBRE. PUEDEN COMER CUALQUIER ANIMAL VIVIENTE QUE SE ARRASTRE SOBRE LA TIERRA, ASÍ COMO COMEN VEGETALES Y HIERBAS. PERO NO COMERÁN LA SANGRE DE NINGÚN ANIMAL. NO MATEN A NADIE.
SI ALGUNO ES HALLADO CULPABLE DE MATAR A OTRO, OTROS HOMBRES DEBEN MATARLO. SI UN HOMBRE DERRAMA SANGRE DE OTRO, OTROS HOMBRES DERRAMARÁN LA SANGRE DE ÉL PARA QUE PAGUE POR SU DELITO, PORQUE LA VIDA ESTÁ EN LA SANGRE.
NOÉ FUE AGRICULTOR Y CULTIVÓ UVAS. EL NUEVO MUNDO ERA MUY SOLITARIO CON SÓLO CUATRO FAMILIAS, PERO SUS HIJOS ESTABAN TENIENDO SUS PROPIOS HIJOS.
NOÉ DESCUBRIÓ QUE SI PONÍA FRUTA EN UN RECIPIENTE Y LO DEJABA POR VARIAS SEMANAS, PRODUCÍA UNA BEBIDA ALCOHÓLICA QUE LE HACÍA SENTIRSE RARO. NOÉ DESARROLLÓ TANTO GUSTO POR LA BEBIDA QUE EN OCASIONES NO PODÍA TRABAJAR. SIMPLEMENTE CAÍA INCONSCIENTE. HACÍA COSAS QUE DESAGRADABAN A DIOS.

GÉNESIS 8:4, 20, 9:1-29

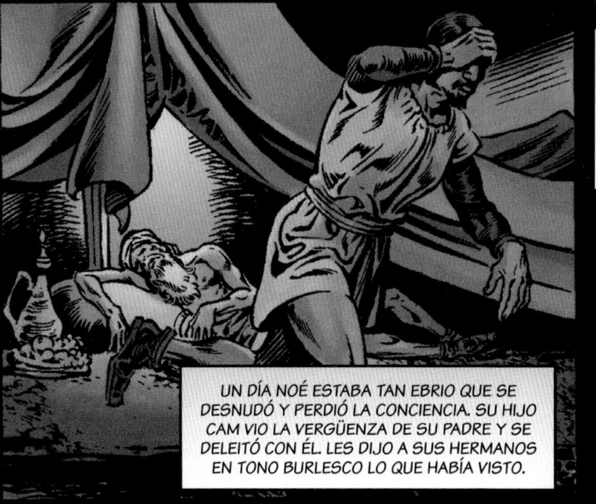
UN DÍA NOÉ ESTABA TAN EBRIO QUE SE DESNUDÓ Y PERDIÓ LA CONCIENCIA. SU HIJO CAM VIO LA VERGÜENZA DE SU PADRE Y SE DELEITÓ CON ÉL. LES DIJO A SUS HERMANOS EN TONO BURLESCO LO QUE HABÍA VISTO.

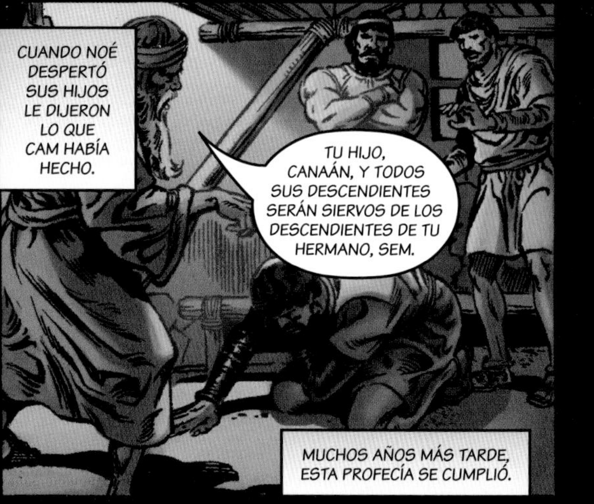
CUANDO NOÉ DESPERTÓ SUS HIJOS LE DIJERON LO QUE CAM HABÍA HECHO.
TU HIJO, CANAÁN, Y TODOS SUS DESCENDIENTES SERÁN SIERVOS DE LOS DESCENDIENTES DE TU HERMANO, SEM.
MUCHOS AÑOS MÁS TARDE, ESTA PROFECÍA SE CUMPLIÓ.

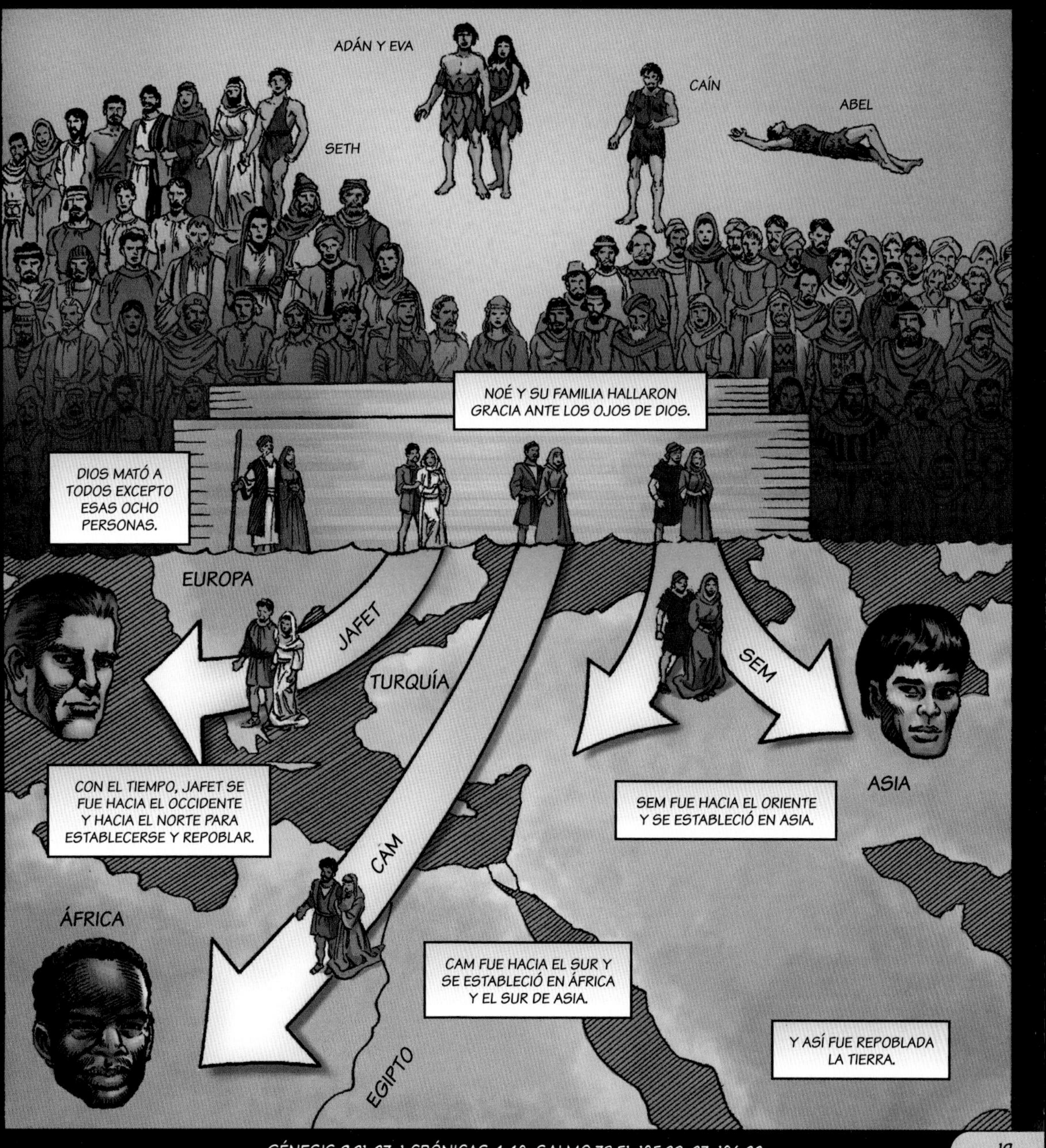
ADÁN Y EVA
CAÍN
ABEL
SETH
NOÉ Y SU FAMILIA HALLARON GRACIA ANTE LOS OJOS DE DIOS.
DIOS MATÓ A TODOS EXCEPTO ESAS OCHO PERSONAS.
EUROPA
JAFET
TURQUÍA
SEM
ASIA
CON EL TIEMPO, JAFET SE FUE HACIA EL OCCIDENTE Y HACIA EL NORTE PARA ESTABLECERSE Y REPOBLAR.
SEM FUE HACIA EL ORIENTE Y SE ESTABLECIÓ EN ASIA.
CAM
ÁFRICA
CAM FUE HACIA EL SUR Y SE ESTABLECIÓ EN ÁFRICA Y EL SUR DE ASIA.
Y ASÍ FUE REPOBLADA LA TIERRA.
EGIPTO

GÉNESIS 9:21-27; 1 CRÓNICAS 4:40; SALMO 78:51, 105:23, 27, 106:22

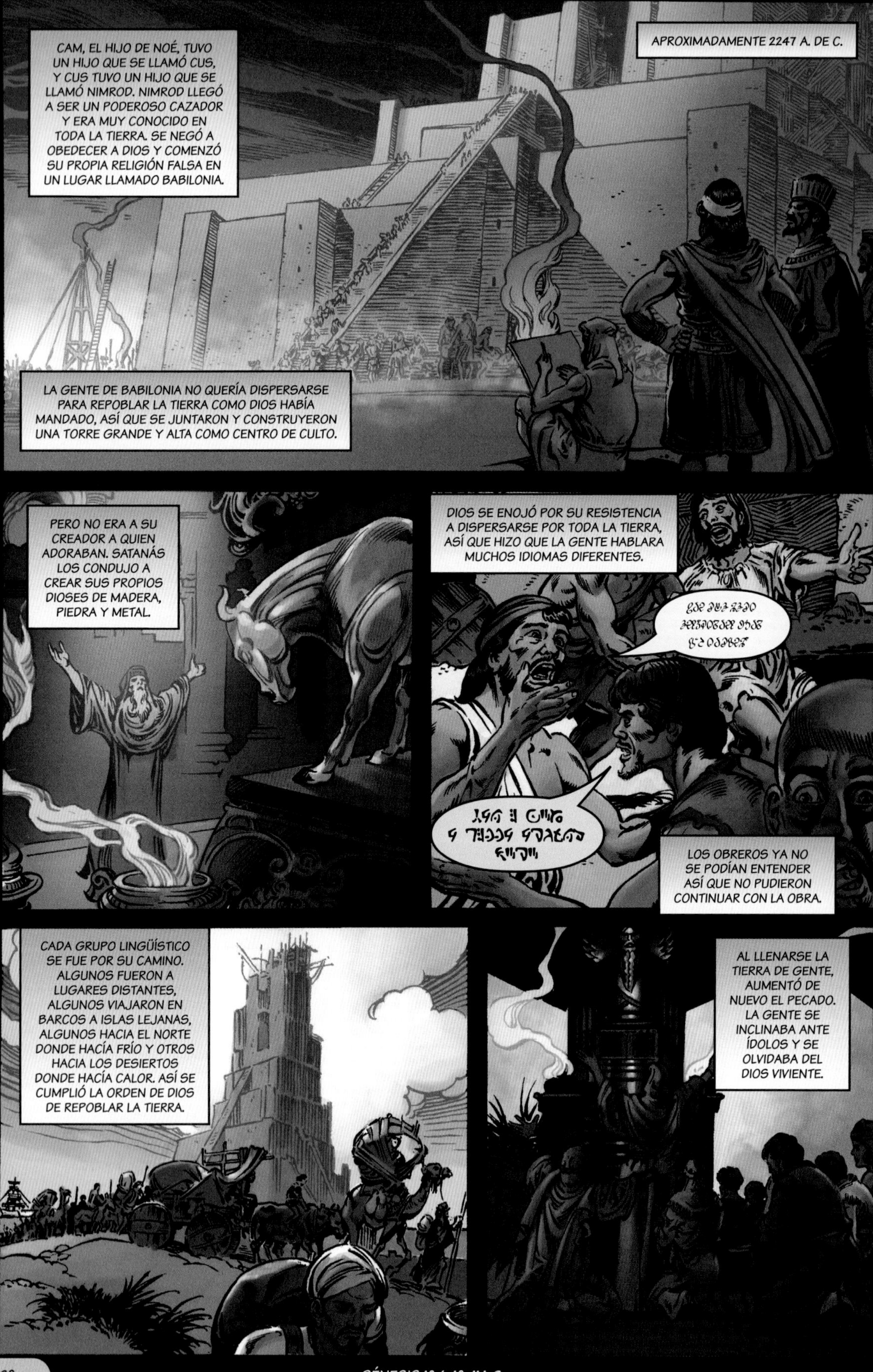
CAM, EL HIJO DE NOÉ, TUVO UN HIJO QUE SE LLAMÓ CUS, Y CUS TUVO UN HIJO QUE SE LLAMÓ NIMROD. NIMROD LLEGÓ A SER UN PODEROSO CAZADOR Y ERA MUY CONOCIDO EN TODA LA TIERRA. SE NEGÓ A OBEDECER A DIOS Y COMENZÓ SU PROPIA RELIGIÓN FALSA EN UN LUGAR LLAMADO BABILONIA.
APROXIMADAMENTE 2247 A. DE C.
LA GENTE DE BABILONIA NO QUERÍA DISPERSARSE PARA REPOBLAR LA TIERRA COMO DIOS HABÍA MANDADO, ASÍ QUE SE JUNTARON Y CONSTRUYERON UNA TORRE GRANDE Y ALTA COMO CENTRO DE CULTO.
PERO NO ERA A SU CREADOR A QUIEN ADORABAN. SATANÁS LOS CONDUJO A CREAR SUS PROPIOS DIOSES DE MADERA, PIEDRA Y METAL.
DIOS SE ENOJÓ POR SU RESISTENCIA A DISPERSARSE POR TODA LA TIERRA, ASÍ QUE HIZO QUE LA GENTE HABLARA MUCHOS IDIOMAS DIFERENTES.
LOS OBREROS YA NO SE PODÍAN ENTENDER ASÍ QUE NO PUDIERON CONTINUAR CON LA OBRA.
CADA GRUPO LINGÜÍSTICO SE FUE POR SU CAMINO. ALGUNOS FUERON A LUGARES DISTANTES, ALGUNOS VIAJARON EN BARCOS A ISLAS LEJANAS, ALGUNOS HACIA EL NORTE DONDE HACÍA FRÍO Y OTROS HACIA LOS DESIERTOS DONDE HACÍA CALOR. ASÍ SE CUMPLIÓ LA ORDEN DE DIOS DE REPOBLAR LA TIERRA.
AL LLENARSE LA TIERRA DE GENTE, AUMENTÓ DE NUEVO EL PECADO. LA GENTE SE INCLINABA ANTE ÍDOLOS Y SE OLVIDABA DEL DIOS VIVIENTE.

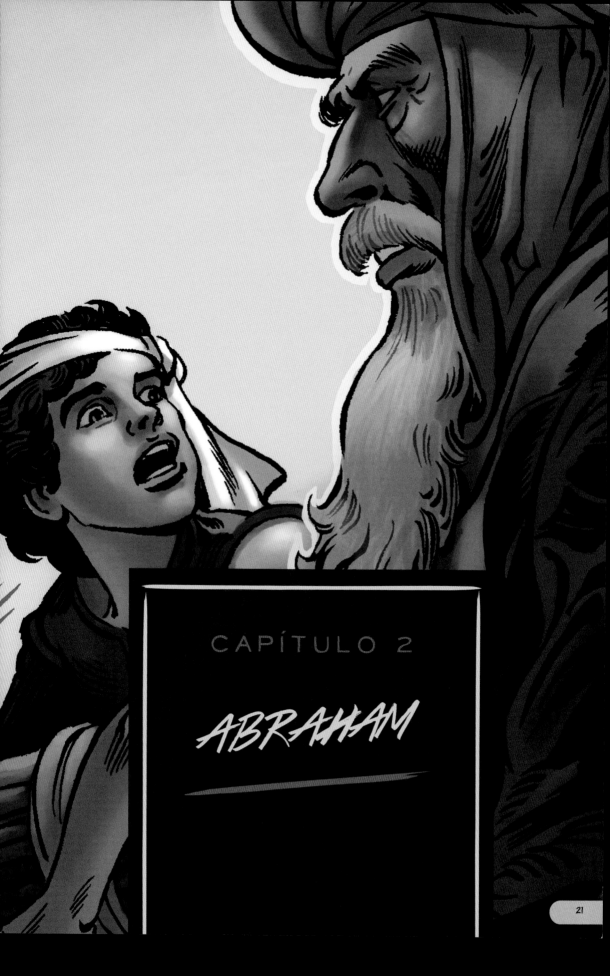

CAPÍTULO 2

ABRAHAM

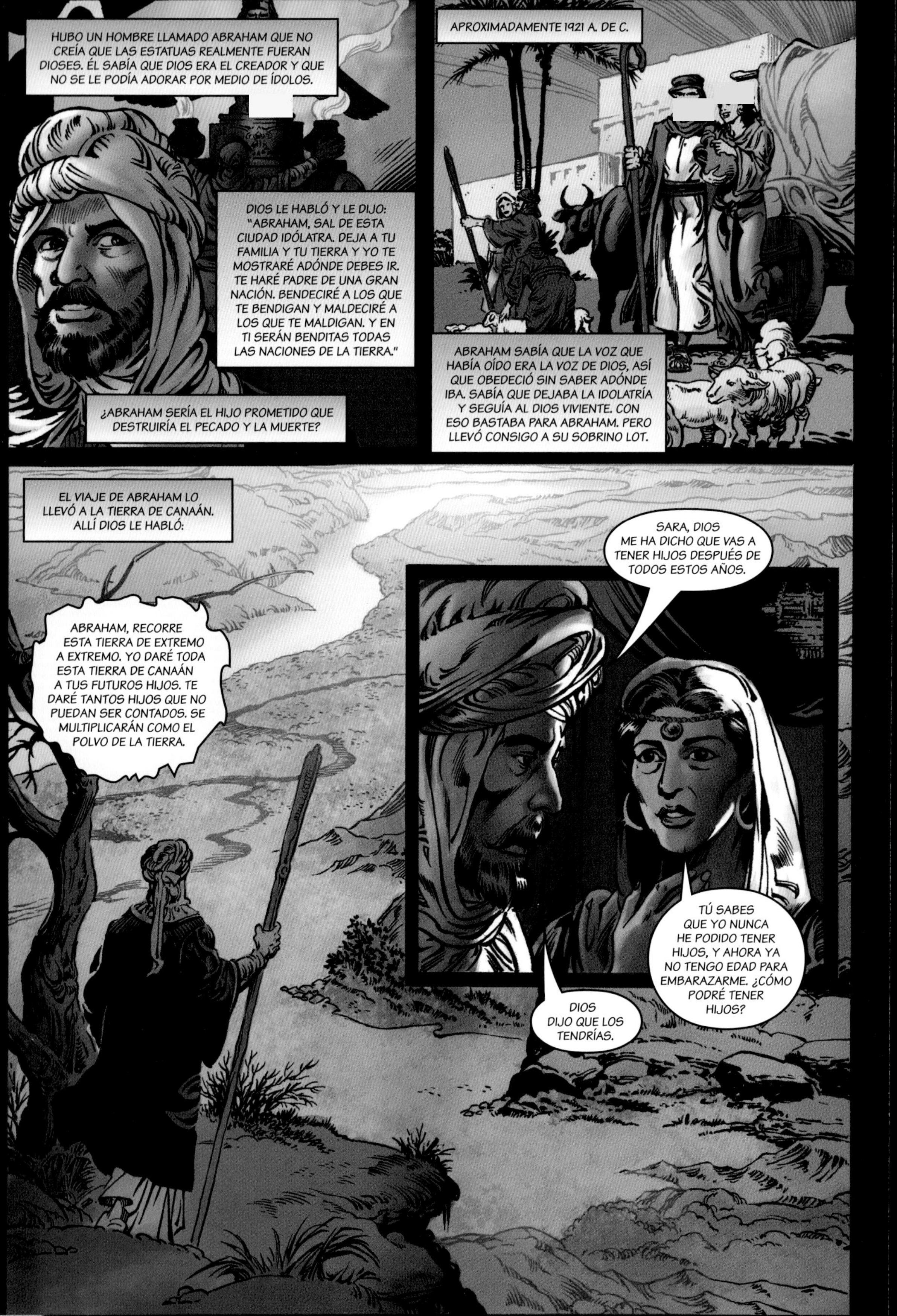
HUBO UN HOMBRE LLAMADO ABRAHAM QUE NO CREÍA QUE LAS ESTATUAS REALMENTE FUERAN DIOSES. ÉL SABÍA QUE DIOS ERA EL CREADOR Y QUE NO SE LE PODÍA ADORAR POR MEDIO DE ÍDOLOS.
DIOS LE HABLÓ Y LE DIJO: "ABRAHAM, SAL DE ESTA CIUDAD IDÓLATRA. DEJA A TU FAMILIA Y TU TIERRA Y YO TE MOSTRARÉ ADÓNDE DEBES IR. TE HARÉ PADRE DE UNA GRAN NACIÓN. BENDECIRÉ A LOS QUE TE BENDIGAN Y MALDECIRÉ A LOS QUE TE MALDIGAN. Y EN TI SERÁN BENDITAS TODAS LAS NACIONES DE LA TIERRA."
¿ABRAHAM SERÍA EL HIJO PROMETIDO QUE DESTRUIRÍA EL PECADO Y LA MUERTE?
APROXIMADAMENTE 1921 A. DE C.
ABRAHAM SABÍA QUE LA VOZ QUE HABÍA OÍDO ERA LA VOZ DE DIOS, ASÍ QUE OBEDECIÓ SIN SABER ADÓNDE IBA. SABÍA QUE DEJABA LA IDOLATRÍA Y SEGUÍA AL DIOS VIVIENTE. CON ESO BASTABA PARA ABRAHAM. PERO LLEVÓ CONSIGO A SU SOBRINO LOT.
EL VIAJE DE ABRAHAM LO LLEVÓ A LA TIERRA DE CANAÁN. ALLÍ DIOS LE HABLÓ:
ABRAHAM, RECORRE ESTA TIERRA DE EXTREMO A EXTREMO. YO DARÉ TODA ESTA TIERRA DE CANAÁN A TUS FUTUROS HIJOS. TE DARÉ TANTOS HIJOS QUE NO PUEDAN SER CONTADOS. SE MULTIPLICARÁN COMO EL POLVO DE LA TIERRA.
SARA, DIOS ME HA DICHO QUE VAS A TENER HIJOS DESPUÉS DE TODOS ESTOS AÑOS.
TÚ SABES QUE YO NUNCA HE PODIDO TENER HIJOS, Y AHORA YA NO TENGO EDAD PARA EMBARAZARME. ¿CÓMO PODRÉ TENER HIJOS?
DIOS DIJO QUE LOS TENDRÍAS.

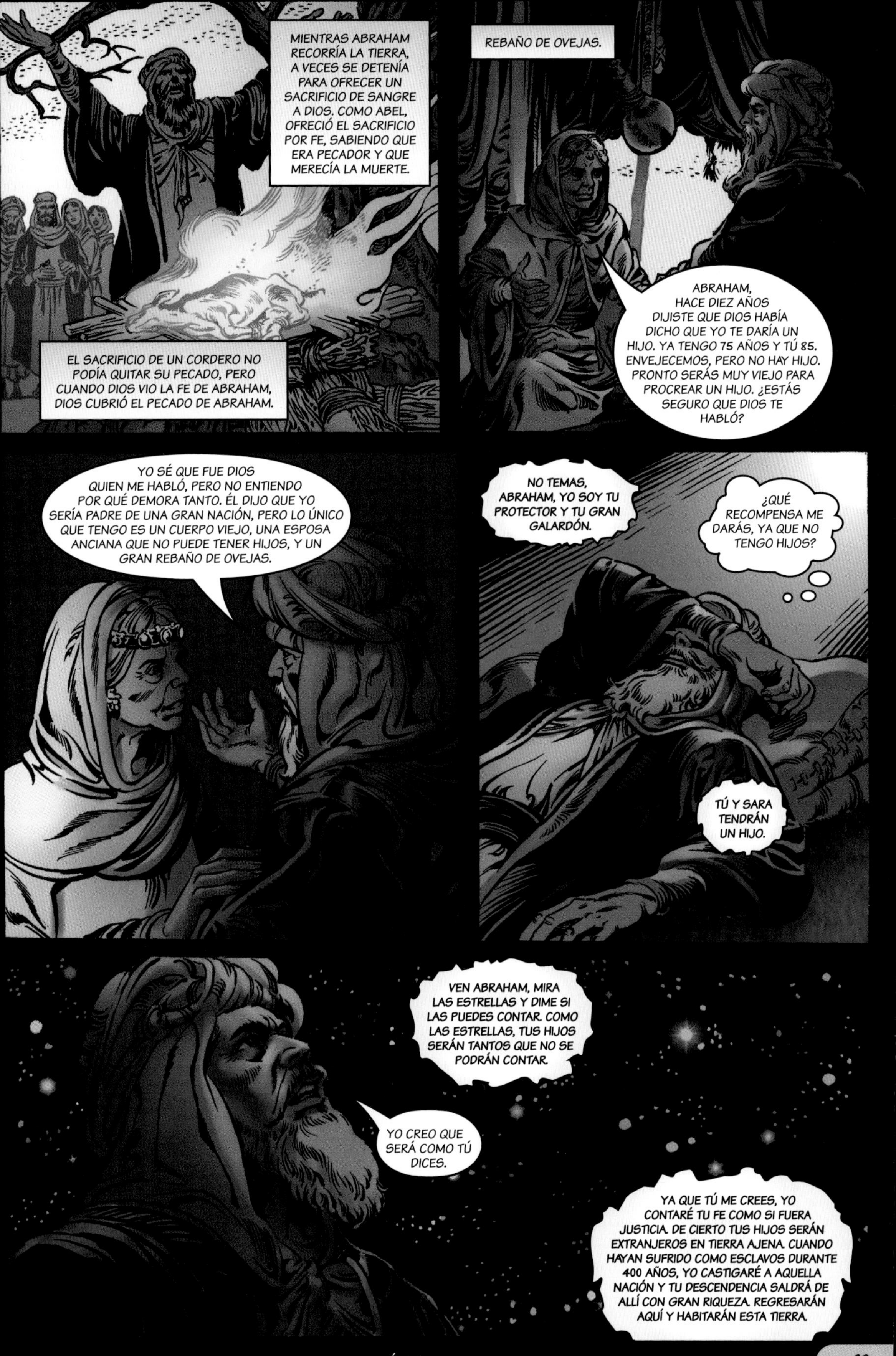
MIENTRAS ABRAHAM RECORRÍA LA TIERRA, A VECES SE DETENÍA PARA OFRECER UN SACRIFICIO DE SANGRE A DIOS. COMO ABEL, OFRECIÓ EL SACRIFICIO POR FE, SABIENDO QUE ERA PECADOR Y QUE MERECÍA LA MUERTE.
EL SACRIFICIO DE UN CORDERO NO PODÍA QUITAR SU PECADO, PERO CUANDO DIOS VIO LA FE DE ABRAHAM, DIOS CUBRIÓ EL PECADO DE ABRAHAM.
REBAÑO DE OVEJAS.
ABRAHAM, HACE DIEZ AÑOS DIJISTE QUE DIOS HABÍA DICHO QUE YO TE DARÍA UN HIJO. YA TENGO 75 AÑOS Y TÚ 85. ENVEJECEMOS, PERO NO HAY HIJO. PRONTO SERÁS MUY VIEJO PARA PROCREAR UN HIJO. ¿ESTÁS SEGURO QUE DIOS TE HABLÓ?
YO SÉ QUE FUE DIOS QUIEN ME HABLÓ, PERO NO ENTIENDO POR QUÉ DEMORA TANTO. ÉL DIJO QUE YO SERÍA PADRE DE UNA GRAN NACIÓN, PERO LO ÚNICO QUE TENGO ES UN CUERPO VIEJO, UNA ESPOSA ANCIANA QUE NO PUEDE TENER HIJOS, Y UN GRAN REBAÑO DE OVEJAS.
NO TEMAS, ABRAHAM, YO SOY TU PROTECTOR Y TU GRAN GALARDÓN.
¿QUÉ RECOMPENSA ME DARÁS, YA QUE NO TENGO HIJOS?
TÚ Y SARA TENDRÁN UN HIJO.
VEN ABRAHAM, MIRA LAS ESTRELLAS Y DIME SI LAS PUEDES CONTAR. COMO LAS ESTRELLAS, TUS HIJOS SERÁN TANTOS QUE NO SE PODRÁN CONTAR.
YO CREO QUE SERÁ COMO TÚ DICES.
YA QUE TÚ ME CREES, YO CONTARÉ TU FE COMO SI FUERA JUSTICIA. DE CIERTO TUS HIJOS SERÁN EXTRANJEROS EN TIERRA AJENA. CUANDO HAYAN SUFRIDO COMO ESCLAVOS DURANTE 400 AÑOS, YO CASTIGARÉ A AQUELLA NACIÓN Y TU DESCENDENCIA SALDRÁ DE ALLÍ CON GRAN RIQUEZA. REGRESARÁN AQUÍ Y HABITARÁN ESTA TIERRA.

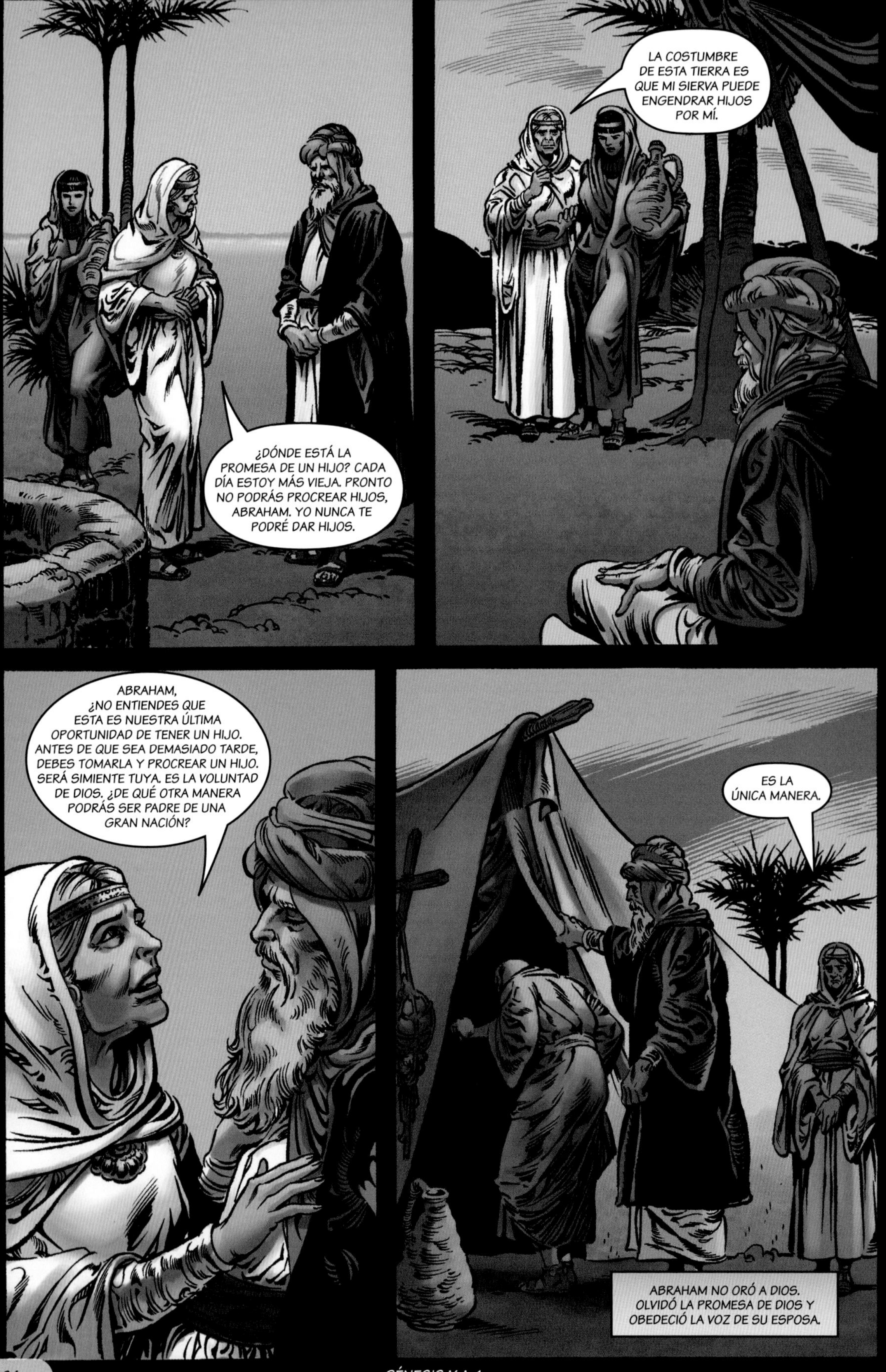
¿DÓNDE ESTÁ LA PROMESA DE UN HIJO? CADA DÍA ESTOY MÁS VIEJA. PRONTO NO PODRÁS PROCREAR HIJOS, ABRAHAM. YO NUNCA TE PODRÉ DAR HIJOS.
LA COSTUMBRE DE ESTA TIERRA ES QUE MI SIERVA PUEDE ENGENDRAR HIJOS POR MÍ.
ABRAHAM, ¿NO ENTIENDES QUE ESTA ES NUESTRA ÚLTIMA OPORTUNIDAD DE TENER UN HIJO. ANTES DE QUE SEA DEMASIADO TARDE, DEBES TOMARLA Y PROCREAR UN HIJO. SERÁ SIMIENTE TUYA. ES LA VOLUNTAD DE DIOS. ¿DE QUÉ OTRA MANERA PODRÁS SER PADRE DE UNA GRAN NACIÓN?
ES LA ÚNICA MANERA.
ABRAHAM NO ORÓ A DIOS. OLVIDÓ LA PROMESA DE DIOS Y OBEDECIÓ LA VOZ DE SU ESPOSA.

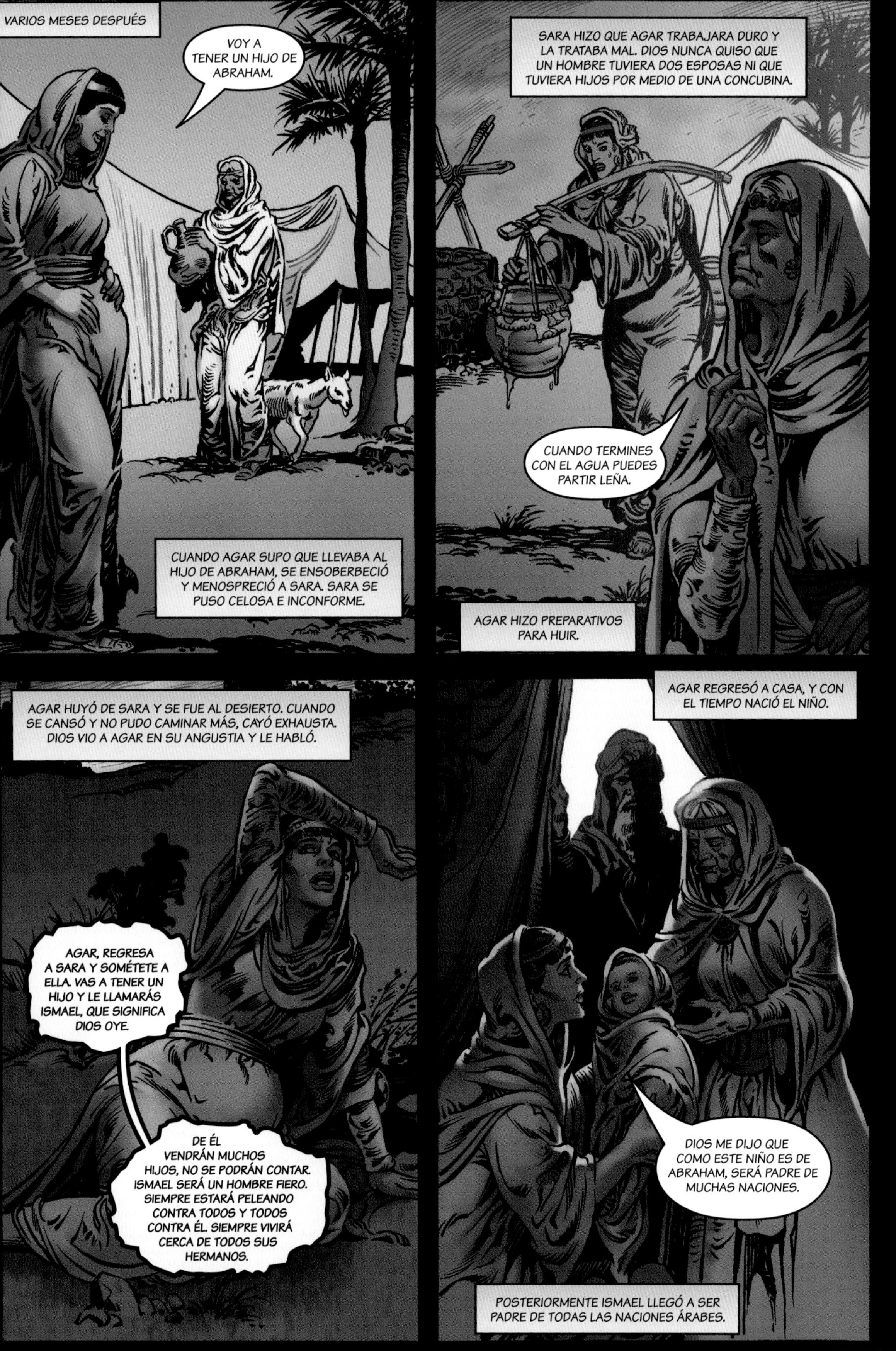
VARIOS MESES DESPUÉS
VOY A TENER UN HIJO DE ABRAHAM.
CUANDO AGAR SUPO QUE LLEVABA AL HIJO DE ABRAHAM, SE ENSOBERBECIÓ Y MENOSPRECIÓ A SARA. SARA SE PUSO CELOSA E INCONFORME.
SARA HIZO QUE AGAR TRABAJARA DURO Y LA TRATABA MAL. DIOS NUNCA QUISO QUE UN HOMBRE TUVIERA DOS ESPOSAS NI QUE TUVIERA HIJOS POR MEDIO DE UNA CONCUBINA.
CUANDO TERMINES CON EL AGUA PUEDES PARTIR LEÑA.
AGAR HIZO PREPARATIVOS PARA HUIR.
AGAR HUYÓ DE SARA Y SE FUE AL DESIERTO. CUANDO SE CANSÓ Y NO PUDO CAMINAR MÁS, CAYÓ EXHAUSTA. DIOS VIO A AGAR EN SU ANGUSTIA Y LE HABLÓ.
AGAR, REGRESA A SARA Y SOMÉTETE A ELLA. VAS A TENER UN HIJO Y LE LLAMARÁS ISMAEL, QUE SIGNIFICA DIOS OYE.
DE ÉL VENDRÁN MUCHOS HIJOS, NO SE PODRÁN CONTAR. ISMAEL SERÁ UN HOMBRE FIERO. SIEMPRE ESTARÁ PELEANDO CONTRA TODOS Y TODOS CONTRA ÉL. SIEMPRE VIVIRÁ CERCA DE TODOS SUS HERMANOS.
AGAR REGRESÓ A CASA, Y CON EL TIEMPO NACIÓ EL NIÑO.
DIOS ME DIJO QUE COMO ESTE NIÑO ES DE ABRAHAM, SERÁ PADRE DE MUCHAS NACIONES.
POSTERIORMENTE ISMAEL LLEGÓ A SER PADRE DE TODAS LAS NACIONES ÁRABES.

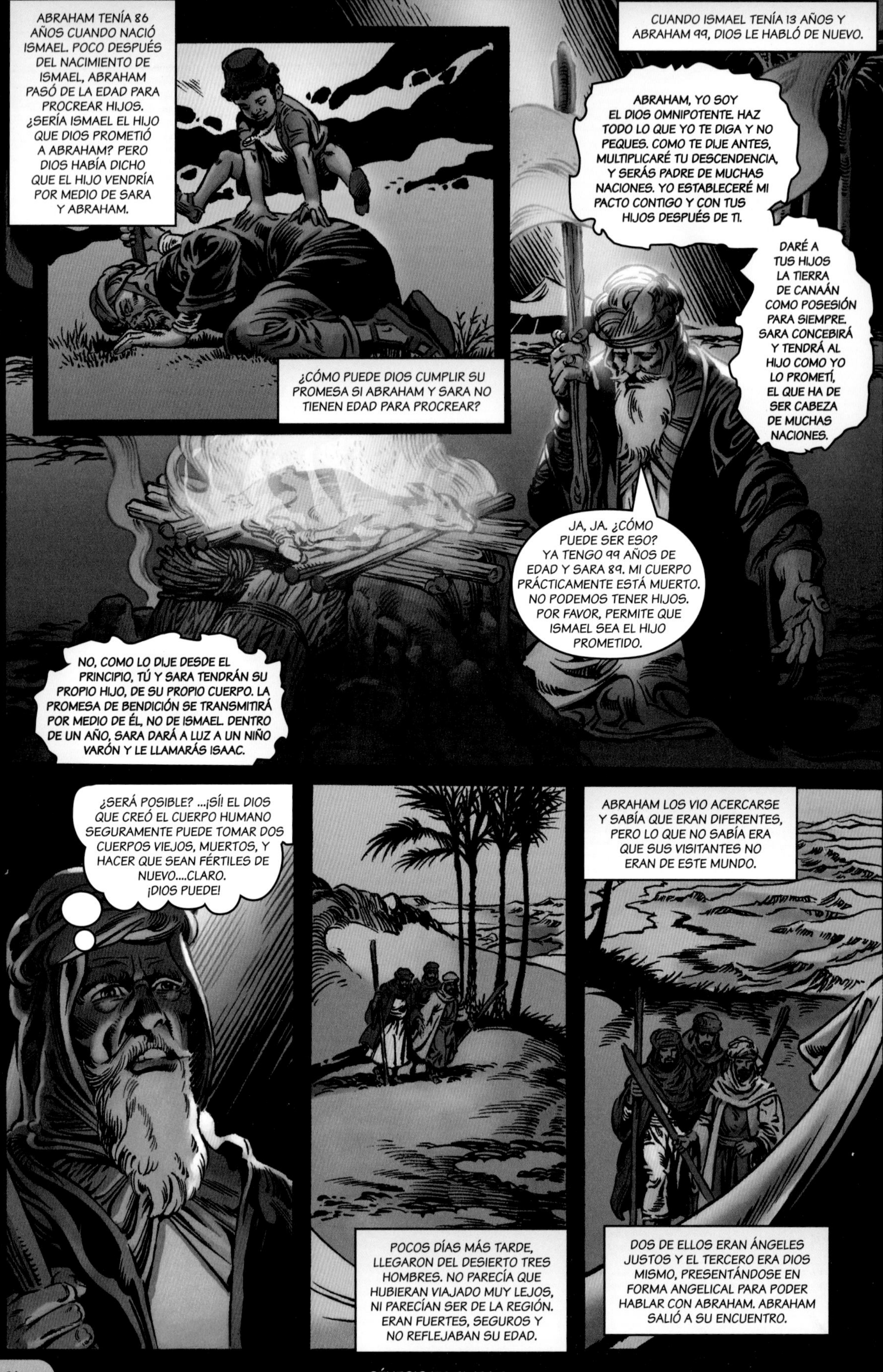
ABRAHAM TENÍA 86 AÑOS CUANDO NACIÓ ISMAEL. POCO DESPUÉS DEL NACIMIENTO DE ISMAEL, ABRAHAM PASÓ DE LA EDAD PARA PROCREAR HIJOS. ¿SERÍA ISMAEL EL HIJO QUE DIOS PROMETIÓ A ABRAHAM? PERO DIOS HABÍA DICHO QUE EL HIJO VENDRÍA POR MEDIO DE SARA Y ABRAHAM.
¿CÓMO PUEDE DIOS CUMPLIR SU PROMESA SI ABRAHAM Y SARA NO TIENEN EDAD PARA PROCREAR?
CUANDO ISMAEL TENÍA 13 AÑOS Y ABRAHAM 99, DIOS LE HABLÓ DE NUEVO.
ABRAHAM, YO SOY EL DIOS OMNIPOTENTE. HAZ TODO LO QUE YO TE DIGA Y NO PEQUES. COMO TE DIJE ANTES, MULTIPLICARÉ TU DESCENDENCIA, Y SERÁS PADRE DE MUCHAS NACIONES. YO ESTABLECERÉ MI PACTO CONTIGO Y CON TUS HIJOS DESPUÉS DE TI.
DARÉ A TUS HIJOS LA TIERRA DE CANAÁN COMO POSESIÓN PARA SIEMPRE. SARA CONCEBIRÁ Y TENDRÁ AL HIJO COMO YO LO PROMETÍ, EL QUE HA DE SER CABEZA DE MUCHAS NACIONES.
JA, JA. ¿CÓMO PUEDE SER ESO? YA TENGO 99 AÑOS DE EDAD Y SARA 89. MI CUERPO PRÁCTICAMENTE ESTÁ MUERTO. NO PODEMOS TENER HIJOS. POR FAVOR, PERMITE QUE ISMAEL SEA EL HIJO PROMETIDO.
NO, COMO LO DIJE DESDE EL PRINCIPIO, TÚ Y SARA TENDRÁN SU PROPIO HIJO, DE SU PROPIO CUERPO. LA PROMESA DE BENDICIÓN SE TRANSMITIRÁ POR MEDIO DE ÉL, NO DE ISMAEL. DENTRO DE UN AÑO, SARA DARÁ A LUZ A UN NIÑO VARÓN Y LE LLAMARÁS ISAAC.
¿SERÁ POSIBLE? ...¡SÍ! EL DIOS QUE CREÓ EL CUERPO HUMANO SEGURAMENTE PUEDE TOMAR DOS CUERPOS VIEJOS, MUERTOS, Y HACER QUE SEAN FÉRTILES DE NUEVO....CLARO. ¡DIOS PUEDE!
POCOS DÍAS MÁS TARDE, LLEGARON DEL DESIERTO TRES HOMBRES. NO PARECÍA QUE HUBIERAN VIAJADO MUY LEJOS, NI PARECÍAN SER DE LA REGIÓN. ERAN FUERTES, SEGUROS Y NO REFLEJABAN SU EDAD.
ABRAHAM LOS VIO ACERCARSE Y SABÍA QUE ERAN DIFERENTES, PERO LO QUE NO SABÍA ERA QUE SUS VISITANTES NO ERAN DE ESTE MUNDO.
DOS DE ELLOS ERAN ÁNGELES JUSTOS Y EL TERCERO ERA DIOS MISMO, PRESENTÁNDOSE EN FORMA ANGELICAL PARA PODER HABLAR CON ABRAHAM. ABRAHAM SALIÓ A SU ENCUENTRO.

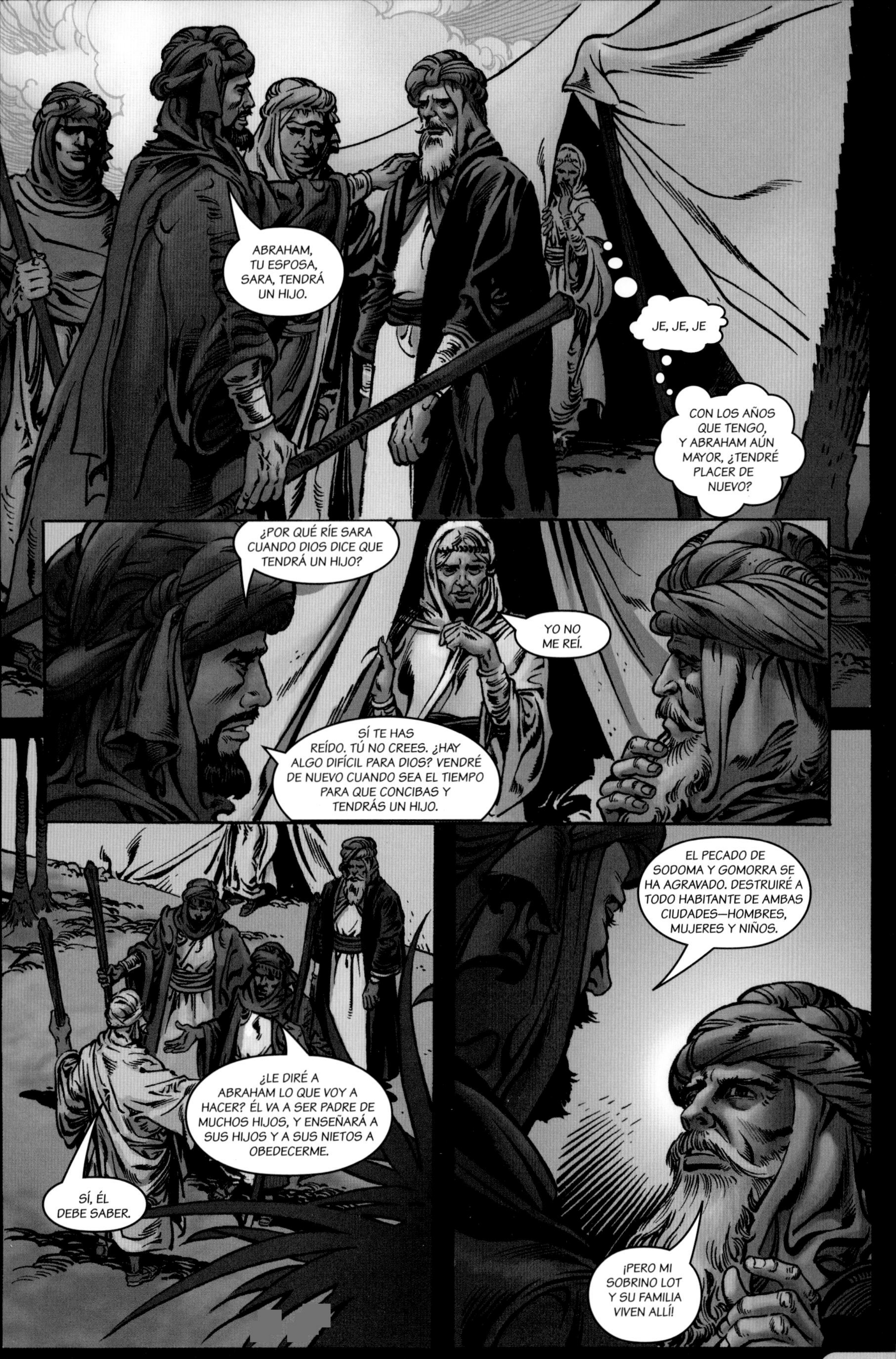
ABRAHAM, TU ESPOSA, SARA, TENDRÁ UN HIJO.
JE, JE, JE
CON LOS AÑOS QUE TENGO, Y ABRAHAM AÚN MAYOR, ¿TENDRÉ PLACER DE NUEVO?
¿POR QUÉ RÍE SARA CUANDO DIOS DICE QUE TENDRÁ UN HIJO?
YO NO ME REÍ.
SÍ TE HAS REÍDO. TÚ NO CREES. ¿HAY ALGO DIFÍCIL PARA DIOS? VENDRÉ DE NUEVO CUANDO SEA EL TIEMPO PARA QUE CONCIBAS Y TENDRÁS UN HIJO.
¿LE DIRÉ A ABRAHAM LO QUE VOY A HACER? ÉL VA A SER PADRE DE MUCHOS HIJOS, Y ENSEÑARÁ A SUS HIJOS Y A SUS NIETOS A OBEDECERME.
SÍ, ÉL DEBE SABER.
EL PECADO DE SODOMA Y GOMORRA SE HA AGRAVADO. DESTRUIRÉ A TODO HABITANTE DE AMBAS CIUDADES—HOMBRES, MUJERES Y NIÑOS.
¡PERO MI SOBRINO LOT Y SU FAMILIA VIVEN ALLÍ!

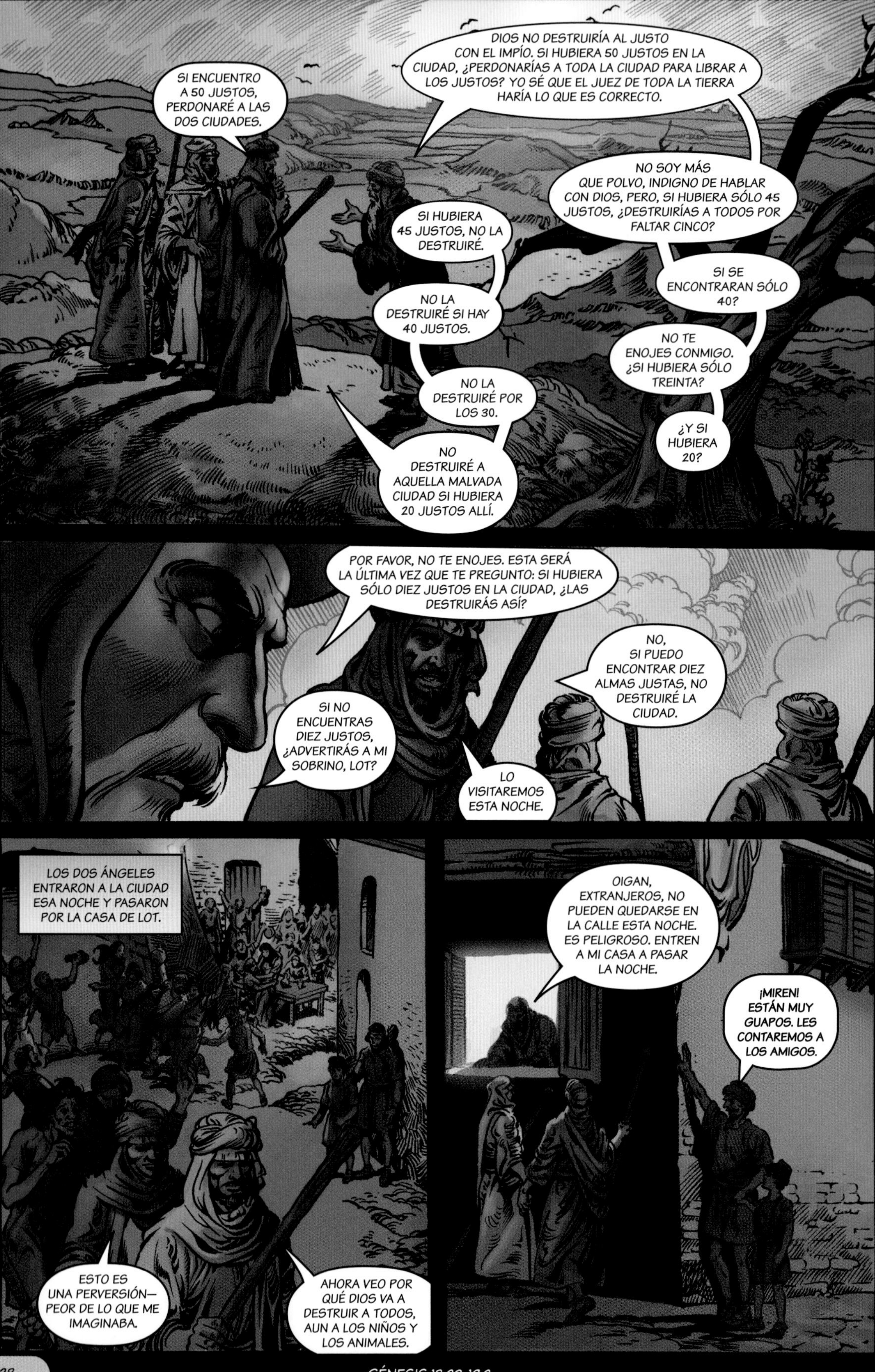
SI ENCUENTRO A 50 JUSTOS, PERDONARÉ A LAS DOS CIUDADES.
DIOS NO DESTRUIRÍA AL JUSTO CON EL IMPÍO. SI HUBIERA 50 JUSTOS EN LA CIUDAD, ¿PERDONARÍAS A TODA LA CIUDAD PARA LIBRAR A LOS JUSTOS? YO SÉ QUE EL JUEZ DE TODA LA TIERRA HARÍA LO QUE ES CORRECTO.
NO SOY MÁS QUE POLVO, INDIGNO DE HABLAR CON DIOS, PERO, SI HUBIERA SÓLO 45 JUSTOS, ¿DESTRUIRÍAS A TODOS POR FALTAR CINCO?
SI HUBIERA 45 JUSTOS, NO LA DESTRUIRÉ.
SI SE ENCONTRARAN SÓLO 40?
NO LA DESTRUIRÉ SI HAY 40 JUSTOS.
NO TE ENOJES CONMIGO. ¿SI HUBIERA SÓLO TREINTA?
NO LA DESTRUIRÉ POR LOS 30.
¿Y SI HUBIERA 20?
NO DESTRUIRÉ A AQUELLA MALVADA CIUDAD SI HUBIERA 20 JUSTOS ALLÍ.
POR FAVOR, NO TE ENOJES. ESTA SERÁ LA ÚLTIMA VEZ QUE TE PREGUNTO: SI HUBIERA SÓLO DIEZ JUSTOS EN LA CIUDAD, ¿LAS DESTRUIRÁS ASÍ?
NO, SI PUEDO ENCONTRAR DIEZ ALMAS JUSTAS, NO DESTRUIRÉ LA CIUDAD.
SI NO ENCUENTRAS DIEZ JUSTOS, ¿ADVERTIRÁS A MI SOBRINO, LOT?
LO VISITAREMOS ESTA NOCHE.
LOS DOS ÁNGELES ENTRARON A LA CIUDAD ESA NOCHE Y PASARON POR LA CASA DE LOT.
ESTO ES UNA PERVERSIÓN— PEOR DE LO QUE ME IMAGINABA.
AHORA VEO POR QUÉ DIOS VA A DESTRUIR A TODOS, AUN A LOS NIÑOS Y LOS ANIMALES.
OIGAN, EXTRANJEROS, NO PUEDEN QUEDARSE EN LA CALLE ESTA NOCHE. ES PELIGROSO. ENTREN A MI CASA A PASAR LA NOCHE.
¡MIREN! ESTÁN MUY GUAPOS. LES CONTAREMOS A LOS AMIGOS.

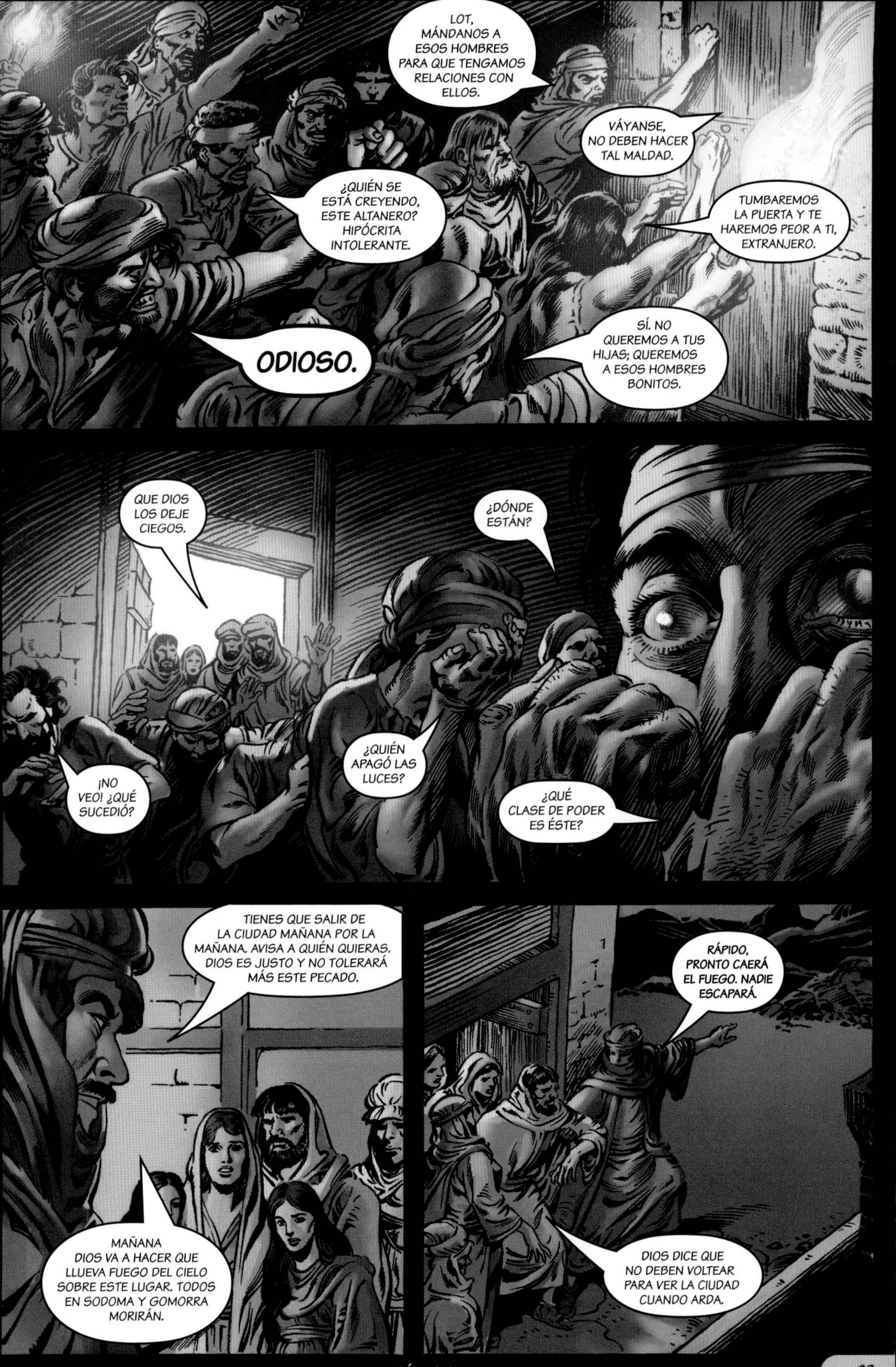
LOT, MÁNDANOS A ESOS HOMBRES PARA QUE TENGAMOS RELACIONES CON ELLOS.
VÁYANSE, NO DEBEN HACER TAL MALDAD.
¿QUIÉN SE ESTÁ CREYENDO, ESTE ALTANERO? HIPÓCRITA INTOLERANTE.
TUMBAREMOS LA PUERTA Y TE HAREMOS PEOR A TI, EXTRANJERO.
ODIOSO.
SÍ. NO QUEREMOS A TUS HIJAS; QUEREMOS A ESOS HOMBRES BONITOS.
QUE DIOS LOS DEJE CIEGOS.
¿DÓNDE ESTÁN?
¡NO VEO! ¿QUÉ SUCEDIÓ?
¿QUIÉN APAGÓ LAS LUCES?
¿QUÉ CLASE DE PODER ES ÉSTE?
TIENES QUE SALIR DE LA CIUDAD MAÑANA POR LA MAÑANA. AVISA A QUIÉN QUIERAS. DIOS ES JUSTO Y NO TOLERARÁ MÁS ESTE PECADO.
MAÑANA DIOS VA A HACER QUE LLUEVA FUEGO DEL CIELO SOBRE ESTE LUGAR. TODOS EN SODOMA Y GOMORRA MORIRÁN.
RÁPIDO, PRONTO CAERÁ EL FUEGO. NADIE ESCAPARÁ.
DIOS DICE QUE NO DEBEN VOLTEAR PARA VER LA CIUDAD CUANDO ARDA.

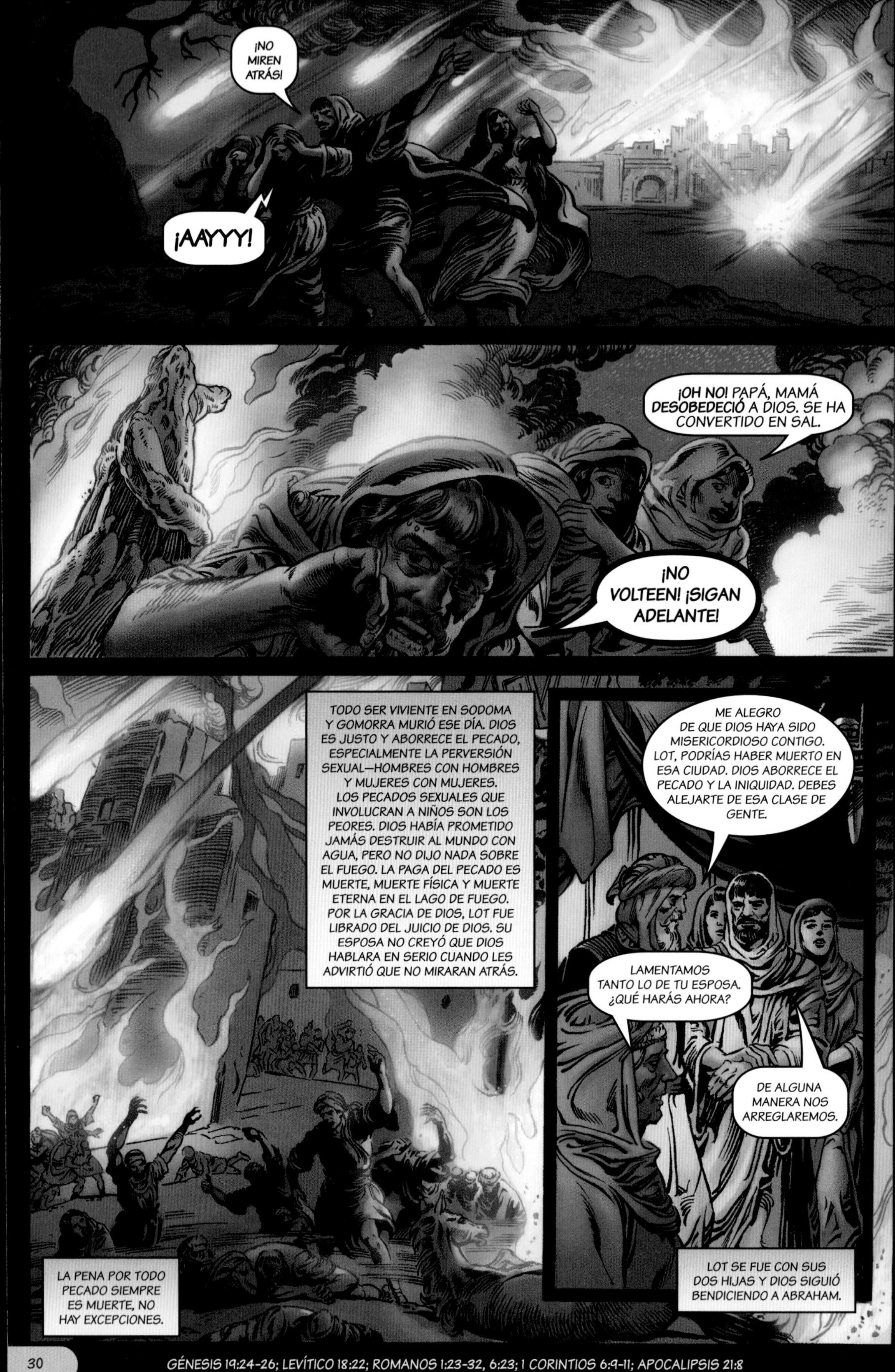

¡NO MIREN ATRÁS!
¡AAYYY!
¡OH NO! PAPÁ, MAMÁ DESOBEDECIÓ A DIOS. SE HA CONVERTIDO EN SAL.
¡NO VOLTEEN! ¡SIGAN ADELANTE!
TODO SER VIVIENTE EN SODOMA Y GOMORRA MURIÓ ESE DÍA. DIOS ES JUSTO Y ABORRECE EL PECADO, ESPECIALMENTE LA PERVERSIÓN SEXUAL—HOMBRES CON HOMBRES Y MUJERES CON MUJERES. LOS PECADOS SEXUALES QUE INVOLUCRAN A NIÑOS SON LOS PEORES. DIOS HABÍA PROMETIDO JAMÁS DESTRUIR AL MUNDO CON AGUA, PERO NO DIJO NADA SOBRE EL FUEGO. LA PAGA DEL PECADO ES MUERTE, MUERTE FÍSICA Y MUERTE ETERNA EN EL LAGO DE FUEGO. POR LA GRACIA DE DIOS, LOT FUE LIBRADO DEL JUICIO DE DIOS. SU ESPOSA NO CREYÓ QUE DIOS HABLARA EN SERIO CUANDO LES ADVIRTIÓ QUE NO MIRARAN ATRÁS.
LA PENA POR TODO PECADO SIEMPRE ES MUERTE, NO HAY EXCEPCIONES.
ME ALEGRO DE QUE DIOS HAYA SIDO MISERICORDIOSO CONTIGO. LOT, PODRÍAS HABER MUERTO EN ESA CIUDAD. DIOS ABORRECE EL PECADO Y LA INIQUIDAD. DEBES ALEJARTE DE ESA CLASE DE GENTE.
LAMENTAMOS TANTO LO DE TU ESPOSA. ¿QUÉ HARÁS AHORA?
DE ALGUNA MANERA NOS ARREGLAREMOS.
LOT SE FUE CON SUS DOS HIJAS Y DIOS SIGUIÓ BENDICIENDO A ABRAHAM.

GÉNESIS 19:24-26; LEVÍTICO 18:22; ROMANOS 1:23-32, 6:23; 1 CORINTIOS 6:9-11; APOCALIPSIS 21:8

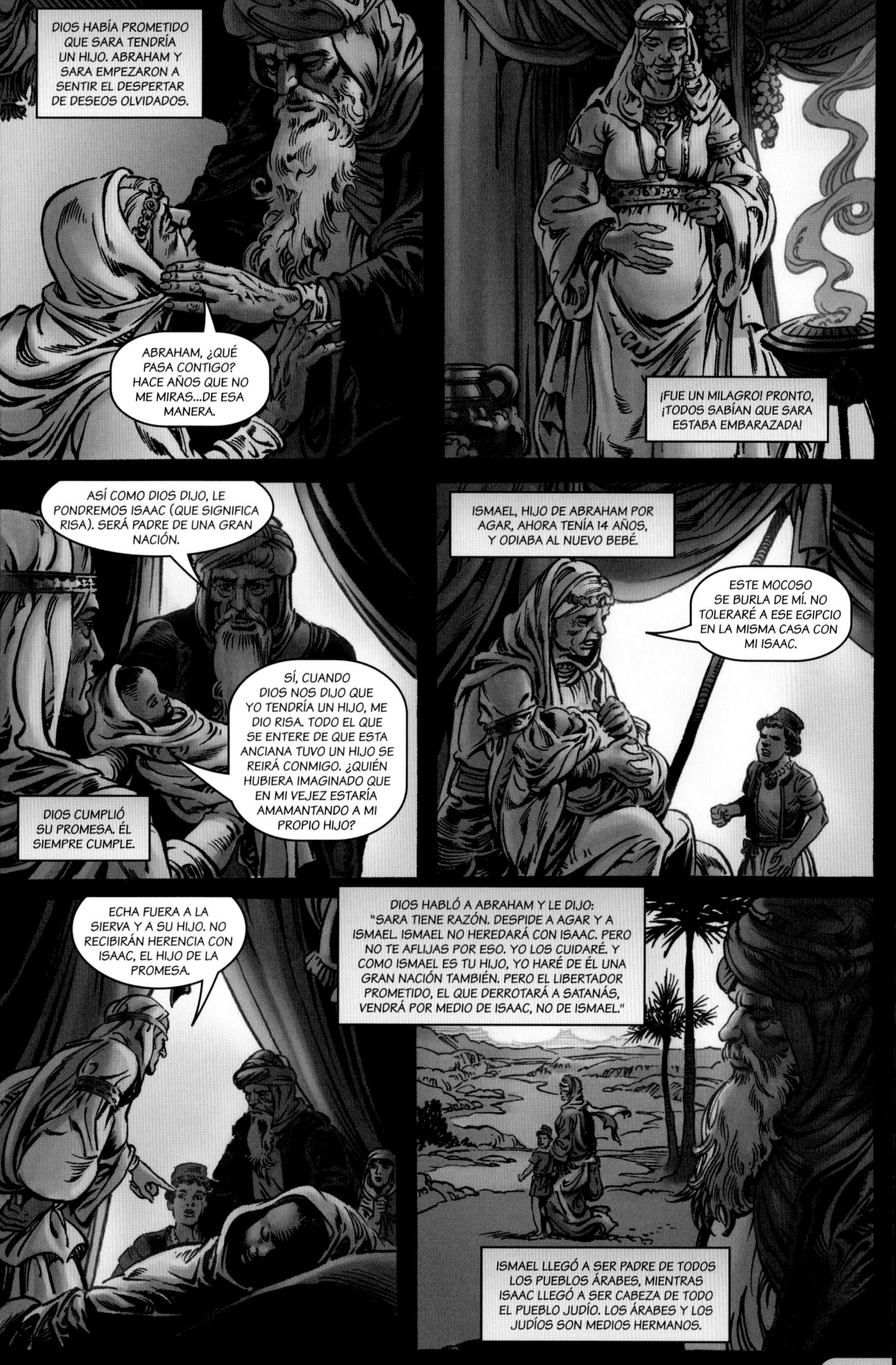
DIOS HABÍA PROMETIDO QUE SARA TENDRÍA UN HIJO. ABRAHAM Y SARA EMPEZARON A SENTIR EL DESPERTAR DE DESEOS OLVIDADOS.
ABRAHAM, ¿QUÉ PASA CONTIGO? HACE AÑOS QUE NO ME MIRAS...DE ESA MANERA.
¡FUE UN MILAGRO! PRONTO, ¡TODOS SABÍAN QUE SARA ESTABA EMBARAZADA!
ASÍ COMO DIOS DIJO, LE PONDREMOS ISAAC (QUE SIGNIFICA RISA). SERÁ PADRE DE UNA GRAN NACIÓN.
SÍ, CUANDO DIOS NOS DIJO QUE YO TENDRÍA UN HIJO, ME DIO RISA. TODO EL QUE SE ENTERE DE QUE ESTA ANCIANA TUVO UN HIJO SE REIRÁ CONMIGO. ¿QUIÉN HUBIERA IMAGINADO QUE EN MI VEJEZ ESTARÍA AMAMANTANDO A MI PROPIO HIJO?
DIOS CUMPLIÓ SU PROMESA. ÉL SIEMPRE CUMPLE.
ISMAEL, HIJO DE ABRAHAM POR AGAR, AHORA TENÍA 14 AÑOS, Y ODIABA AL NUEVO BEBÉ.
ESTE MOCOSO SE BURLA DE MÍ. NO TOLERARÉ A ESE EGIPCIO EN LA MISMA CASA CON MI ISAAC.
ECHA FUERA A LA SIERVA Y A SU HIJO. NO RECIBIRÁN HERENCIA CON ISAAC, EL HIJO DE LA PROMESA.
DIOS HABLÓ A ABRAHAM Y LE DIJO: "SARA TIENE RAZÓN. DESPIDE A AGAR Y A ISMAEL. ISMAEL NO HEREDARÁ CON ISAAC. PERO NO TE AFLIJAS POR ESO. YO LOS CUIDARÉ. Y COMO ISMAEL ES TU HIJO, YO HARÉ DE ÉL UNA GRAN NACIÓN TAMBIÉN. PERO EL LIBERTADOR PROMETIDO, EL QUE DERROTARÁ A SATANÁS, VENDRÁ POR MEDIO DE ISAAC, NO DE ISMAEL."
ISMAEL LLEGÓ A SER PADRE DE TODOS LOS PUEBLOS ÁRABES, MIENTRAS ISAAC LLEGÓ A SER CABEZA DE TODO EL PUEBLO JUDÍO. LOS ÁRABES Y LOS JUDÍOS SON MEDIOS HERMANOS.

GÉNESIS 21:1-3, 9-14

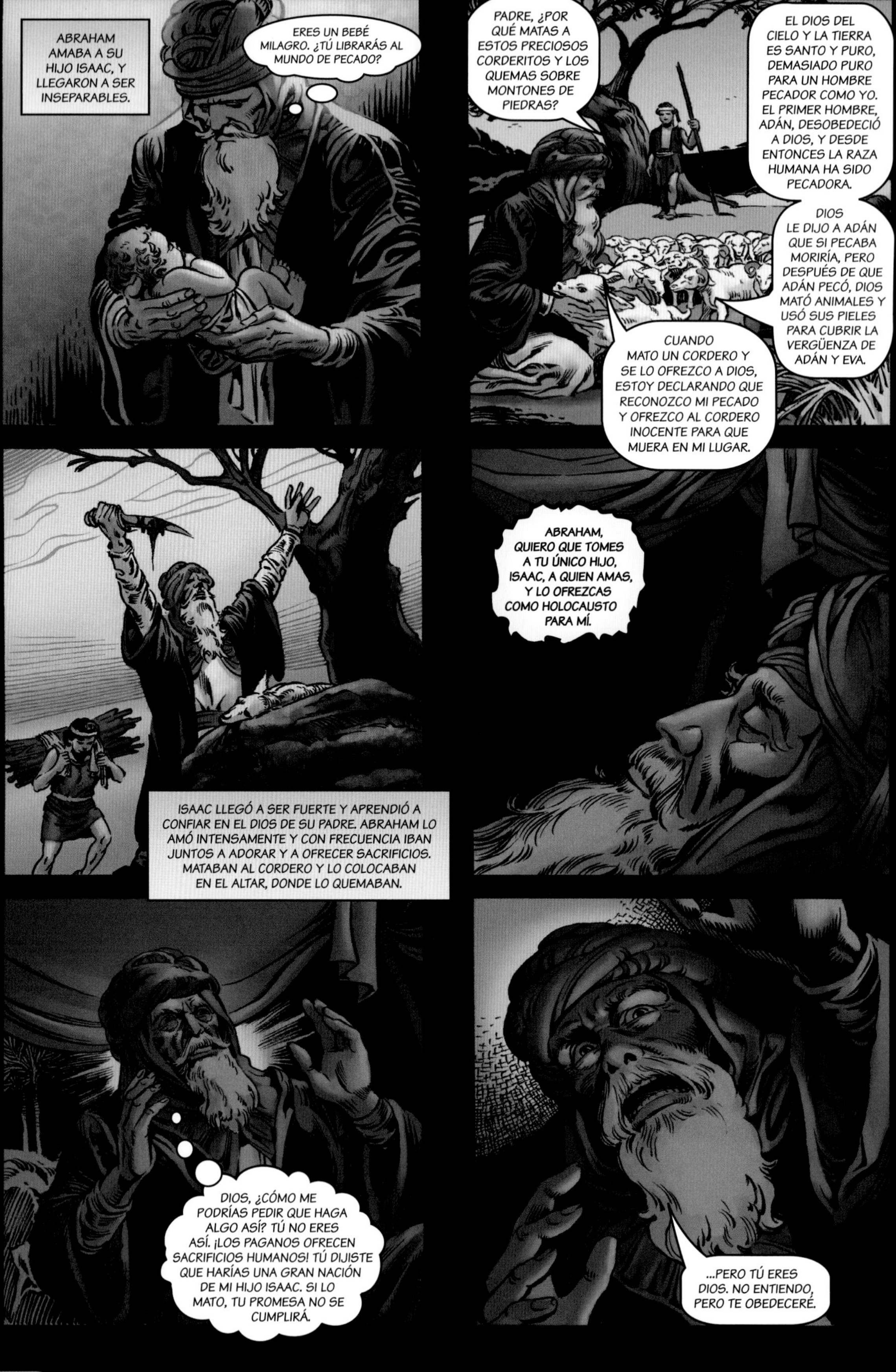
ABRAHAM AMABA A SU HIJO ISAAC, Y LLEGARON A SER INSEPARABLES.
ERES UN BEBÉ MILAGRO. ¿TÚ LIBRARÁS AL MUNDO DE PECADO?
PADRE, ¿POR QUÉ MATAS A ESTOS PRECIOSOS CORDERITOS Y LOS QUEMAS SOBRE MONTONES DE PIEDRAS?
EL DIOS DEL CIELO Y LA TIERRA ES SANTO Y PURO, DEMASIADO PURO PARA UN HOMBRE PECADOR COMO YO. EL PRIMER HOMBRE, ADÁN, DESOBEDECIÓ A DIOS, Y DESDE ENTONCES LA RAZA HUMANA HA SIDO PECADORA.
DIOS LE DIJO A ADÁN QUE SI PECABA MORIRÍA, PERO DESPUÉS DE QUE ADÁN PECÓ, DIOS MATÓ ANIMALES Y USÓ SUS PIELES PARA CUBRIR LA VERGÜENZA DE ADÁN Y EVA.
CUANDO MATO UN CORDERO Y SE LO OFREZCO A DIOS, ESTOY DECLARANDO QUE RECONOZCO MI PECADO Y OFREZCO AL CORDERO INOCENTE PARA QUE MUERA EN MI LUGAR.
ISAAC LLEGÓ A SER FUERTE Y APRENDIÓ A CONFIAR EN EL DIOS DE SU PADRE. ABRAHAM LO AMÓ INTENSAMENTE Y CON FRECUENCIA IBAN JUNTOS A ADORAR Y A OFRECER SACRIFICIOS. MATABAN AL CORDERO Y LO COLOCABAN EN EL ALTAR, DONDE LO QUEMABAN.
ABRAHAM, QUIERO QUE TOMES A TU ÚNICO HIJO, ISAAC, A QUIEN AMAS, Y LO OFREZCAS COMO HOLOCAUSTO PARA MÍ.
DIOS, ¿CÓMO ME PODRÍAS PEDIR QUE HAGA ALGO ASÍ? TÚ NO ERES ASÍ. ¡LOS PAGANOS OFRECEN SACRIFICIOS HUMANOS! TÚ DIJISTE QUE HARÍAS UNA GRAN NACIÓN DE MI HIJO ISAAC. SI LO MATO, TU PROMESA NO SE CUMPLIRÁ.
...PERO TÚ ERES DIOS. NO ENTIENDO, PERO TE OBEDECERÉ.

GÉNESIS 22:2; ROMANOS 5:12

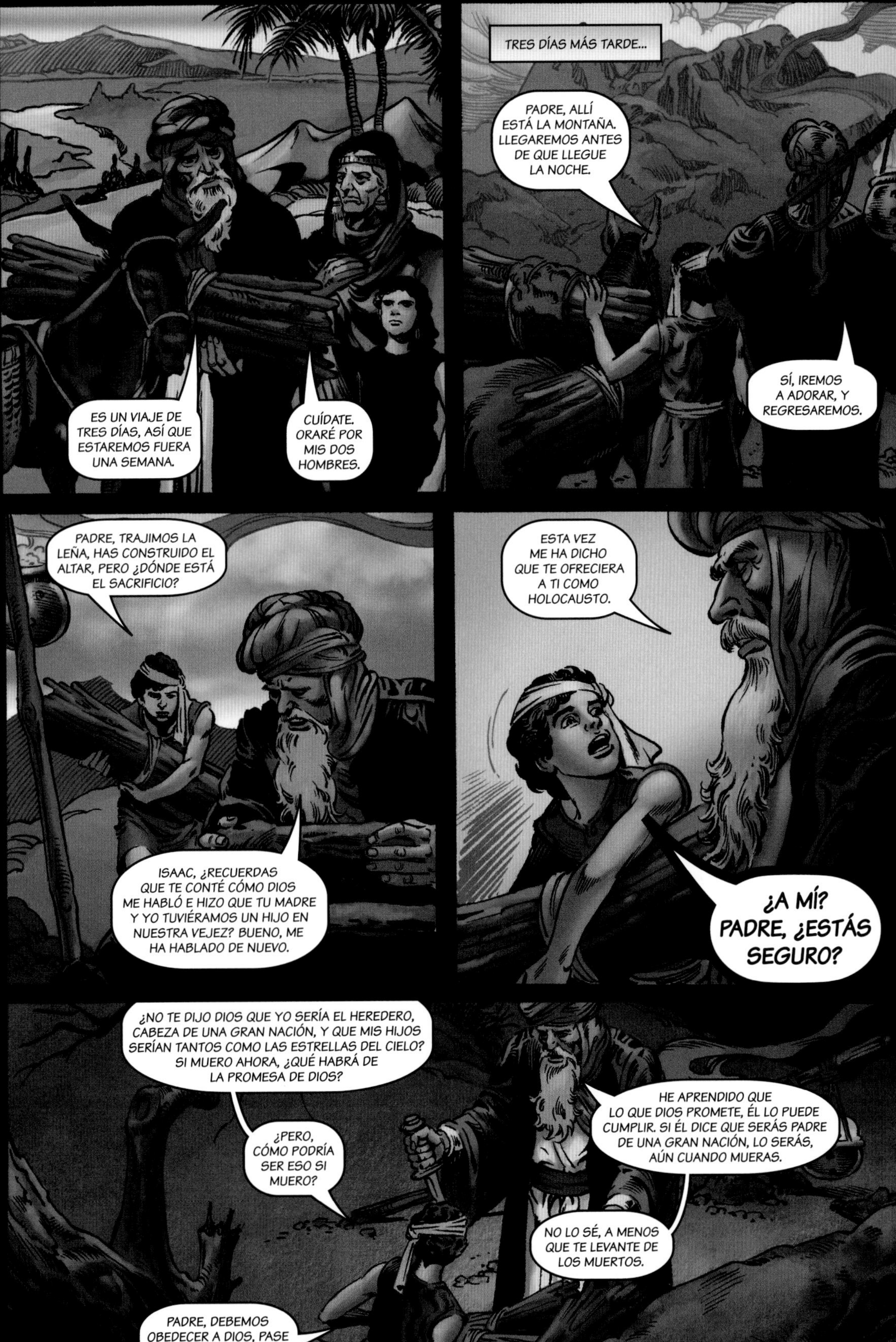
ES UN VIAJE DE TRES DÍAS, ASÍ QUE ESTAREMOS FUERA UNA SEMANA.
CUÍDATE. ORARÉ POR MIS DOS HOMBRES.
TRES DÍAS MÁS TARDE...
PADRE, ALLÍ ESTÁ LA MONTAÑA. LLEGAREMOS ANTES DE QUE LLEGUE LA NOCHE.
SÍ, IREMOS A ADORAR, Y REGRESAREMOS.
PADRE, TRAJIMOS LA LEÑA, HAS CONSTRUIDO EL ALTAR, PERO ¿DÓNDE ESTÁ EL SACRIFICIO?
ISAAC, ¿RECUERDAS QUE TE CONTÉ CÓMO DIOS ME HABLÓ E HIZO QUE TU MADRE Y YO TUVIÉRAMOS UN HIJO EN NUESTRA VEJEZ? BUENO, ME HA HABLADO DE NUEVO.
ESTA VEZ ME HA DICHO QUE TE OFRECIERA A TI COMO HOLOCAUSTO.
¿A MÍ? PADRE, ¿ESTÁS SEGURO?
¿NO TE DIJO DIOS QUE YO SERÍA EL HEREDERO, CABEZA DE UNA GRAN NACIÓN, Y QUE MIS HIJOS SERÍAN TANTOS COMO LAS ESTRELLAS DEL CIELO? SI MUERO AHORA, ¿QUÉ HABRÁ DE LA PROMESA DE DIOS?
HE APRENDIDO QUE LO QUE DIOS PROMETE, ÉL LO PUEDE CUMPLIR. SI ÉL DICE QUE SERÁS PADRE DE UNA GRAN NACIÓN, LO SERÁS, AÚN CUANDO MUERAS.
¿PERO, CÓMO PODRÍA SER ESO SI MUERO?
NO LO SÉ, A MENOS QUE TE LEVANTE DE LOS MUERTOS.
PADRE, DEBEMOS OBEDECER A DIOS, PASE LO QUE PASE.

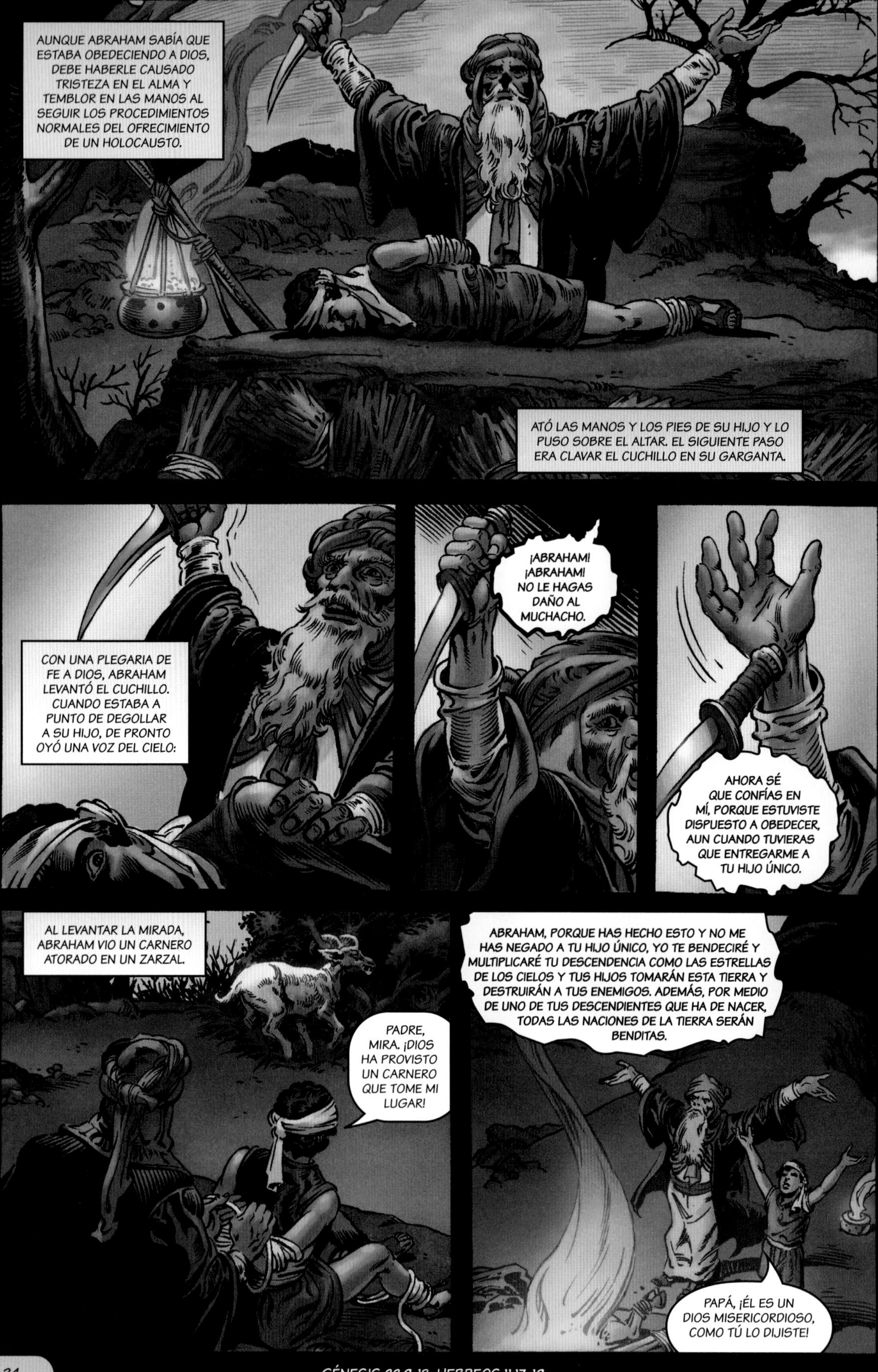
AUNQUE ABRAHAM SABÍA QUE ESTABA OBEDECIENDO A DIOS, DEBE HABERLE CAUSADO TRISTEZA EN EL ALMA Y TEMBLOR EN LAS MANOS AL SEGUIR LOS PROCEDIMIENTOS NORMALES DEL OFRECIMIENTO DE UN HOLOCAUSTO.
ATÓ LAS MANOS Y LOS PIES DE SU HIJO Y LO PUSO SOBRE EL ALTAR. EL SIGUIENTE PASO ERA CLAVAR EL CUCHILLO EN SU GARGANTA.
CON UNA PLEGARIA DE FE A DIOS, ABRAHAM LEVANTÓ EL CUCHILLO. CUANDO ESTABA A PUNTO DE DEGOLLAR A SU HIJO, DE PRONTO OYÓ UNA VOZ DEL CIELO:
¡ABRAHAM! ¡ABRAHAM! NO LE HAGAS DAÑO AL MUCHACHO.
AHORA SÉ QUE CONFÍAS EN MÍ, PORQUE ESTUVISTE DISPUESTO A OBEDECER, AUN CUANDO TUVIERAS QUE ENTREGARME A TU HIJO ÚNICO.
AL LEVANTAR LA MIRADA, ABRAHAM VIO UN CARNERO ATORADO EN UN ZARZAL.
PADRE, MIRA. ¡DIOS HA PROVISTO UN CARNERO QUE TOME MI LUGAR!
ABRAHAM, PORQUE HAS HECHO ESTO Y NO ME HAS NEGADO A TU HIJO ÚNICO, YO TE BENDECIRÉ Y MULTIPLICARÉ TU DESCENDENCIA COMO LAS ESTRELLAS DE LOS CIELOS Y TUS HIJOS TOMARÁN ESTA TIERRA Y DESTRUIRÁN A TUS ENEMIGOS. ADEMÁS, POR MEDIO DE UNO DE TUS DESCENDIENTES QUE HA DE NACER, TODAS LAS NACIONES DE LA TIERRA SERÁN BENDITAS.
PAPÁ, ¡ÉL ES UN DIOS MISERICORDIOSO, COMO TÚ LO DIJISTE!

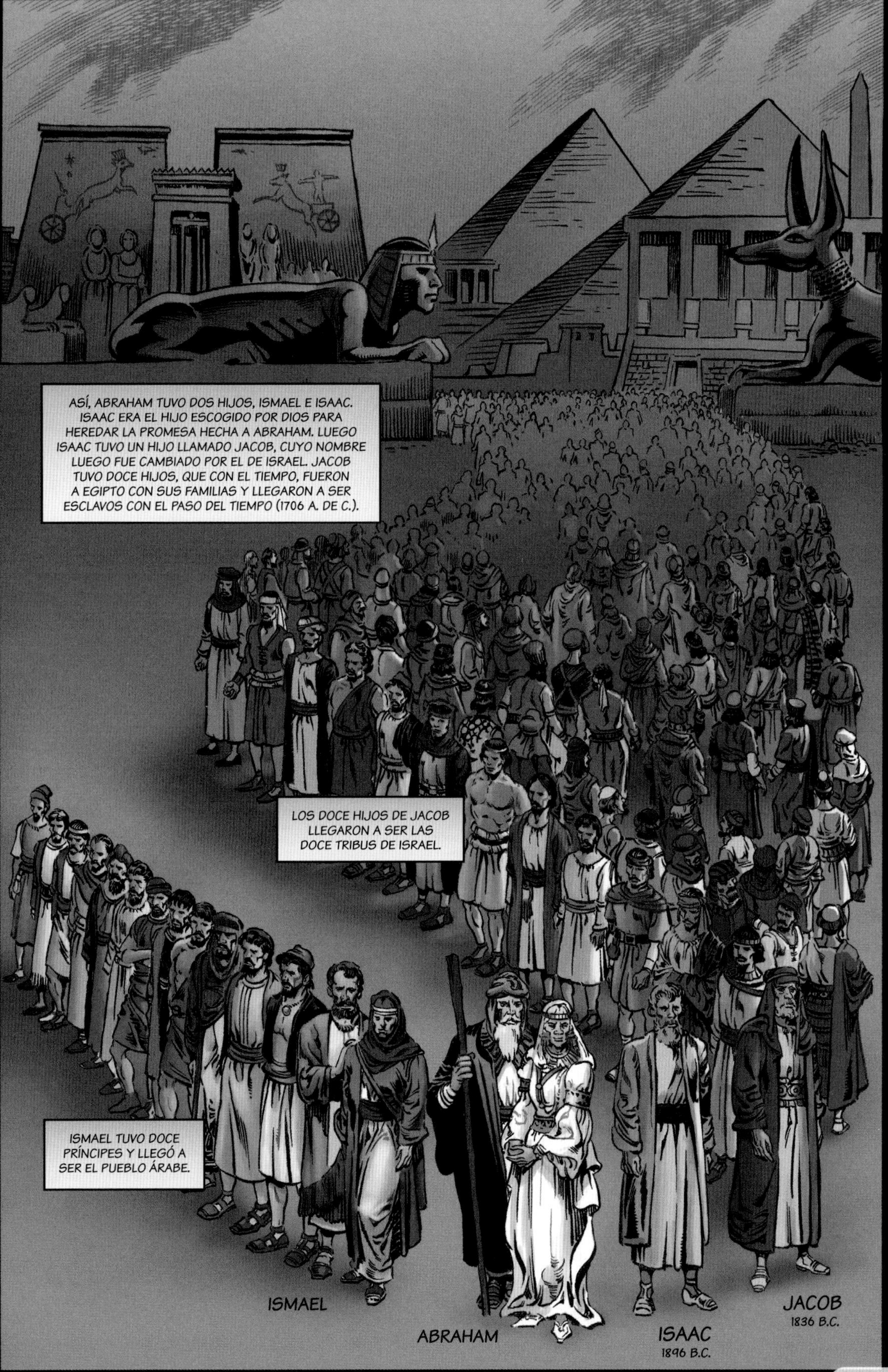

ASÍ, ABRAHAM TUVO DOS HIJOS, ISMAEL E ISAAC. ISAAC ERA EL HIJO ESCOGIDO POR DIOS PARA HEREDAR LA PROMESA HECHA A ABRAHAM. LUEGO ISAAC TUVO UN HIJO LLAMADO JACOB, CUYO NOMBRE LUEGO FUE CAMBIADO POR EL DE ISRAEL. JACOB TUVO DOCE HIJOS, QUE CON EL TIEMPO, FUERON A EGIPTO CON SUS FAMILIAS Y LLEGARON A SER ESCLAVOS CON EL PASO DEL TIEMPO (1706 A. DE C.).
LOS DOCE HIJOS DE JACOB LLEGARON A SER LAS DOCE TRIBUS DE ISRAEL.
ISMAEL TUVO DOCE PRÍNCIPES Y LLEGÓ A SER EL PUEBLO ÁRABE.
ISMAEL
ABRAHAM
ISAAC
1896 B.C.
JACOB
1836 B.C.

GÉNESIS 21:5,13, 24:67, 25:12-18,21-26, 29:23-30

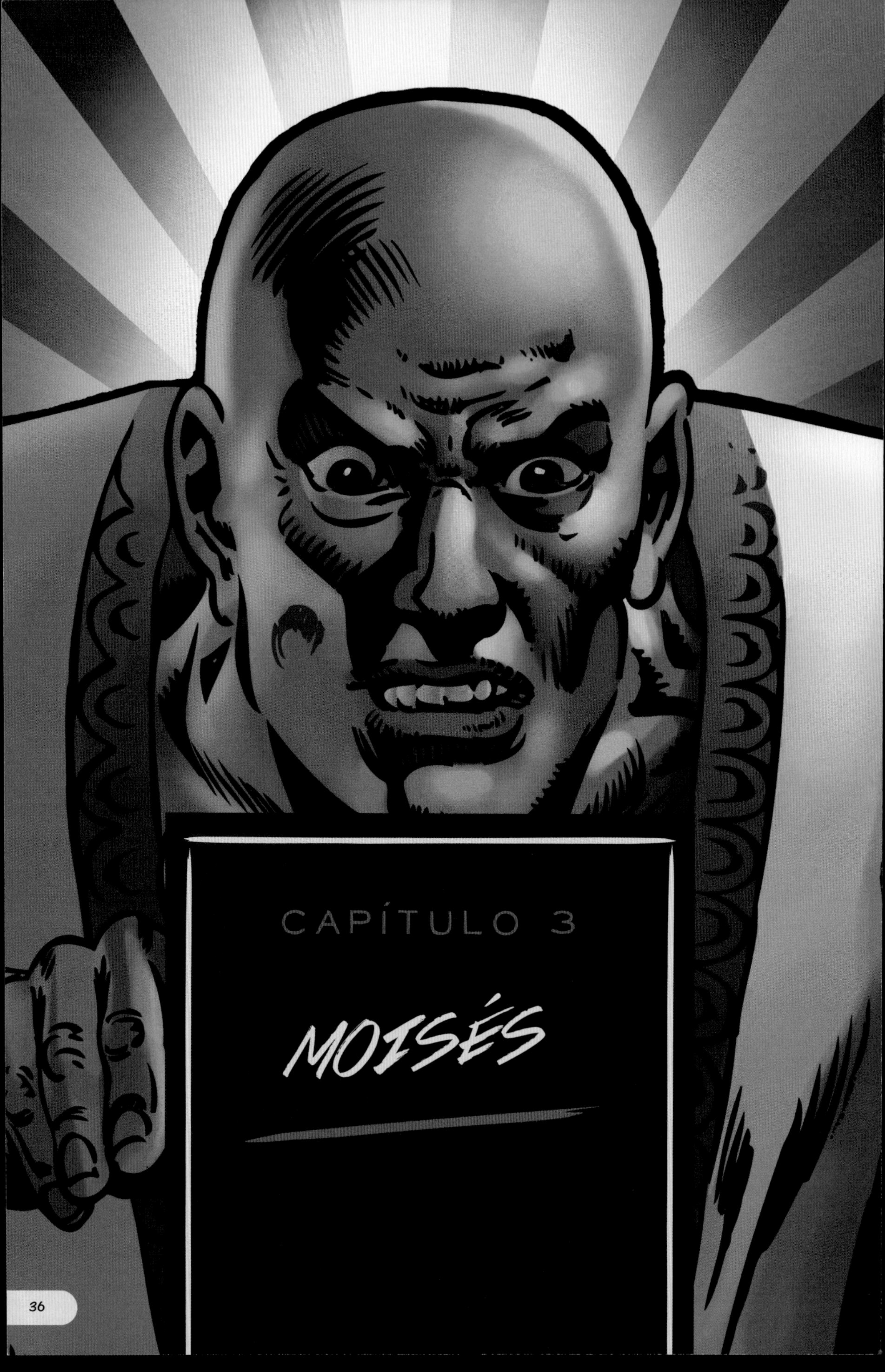

CAPÍTULO 3

MOISÉS

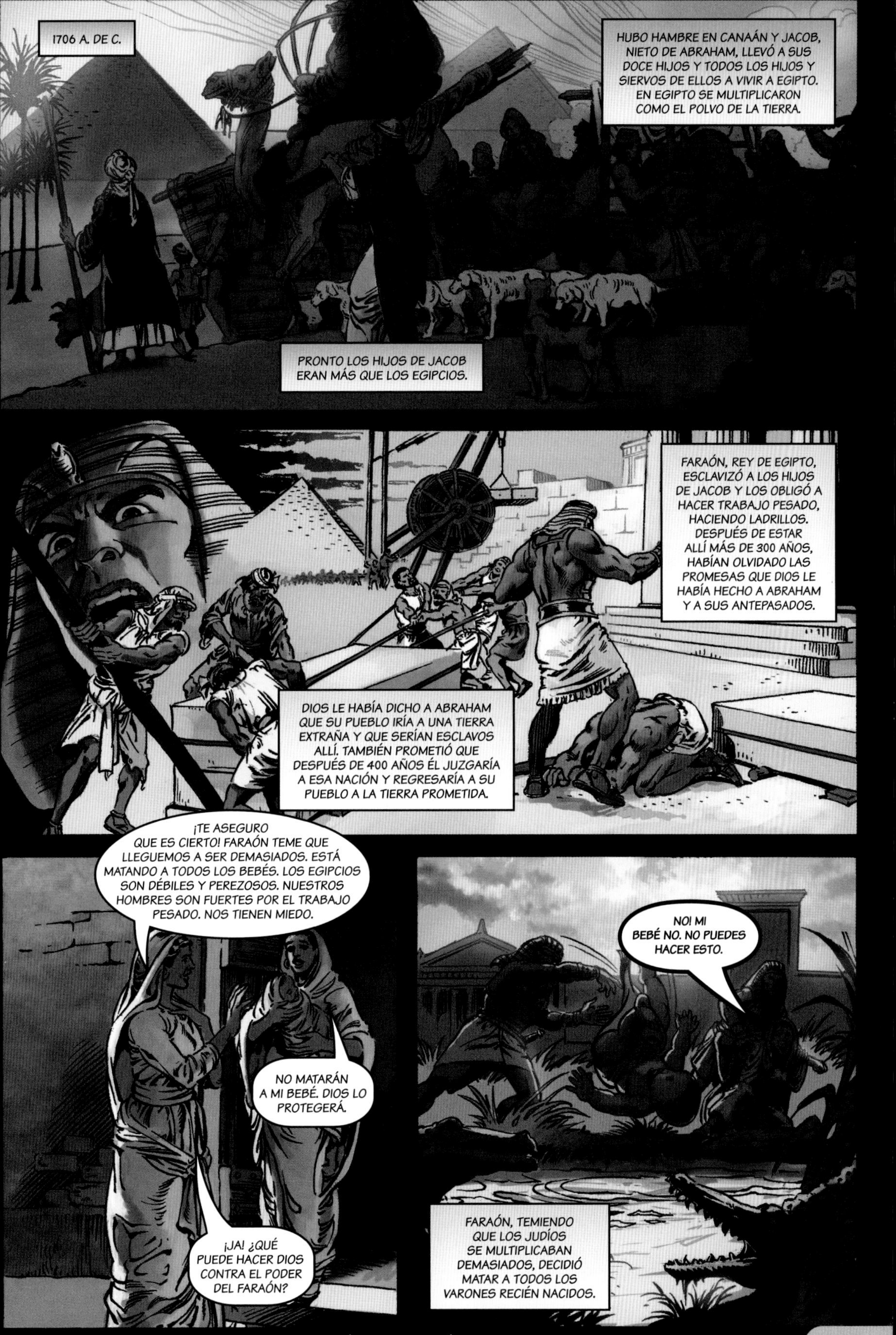

1706 A. DE C.
HUBO HAMBRE EN CANAÁN Y JACOB, NIETO DE ABRAHAM, LLEVÓ A SUS DOCE HIJOS Y TODOS LOS HIJOS Y SIERVOS DE ELLOS A VIVIR A EGIPTO. EN EGIPTO SE MULTIPLICARON COMO EL POLVO DE LA TIERRA.
PRONTO LOS HIJOS DE JACOB ERAN MÁS QUE LOS EGIPCIOS.
FARAÓN, REY DE EGIPTO, ESCLAVIZÓ A LOS HIJOS DE JACOB Y LOS OBLIGÓ A HACER TRABAJO PESADO, HACIENDO LADRILLOS. DESPUÉS DE ESTAR ALLÍ MÁS DE 300 AÑOS, HABÍAN OLVIDADO LAS PROMESAS QUE DIOS LE HABÍA HECHO A ABRAHAM Y A SUS ANTEPASADOS.
DIOS LE HABÍA DICHO A ABRAHAM QUE SU PUEBLO IRÍA A UNA TIERRA EXTRAÑA Y QUE SERÍAN ESCLAVOS ALLÍ. TAMBIÉN PROMETIÓ QUE DESPUÉS DE 400 AÑOS ÉL JUZGARÍA A ESA NACIÓN Y REGRESARÍA A SU PUEBLO A LA TIERRA PROMETIDA.
¡TE ASEGURO QUE ES CIERTO! FARAÓN TEME QUE LLEGUEMOS A SER DEMASIADOS. ESTÁ MATANDO A TODOS LOS BEBÉS. LOS EGIPCIOS SON DÉBILES Y PEREZOSOS. NUESTROS HOMBRES SON FUERTES POR EL TRABAJO PESADO. NOS TIENEN MIEDO.
NO MATARÁN A MI BEBÉ. DIOS LO PROTEGERÁ.
¡JA! ¿QUÉ PUEDE HACER DIOS CONTRA EL PODER DEL FARAÓN?
NO! MI BEBÉ NO. NO PUEDES HACER ESTO.
FARAÓN, TEMIENDO QUE LOS JUDÍOS SE MULTIPLICABAN DEMASIADOS, DECIDIÓ MATAR A TODOS LOS VARONES RECIÉN NACIDOS.

GÉNESIS 46:5-7; ÉXODO 1:1-12, 22

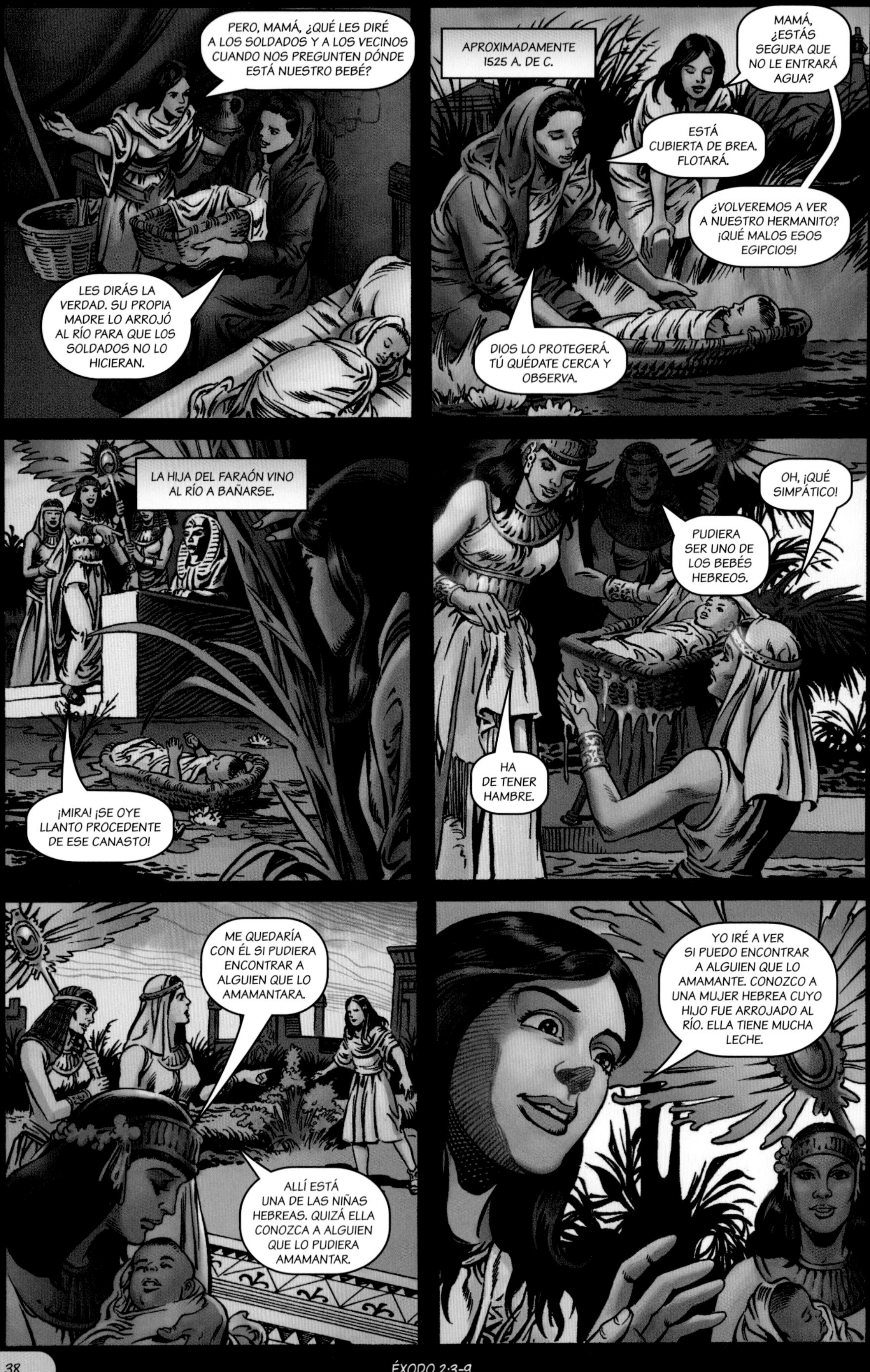
PERO, MAMÁ, ¿QUÉ LES DIRÉ A LOS SOLDADOS Y A LOS VECINOS CUANDO NOS PREGUNTEN DÓNDE ESTÁ NUESTRO BEBÉ?
LES DIRÁS LA VERDAD. SU PROPIA MADRE LO ARROJÓ AL RÍO PARA QUE LOS SOLDADOS NO LO HICIERAN.
APROXIMADAMENTE 1525 A. DE C.
MAMÁ, ¿ESTÁS SEGURA QUE NO LE ENTRARÁ AGUA?
ESTÁ CUBIERTA DE BREA. FLOTARÁ.
¿VOLVEREMOS A VER A NUESTRO HERMANITO? ¡QUÉ MALOS ESOS EGIPCIOS!
DIOS LO PROTEGERÁ. TÚ QUÉDATE CERCA Y OBSERVA.
LA HIJA DEL FARAÓN VINO AL RÍO A BAÑARSE.
¡MIRA! ¡SE OYE LLANTO PROCEDENTE DE ESE CANASTO!
OH, ¡QUÉ SIMPÁTICO!
PUDIERA SER UNO DE LOS BEBÉS HEBREOS.
HA DE TENER HAMBRE.
ME QUEDARÍA CON ÉL SI PUDIERA ENCONTRAR A ALGUIEN QUE LO AMAMANTARA.
ALLÍ ESTÁ UNA DE LAS NIÑAS HEBREAS. QUIZÁ ELLA CONOZCA A ALGUIEN QUE LO PUDIERA AMAMANTAR.
YO IRÉ A VER SI PUEDO ENCONTRAR A ALGUIEN QUE LO AMAMANTE. CONOZCO A UNA MUJER HEBREA CUYO HIJO FUE ARROJADO AL RÍO. ELLA TIENE MUCHA LECHE.

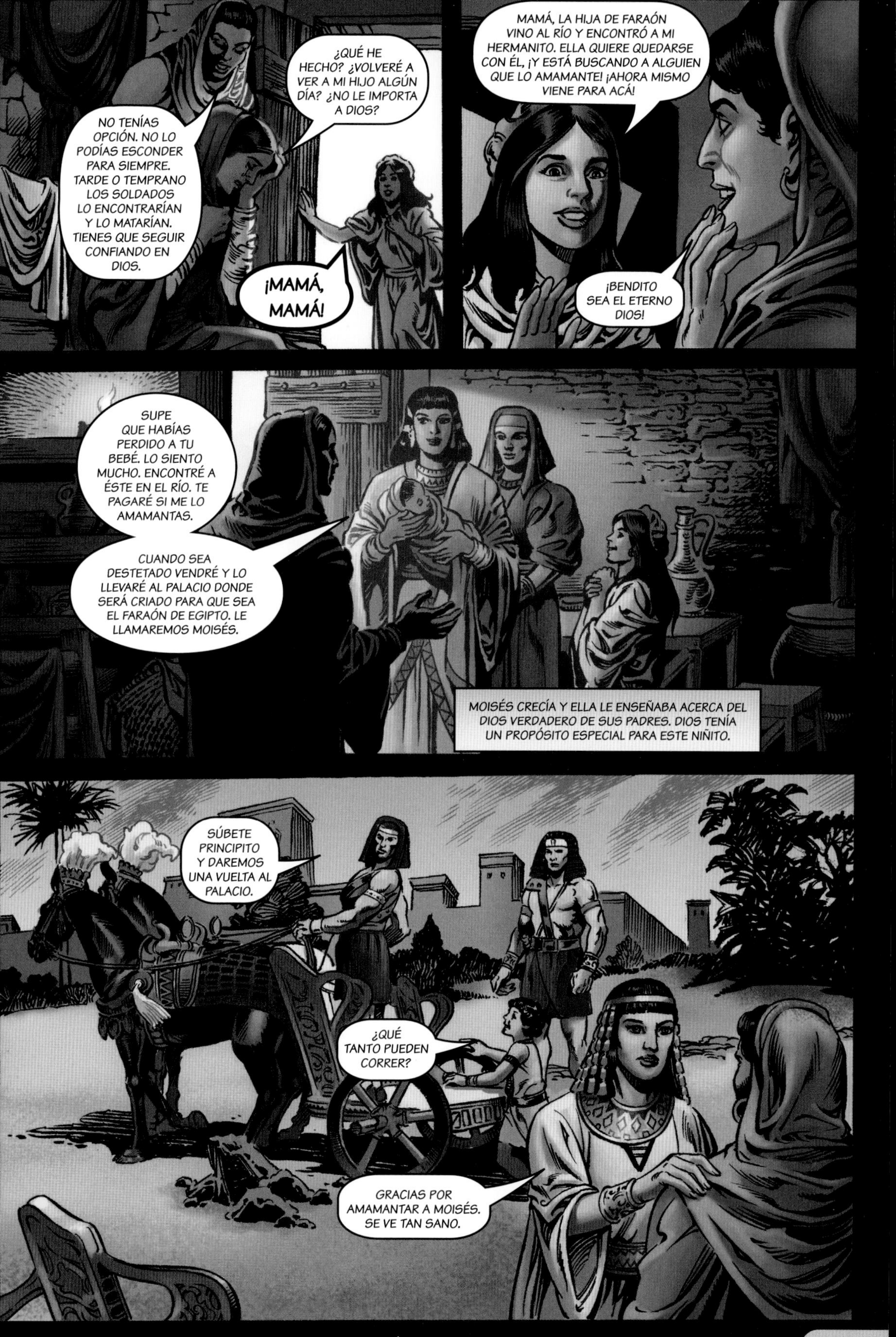
NO TENÍAS OPCIÓN. NO LO PODÍAS ESCONDER PARA SIEMPRE. TARDE O TEMPRANO LOS SOLDADOS LO ENCONTRARÍAN Y LO MATARÍAN. TIENES QUE SEGUIR CONFIANDO EN DIOS.
¿QUÉ HE HECHO? ¿VOLVERÉ A VER A MI HIJO ALGÚN DÍA? ¿NO LE IMPORTA A DIOS?
¡MAMÁ, MAMÁ!
MAMÁ, LA HIJA DE FARAÓN VINO AL RÍO Y ENCONTRÓ A MI HERMANITO. ELLA QUIERE QUEDARSE CON ÉL, ¡Y ESTÁ BUSCANDO A ALGUIEN QUE LO AMAMANTE! ¡AHORA MISMO VIENE PARA ACÁ!
¡BENDITO SEA EL ETERNO DIOS!
SUPE QUE HABÍAS PERDIDO A TU BEBÉ. LO SIENTO MUCHO. ENCONTRÉ A ÉSTE EN EL RÍO. TE PAGARÉ SI ME LO AMAMANTAS.
CUANDO SEA DESTETADO VENDRÉ Y LO LLEVARÉ AL PALACIO DONDE SERÁ CRIADO PARA QUE SEA EL FARAÓN DE EGIPTO. LE LLAMAREMOS MOISÉS.
MOISÉS CRECÍA Y ELLA LE ENSEÑABA ACERCA DEL DIOS VERDADERO DE SUS PADRES. DIOS TENÍA UN PROPÓSITO ESPECIAL PARA ESTE NIÑITO.
SÚBETE PRINCIPITO Y DAREMOS UNA VUELTA AL PALACIO.
¿QUÉ TANTO PUEDEN CORRER?
GRACIAS POR AMAMANTAR A MOISÉS. SE VE TAN SANO.

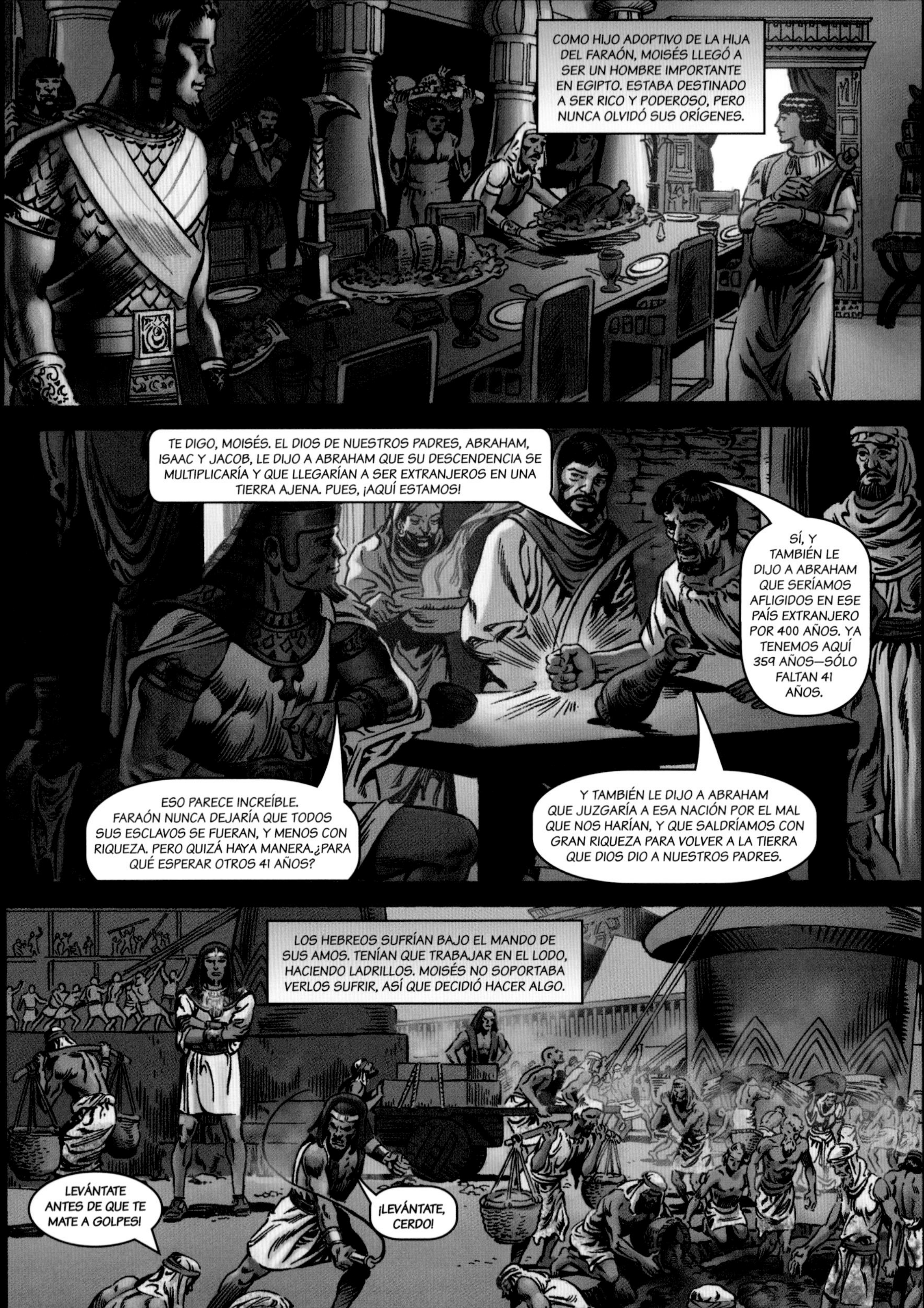
COMO HIJO ADOPTIVO DE LA HIJA DEL FARAÓN, MOISÉS LLEGÓ A SER UN HOMBRE IMPORTANTE EN EGIPTO. ESTABA DESTINADO A SER RICO Y PODEROSO, PERO NUNCA OLVIDÓ SUS ORÍGENES.
TE DIGO, MOISÉS. EL DIOS DE NUESTROS PADRES, ABRAHAM, ISAAC Y JACOB, LE DIJO A ABRAHAM QUE SU DESCENDENCIA SE MULTIPLICARÍA Y QUE LLEGARÍAN A SER EXTRANJEROS EN UNA TIERRA AJENA. PUES, ¡AQUÍ ESTAMOS!
SÍ, Y TAMBIÉN LE DIJO A ABRAHAM QUE SERÍAMOS AFLIGIDOS EN ESE PAÍS EXTRANJERO POR 400 AÑOS. YA TENEMOS AQUÍ 359 AÑOS—SÓLO FALTAN 41 AÑOS.
Y TAMBIÉN LE DIJO A ABRAHAM QUE JUZGARÍA A ESA NACIÓN POR EL MAL QUE NOS HARÍAN, Y QUE SALDRÍAMOS CON GRAN RIQUEZA PARA VOLVER A LA TIERRA QUE DIOS DIO A NUESTROS PADRES.
ESO PARECE INCREÍBLE. FARAÓN NUNCA DEJARÍA QUE TODOS SUS ESCLAVOS SE FUERAN, Y MENOS CON RIQUEZA. PERO QUIZÁ HAYA MANERA.¿PARA QUÉ ESPERAR OTROS 41 AÑOS?
LOS HEBREOS SUFRÍAN BAJO EL MANDO DE SUS AMOS. TENÍAN QUE TRABAJAR EN EL LODO, HACIENDO LADRILLOS. MOISÉS NO SOPORTABA VERLOS SUFRIR, ASÍ QUE DECIDIÓ HACER ALGO.
LEVÁNTATE ANTES DE QUE TE MATE A GOLPES!
¡LEVÁNTATE, CERDO!
EBER, LEVÁNTATE.

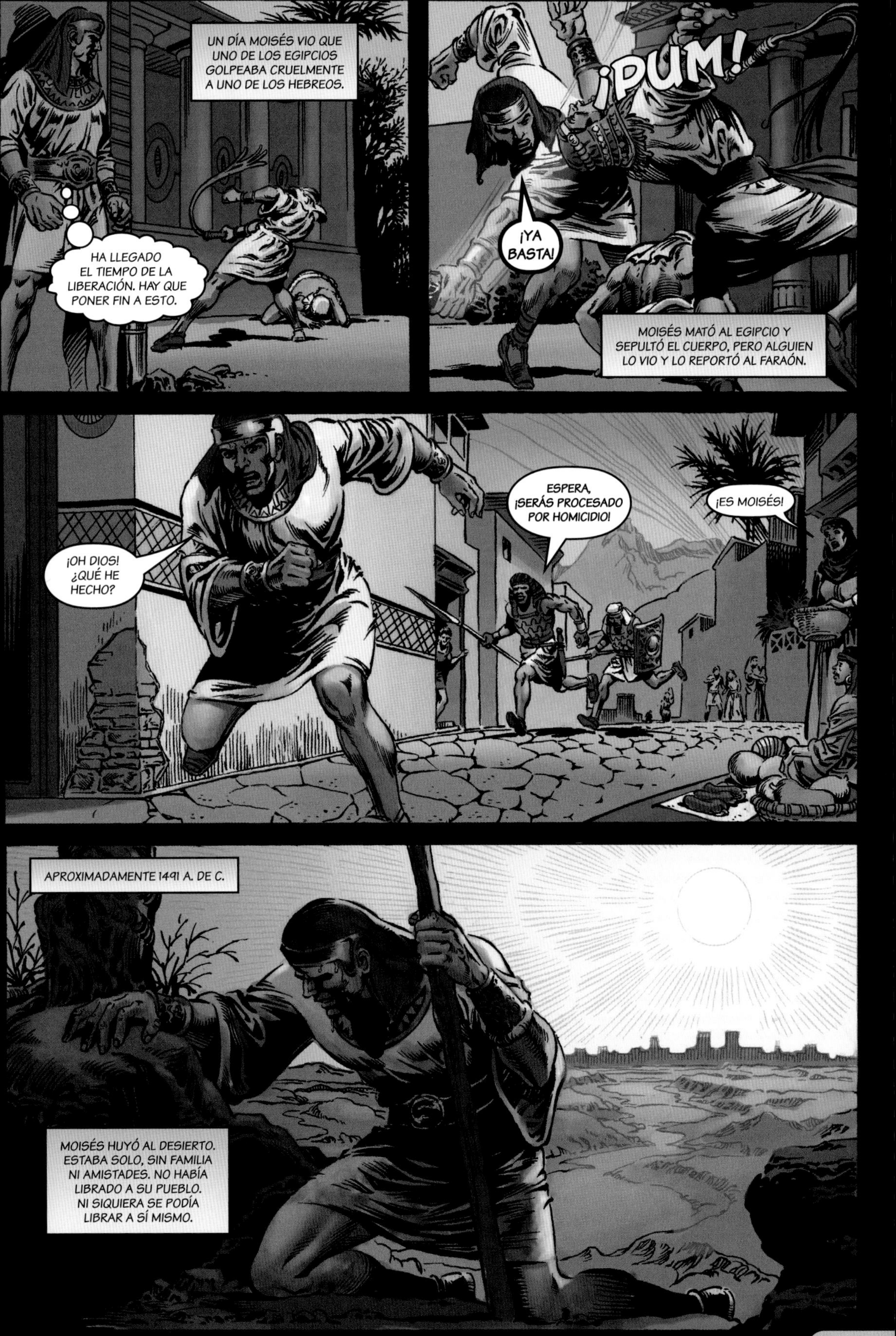
UN DÍA MOISÉS VIO QUE UNO DE LOS EGIPCIOS GOLPEABA CRUELMENTE A UNO DE LOS HEBREOS.
HA LLEGADO EL TIEMPO DE LA LIBERACIÓN. HAY QUE PONER FIN A ESTO.
¡PUM!
¡YA BASTA!
MOISÉS MATÓ AL EGIPCIO Y SEPULTÓ EL CUERPO, PERO ALGUIEN LO VIO Y LO REPORTÓ AL FARAÓN.
¡OH DIOS! ¿QUÉ HE HECHO?
ESPERA, ¡SERÁS PROCESADO POR HOMICIDIO!
¡ES MOISÉS!
APROXIMADAMENTE 1491 A. DE C.
MOISÉS HUYÓ AL DESIERTO. ESTABA SOLO, SIN FAMILIA NI AMISTADES. NO HABÍA LIBRADO A SU PUEBLO. NI SIQUIERA SE PODÍA LIBRAR A SÍ MISMO.

MOISÉS CAMINÓ POR MUCHOS DÍAS. CUANDO NO PUDO MÁS, LLEGÓ A UN CAMPAMENTO DE PASTORES.

¡MIREN! ¡UN HOMBRE!

PARECE ESTAR CASI MUERTO. TRAIGAN AGUA.

¡ES UN EGIPCIO!

MOISÉS ENCONTRÓ UNA NUEVA VIDA ENTRE LOS MADIANITAS. APRENDIÓ A VIVIR EN EL DESIERTO, SE CASÓ Y FUE PASTOR DE OVEJAS. PASARON 40 AÑOS Y EGIPTO SE CONVIRTIÓ EN UN RECUERDO DISTANTE. MOISÉS HABÍA PERDIDO ESPERANZAS DE VOLVER A VER A SU PUEBLO.

¡QUÉ EXTRAÑO! ¿CÓMO SE ENCENDIÓ ESA ZARZA, Y POR QUÉ NO SE CONSUME POR EL FUEGO? SIGUE ARDIENDO Y ARDIENDO.

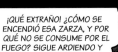

MOISÉS, QUÍTATE TU CALZADO. ESTÁS PISANDO SUELO SAGRADO. YO SOY EL DIOS DE TUS PADRES, ABRAHAM, ISAAC, Y JACOB.

HE VISTO EL SUFRIMIENTO Y HE OÍDO LA ORACIONES DE MI PUEBLO EN EGIPTO. ES TIEMPO DE LIBRARLOS DE SU OPRESIÓN Y VOLVERLOS A LA TIERRA QUE PROMETÍ A SUS ANTEPASADOS.

TE ENVIARÉ AL FARAÓN Y TÚ SACARÁS A MI PUEBLO DE SU ESCLAVITUD. TÚ LE DIRÁS QUE DEJE IR A MI PUEBLO Y ÉL SE NEGARÁ. LUEGO YO MOSTRARÉ MI PODER A EGIPTO. DESPUÉS DE ESO LOS DEJARÁ IR.

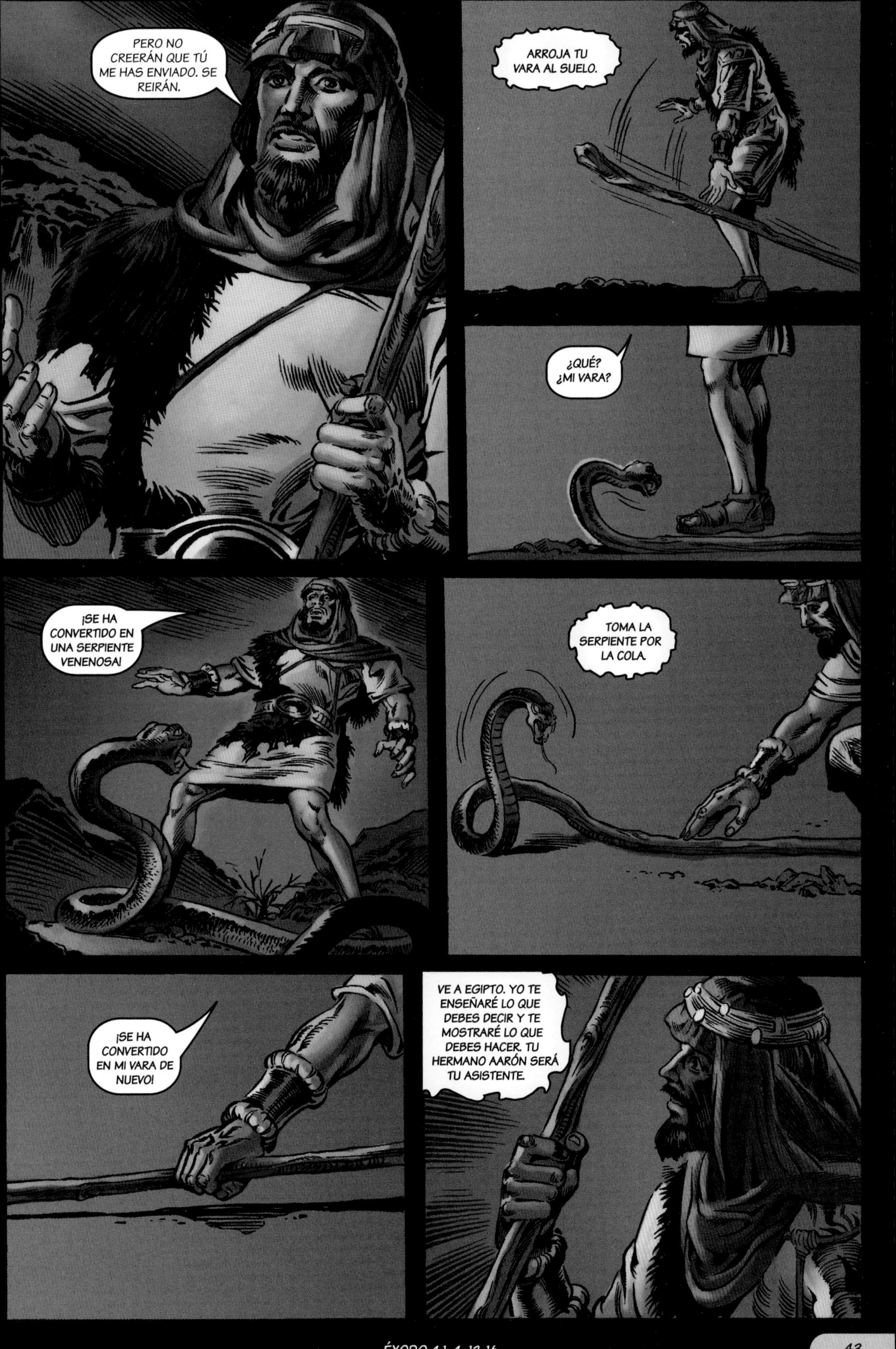
PERO NO CREERÁN QUE TÚ ME HAS ENVIADO. SE REIRÁN.
ARROJA TU VARA AL SUELO.
¿QUÉ? ¿MI VARA?
¡SE HA CONVERTIDO EN UNA SERPIENTE VENENOSA!
TOMA LA SERPIENTE POR LA COLA.
¡SE HA CONVERTIDO EN MI VARA DE NUEVO!
VE A EGIPTO. YO TE ENSEÑARÉ LO QUE DEBES DECIR Y TE MOSTRARÉ LO QUE DEBES HACER. TU HERMANO AARÓN SERÁ TU ASISTENTE.

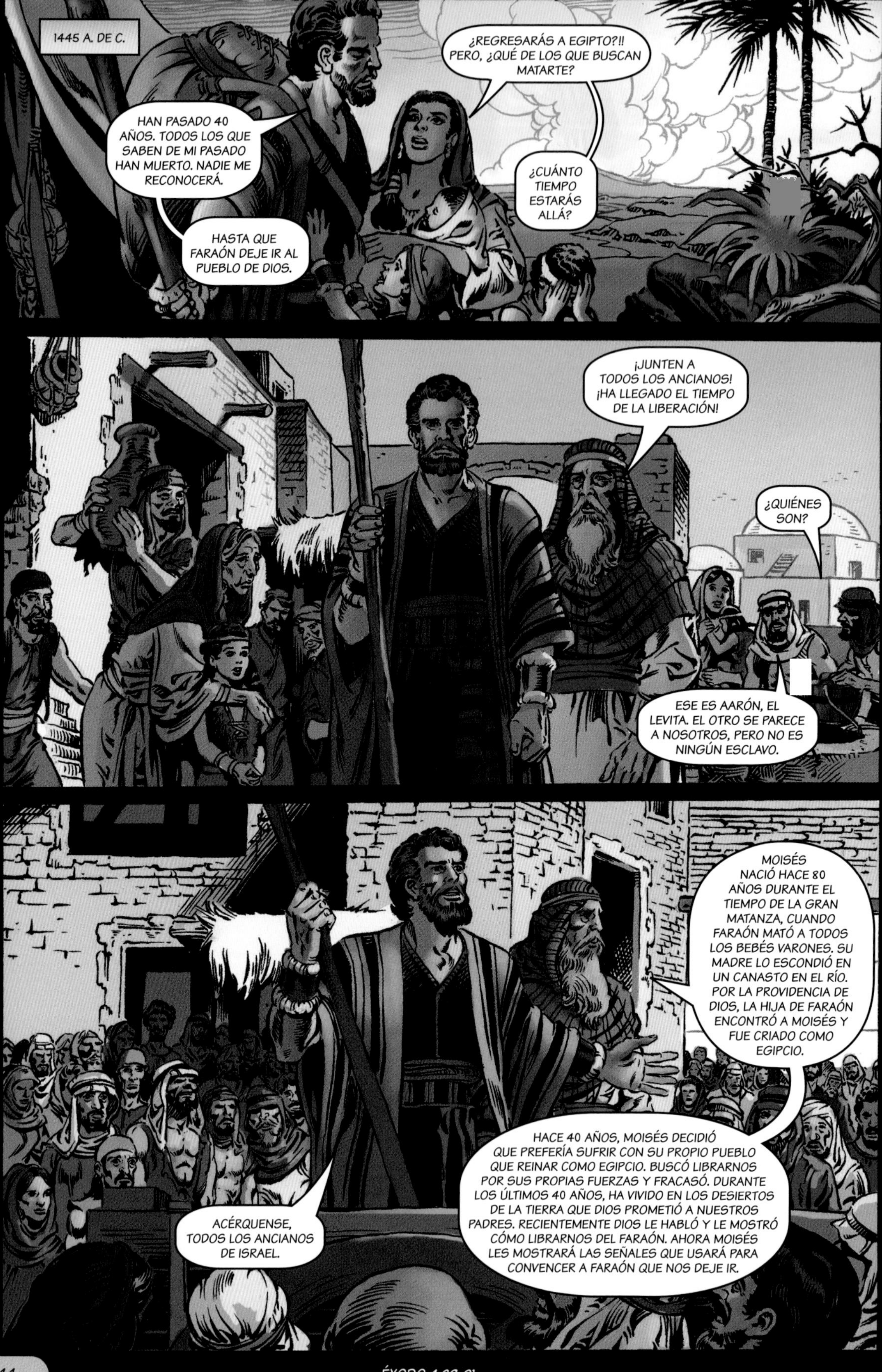
1445 A. DE C.
¿REGRESARÁS A EGIPTO?!! PERO, ¿QUÉ DE LOS QUE BUSCAN MATARTE?
HAN PASADO 40 AÑOS. TODOS LOS QUE SABEN DE MI PASADO HAN MUERTO. NADIE ME RECONOCERÁ.
¿CUÁNTO TIEMPO ESTARÁS ALLÁ?
HASTA QUE FARAÓN DEJE IR AL PUEBLO DE DIOS.
¡JUNTEN A TODOS LOS ANCIANOS! ¡HA LLEGADO EL TIEMPO DE LA LIBERACIÓN!
¿QUIÉNES SON?
ESE ES AARÓN, EL LEVITA. EL OTRO SE PARECE A NOSOTROS, PERO NO ES NINGÚN ESCLAVO.
MOISÉS NACIÓ HACE 80 AÑOS DURANTE EL TIEMPO DE LA GRAN MATANZA, CUANDO FARAÓN MATÓ A TODOS LOS BEBÉS VARONES. SU MADRE LO ESCONDIÓ EN UN CANASTO EN EL RÍO. POR LA PROVIDENCIA DE DIOS, LA HIJA DE FARAÓN ENCONTRÓ A MOISÉS Y FUE CRIADO COMO EGIPCIO.
ACÉRQUENSE, TODOS LOS ANCIANOS DE ISRAEL.
HACE 40 AÑOS, MOISÉS DECIDIÓ QUE PREFERÍA SUFRIR CON SU PROPIO PUEBLO QUE REINAR COMO EGIPCIO. BUSCÓ LIBRARNOS POR SUS PROPIAS FUERZAS Y FRACASÓ. DURANTE LOS ÚLTIMOS 40 AÑOS, HA VIVIDO EN LOS DESIERTOS DE LA TIERRA QUE DIOS PROMETIÓ A NUESTROS PADRES. RECIENTEMENTE DIOS LE HABLÓ Y LE MOSTRÓ CÓMO LIBRARNOS DEL FARAÓN. AHORA MOISÉS LES MOSTRARÁ LAS SEÑALES QUE USARÁ PARA CONVENCER A FARAÓN QUE NOS DEJE IR.

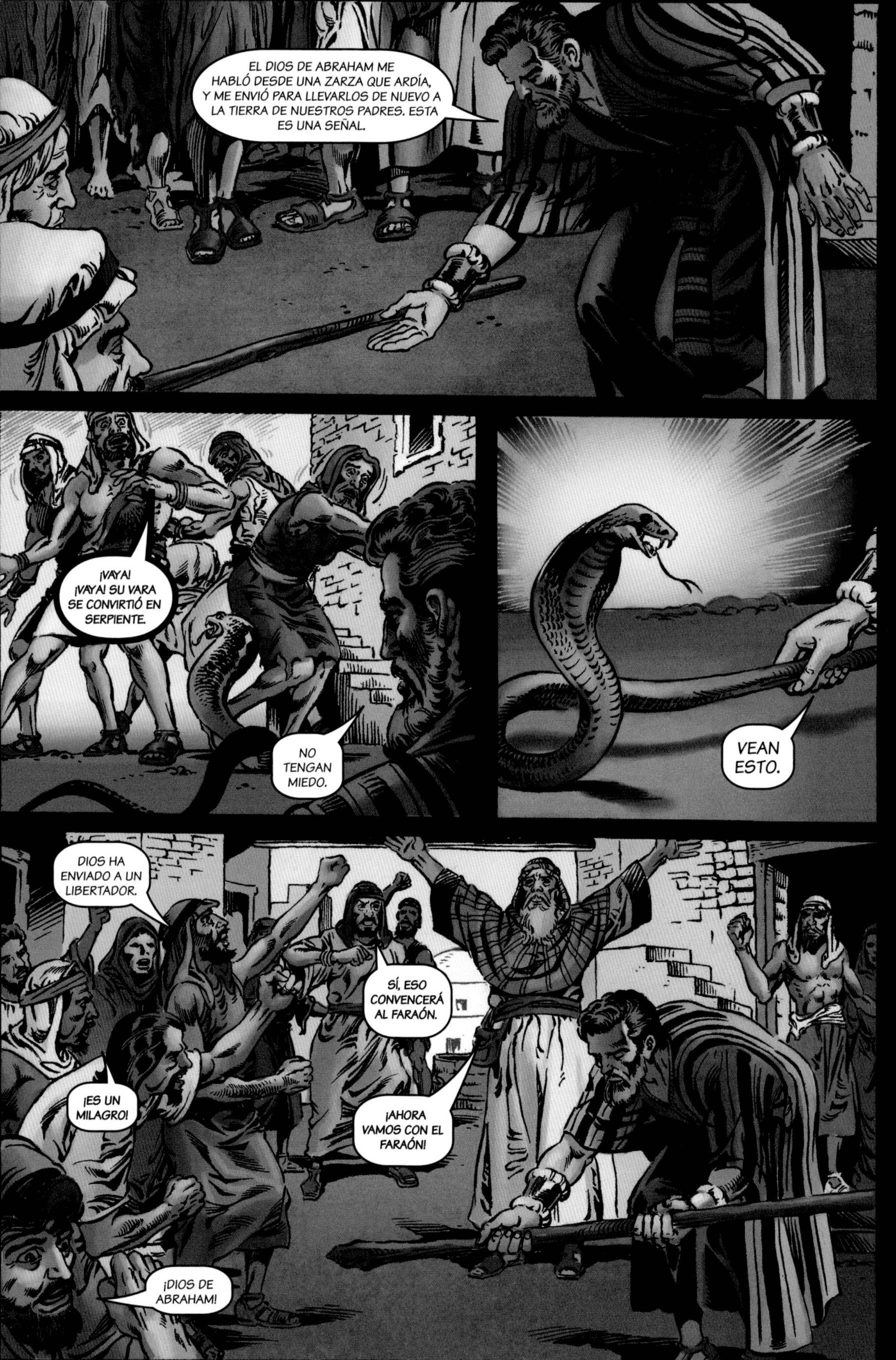
EL DIOS DE ABRAHAM ME HABLÓ DESDE UNA ZARZA QUE ARDÍA, Y ME ENVIÓ PARA LLEVARLOS DE NUEVO A LA TIERRA DE NUESTROS PADRES. ESTA ES UNA SEÑAL.
¡VAYA! ¡VAYA! SU VARA SE CONVIRTIÓ EN SERPIENTE.
NO TENGAN MIEDO.
VEAN ESTO.
DIOS HA ENVIADO A UN LIBERTADOR.
SÍ, ESO CONVENCERÁ AL FARAÓN.
¡ES UN MILAGRO!
¡AHORA VAMOS CON EL FARAÓN!
¡DIOS DE ABRAHAM!

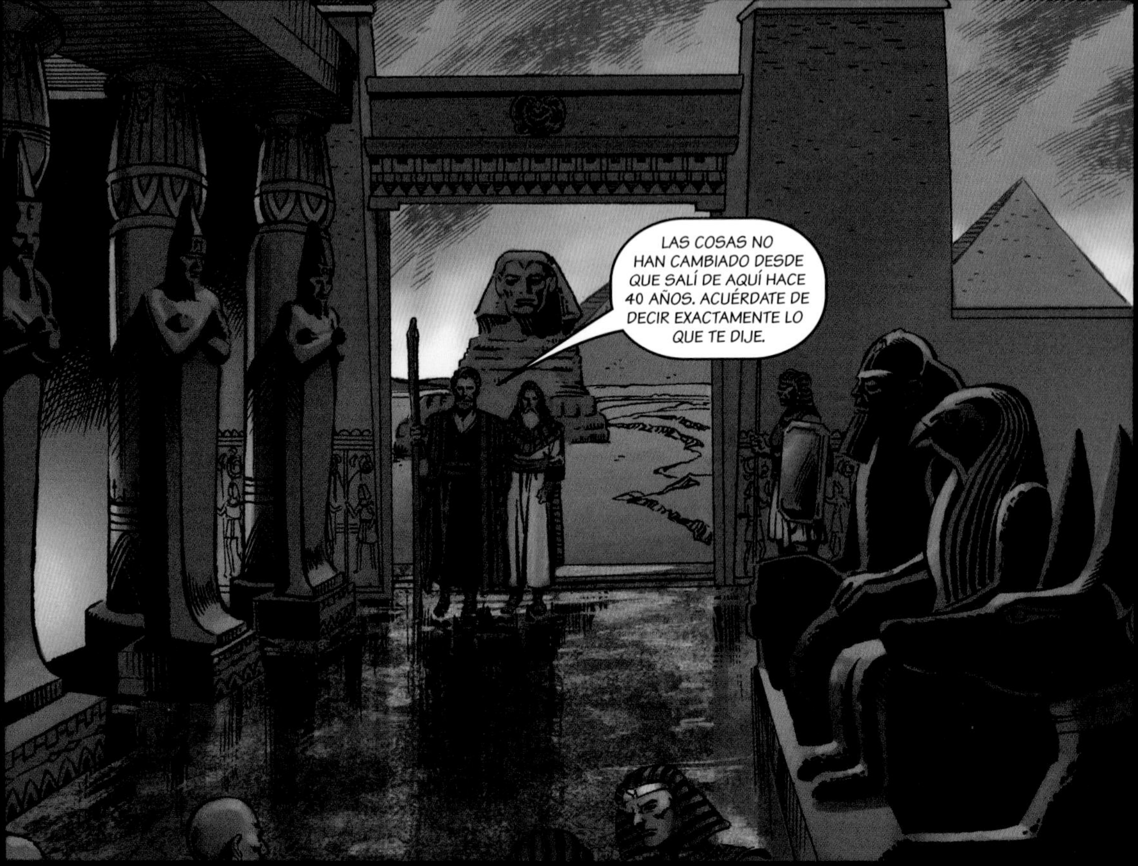
LAS COSAS NO HAN CAMBIADO DESDE QUE SALÍ DE AQUÍ HACE 40 AÑOS. ACUÉRDATE DE DECIR EXACTAMENTE LO QUE TE DIJE.

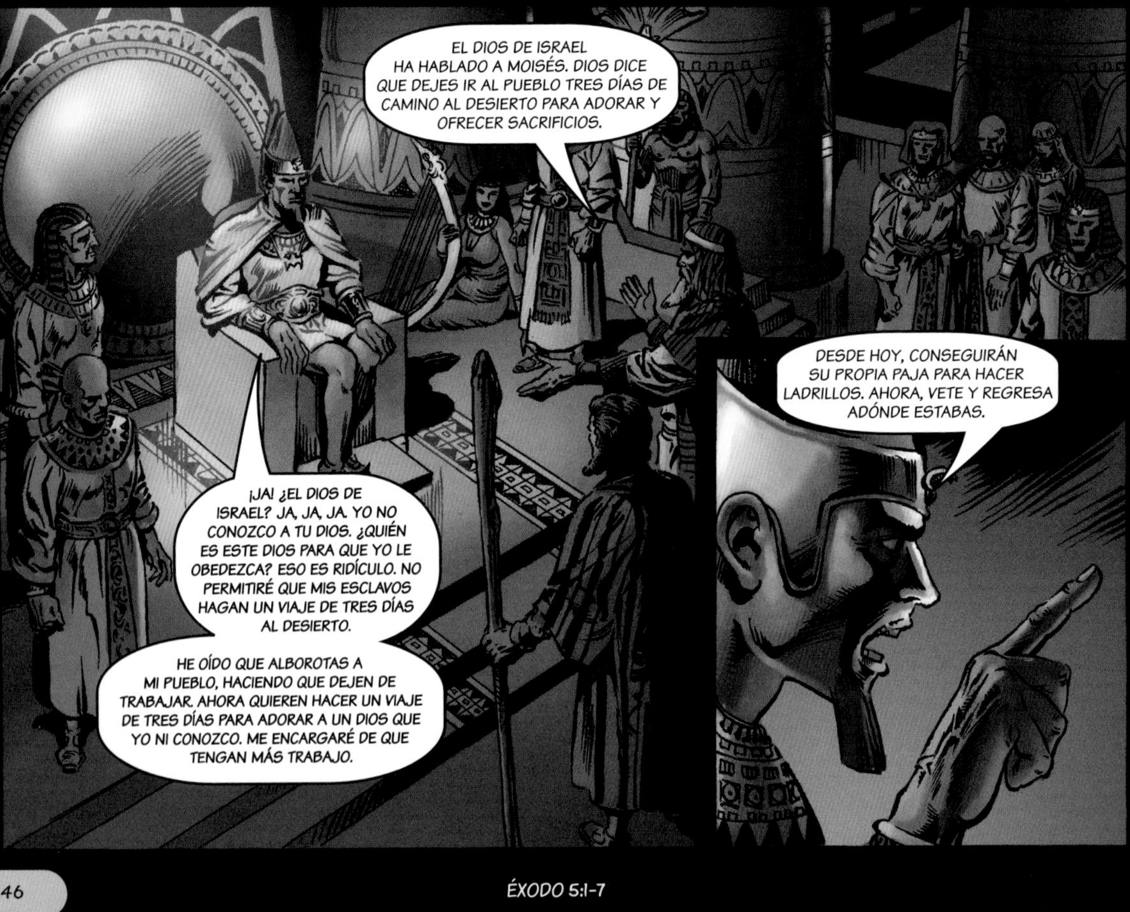
EL DIOS DE ISRAEL HA HABLADO A MOISÉS. DIOS DICE QUE DEJES IR AL PUEBLO TRES DÍAS DE CAMINO AL DESIERTO PARA ADORAR Y OFRECER SACRIFICIOS.
¡JA! ¿EL DIOS DE ISRAEL? JA, JA, JA. YO NO CONOZCO A TU DIOS. ¿QUIÉN ES ESTE DIOS PARA QUE YO LE OBEDEZCA? ESO ES RIDÍCULO. NO PERMITIRÉ QUE MIS ESCLAVOS HAGAN UN VIAJE DE TRES DÍAS AL DESIERTO.
HE OÍDO QUE ALBOROTAS A MI PUEBLO, HACIENDO QUE DEJEN DE TRABAJAR. AHORA QUIEREN HACER UN VIAJE DE TRES DÍAS PARA ADORAR A UN DIOS QUE YO NI CONOZCO. ME ENCARGARÉ DE QUE TENGAN MÁS TRABAJO.
DESDE HOY, CONSEGUIRÁN SU PROPIA PAJA PARA HACER LADRILLOS. AHORA, VETE Y REGRESA ADÓNDE ESTABAS.

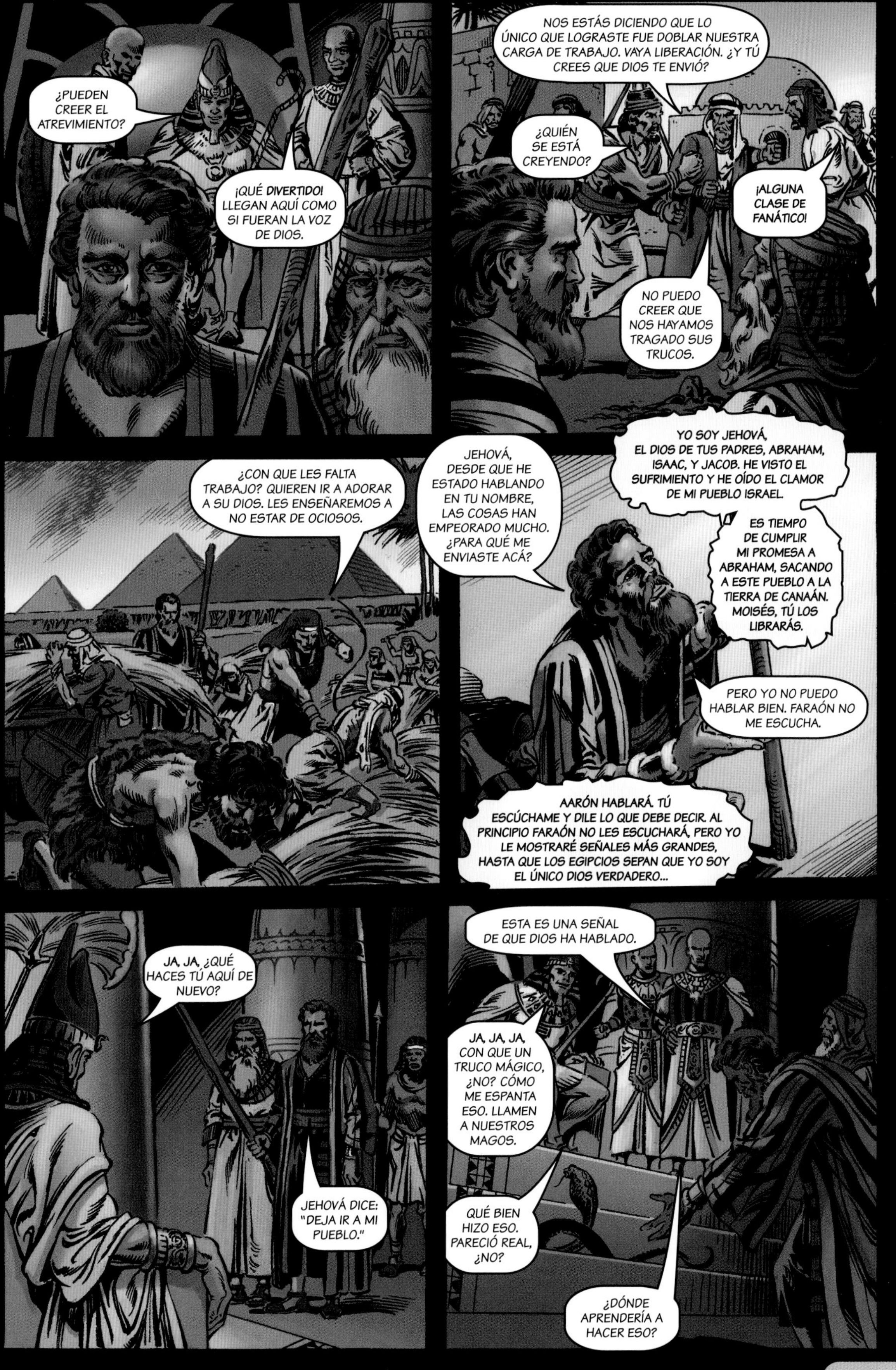
¿PUEDEN CREER EL ATREVIMIENTO?
¡QUÉ DIVERTIDO! LLEGAN AQUÍ COMO SI FUERAN LA VOZ DE DIOS.
NOS ESTÁS DICIENDO QUE LO ÚNICO QUE LOGRASTE FUE DOBLAR NUESTRA CARGA DE TRABAJO. VAYA LIBERACIÓN. ¿Y TÚ CREES QUE DIOS TE ENVIÓ?
¿QUIÉN SE ESTÁ CREYENDO?
¡ALGUNA CLASE DE FANÁTICO!
NO PUEDO CREER QUE NOS HAYAMOS TRAGADO SUS TRUCOS.
¿CON QUE LES FALTA TRABAJO? QUIEREN IR A ADORAR A SU DIOS. LES ENSEÑAREMOS A NO ESTAR DE OCIOSOS.
JEHOVÁ, DESDE QUE HE ESTADO HABLANDO EN TU NOMBRE, LAS COSAS HAN EMPEORADO MUCHO. ¿PARA QUÉ ME ENVIASTE ACÁ?
YO SOY JEHOVÁ, EL DIOS DE TUS PADRES, ABRAHAM, ISAAC, Y JACOB. HE VISTO EL SUFRIMIENTO Y HE OÍDO EL CLAMOR DE MI PUEBLO ISRAEL.
ES TIEMPO DE CUMPLIR MI PROMESA A ABRAHAM, SACANDO A ESTE PUEBLO A LA TIERRA DE CANAÁN. MOISÉS, TÚ LOS LIBRARÁS.
PERO YO NO PUEDO HABLAR BIEN. FARAÓN NO ME ESCUCHA.
AARÓN HABLARÁ. TÚ ESCÚCHAME Y DILE LO QUE DEBE DECIR. AL PRINCIPIO FARAÓN NO LES ESCUCHARÁ, PERO YO LE MOSTRARÉ SEÑALES MÁS GRANDES, HASTA QUE LOS EGIPCIOS SEPAN QUE YO SOY EL ÚNICO DIOS VERDADERO...
JA, JA, ¿QUÉ HACES TÚ AQUÍ DE NUEVO?
JEHOVÁ DICE: "DEJA IR A MI PUEBLO."
ESTA ES UNA SEÑAL DE QUE DIOS HA HABLADO.
JA, JA, JA, CON QUE UN TRUCO MÁGICO, ¿NO? CÓMO ME ESPANTA ESO. LLAMEN A NUESTROS MAGOS.
QUÉ BIEN HIZO ESO. PARECIÓ REAL, ¿NO?
¿DÓNDE APRENDERÍA A HACER ESO?

ÉXODO 5:10-23, 7:7-11

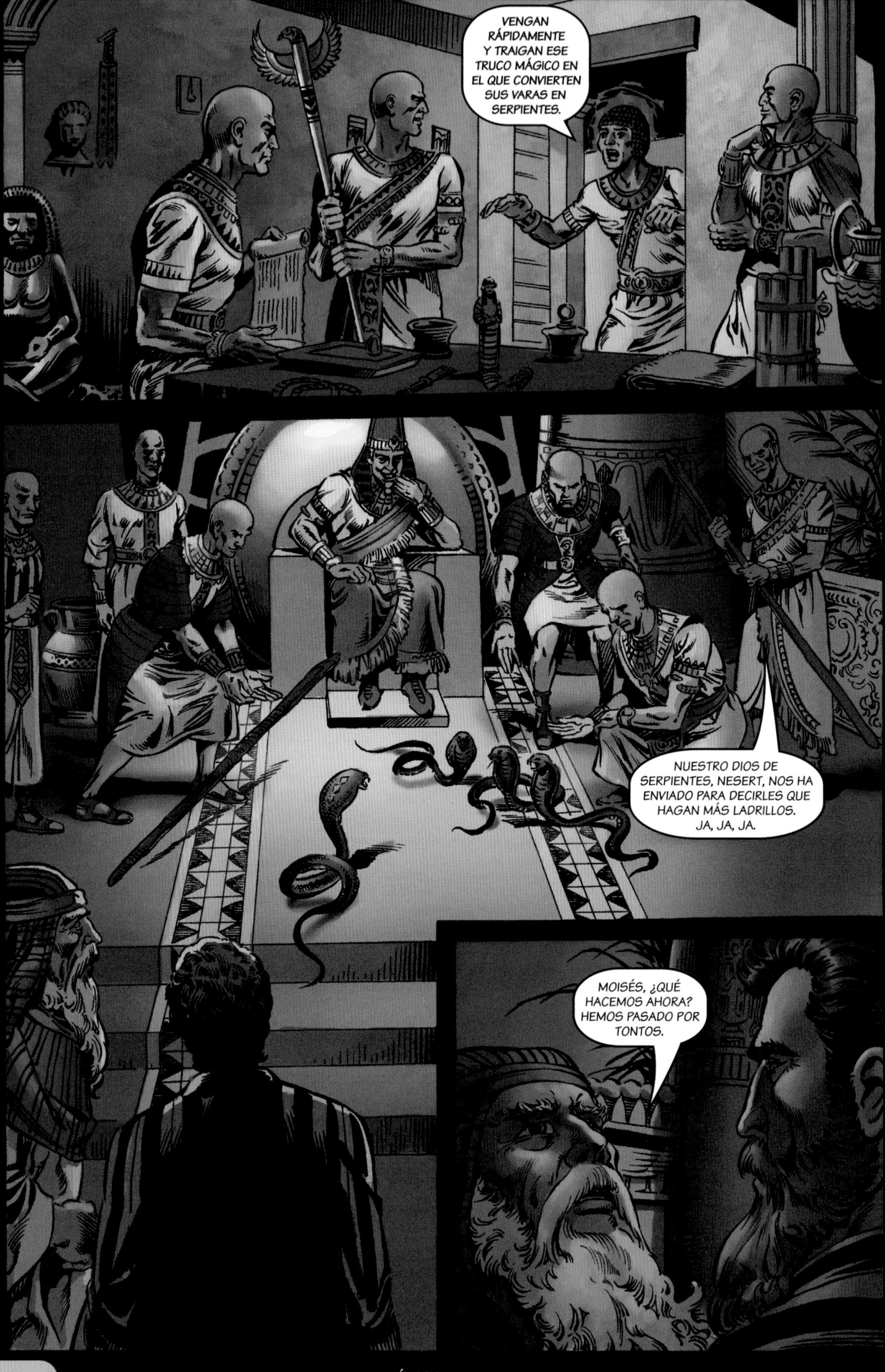
VENGAN RÁPIDAMENTE Y TRAIGAN ESE TRUCO MÁGICO EN EL QUE CONVIERTEN SUS VARAS EN SERPIENTES.
NUESTRO DIOS DE SERPIENTES, NESERT, NOS HA ENVIADO PARA DECIRLES QUE HAGAN MÁS LADRILLOS. JA, JA, JA.
MOISÉS, ¿QUÉ HACEMOS AHORA? HEMOS PASADO POR TONTOS.

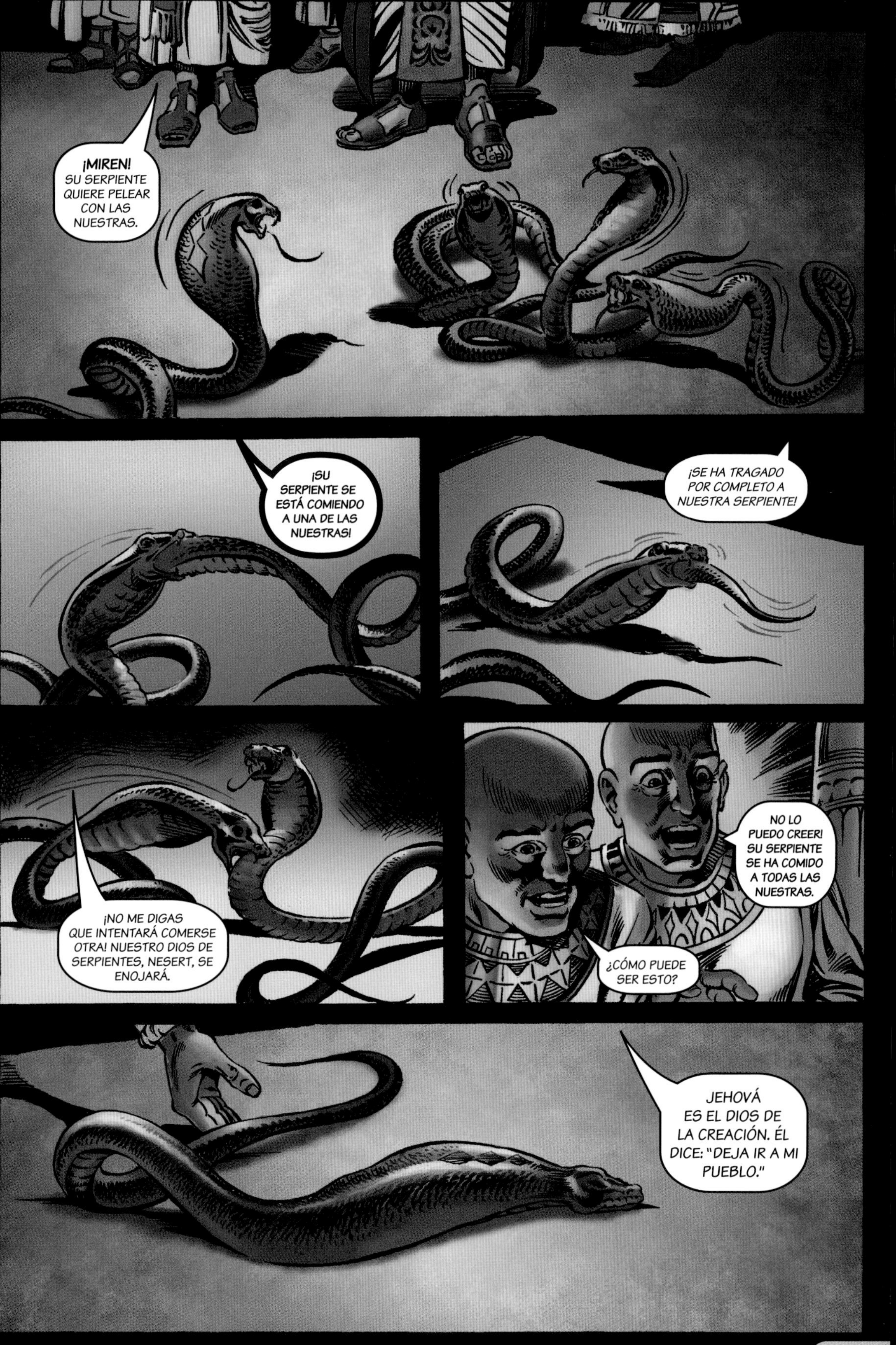
¡MIREN! SU SERPIENTE QUIERE PELEAR CON LAS NUESTRAS.
¡SU SERPIENTE SE ESTÁ COMIENDO A UNA DE LAS NUESTRAS!
¡SE HA TRAGADO POR COMPLETO A NUESTRA SERPIENTE!
¡NO ME DIGAS QUE INTENTARÁ COMERSE OTRA! NUESTRO DIOS DE SERPIENTES, NESERT, SE ENOJARÁ.
NO LO PUEDO CREER! SU SERPIENTE SE HA COMIDO A TODAS LAS NUESTRAS.
¿CÓMO PUEDE SER ESTO?
JEHOVÁ ES EL DIOS DE LA CREACIÓN. ÉL DICE: "DEJA IR A MI PUEBLO."

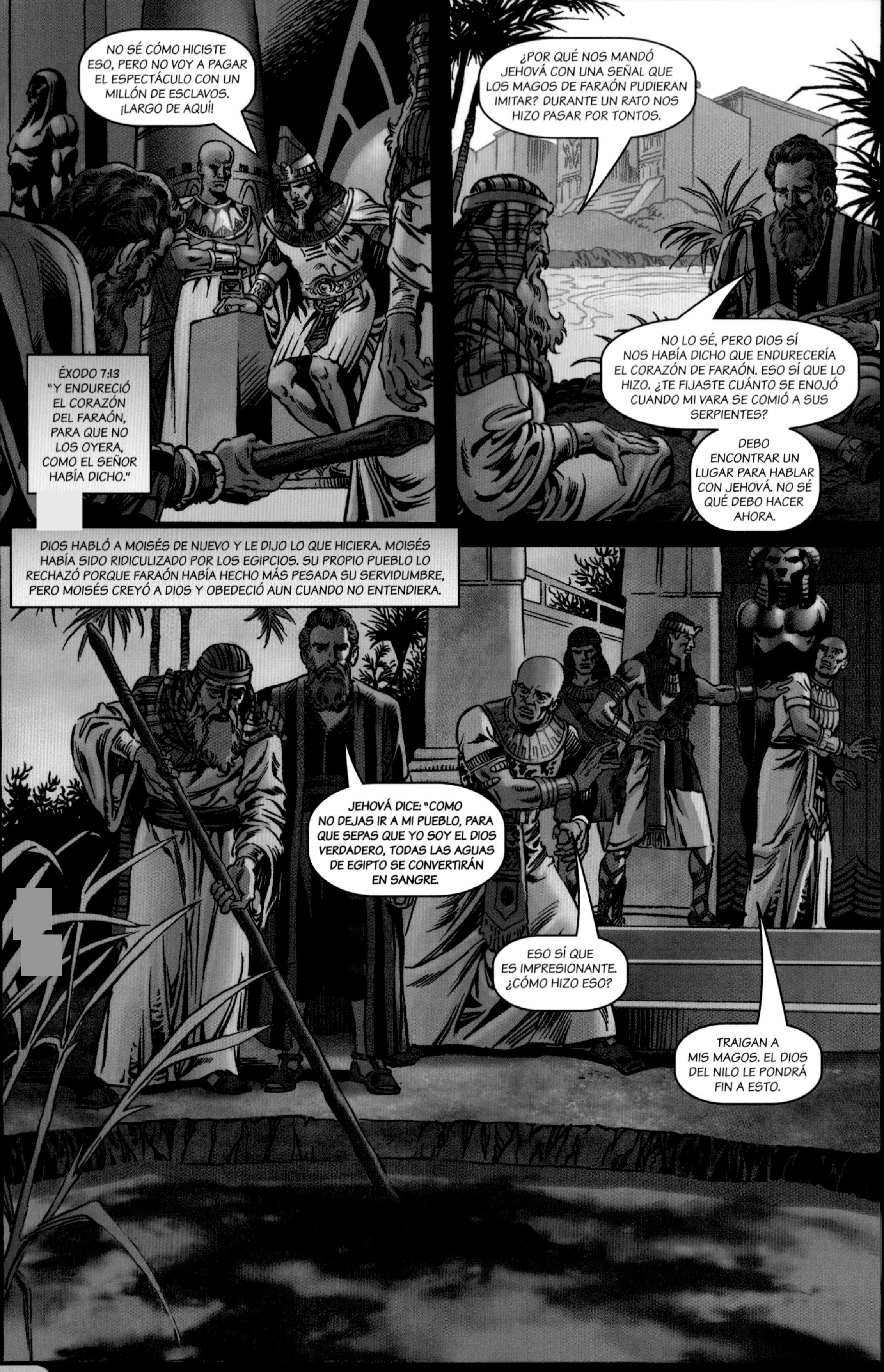
NO SÉ CÓMO HICISTE ESO, PERO NO VOY A PAGAR EL ESPECTÁCULO CON UN MILLÓN DE ESCLAVOS. ¡LARGO DE AQUÍ!
ÉXODO 7:13 "Y ENDURECIÓ EL CORAZÓN DEL FARAÓN, PARA QUE NO LOS OYERA, COMO EL SEÑOR HABÍA DICHO."
¿POR QUÉ NOS MANDÓ JEHOVÁ CON UNA SEÑAL QUE LOS MAGOS DE FARAÓN PUDIERAN IMITAR? DURANTE UN RATO NOS HIZO PASAR POR TONTOS.
NO LO SÉ, PERO DIOS SÍ NOS HABÍA DICHO QUE ENDURECERÍA EL CORAZÓN DE FARAÓN. ESO SÍ QUE LO HIZO. ¿TE FIJASTE CUÁNTO SE ENOJÓ CUANDO MI VARA SE COMIÓ A SUS SERPIENTES?
DEBO ENCONTRAR UN LUGAR PARA HABLAR CON JEHOVÁ. NO SÉ QUÉ DEBO HACER AHORA.
DIOS HABLÓ A MOISÉS DE NUEVO Y LE DIJO LO QUE HICIERA. MOISÉS HABÍA SIDO RIDICULIZADO POR LOS EGIPCIOS. SU PROPIO PUEBLO LO RECHAZÓ PORQUE FARAÓN HABÍA HECHO MÁS PESADA SU SERVIDUMBRE, PERO MOISÉS CREYÓ A DIOS Y OBEDECIÓ AUN CUANDO NO ENTENDIERA.
JEHOVÁ DICE: "COMO NO DEJAS IR A MI PUEBLO, PARA QUE SEPAS QUE YO SOY EL DIOS VERDADERO, TODAS LAS AGUAS DE EGIPTO SE CONVERTIRÁN EN SANGRE.
ESO SÍ QUE ES IMPRESIONANTE. ¿CÓMO HIZO ESO?
TRAIGAN A MIS MAGOS. EL DIOS DEL NILO LE PONDRÁ FIN A ESTO.

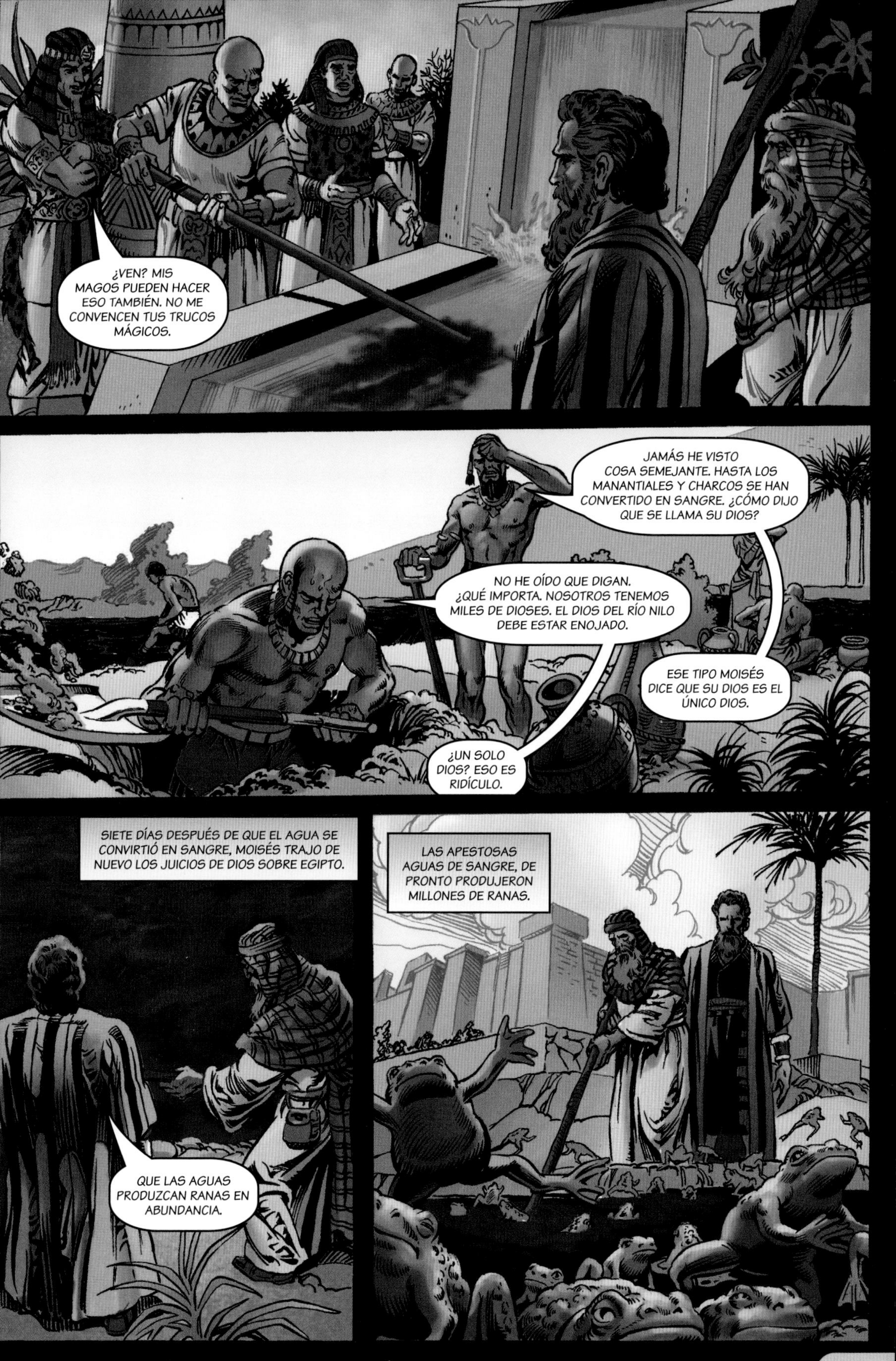
¿VEN? MIS MAGOS PUEDEN HACER ESO TAMBIÉN. NO ME CONVENCEN TUS TRUCOS MÁGICOS.
JAMÁS HE VISTO COSA SEMEJANTE. HASTA LOS MANANTIALES Y CHARCOS SE HAN CONVERTIDO EN SANGRE. ¿CÓMO DIJO QUE SE LLAMA SU DIOS?
NO HE OÍDO QUE DIGAN. ¿QUÉ IMPORTA. NOSOTROS TENEMOS MILES DE DIOSES. EL DIOS DEL RÍO NILO DEBE ESTAR ENOJADO.
ESE TIPO MOISÉS DICE QUE SU DIOS ES EL ÚNICO DIOS.
¿UN SOLO DIOS? ESO ES RIDÍCULO.
SIETE DÍAS DESPUÉS DE QUE EL AGUA SE CONVIRTIÓ EN SANGRE, MOISÉS TRAJO DE NUEVO LOS JUICIOS DE DIOS SOBRE EGIPTO.
QUE LAS AGUAS PRODUZCAN RANAS EN ABUNDANCIA.
LAS APESTOSAS AGUAS DE SANGRE, DE PRONTO PRODUJERON MILLONES DE RANAS.

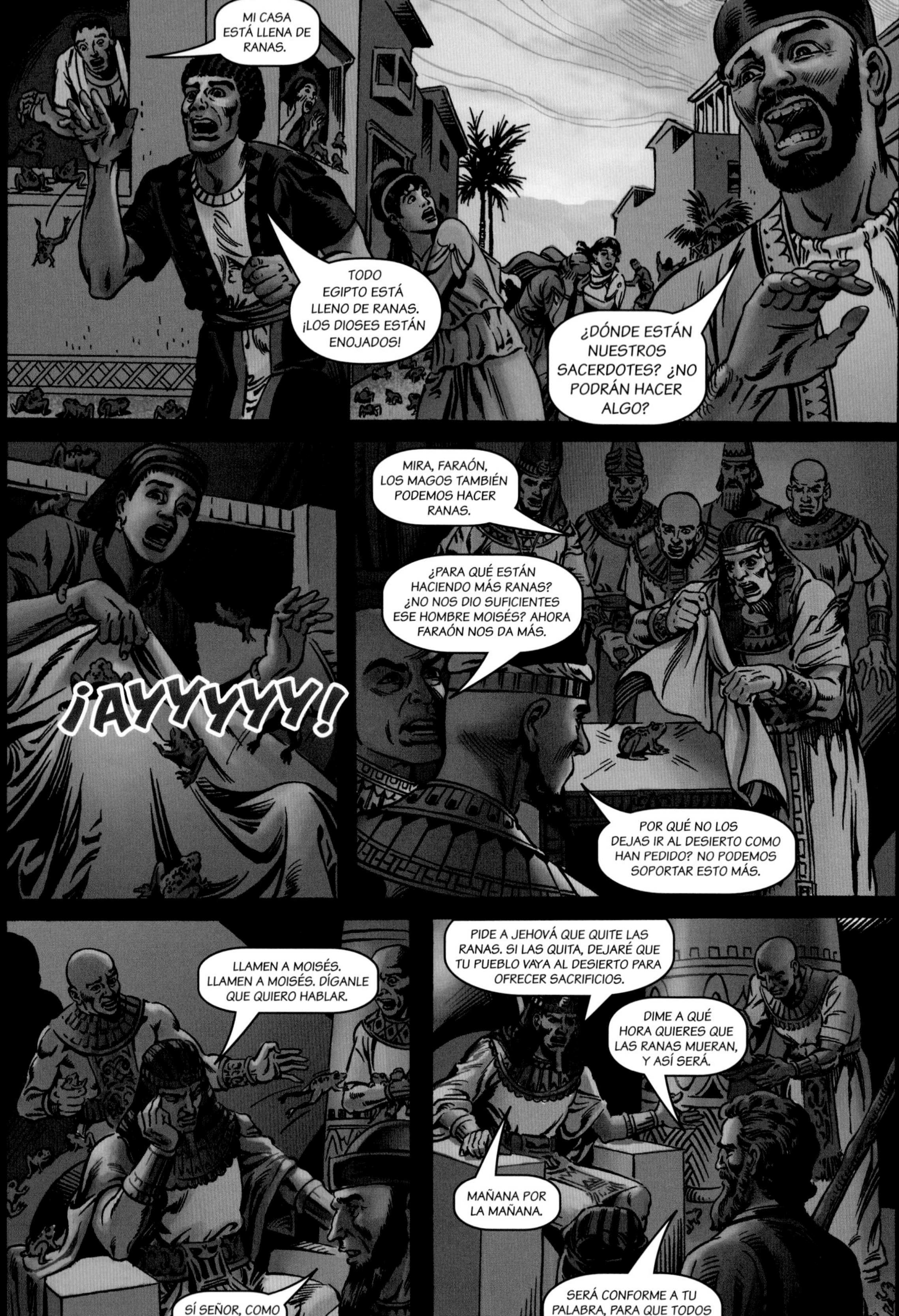
MI CASA ESTÁ LLENA DE RANAS.
TODO EGIPTO ESTÁ LLENO DE RANAS. ¡LOS DIOSES ESTÁN ENOJADOS!
¿DÓNDE ESTÁN NUESTROS SACERDOTES? ¿NO PODRÁN HACER ALGO?
¡AYYYYY!
MIRA, FARAÓN, LOS MAGOS TAMBIÉN PODEMOS HACER RANAS.
¿PARA QUÉ ESTÁN HACIENDO MÁS RANAS? ¿NO NOS DIO SUFICIENTES ESE HOMBRE MOISÉS? AHORA FARAÓN NOS DA MÁS.
POR QUÉ NO LOS DEJAS IR AL DESIERTO COMO HAN PEDIDO? NO PODEMOS SOPORTAR ESTO MÁS.
LLAMEN A MOISÉS. LLAMEN A MOISÉS. DÍGANLE QUE QUIERO HABLAR.
SÍ SEÑOR, COMO TÚ ORDENES.
PIDE A JEHOVÁ QUE QUITE LAS RANAS. SI LAS QUITA, DEJARÉ QUE TU PUEBLO VAYA AL DESIERTO PARA OFRECER SACRIFICIOS.
DIME A QUÉ HORA QUIERES QUE LAS RANAS MUERAN, Y ASÍ SERÁ.
MAÑANA POR LA MAÑANA.
SERÁ CONFORME A TU PALABRA, PARA QUE TODOS SEPAN QUE NO HAY DIOS COMO JEHOVÁ DIOS.

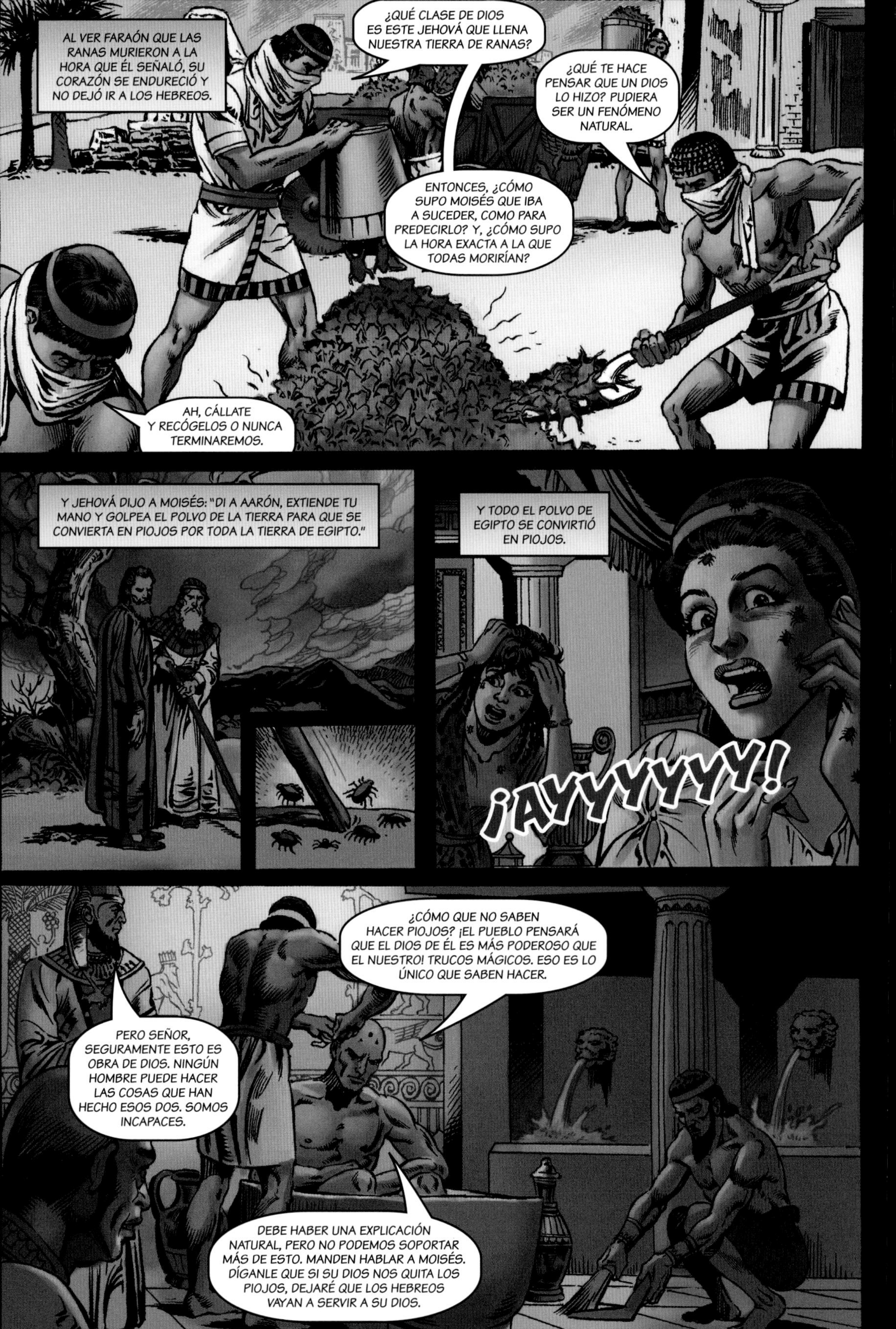
AL VER FARAÓN QUE LAS RANAS MURIERON A LA HORA QUE ÉL SEÑALÓ, SU CORAZÓN SE ENDURECIÓ Y NO DEJÓ IR A LOS HEBREOS.
¿QUÉ CLASE DE DIOS ES ESTE JEHOVÁ QUE LLENA NUESTRA TIERRA DE RANAS?
¿QUÉ TE HACE PENSAR QUE UN DIOS LO HIZO? PUDIERA SER UN FENÓMENO NATURAL.
ENTONCES, ¿CÓMO SUPO MOISÉS QUE IBA A SUCEDER, COMO PARA PREDECIRLO? Y, ¿CÓMO SUPO LA HORA EXACTA A LA QUE TODAS MORIRÍAN?
AH, CÁLLATE Y RECÓGELOS O NUNCA TERMINAREMOS.
Y JEHOVÁ DIJO A MOISÉS: "DI A AARÓN, EXTIENDE TU MANO Y GOLPEA EL POLVO DE LA TIERRA PARA QUE SE CONVIERTA EN PIOJOS POR TODA LA TIERRA DE EGIPTO."
Y TODO EL POLVO DE EGIPTO SE CONVIRTIÓ EN PIOJOS.
¡AYYYYYY!
¿CÓMO QUE NO SABEN HACER PIOJOS? ¡EL PUEBLO PENSARÁ QUE EL DIOS DE ÉL ES MÁS PODEROSO QUE EL NUESTRO! TRUCOS MÁGICOS. ESO ES LO ÚNICO QUE SABEN HACER.
PERO SEÑOR, SEGURAMENTE ESTO ES OBRA DE DIOS. NINGÚN HOMBRE PUEDE HACER LAS COSAS QUE HAN HECHO ESOS DOS. SOMOS INCAPACES.
DEBE HABER UNA EXPLICACIÓN NATURAL, PERO NO PODEMOS SOPORTAR MÁS DE ESTO. MANDEN HABLAR A MOISÉS. DÍGANLE QUE SI SU DIOS NOS QUITA LOS PIOJOS, DEJARÉ QUE LOS HEBREOS VAYAN A SERVIR A SU DIOS.

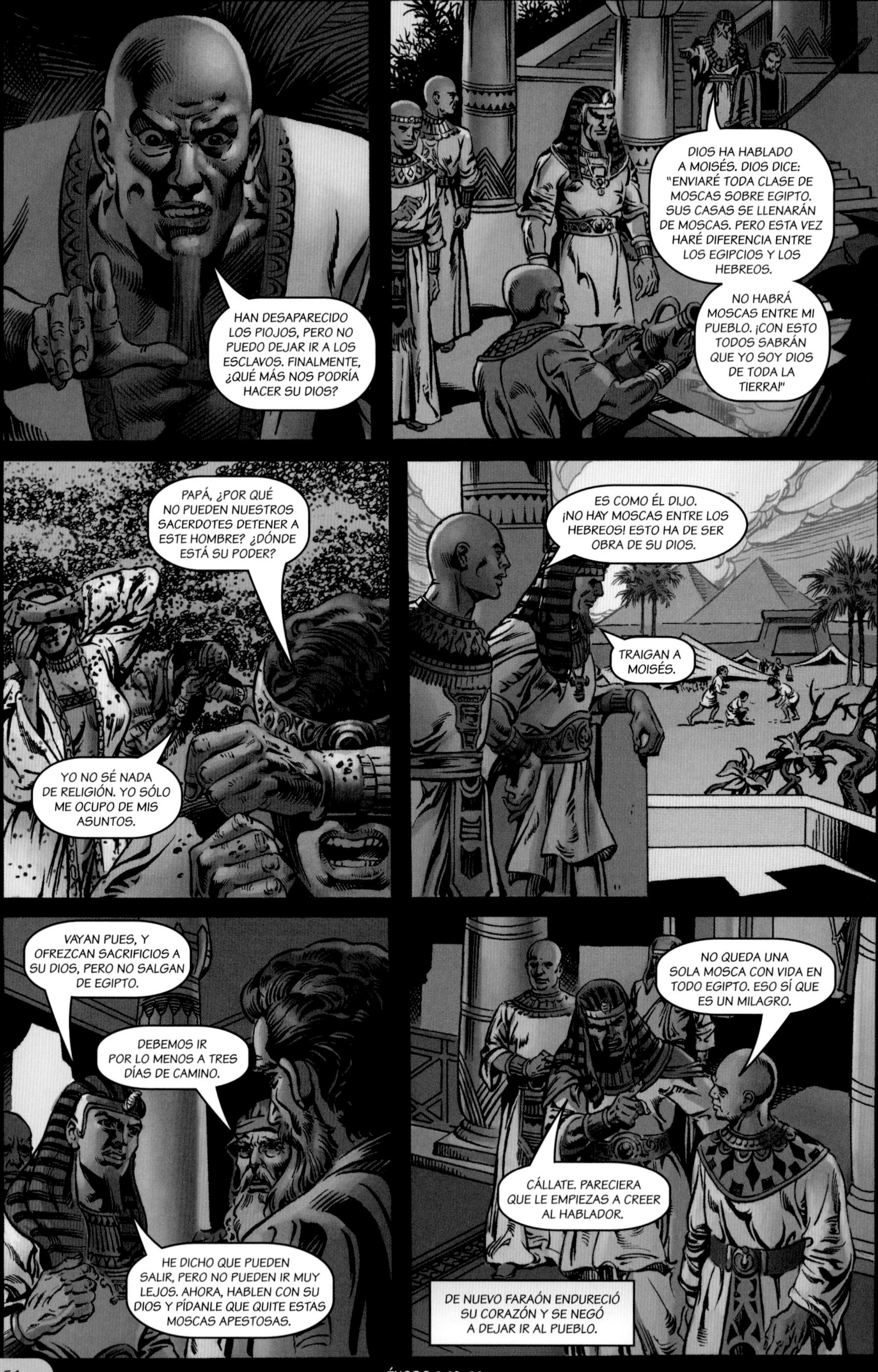
HAN DESAPARECIDO LOS PIOJOS, PERO NO PUEDO DEJAR IR A LOS ESCLAVOS. FINALMENTE, ¿QUÉ MÁS NOS PODRÍA HACER SU DIOS?
DIOS HA HABLADO A MOISÉS. DIOS DICE: "ENVIARÉ TODA CLASE DE MOSCAS SOBRE EGIPTO. SUS CASAS SE LLENARÁN DE MOSCAS. PERO ESTA VEZ HARÉ DIFERENCIA ENTRE LOS EGIPCIOS Y LOS HEBREOS.
NO HABRÁ MOSCAS ENTRE MI PUEBLO. ¡CON ESTO TODOS SABRÁN QUE YO SOY DIOS DE TODA LA TIERRA!"
PAPÁ, ¿POR QUÉ NO PUEDEN NUESTROS SACERDOTES DETENER A ESTE HOMBRE? ¿DÓNDE ESTÁ SU PODER?
YO NO SÉ NADA DE RELIGIÓN. YO SÓLO ME OCUPO DE MIS ASUNTOS.
ES COMO ÉL DIJO. ¡NO HAY MOSCAS ENTRE LOS HEBREOS! ESTO HA DE SER OBRA DE SU DIOS.
TRAIGAN A MOISÉS.
VAYAN PUES, Y OFREZCAN SACRIFICIOS A SU DIOS, PERO NO SALGAN DE EGIPTO.
DEBEMOS IR POR LO MENOS A TRES DÍAS DE CAMINO.
HE DICHO QUE PUEDEN SALIR, PERO NO PUEDEN IR MUY LEJOS. AHORA, HABLEN CON SU DIOS Y PÍDANLE QUE QUITE ESTAS MOSCAS APESTOSAS.
NO QUEDA UNA SOLA MOSCA CON VIDA EN TODO EGIPTO. ESO SÍ QUE ES UN MILAGRO.
CÁLLATE. PARECIERA QUE LE EMPIEZAS A CREER AL HABLADOR.
DE NUEVO FARAÓN ENDURECIÓ SU CORAZÓN Y SE NEGÓ A DEJAR IR AL PUEBLO.

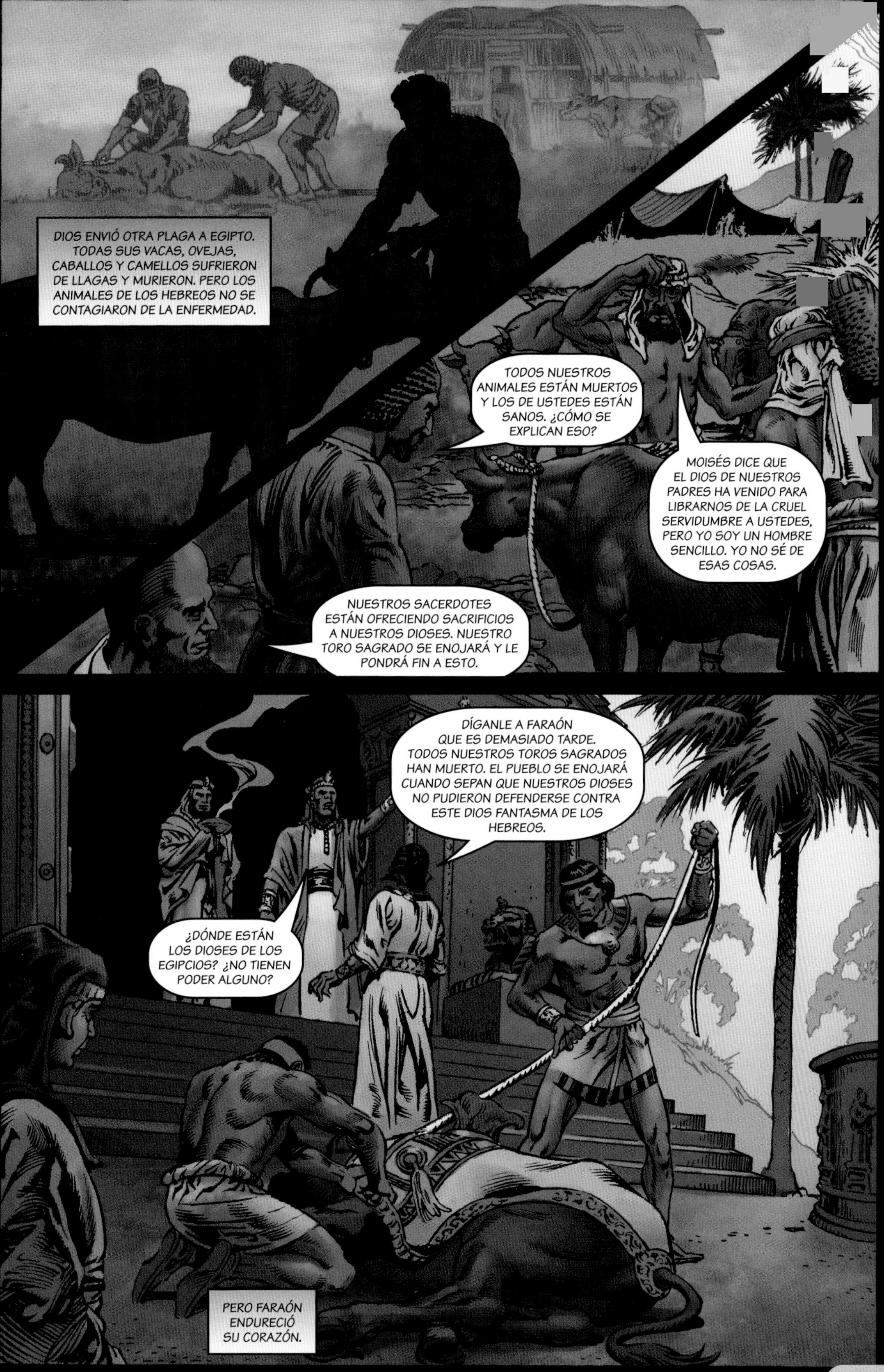
DIOS ENVIÓ OTRA PLAGA A EGIPTO. TODAS SUS VACAS, OVEJAS, CABALLOS Y CAMELLOS SUFRIERON DE LLAGAS Y MURIERON. PERO LOS ANIMALES DE LOS HEBREOS NO SE CONTAGIARON DE LA ENFERMEDAD.
TODOS NUESTROS ANIMALES ESTÁN MUERTOS Y LOS DE USTEDES ESTÁN SANOS. ¿CÓMO SE EXPLICAN ESO?
MOISÉS DICE QUE EL DIOS DE NUESTROS PADRES HA VENIDO PARA LIBRARNOS DE LA CRUEL SERVIDUMBRE A USTEDES, PERO YO SOY UN HOMBRE SENCILLO. YO NO SÉ DE ESAS COSAS.
NUESTROS SACERDOTES ESTÁN OFRECIENDO SACRIFICIOS A NUESTROS DIOSES. NUESTRO TORO SAGRADO SE ENOJARÁ Y LE PONDRÁ FIN A ESTO.
DÍGANLE A FARAÓN QUE ES DEMASIADO TARDE. TODOS NUESTROS TOROS SAGRADOS HAN MUERTO. EL PUEBLO SE ENOJARÁ CUANDO SEPAN QUE NUESTROS DIOSES NO PUDIERON DEFENDERSE CONTRA ESTE DIOS FANTASMA DE LOS HEBREOS.
¿DÓNDE ESTÁN LOS DIOSES DE LOS EGIPCIOS? ¿NO TIENEN PODER ALGUNO?
PERO FARAÓN ENDURECIÓ SU CORAZÓN.

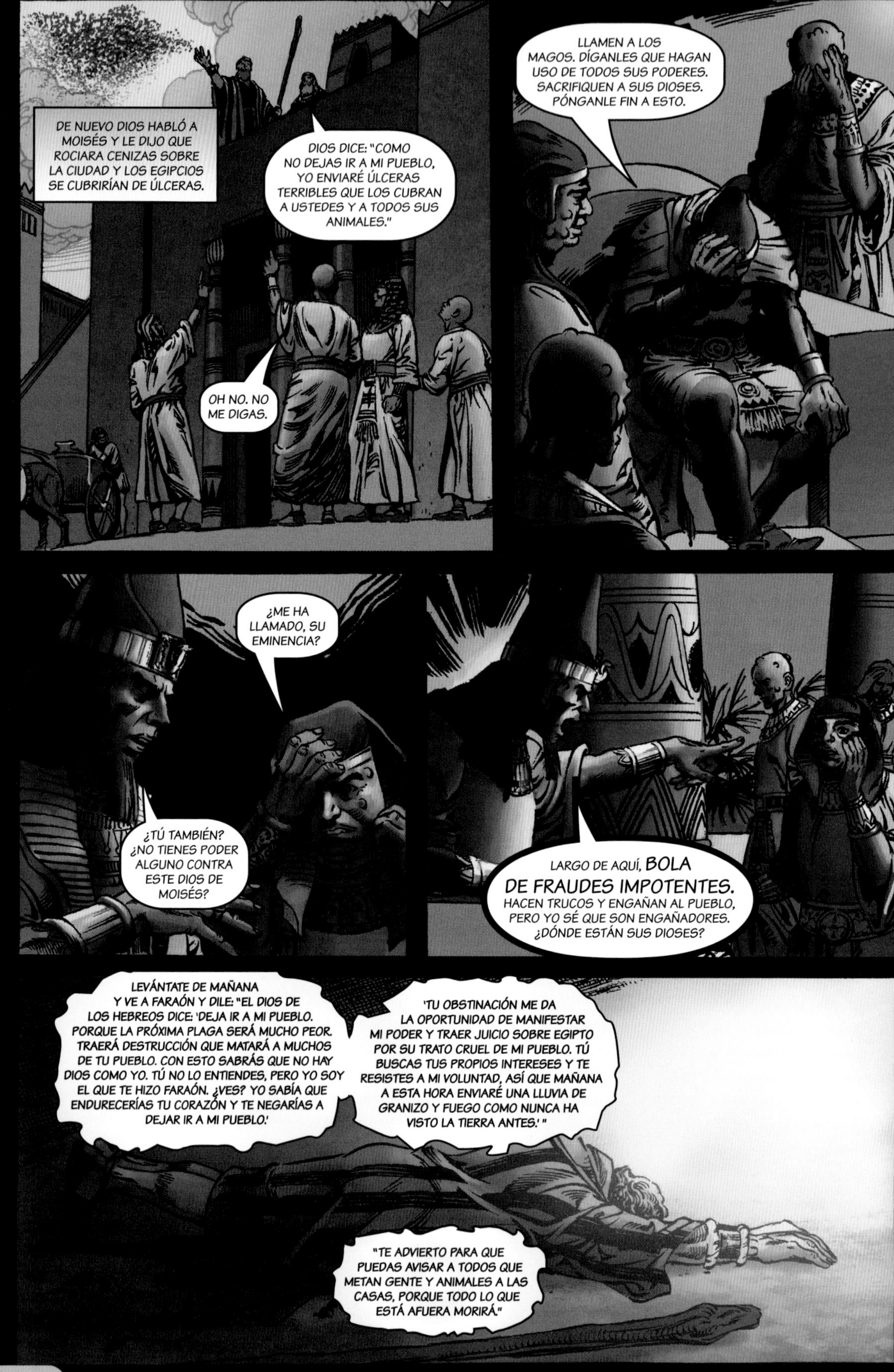
DE NUEVO DIOS HABLÓ A MOISÉS Y LE DIJO QUE ROCIARA CENIZAS SOBRE LA CIUDAD Y LOS EGIPCIOS SE CUBRIRÍAN DE ÚLCERAS.
DIOS DICE: "COMO NO DEJAS IR A MI PUEBLO, YO ENVIARÉ ÚLCERAS TERRIBLES QUE LOS CUBRAN A USTEDES Y A TODOS SUS ANIMALES."
OH NO. NO ME DIGAS.
LLAMEN A LOS MAGOS. DÍGANLES QUE HAGAN USO DE TODOS SUS PODERES. SACRIFIQUEN A SUS DIOSES. PÓNGANLE FIN A ESTO.
¿ME HA LLAMADO, SU EMINENCIA?
¿TÚ TAMBIÉN? ¿NO TIENES PODER ALGUNO CONTRA ESTE DIOS DE MOISÉS?
LARGO DE AQUÍ, BOLA DE FRAUDES IMPOTENTES. HACEN TRUCOS Y ENGAÑAN AL PUEBLO, PERO YO SÉ QUE SON ENGAÑADORES. ¿DÓNDE ESTÁN SUS DIOSES?
LEVÁNTATE DE MAÑANA Y VE A FARAÓN Y DILE: "EL DIOS DE LOS HEBREOS DICE: 'DEJA IR A MI PUEBLO. PORQUE LA PRÓXIMA PLAGA SERÁ MUCHO PEOR. TRAERÁ DESTRUCCIÓN QUE MATARÁ A MUCHOS DE TU PUEBLO. CON ESTO SABRÁS QUE NO HAY DIOS COMO YO. TÚ NO LO ENTIENDES, PERO YO SOY EL QUE TE HIZO FARAÓN. ¿VES? YO SABÍA QUE ENDURECERÍAS TU CORAZÓN Y TE NEGARÍAS A DEJAR IR A MI PUEBLO.'
'TU OBSTINACIÓN ME DA LA OPORTUNIDAD DE MANIFESTAR MI PODER Y TRAER JUICIO SOBRE EGIPTO POR SU TRATO CRUEL DE MI PUEBLO. TÚ BUSCAS TUS PROPIOS INTERESES Y TE RESISTES A MI VOLUNTAD, ASÍ QUE MAÑANA A ESTA HORA ENVIARÉ UNA LLUVIA DE GRANIZO Y FUEGO COMO NUNCA HA VISTO LA TIERRA ANTES.' "
"TE ADVIERTO PARA QUE PUEDAS AVISAR A TODOS QUE METAN GENTE Y ANIMALES A LAS CASAS, PORQUE TODO LO QUE ESTÁ AFUERA MORIRÁ."

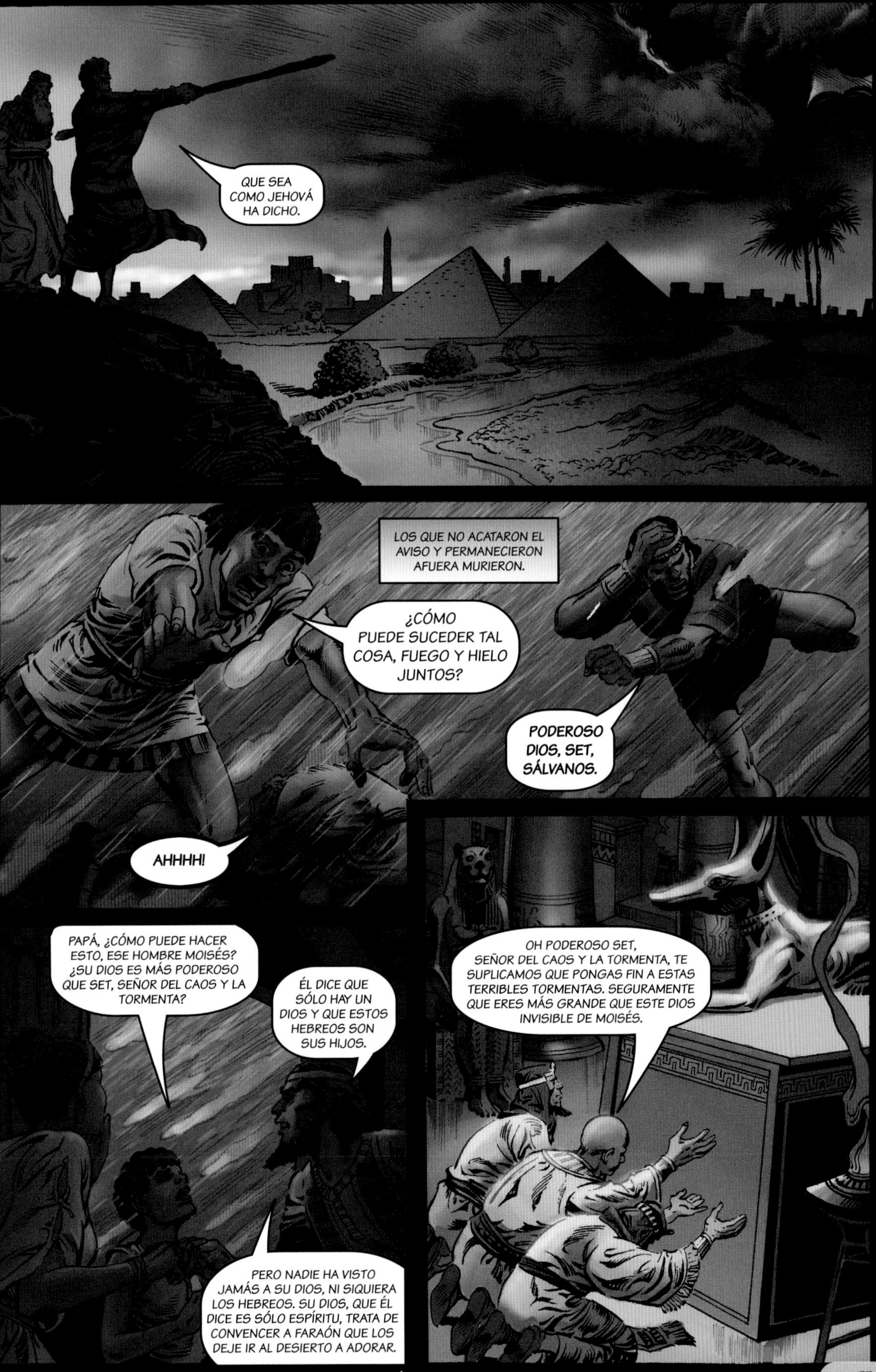
QUE SEA COMO JEHOVÁ HA DICHO.
LOS QUE NO ACATARON EL AVISO Y PERMANECIERON AFUERA MURIERON.
¿CÓMO PUEDE SUCEDER TAL COSA, FUEGO Y HIELO JUNTOS?
PODEROSO DIOS, SET, SÁLVANOS.
AHHHH!
PAPÁ, ¿CÓMO PUEDE HACER ESTO, ESE HOMBRE MOISÉS? ¿SU DIOS ES MÁS PODEROSO QUE SET, SEÑOR DEL CAOS Y LA TORMENTA?
ÉL DICE QUE SÓLO HAY UN DIOS Y QUE ESTOS HEBREOS SON SUS HIJOS.
PERO NADIE HA VISTO JAMÁS A SU DIOS, NI SIQUIERA LOS HEBREOS. SU DIOS, QUE ÉL DICE ES SÓLO ESPÍRITU, TRATA DE CONVENCER A FARAÓN QUE LOS DEJE IR AL DESIERTO A ADORAR.
OH PODEROSO SET, SEÑOR DEL CAOS Y LA TORMENTA, TE SUPLICAMOS QUE PONGAS FIN A ESTAS TERRIBLES TORMENTAS. SEGURAMENTE QUE ERES MÁS GRANDE QUE ESTE DIOS INVISIBLE DE MOISÉS.

ÉXODO 9:23-26

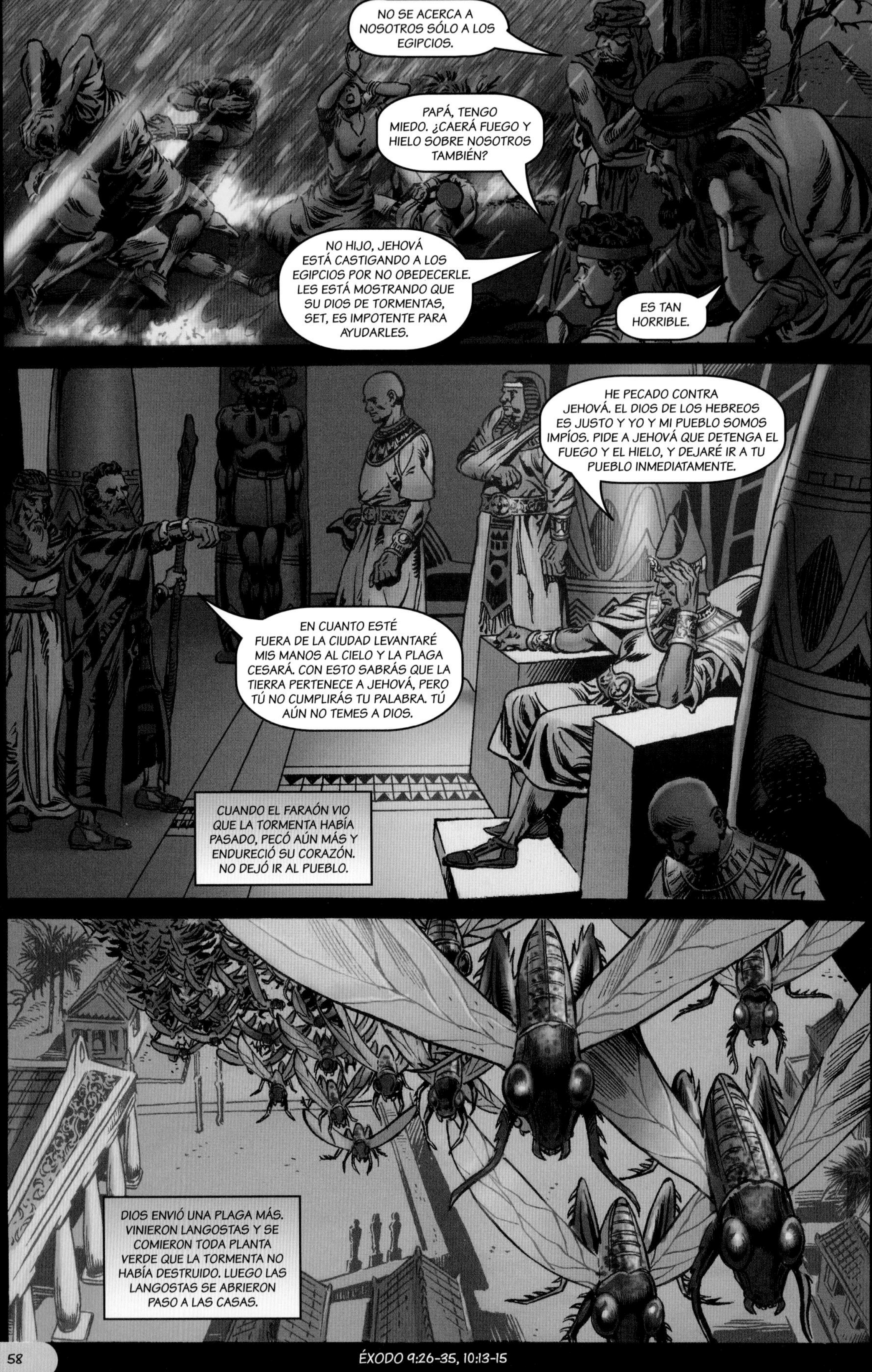
NO SE ACERCA A NOSOTROS SÓLO A LOS EGIPCIOS.
PAPÁ, TENGO MIEDO. ¿CAERÁ FUEGO Y HIELO SOBRE NOSOTROS TAMBIÉN?
NO HIJO, JEHOVÁ ESTÁ CASTIGANDO A LOS EGIPCIOS POR NO OBEDECERLE. LES ESTÁ MOSTRANDO QUE SU DIOS DE TORMENTAS, SET, ES IMPOTENTE PARA AYUDARLES.
ES TAN HORRIBLE.
HE PECADO CONTRA JEHOVÁ. EL DIOS DE LOS HEBREOS ES JUSTO Y YO Y MI PUEBLO SOMOS IMPÍOS. PIDE A JEHOVÁ QUE DETENGA EL FUEGO Y EL HIELO, Y DEJARÉ IR A TU PUEBLO INMEDIATAMENTE.
EN CUANTO ESTÉ FUERA DE LA CIUDAD LEVANTARÉ MIS MANOS AL CIELO Y LA PLAGA CESARÁ. CON ESTO SABRÁS QUE LA TIERRA PERTENECE A JEHOVÁ, PERO TÚ NO CUMPLIRÁS TU PALABRA. TÚ AÚN NO TEMES A DIOS.
CUANDO EL FARAÓN VIO QUE LA TORMENTA HABÍA PASADO, PECÓ AÚN MÁS Y ENDURECIÓ SU CORAZÓN. NO DEJÓ IR AL PUEBLO.
DIOS ENVIÓ UNA PLAGA MÁS. VINIERON LANGOSTAS Y SE COMIERON TODA PLANTA VERDE QUE LA TORMENTA NO HABÍA DESTRUIDO. LUEGO LAS LANGOSTAS SE ABRIERON PASO A LAS CASAS.

ÉXODO 9:26-35, 10:13-15

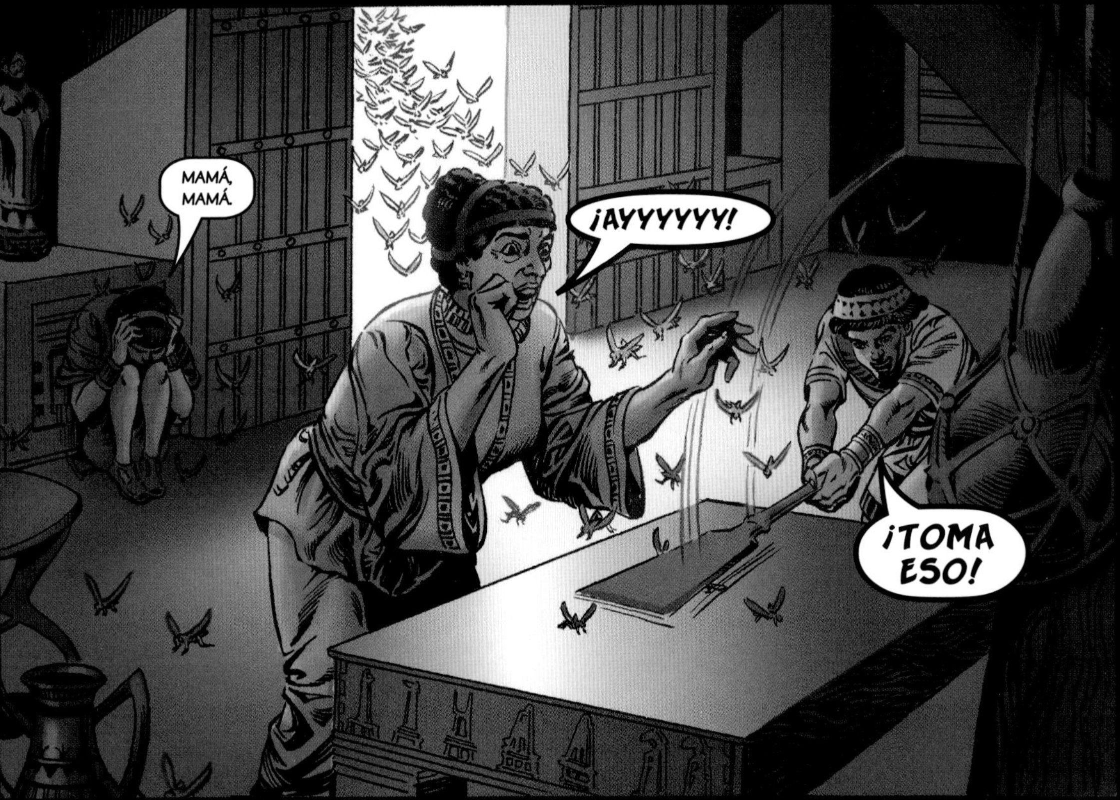
MAMÁ, MAMÁ.
¡AYYYYYY!
¡TOMA ESO!

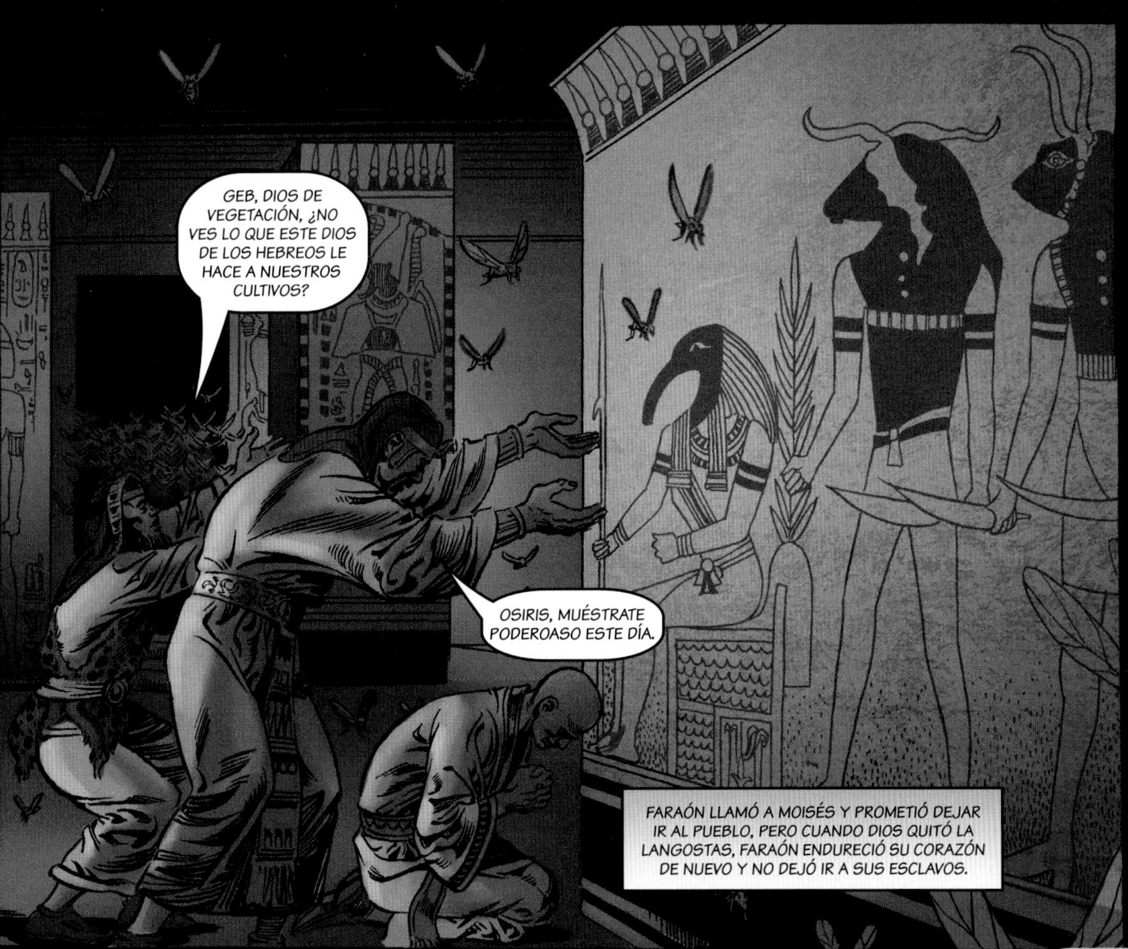
GEB, DIOS DE VEGETACIÓN, ¿NO VES LO QUE ESTE DIOS DE LOS HEBREOS LE HACE A NUESTROS CULTIVOS?
OSIRIS, MUÉSTRATE PODEROASO ESTE DÍA.
FARAÓN LLAMÓ A MOISÉS Y PROMETIÓ DEJAR IR AL PUEBLO, PERO CUANDO DIOS QUITÓ LA LANGOSTAS, FARAÓN ENDURECIÓ SU CORAZÓN DE NUEVO Y NO DEJÓ IR A SUS ESCLAVOS.

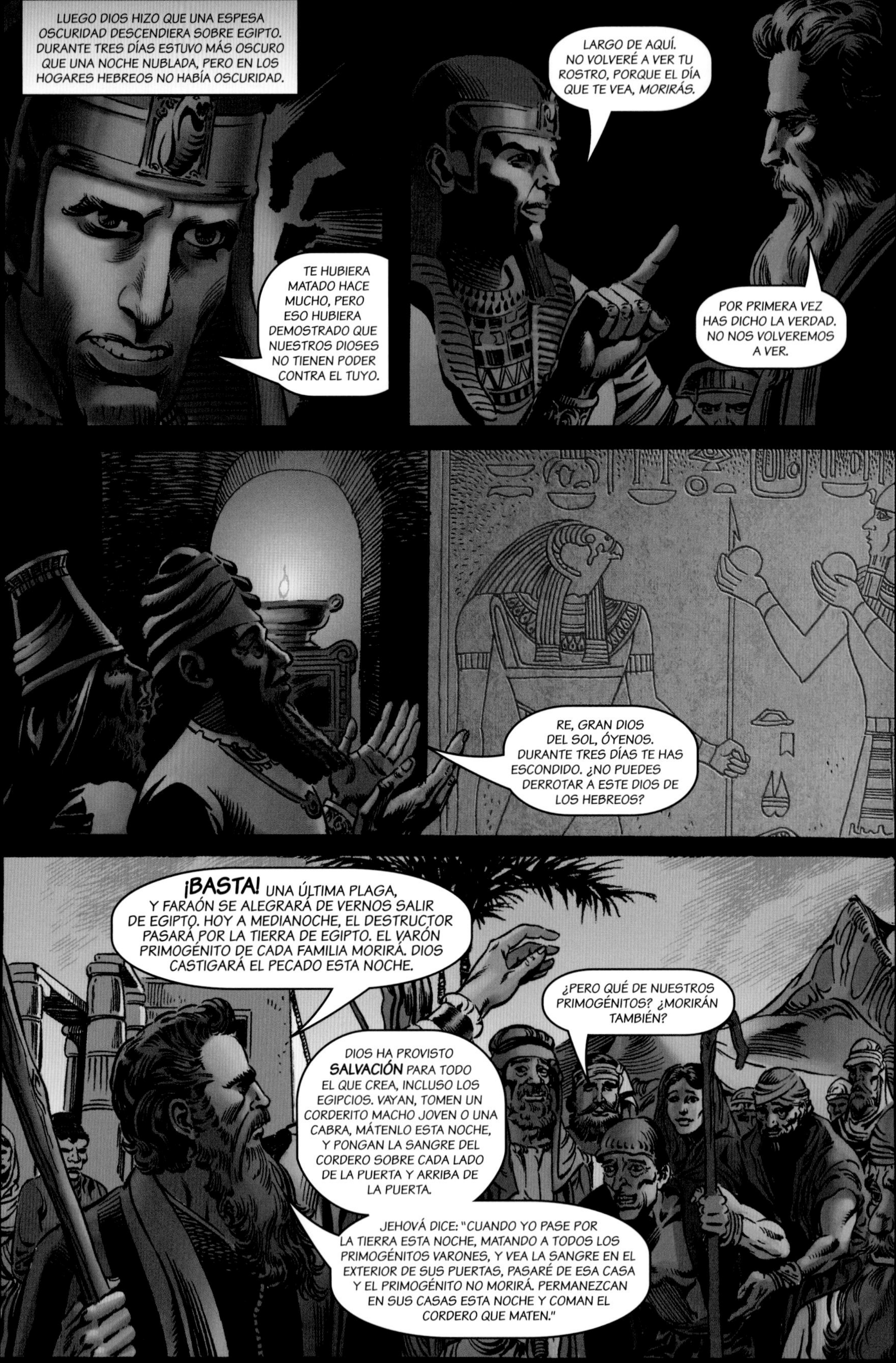
LUEGO DIOS HIZO QUE UNA ESPESA OSCURIDAD DESCENDIERA SOBRE EGIPTO. DURANTE TRES DÍAS ESTUVO MÁS OSCURO QUE UNA NOCHE NUBLADA, PERO EN LOS HOGARES HEBREOS NO HABÍA OSCURIDAD.
TE HUBIERA MATADO HACE MUCHO, PERO ESO HUBIERA DEMOSTRADO QUE NUESTROS DIOSES NO TIENEN PODER CONTRA EL TUYO.
LARGO DE AQUÍ. NO VOLVERÉ A VER TU ROSTRO, PORQUE EL DÍA QUE TE VEA, MORIRÁS.
POR PRIMERA VEZ HAS DICHO LA VERDAD. NO NOS VOLVEREMOS A VER.
RE, GRAN DIOS DEL SOL, ÓYENOS. DURANTE TRES DÍAS TE HAS ESCONDIDO. ¿NO PUEDES DERROTAR A ESTE DIOS DE LOS HEBREOS?
¡BASTA! UNA ÚLTIMA PLAGA, Y FARAÓN SE ALEGRARÁ DE VERNOS SALIR DE EGIPTO. HOY A MEDIANOCHE, EL DESTRUCTOR PASARÁ POR LA TIERRA DE EGIPTO. EL VARÓN PRIMOGÉNITO DE CADA FAMILIA MORIRÁ. DIOS CASTIGARÁ EL PECADO ESTA NOCHE.
¿PERO QUÉ DE NUESTROS PRIMOGÉNITOS? ¿MORIRÁN TAMBIÉN?
DIOS HA PROVISTO SALVACIÓN PARA TODO EL QUE CREA, INCLUSO LOS EGIPCIOS. VAYAN, TOMEN UN CORDERITO MACHO JOVEN O UNA CABRA, MÁTENLO ESTA NOCHE, Y PONGAN LA SANGRE DEL CORDERO SOBRE CADA LADO DE LA PUERTA Y ARRIBA DE LA PUERTA.
JEHOVÁ DICE: "CUANDO YO PASE POR LA TIERRA ESTA NOCHE, MATANDO A TODOS LOS PRIMOGÉNITOS VARONES, Y VEA LA SANGRE EN EL EXTERIOR DE SUS PUERTAS, PASARÉ DE ESA CASA Y EL PRIMOGÉNITO NO MORIRÁ. PERMANEZCAN EN SUS CASAS ESTA NOCHE Y COMAN EL CORDERO QUE MATEN."

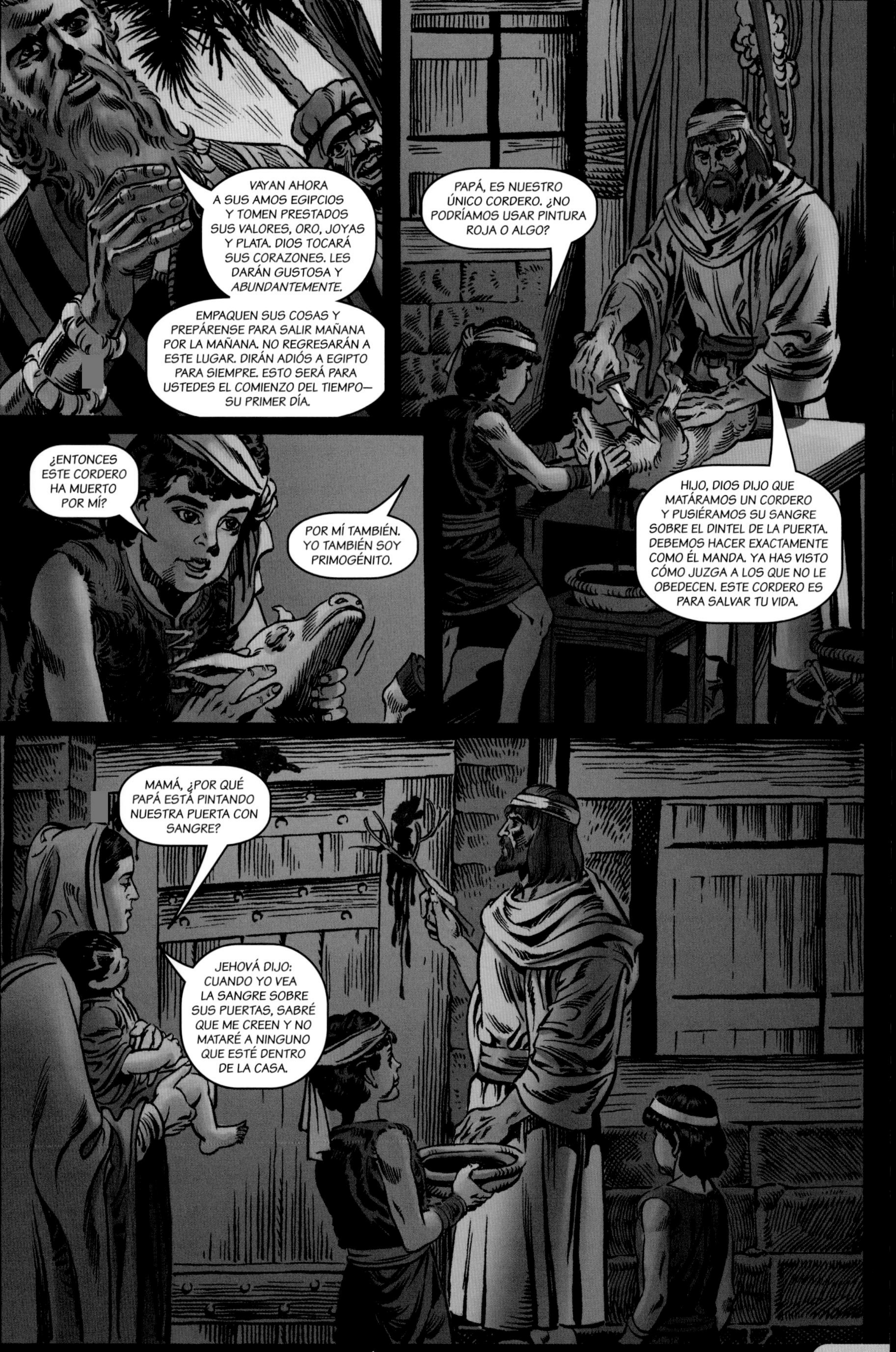
VAYAN AHORA A SUS AMOS EGIPCIOS Y TOMEN PRESTADOS SUS VALORES, ORO, JOYAS Y PLATA. DIOS TOCARÁ SUS CORAZONES. LES DARÁN GUSTOSA Y ABUNDANTEMENTE.
EMPAQUEN SUS COSAS Y PREPÁRENSE PARA SALIR MAÑANA POR LA MAÑANA. NO REGRESARÁN A ESTE LUGAR. DIRÁN ADIÓS A EGIPTO PARA SIEMPRE. ESTO SERÁ PARA USTEDES EL COMIENZO DEL TIEMPO— SU PRIMER DÍA.
PAPÁ, ES NUESTRO ÚNICO CORDERO. ¿NO PODRÍAMOS USAR PINTURA ROJA O ALGO?
HIJO, DIOS DIJO QUE MATÁRAMOS UN CORDERO Y PUSIÉRAMOS SU SANGRE SOBRE EL DINTEL DE LA PUERTA. DEBEMOS HACER EXACTAMENTE COMO ÉL MANDA. YA HAS VISTO CÓMO JUZGA A LOS QUE NO LE OBEDECEN. ESTE CORDERO ES PARA SALVAR TU VIDA.
¿ENTONCES ESTE CORDERO HA MUERTO POR MÍ?
POR MÍ TAMBIÉN. YO TAMBIÉN SOY PRIMOGÉNITO.
MAMÁ, ¿POR QUÉ PAPÁ ESTÁ PINTANDO NUESTRA PUERTA CON SANGRE?
JEHOVÁ DIJO: CUANDO YO VEA LA SANGRE SOBRE SUS PUERTAS, SABRÉ QUE ME CREEN Y NO MATARÉ A NINGUNO QUE ESTÉ DENTRO DE LA CASA.

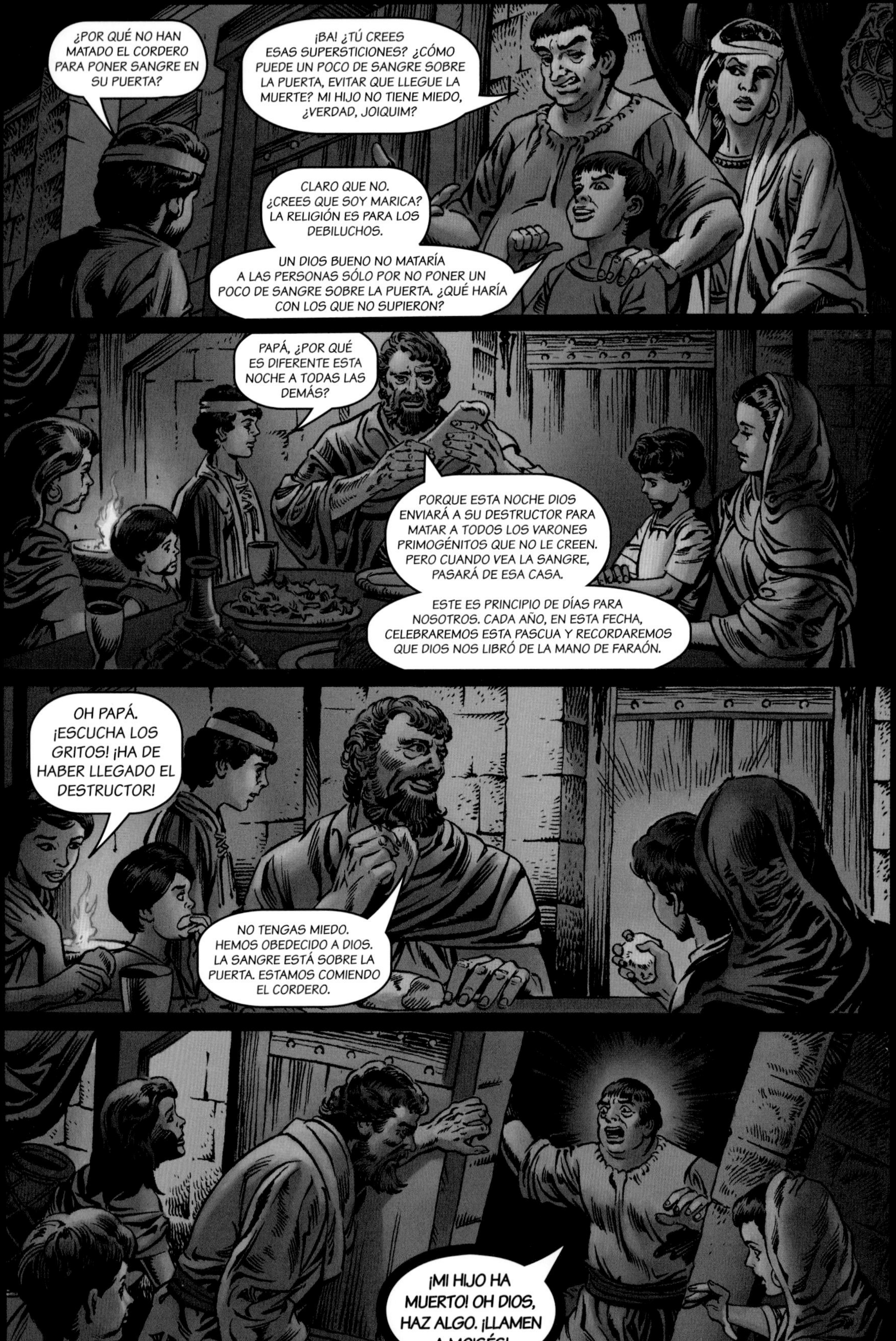
¿POR QUÉ NO HAN MATADO EL CORDERO PARA PONER SANGRE EN SU PUERTA?
¡BA! ¿TÚ CREES ESAS SUPERSTICIONES? ¿CÓMO PUEDE UN POCO DE SANGRE SOBRE LA PUERTA, EVITAR QUE LLEGUE LA MUERTE? MI HIJO NO TIENE MIEDO, ¿VERDAD, JOIQUIM?
CLARO QUE NO. ¿CREES QUE SOY MARICA? LA RELIGIÓN ES PARA LOS DEBILUCHOS.
UN DIOS BUENO NO MATARÍA A LAS PERSONAS SÓLO POR NO PONER UN POCO DE SANGRE SOBRE LA PUERTA. ¿QUÉ HARÍA CON LOS QUE NO SUPIERON?
PAPÁ, ¿POR QUÉ ES DIFERENTE ESTA NOCHE A TODAS LAS DEMÁS?
PORQUE ESTA NOCHE DIOS ENVIARÁ A SU DESTRUCTOR PARA MATAR A TODOS LOS VARONES PRIMOGÉNITOS QUE NO LE CREEN. PERO CUANDO VEA LA SANGRE, PASARÁ DE ESA CASA.
ESTE ES PRINCIPIO DE DÍAS PARA NOSOTROS. CADA AÑO, EN ESTA FECHA, CELEBRAREMOS ESTA PASCUA Y RECORDAREMOS QUE DIOS NOS LIBRÓ DE LA MANO DE FARAÓN.
OH PAPÁ. ¡ESCUCHA LOS GRITOS! ¡HA DE HABER LLEGADO EL DESTRUCTOR!
NO TENGAS MIEDO. HEMOS OBEDECIDO A DIOS. LA SANGRE ESTÁ SOBRE LA PUERTA. ESTAMOS COMIENDO EL CORDERO.
¡MI HIJO HA MUERTO! OH DIOS, HAZ ALGO. ¡LLAMEN A MOISÉS!

ÉXODO 12:28

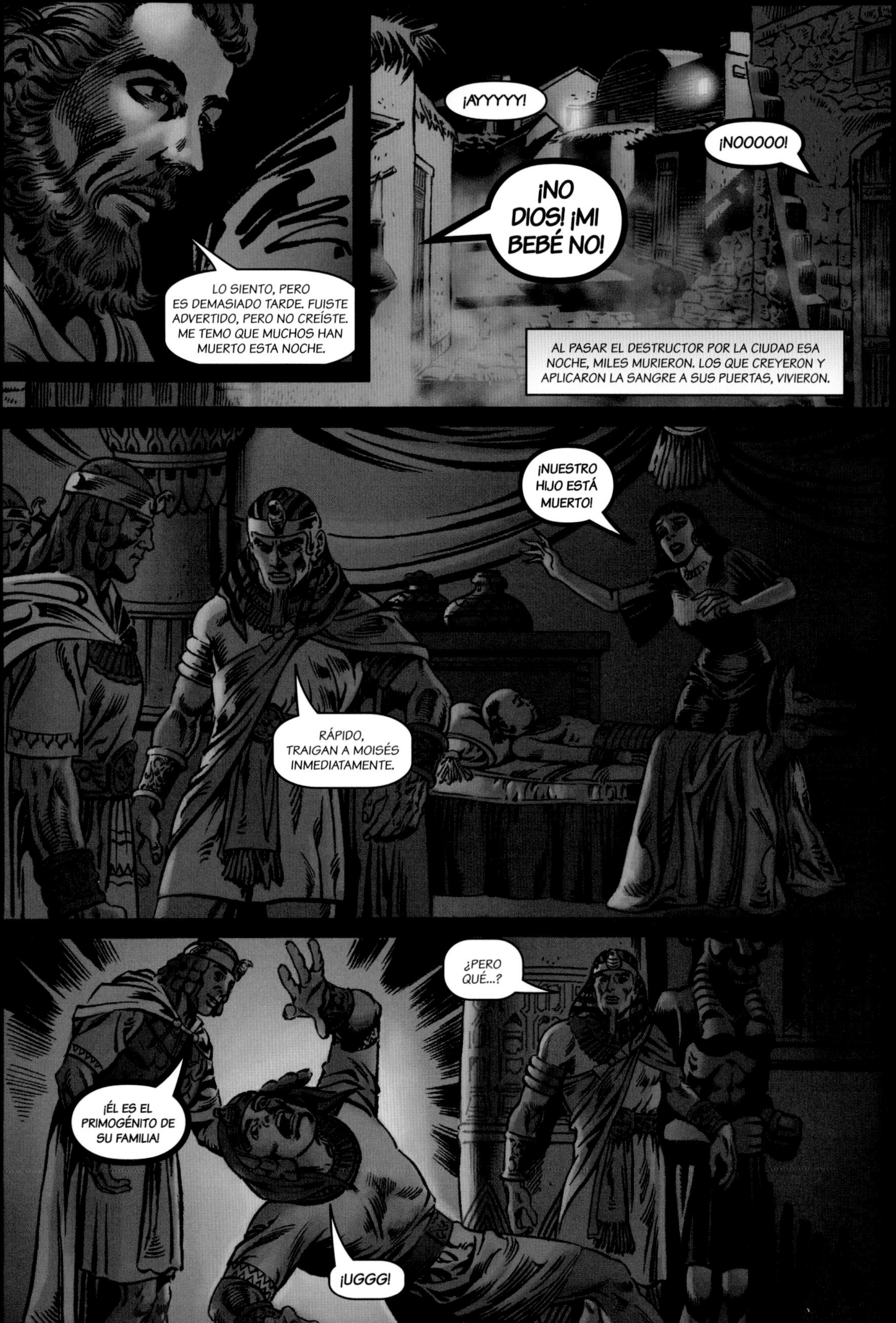
¡AYYYYY!
¡NOOOOO!
¡NO DIOS! ¡MI BEBÉ NO!
LO SIENTO, PERO ES DEMASIADO TARDE. FUISTE ADVERTIDO, PERO NO CREÍSTE. ME TEMO QUE MUCHOS HAN MUERTO ESTA NOCHE.
AL PASAR EL DESTRUCTOR POR LA CIUDAD ESA NOCHE, MILES MURIERON. LOS QUE CREYERON Y APLICARON LA SANGRE A SUS PUERTAS, VIVIERON.
¡NUESTRO HIJO ESTÁ MUERTO!
RÁPIDO, TRAIGAN A MOISÉS INMEDIATAMENTE.
¿PERO QUÉ...?
¡ÉL ES EL PRIMOGÉNITO DE SU FAMILIA!
¡UGGG!

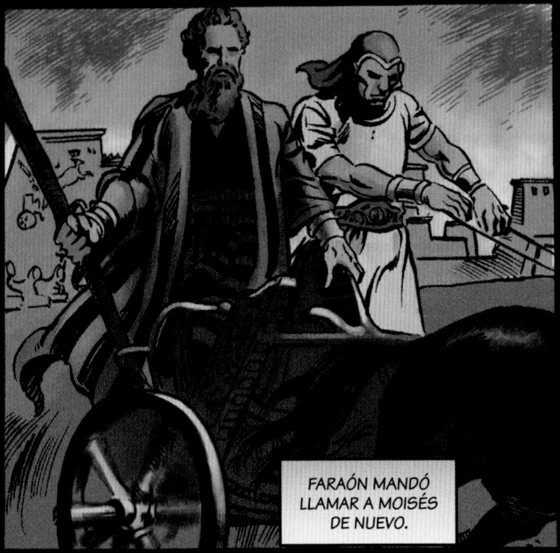
FARAÓN MANDÓ LLAMAR A MOISÉS DE NUEVO.

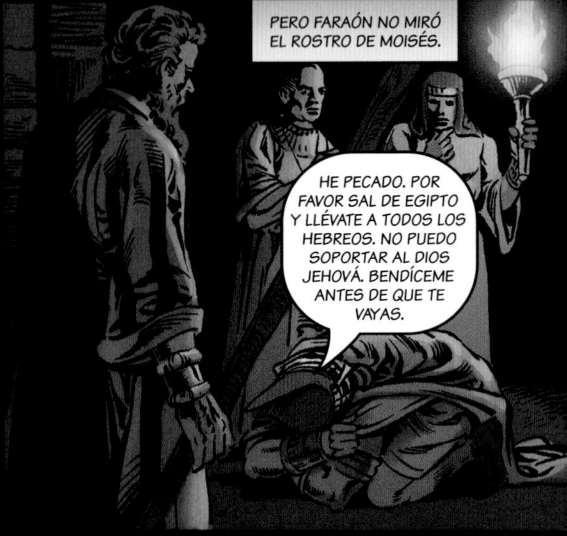
PERO FARAÓN NO MIRÓ EL ROSTRO DE MOISÉS.
HE PECADO. POR FAVOR SAL DE EGIPTO Y LLÉVATE A TODOS LOS HEBREOS. NO PUEDO SOPORTAR AL DIOS JEHOVÁ. BENDÍCEME ANTES DE QUE TE VAYAS.

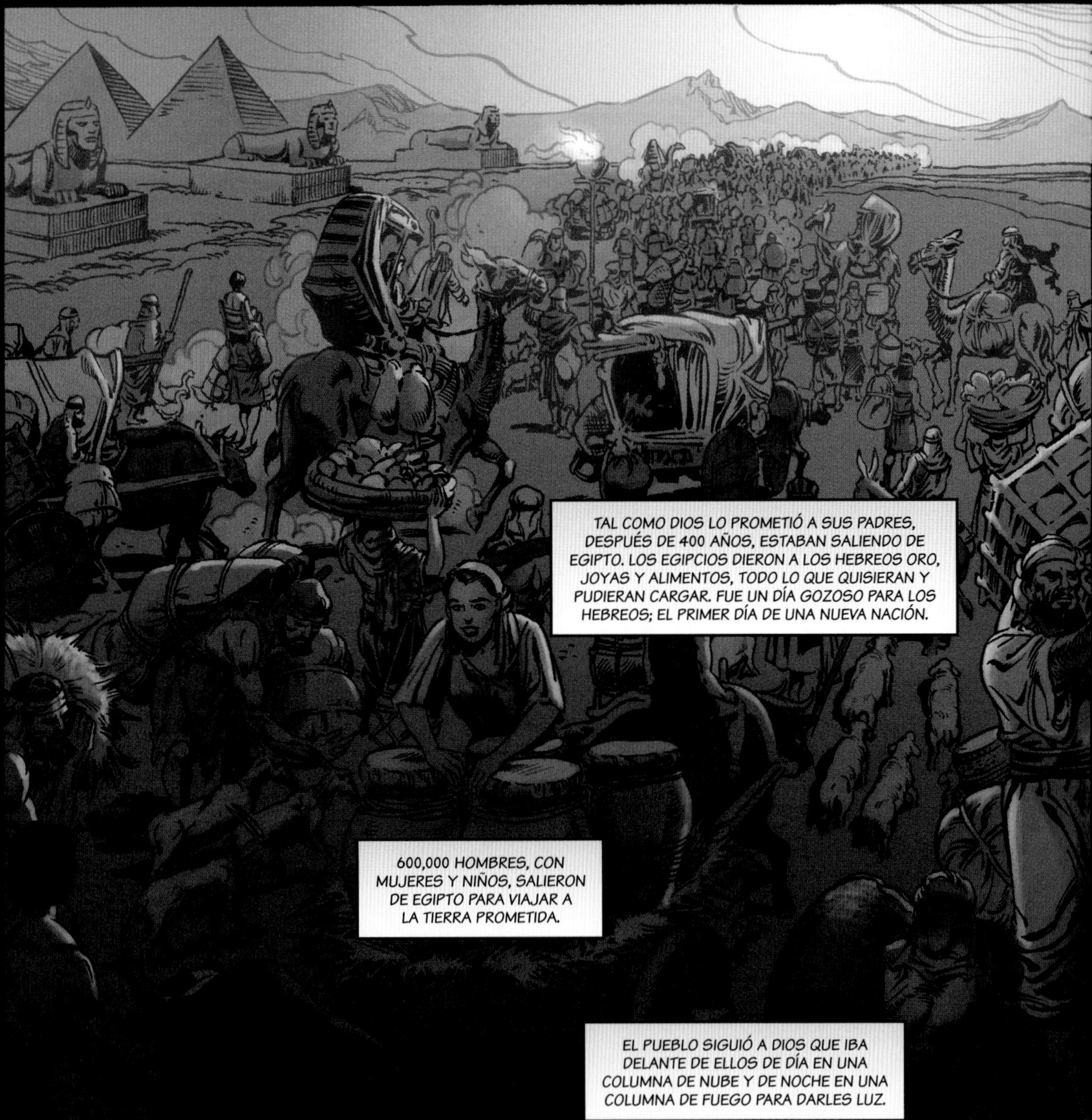
TAL COMO DIOS LO PROMETIÓ A SUS PADRES, DESPUÉS DE 400 AÑOS, ESTABAN SALIENDO DE EGIPTO. LOS EGIPCIOS DIERON A LOS HEBREOS ORO, JOYAS Y ALIMENTOS, TODO LO QUE QUISIERAN Y PUDIERAN CARGAR. FUE UN DÍA GOZOSO PARA LOS HEBREOS; EL PRIMER DÍA DE UNA NUEVA NACIÓN.
600,000 HOMBRES, CON MUJERES Y NIÑOS, SALIERON DE EGIPTO PARA VIAJAR A LA TIERRA PROMETIDA.
EL PUEBLO SIGUIÓ A DIOS QUE IBA DELANTE DE ELLOS DE DÍA EN UNA COLUMNA DE NUBE Y DE NOCHE EN UNA COLUMNA DE FUEGO PARA DARLES LUZ.

ÉXODO 12:21-22,31-38

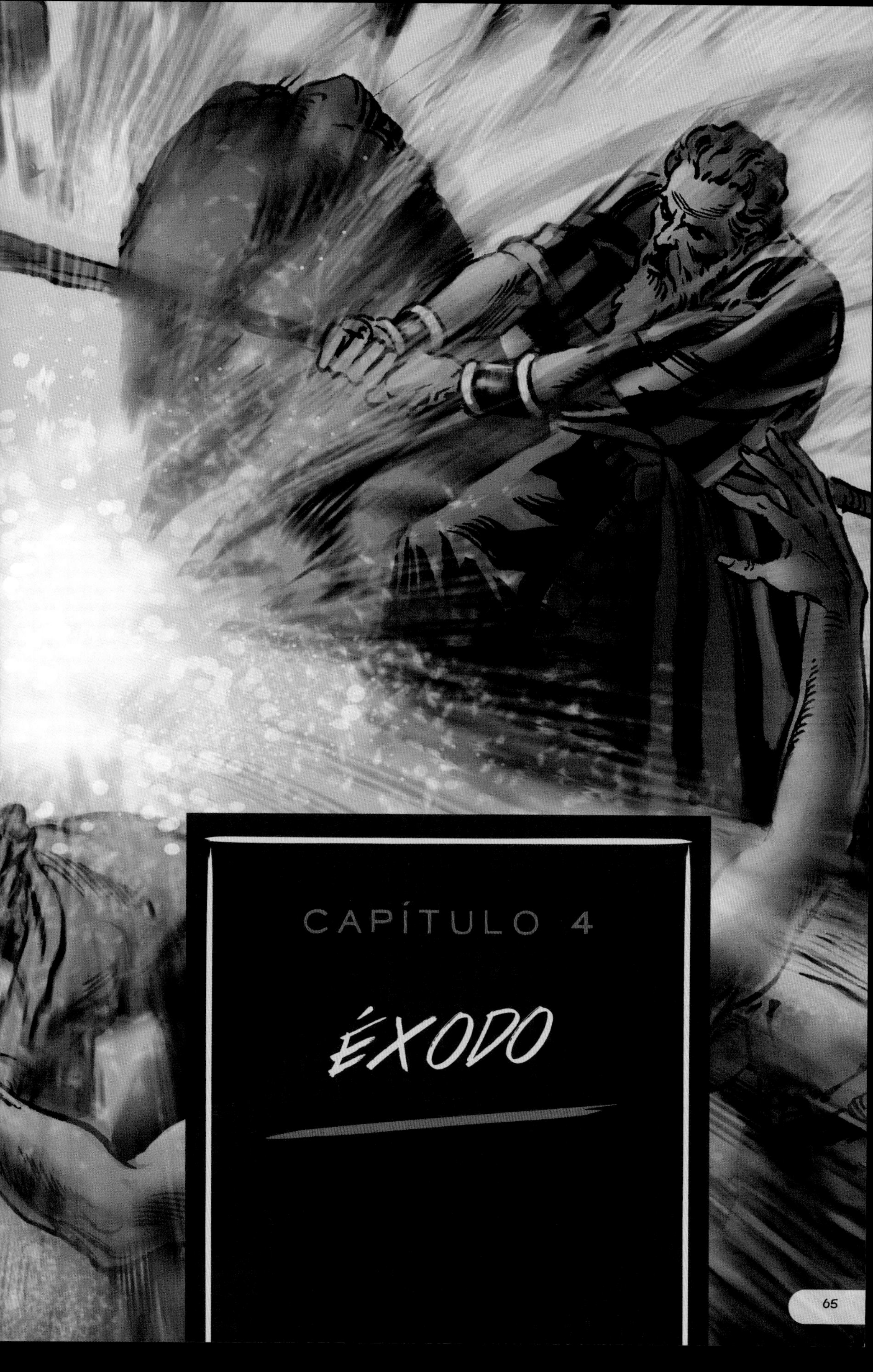

CAPÍTULO 4

ÉXODO

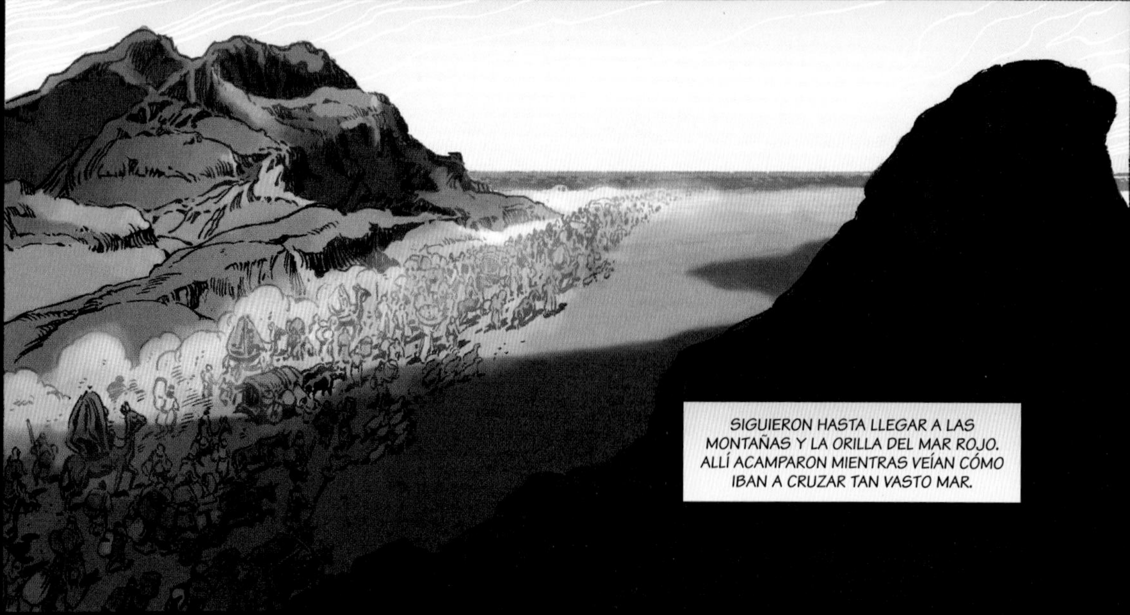
SIGUIERON HASTA LLEGAR A LAS MONTAÑAS Y LA ORILLA DEL MAR ROJO. ALLÍ ACAMPARON MIENTRAS VEÍAN CÓMO IBAN A CRUZAR TAN VASTO MAR.

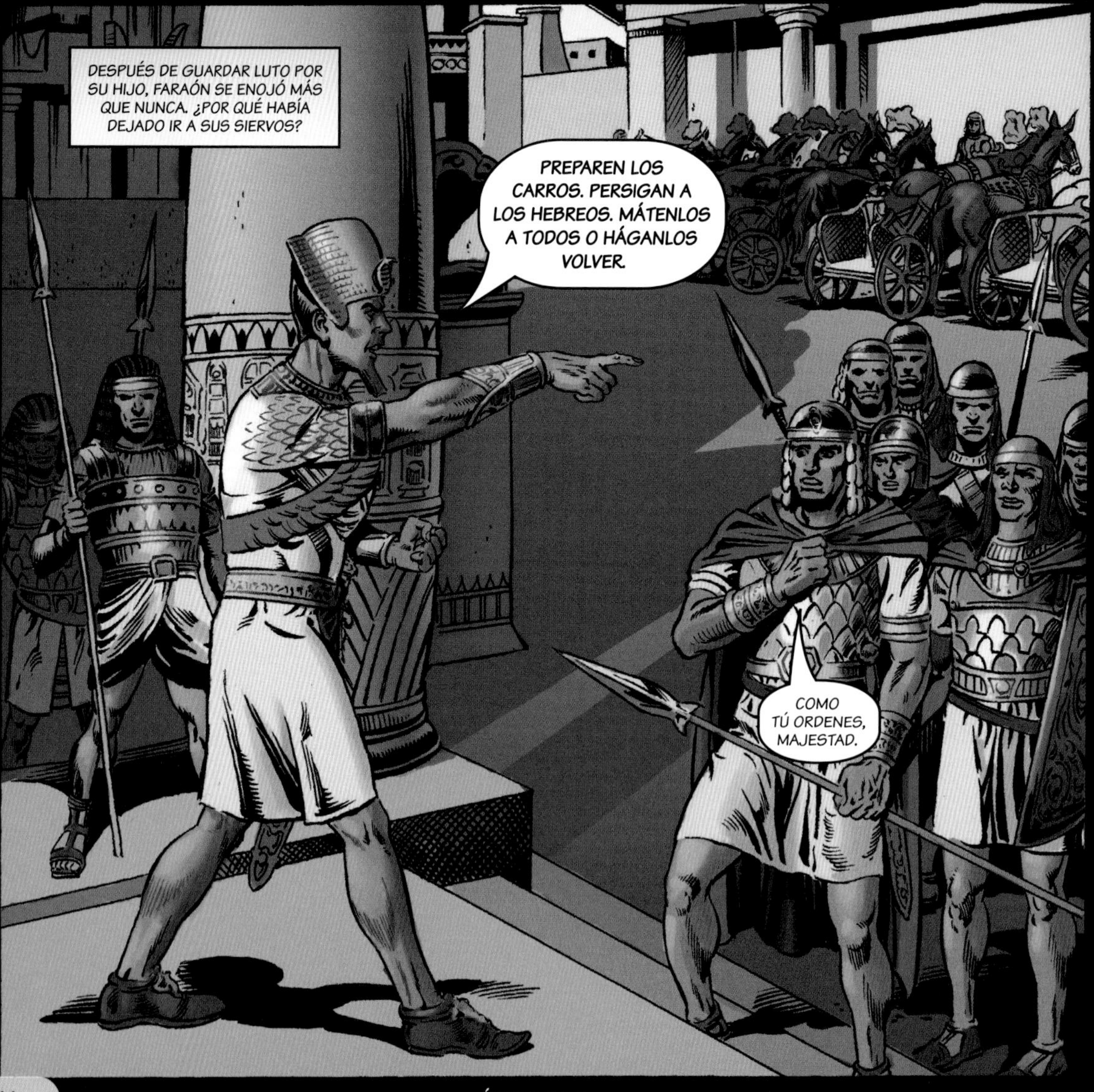
DESPUÉS DE GUARDAR LUTO POR SU HIJO, FARAÓN SE ENOJÓ MÁS QUE NUNCA. ¿POR QUÉ HABÍA DEJADO IR A SUS SIERVOS?
PREPAREN LOS CARROS. PERSIGAN A LOS HEBREOS. MÁTENLOS A TODOS O HÁGANLOS VOLVER.
COMO TÚ ORDENES, MAJESTAD.

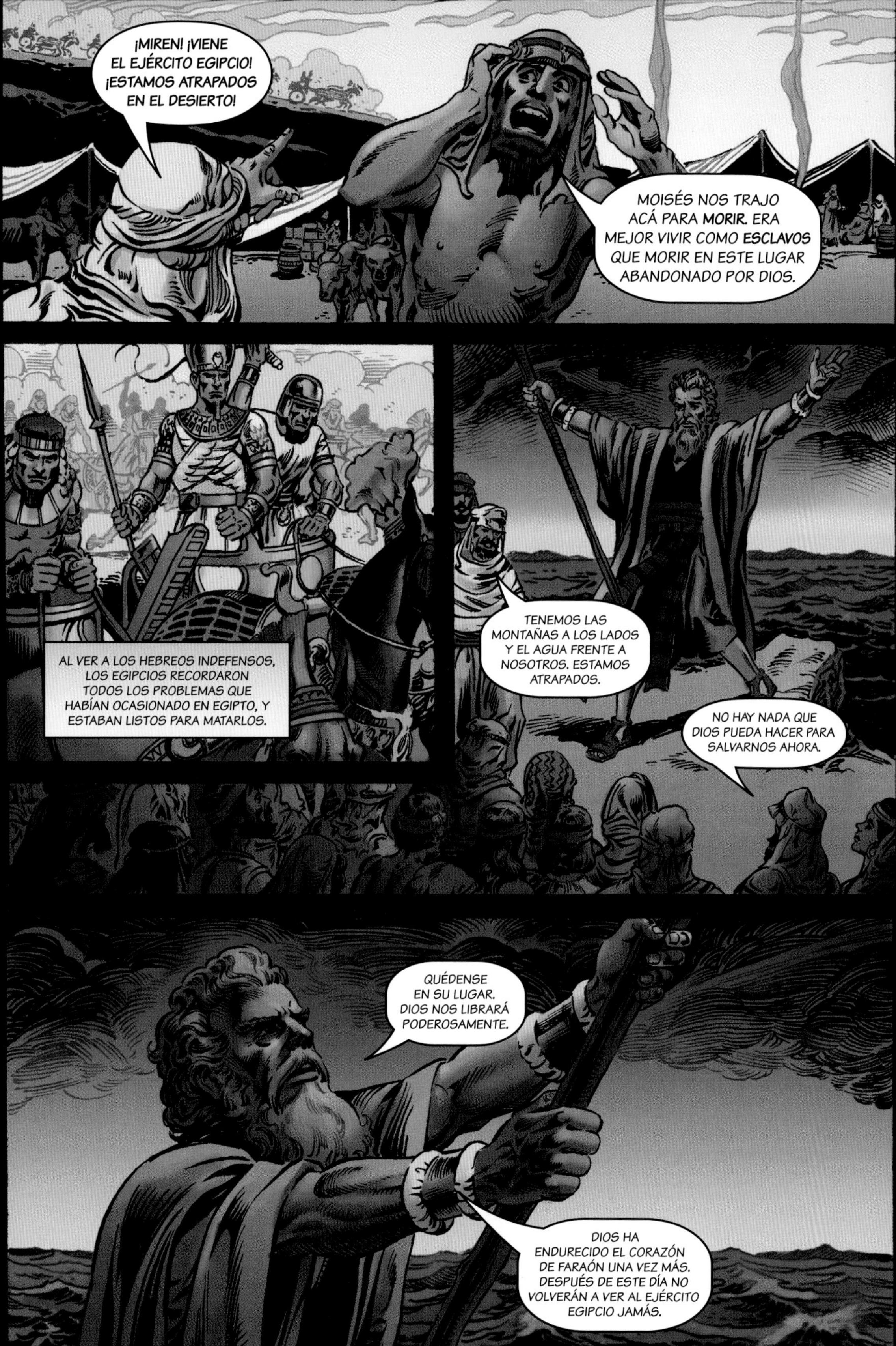
¡MIREN! ¡VIENE EL EJÉRCITO EGIPCIO! ¡ESTAMOS ATRAPADOS EN EL DESIERTO!
MOISÉS NOS TRAJO ACÁ PARA **MORIR**. ERA MEJOR VIVIR COMO **ESCLAVOS** QUE MORIR EN ESTE LUGAR ABANDONADO POR DIOS.
AL VER A LOS HEBREOS INDEFENSOS, LOS EGIPCIOS RECORDARON TODOS LOS PROBLEMAS QUE HABÍAN OCASIONADO EN EGIPTO, Y ESTABAN LISTOS PARA MATARLOS.
TENEMOS LAS MONTAÑAS A LOS LADOS Y EL AGUA FRENTE A NOSOTROS. ESTAMOS ATRAPADOS.
NO HAY NADA QUE DIOS PUEDA HACER PARA SALVARNOS AHORA.
QUÉDENSE EN SU LUGAR. DIOS NOS LIBRARÁ PODEROSAMENTE.
DIOS HA ENDURECIDO EL CORAZÓN DE FARAÓN UNA VEZ MÁS. DESPUÉS DE ESTE DÍA NO VOLVERÁN A VER AL EJÉRCITO EGIPCIO JAMÁS.

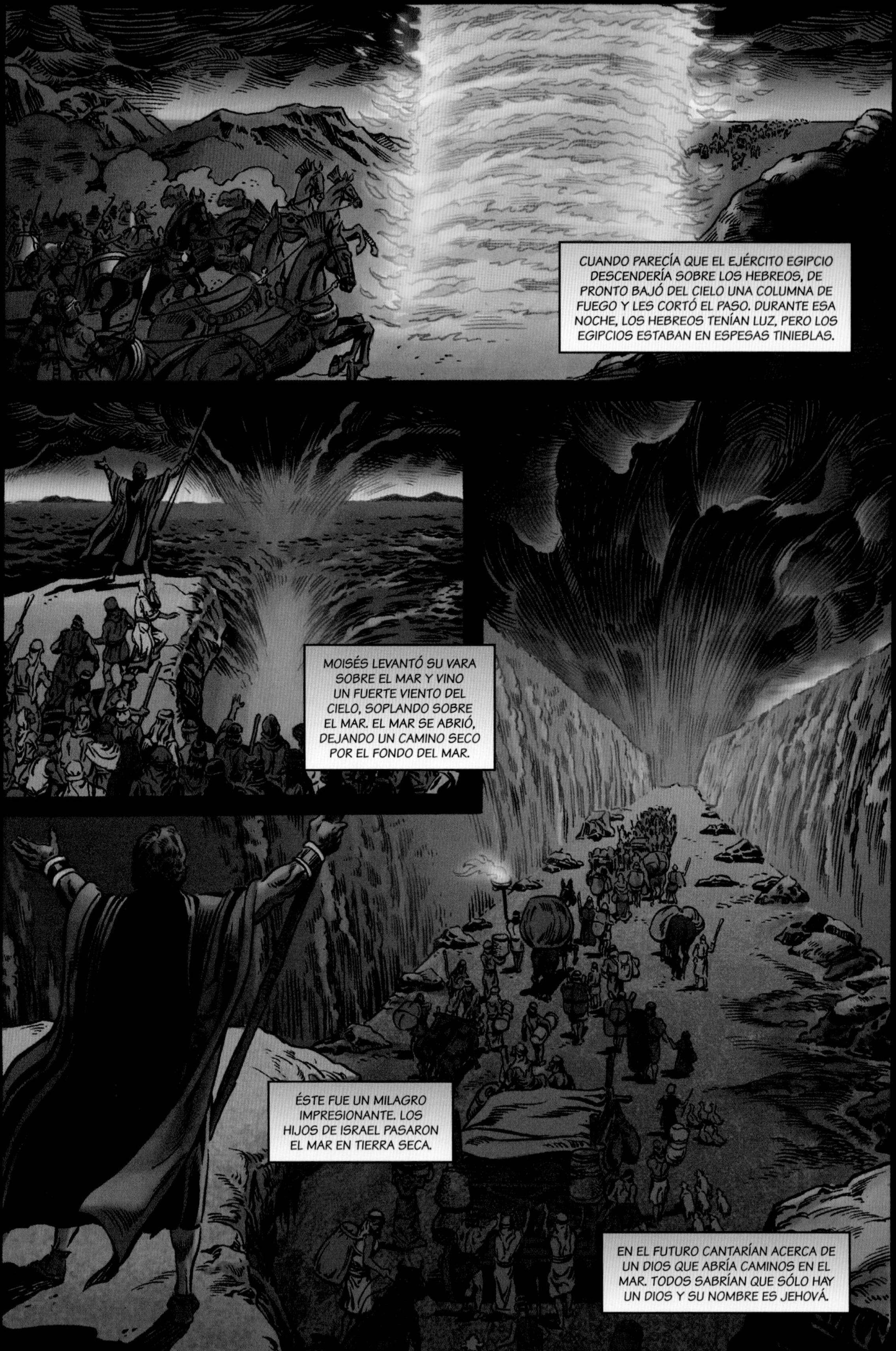
CUANDO PARECÍA QUE EL EJÉRCITO EGIPCIO DESCENDERÍA SOBRE LOS HEBREOS, DE PRONTO BAJÓ DEL CIELO UNA COLUMNA DE FUEGO Y LES CORTÓ EL PASO. DURANTE ESA NOCHE, LOS HEBREOS TENÍAN LUZ, PERO LOS EGIPCIOS ESTABAN EN ESPESAS TINIEBLAS.
MOISÉS LEVANTÓ SU VARA SOBRE EL MAR Y VINO UN FUERTE VIENTO DEL CIELO, SOPLANDO SOBRE EL MAR. EL MAR SE ABRIÓ, DEJANDO UN CAMINO SECO POR EL FONDO DEL MAR.
ÉSTE FUE UN MILAGRO IMPRESIONANTE. LOS HIJOS DE ISRAEL PASARON EL MAR EN TIERRA SECA.
EN EL FUTURO CANTARÍAN ACERCA DE UN DIOS QUE ABRÍA CAMINOS EN EL MAR. TODOS SABRÍAN QUE SÓLO HAY UN DIOS Y SU NOMBRE ES JEHOVÁ.

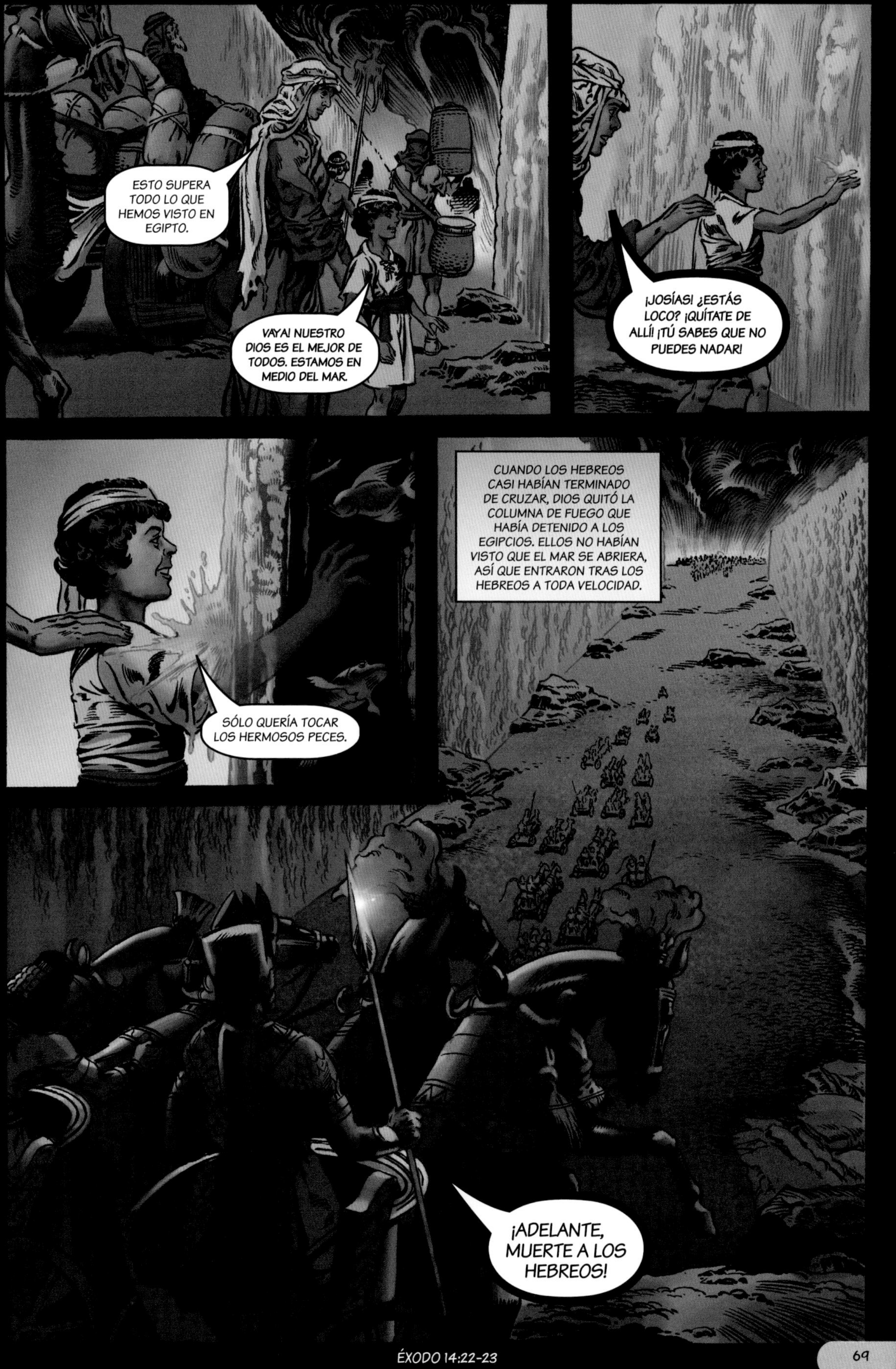

ESTO SUPERA TODO LO QUE HEMOS VISTO EN EGIPTO.
VAYA! NUESTRO DIOS ES EL MEJOR DE TODOS. ESTAMOS EN MEDIO DEL MAR.
¡JOSÍAS! ¿ESTÁS LOCO? ¡QUÍTATE DE ALLÍ! ¡TÚ SABES QUE NO PUEDES NADAR!
SÓLO QUERÍA TOCAR LOS HERMOSOS PECES.
CUANDO LOS HEBREOS CASI HABÍAN TERMINADO DE CRUZAR, DIOS QUITÓ LA COLUMNA DE FUEGO QUE HABÍA DETENIDO A LOS EGIPCIOS. ELLOS NO HABÍAN VISTO QUE EL MAR SE ABRIERA, ASÍ QUE ENTRARON TRAS LOS HEBREOS A TODA VELOCIDAD.
¡ADELANTE, MUERTE A LOS HEBREOS!

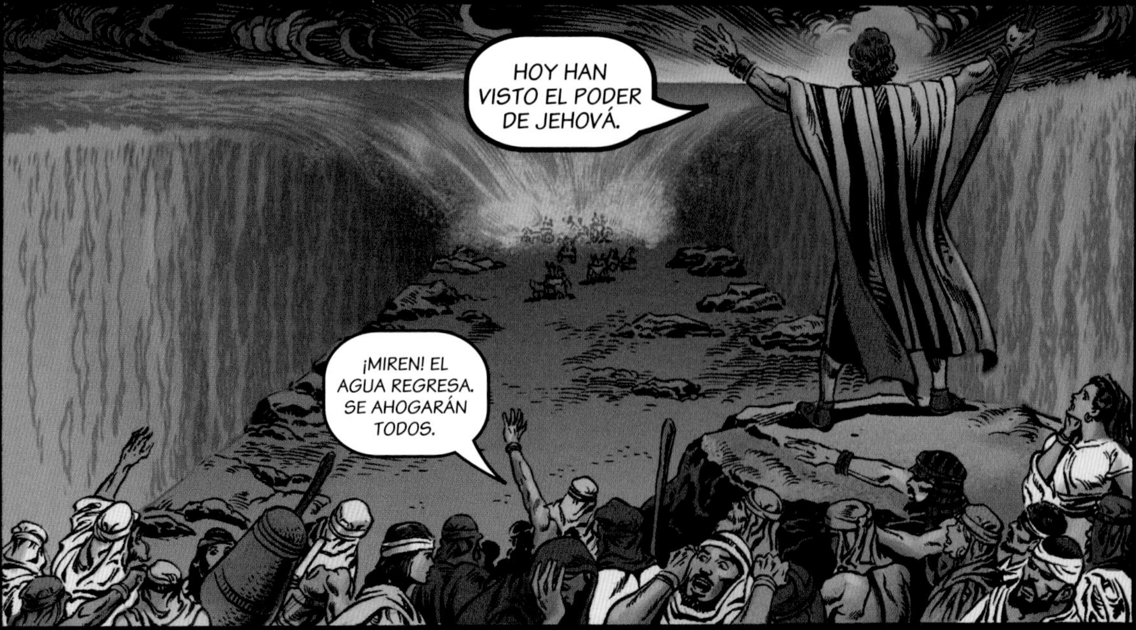
HOY HAN VISTO EL PODER DE JEHOVÁ.
¡MIREN! EL AGUA REGRESA. SE AHOGARÁN TODOS.

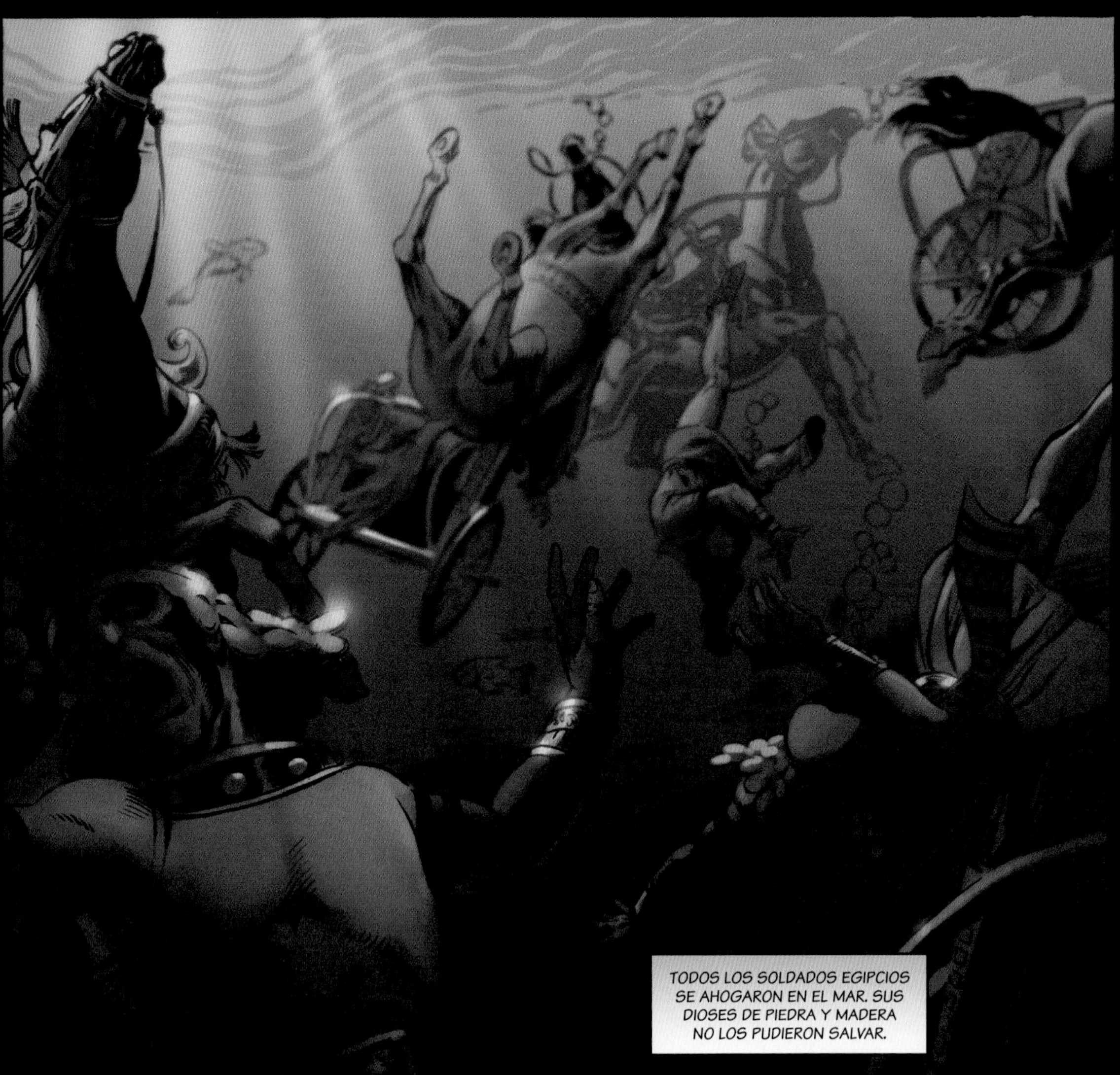
TODOS LOS SOLDADOS EGIPCIOS SE AHOGARON EN EL MAR. SUS DIOSES DE PIEDRA Y MADERA NO LOS PUDIERON SALVAR.

ÉXODO 14:27-28

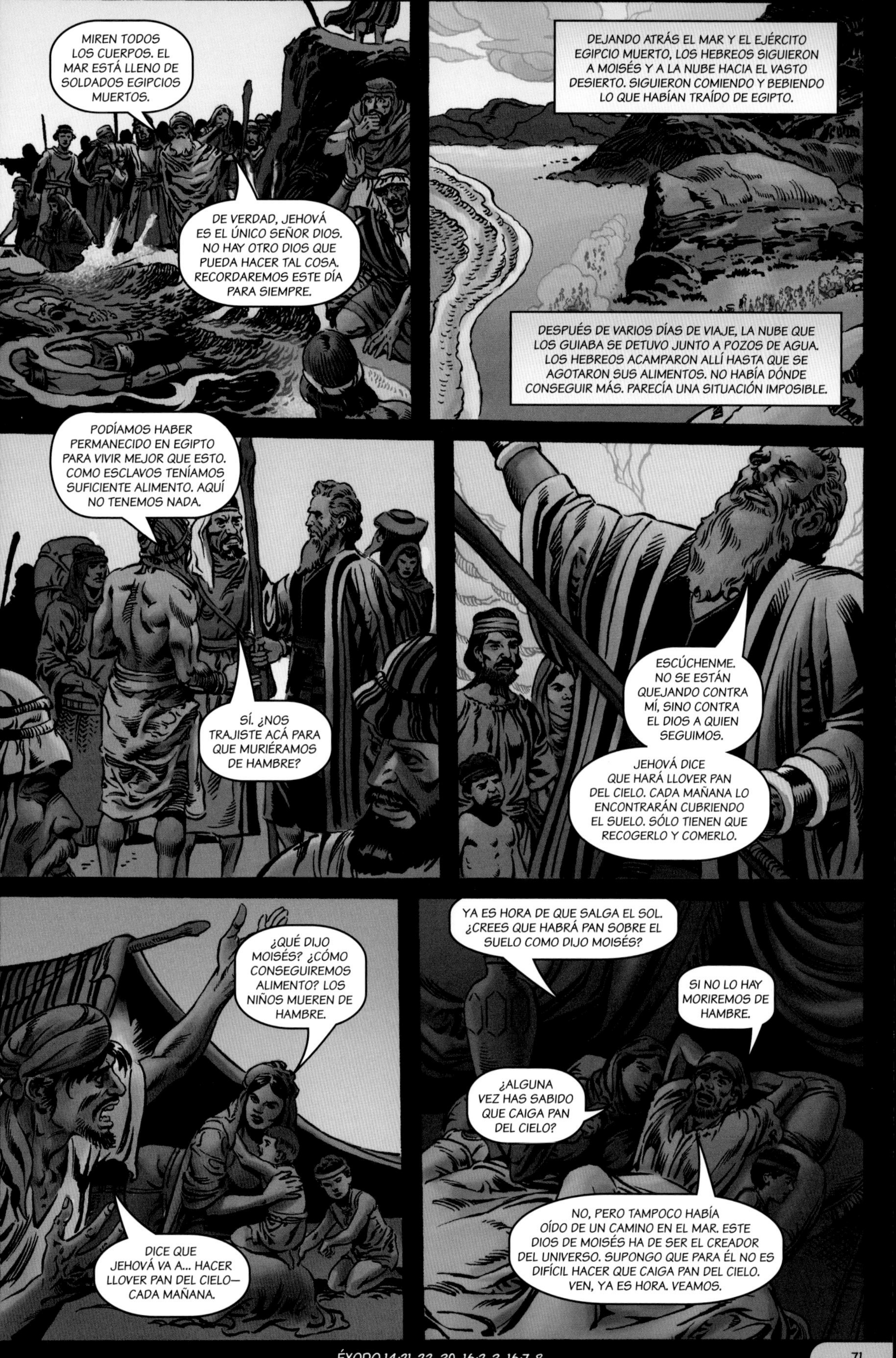
MIREN TODOS LOS CUERPOS. EL MAR ESTÁ LLENO DE SOLDADOS EGIPCIOS MUERTOS.
DE VERDAD, JEHOVÁ ES EL ÚNICO SEÑOR DIOS. NO HAY OTRO DIOS QUE PUEDA HACER TAL COSA. RECORDAREMOS ESTE DÍA PARA SIEMPRE.
DEJANDO ATRÁS EL MAR Y EL EJÉRCITO EGIPCIO MUERTO, LOS HEBREOS SIGUIERON A MOISÉS Y A LA NUBE HACIA EL VASTO DESIERTO. SIGUIERON COMIENDO Y BEBIENDO LO QUE HABÍAN TRAÍDO DE EGIPTO.
DESPUÉS DE VARIOS DÍAS DE VIAJE, LA NUBE QUE LOS GUIABA SE DETUVO JUNTO A POZOS DE AGUA. LOS HEBREOS ACAMPARON ALLÍ HASTA QUE SE AGOTARON SUS ALIMENTOS. NO HABÍA DÓNDE CONSEGUIR MÁS. PARECÍA UNA SITUACIÓN IMPOSIBLE.
PODÍAMOS HABER PERMANECIDO EN EGIPTO PARA VIVIR MEJOR QUE ESTO. COMO ESCLAVOS TENÍAMOS SUFICIENTE ALIMENTO. AQUÍ NO TENEMOS NADA.
SÍ. ¿NOS TRAJISTE ACÁ PARA QUE MURIÉRAMOS DE HAMBRE?
ESCÚCHENME. NO SE ESTÁN QUEJANDO CONTRA MÍ, SINO CONTRA EL DIOS A QUIEN SEGUIMOS.
JEHOVÁ DICE QUE HARÁ LLOVER PAN DEL CIELO. CADA MAÑANA LO ENCONTRARÁN CUBRIENDO EL SUELO. SÓLO TIENEN QUE RECOGERLO Y COMERLO.
¿QUÉ DIJO MOISÉS? ¿CÓMO CONSEGUIREMOS ALIMENTO? LOS NIÑOS MUEREN DE HAMBRE.
DICE QUE JEHOVÁ VA A... HACER LLOVER PAN DEL CIELO— CADA MAÑANA.
YA ES HORA DE QUE SALGA EL SOL. ¿CREES QUE HABRÁ PAN SOBRE EL SUELO COMO DIJO MOISÉS?
SI NO LO HAY MORIREMOS DE HAMBRE.
¿ALGUNA VEZ HAS SABIDO QUE CAIGA PAN DEL CIELO?
NO, PERO TAMPOCO HABÍA OÍDO DE UN CAMINO EN EL MAR. ESTE DIOS DE MOISÉS HA DE SER EL CREADOR DEL UNIVERSO. SUPONGO QUE PARA ÉL NO ES DIFÍCIL HACER QUE CAIGA PAN DEL CIELO. VEN, YA ES HORA. VEAMOS.

ÉXODO 14:21-22, 30, 16:2-3, 16:7-8

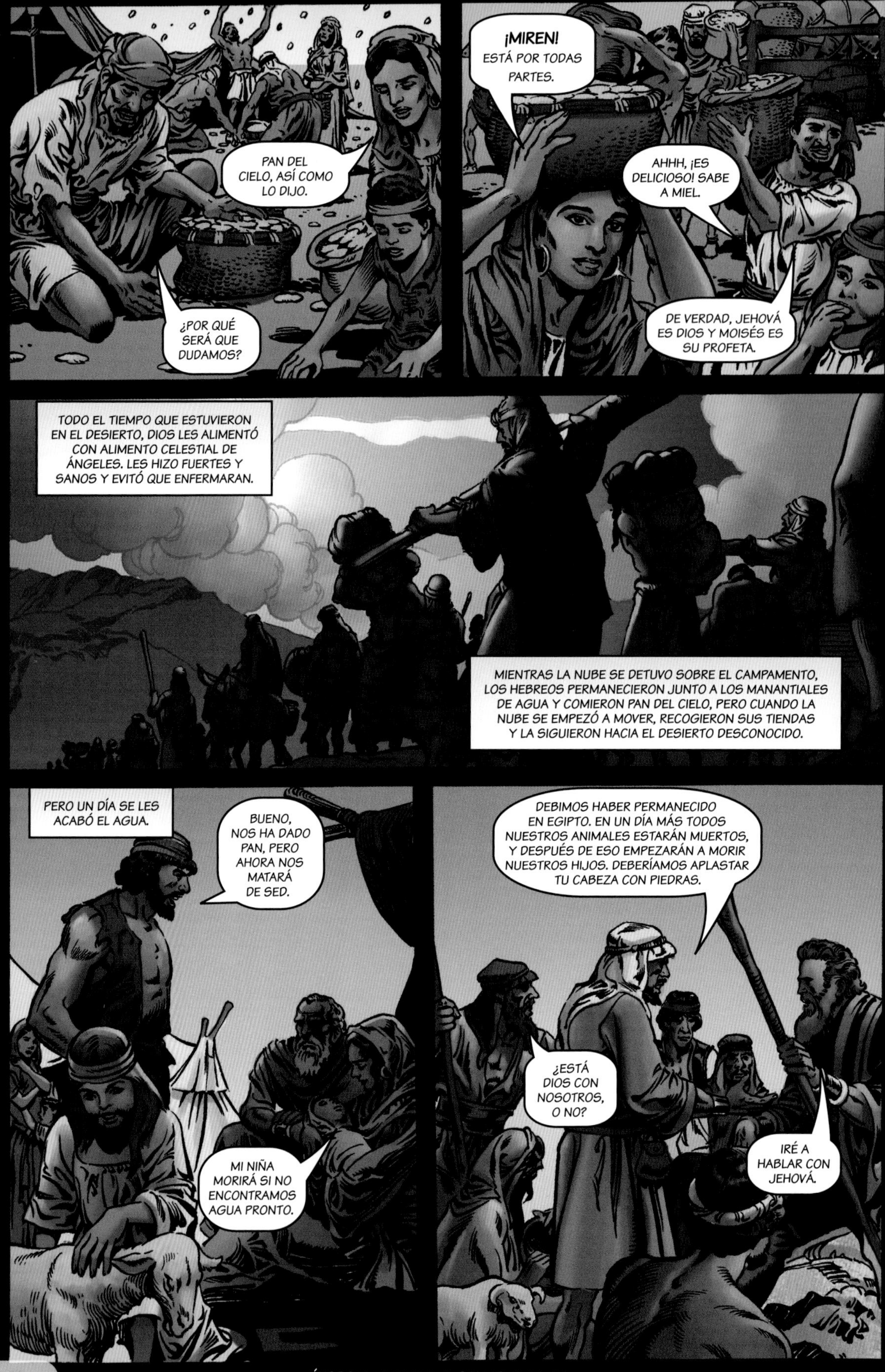
PAN DEL CIELO, ASÍ COMO LO DIJO.
¿POR QUÉ SERÁ QUE DUDAMOS?
¡MIREN! ESTÁ POR TODAS PARTES.
AHHH, ¡ES DELICIOSO! SABE A MIEL.
DE VERDAD, JEHOVÁ ES DIOS Y MOISÉS ES SU PROFETA.
TODO EL TIEMPO QUE ESTUVIERON EN EL DESIERTO, DIOS LES ALIMENTÓ CON ALIMENTO CELESTIAL DE ÁNGELES. LES HIZO FUERTES Y SANOS Y EVITÓ QUE ENFERMARAN.
MIENTRAS LA NUBE SE DETUVO SOBRE EL CAMPAMENTO, LOS HEBREOS PERMANECIERON JUNTO A LOS MANANTIALES DE AGUA Y COMIERON PAN DEL CIELO, PERO CUANDO LA NUBE SE EMPEZÓ A MOVER, RECOGIERON SUS TIENDAS Y LA SIGUIERON HACIA EL DESIERTO DESCONOCIDO.
PERO UN DÍA SE LES ACABÓ EL AGUA.
BUENO, NOS HA DADO PAN, PERO AHORA NOS MATARÁ DE SED.
MI NIÑA MORIRÁ SI NO ENCONTRAMOS AGUA PRONTO.
DEBIMOS HABER PERMANECIDO EN EGIPTO. EN UN DÍA MÁS TODOS NUESTROS ANIMALES ESTARÁN MUERTOS, Y DESPUÉS DE ESO EMPEZARÁN A MORIR NUESTROS HIJOS. DEBERÍAMOS APLASTAR TU CABEZA CON PIEDRAS.
¿ESTÁ DIOS CON NOSOTROS, O NO?
IRÉ A HABLAR CON JEHOVÁ.

ÉXODO 16;14-15, 17:2-4; SALMO 78:24-25

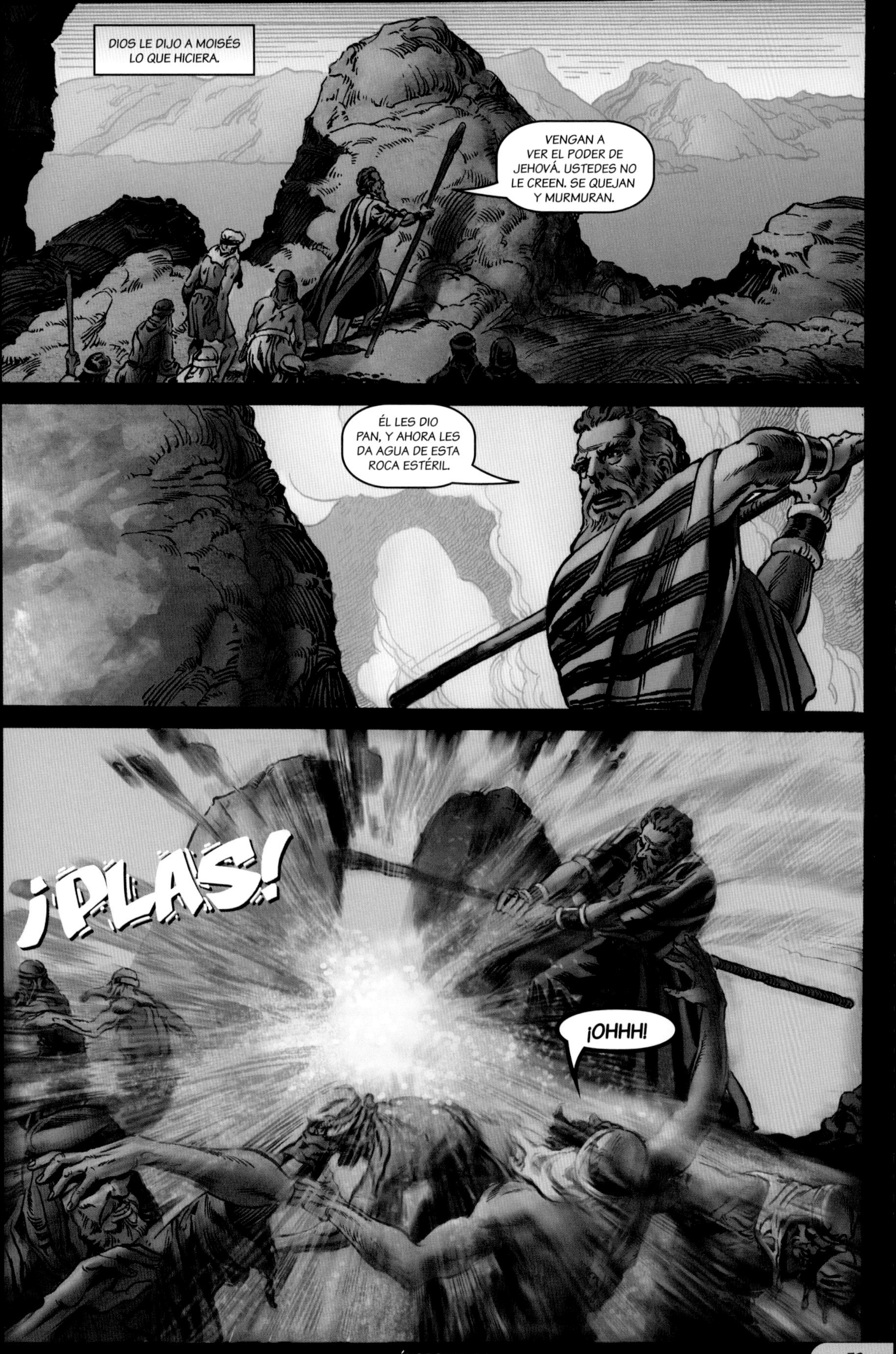
DIOS LE DIJO A MOISÉS LO QUE HICIERA.
VENGAN A VER EL PODER DE JEHOVÁ. USTEDES NO LE CREEN. SE QUEJAN Y MURMURAN.
ÉL LES DIO PAN, Y AHORA LES DA AGUA DE ESTA ROCA ESTÉRIL.
¡PLAS!
¡OHHH!

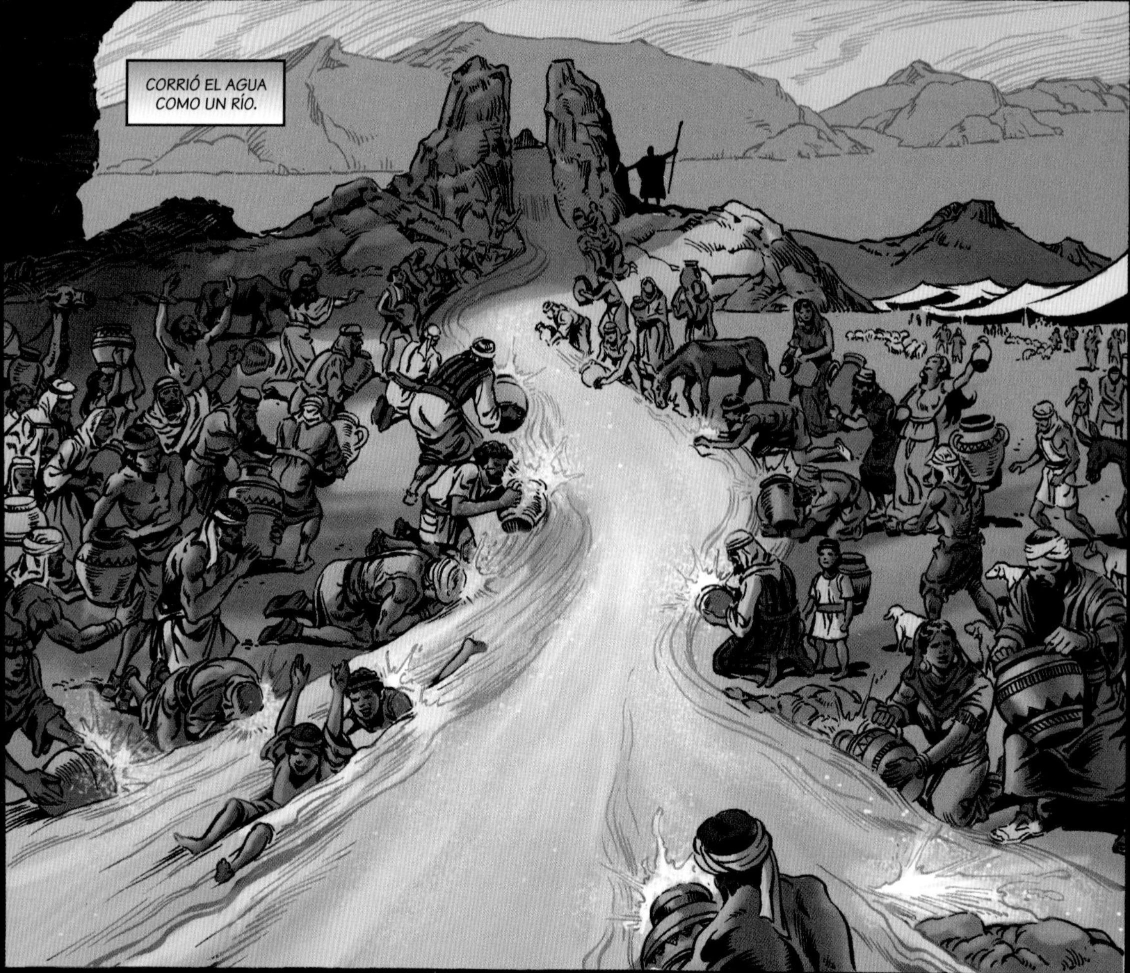
CORRIÓ EL AGUA COMO UN RÍO.

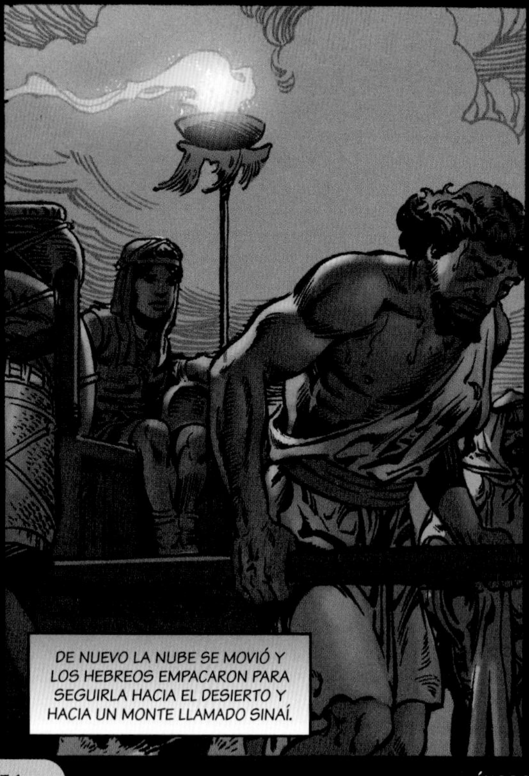
DE NUEVO LA NUBE SE MOVIÓ Y LOS HEBREOS EMPACARON PARA SEGUIRLA HACIA EL DESIERTO Y HACIA UN MONTE LLAMADO SINAÍ.

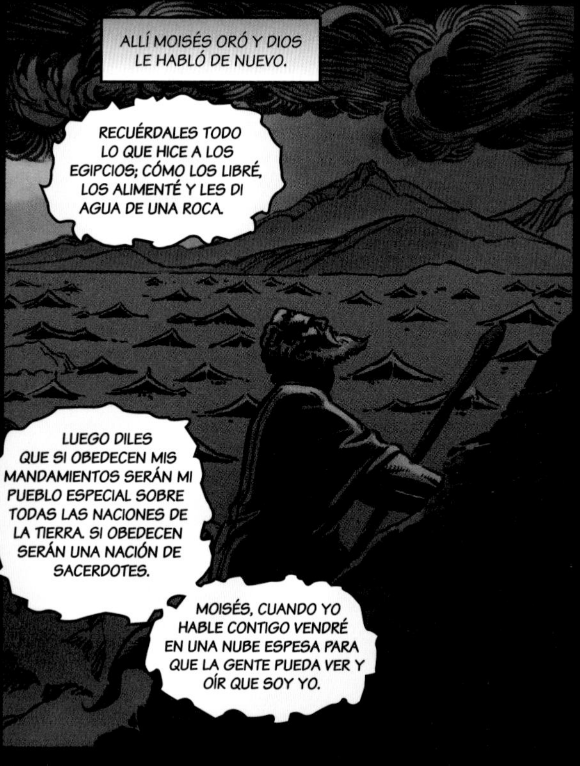
ALLÍ MOISÉS ORÓ Y DIOS LE HABLÓ DE NUEVO.
RECUÉRDALES TODO LO QUE HICE A LOS EGIPCIOS; CÓMO LOS LIBRÉ, LOS ALIMENTÉ Y LES DI AGUA DE UNA ROCA.
LUEGO DILES QUE SI OBEDECEN MIS MANDAMIENTOS SERÁN MI PUEBLO ESPECIAL SOBRE TODAS LAS NACIONES DE LA TIERRA. SI OBEDECEN SERÁN UNA NACIÓN DE SACERDOTES.
MOISÉS, CUANDO YO HABLE CONTIGO VENDRÉ EN UNA NUBE ESPESA PARA QUE LA GENTE PUEDA VER Y OÍR QUE SOY YO.

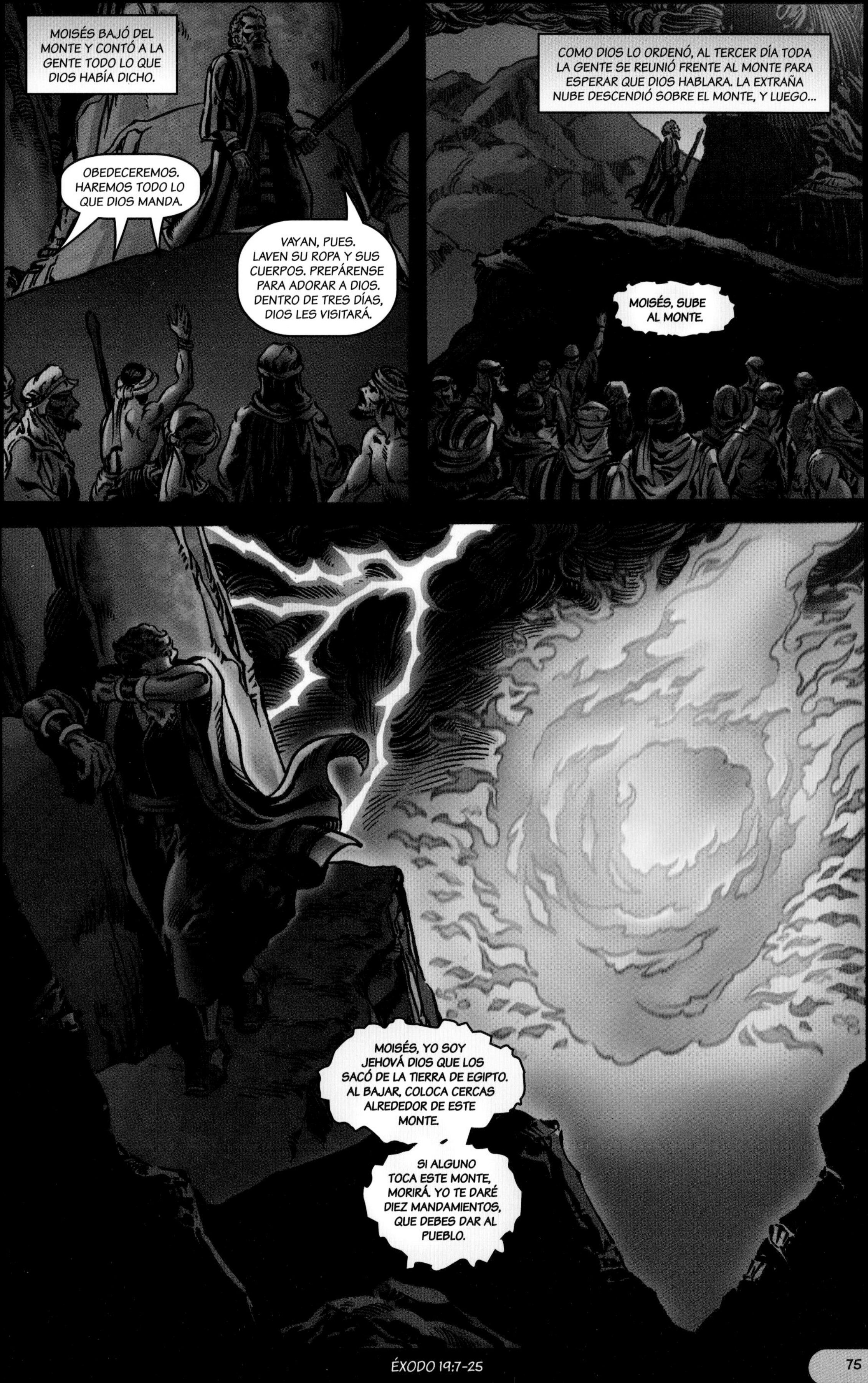

MOISÉS BAJÓ DEL MONTE Y CONTÓ A LA GENTE TODO LO QUE DIOS HABÍA DICHO.
OBEDECEREMOS. HAREMOS TODO LO QUE DIOS MANDA.
VAYAN, PUES. LAVEN SU ROPA Y SUS CUERPOS. PREPÁRENSE PARA ADORAR A DIOS. DENTRO DE TRES DÍAS, DIOS LES VISITARÁ.
COMO DIOS LO ORDENÓ, AL TERCER DÍA TODA LA GENTE SE REUNIÓ FRENTE AL MONTE PARA ESPERAR QUE DIOS HABLARA. LA EXTRAÑA NUBE DESCENDIÓ SOBRE EL MONTE, Y LUEGO...
MOISÉS, SUBE AL MONTE.
MOISÉS, YO SOY JEHOVÁ DIOS QUE LOS SACÓ DE LA TIERRA DE EGIPTO. AL BAJAR, COLOCA CERCAS ALREDEDOR DE ESTE MONTE.
SI ALGUNO TOCA ESTE MONTE, MORIRÁ. YO TE DARÉ DIEZ MANDAMIENTOS, QUE DEBES DAR AL PUEBLO.

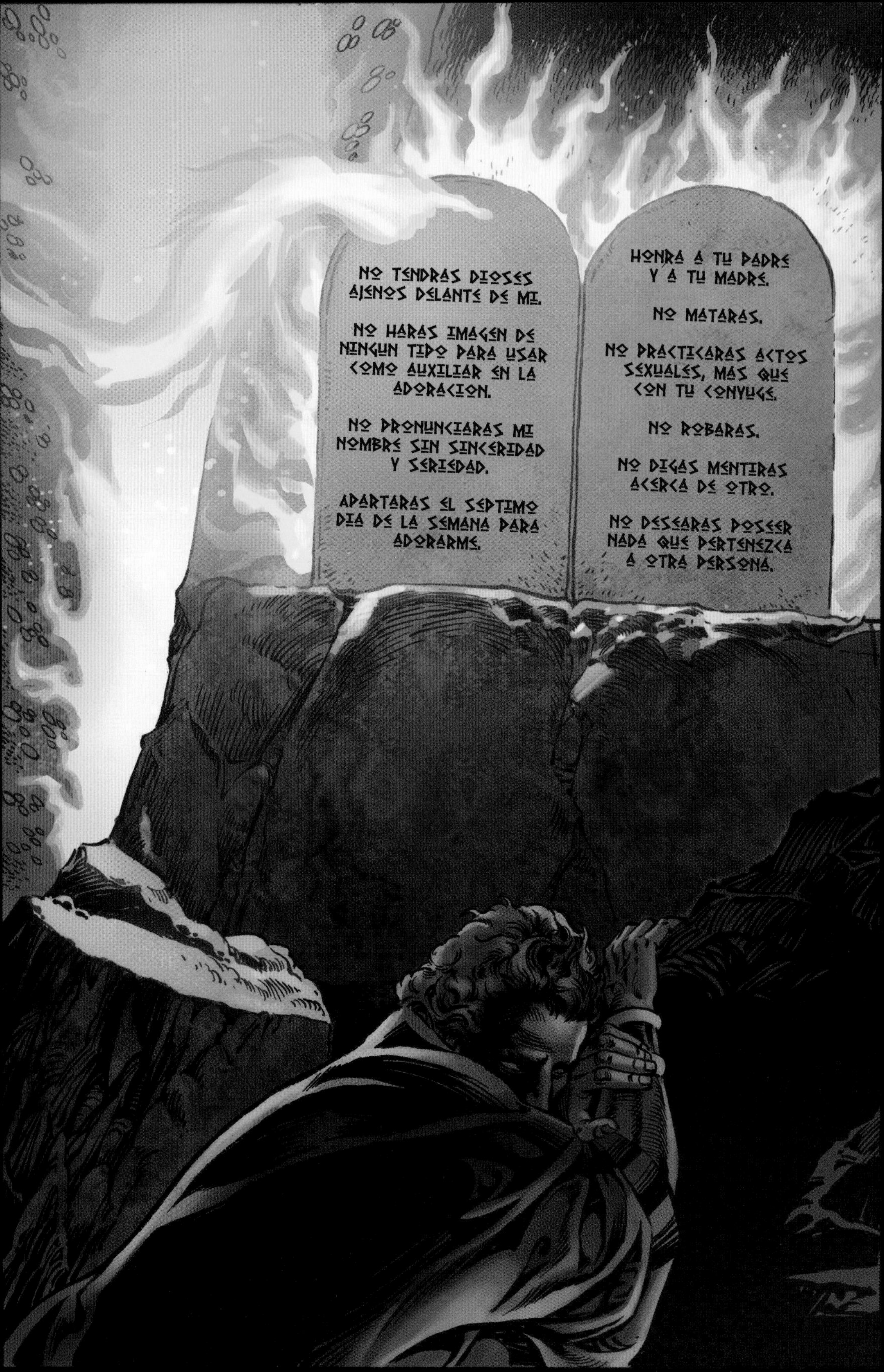
NO TENDRAS DIOSES AJENOS DELANTE DE MI.
NO HARAS IMAGEN DE NINGUN TIPO PARA USAR COMO AUXILIAR EN LA ADORACION.
NO PRONUNCIARAS MI NOMBRE SIN SINCERIDAD Y SERIEDAD.
APARTARAS EL SEPTIMO DIA DE LA SEMANA PARA ADORARME.
HONRA A TU PADRE Y A TU MADRE.
NO MATARAS.
NO PRACTICARAS ACTOS SEXUALES, MAS QUE CON TU CONYUGE.
NO ROBARAS.
NO DIGAS MENTIRAS ACERCA DE OTRO.
NO DESEARAS POSEER NADA QUE PERTENEZCA A OTRA PERSONA.

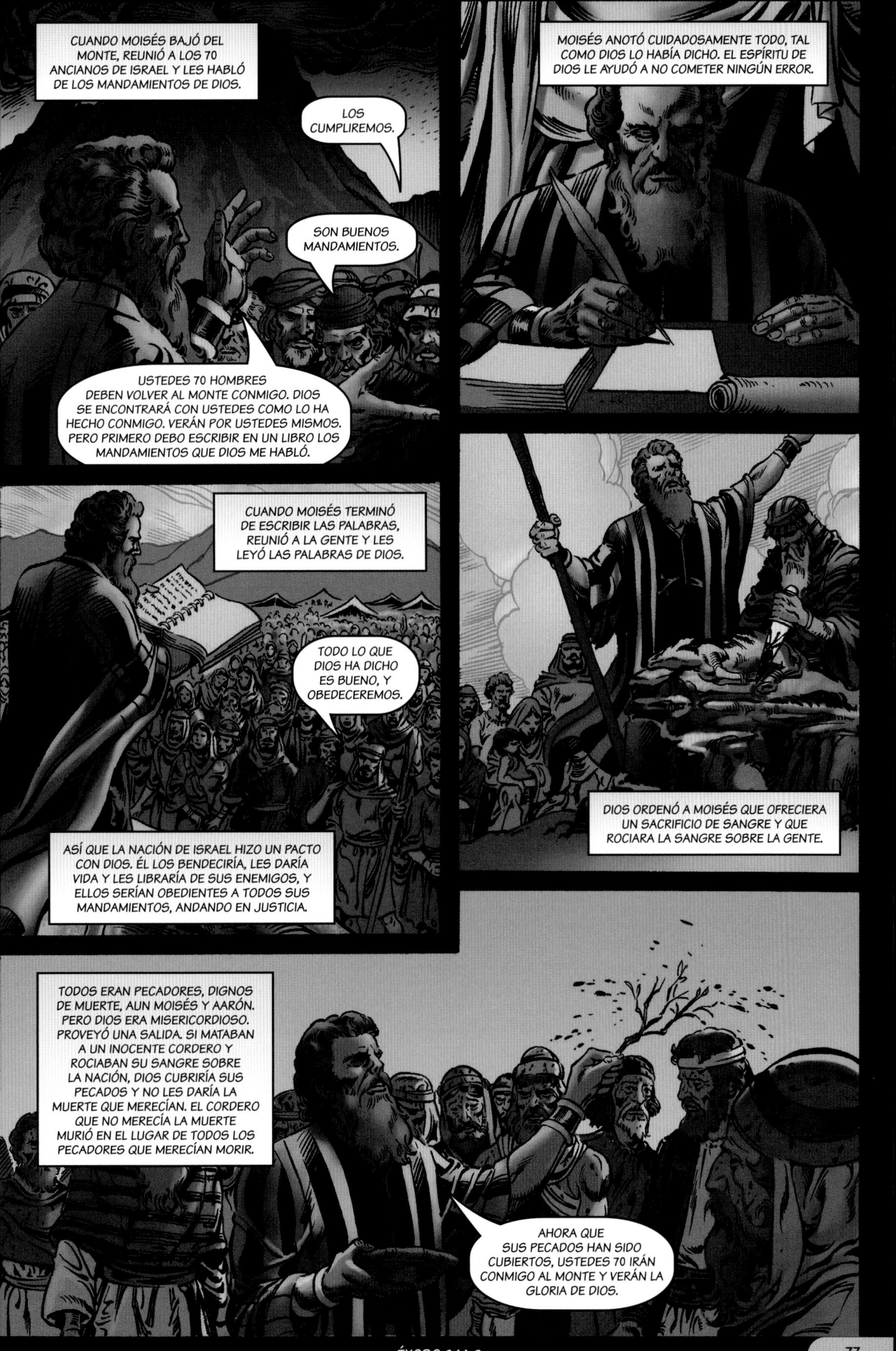
CUANDO MOISÉS BAJÓ DEL MONTE, REUNIÓ A LOS 70 ANCIANOS DE ISRAEL Y LES HABLÓ DE LOS MANDAMIENTOS DE DIOS.
LOS CUMPLIREMOS.
SON BUENOS MANDAMIENTOS.
USTEDES 70 HOMBRES DEBEN VOLVER AL MONTE CONMIGO. DIOS SE ENCONTRARÁ CON USTEDES COMO LO HA HECHO CONMIGO. VERÁN POR USTEDES MISMOS. PERO PRIMERO DEBO ESCRIBIR EN UN LIBRO LOS MANDAMIENTOS QUE DIOS ME HABLÓ.
MOISÉS ANOTÓ CUIDADOSAMENTE TODO, TAL COMO DIOS LO HABÍA DICHO. EL ESPÍRITU DE DIOS LE AYUDÓ A NO COMETER NINGÚN ERROR.
CUANDO MOISÉS TERMINÓ DE ESCRIBIR LAS PALABRAS, REUNIÓ A LA GENTE Y LES LEYÓ LAS PALABRAS DE DIOS.
TODO LO QUE DIOS HA DICHO ES BUENO, Y OBEDECEREMOS.
ASÍ QUE LA NACIÓN DE ISRAEL HIZO UN PACTO CON DIOS. ÉL LOS BENDECIRÍA, LES DARÍA VIDA Y LES LIBRARÍA DE SUS ENEMIGOS, Y ELLOS SERÍAN OBEDIENTES A TODOS SUS MANDAMIENTOS, ANDANDO EN JUSTICIA.
DIOS ORDENÓ A MOISÉS QUE OFRECIERA UN SACRIFICIO DE SANGRE Y QUE ROCIARA LA SANGRE SOBRE LA GENTE.
TODOS ERAN PECADORES, DIGNOS DE MUERTE, AUN MOISÉS Y AARÓN. PERO DIOS ERA MISERICORDIOSO. PROVEYÓ UNA SALIDA. SI MATABAN A UN INOCENTE CORDERO Y ROCIABAN SU SANGRE SOBRE LA NACIÓN, DIOS CUBRIRÍA SUS PECADOS Y NO LES DARÍA LA MUERTE QUE MERECÍAN. EL CORDERO QUE NO MERECÍA LA MUERTE MURIÓ EN EL LUGAR DE TODOS LOS PECADORES QUE MERECÍAN MORIR.
AHORA QUE SUS PECADOS HAN SIDO CUBIERTOS, USTEDES 70 IRÁN CONMIGO AL MONTE Y VERÁN LA GLORIA DE DIOS.

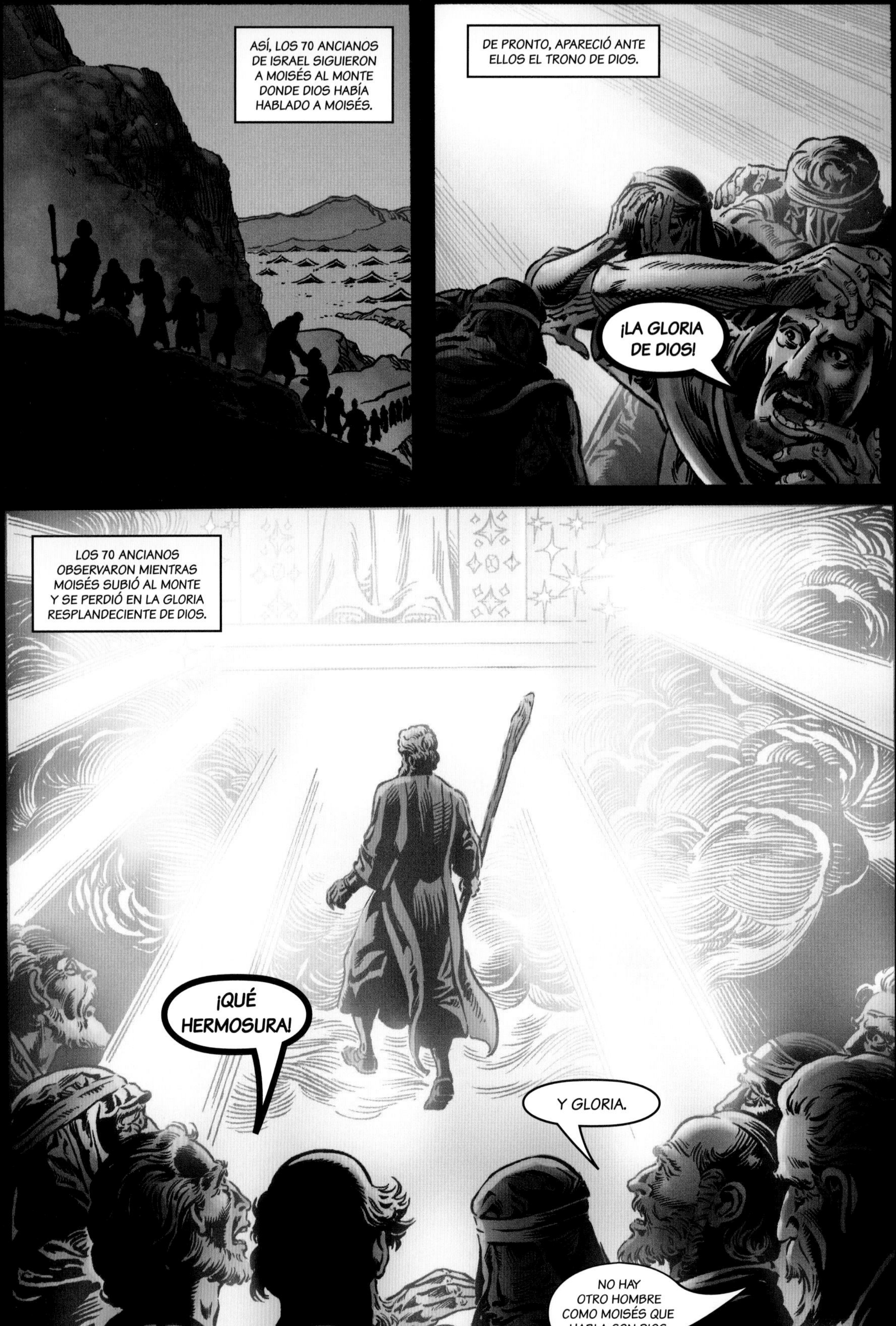
ASÍ, LOS 70 ANCIANOS DE ISRAEL SIGUIERON A MOISÉS AL MONTE DONDE DIOS HABÍA HABLADO A MOISÉS.
DE PRONTO, APARECIÓ ANTE ELLOS EL TRONO DE DIOS.
¡LA GLORIA DE DIOS!
LOS 70 ANCIANOS OBSERVARON MIENTRAS MOISÉS SUBIÓ AL MONTE Y SE PERDIÓ EN LA GLORIA RESPLANDECIENTE DE DIOS.
¡QUÉ HERMOSURA!
Y GLORIA.
NO HAY OTRO HOMBRE COMO MOISÉS QUE HABLA CON DIOS CARA A CARA.

ÉXODO 24:9-10

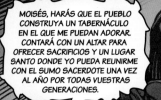

MOISÉS, HARÁS QUE EL PUEBLO CONSTRUYA UN TABERNÁCULO EN EL QUE ME PUEDAN ADORAR. CONTARÁ CON UN ALTAR PARA OFRECER SACRIFICIOS Y UN LUGAR SANTO DONDE YO PUEDA REUNIRME CON EL SUMO SACERDOTE UNA VEZ AL AÑO POR TODAS VUESTRAS GENERACIONES.

YO TE DIRÉ EXACTAMENTE CÓMO HARÁS EL TABERNÁCULO. LA TRIBU DE LEVÍ SERÁN MIS SACERDOTES, Y AARÓN Y SUS HIJOS DESPUÉS DE ÉL, SERÁN LOS SUMOS SACERDOTES. ELLOS ENSEÑARÁN AL PUEBLO A SER JUSTOS Y OFRECERÁN SACRIFICIOS CUANDO LA GENTE PEQUE.

HACE VARIAS SEMANAS QUE DESAPARECIÓ EN ESE FUEGO SOBRE EL MONTE. PARA AHORA YA DEBE ESTAR MUERTO.

SÍ, NO PODEMOS PERMANECER SENTADOS EN ESTE DESIERTO PARA SIEMPRE.

NECESITAMOS UN DIOS QUE NOS GUÍE COMO LO HACÍA MOISÉS.

HAGAMOS UNA IMAGEN DE ORO PARA NUESTRO DIOS.

MOISÉS HA MUERTO. AARÓN NOS HARÁ UN DIOS DE ORO PARA QUE NOS LLEVE DE NUEVO A EGIPTO.

CON SUS PROPIAS MANOS LOS NECIOS HICIERON UNA ESTATUA DE UN BECERRO Y LE LLAMARON DIOS. LA IMAGEN ORIGINAL DE SATANÁS ANTES DE QUE PECARA, ERA LA DE UN TORO. AUNQUE LA GENTE NO LO SABÍA, SATANÁS LOS HABÍA LLEVADO A ADORARLE A ÉL.

TRÁIGANNOS SU ORO.

AARÓN CONCEDIÓ LOS DESEOS AL PUEBLO Y LES AYUDÓ A HACER UN DIOS DE ORO.

ÉXODO 20:4; 25:8-9, 28:1-3, 32:1-4; EZEQUIEL 1:10, 10:11, 28:14

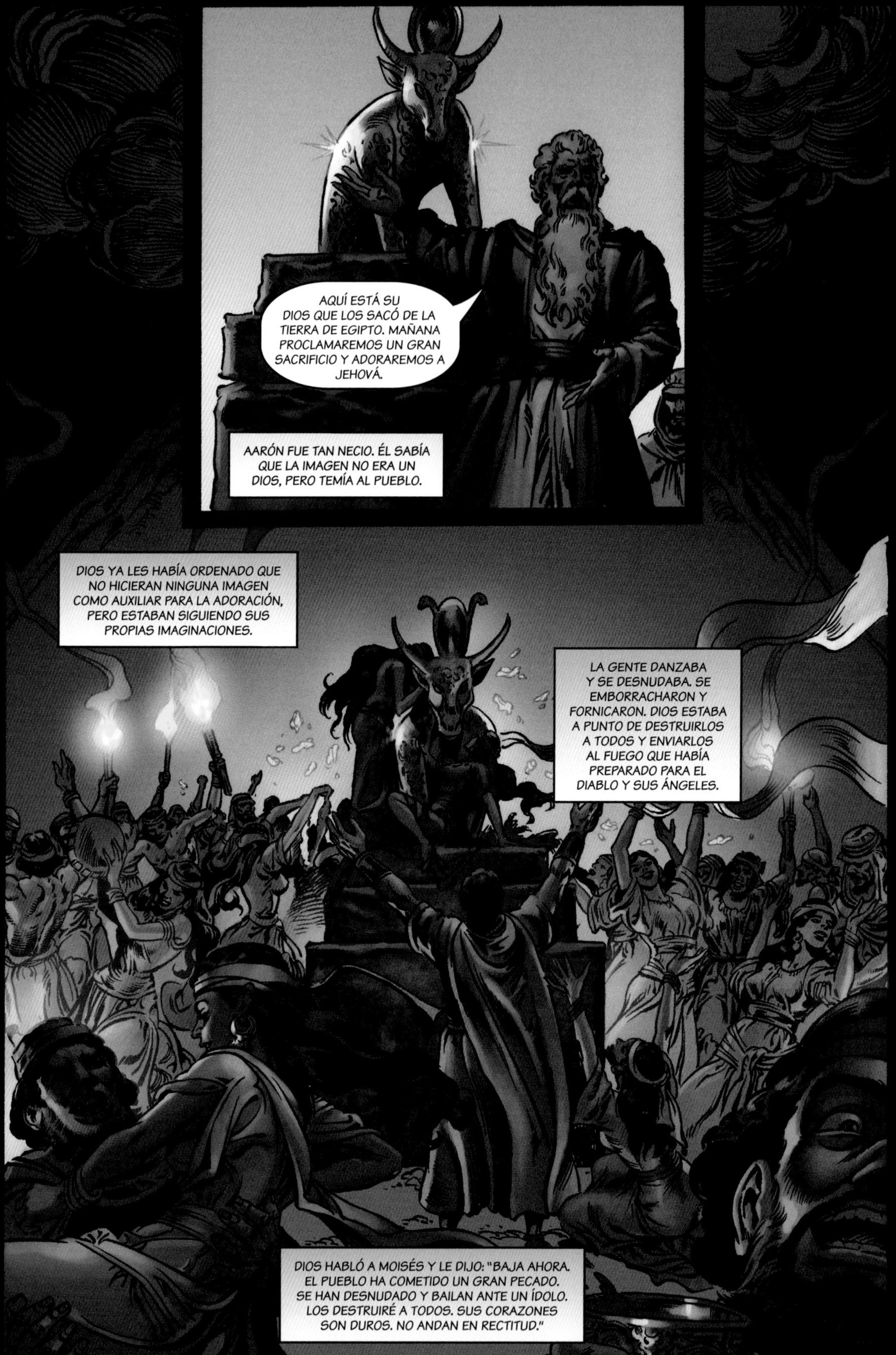
AQUÍ ESTÁ SU DIOS QUE LOS SACÓ DE LA TIERRA DE EGIPTO. MAÑANA PROCLAMAREMOS UN GRAN SACRIFICIO Y ADORAREMOS A JEHOVÁ.
AARÓN FUE TAN NECIO. ÉL SABÍA QUE LA IMAGEN NO ERA UN DIOS, PERO TEMÍA AL PUEBLO.
DIOS YA LES HABÍA ORDENADO QUE NO HICIERAN NINGUNA IMAGEN COMO AUXILIAR PARA LA ADORACIÓN, PERO ESTABAN SIGUIENDO SUS PROPIAS IMAGINACIONES.
LA GENTE DANZABA Y SE DESNUDABA. SE EMBORRACHARON Y FORNICARON. DIOS ESTABA A PUNTO DE DESTRUIRLOS A TODOS Y ENVIARLOS AL FUEGO QUE HABÍA PREPARADO PARA EL DIABLO Y SUS ÁNGELES.
DIOS HABLÓ A MOISÉS Y LE DIJO: "BAJA AHORA. EL PUEBLO HA COMETIDO UN GRAN PECADO. SE HAN DESNUDADO Y BAILAN ANTE UN ÍDOLO. LOS DESTRUIRÉ A TODOS. SUS CORAZONES SON DUROS. NO ANDAN EN RECTITUD."

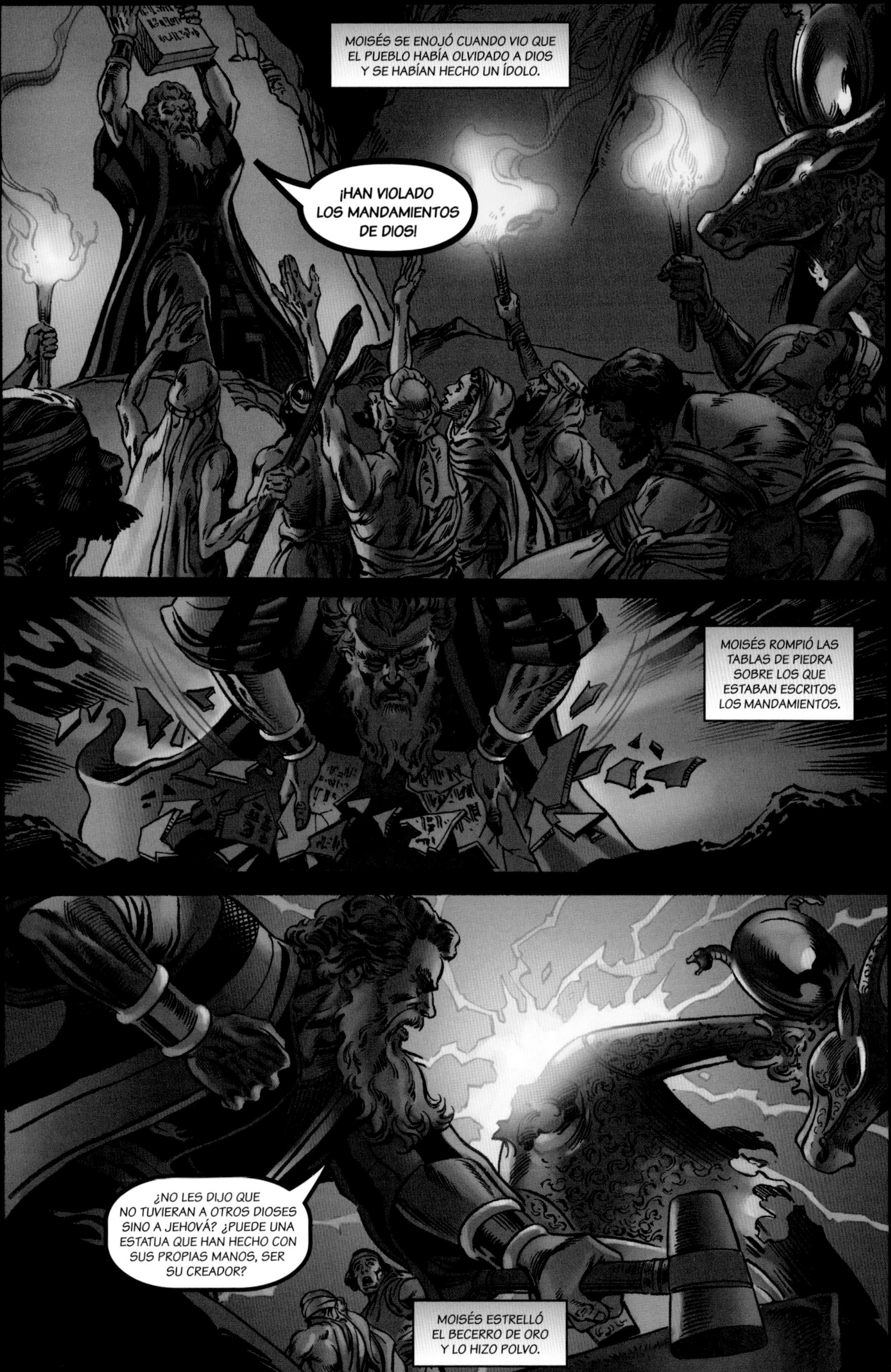
MOISÉS SE ENOJÓ CUANDO VIO QUE EL PUEBLO HABÍA OLVIDADO A DIOS Y SE HABÍAN HECHO UN ÍDOLO.
¡HAN VIOLADO LOS MANDAMIENTOS DE DIOS!
MOISÉS ROMPIÓ LAS TABLAS DE PIEDRA SOBRE LOS QUE ESTABAN ESCRITOS LOS MANDAMIENTOS.
¿NO LES DIJO QUE NO TUVIERAN A OTROS DIOSES SINO A JEHOVÁ? ¿PUEDE UNA ESTATUA QUE HAN HECHO CON SUS PROPIAS MANOS, SER SU CREADOR?
MOISÉS ESTRELLÓ EL BECERRO DE ORO Y LO HIZO POLVO.

ÉXODO 20:3-4; 32:15-20

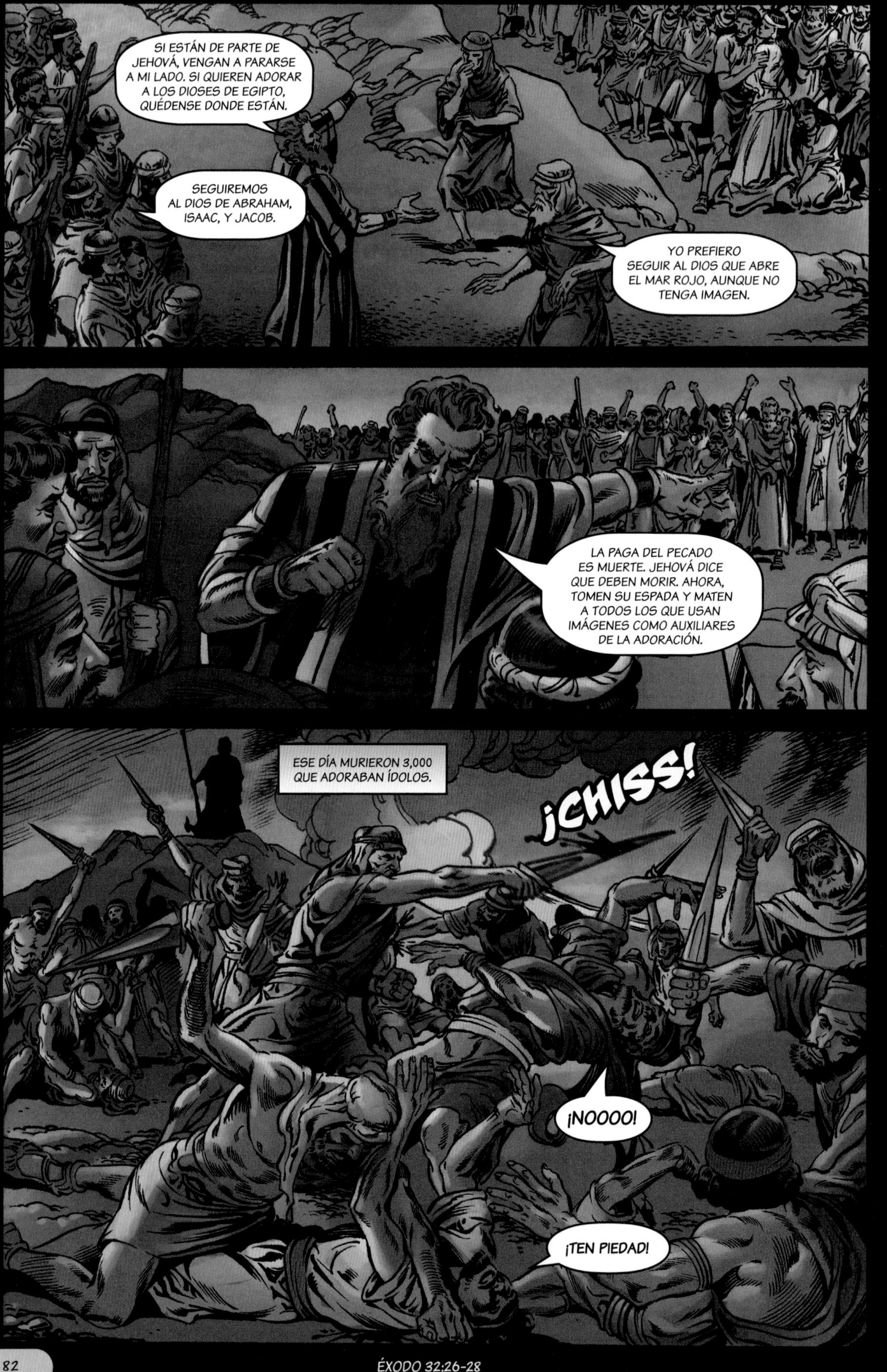
SI ESTÁN DE PARTE DE JEHOVÁ, VENGAN A PARARSE A MI LADO. SI QUIEREN ADORAR A LOS DIOSES DE EGIPTO, QUÉDENSE DONDE ESTÁN.
SEGUIREMOS AL DIOS DE ABRAHAM, ISAAC, Y JACOB.
YO PREFIERO SEGUIR AL DIOS QUE ABRE EL MAR ROJO, AUNQUE NO TENGA IMAGEN.
LA PAGA DEL PECADO ES MUERTE. JEHOVÁ DICE QUE DEBEN MORIR. AHORA, TOMEN SU ESPADA Y MATEN A TODOS LOS QUE USAN IMÁGENES COMO AUXILIARES DE LA ADORACIÓN.
ESE DÍA MURIERON 3,000 QUE ADORABAN ÍDOLOS.
¡CHISS!
¡NOOOO!
¡TEN PIEDAD!

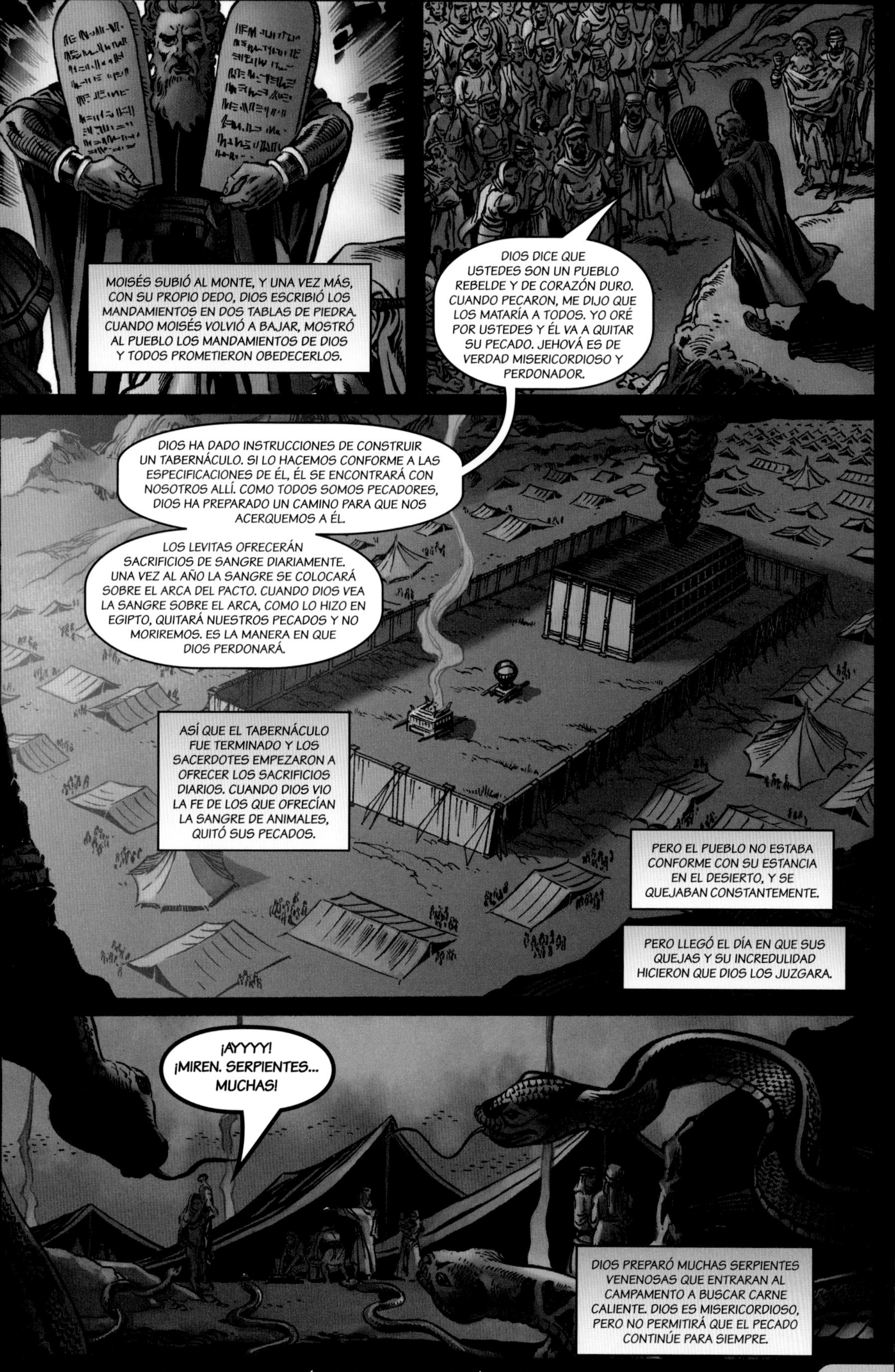
MOISÉS SUBIÓ AL MONTE, Y UNA VEZ MÁS, CON SU PROPIO DEDO, DIOS ESCRIBIÓ LOS MANDAMIENTOS EN DOS TABLAS DE PIEDRA. CUANDO MOISÉS VOLVIÓ A BAJAR, MOSTRÓ AL PUEBLO LOS MANDAMIENTOS DE DIOS Y TODOS PROMETIERON OBEDECERLOS.
DIOS DICE QUE USTEDES SON UN PUEBLO REBELDE Y DE CORAZÓN DURO. CUANDO PECARON, ME DIJO QUE LOS MATARÍA A TODOS. YO ORÉ POR USTEDES Y ÉL VA A QUITAR SU PECADO. JEHOVÁ ES DE VERDAD MISERICORDIOSO Y PERDONADOR.
DIOS HA DADO INSTRUCCIONES DE CONSTRUIR UN TABERNÁCULO. SI LO HACEMOS CONFORME A LAS ESPECIFICACIONES DE ÉL, ÉL SE ENCONTRARÁ CON NOSOTROS ALLÍ. COMO TODOS SOMOS PECADORES, DIOS HA PREPARADO UN CAMINO PARA QUE NOS ACERQUEMOS A ÉL.
LOS LEVITAS OFRECERÁN SACRIFICIOS DE SANGRE DIARIAMENTE. UNA VEZ AL AÑO LA SANGRE SE COLOCARÁ SOBRE EL ARCA DEL PACTO. CUANDO DIOS VEA LA SANGRE SOBRE EL ARCA, COMO LO HIZO EN EGIPTO, QUITARÁ NUESTROS PECADOS Y NO MORIREMOS. ES LA MANERA EN QUE DIOS PERDONARÁ.
ASÍ QUE EL TABERNÁCULO FUE TERMINADO Y LOS SACERDOTES EMPEZARON A OFRECER LOS SACRIFICIOS DIARIOS. CUANDO DIOS VIO LA FE DE LOS QUE OFRECÍAN LA SANGRE DE ANIMALES, QUITÓ SUS PECADOS.
PERO EL PUEBLO NO ESTABA CONFORME CON SU ESTANCIA EN EL DESIERTO, Y SE QUEJABAN CONSTANTEMENTE.
PERO LLEGÓ EL DÍA EN QUE SUS QUEJAS Y SU INCREDULIDAD HICIERON QUE DIOS LOS JUZGARA.
¡AYYYY! ¡MIREN. SERPIENTES... MUCHAS!
DIOS PREPARÓ MUCHAS SERPIENTES VENENOSAS QUE ENTRARAN AL CAMPAMENTO A BUSCAR CARNE CALIENTE. DIOS ES MISERICORDIOSO, PERO NO PERMITIRÁ QUE EL PECADO CONTINÚE PARA SIEMPRE.

ÉXODO 34:28-32, 39:32; NÚMEROS 21:5-6

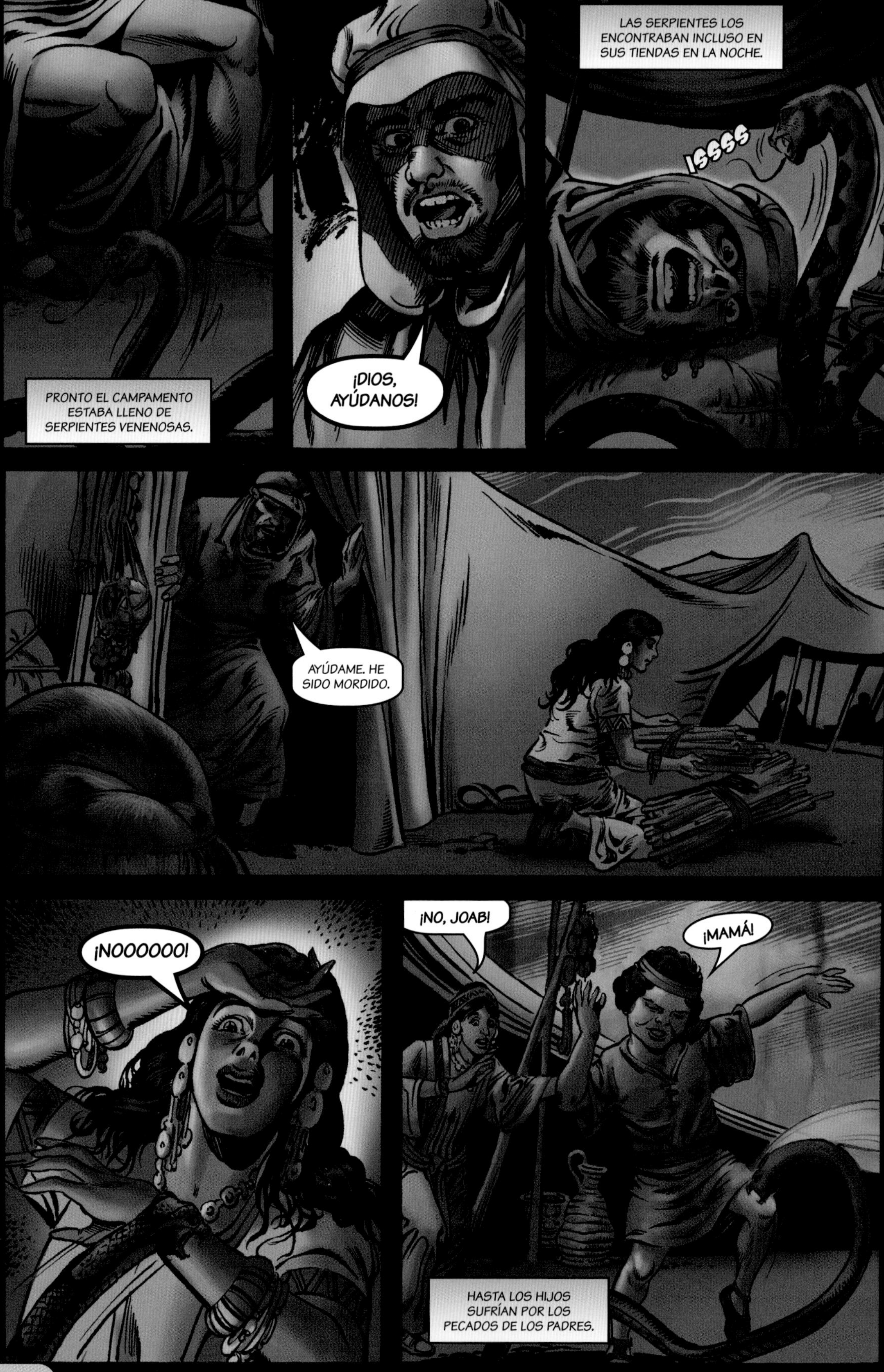
PRONTO EL CAMPAMENTO ESTABA LLENO DE SERPIENTES VENENOSAS.
¡DIOS, AYÚDANOS!
LAS SERPIENTES LOS ENCONTRABAN INCLUSO EN SUS TIENDAS EN LA NOCHE.
ISSSS
AYÚDAME. HE SIDO MORDIDO.
¡NOOOOOO!
¡NO, JOAB!
¡MAMÁ!
HASTA LOS HIJOS SUFRÍAN POR LOS PECADOS DE LOS PADRES.

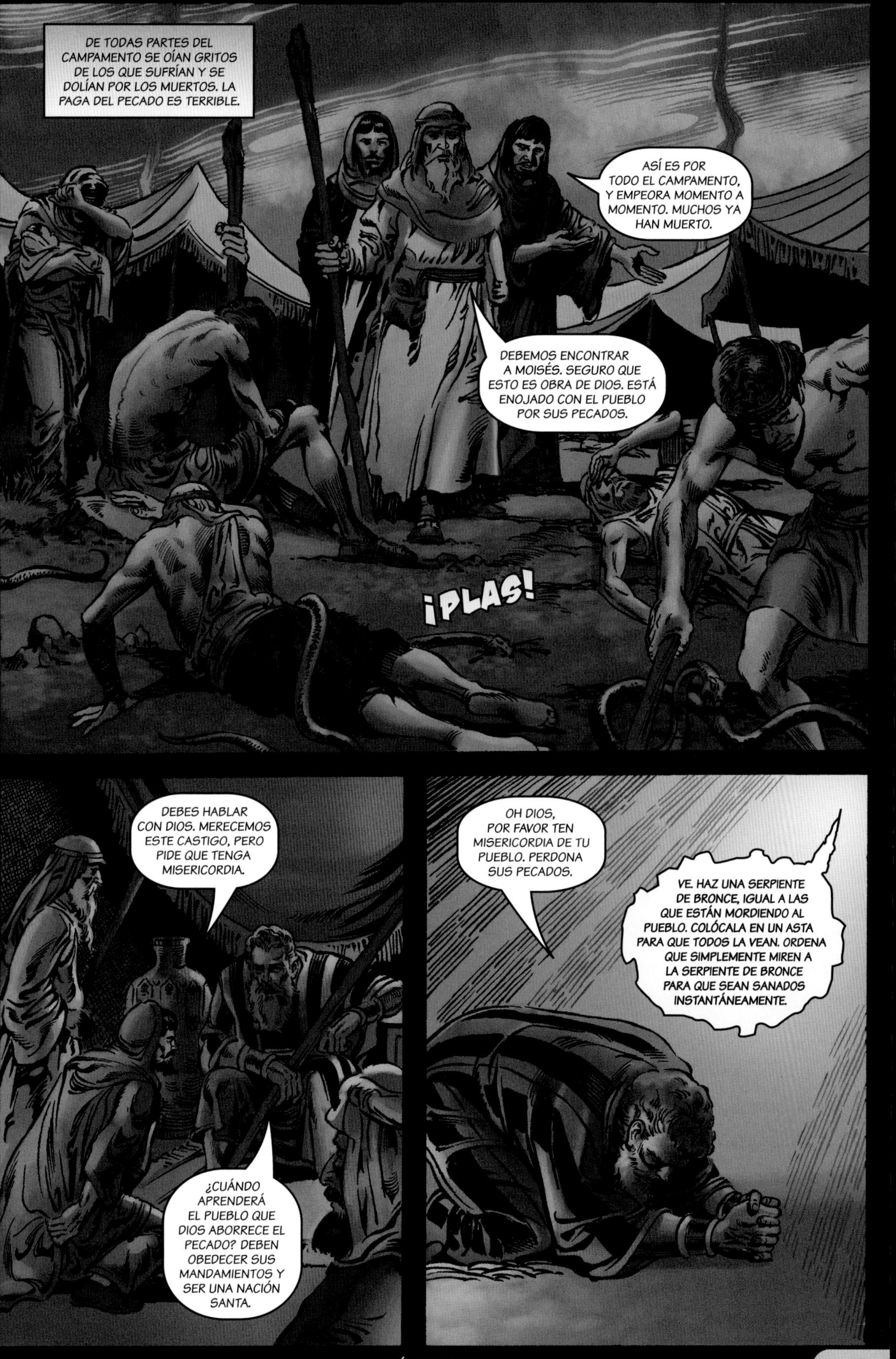
DE TODAS PARTES DEL CAMPAMENTO SE OÍAN GRITOS DE LOS QUE SUFRÍAN Y SE DOLÍAN POR LOS MUERTOS. LA PAGA DEL PECADO ES TERRIBLE.
ASÍ ES POR TODO EL CAMPAMENTO, Y EMPEORA MOMENTO A MOMENTO. MUCHOS YA HAN MUERTO.
DEBEMOS ENCONTRAR A MOISÉS. SEGURO QUE ESTO ES OBRA DE DIOS. ESTÁ ENOJADO CON EL PUEBLO POR SUS PECADOS.
¡PLAS!
DEBES HABLAR CON DIOS. MERECEMOS ESTE CASTIGO, PERO PIDE QUE TENGA MISERICORDIA.
¿CUÁNDO APRENDERÁ EL PUEBLO QUE DIOS ABORRECE EL PECADO? DEBEN OBEDECER SUS MANDAMIENTOS Y SER UNA NACIÓN SANTA.
OH DIOS, POR FAVOR TEN MISERICORDIA DE TU PUEBLO. PERDONA SUS PECADOS.
VE. HAZ UNA SERPIENTE DE BRONCE, IGUAL A LAS QUE ESTÁN MORDIENDO AL PUEBLO. COLÓCALA EN UN ASTA PARA QUE TODOS LA VEAN. ORDENA QUE SIMPLEMENTE MIREN A LA SERPIENTE DE BRONCE PARA QUE SEAN SANADOS INSTANTÁNEAMENTE.

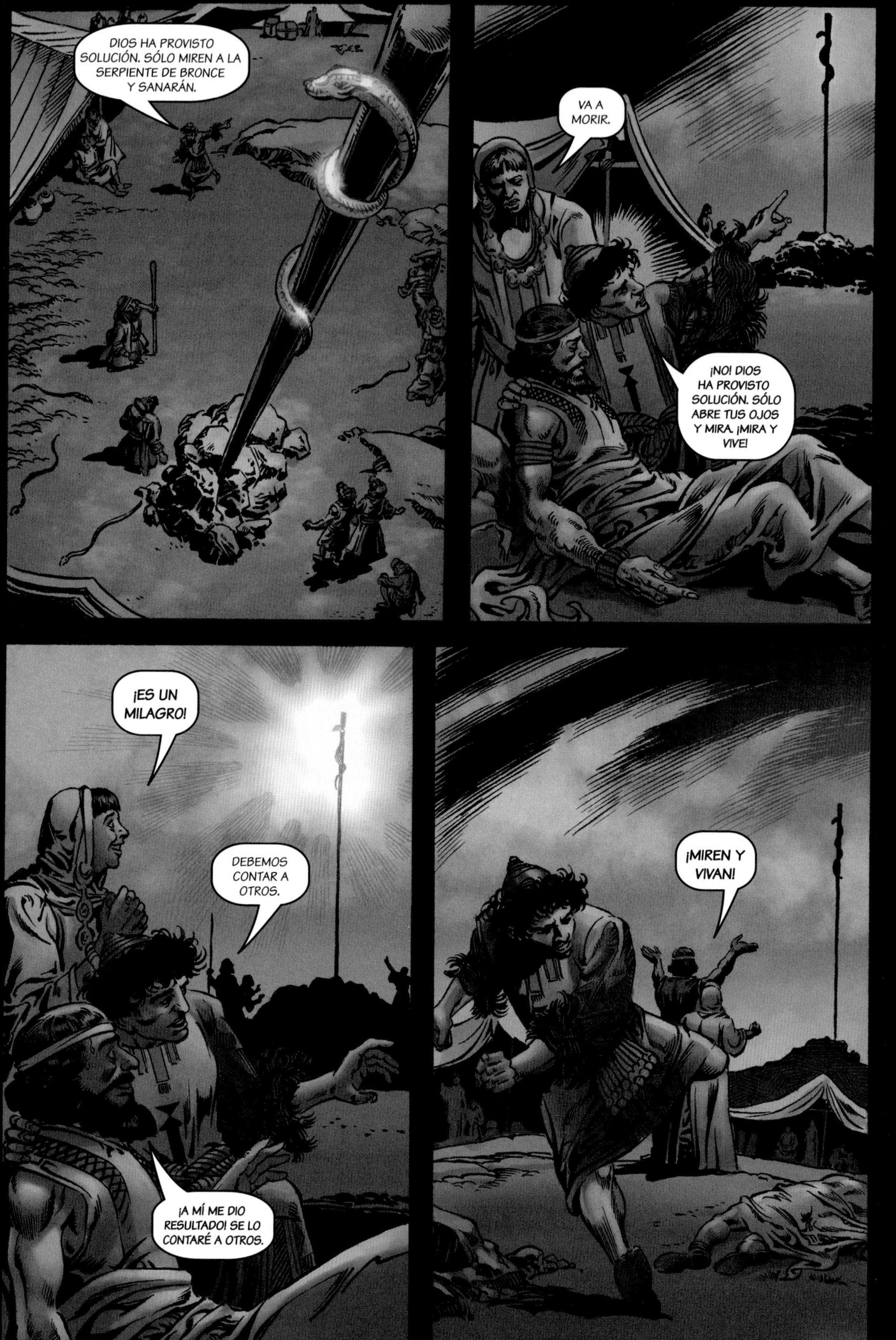
DIOS HA PROVISTO SOLUCIÓN. SÓLO MIREN A LA SERPIENTE DE BRONCE Y SANARÁN.
VA A MORIR.
¡NO! DIOS HA PROVISTO SOLUCIÓN. SÓLO ABRE TUS OJOS Y MIRA. ¡MIRA Y VIVE!
¡ES UN MILAGRO!
DEBEMOS CONTAR A OTROS.
¡A MÍ ME DIO RESULTADO! SE LO CONTARÉ A OTROS.
¡MIREN Y VIVAN!

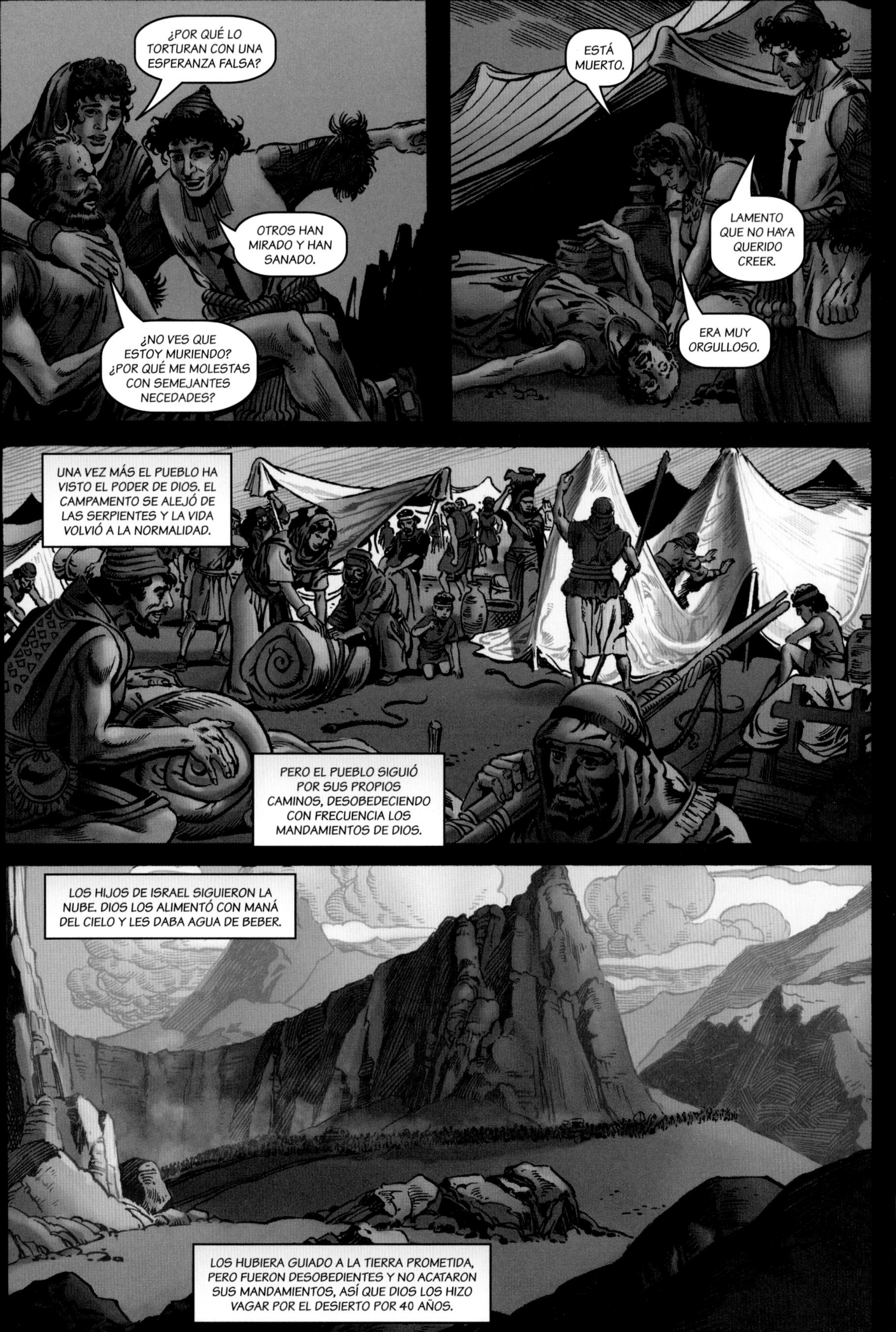

¿POR QUÉ LO TORTURAN CON UNA ESPERANZA FALSA?
OTROS HAN MIRADO Y HAN SANADO.
¿NO VES QUE ESTOY MURIENDO? ¿POR QUÉ ME MOLESTAS CON SEMEJANTES NECEDADES?
ESTÁ MUERTO.
LAMENTO QUE NO HAYA QUERIDO CREER.
ERA MUY ORGULLOSO.
UNA VEZ MÁS EL PUEBLO HA VISTO EL PODER DE DIOS. EL CAMPAMENTO SE ALEJÓ DE LAS SERPIENTES Y LA VIDA VOLVIÓ A LA NORMALIDAD.
PERO EL PUEBLO SIGUIÓ POR SUS PROPIOS CAMINOS, DESOBEDECIENDO CON FRECUENCIA LOS MANDAMIENTOS DE DIOS.
LOS HIJOS DE ISRAEL SIGUIERON LA NUBE. DIOS LOS ALIMENTÓ CON MANÁ DEL CIELO Y LES DABA AGUA DE BEBER.
LOS HUBIERA GUIADO A LA TIERRA PROMETIDA, PERO FUERON DESOBEDIENTES Y NO ACATARON SUS MANDAMIENTOS, ASÍ QUE DIOS LOS HIZO VAGAR POR EL DESIERTO POR 40 AÑOS.

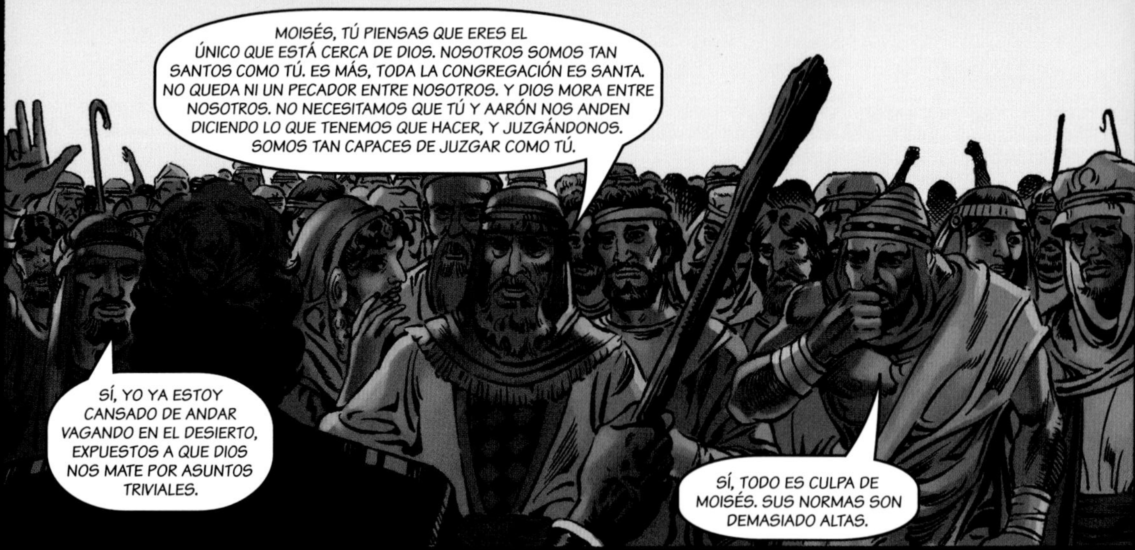
MOISÉS, TÚ PIENSAS QUE ERES EL ÚNICO QUE ESTÁ CERCA DE DIOS. NOSOTROS SOMOS TAN SANTOS COMO TÚ. ES MÁS, TODA LA CONGREGACIÓN ES SANTA. NO QUEDA NI UN PECADOR ENTRE NOSOTROS. Y DIOS MORA ENTRE NOSOTROS. NO NECESITAMOS QUE TÚ Y AARÓN NOS ANDEN DICIENDO LO QUE TENEMOS QUE HACER, Y JUZGÁNDONOS. SOMOS TAN CAPACES DE JUZGAR COMO TÚ.
SÍ, YO YA ESTOY CANSADO DE ANDAR VAGANDO EN EL DESIERTO, EXPUESTOS A QUE DIOS NOS MATE POR ASUNTOS TRIVIALES.
SÍ, TODO ES CULPA DE MOISÉS. SUS NORMAS SON DEMASIADO ALTAS.

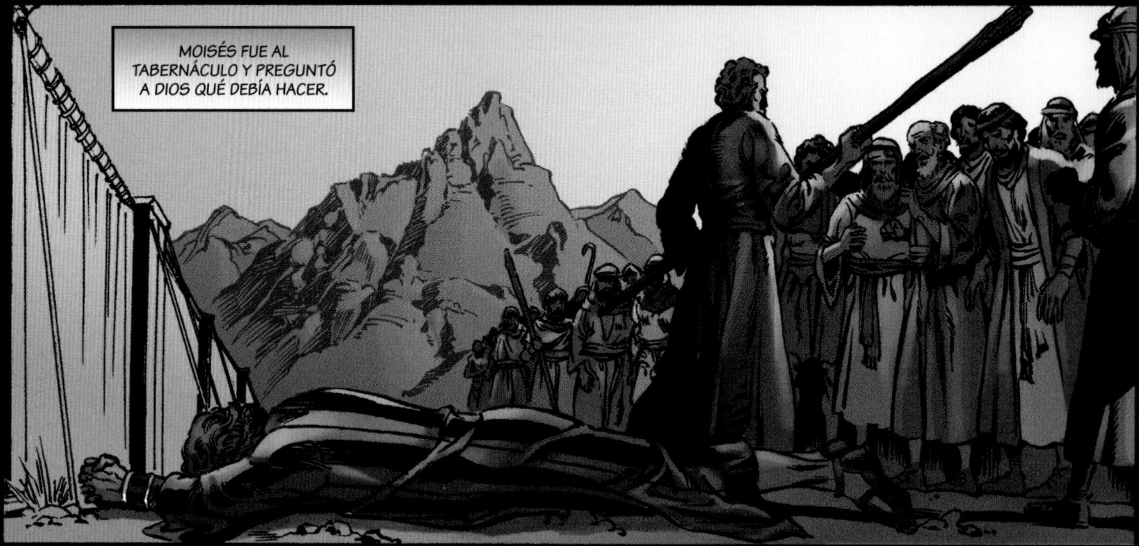
MOISÉS FUE AL TABERNÁCULO Y PREGUNTÓ A DIOS QUÉ DEBÍA HACER.

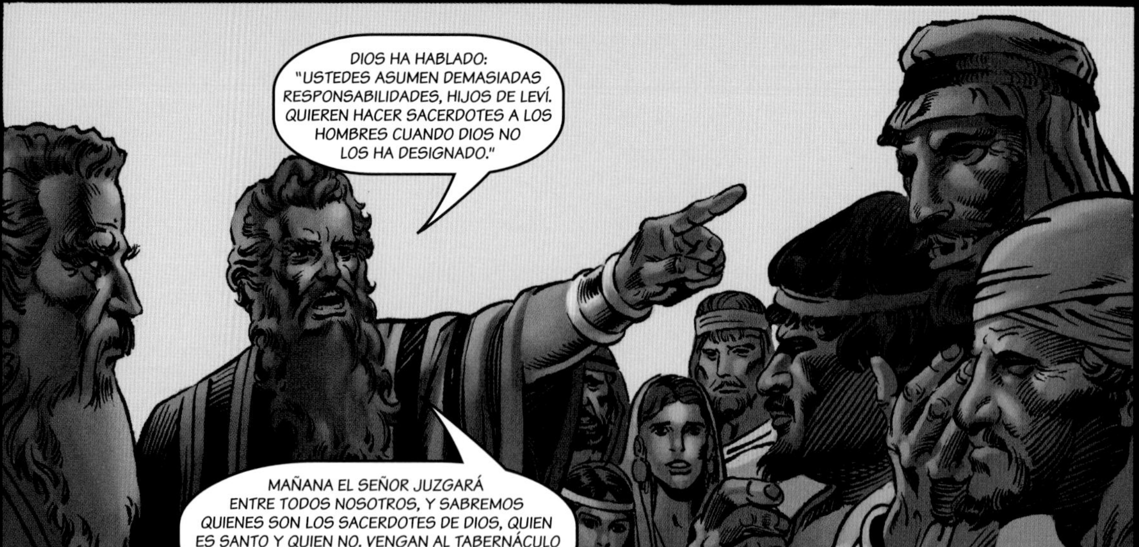
DIOS HA HABLADO: "USTEDES ASUMEN DEMASIADAS RESPONSABILIDADES, HIJOS DE LEVÍ. QUIEREN HACER SACERDOTES A LOS HOMBRES CUANDO DIOS NO LOS HA DESIGNADO."
MAÑANA EL SEÑOR JUZGARÁ ENTRE TODOS NOSOTROS, Y SABREMOS QUIENES SON LOS SACERDOTES DE DIOS, QUIEN ES SANTO Y QUIEN NO. VENGAN AL TABERNÁCULO MAÑANA POR LA MAÑANA. TRAIGAN SUS INCENSARIOS CON FUEGO.

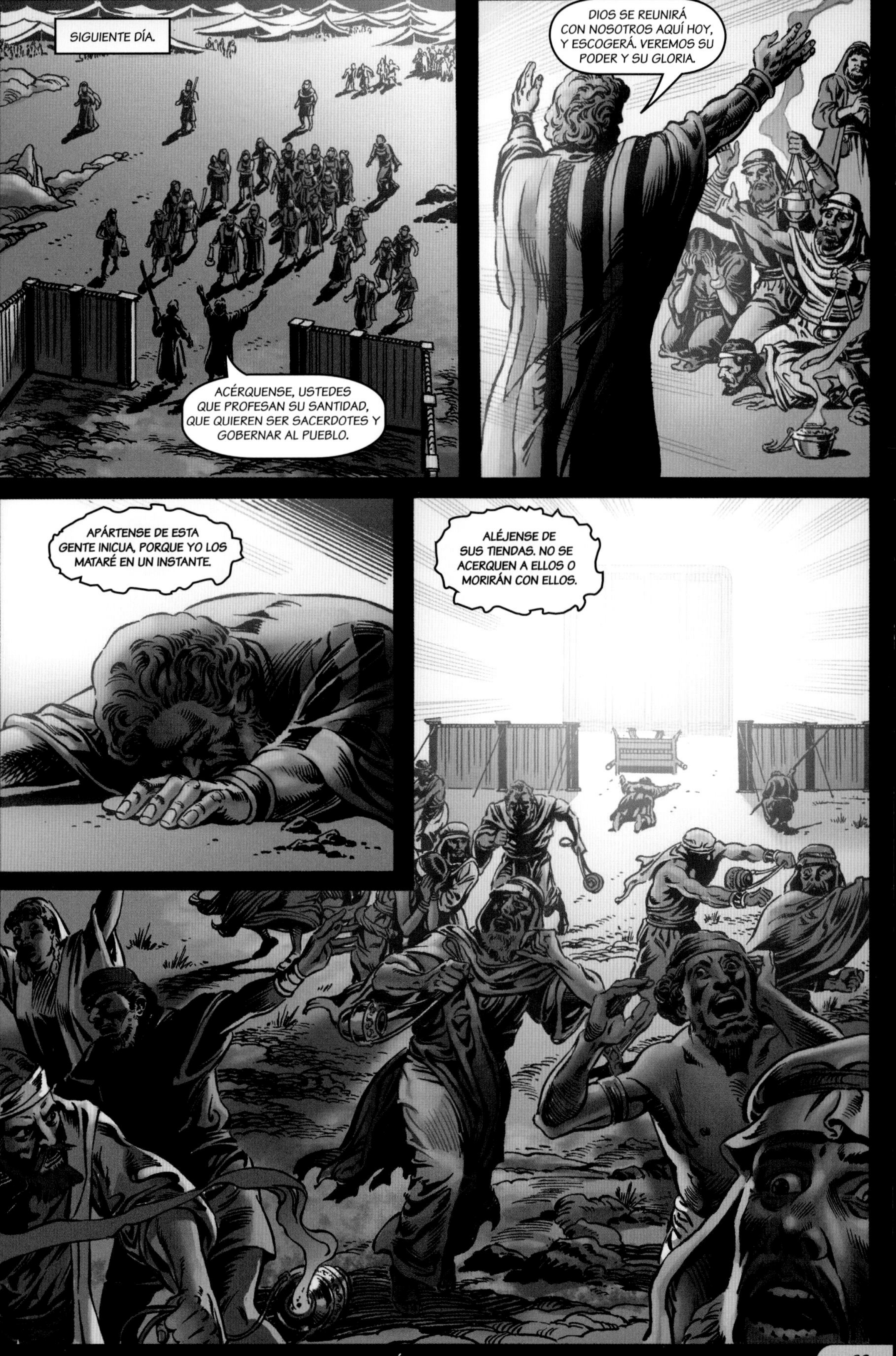
SIGUIENTE DÍA.
ACÉRQUENSE, USTEDES QUE PROFESAN SU SANTIDAD, QUE QUIEREN SER SACERDOTES Y GOBERNAR AL PUEBLO.
DIOS SE REUNIRÁ CON NOSOTROS AQUÍ HOY, Y ESCOGERÁ. VEREMOS SU PODER Y SU GLORIA.
APÁRTENSE DE ESTA GENTE INICUA, PORQUE YO LOS MATARÉ EN UN INSTANTE.
ALÉJENSE DE SUS TIENDAS. NO SE ACERQUEN A ELLOS O MORIRÁN CON ELLOS.

ÉSTA ES UNA PRUEBA. SI ESTOS HOMBRES MUEREN DE MANERA NORMAL, SABRÁN QUE SOY PROFETA FALSO Y QUE DIOS NO HABLA POR MEDIO DE MÍ.

PERO SI HOY VEN ALGO NUEVO, SI SE ABRE LA TIERRA Y SE TRAGA A ESTOS HOMBRES CON TODAS SUS PERTENENCIAS AL ABISMO DEL INFIERNO, SABRÁN QUE HAN PECADO CONTRA DIOS Y QUE YO SOY SU PROFETA.

¡CRAG!

¡PUUMMMM!

¡AUXILIO!

¡AYYYYYY!

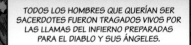

TODOS LOS HOMBRES QUE QUERÍAN SER SACERDOTES FUERON TRAGADOS VIVOS POR LAS LLAMAS DEL INFIERNO PREPARADAS PARA EL DIABLO Y SUS ÁNGELES.

¡NOOOO!

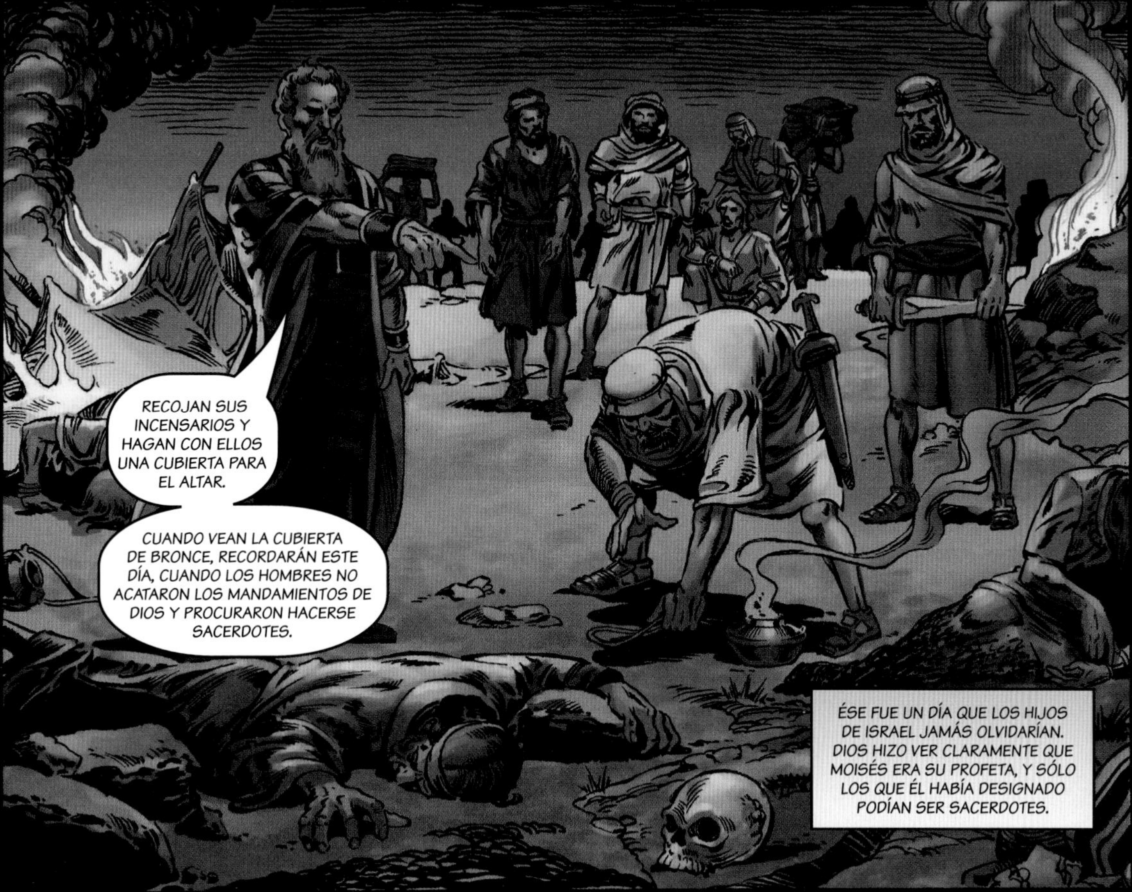
RECOJAN SUS INCENSARIOS Y HAGAN CON ELLOS UNA CUBIERTA PARA EL ALTAR.
CUANDO VEAN LA CUBIERTA DE BRONCE, RECORDARÁN ESTE DÍA, CUANDO LOS HOMBRES NO ACATARON LOS MANDAMIENTOS DE DIOS Y PROCURARON HACERSE SACERDOTES.
ÉSE FUE UN DÍA QUE LOS HIJOS DE ISRAEL JAMÁS OLVIDARÍAN. DIOS HIZO VER CLARAMENTE QUE MOISÉS ERA SU PROFETA, Y SÓLO LOS QUE ÉL HABÍA DESIGNADO PODÍAN SER SACERDOTES.

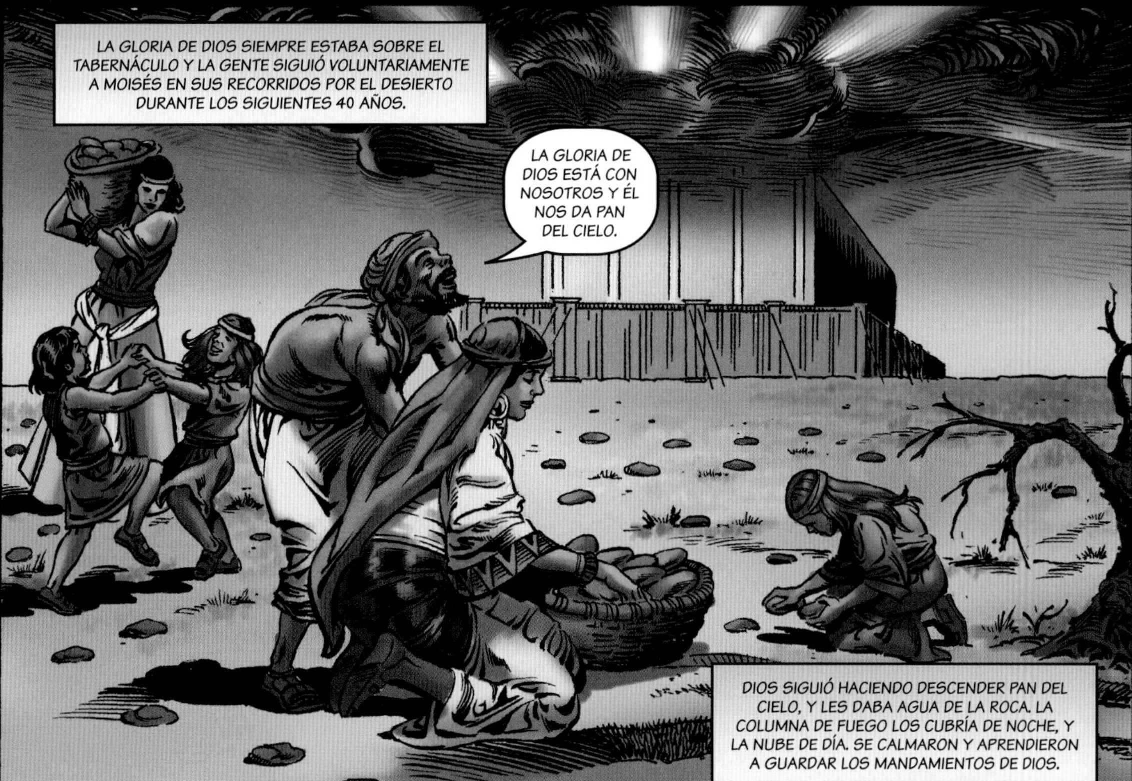
LA GLORIA DE DIOS SIEMPRE ESTABA SOBRE EL TABERNÁCULO Y LA GENTE SIGUIÓ VOLUNTARIAMENTE A MOISÉS EN SUS RECORRIDOS POR EL DESIERTO DURANTE LOS SIGUIENTES 40 AÑOS.
LA GLORIA DE DIOS ESTÁ CON NOSOTROS Y ÉL NOS DA PAN DEL CIELO.
DIOS SIGUIÓ HACIENDO DESCENDER PAN DEL CIELO, Y LES DABA AGUA DE LA ROCA. LA COLUMNA DE FUEGO LOS CUBRÍA DE NOCHE, Y LA NUBE DE DÍA. SE CALMARON Y APRENDIERON A GUARDAR LOS MANDAMIENTOS DE DIOS.

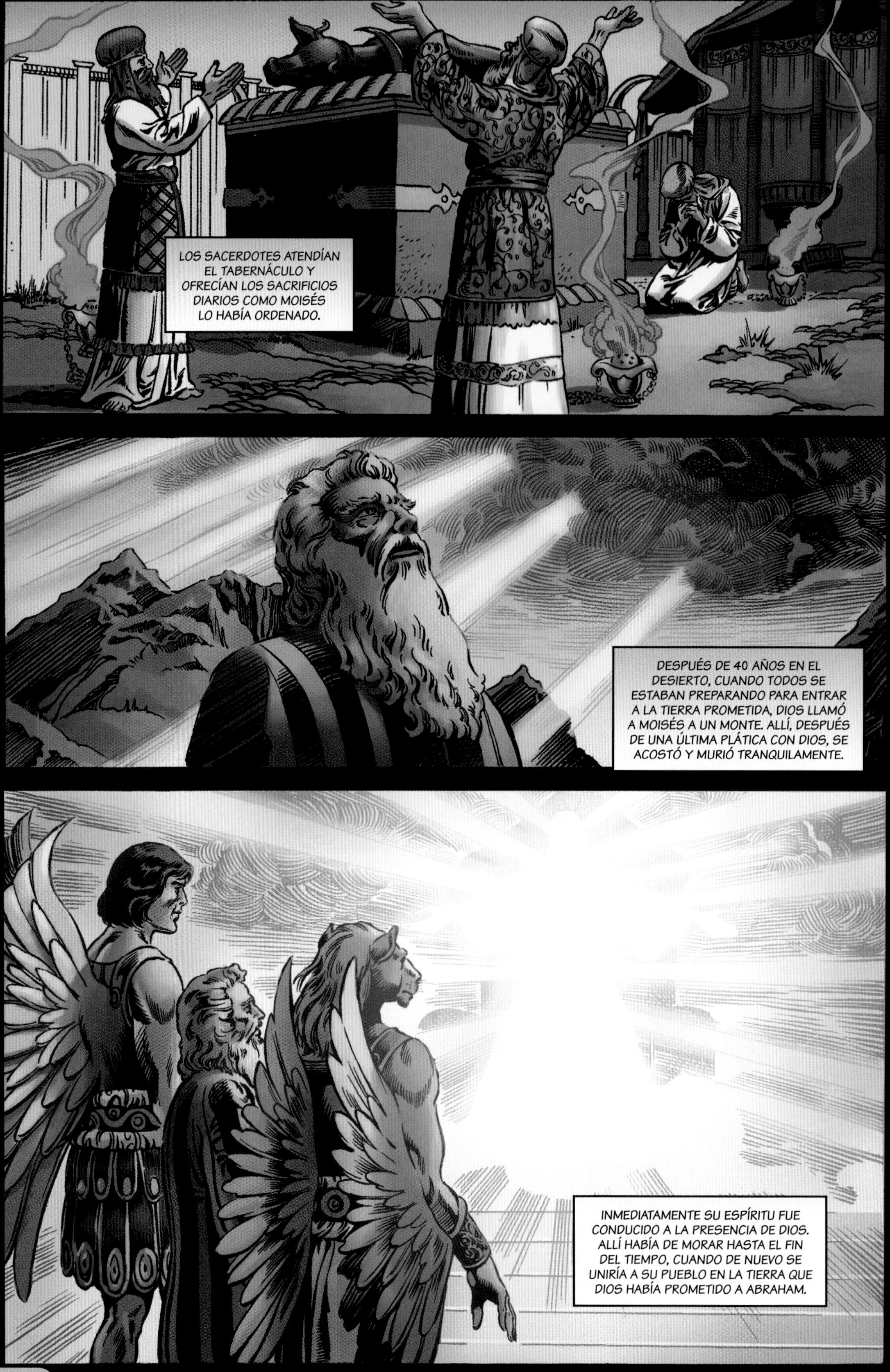
LOS SACERDOTES ATENDÍAN EL TABERNÁCULO Y OFRECÍAN LOS SACRIFICIOS DIARIOS COMO MOISÉS LO HABÍA ORDENADO.
DESPUÉS DE 40 AÑOS EN EL DESIERTO, CUANDO TODOS SE ESTABAN PREPARANDO PARA ENTRAR A LA TIERRA PROMETIDA, DIOS LLAMÓ A MOISÉS A UN MONTE. ALLÍ, DESPUÉS DE UNA ÚLTIMA PLÁTICA CON DIOS, SE ACOSTÓ Y MURIÓ TRANQUILAMENTE.
INMEDIATAMENTE SU ESPÍRITU FUE CONDUCIDO A LA PRESENCIA DE DIOS. ALLÍ HABÍA DE MORAR HASTA EL FIN DEL TIEMPO, CUANDO DE NUEVO SE UNIRÍA A SU PUEBLO EN LA TIERRA QUE DIOS HABÍA PROMETIDO A ABRAHAM.

APROXIMADAMENTE 1451 A. DE C. – DEUTERONOMIO 34:4-5

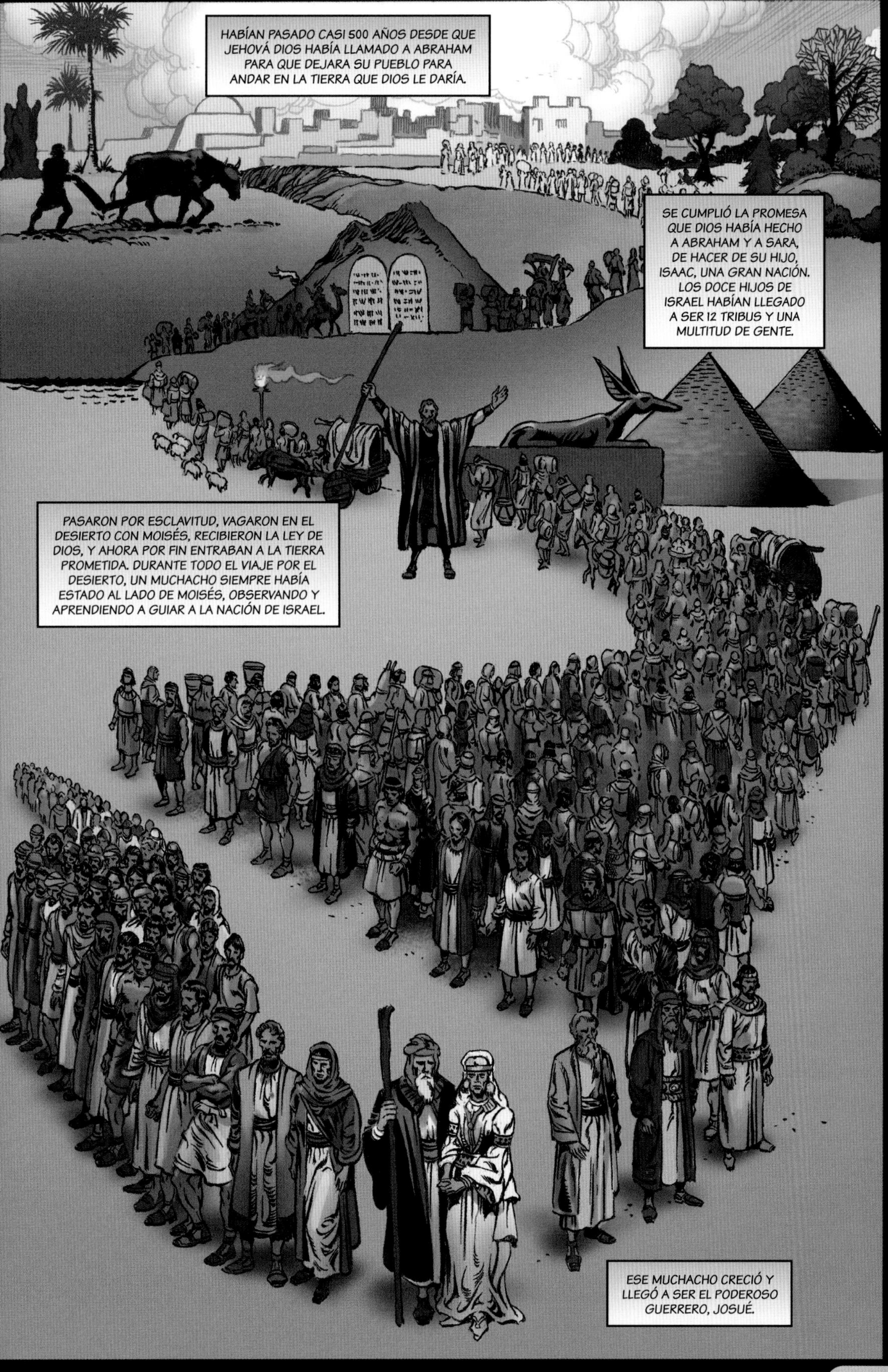
HABÍAN PASADO CASI 500 AÑOS DESDE QUE JEHOVÁ DIOS HABÍA LLAMADO A ABRAHAM PARA QUE DEJARA SU PUEBLO PARA ANDAR EN LA TIERRA QUE DIOS LE DARÍA.
SE CUMPLIÓ LA PROMESA QUE DIOS HABÍA HECHO A ABRAHAM Y A SARA, DE HACER DE SU HIJO, ISAAC, UNA GRAN NACIÓN. LOS DOCE HIJOS DE ISRAEL HABÍAN LLEGADO A SER 12 TRIBUS Y UNA MULTITUD DE GENTE.
PASARON POR ESCLAVITUD, VAGARON EN EL DESIERTO CON MOISÉS, RECIBIERON LA LEY DE DIOS, Y AHORA POR FIN ENTRABAN A LA TIERRA PROMETIDA. DURANTE TODO EL VIAJE POR EL DESIERTO, UN MUCHACHO SIEMPRE HABÍA ESTADO AL LADO DE MOISÉS, OBSERVANDO Y APRENDIENDO A GUIAR A LA NACIÓN DE ISRAEL.
ESE MUCHACHO CRECIÓ Y LLEGÓ A SER EL PODEROSO GUERRERO, JOSUÉ.

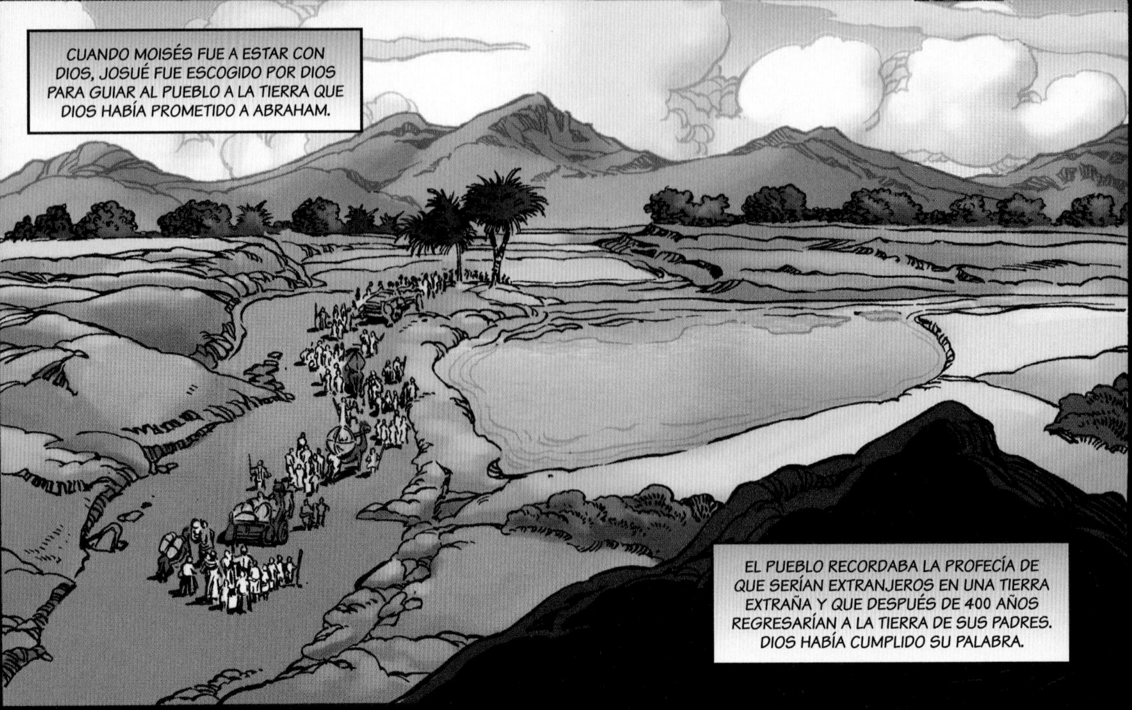
CUANDO MOISÉS FUE A ESTAR CON DIOS, JOSUÉ FUE ESCOGIDO POR DIOS PARA GUIAR AL PUEBLO A LA TIERRA QUE DIOS HABÍA PROMETIDO A ABRAHAM.
EL PUEBLO RECORDABA LA PROFECÍA DE QUE SERÍAN EXTRANJEROS EN UNA TIERRA EXTRAÑA Y QUE DESPUÉS DE 400 AÑOS REGRESARÍAN A LA TIERRA DE SUS PADRES. DIOS HABÍA CUMPLIDO SU PALABRA.

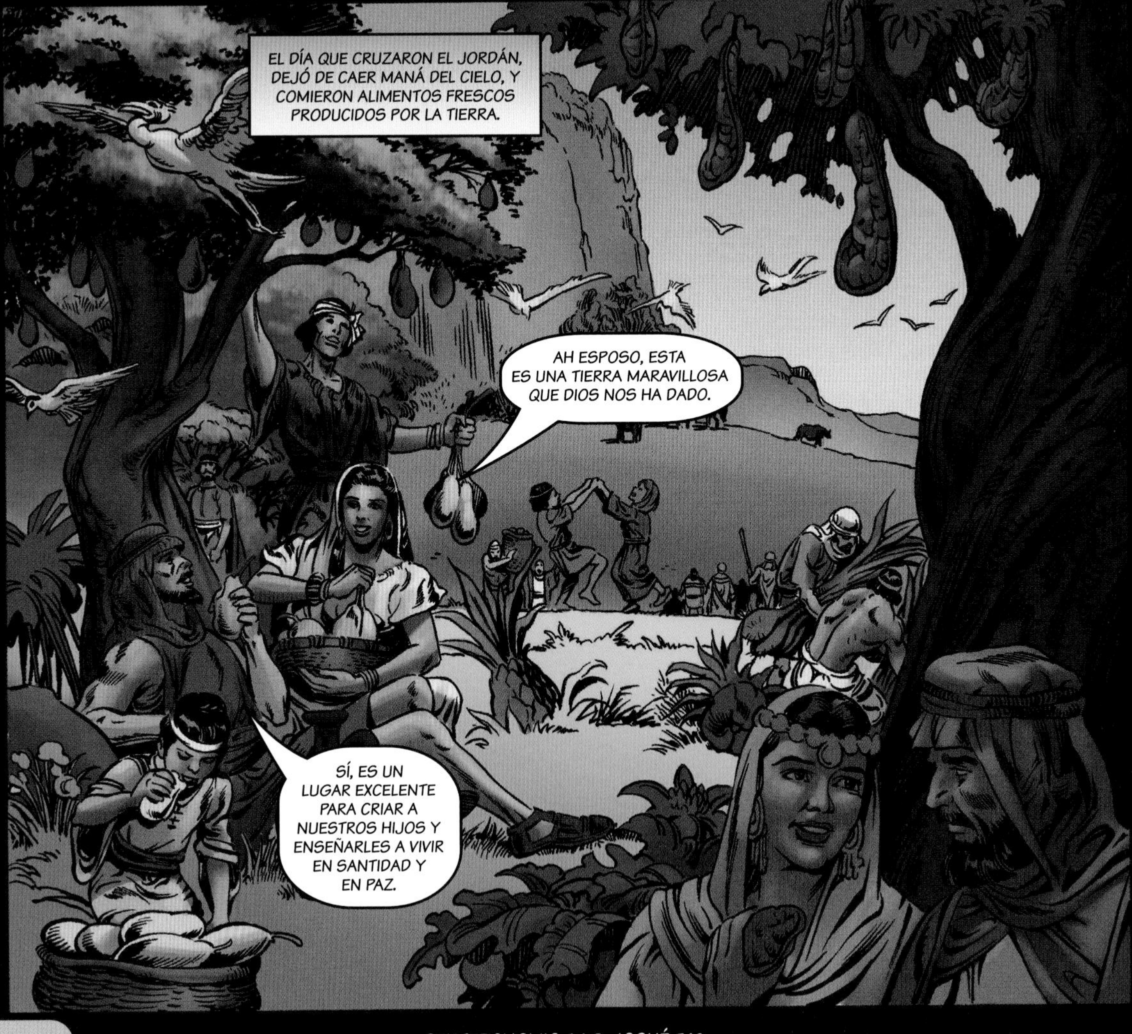
EL DÍA QUE CRUZARON EL JORDÁN, DEJÓ DE CAER MANÁ DEL CIELO, Y COMIERON ALIMENTOS FRESCOS PRODUCIDOS POR LA TIERRA.
AH ESPOSO, ESTA ES UNA TIERRA MARAVILLOSA QUE DIOS NOS HA DADO.
SÍ, ES UN LUGAR EXCELENTE PARA CRIAR A NUESTROS HIJOS Y ENSEÑARLES A VIVIR EN SANTIDAD Y EN PAZ.

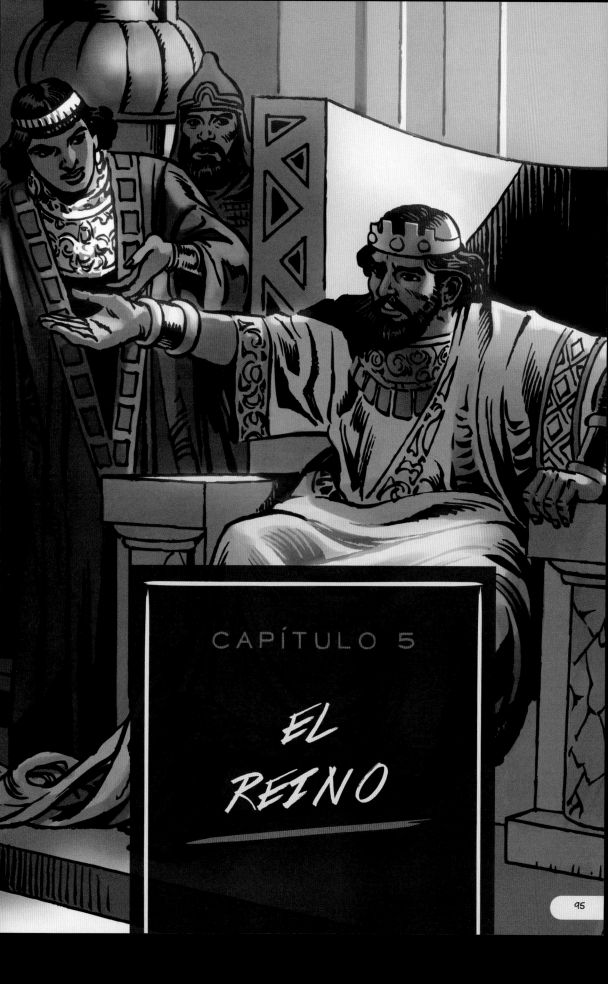

CAPÍTULO 5

EL
REINO

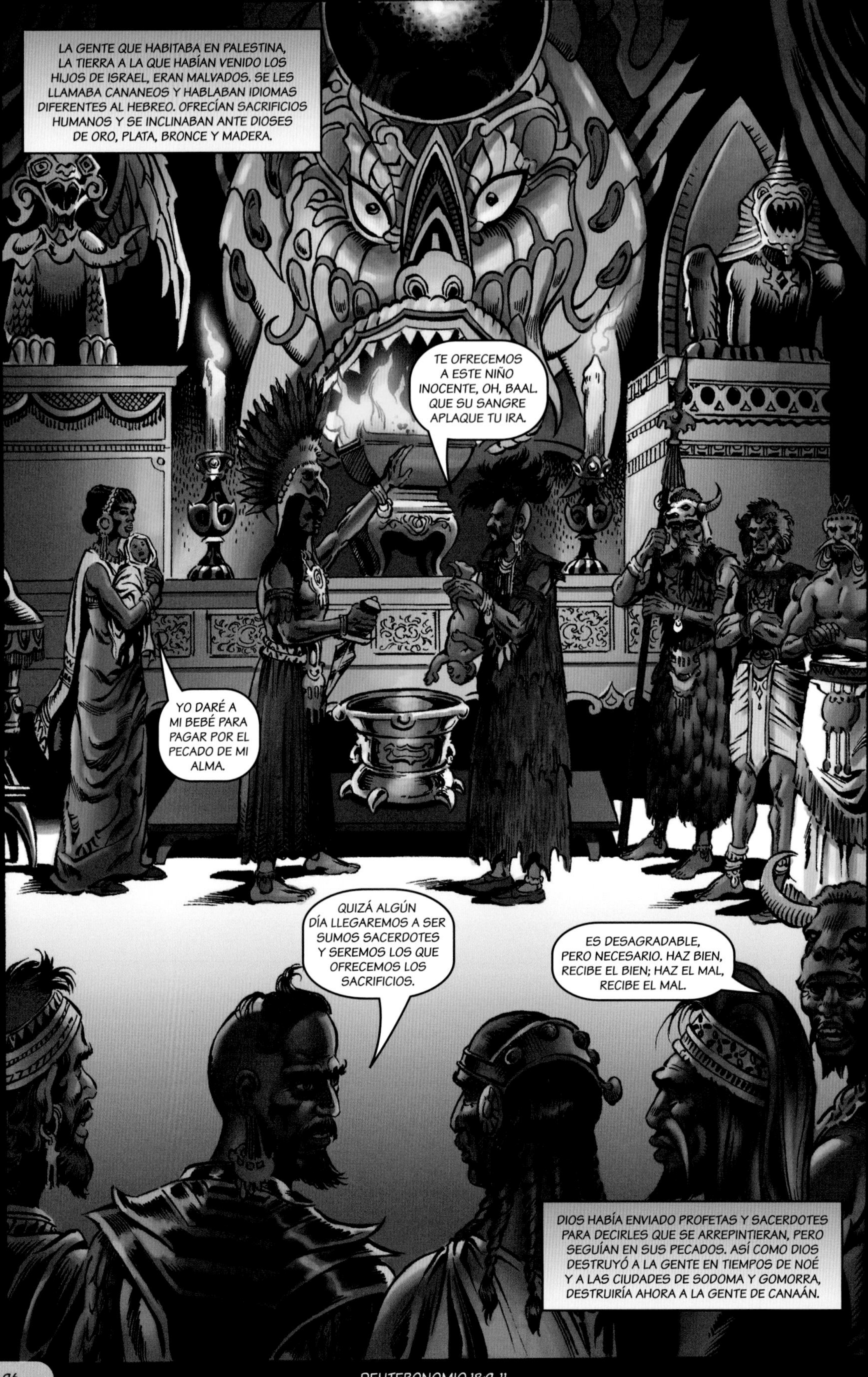
LA GENTE QUE HABITABA EN PALESTINA, LA TIERRA A LA QUE HABÍAN VENIDO LOS HIJOS DE ISRAEL, ERAN MALVADOS. SE LES LLAMABA CANANEOS Y HABLABAN IDIOMAS DIFERENTES AL HEBREO. OFRECÍAN SACRIFICIOS HUMANOS Y SE INCLINABAN ANTE DIOSES DE ORO, PLATA, BRONCE Y MADERA.
TE OFRECEMOS A ESTE NIÑO INOCENTE, OH, BAAL. QUE SU SANGRE APLAQUE TU IRA.
YO DARÉ A MI BEBÉ PARA PAGAR POR EL PECADO DE MI ALMA.
QUIZÁ ALGÚN DÍA LLEGAREMOS A SER SUMOS SACERDOTES Y SEREMOS LOS QUE OFRECEMOS LOS SACRIFICIOS.
ES DESAGRADABLE, PERO NECESARIO. HAZ BIEN, RECIBE EL BIEN; HAZ EL MAL, RECIBE EL MAL.
DIOS HABÍA ENVIADO PROFETAS Y SACERDOTES PARA DECIRLES QUE SE ARREPINTIERAN, PERO SEGUÍAN EN SUS PECADOS. ASÍ COMO DIOS DESTRUYÓ A LA GENTE EN TIEMPOS DE NOÉ Y A LAS CIUDADES DE SODOMA Y GOMORRA, DESTRUIRÍA AHORA A LA GENTE DE CANAÁN.

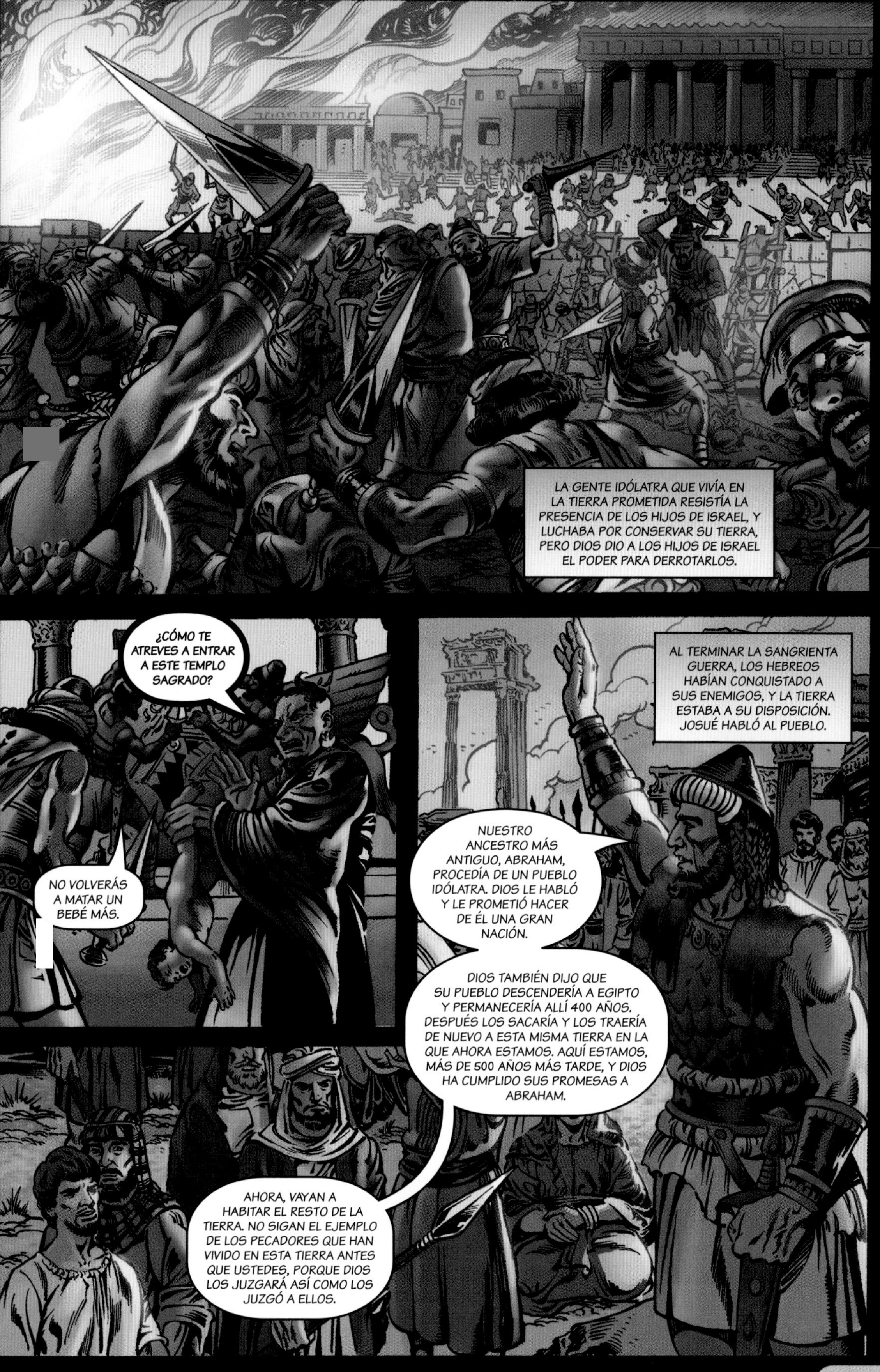
LA GENTE IDÓLATRA QUE VIVÍA EN LA TIERRA PROMETIDA RESISTÍA LA PRESENCIA DE LOS HIJOS DE ISRAEL, Y LUCHABA POR CONSERVAR SU TIERRA, PERO DIOS DIO A LOS HIJOS DE ISRAEL EL PODER PARA DERROTARLOS.
¿CÓMO TE ATREVES A ENTRAR A ESTE TEMPLO SAGRADO?
NO VOLVERÁS A MATAR UN BEBÉ MÁS.
AL TERMINAR LA SANGRIENTA GUERRA, LOS HEBREOS HABÍAN CONQUISTADO A SUS ENEMIGOS, Y LA TIERRA ESTABA A SU DISPOSICIÓN. JOSUÉ HABLÓ AL PUEBLO.
NUESTRO ANCESTRO MÁS ANTIGUO, ABRAHAM, PROCEDÍA DE UN PUEBLO IDÓLATRA. DIOS LE HABLÓ Y LE PROMETIÓ HACER DE ÉL UNA GRAN NACIÓN.
DIOS TAMBIÉN DIJO QUE SU PUEBLO DESCENDERÍA A EGIPTO Y PERMANECERÍA ALLÍ 400 AÑOS. DESPUÉS LOS SACARÍA Y LOS TRAERÍA DE NUEVO A ESTA MISMA TIERRA EN LA QUE AHORA ESTAMOS. AQUÍ ESTAMOS, MÁS DE 500 AÑOS MÁS TARDE, Y DIOS HA CUMPLIDO SUS PROMESAS A ABRAHAM.
AHORA, VAYAN A HABITAR EL RESTO DE LA TIERRA. NO SIGAN EL EJEMPLO DE LOS PECADORES QUE HAN VIVIDO EN ESTA TIERRA ANTES QUE USTEDES, PORQUE DIOS LOS JUZGARÁ ASÍ COMO LOS JUZGÓ A ELLOS.

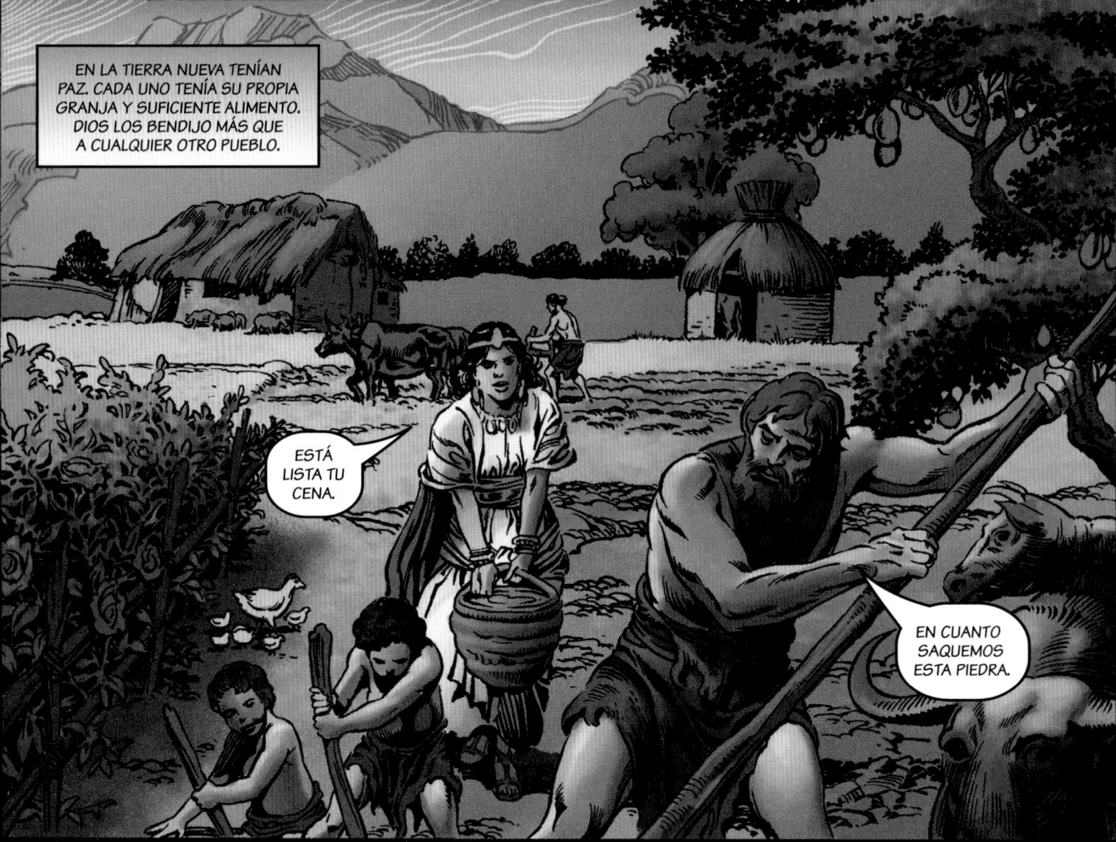
EN LA TIERRA NUEVA TENÍAN PAZ. CADA UNO TENÍA SU PROPIA GRANJA Y SUFICIENTE ALIMENTO. DIOS LOS BENDIJO MÁS QUE A CUALQUIER OTRO PUEBLO.
ESTÁ LISTA TU CENA.
EN CUANTO SAQUEMOS ESTA PIEDRA.

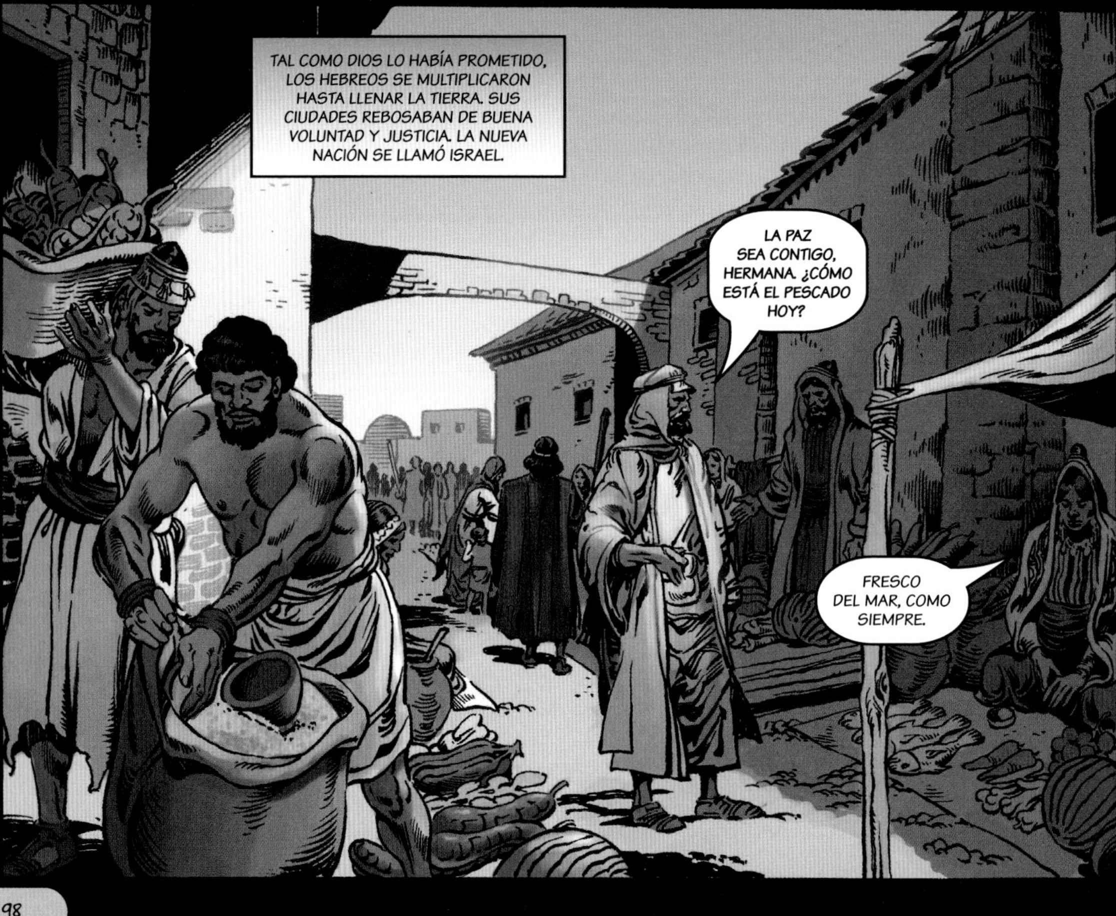
TAL COMO DIOS LO HABÍA PROMETIDO, LOS HEBREOS SE MULTIPLICARON HASTA LLENAR LA TIERRA. SUS CIUDADES REBOSABAN DE BUENA VOLUNTAD Y JUSTICIA. LA NUEVA NACIÓN SE LLAMÓ ISRAEL.
LA PAZ SEA CONTIGO, HERMANA. ¿CÓMO ESTÁ EL PESCADO HOY?
FRESCO DEL MAR, COMO SIEMPRE.

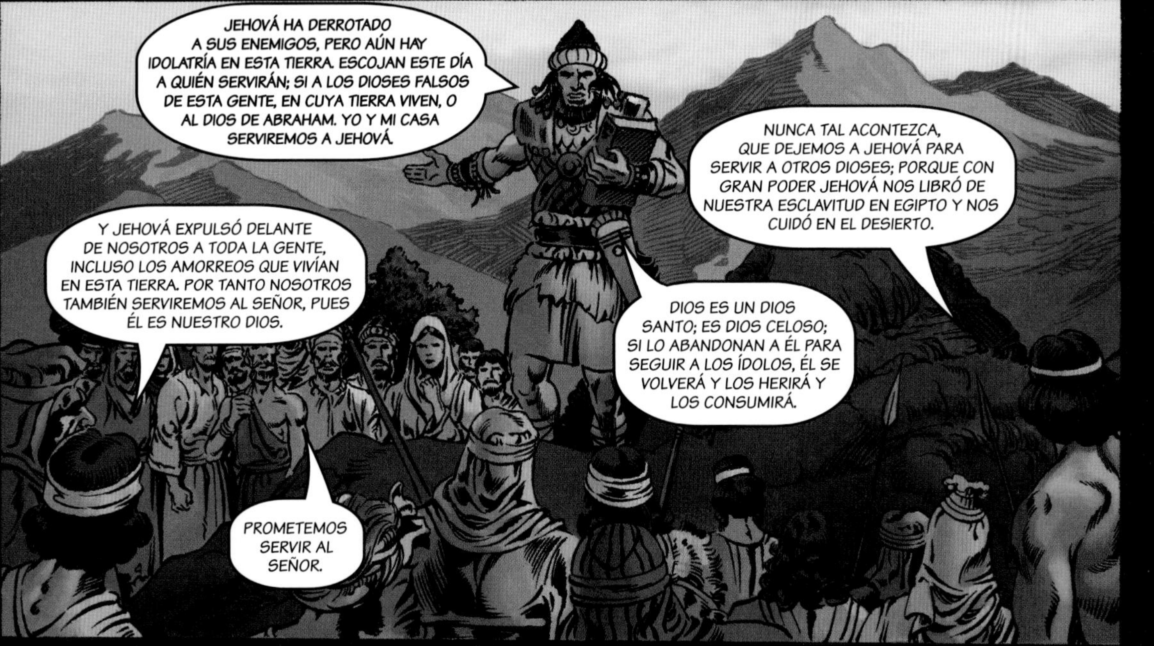
JEHOVÁ HA DERROTADO A SUS ENEMIGOS, PERO AÚN HAY IDOLATRÍA EN ESTA TIERRA. ESCOJAN ESTE DÍA A QUIÉN SERVIRÁN; SI A LOS DIOSES FALSOS DE ESTA GENTE, EN CUYA TIERRA VIVEN, O AL DIOS DE ABRAHAM. YO Y MI CASA SERVIREMOS A JEHOVÁ.
NUNCA TAL ACONTEZCA, QUE DEJEMOS A JEHOVÁ PARA SERVIR A OTROS DIOSES; PORQUE CON GRAN PODER JEHOVÁ NOS LIBRÓ DE NUESTRA ESCLAVITUD EN EGIPTO Y NOS CUIDÓ EN EL DESIERTO.
Y JEHOVÁ EXPULSÓ DELANTE DE NOSOTROS A TODA LA GENTE, INCLUSO LOS AMORREOS QUE VIVÍAN EN ESTA TIERRA. POR TANTO NOSOTROS TAMBIÉN SERVIREMOS AL SEÑOR, PUES ÉL ES NUESTRO DIOS.
DIOS ES UN DIOS SANTO; ES DIOS CELOSO; SI LO ABANDONAN A ÉL PARA SEGUIR A LOS ÍDOLOS, ÉL SE VOLVERÁ Y LOS HERIRÁ Y LOS CONSUMIRÁ.
PROMETEMOS SERVIR AL SEÑOR.

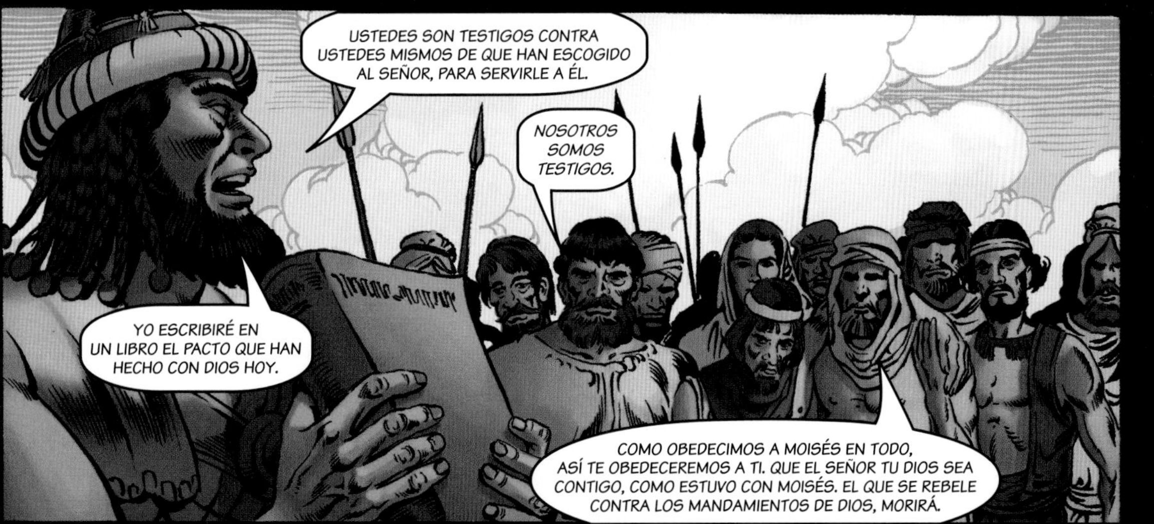
USTEDES SON TESTIGOS CONTRA USTEDES MISMOS DE QUE HAN ESCOGIDO AL SEÑOR, PARA SERVIRLE A ÉL.
NOSOTROS SOMOS TESTIGOS.
YO ESCRIBIRÉ EN UN LIBRO EL PACTO QUE HAN HECHO CON DIOS HOY.
COMO OBEDECIMOS A MOISÉS EN TODO, ASÍ TE OBEDECEREMOS A TI. QUE EL SEÑOR TU DIOS SEA CONTIGO, COMO ESTUVO CON MOISÉS. EL QUE SE REBELE CONTRA LOS MANDAMIENTOS DE DIOS, MORIRÁ.

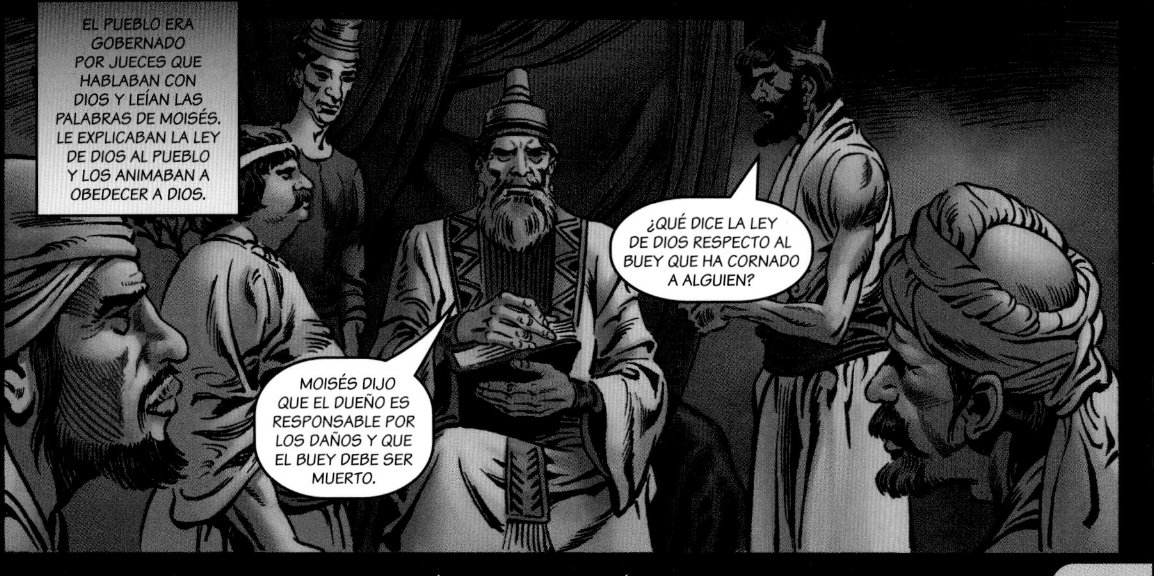
EL PUEBLO ERA GOBERNADO POR JUECES QUE HABLABAN CON DIOS Y LEÍAN LAS PALABRAS DE MOISÉS. LE EXPLICABAN LA LEY DE DIOS AL PUEBLO Y LOS ANIMABAN A OBEDECER A DIOS.
¿QUÉ DICE LA LEY DE DIOS RESPECTO AL BUEY QUE HA CORNADO A ALGUIEN?
MOISÉS DIJO QUE EL DUEÑO ES RESPONSABLE POR LOS DAÑOS Y QUE EL BUEY DEBE SER MUERTO.

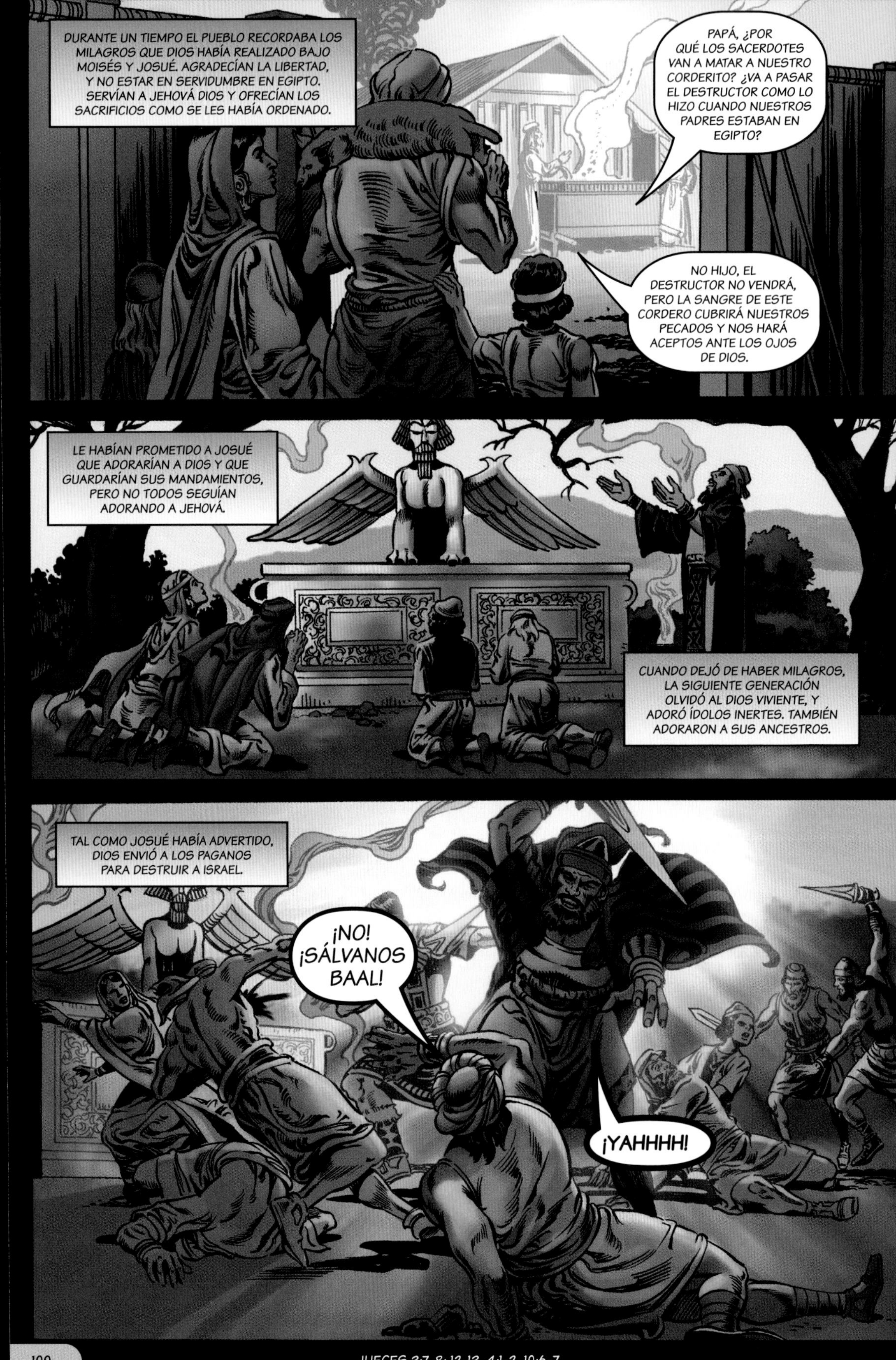
DURANTE UN TIEMPO EL PUEBLO RECORDABA LOS MILAGROS QUE DIOS HABÍA REALIZADO BAJO MOISÉS Y JOSUÉ. AGRADECÍAN LA LIBERTAD, Y NO ESTAR EN SERVIDUMBRE EN EGIPTO. SERVÍAN A JEHOVÁ DIOS Y OFRECÍAN LOS SACRIFICIOS COMO SE LES HABÍA ORDENADO.
PAPÁ, ¿POR QUÉ LOS SACERDOTES VAN A MATAR A NUESTRO CORDERITO? ¿VA A PASAR EL DESTRUCTOR COMO LO HIZO CUANDO NUESTROS PADRES ESTABAN EN EGIPTO?
NO HIJO, EL DESTRUCTOR NO VENDRÁ, PERO LA SANGRE DE ESTE CORDERO CUBRIRÁ NUESTROS PECADOS Y NOS HARÁ ACEPTOS ANTE LOS OJOS DE DIOS.
LE HABÍAN PROMETIDO A JOSUÉ QUE ADORARÍAN A DIOS Y QUE GUARDARÍAN SUS MANDAMIENTOS, PERO NO TODOS SEGUÍAN ADORANDO A JEHOVÁ.
CUANDO DEJÓ DE HABER MILAGROS, LA SIGUIENTE GENERACIÓN OLVIDÓ AL DIOS VIVIENTE, Y ADORÓ ÍDOLOS INERTES. TAMBIÉN ADORARON A SUS ANCESTROS.
TAL COMO JOSUÉ HABÍA ADVERTIDO, DIOS ENVIÓ A LOS PAGANOS PARA DESTRUIR A ISRAEL.
¡NO! ¡SÁLVANOS BAAL!
¡YAHHHH!

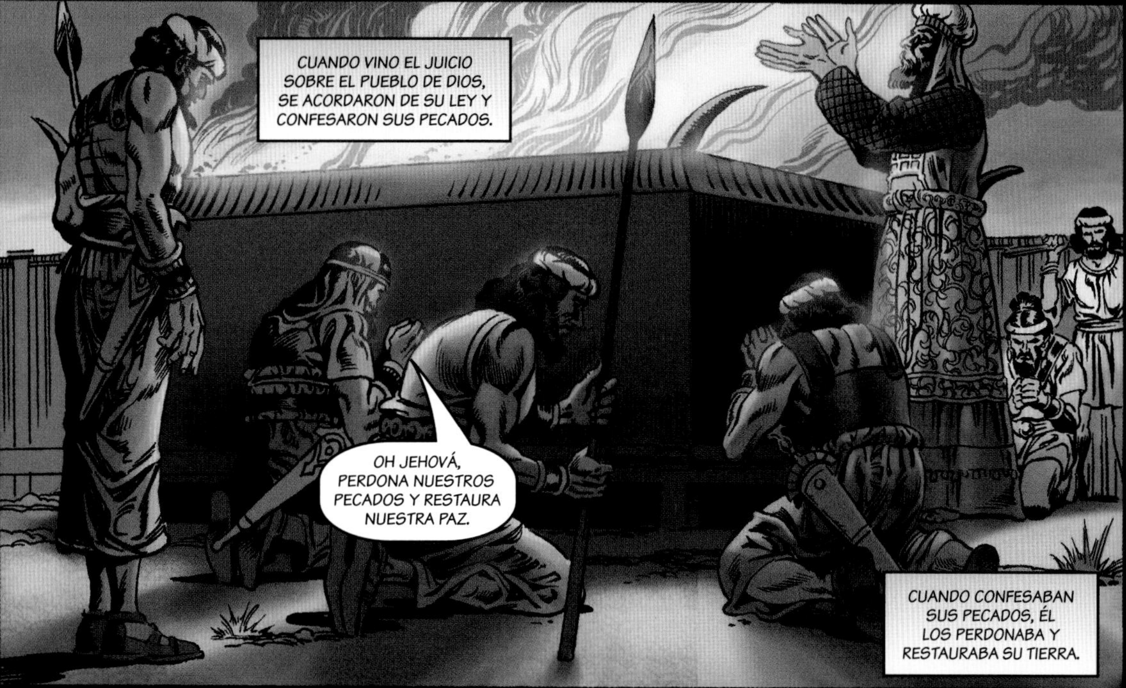
CUANDO VINO EL JUICIO SOBRE EL PUEBLO DE DIOS, SE ACORDARON DE SU LEY Y CONFESARON SUS PECADOS.
OH JEHOVÁ, PERDONA NUESTROS PECADOS Y RESTAURA NUESTRA PAZ.
CUANDO CONFESABAN SUS PECADOS, ÉL LOS PERDONABA Y RESTAURABA SU TIERRA.

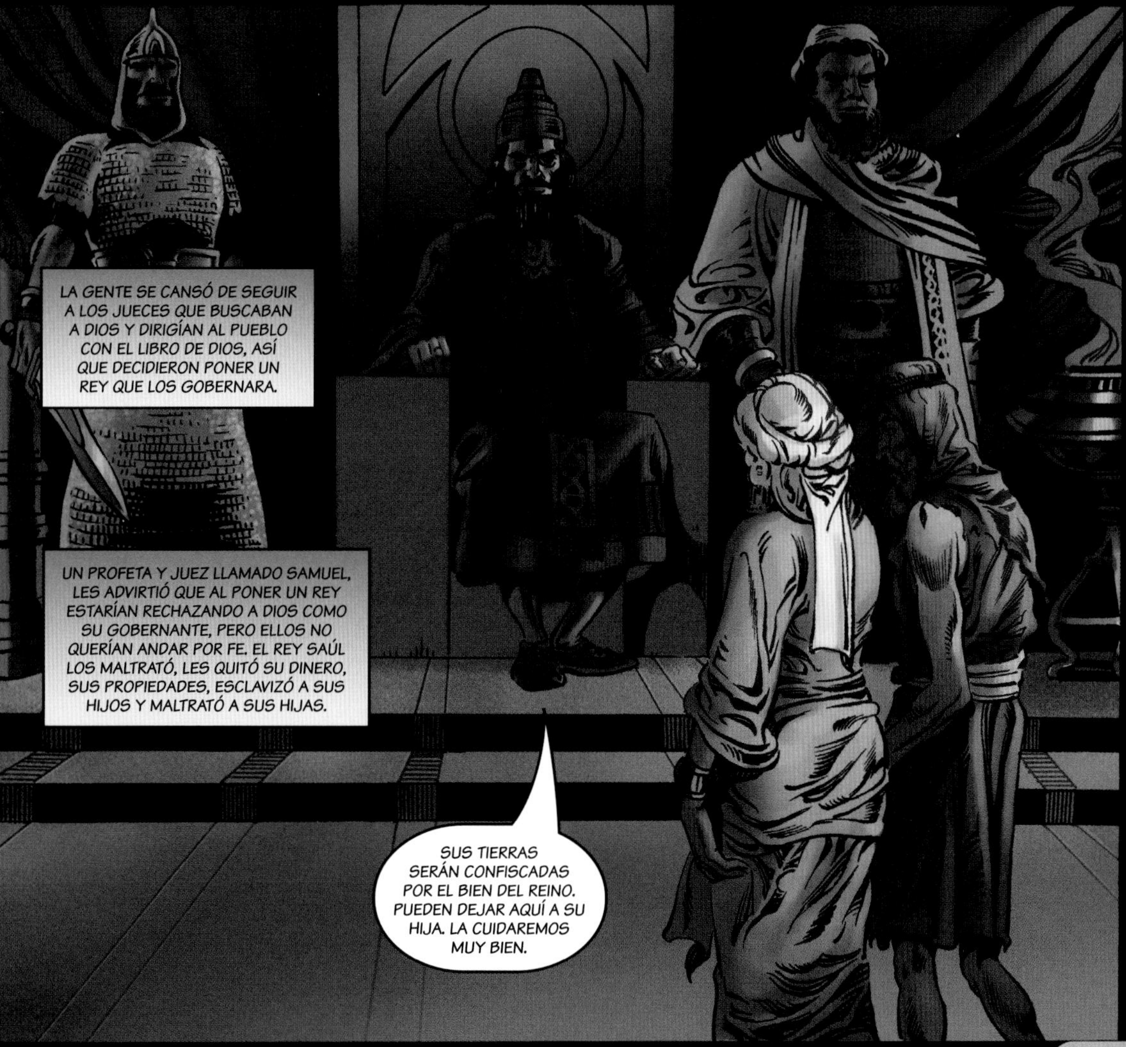
LA GENTE SE CANSÓ DE SEGUIR A LOS JUECES QUE BUSCABAN A DIOS Y DIRIGÍAN AL PUEBLO CON EL LIBRO DE DIOS, ASÍ QUE DECIDIERON PONER UN REY QUE LOS GOBERNARA.
UN PROFETA Y JUEZ LLAMADO SAMUEL, LES ADVIRTIÓ QUE AL PONER UN REY ESTARÍAN RECHAZANDO A DIOS COMO SU GOBERNANTE, PERO ELLOS NO QUERÍAN ANDAR POR FE. EL REY SAÚL LOS MALTRATÓ, LES QUITÓ SU DINERO, SUS PROPIEDADES, ESCLAVIZÓ A SUS HIJOS Y MALTRATÓ A SUS HIJAS.
SUS TIERRAS SERÁN CONFISCADAS POR EL BIEN DEL REINO. PUEDEN DEJAR AQUÍ A SU HIJA. LA CUIDAREMOS MUY BIEN.

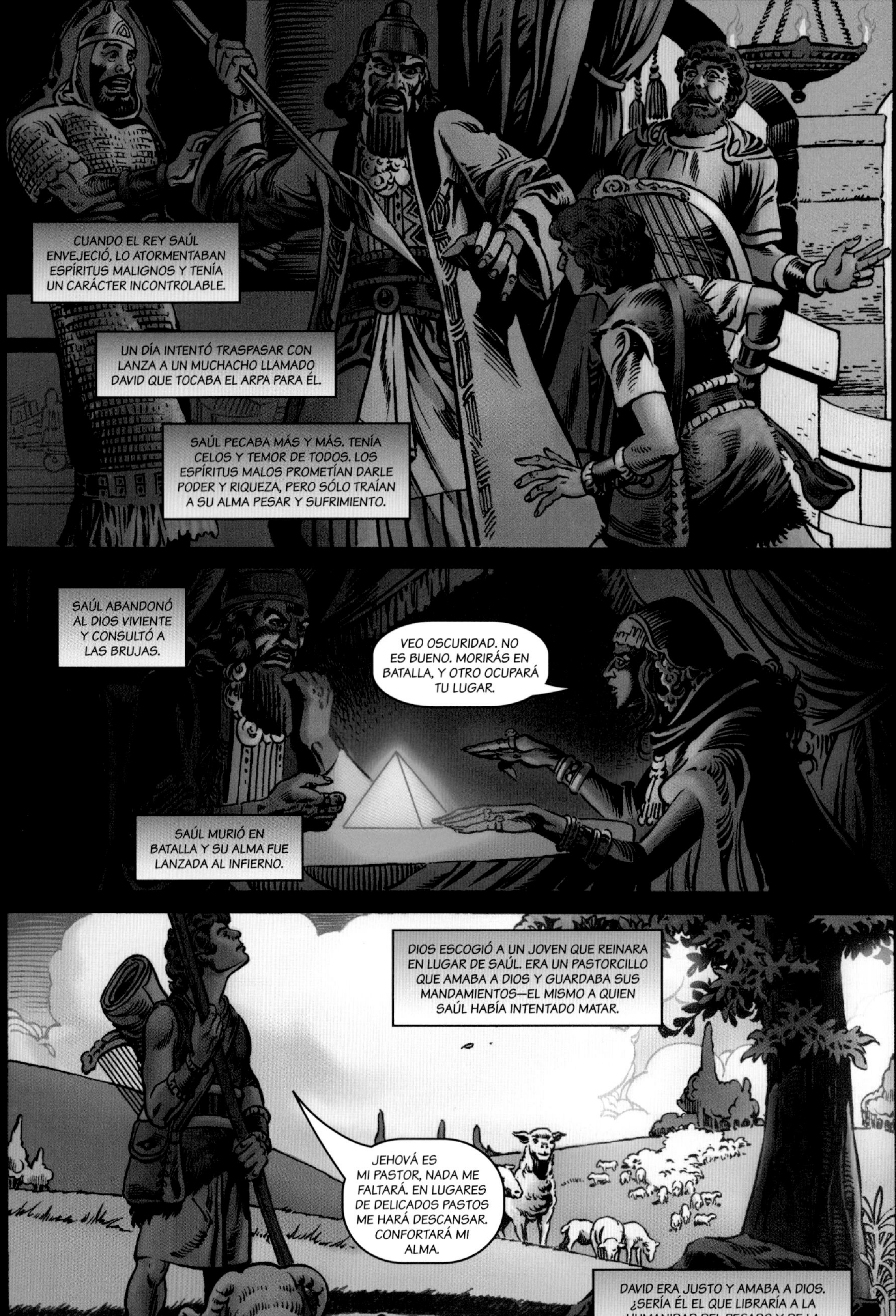
CUANDO EL REY SAÚL ENVEJECIÓ, LO ATORMENTABAN ESPÍRITUS MALIGNOS Y TENÍA UN CARÁCTER INCONTROLABLE.
UN DÍA INTENTÓ TRASPASAR CON LANZA A UN MUCHACHO LLAMADO DAVID QUE TOCABA EL ARPA PARA ÉL.
SAÚL PECABA MÁS Y MÁS. TENÍA CELOS Y TEMOR DE TODOS. LOS ESPÍRITUS MALOS PROMETÍAN DARLE PODER Y RIQUEZA, PERO SÓLO TRAÍAN A SU ALMA PESAR Y SUFRIMIENTO.
SAÚL ABANDONÓ AL DIOS VIVIENTE Y CONSULTÓ A LAS BRUJAS.
VEO OSCURIDAD. NO ES BUENO. MORIRÁS EN BATALLA, Y OTRO OCUPARÁ TU LUGAR.
SAÚL MURIÓ EN BATALLA Y SU ALMA FUE LANZADA AL INFIERNO.
DIOS ESCOGIÓ A UN JOVEN QUE REINARA EN LUGAR DE SAÚL. ERA UN PASTORCILLO QUE AMABA A DIOS Y GUARDABA SUS MANDAMIENTOS—EL MISMO A QUIEN SAÚL HABÍA INTENTADO MATAR.
JEHOVÁ ES MI PASTOR, NADA ME FALTARÁ. EN LUGARES DE DELICADOS PASTOS ME HARÁ DESCANSAR. CONFORTARÁ MI ALMA.
DAVID ERA JUSTO Y AMABA A DIOS. ¿SERÍA ÉL EL QUE LIBRARÍA A LA HUMANIDAD DEL PECADO Y DE LA MUERTE? ¿SERÍA DAVID EL PROMETIDO?

1 SAMUEL 18:10-11, 31:4, 16:1-13; SALMO 23:1-3

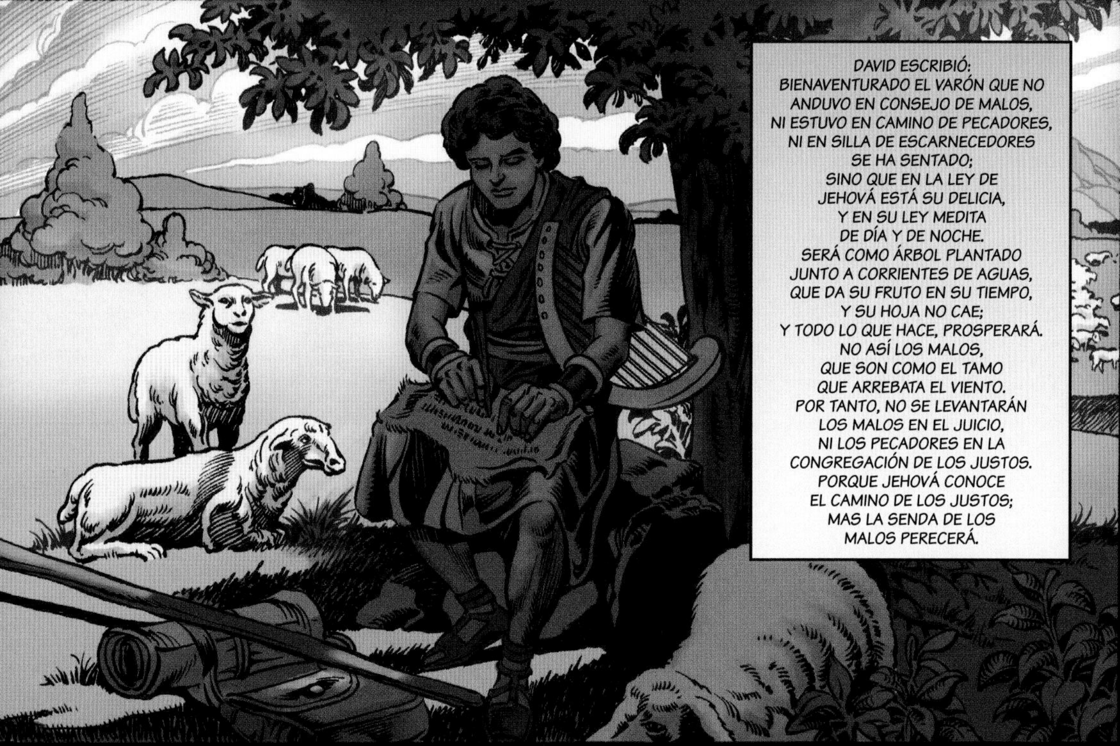
DAVID ESCRIBIÓ:
BIENAVENTURADO EL VARÓN QUE NO ANDUVO EN CONSEJO DE MALOS, NI ESTUVO EN CAMINO DE PECADORES, NI EN SILLA DE ESCARNECEDORES SE HA SENTADO; SINO QUE EN LA LEY DE JEHOVÁ ESTÁ SU DELICIA, Y EN SU LEY MEDITA DE DÍA Y DE NOCHE. SERÁ COMO ÁRBOL PLANTADO JUNTO A CORRIENTES DE AGUAS, QUE DA SU FRUTO EN SU TIEMPO, Y SU HOJA NO CAE; Y TODO LO QUE HACE, PROSPERARÁ. NO ASÍ LOS MALOS, QUE SON COMO EL TAMO QUE ARREBATA EL VIENTO. POR TANTO, NO SE LEVANTARÁN LOS MALOS EN EL JUICIO, NI LOS PECADORES EN LA CONGREGACIÓN DE LOS JUSTOS. PORQUE JEHOVÁ CONOCE EL CAMINO DE LOS JUSTOS; MAS LA SENDA DE LOS MALOS PERECERÁ.

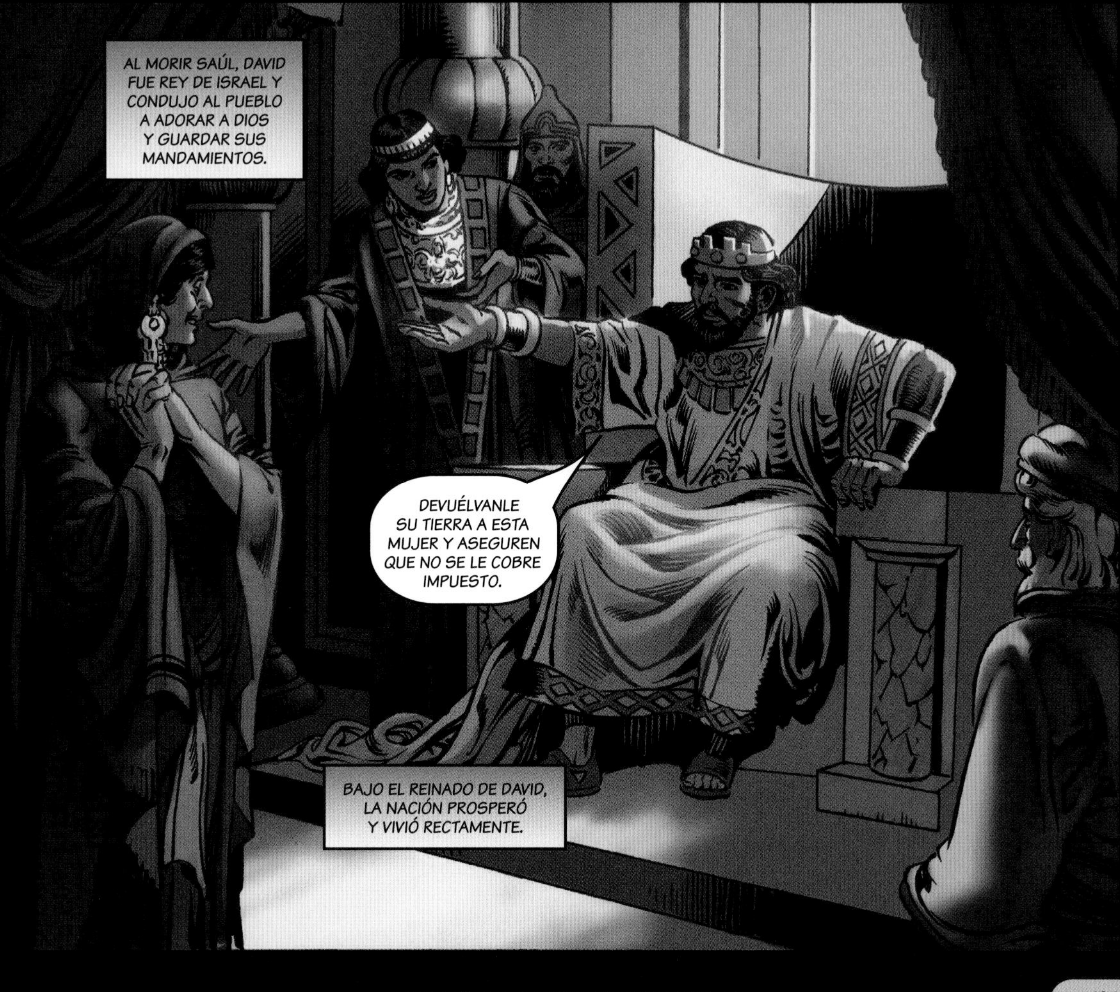
AL MORIR SAÚL, DAVID FUE REY DE ISRAEL Y CONDUJO AL PUEBLO A ADORAR A DIOS Y GUARDAR SUS MANDAMIENTOS.
DEVUÉLVANLE SU TIERRA A ESTA MUJER Y ASEGUREN QUE NO SE LE COBRE IMPUESTO.
BAJO EL REINADO DE DAVID, LA NACIÓN PROSPERÓ Y VIVIÓ RECTAMENTE.

2 SAMUEL 2:4; SALMO 1; HECHOS 13:22-23

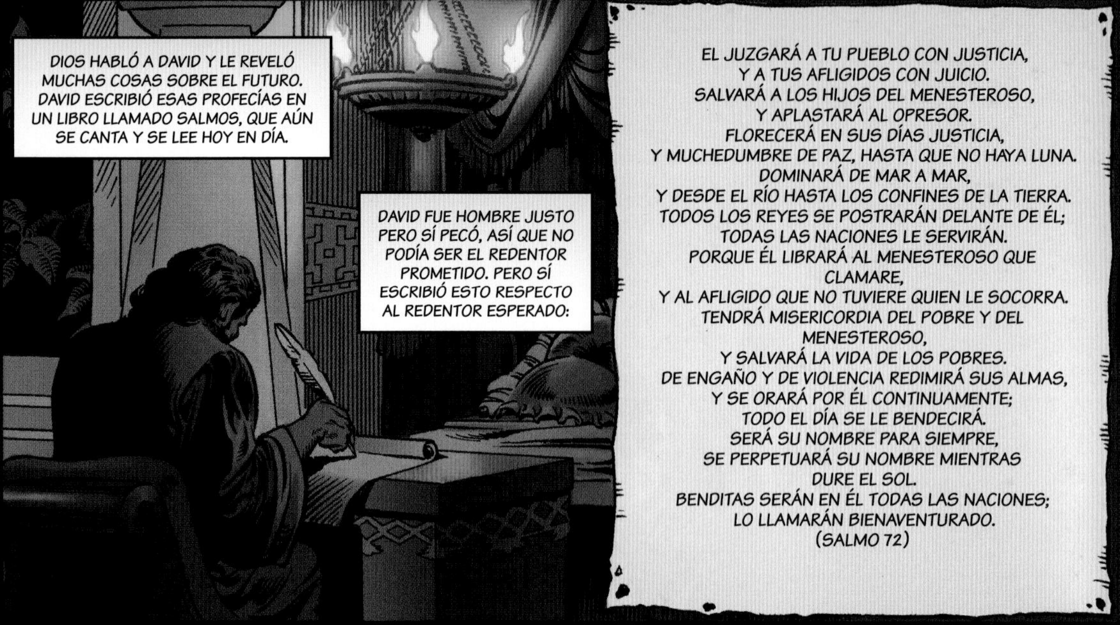
DIOS HABLÓ A DAVID Y LE REVELÓ MUCHAS COSAS SOBRE EL FUTURO. DAVID ESCRIBIÓ ESAS PROFECÍAS EN UN LIBRO LLAMADO SALMOS, QUE AÚN SE CANTA Y SE LEE HOY EN DÍA.
DAVID FUE HOMBRE JUSTO PERO SÍ PECÓ, ASÍ QUE NO PODÍA SER EL REDENTOR PROMETIDO. PERO SÍ ESCRIBIÓ ESTO RESPECTO AL REDENTOR ESPERADO:
EL JUZGARÁ A TU PUEBLO CON JUSTICIA,
Y A TUS AFLIGIDOS CON JUICIO.
SALVARÁ A LOS HIJOS DEL MENESTEROSO,
Y APLASTARÁ AL OPRESOR.
FLORECERÁ EN SUS DÍAS JUSTICIA,
Y MUCHEDUMBRE DE PAZ, HASTA QUE NO HAYA LUNA.
DOMINARÁ DE MAR A MAR,
Y DESDE EL RÍO HASTA LOS CONFINES DE LA TIERRA.
TODOS LOS REYES SE POSTRARÁN DELANTE DE ÉL;
TODAS LAS NACIONES LE SERVIRÁN.
PORQUE ÉL LIBRARÁ AL MENESTEROSO QUE CLAMARE,
Y AL AFLIGIDO QUE NO TUVIERE QUIEN LE SOCORRA.
TENDRÁ MISERICORDIA DEL POBRE Y DEL MENESTEROSO,
Y SALVARÁ LA VIDA DE LOS POBRES.
DE ENGAÑO Y DE VIOLENCIA REDIMIRÁ SUS ALMAS,
Y SE ORARÁ POR ÉL CONTINUAMENTE;
TODO EL DÍA SE LE BENDECIRÁ.
SERÁ SU NOMBRE PARA SIEMPRE,
SE PERPETUARÁ SU NOMBRE MIENTRAS DURE EL SOL.
BENDITAS SERÁN EN ÉL TODAS LAS NACIONES;
LO LLAMARÁN BIENAVENTURADO.
(SALMO 72)

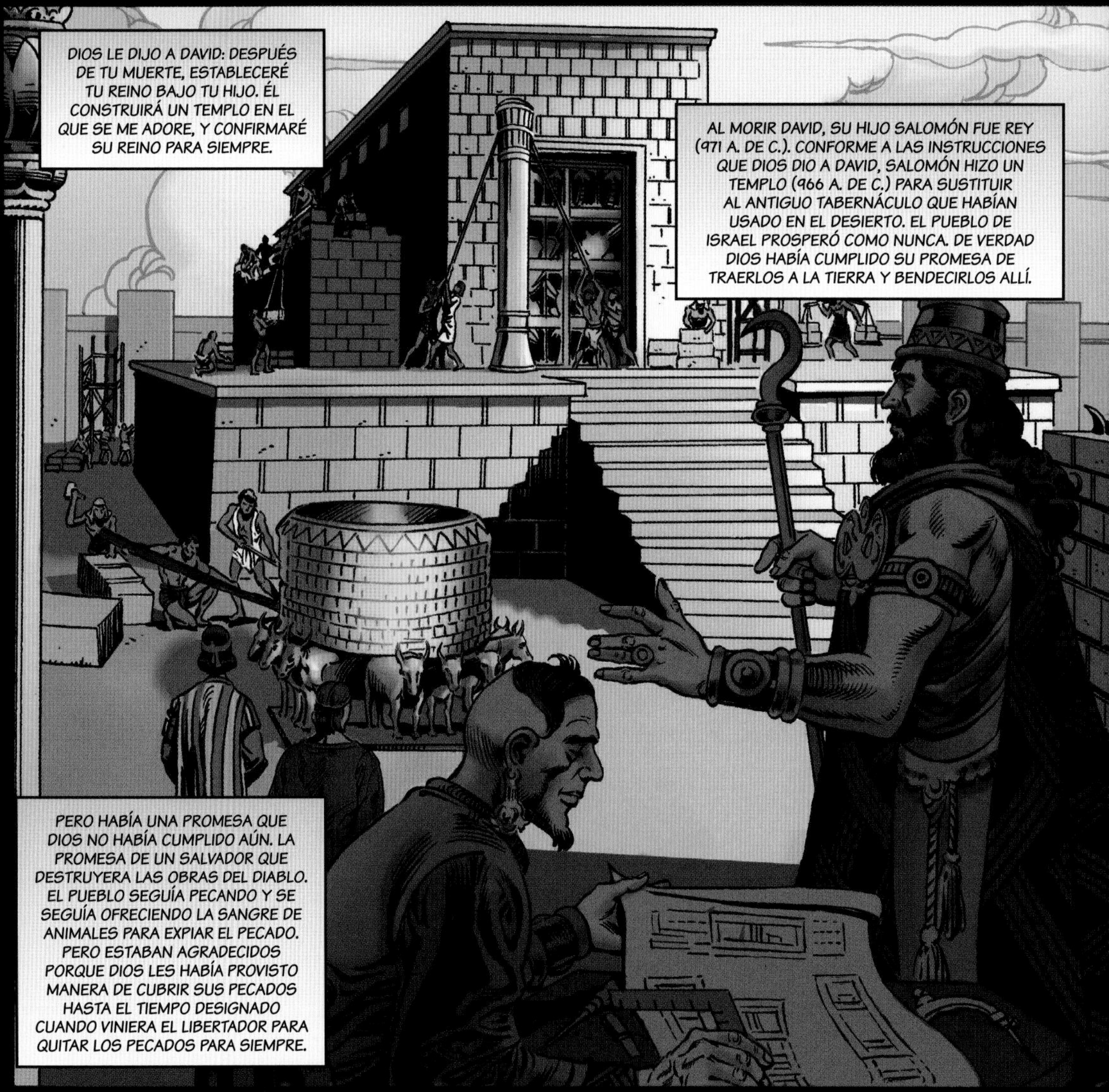
DIOS LE DIJO A DAVID: DESPUÉS DE TU MUERTE, ESTABLECERÉ TU REINO BAJO TU HIJO. ÉL CONSTRUIRÁ UN TEMPLO EN EL QUE SE ME ADORE, Y CONFIRMARÉ SU REINO PARA SIEMPRE.
AL MORIR DAVID, SU HIJO SALOMÓN FUE REY (971 A. DE C.). CONFORME A LAS INSTRUCCIONES QUE DIOS DIO A DAVID, SALOMÓN HIZO UN TEMPLO (966 A. DE C.) PARA SUSTITUIR AL ANTIGUO TABERNÁCULO QUE HABÍAN USADO EN EL DESIERTO. EL PUEBLO DE ISRAEL PROSPERÓ COMO NUNCA. DE VERDAD DIOS HABÍA CUMPLIDO SU PROMESA DE TRAERLOS A LA TIERRA Y BENDECIRLOS ALLÍ.
PERO HABÍA UNA PROMESA QUE DIOS NO HABÍA CUMPLIDO AÚN. LA PROMESA DE UN SALVADOR QUE DESTRUYERA LAS OBRAS DEL DIABLO. EL PUEBLO SEGUÍA PECANDO Y SE SEGUÍA OFRECIENDO LA SANGRE DE ANIMALES PARA EXPIAR EL PECADO. PERO ESTABAN AGRADECIDOS PORQUE DIOS LES HABÍA PROVISTO MANERA DE CUBRIR SUS PECADOS HASTA EL TIEMPO DESIGNADO CUANDO VINIERA EL LIBERTADOR PARA QUITAR LOS PECADOS PARA SIEMPRE.

2 SAMUEL 7:12-16; SALMO 72:1-20

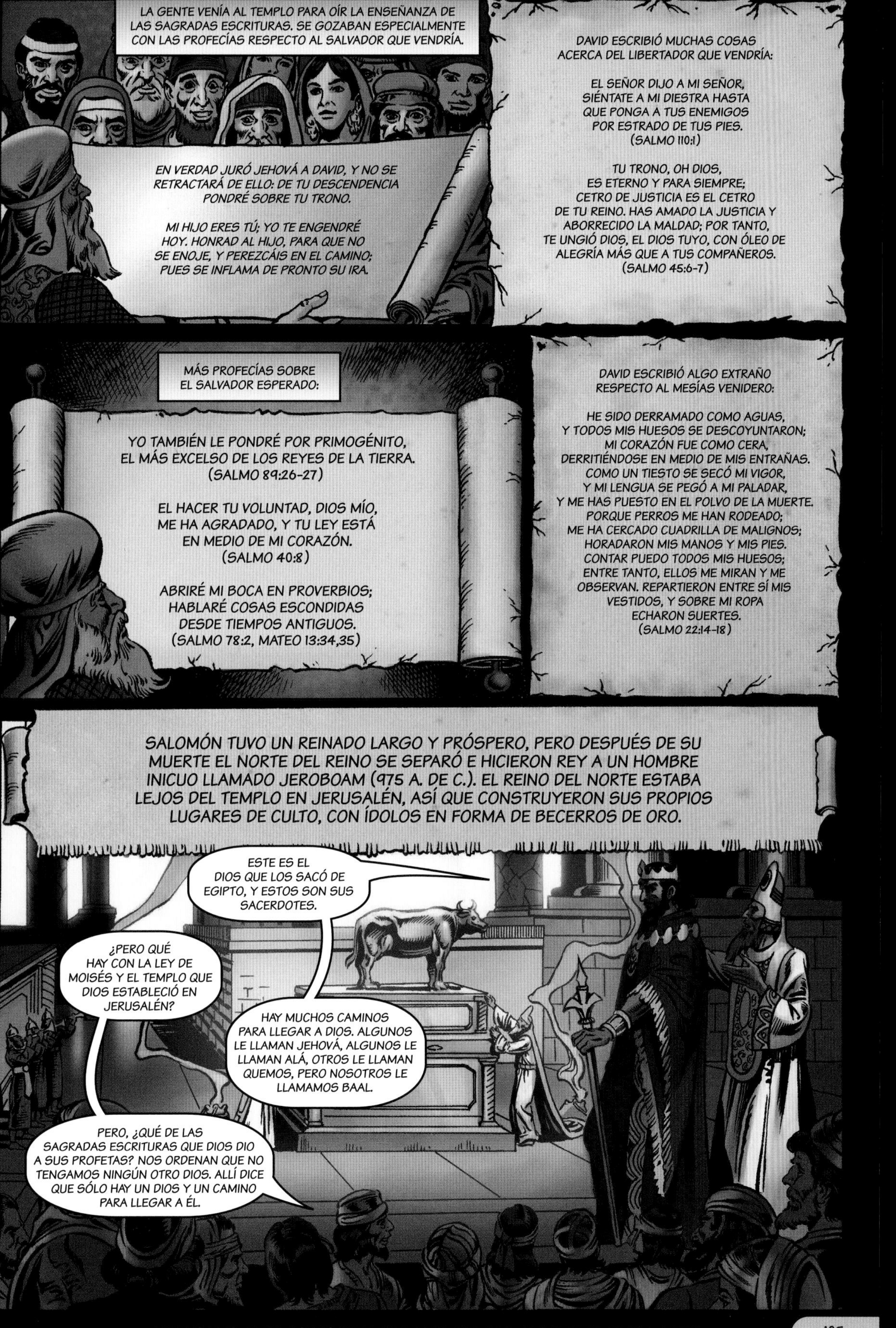
LA GENTE VENÍA AL TEMPLO PARA OÍR LA ENSEÑANZA DE LAS SAGRADAS ESCRITURAS. SE GOZABAN ESPECIALMENTE CON LAS PROFECÍAS RESPECTO AL SALVADOR QUE VENDRÍA.
EN VERDAD JURÓ JEHOVÁ A DAVID, Y NO SE RETRACTARÁ DE ELLO: DE TU DESCENDENCIA PONDRÉ SOBRE TU TRONO.
MI HIJO ERES TÚ; YO TE ENGENDRÉ HOY. HONRAD AL HIJO, PARA QUE NO SE ENOJE, Y PEREZCÁIS EN EL CAMINO; PUES SE INFLAMA DE PRONTO SU IRA.
DAVID ESCRIBIÓ MUCHAS COSAS ACERCA DEL LIBERTADOR QUE VENDRÍA:
EL SEÑOR DIJO A MI SEÑOR, SIÉNTATE A MI DIESTRA HASTA QUE PONGA A TUS ENEMIGOS POR ESTRADO DE TUS PIES. (SALMO 110:1)
TU TRONO, OH DIOS, ES ETERNO Y PARA SIEMPRE; CETRO DE JUSTICIA ES EL CETRO DE TU REINO. HAS AMADO LA JUSTICIA Y ABORRECIDO LA MALDAD; POR TANTO, TE UNGIÓ DIOS, EL DIOS TUYO, CON ÓLEO DE ALEGRÍA MÁS QUE A TUS COMPAÑEROS. (SALMO 45:6-7)
MÁS PROFECÍAS SOBRE EL SALVADOR ESPERADO:
YO TAMBIÉN LE PONDRÉ POR PRIMOGÉNITO, EL MÁS EXCELSO DE LOS REYES DE LA TIERRA. (SALMO 89:26-27)
EL HACER TU VOLUNTAD, DIOS MÍO, ME HA AGRADADO, Y TU LEY ESTÁ EN MEDIO DE MI CORAZÓN. (SALMO 40:8)
ABRIRÉ MI BOCA EN PROVERBIOS; HABLARÉ COSAS ESCONDIDAS DESDE TIEMPOS ANTIGUOS. (SALMO 78:2, MATEO 13:34,35)
DAVID ESCRIBIÓ ALGO EXTRAÑO RESPECTO AL MESÍAS VENIDERO:
HE SIDO DERRAMADO COMO AGUAS, Y TODOS MIS HUESOS SE DESCOYUNTARON; MI CORAZÓN FUE COMO CERA, DERRITIÉNDOSE EN MEDIO DE MIS ENTRAÑAS. COMO UN TIESTO SE SECÓ MI VIGOR, Y MI LENGUA SE PEGÓ A MI PALADAR, Y ME HAS PUESTO EN EL POLVO DE LA MUERTE. PORQUE PERROS ME HAN RODEADO; ME HA CERCADO CUADRILLA DE MALIGNOS; HORADARON MIS MANOS Y MIS PIES. CONTAR PUEDO TODOS MIS HUESOS; ENTRE TANTO, ELLOS ME MIRAN Y ME OBSERVAN. REPARTIERON ENTRE SÍ MIS VESTIDOS, Y SOBRE MI ROPA ECHARON SUERTES. (SALMO 22:14-18)
SALOMÓN TUVO UN REINADO LARGO Y PRÓSPERO, PERO DESPUÉS DE SU MUERTE EL NORTE DEL REINO SE SEPARÓ E HICIERON REY A UN HOMBRE INICUO LLAMADO JEROBOAM (975 A. DE C.). EL REINO DEL NORTE ESTABA LEJOS DEL TEMPLO EN JERUSALÉN, ASÍ QUE CONSTRUYERON SUS PROPIOS LUGARES DE CULTO, CON ÍDOLOS EN FORMA DE BECERROS DE ORO.
ESTE ES EL DIOS QUE LOS SACÓ DE EGIPTO, Y ESTOS SON SUS SACERDOTES.
¿PERO QUÉ HAY CON LA LEY DE MOISÉS Y EL TEMPLO QUE DIOS ESTABLECIÓ EN JERUSALÉN?
HAY MUCHOS CAMINOS PARA LLEGAR A DIOS. ALGUNOS LE LLAMAN JEHOVÁ, ALGUNOS LE LLAMAN ALÁ, OTROS LE LLAMAN QUEMOS, PERO NOSOTROS LE LLAMAMOS BAAL.
PERO, ¿QUÉ DE LAS SAGRADAS ESCRITURAS QUE DIOS DIO A SUS PROFETAS? NOS ORDENAN QUE NO TENGAMOS NINGÚN OTRO DIOS. ALLÍ DICE QUE SÓLO HAY UN DIOS Y UN CAMINO PARA LLEGAR A ÉL.

1 REYES 12:20, 28-29; SALMO 2:7, 12, 22:6, 14-18, 40:8, 78:2, 45:6-7, 89:26-27, 110:1, 4, 132:11

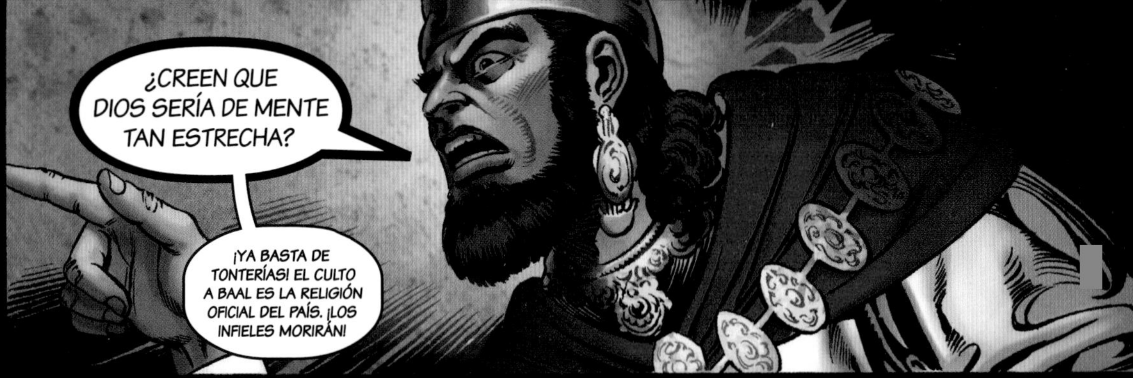
¿CREEN QUE DIOS SERÍA DE MENTE TAN ESTRECHA?
¡YA BASTA DE TONTERÍAS! EL CULTO A BAAL ES LA RELIGIÓN OFICIAL DEL PAÍS. ¡LOS INFIELES MORIRÁN!

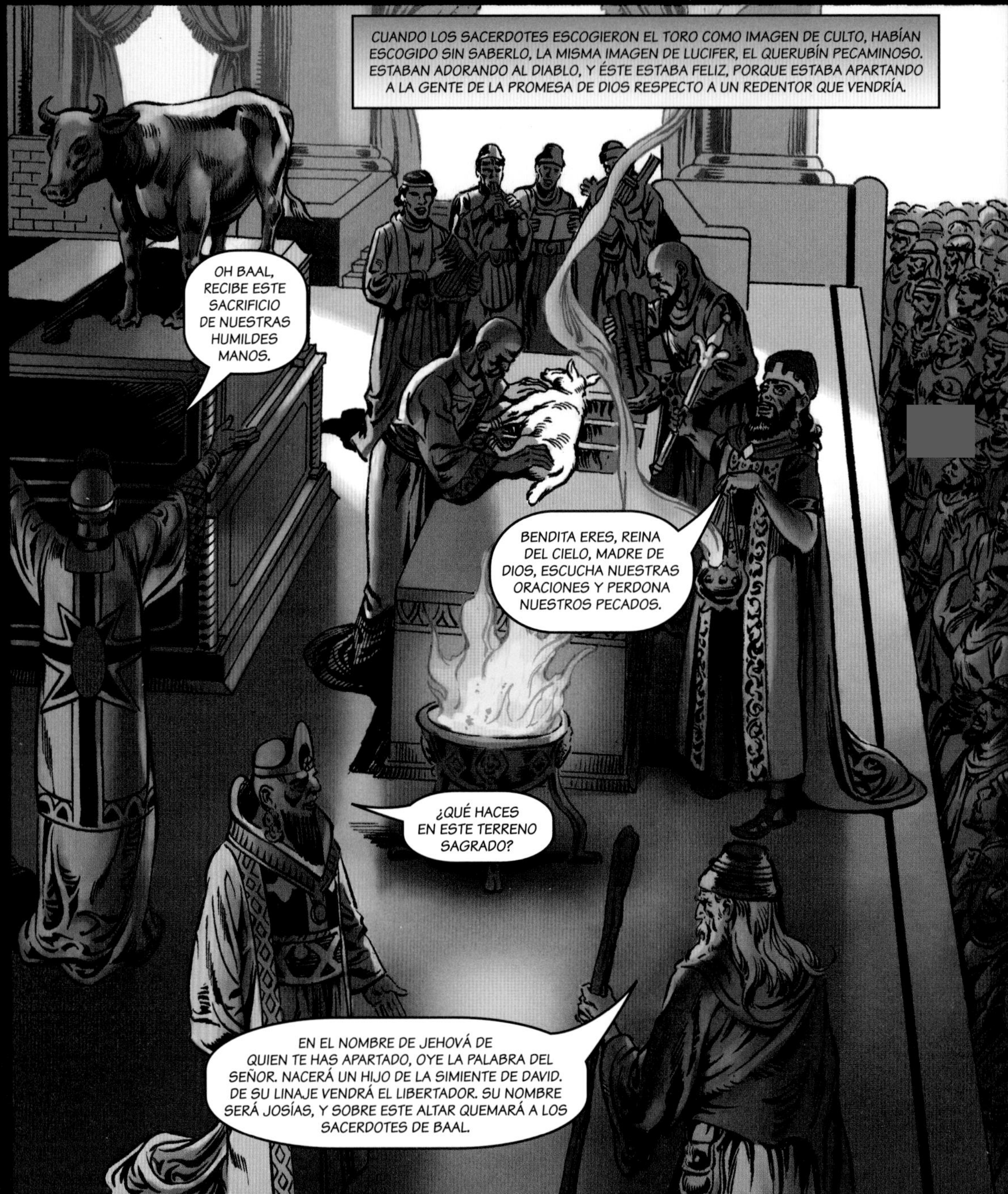
CUANDO LOS SACERDOTES ESCOGIERON EL TORO COMO IMAGEN DE CULTO, HABÍAN ESCOGIDO SIN SABERLO, LA MISMA IMAGEN DE LUCIFER, EL QUERUBÍN PECAMINOSO. ESTABAN ADORANDO AL DIABLO, Y ÉSTE ESTABA FELIZ, PORQUE ESTABA APARTANDO A LA GENTE DE LA PROMESA DE DIOS RESPECTO A UN REDENTOR QUE VENDRÍA.
OH BAAL, RECIBE ESTE SACRIFICIO DE NUESTRAS HUMILDES MANOS.
BENDITA ERES, REINA DEL CIELO, MADRE DE DIOS, ESCUCHA NUESTRAS ORACIONES Y PERDONA NUESTROS PECADOS.
¿QUÉ HACES EN ESTE TERRENO SAGRADO?
EN EL NOMBRE DE JEHOVÁ DE QUIEN TE HAS APARTADO, OYE LA PALABRA DEL SEÑOR. NACERÁ UN HIJO DE LA SIMIENTE DE DAVID. DE SU LINAJE VENDRÁ EL LIBERTADOR. SU NOMBRE SERÁ JOSÍAS, Y SOBRE ESTE ALTAR QUEMARÁ A LOS SACERDOTES DE BAAL.

1 REYES 12:28, 13:1-2

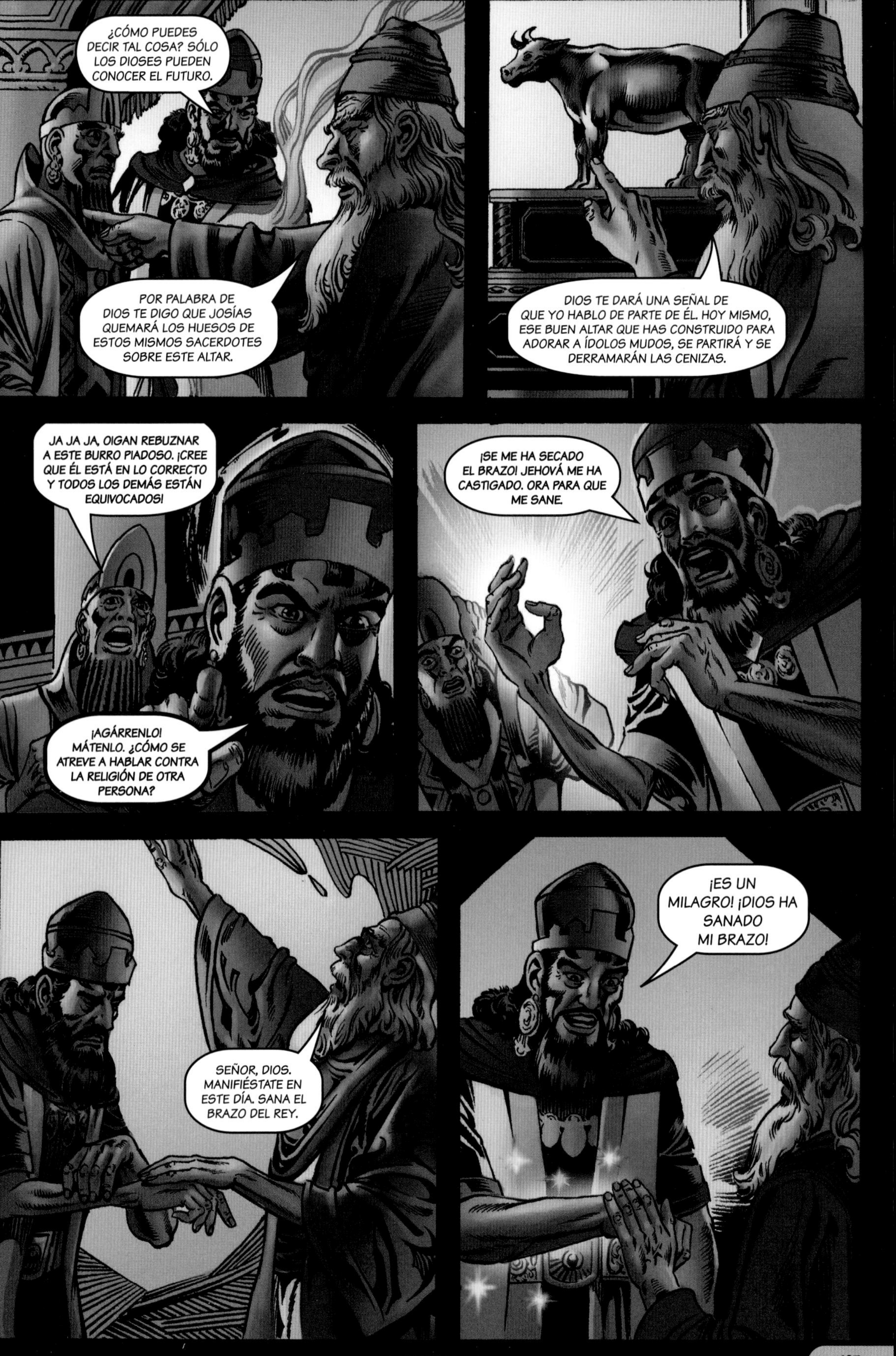

¿CÓMO PUEDES DECIR TAL COSA? SÓLO LOS DIOSES PUEDEN CONOCER EL FUTURO.
POR PALABRA DE DIOS TE DIGO QUE JOSÍAS QUEMARÁ LOS HUESOS DE ESTOS MISMOS SACERDOTES SOBRE ESTE ALTAR.
DIOS TE DARÁ UNA SEÑAL DE QUE YO HABLO DE PARTE DE ÉL. HOY MISMO, ESE BUEN ALTAR QUE HAS CONSTRUIDO PARA ADORAR A ÍDOLOS MUDOS, SE PARTIRÁ Y SE DERRAMARÁN LAS CENIZAS.
JA JA JA, OIGAN REBUZNAR A ESTE BURRO PIADOSO. ¡CREE QUE ÉL ESTÁ EN LO CORRECTO Y TODOS LOS DEMÁS ESTÁN EQUIVOCADOS!
¡AGÁRRENLO! MÁTENLO. ¿CÓMO SE ATREVE A HABLAR CONTRA LA RELIGIÓN DE OTRA PERSONA?
¡SE ME HA SECADO EL BRAZO! JEHOVÁ ME HA CASTIGADO. ORA PARA QUE ME SANE.
SEÑOR, DIOS. MANIFIÉSTATE EN ESTE DÍA. SANA EL BRAZO DEL REY.
¡ES UN MILAGRO! ¡DIOS HA SANADO MI BRAZO!

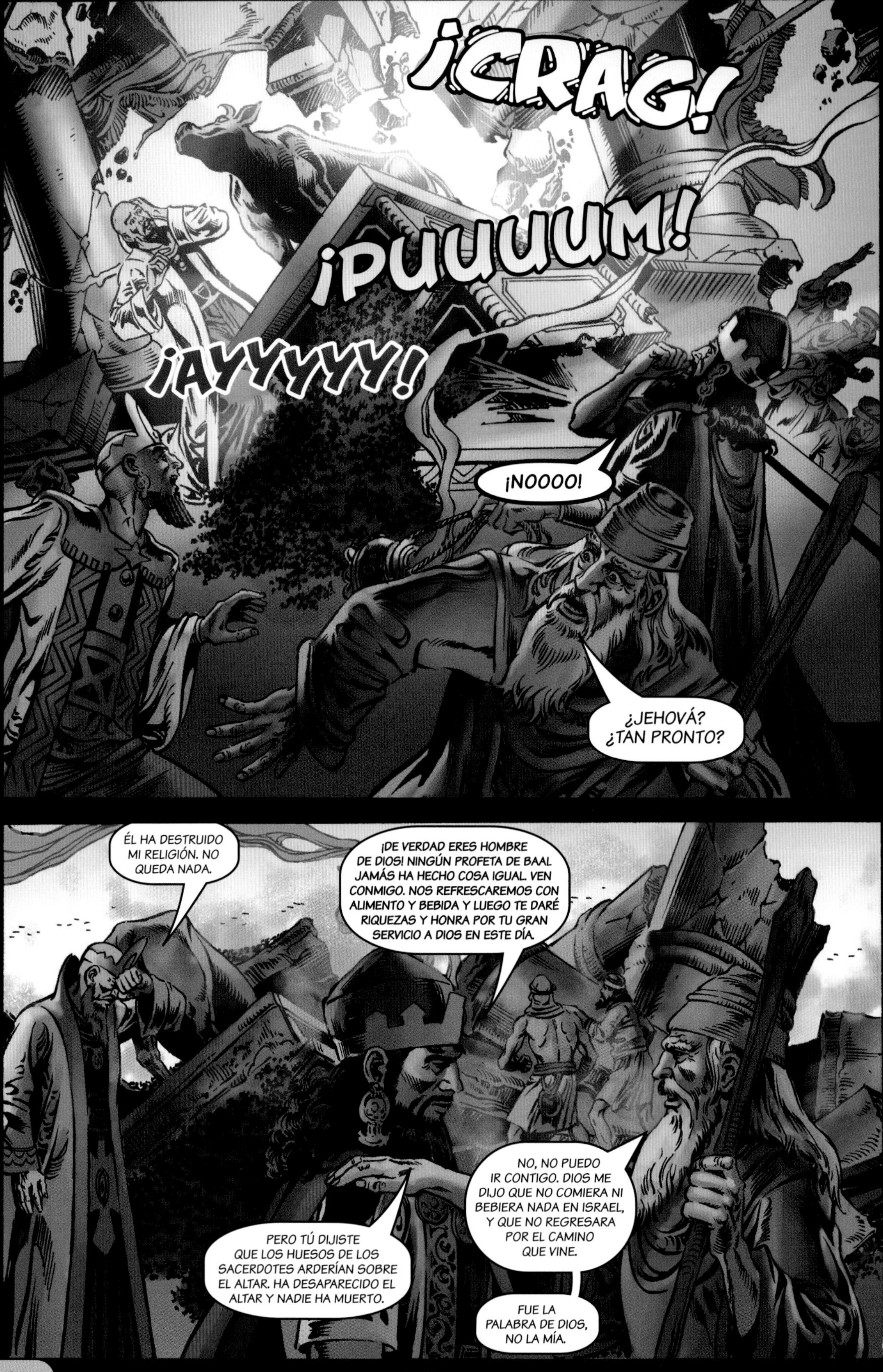
¡CRAG!
¡PUUUUUM!
¡AYYYYY!
¡NOOOO!
¿JEHOVÁ? ¿TAN PRONTO?
ÉL HA DESTRUIDO MI RELIGIÓN. NO QUEDA NADA.
¡DE VERDAD ERES HOMBRE DE DIOS! NINGÚN PROFETA DE BAAL JAMÁS HA HECHO COSA IGUAL. VEN CONMIGO. NOS REFRESCAREMOS CON ALIMENTO Y BEBIDA Y LUEGO TE DARÉ RIQUEZAS Y HONRA POR TU GRAN SERVICIO A DIOS EN ESTE DÍA.
PERO TÚ DIJISTE QUE LOS HUESOS DE LOS SACERDOTES ARDERÍAN SOBRE EL ALTAR. HA DESAPARECIDO EL ALTAR Y NADIE HA MUERTO.
NO, NO PUEDO IR CONTIGO. DIOS ME DIJO QUE NO COMIERA NI BEBIERA NADA EN ISRAEL, Y QUE NO REGRESARA POR EL CAMINO QUE VINE.
FUE LA PALABRA DE DIOS, NO LA MÍA.

1 REYES 13:5, 7-9

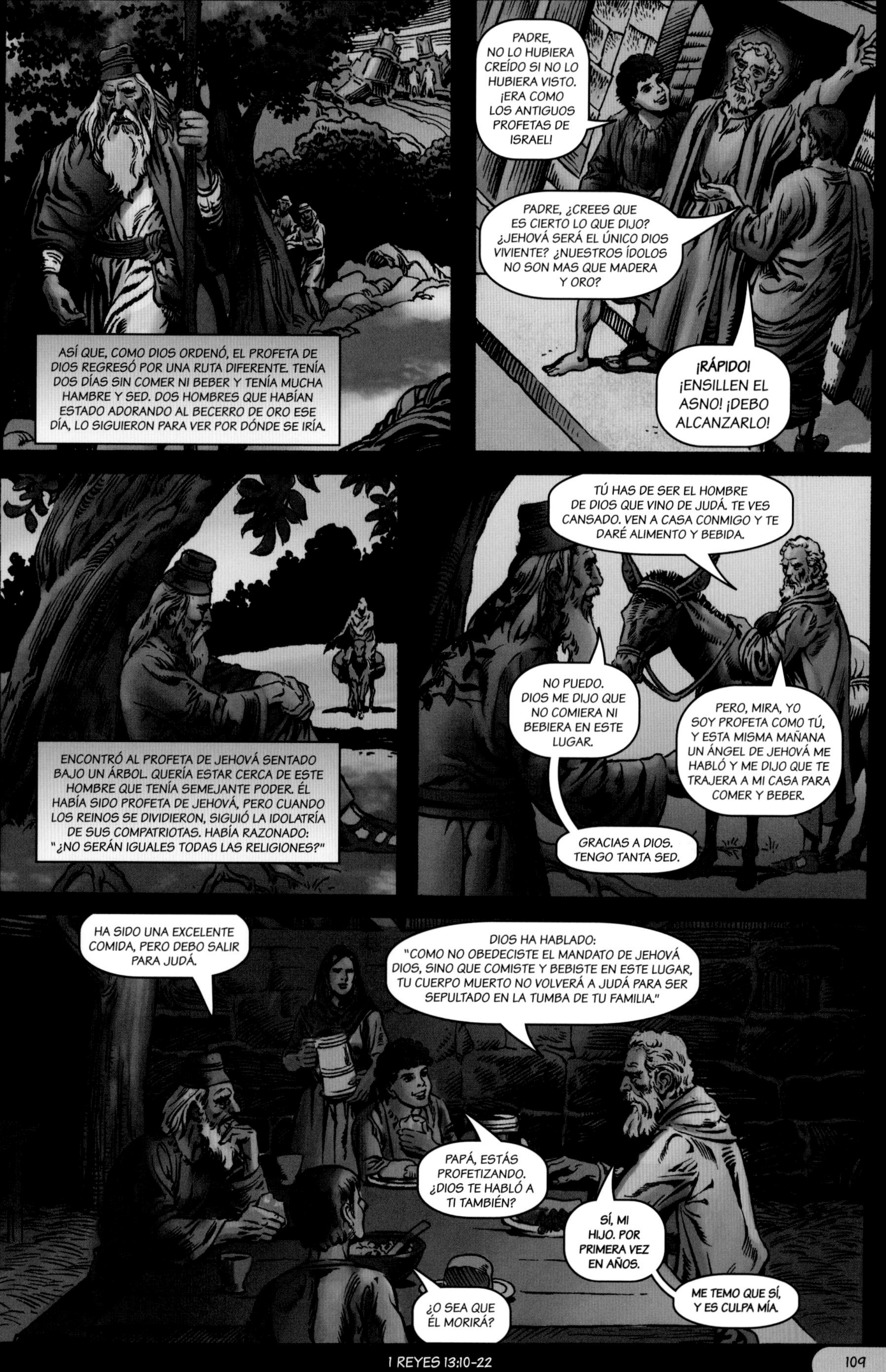
ASÍ QUE, COMO DIOS ORDENÓ, EL PROFETA DE DIOS REGRESÓ POR UNA RUTA DIFERENTE. TENÍA DOS DÍAS SIN COMER NI BEBER Y TENÍA MUCHA HAMBRE Y SED. DOS HOMBRES QUE HABÍAN ESTADO ADORANDO AL BECERRO DE ORO ESE DÍA, LO SIGUIERON PARA VER POR DÓNDE SE IRÍA.
PADRE, NO LO HUBIERA CREÍDO SI NO LO HUBIERA VISTO. ¡ERA COMO LOS ANTIGUOS PROFETAS DE ISRAEL!
PADRE, ¿CREES QUE ES CIERTO LO QUE DIJO? ¿JEHOVÁ SERÁ EL ÚNICO DIOS VIVIENTE? ¿NUESTROS ÍDOLOS NO SON MAS QUE MADERA Y ORO?
¡RÁPIDO! ¡ENSILLEN EL ASNO! ¡DEBO ALCANZARLO!
ENCONTRÓ AL PROFETA DE JEHOVÁ SENTADO BAJO UN ÁRBOL. QUERÍA ESTAR CERCA DE ESTE HOMBRE QUE TENÍA SEMEJANTE PODER. ÉL HABÍA SIDO PROFETA DE JEHOVÁ, PERO CUANDO LOS REINOS SE DIVIDIERON, SIGUIÓ LA IDOLATRÍA DE SUS COMPATRIOTAS. HABÍA RAZONADO: "¿NO SERÁN IGUALES TODAS LAS RELIGIONES?"
TÚ HAS DE SER EL HOMBRE DE DIOS QUE VINO DE JUDÁ. TE VES CANSADO. VEN A CASA CONMIGO Y TE DARÉ ALIMENTO Y BEBIDA.
NO PUEDO. DIOS ME DIJO QUE NO COMIERA NI BEBIERA EN ESTE LUGAR.
PERO, MIRA, YO SOY PROFETA COMO TÚ, Y ESTA MISMA MAÑANA UN ÁNGEL DE JEHOVÁ ME HABLÓ Y ME DIJO QUE TE TRAJERA A MI CASA PARA COMER Y BEBER.
GRACIAS A DIOS. TENGO TANTA SED.
HA SIDO UNA EXCELENTE COMIDA, PERO DEBO SALIR PARA JUDÁ.
DIOS HA HABLADO: "COMO NO OBEDECISTE EL MANDATO DE JEHOVÁ DIOS, SINO QUE COMISTE Y BEBISTE EN ESTE LUGAR, TU CUERPO MUERTO NO VOLVERÁ A JUDÁ PARA SER SEPULTADO EN LA TUMBA DE TU FAMILIA."
PAPÁ, ESTÁS PROFETIZANDO. ¿DIOS TE HABLÓ A TI TAMBIÉN?
SÍ, MI HIJO. POR PRIMERA VEZ EN AÑOS.
¿O SEA QUE ÉL MORIRÁ?
ME TEMO QUE SÍ, Y ES CULPA MÍA.

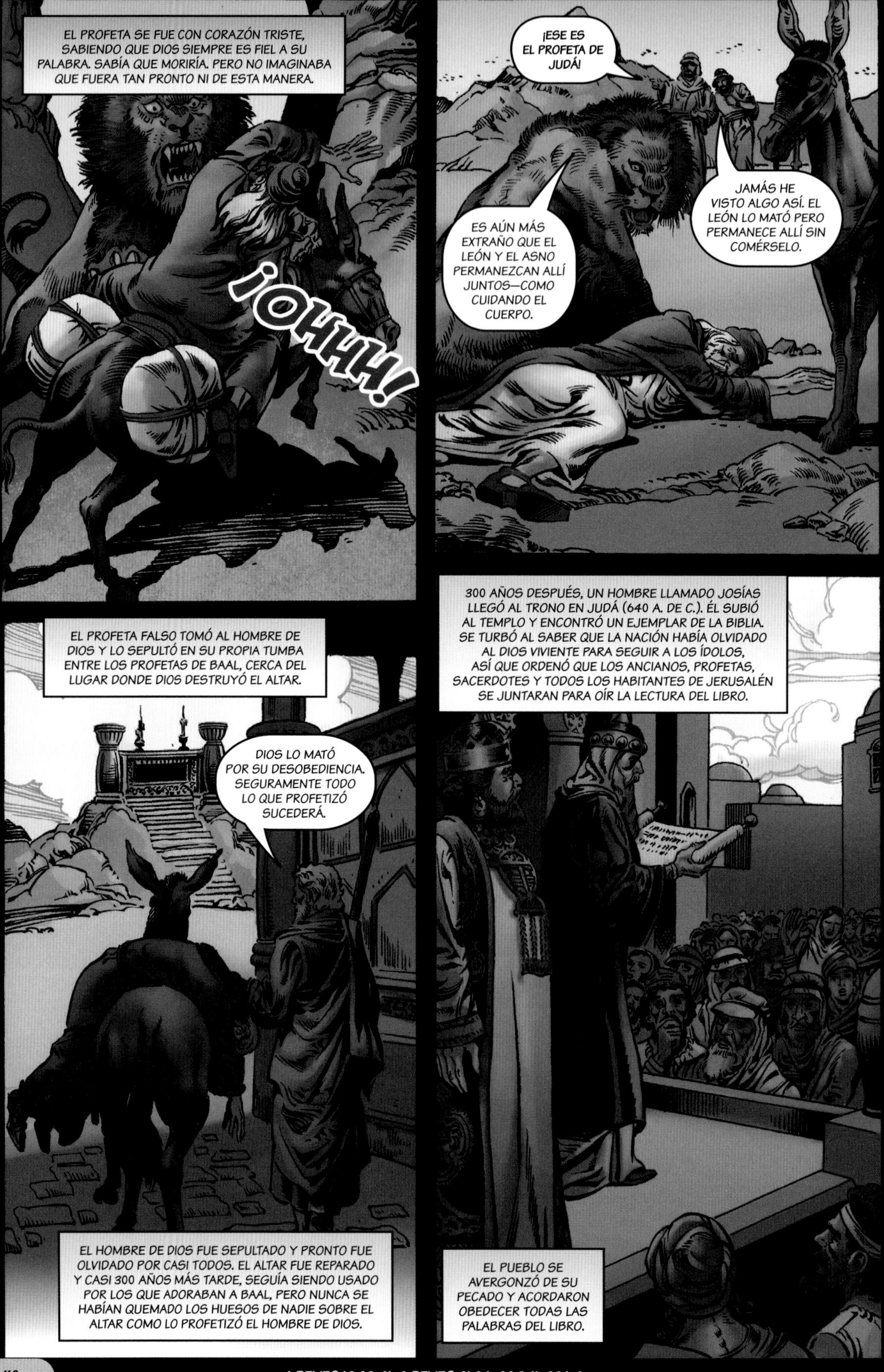
EL PROFETA SE FUE CON CORAZÓN TRISTE, SABIENDO QUE DIOS SIEMPRE ES FIEL A SU PALABRA. SABÍA QUE MORIRÍA. PERO NO IMAGINABA QUE FUERA TAN PRONTO NI DE ESTA MANERA.
¡OHHH!
¡ESE ES EL PROFETA DE JUDÁ!
JAMÁS HE VISTO ALGO ASÍ. EL LEÓN LO MATÓ PERO PERMANECE ALLÍ SIN COMÉRSELO.
ES AÚN MÁS EXTRAÑO QUE EL LEÓN Y EL ASNO PERMANEZCAN ALLÍ JUNTOS—COMO CUIDANDO EL CUERPO.
EL PROFETA FALSO TOMÓ AL HOMBRE DE DIOS Y LO SEPULTÓ EN SU PROPIA TUMBA ENTRE LOS PROFETAS DE BAAL, CERCA DEL LUGAR DONDE DIOS DESTRUYÓ EL ALTAR.
DIOS LO MATÓ POR SU DESOBEDIENCIA. SEGURAMENTE TODO LO QUE PROFETIZÓ SUCEDERÁ.
EL HOMBRE DE DIOS FUE SEPULTADO Y PRONTO FUE OLVIDADO POR CASI TODOS. EL ALTAR FUE REPARADO Y CASI 300 AÑOS MÁS TARDE, SEGUÍA SIENDO USADO POR LOS QUE ADORABAN A BAAL, PERO NUNCA SE HABÍAN QUEMADO LOS HUESOS DE NADIE SOBRE EL ALTAR COMO LO PROFETIZÓ EL HOMBRE DE DIOS.
300 AÑOS DESPUÉS, UN HOMBRE LLAMADO JOSÍAS LLEGÓ AL TRONO EN JUDÁ (640 A. DE C.). ÉL SUBIÓ AL TEMPLO Y ENCONTRÓ UN EJEMPLAR DE LA BIBLIA. SE TURBÓ AL SABER QUE LA NACIÓN HABÍA OLVIDADO AL DIOS VIVIENTE PARA SEGUIR A LOS ÍDOLOS, ASÍ QUE ORDENÓ QUE LOS ANCIANOS, PROFETAS, SACERDOTES Y TODOS LOS HABITANTES DE JERUSALÉN SE JUNTARAN PARA OÍR LA LECTURA DEL LIBRO.
EL PUEBLO SE AVERGONZÓ DE SU PECADO Y ACORDARON OBEDECER TODAS LAS PALABRAS DEL LIBRO.

1 REYES 13:23-31; 2 REYES 21:24, 22:8-11, 23:1-3

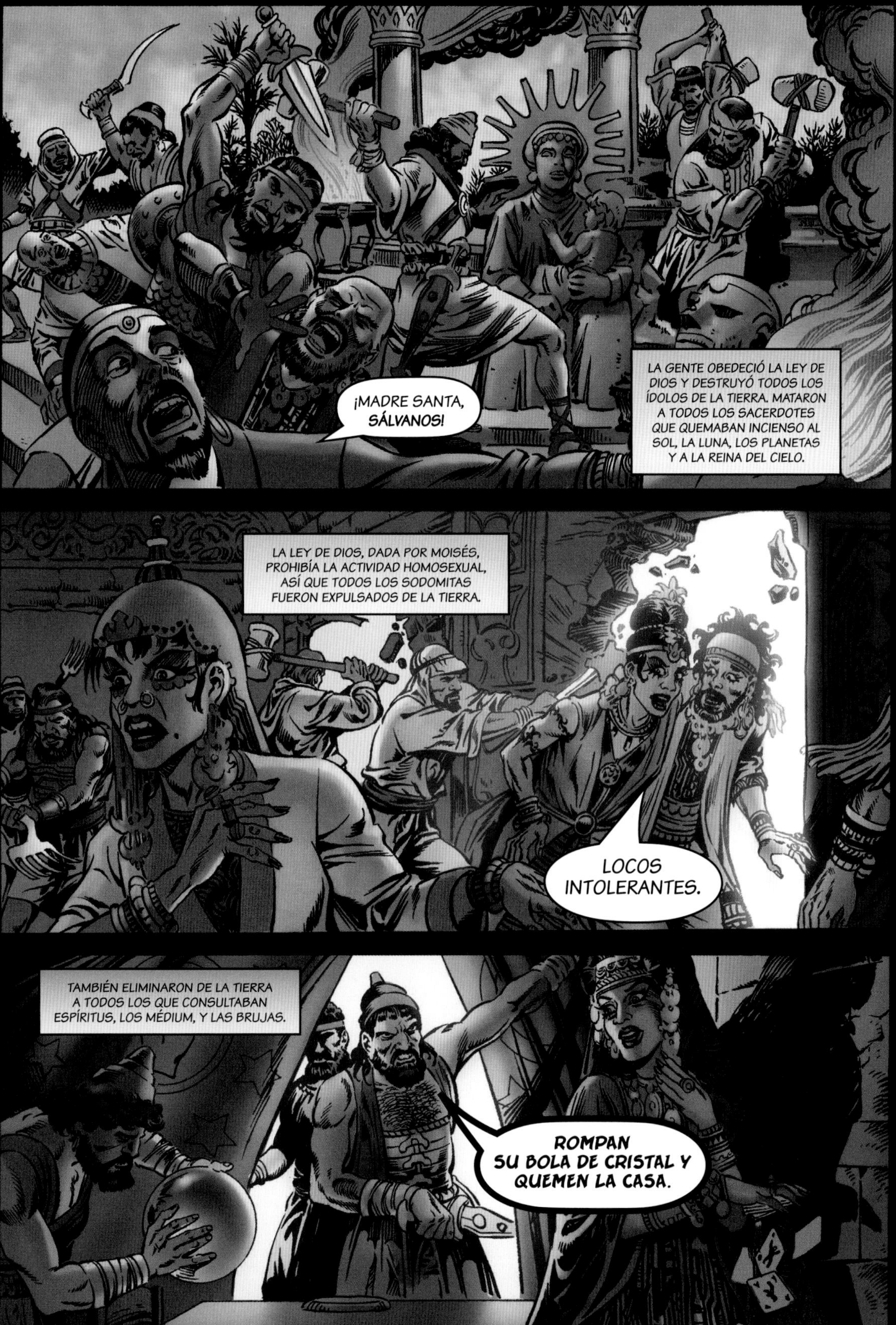
¡MADRE SANTA, SÁLVANOS!
LA GENTE OBEDECIÓ LA LEY DE DIOS Y DESTRUYÓ TODOS LOS ÍDOLOS DE LA TIERRA. MATARON A TODOS LOS SACERDOTES QUE QUEMABAN INCIENSO AL SOL, LA LUNA, LOS PLANETAS Y A LA REINA DEL CIELO.
LA LEY DE DIOS, DADA POR MOISÉS, PROHIBÍA LA ACTIVIDAD HOMOSEXUAL, ASÍ QUE TODOS LOS SODOMITAS FUERON EXPULSADOS DE LA TIERRA.
LOCOS INTOLERANTES.
TAMBIÉN ELIMINARON DE LA TIERRA A TODOS LOS QUE CONSULTABAN ESPÍRITUS, LOS MÉDIUM, Y LAS BRUJAS.
ROMPAN SU BOLA DE CRISTAL Y QUEMEN LA CASA.

2 REYES 23:5, 7, 10

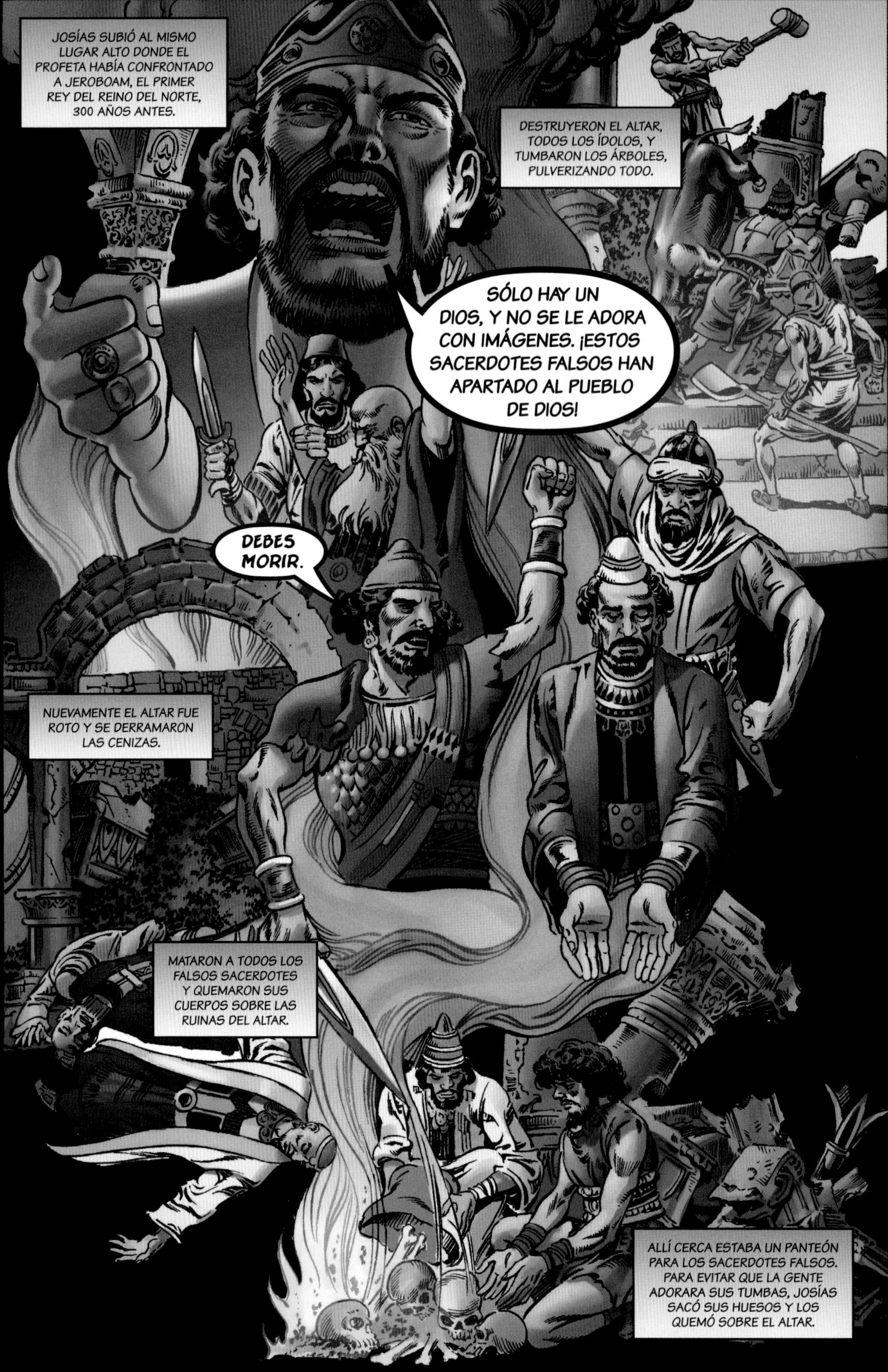
JOSÍAS SUBIÓ AL MISMO LUGAR ALTO DONDE EL PROFETA HABÍA CONFRONTADO A JEROBOAM, EL PRIMER REY DEL REINO DEL NORTE, 300 AÑOS ANTES.
DESTRUYERON EL ALTAR, TODOS LOS ÍDOLOS, Y TUMBARON LOS ÁRBOLES, PULVERIZANDO TODO.
SÓLO HAY UN DIOS, Y NO SE LE ADORA CON IMÁGENES. ¡ESTOS SACERDOTES FALSOS HAN APARTADO AL PUEBLO DE DIOS!
DEBES MORIR.
NUEVAMENTE EL ALTAR FUE ROTO Y SE DERRAMARON LAS CENIZAS.
MATARON A TODOS LOS FALSOS SACERDOTES Y QUEMARON SUS CUERPOS SOBRE LAS RUINAS DEL ALTAR.
ALLÍ CERCA ESTABA UN PANTEÓN PARA LOS SACERDOTES FALSOS. PARA EVITAR QUE LA GENTE ADORARA SUS TUMBAS, JOSÍAS SACÓ SUS HUESOS Y LOS QUEMÓ SOBRE EL ALTAR.

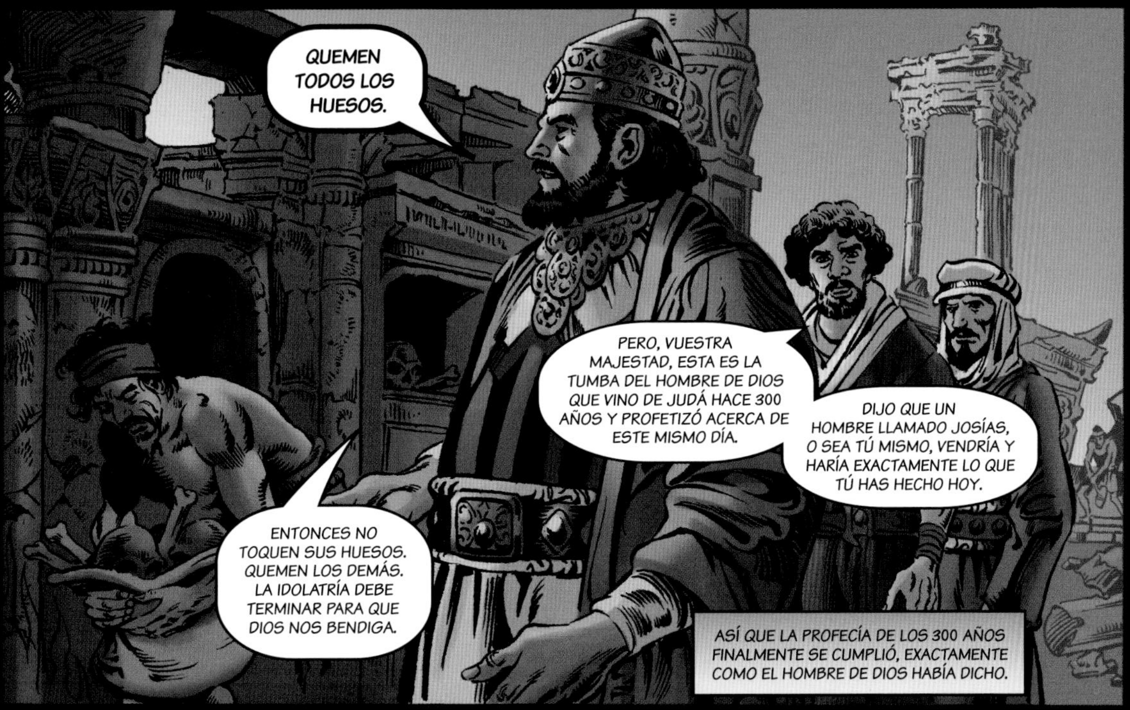
QUEMEN TODOS LOS HUESOS.
PERO, VUESTRA MAJESTAD, ESTA ES LA TUMBA DEL HOMBRE DE DIOS QUE VINO DE JUDÁ HACE 300 AÑOS Y PROFETIZÓ ACERCA DE ESTE MISMO DÍA.
DIJO QUE UN HOMBRE LLAMADO JOSÍAS, O SEA TÚ MISMO, VENDRÍA Y HARÍA EXACTAMENTE LO QUE TÚ HAS HECHO HOY.
ENTONCES NO TOQUEN SUS HUESOS. QUEMEN LOS DEMÁS. LA IDOLATRÍA DEBE TERMINAR PARA QUE DIOS NOS BENDIGA.
ASÍ QUE LA PROFECÍA DE LOS 300 AÑOS FINALMENTE SE CUMPLIÓ, EXACTAMENTE COMO EL HOMBRE DE DIOS HABÍA DICHO.

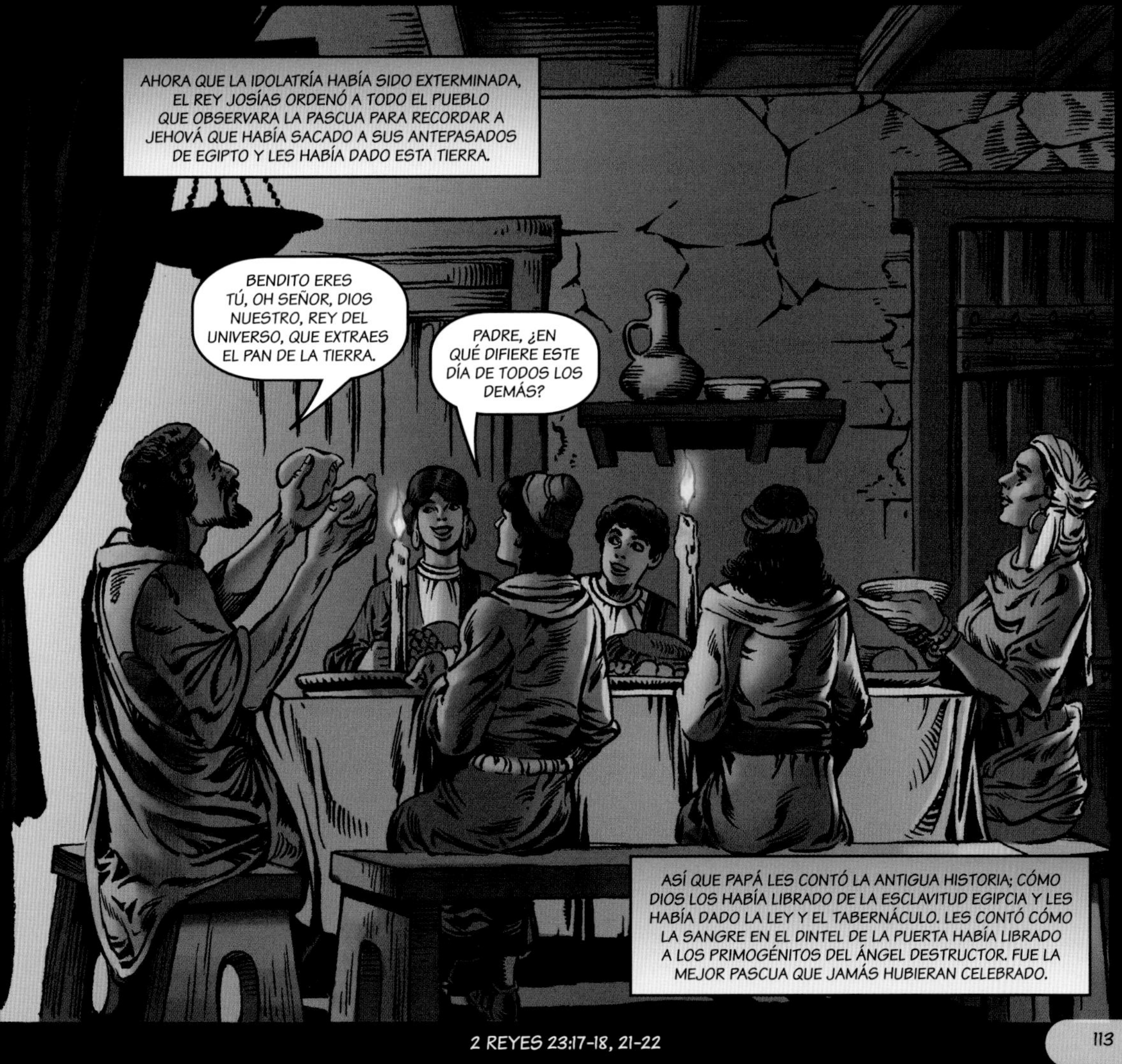
AHORA QUE LA IDOLATRÍA HABÍA SIDO EXTERMINADA, EL REY JOSÍAS ORDENÓ A TODO EL PUEBLO QUE OBSERVARA LA PASCUA PARA RECORDAR A JEHOVÁ QUE HABÍA SACADO A SUS ANTEPASADOS DE EGIPTO Y LES HABÍA DADO ESTA TIERRA.
BENDITO ERES TÚ, OH SEÑOR, DIOS NUESTRO, REY DEL UNIVERSO, QUE EXTRAES EL PAN DE LA TIERRA.
PADRE, ¿EN QUÉ DIFIERE ESTE DÍA DE TODOS LOS DEMÁS?
ASÍ QUE PAPÁ LES CONTÓ LA ANTIGUA HISTORIA; CÓMO DIOS LOS HABÍA LIBRADO DE LA ESCLAVITUD EGIPCIA Y LES HABÍA DADO LA LEY Y EL TABERNÁCULO. LES CONTÓ CÓMO LA SANGRE EN EL DINTEL DE LA PUERTA HABÍA LIBRADO A LOS PRIMOGÉNITOS DEL ÁNGEL DESTRUCTOR. FUE LA MEJOR PASCUA QUE JAMÁS HUBIERAN CELEBRADO.

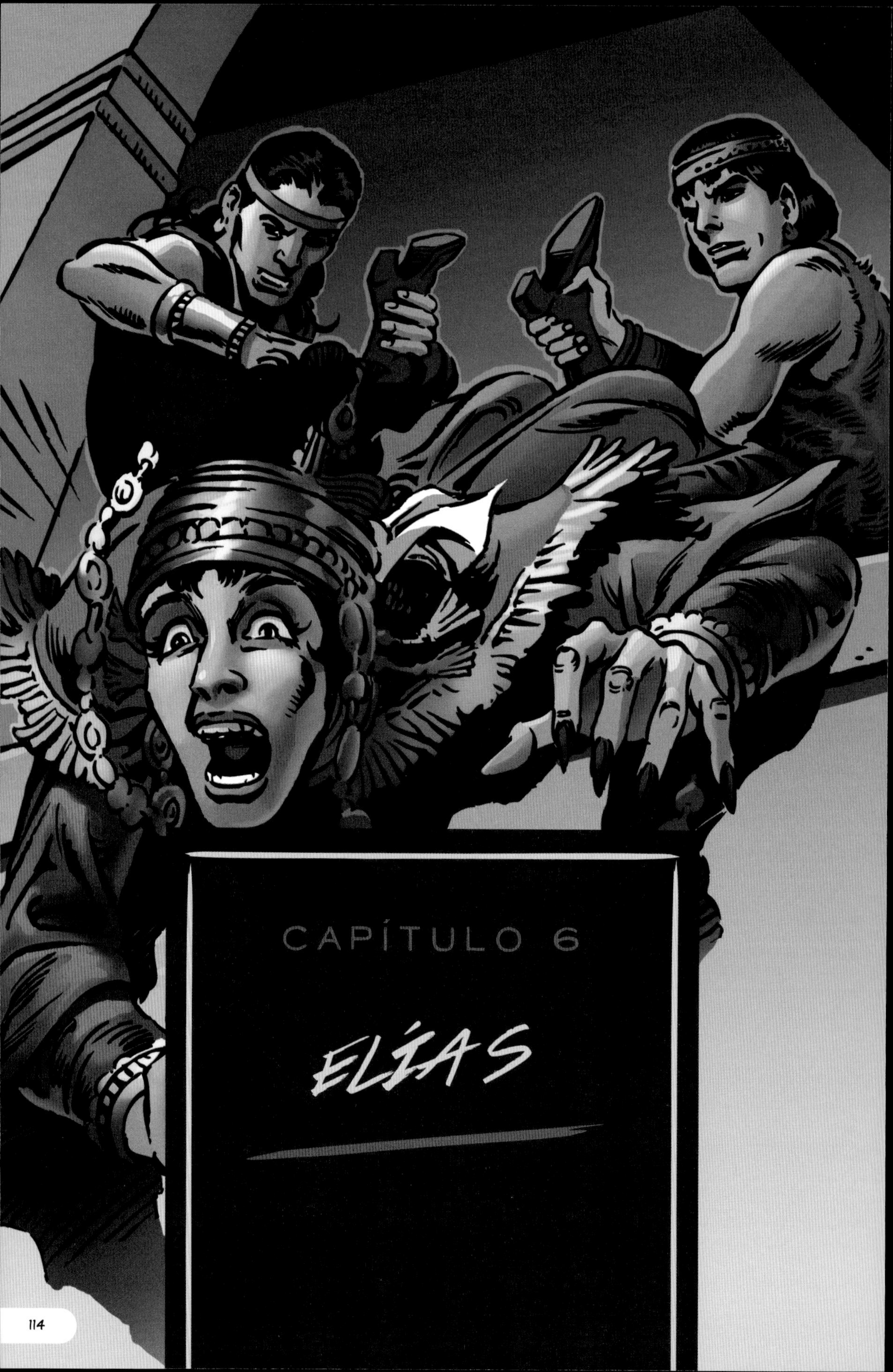
CAPÍTULO 6
ELÍAS

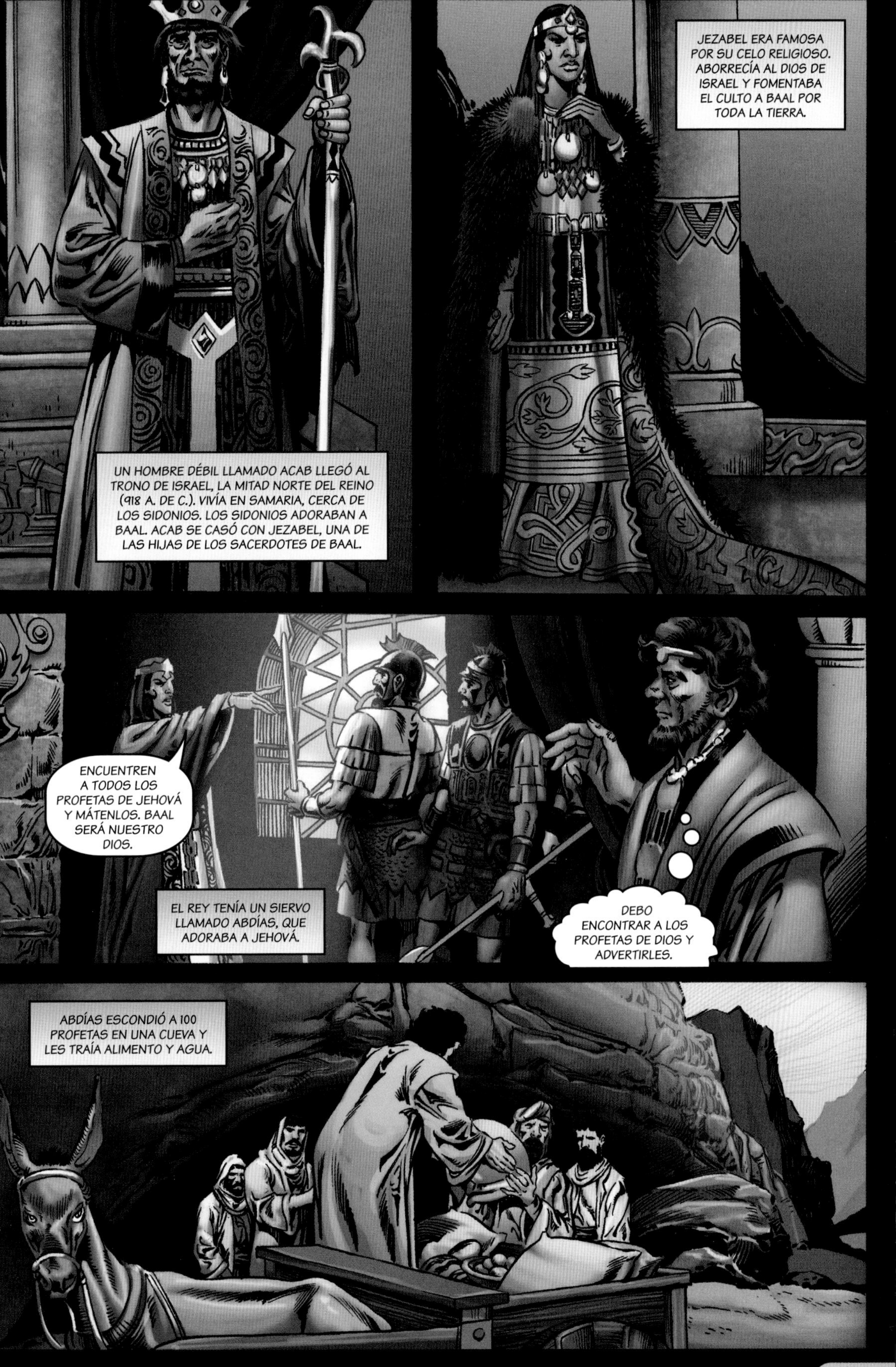
UN HOMBRE DÉBIL LLAMADO ACAB LLEGÓ AL TRONO DE ISRAEL, LA MITAD NORTE DEL REINO (918 A. DE C.). VIVÍA EN SAMARIA, CERCA DE LOS SIDONIOS. LOS SIDONIOS ADORABAN A BAAL. ACAB SE CASÓ CON JEZABEL, UNA DE LAS HIJAS DE LOS SACERDOTES DE BAAL.
JEZABEL ERA FAMOSA POR SU CELO RELIGIOSO. ABORRECÍA AL DIOS DE ISRAEL Y FOMENTABA EL CULTO A BAAL POR TODA LA TIERRA.
ENCUENTREN A TODOS LOS PROFETAS DE JEHOVÁ Y MÁTENLOS. BAAL SERÁ NUESTRO DIOS.
EL REY TENÍA UN SIERVO LLAMADO ABDÍAS, QUE ADORABA A JEHOVÁ.
DEBO ENCONTRAR A LOS PROFETAS DE DIOS Y ADVERTIRLES.
ABDÍAS ESCONDIÓ A 100 PROFETAS EN UNA CUEVA Y LES TRAÍA ALIMENTO Y AGUA.

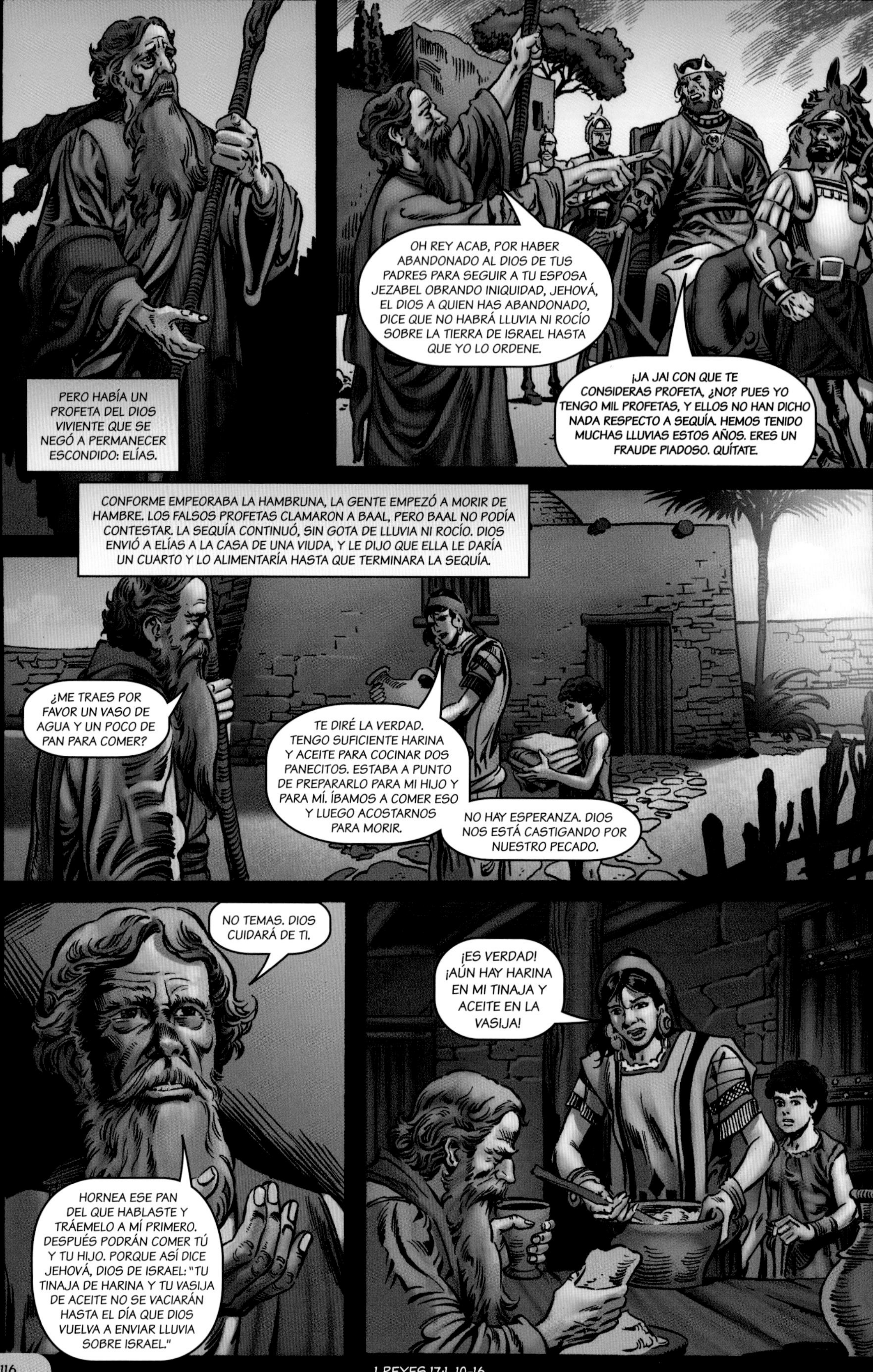

PERO HABÍA UN PROFETA DEL DIOS VIVIENTE QUE SE NEGÓ A PERMANECER ESCONDIDO: ELÍAS.
OH REY ACAB, POR HABER ABANDONADO AL DIOS DE TUS PADRES PARA SEGUIR A TU ESPOSA JEZABEL OBRANDO INIQUIDAD, JEHOVÁ, EL DIOS A QUIEN HAS ABANDONADO, DICE QUE NO HABRÁ LLUVIA NI ROCÍO SOBRE LA TIERRA DE ISRAEL HASTA QUE YO LO ORDENE.
¡JA JA! CON QUE TE CONSIDERAS PROFETA, ¿NO? PUES YO TENGO MIL PROFETAS, Y ELLOS NO HAN DICHO NADA RESPECTO A SEQUÍA. HEMOS TENIDO MUCHAS LLUVIAS ESTOS AÑOS. ERES UN FRAUDE PIADOSO. QUÍTATE.
CONFORME EMPEORABA LA HAMBRUNA, LA GENTE EMPEZÓ A MORIR DE HAMBRE. LOS FALSOS PROFETAS CLAMARON A BAAL, PERO BAAL NO PODÍA CONTESTAR. LA SEQUÍA CONTINUÓ, SIN GOTA DE LLUVIA NI ROCÍO. DIOS ENVIÓ A ELÍAS A LA CASA DE UNA VIUDA, Y LE DIJO QUE ELLA LE DARÍA UN CUARTO Y LO ALIMENTARÍA HASTA QUE TERMINARA LA SEQUÍA.
¿ME TRAES POR FAVOR UN VASO DE AGUA Y UN POCO DE PAN PARA COMER?
TE DIRÉ LA VERDAD. TENGO SUFICIENTE HARINA Y ACEITE PARA COCINAR DOS PANECITOS. ESTABA A PUNTO DE PREPARARLO PARA MI HIJO Y PARA MÍ. ÍBAMOS A COMER ESO Y LUEGO ACOSTARNOS PARA MORIR.
NO HAY ESPERANZA. DIOS NOS ESTÁ CASTIGANDO POR NUESTRO PECADO.
NO TEMAS. DIOS CUIDARÁ DE TI.
HORNEA ESE PAN DEL QUE HABLASTE Y TRÁEMELO A MÍ PRIMERO. DESPUÉS PODRÁN COMER TÚ Y TU HIJO. PORQUE ASÍ DICE JEHOVÁ, DIOS DE ISRAEL: "TU TINAJA DE HARINA Y TU VASIJA DE ACEITE NO SE VACIARÁN HASTA EL DÍA QUE DIOS VUELVA A ENVIAR LLUVIA SOBRE ISRAEL."
¡ES VERDAD! ¡AÚN HAY HARINA EN MI TINAJA Y ACEITE EN LA VASIJA!

1 REYES 17:1, 10-16

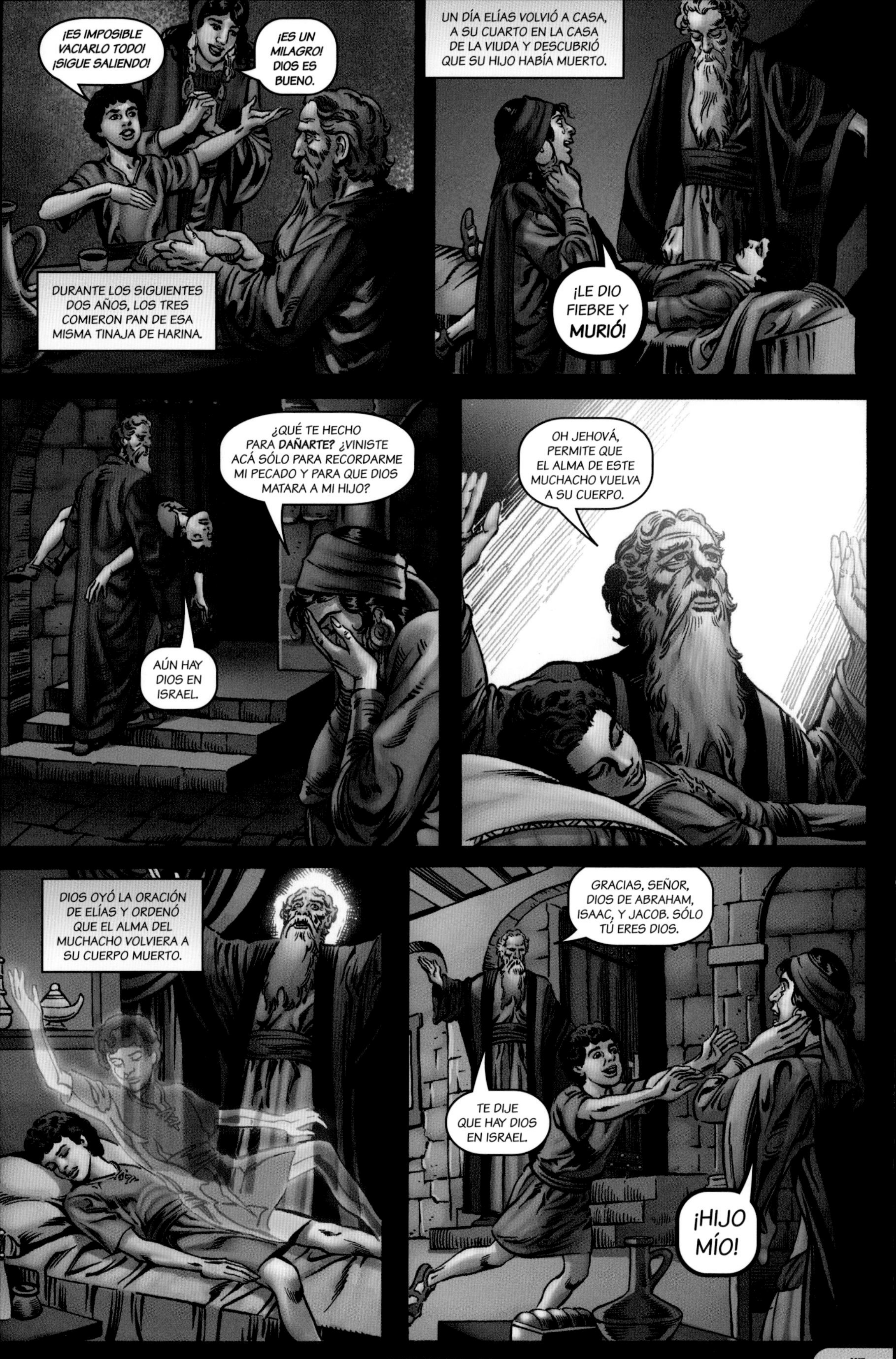
¡ES IMPOSIBLE VACIARLO TODO! ¡SIGUE SALIENDO!
¡ES UN MILAGRO! DIOS ES BUENO.
DURANTE LOS SIGUIENTES DOS AÑOS, LOS TRES COMIERON PAN DE ESA MISMA TINAJA DE HARINA.
UN DÍA ELÍAS VOLVIÓ A CASA, A SU CUARTO EN LA CASA DE LA VIUDA Y DESCUBRIÓ QUE SU HIJO HABÍA MUERTO.
¡LE DIO FIEBRE Y **MURIÓ!**
¿QUÉ TE HECHO PARA **DAÑARTE?** ¿VINISTE ACÁ SÓLO PARA RECORDARME MI PECADO Y PARA QUE DIOS MATARA A MI HIJO?
AÚN HAY DIOS EN ISRAEL.
OH JEHOVÁ, PERMITE QUE EL ALMA DE ESTE MUCHACHO VUELVA A SU CUERPO.
DIOS OYÓ LA ORACIÓN DE ELÍAS Y ORDENÓ QUE EL ALMA DEL MUCHACHO VOLVIERA A SU CUERPO MUERTO.
GRACIAS, SEÑOR, DIOS DE ABRAHAM, ISAAC, Y JACOB. SÓLO TÚ ERES DIOS.
TE DIJE QUE HAY DIOS EN ISRAEL.
¡HIJO MÍO!

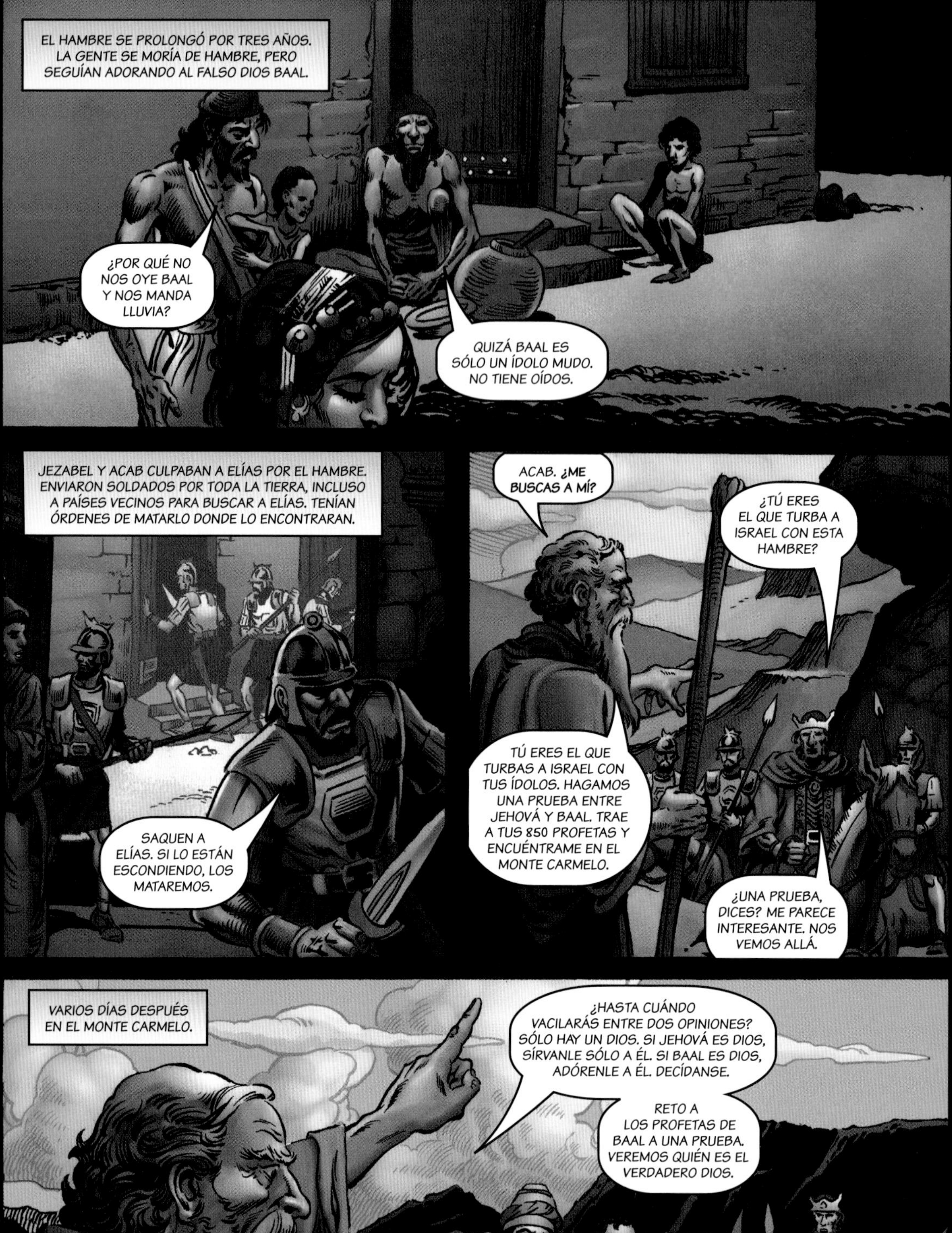
EL HAMBRE SE PROLONGÓ POR TRES AÑOS. LA GENTE SE MORÍA DE HAMBRE, PERO SEGUÍAN ADORANDO AL FALSO DIOS BAAL.
¿POR QUÉ NO NOS OYE BAAL Y NOS MANDA LLUVIA?
QUIZÁ BAAL ES SÓLO UN ÍDOLO MUDO. NO TIENE OÍDOS.
JEZABEL Y ACAB CULPABAN A ELÍAS POR EL HAMBRE. ENVIARON SOLDADOS POR TODA LA TIERRA, INCLUSO A PAÍSES VECINOS PARA BUSCAR A ELÍAS. TENÍAN ÓRDENES DE MATARLO DONDE LO ENCONTRARAN.
SAQUEN A ELÍAS. SI LO ESTÁN ESCONDIENDO, LOS MATAREMOS.
ACAB. ¿ME BUSCAS A MÍ?
¿TÚ ERES EL QUE TURBA A ISRAEL CON ESTA HAMBRE?
TÚ ERES EL QUE TURBAS A ISRAEL CON TUS ÍDOLOS. HAGAMOS UNA PRUEBA ENTRE JEHOVÁ Y BAAL. TRAE A TUS 850 PROFETAS Y ENCUÉNTRAME EN EL MONTE CARMELO.
¿UNA PRUEBA, DICES? ME PARECE INTERESANTE. NOS VEMOS ALLÁ.
VARIOS DÍAS DESPUÉS EN EL MONTE CARMELO.
¿HASTA CUÁNDO VACILARÁS ENTRE DOS OPINIONES? SÓLO HAY UN DIOS. SI JEHOVÁ ES DIOS, SÍRVANLE SÓLO A ÉL. SI BAAL ES DIOS, ADÓRENLE A ÉL. DECÍDANSE.
RETO A LOS PROFETAS DE BAAL A UNA PRUEBA. VEREMOS QUIÉN ES EL VERDADERO DIOS.
SÍ, UNA PRUEBA ENTRE DIOSES. ¿QUÉ HACEMOS?

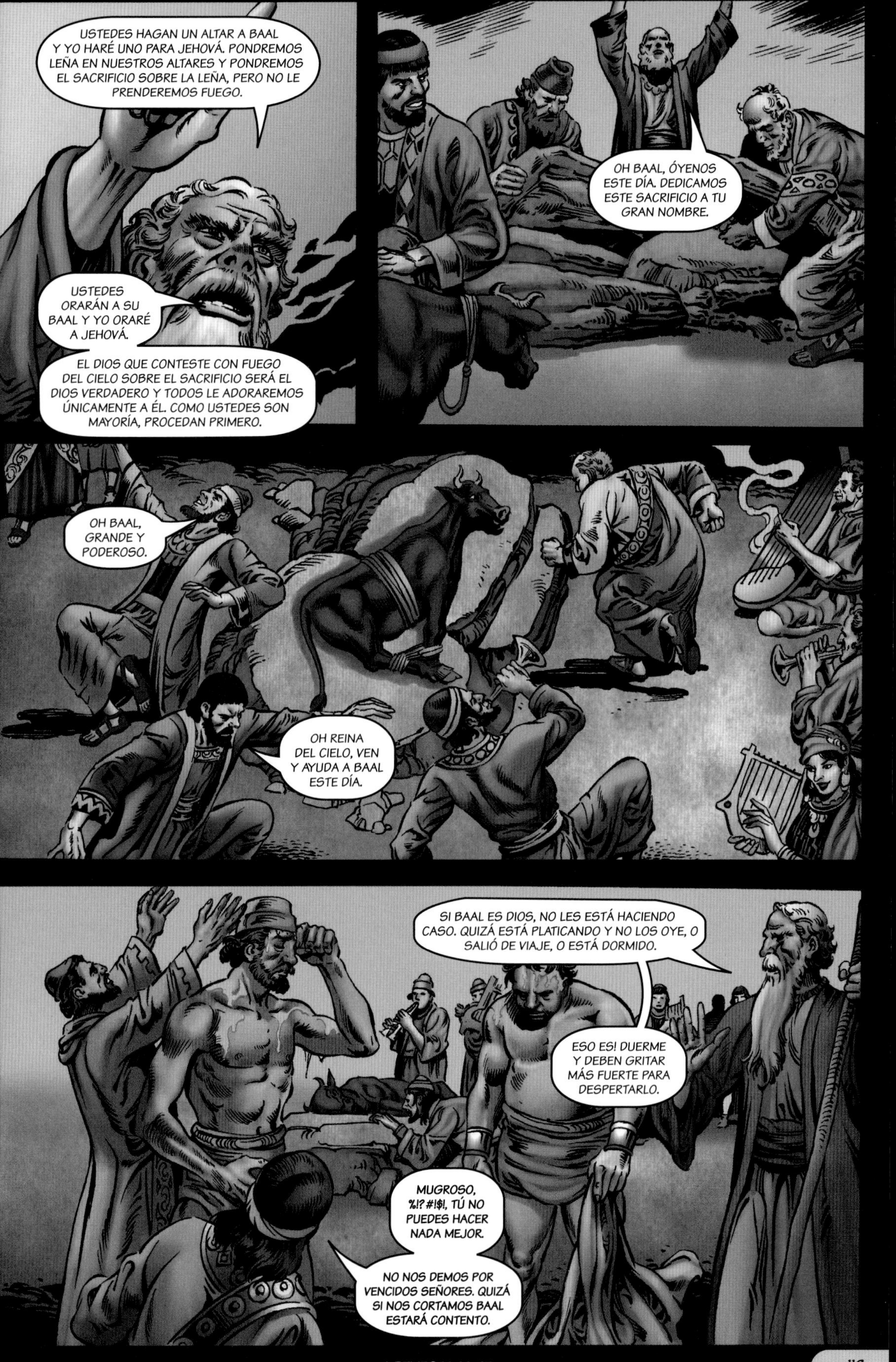
USTEDES HAGAN UN ALTAR A BAAL Y YO HARÉ UNO PARA JEHOVÁ. PONDREMOS LEÑA EN NUESTROS ALTARES Y PONDREMOS EL SACRIFICIO SOBRE LA LEÑA, PERO NO LE PRENDEREMOS FUEGO.
USTEDES ORARÁN A SU BAAL Y YO ORARÉ A JEHOVÁ.
EL DIOS QUE CONTESTE CON FUEGO DEL CIELO SOBRE EL SACRIFICIO SERÁ EL DIOS VERDADERO Y TODOS LE ADORAREMOS ÚNICAMENTE A ÉL. COMO USTEDES SON MAYORÍA, PROCEDAN PRIMERO.
OH BAAL, ÓYENOS ESTE DÍA. DEDICAMOS ESTE SACRIFICIO A TU GRAN NOMBRE.
OH BAAL, GRANDE Y PODEROSO.
OH REINA DEL CIELO, VEN Y AYUDA A BAAL ESTE DÍA.
SI BAAL ES DIOS, NO LES ESTÁ HACIENDO CASO. QUIZÁ ESTÁ PLATICANDO Y NO LOS OYE, O SALIÓ DE VIAJE, O ESTÁ DORMIDO.
ESO ES! DUERME Y DEBEN GRITAR MÁS FUERTE PARA DESPERTARLO.
MUGROSO, %!?#!$!, TÚ NO PUEDES HACER NADA MEJOR.
NO NOS DEMOS POR VENCIDOS SEÑORES. QUIZÁ SI NOS CORTAMOS BAAL ESTARÁ CONTENTO.

1 REYES 18:22-27

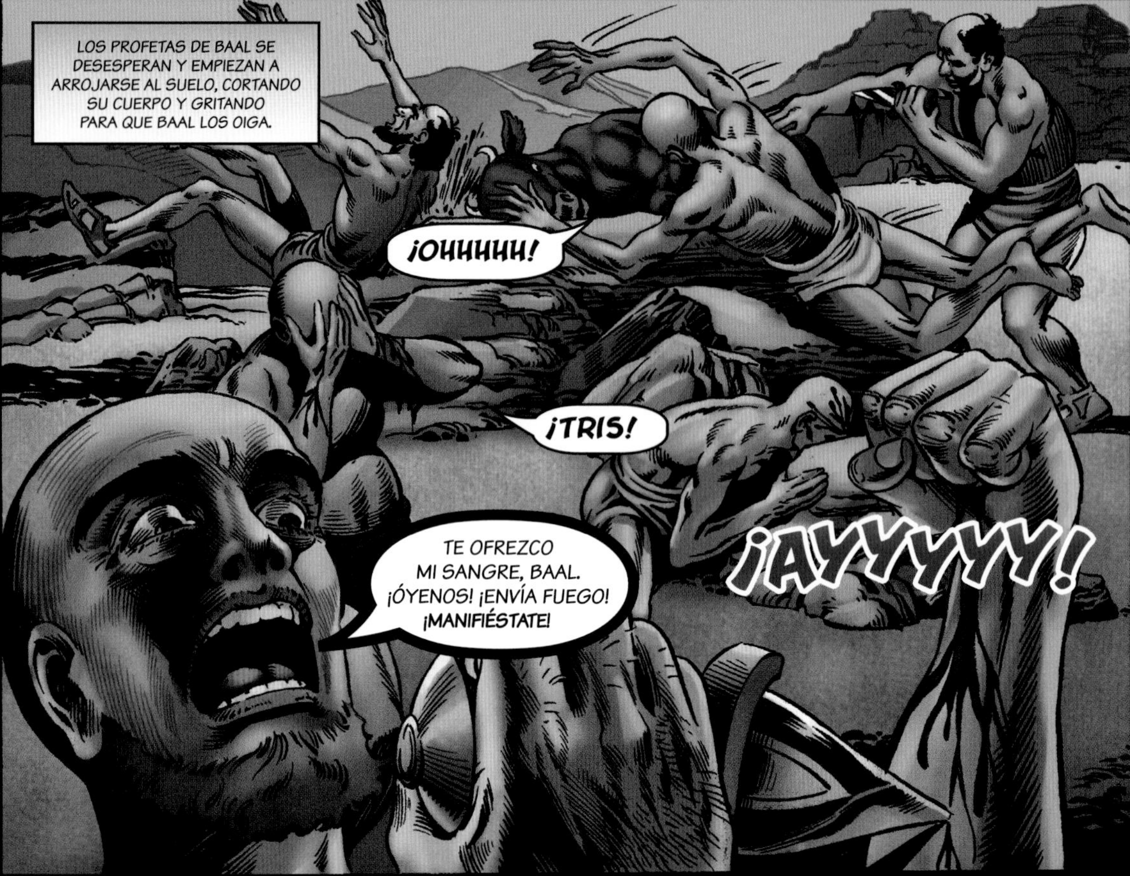
LOS PROFETAS DE BAAL SE DESESPERAN Y EMPIEZAN A ARROJARSE AL SUELO, CORTANDO SU CUERPO Y GRITANDO PARA QUE BAAL LOS OIGA.
¡OHHHHH!
¡TRIS!
TE OFREZCO MI SANGRE, BAAL. ¡ÓYENOS! ¡ENVÍA FUEGO! ¡MANIFIÉSTATE!
¡AYYYYY!

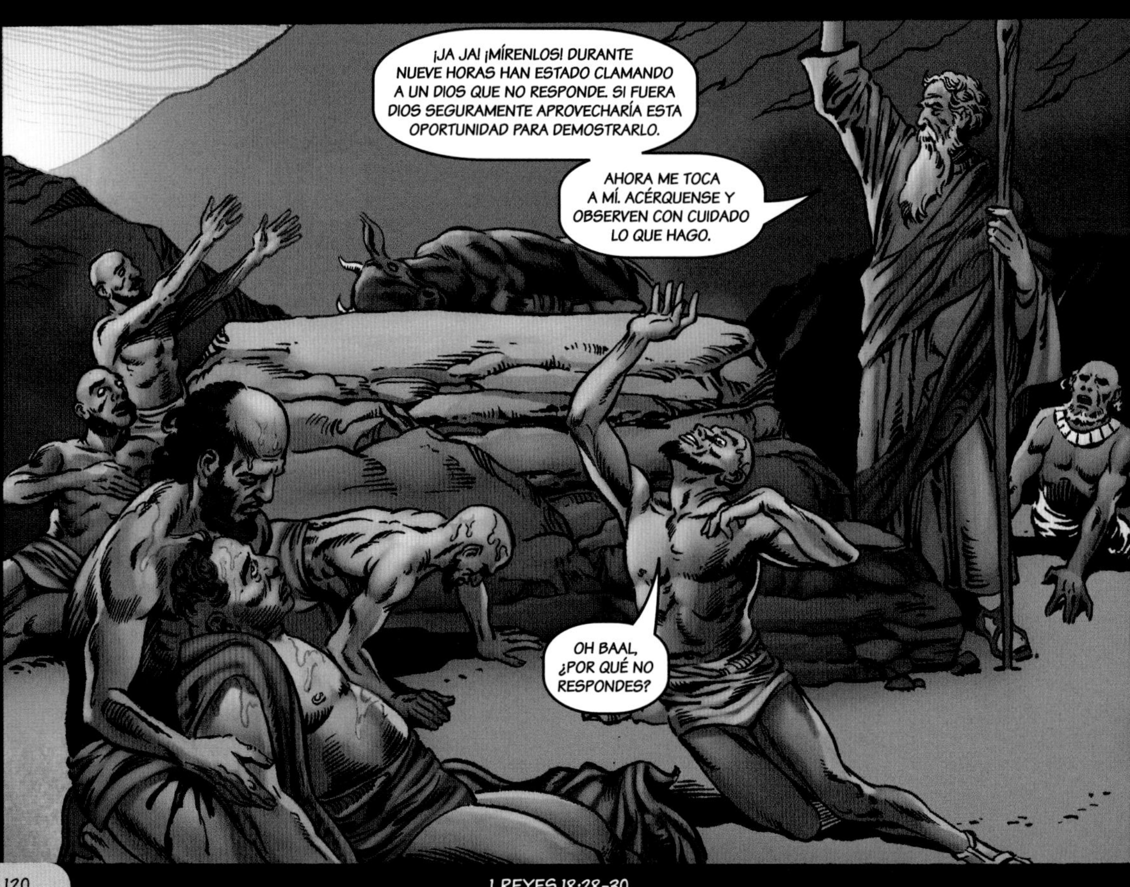
¡JA JA! ¡MÍRENLOS! DURANTE NUEVE HORAS HAN ESTADO CLAMANDO A UN DIOS QUE NO RESPONDE. SI FUERA DIOS SEGURAMENTE APROVECHARÍA ESTA OPORTUNIDAD PARA DEMOSTRARLO.
AHORA ME TOCA A MÍ. ACÉRQUENSE Y OBSERVEN CON CUIDADO LO QUE HAGO.
OH BAAL, ¿POR QUÉ NO RESPONDES?

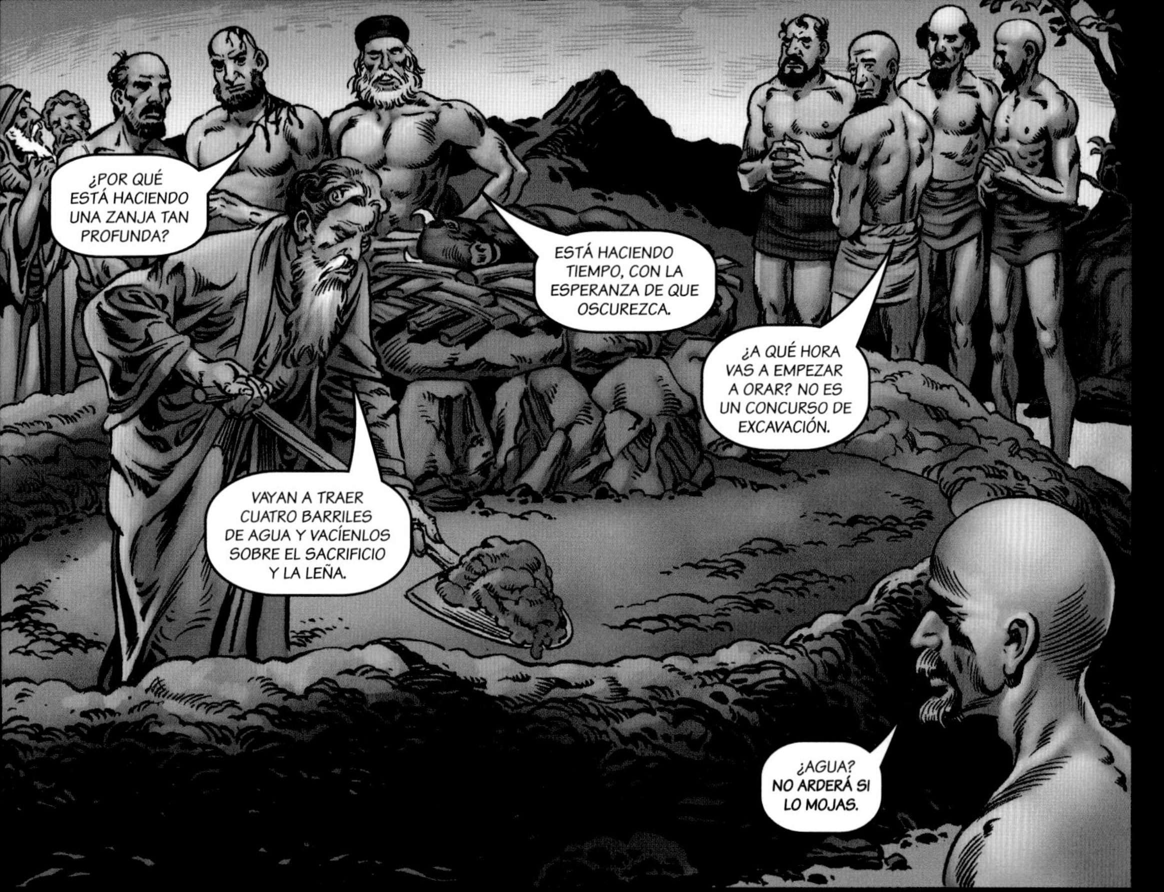
¿POR QUÉ ESTÁ HACIENDO UNA ZANJA TAN PROFUNDA?
ESTÁ HACIENDO TIEMPO, CON LA ESPERANZA DE QUE OSCUREZCA.
¿A QUÉ HORA VAS A EMPEZAR A ORAR? NO ES UN CONCURSO DE EXCAVACIÓN.
VAYAN A TRAER CUATRO BARRILES DE AGUA Y VACÍENLOS SOBRE EL SACRIFICIO Y LA LEÑA.
¿AGUA? NO ARDERÁ SI LO MOJAS.

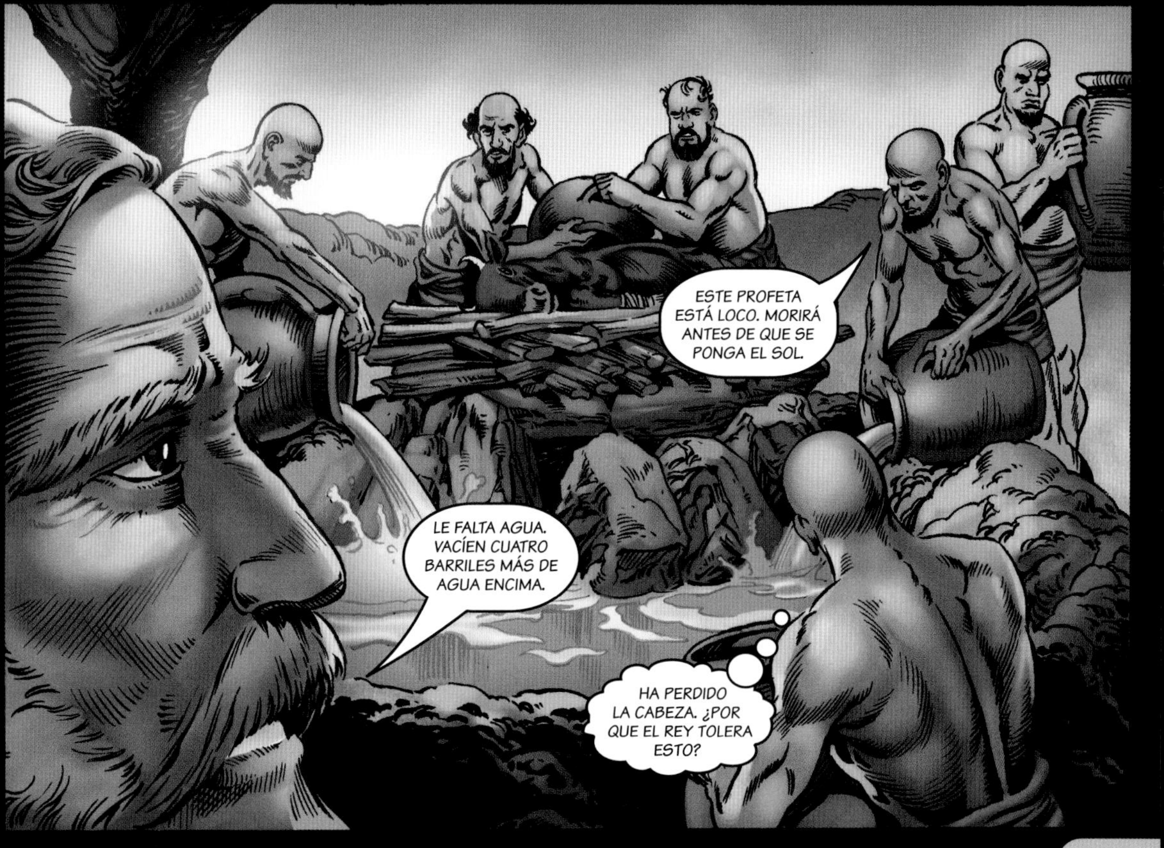
ESTE PROFETA ESTÁ LOCO. MORIRÁ ANTES DE QUE SE PONGA EL SOL.
LE FALTA AGUA. VACÍEN CUATRO BARRILES MÁS DE AGUA ENCIMA.
HA PERDIDO LA CABEZA. ¿POR QUE EL REY TOLERA ESTO?

I REYES 18:32-34

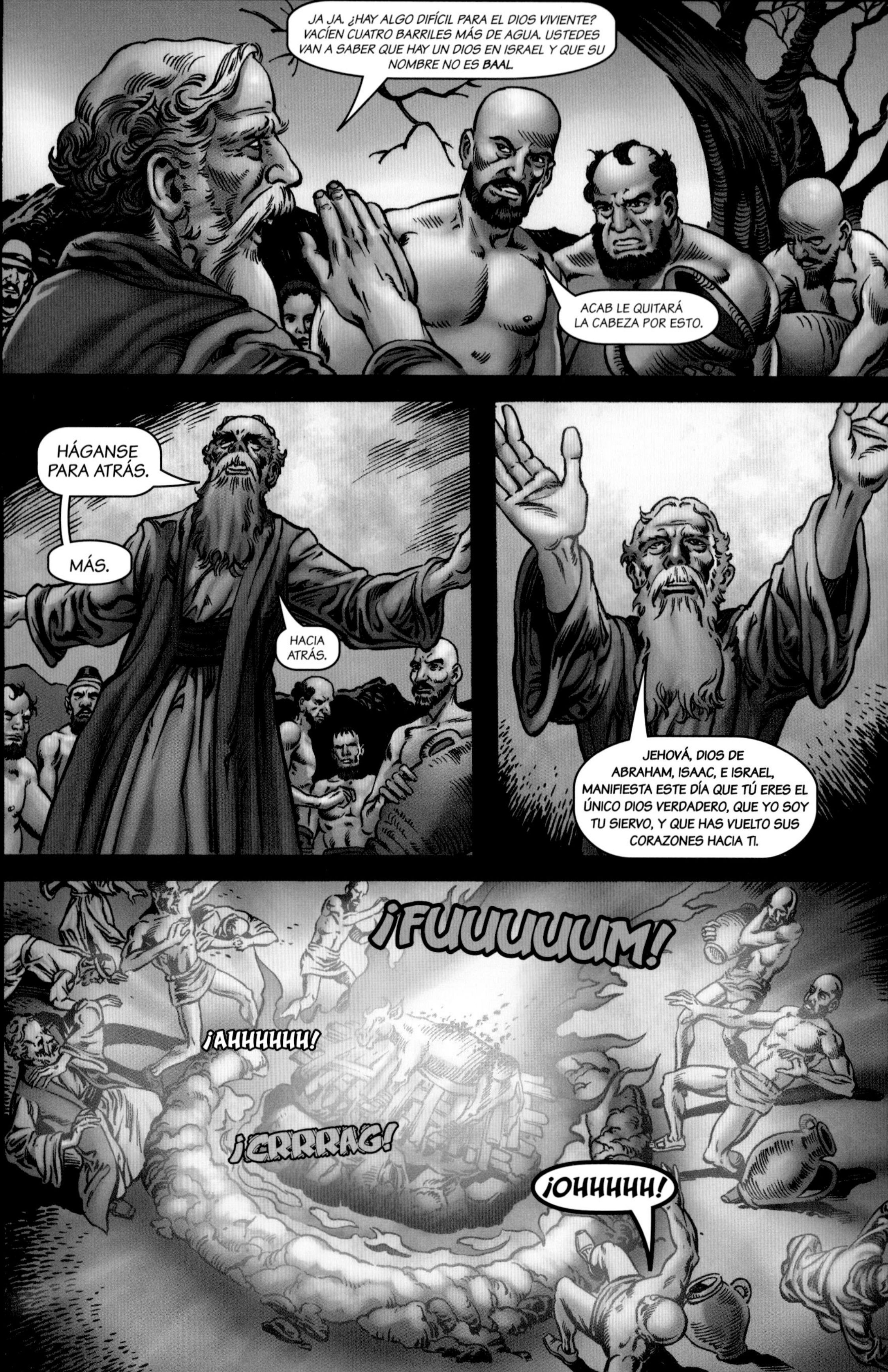
JA JA. ¿HAY ALGO DIFÍCIL PARA EL DIOS VIVIENTE? VACÍEN CUATRO BARRILES MÁS DE AGUA. USTEDES VAN A SABER QUE HAY UN DIOS EN ISRAEL Y QUE SU NOMBRE NO ES BAAL.
ACAB LE QUITARÁ LA CABEZA POR ESTO.
HÁGANSE PARA ATRÁS.
MÁS.
HACIA ATRÁS.
JEHOVÁ, DIOS DE ABRAHAM, ISAAC, E ISRAEL, MANIFIESTA ESTE DÍA QUE TÚ ERES EL ÚNICO DIOS VERDADERO, QUE YO SOY TU SIERVO, Y QUE HAS VUELTO SUS CORAZONES HACIA TI.
¡FUUUUUM!
¡AHHHHHH!
¡CRRRRAG!
¡OHHHHH!

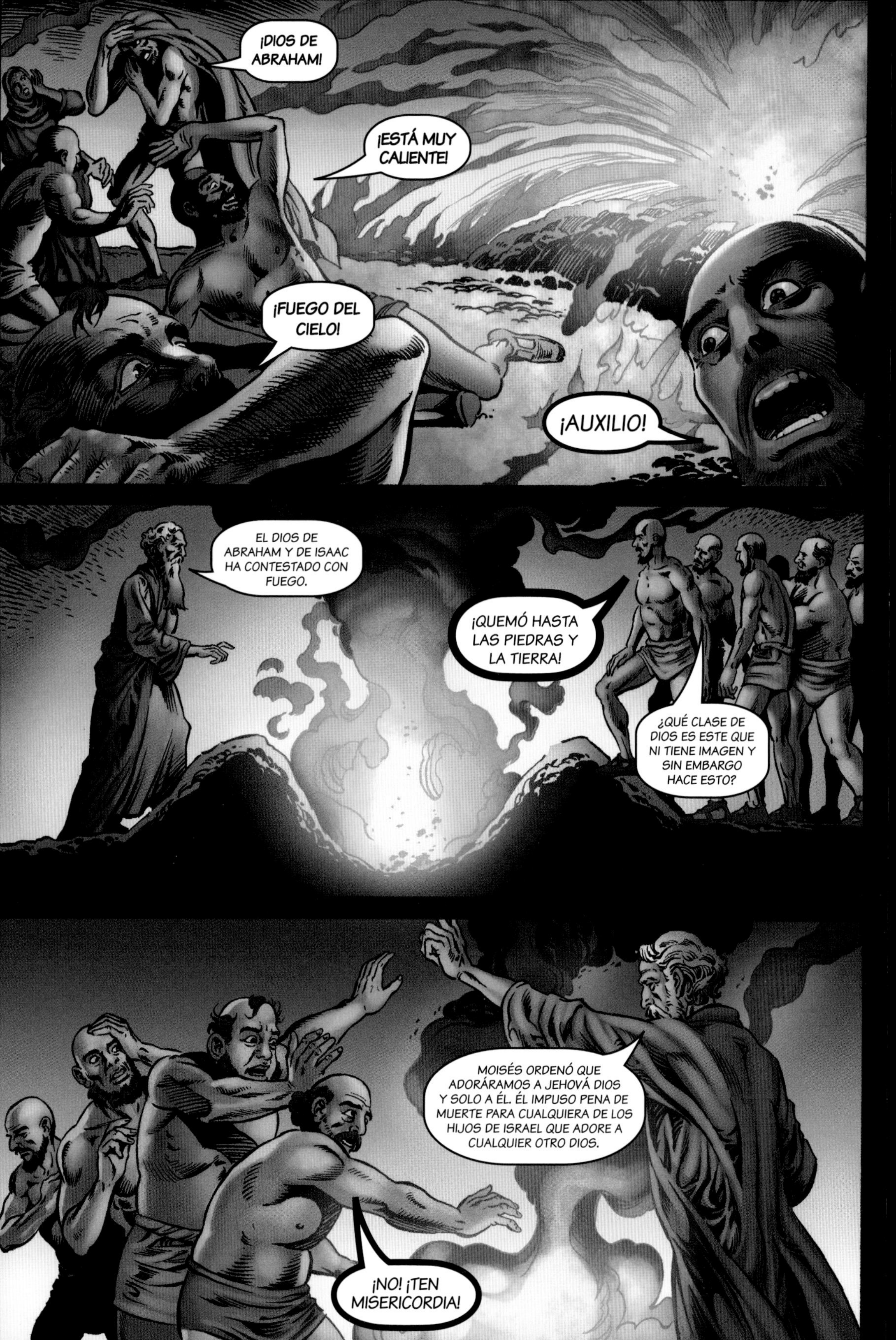
¡DIOS DE ABRAHAM!
¡ESTÁ MUY CALIENTE!
¡FUEGO DEL CIELO!
¡AUXILIO!
EL DIOS DE ABRAHAM Y DE ISAAC HA CONTESTADO CON FUEGO.
¡QUEMÓ HASTA LAS PIEDRAS Y LA TIERRA!
¿QUÉ CLASE DE DIOS ES ESTE QUE NI TIENE IMAGEN Y SIN EMBARGO HACE ESTO?
MOISÉS ORDENÓ QUE ADORÁRAMOS A JEHOVÁ DIOS Y SOLO A ÉL. ÉL IMPUSO PENA DE MUERTE PARA CUALQUIERA DE LOS HIJOS DE ISRAEL QUE ADORE A CUALQUIER OTRO DIOS.
¡NO! ¡TEN MISERICORDIA!

1 REYES 18:38-40

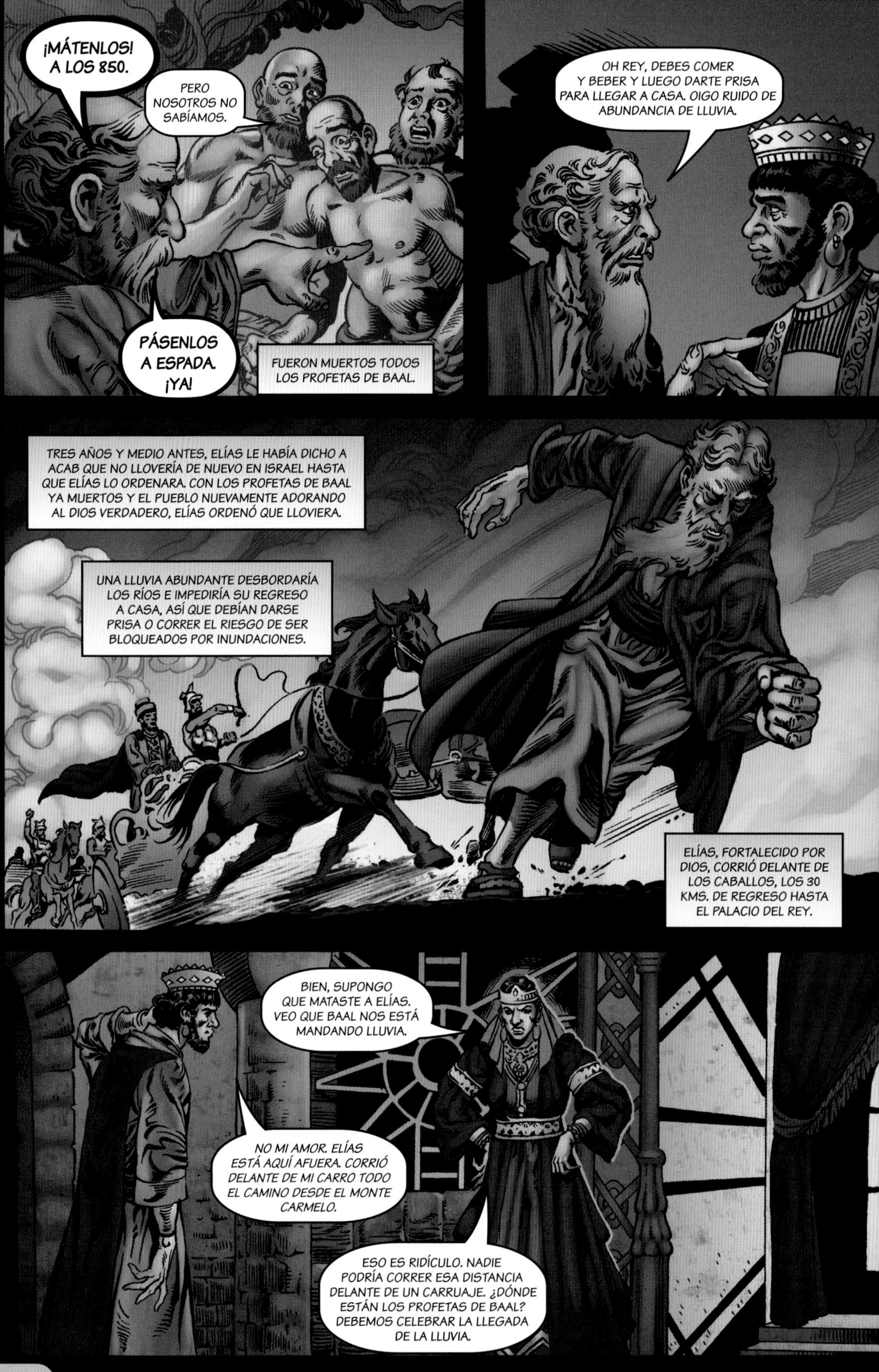
¡MÁTENLOS! A LOS 850.
PERO NOSOTROS NO SABÍAMOS.
PÁSENLOS A ESPADA. ¡YA!
FUERON MUERTOS TODOS LOS PROFETAS DE BAAL.
OH REY, DEBES COMER Y BEBER Y LUEGO DARTE PRISA PARA LLEGAR A CASA. OIGO RUIDO DE ABUNDANCIA DE LLUVIA.
TRES AÑOS Y MEDIO ANTES, ELÍAS LE HABÍA DICHO A ACAB QUE NO LLOVERÍA DE NUEVO EN ISRAEL HASTA QUE ELÍAS LO ORDENARA. CON LOS PROFETAS DE BAAL YA MUERTOS Y EL PUEBLO NUEVAMENTE ADORANDO AL DIOS VERDADERO, ELÍAS ORDENÓ QUE LLOVIERA.
UNA LLUVIA ABUNDANTE DESBORDARÍA LOS RÍOS E IMPEDIRÍA SU REGRESO A CASA, ASÍ QUE DEBÍAN DARSE PRISA O CORRER EL RIESGO DE SER BLOQUEADOS POR INUNDACIONES.
ELÍAS, FORTALECIDO POR DIOS, CORRIÓ DELANTE DE LOS CABALLOS, LOS 30 KMS. DE REGRESO HASTA EL PALACIO DEL REY.
BIEN, SUPONGO QUE MATASTE A ELÍAS. VEO QUE BAAL NOS ESTÁ MANDANDO LLUVIA.
NO MI AMOR. ELÍAS ESTÁ AQUÍ AFUERA. CORRIÓ DELANTE DE MI CARRO TODO EL CAMINO DESDE EL MONTE CARMELO.
ESO ES RIDÍCULO. NADIE PODRÍA CORRER ESA DISTANCIA DELANTE DE UN CARRUAJE. ¿DÓNDE ESTÁN LOS PROFETAS DE BAAL? DEBEMOS CELEBRAR LA LLEGADA DE LA LLUVIA.

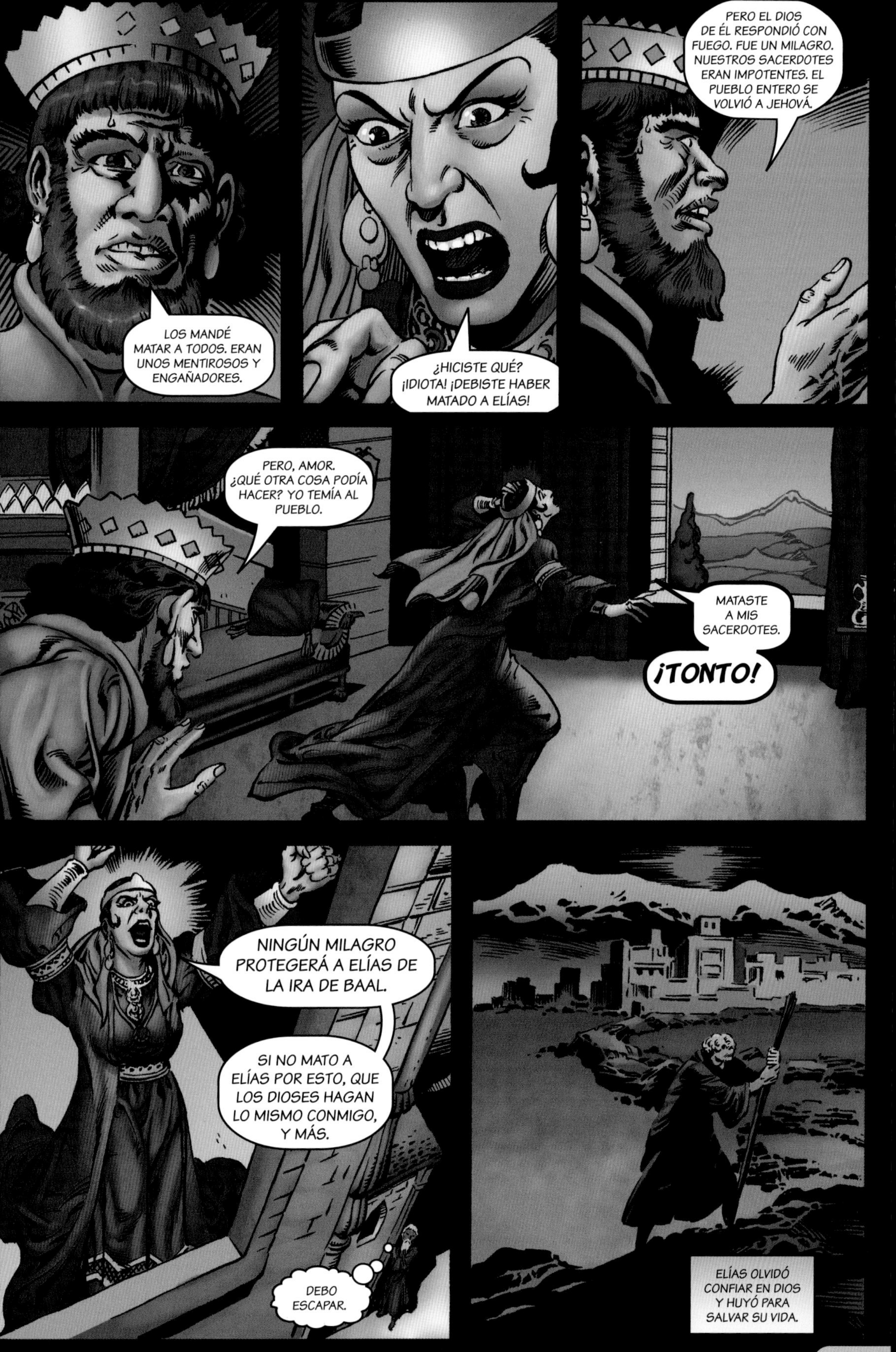

LOS MANDÉ MATAR A TODOS. ERAN UNOS MENTIROSOS Y ENGAÑADORES.
¿HICISTE QUÉ? ¡IDIOTA! ¡DEBISTE HABER MATADO A ELÍAS!
PERO EL DIOS DE ÉL RESPONDIÓ CON FUEGO. FUE UN MILAGRO. NUESTROS SACERDOTES ERAN IMPOTENTES. EL PUEBLO ENTERO SE VOLVIÓ A JEHOVÁ.
PERO, AMOR. ¿QUÉ OTRA COSA PODÍA HACER? YO TEMÍA AL PUEBLO.
MATASTE A MIS SACERDOTES.
¡TONTO!
NINGÚN MILAGRO PROTEGERÁ A ELÍAS DE LA IRA DE BAAL.
SI NO MATO A ELÍAS POR ESTO, QUE LOS DIOSES HAGAN LO MISMO CONMIGO, Y MÁS.
DEBO ESCAPAR.
ELÍAS OLVIDÓ CONFIAR EN DIOS Y HUYÓ PARA SALVAR SU VIDA.

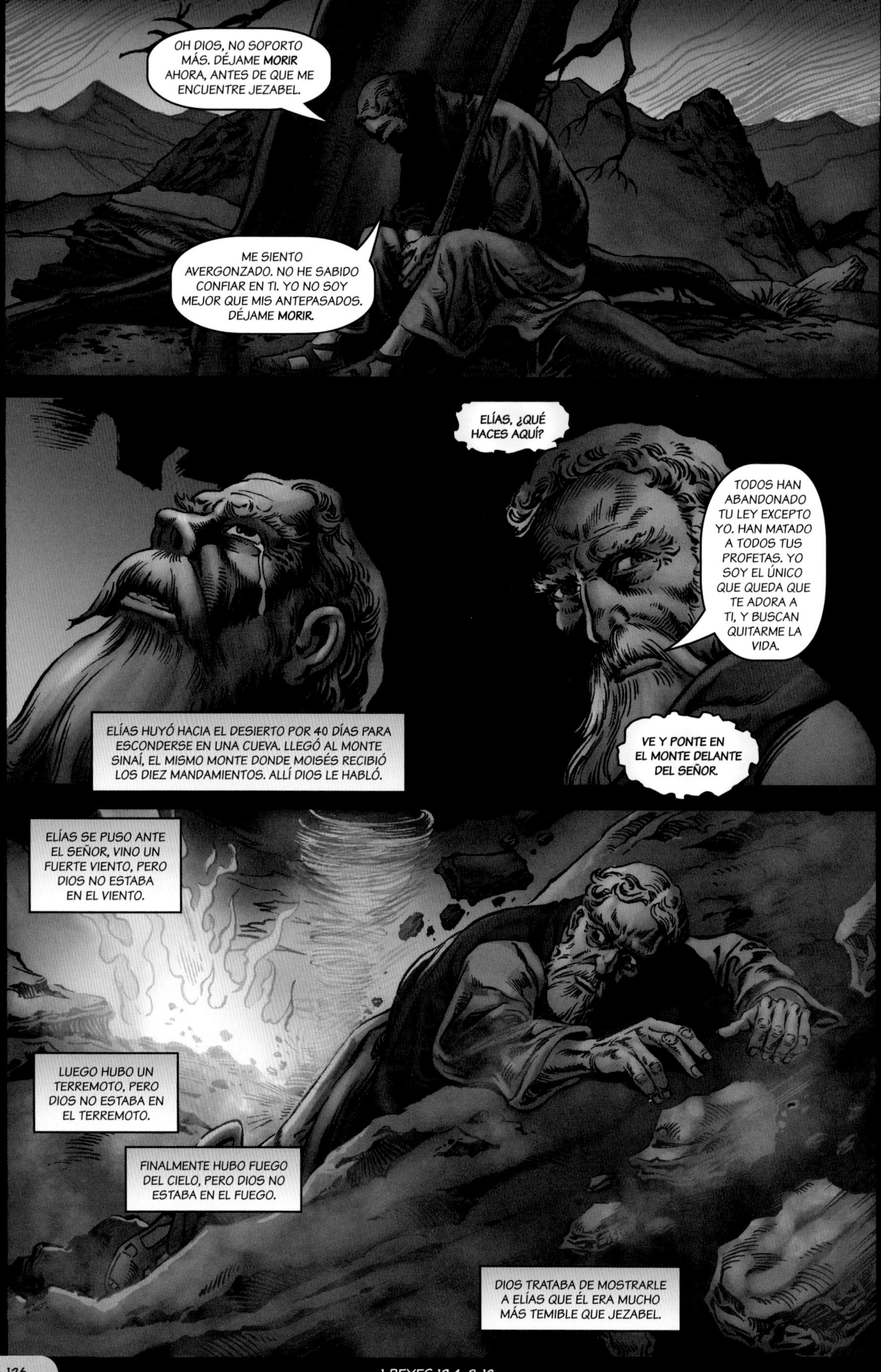
OH DIOS, NO SOPORTO MÁS. DÉJAME **MORIR** AHORA, ANTES DE QUE ME ENCUENTRE JEZABEL.
ME SIENTO AVERGONZADO. NO HE SABIDO CONFIAR EN TI. YO NO SOY MEJOR QUE MIS ANTEPASADOS. DÉJAME **MORIR**.
ELÍAS HUYÓ HACIA EL DESIERTO POR 40 DÍAS PARA ESCONDERSE EN UNA CUEVA. LLEGÓ AL MONTE SINAÍ, EL MISMO MONTE DONDE MOISÉS RECIBIÓ LOS DIEZ MANDAMIENTOS. ALLÍ DIOS LE HABLÓ.
ELÍAS, ¿QUÉ HACES AQUÍ?
TODOS HAN ABANDONADO TU LEY EXCEPTO YO. HAN MATADO A TODOS TUS PROFETAS. YO SOY EL ÚNICO QUE QUEDA QUE TE ADORA A TI, Y BUSCAN QUITARME LA VIDA.
VE Y PONTE EN EL MONTE DELANTE DEL SEÑOR.
ELÍAS SE PUSO ANTE EL SEÑOR, VINO UN FUERTE VIENTO, PERO DIOS NO ESTABA EN EL VIENTO.
LUEGO HUBO UN TERREMOTO, PERO DIOS NO ESTABA EN EL TERREMOTO.
FINALMENTE HUBO FUEGO DEL CIELO, PERO DIOS NO ESTABA EN EL FUEGO.
DIOS TRATABA DE MOSTRARLE A ELÍAS QUE ÉL ERA MUCHO MÁS TEMIBLE QUE JEZABEL.

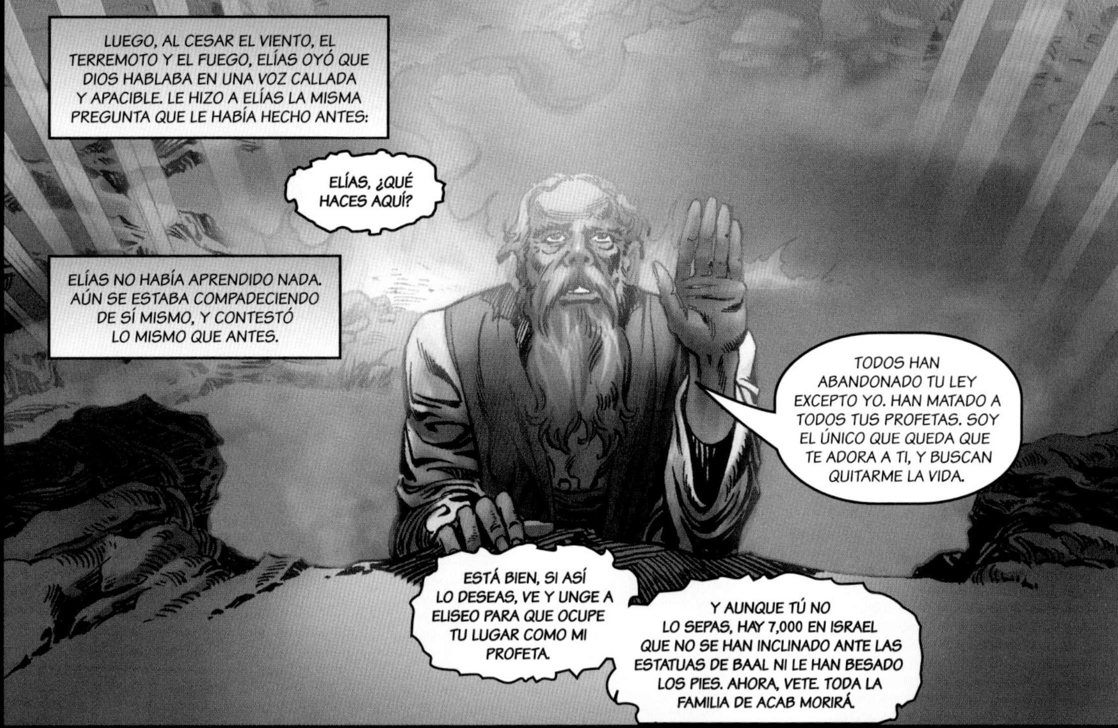
LUEGO, AL CESAR EL VIENTO, EL TERREMOTO Y EL FUEGO, ELÍAS OYÓ QUE DIOS HABLABA EN UNA VOZ CALLADA Y APACIBLE. LE HIZO A ELÍAS LA MISMA PREGUNTA QUE LE HABÍA HECHO ANTES:
ELÍAS, ¿QUÉ HACES AQUÍ?
ELÍAS NO HABÍA APRENDIDO NADA. AÚN SE ESTABA COMPADECIENDO DE SÍ MISMO, Y CONTESTÓ LO MISMO QUE ANTES.
TODOS HAN ABANDONADO TU LEY EXCEPTO YO. HAN MATADO A TODOS TUS PROFETAS. SOY EL ÚNICO QUE QUEDA QUE TE ADORA A TI, Y BUSCAN QUITARME LA VIDA.
ESTÁ BIEN, SI ASÍ LO DESEAS, VE Y UNGE A ELISEO PARA QUE OCUPE TU LUGAR COMO MI PROFETA.
Y AUNQUE TÚ NO LO SEPAS, HAY 7,000 EN ISRAEL QUE NO SE HAN INCLINADO ANTE LAS ESTATUAS DE BAAL NI LE HAN BESADO LOS PIES. AHORA, VETE. TODA LA FAMILIA DE ACAB MORIRÁ.

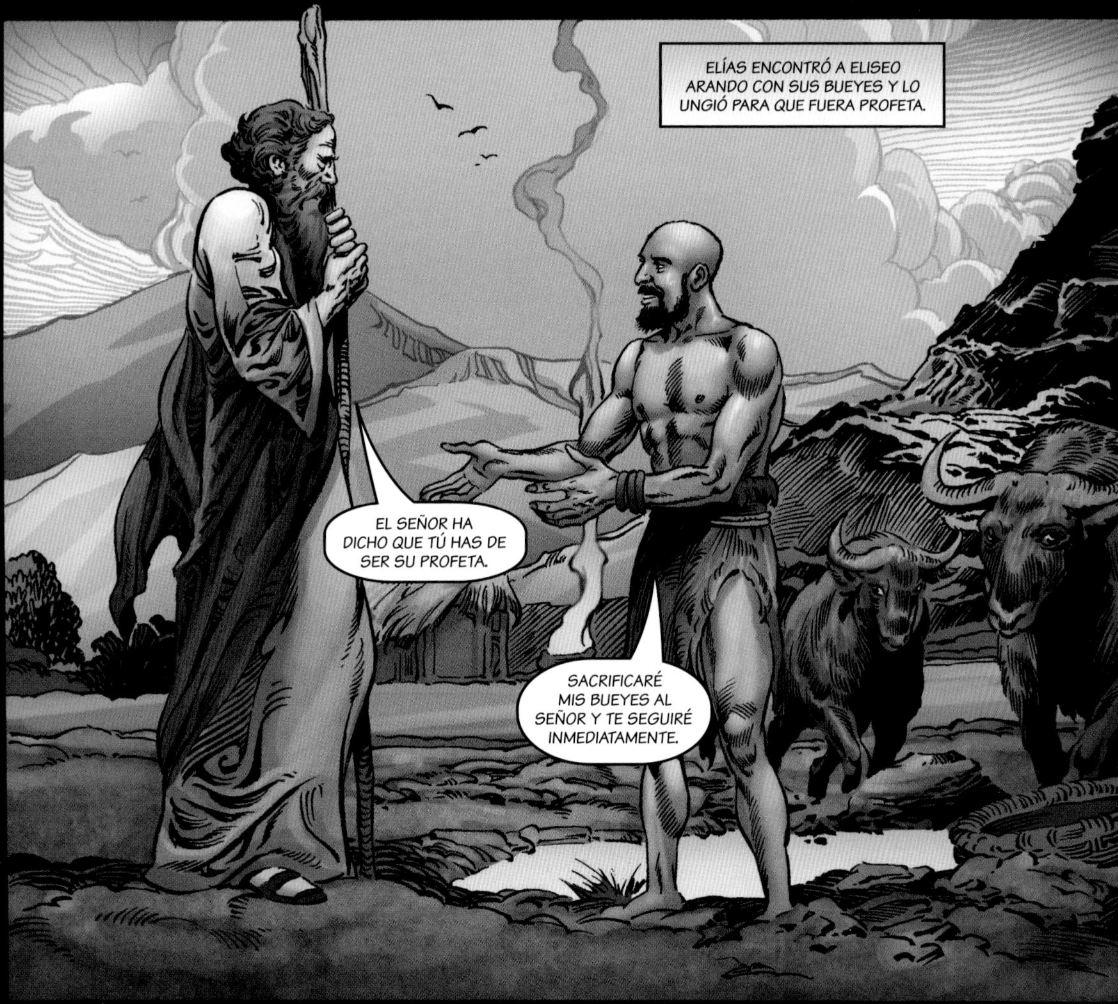
ELÍAS ENCONTRÓ A ELISEO ARANDO CON SUS BUEYES Y LO UNGIÓ PARA QUE FUERA PROFETA.
EL SEÑOR HA DICHO QUE TÚ HAS DE SER SU PROFETA.
SACRIFICARÉ MIS BUEYES AL SEÑOR Y TE SEGUIRÉ INMEDIATAMENTE.

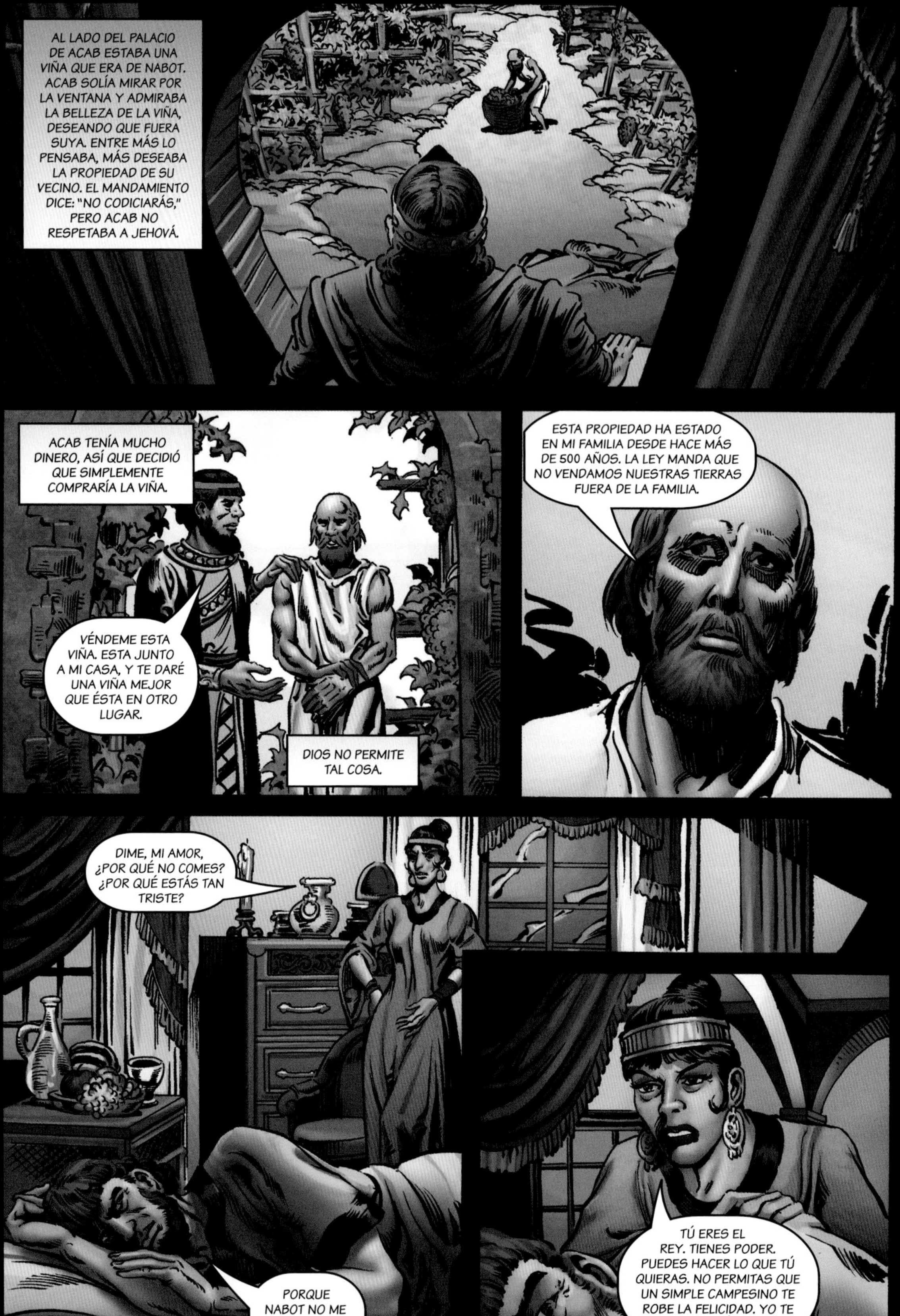
AL LADO DEL PALACIO DE ACAB ESTABA UNA VIÑA QUE ERA DE NABOT. ACAB SOLÍA MIRAR POR LA VENTANA Y ADMIRABA LA BELLEZA DE LA VIÑA, DESEANDO QUE FUERA SUYA. ENTRE MÁS LO PENSABA, MÁS DESEABA LA PROPIEDAD DE SU VECINO. EL MANDAMIENTO DICE: "NO CODICIARÁS," PERO ACAB NO RESPETABA A JEHOVÁ.
ACAB TENÍA MUCHO DINERO, ASÍ QUE DECIDIÓ QUE SIMPLEMENTE COMPRARÍA LA VIÑA.
VÉNDEME ESTA VIÑA. ESTA JUNTO A MI CASA, Y TE DARÉ UNA VIÑA MEJOR QUE ÉSTA EN OTRO LUGAR.
DIOS NO PERMITE TAL COSA.
ESTA PROPIEDAD HA ESTADO EN MI FAMILIA DESDE HACE MÁS DE 500 AÑOS. LA LEY MANDA QUE NO VENDAMOS NUESTRAS TIERRAS FUERA DE LA FAMILIA.
DIME, MI AMOR, ¿POR QUÉ NO COMES? ¿POR QUÉ ESTÁS TAN TRISTE?
PORQUE NABOT NO ME QUIERE VENDER SU VIÑA.
TÚ ERES EL REY. TIENES PODER. PUEDES HACER LO QUE TÚ QUIERAS. NO PERMITAS QUE UN SIMPLE CAMPESINO TE ROBE LA FELICIDAD. YO TE CONSEGUIRÉ LA VIÑA.

ÉXODO 20:17; 1 REYES 21:1-7

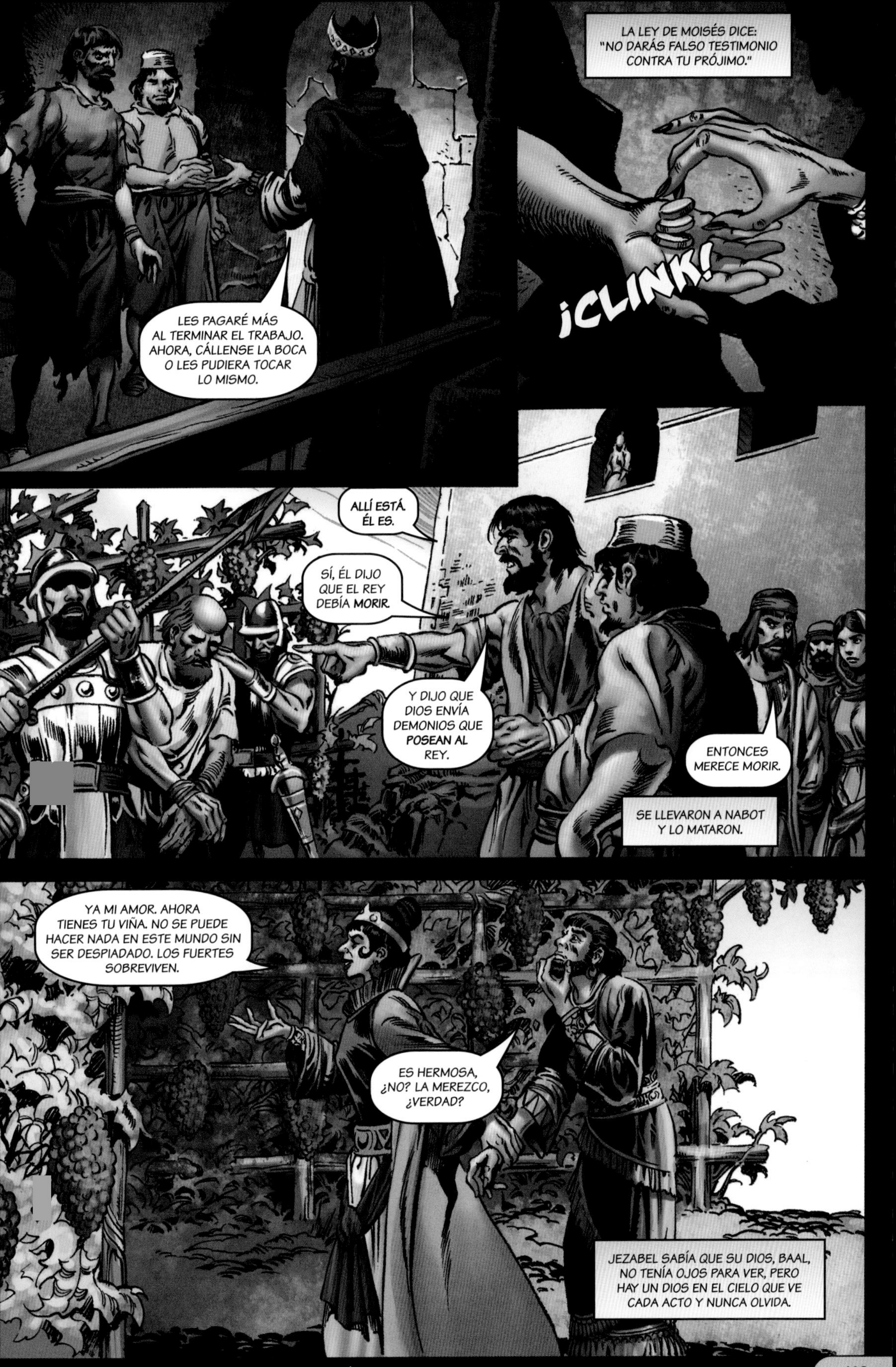
LA LEY DE MOISÉS DICE: "NO DARÁS FALSO TESTIMONIO CONTRA TU PRÓJIMO."
LES PAGARÉ MÁS AL TERMINAR EL TRABAJO. AHORA, CÁLLENSE LA BOCA O LES PUDIERA TOCAR LO MISMO.
¡CLINK!
ALLÍ ESTÁ. ÉL ES.
SÍ, ÉL DIJO QUE EL REY DEBÍA **MORIR**.
Y DIJO QUE DIOS ENVÍA DEMONIOS QUE **POSEAN AL** REY.
ENTONCES MERECE MORIR.
SE LLEVARON A NABOT Y LO MATARON.
YA MI AMOR. AHORA TIENES TU VIÑA. NO SE PUEDE HACER NADA EN ESTE MUNDO SIN SER DESPIADADO. LOS FUERTES SOBREVIVEN.
ES HERMOSA, ¿NO? LA MEREZCO, ¿VERDAD?
JEZABEL SABÍA QUE SU DIOS, BAAL, NO TENÍA OJOS PARA VER, PERO HAY UN DIOS EN EL CIELO QUE VE CADA ACTO Y NUNCA OLVIDA.

ÉXODO 20:16; 1 REYES 21:10-16

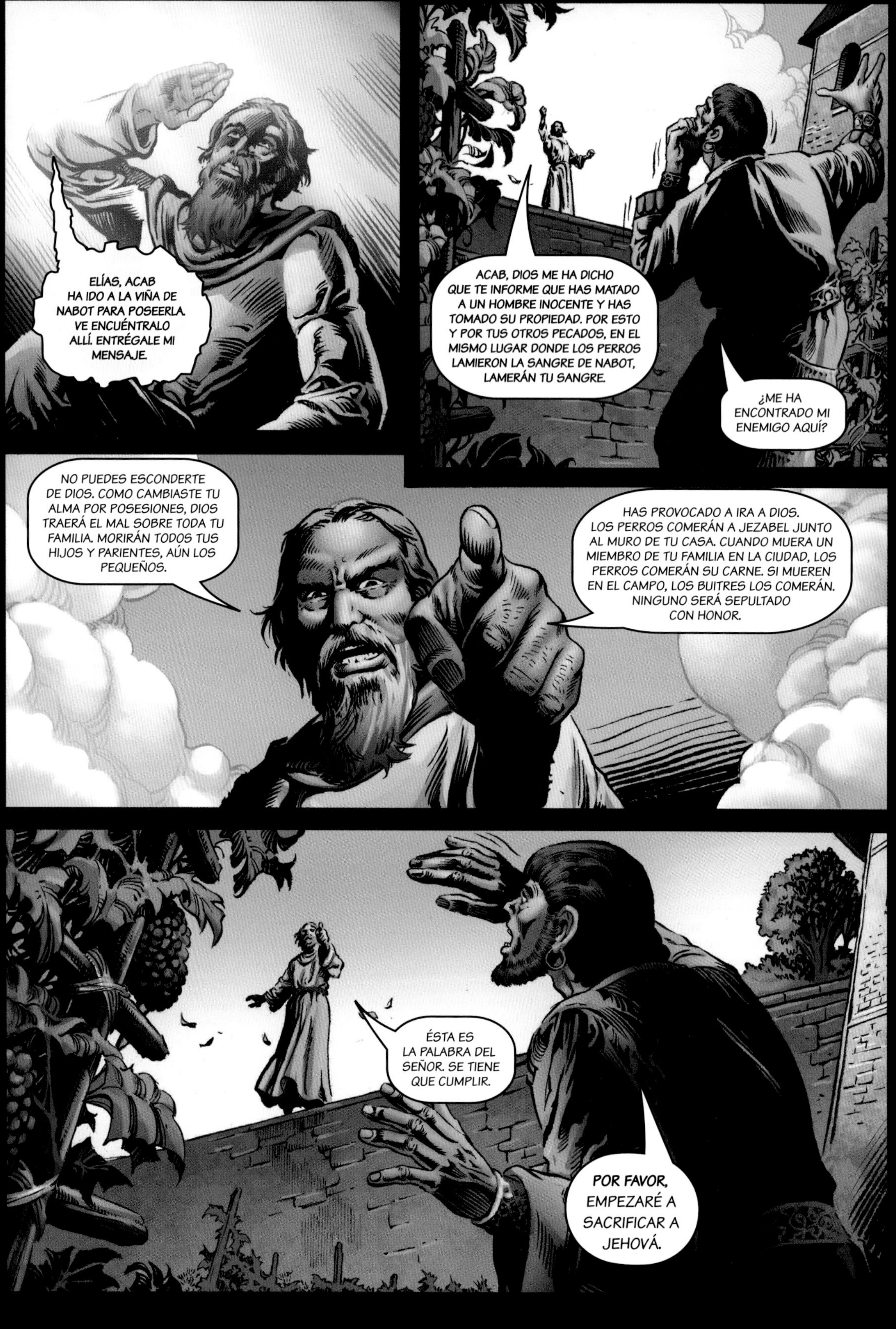
ELÍAS, ACAB HA IDO A LA VIÑA DE NABOT PARA POSEERLA. VE ENCUÉNTRALO ALLÍ. ENTRÉGALE MI MENSAJE.
ACAB, DIOS ME HA DICHO QUE TE INFORME QUE HAS MATADO A UN HOMBRE INOCENTE Y HAS TOMADO SU PROPIEDAD. POR ESTO Y POR TUS OTROS PECADOS, EN EL MISMO LUGAR DONDE LOS PERROS LAMIERON LA SANGRE DE NABOT, LAMERÁN TU SANGRE.
¿ME HA ENCONTRADO MI ENEMIGO AQUÍ?
NO PUEDES ESCONDERTE DE DIOS. COMO CAMBIASTE TU ALMA POR POSESIONES, DIOS TRAERÁ EL MAL SOBRE TODA TU FAMILIA. MORIRÁN TODOS TUS HIJOS Y PARIENTES, AÚN LOS PEQUEÑOS.
HAS PROVOCADO A IRA A DIOS. LOS PERROS COMERÁN A JEZABEL JUNTO AL MURO DE TU CASA. CUANDO MUERA UN MIEMBRO DE TU FAMILIA EN LA CIUDAD, LOS PERROS COMERÁN SU CARNE. SI MUEREN EN EL CAMPO, LOS BUITRES LOS COMERÁN. NINGUNO SERÁ SEPULTADO CON HONOR.
ÉSTA ES LA PALABRA DEL SEÑOR. SE TIENE QUE CUMPLIR.
POR FAVOR, EMPEZARÉ A SACRIFICAR A JEHOVÁ.

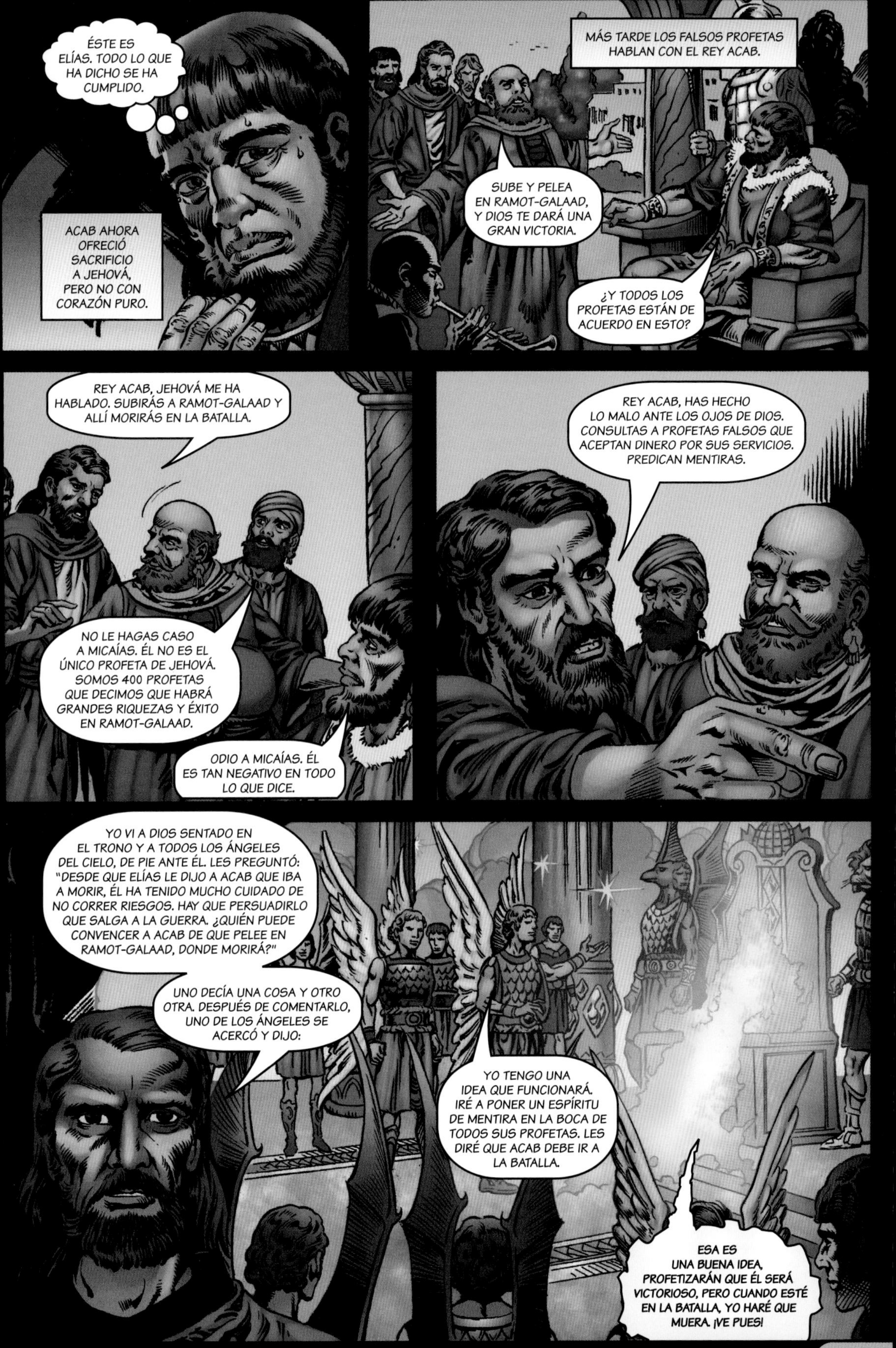
ÉSTE ES ELÍAS. TODO LO QUE HA DICHO SE HA CUMPLIDO.
ACAB AHORA OFRECIÓ SACRIFICIO A JEHOVÁ, PERO NO CON CORAZÓN PURO.
MÁS TARDE LOS FALSOS PROFETAS HABLAN CON EL REY ACAB.
SUBE Y PELEA EN RAMOT-GALAAD, Y DIOS TE DARÁ UNA GRAN VICTORIA.
¿Y TODOS LOS PROFETAS ESTÁN DE ACUERDO EN ESTO?
REY ACAB, JEHOVÁ ME HA HABLADO. SUBIRÁS A RAMOT-GALAAD Y ALLÍ MORIRÁS EN LA BATALLA.
NO LE HAGAS CASO A MICAÍAS. ÉL NO ES EL ÚNICO PROFETA DE JEHOVÁ. SOMOS 400 PROFETAS QUE DECIMOS QUE HABRÁ GRANDES RIQUEZAS Y ÉXITO EN RAMOT-GALAAD.
ODIO A MICAÍAS. ÉL ES TAN NEGATIVO EN TODO LO QUE DICE.
REY ACAB, HAS HECHO LO MALO ANTE LOS OJOS DE DIOS. CONSULTAS A PROFETAS FALSOS QUE ACEPTAN DINERO POR SUS SERVICIOS. PREDICAN MENTIRAS.
YO VI A DIOS SENTADO EN EL TRONO Y A TODOS LOS ÁNGELES DEL CIELO, DE PIE ANTE ÉL. LES PREGUNTÓ: "DESDE QUE ELÍAS LE DIJO A ACAB QUE IBA A MORIR, ÉL HA TENIDO MUCHO CUIDADO DE NO CORRER RIESGOS. HAY QUE PERSUADIRLO QUE SALGA A LA GUERRA. ¿QUIÉN PUEDE CONVENCER A ACAB DE QUE PELEE EN RAMOT-GALAAD, DONDE MORIRÁ?"
UNO DECÍA UNA COSA Y OTRO OTRA. DESPUÉS DE COMENTARLO, UNO DE LOS ÁNGELES SE ACERCÓ Y DIJO:
YO TENGO UNA IDEA QUE FUNCIONARÁ. IRÉ A PONER UN ESPÍRITU DE MENTIRA EN LA BOCA DE TODOS SUS PROFETAS. LES DIRÉ QUE ACAB DEBE IR A LA BATALLA.
ESA ES UNA BUENA IDEA, PROFETIZARÁN QUE ÉL SERÁ VICTORIOSO, PERO CUANDO ESTÉ EN LA BATALLA, YO HARÉ QUE MUERA. ¡VE PUES!

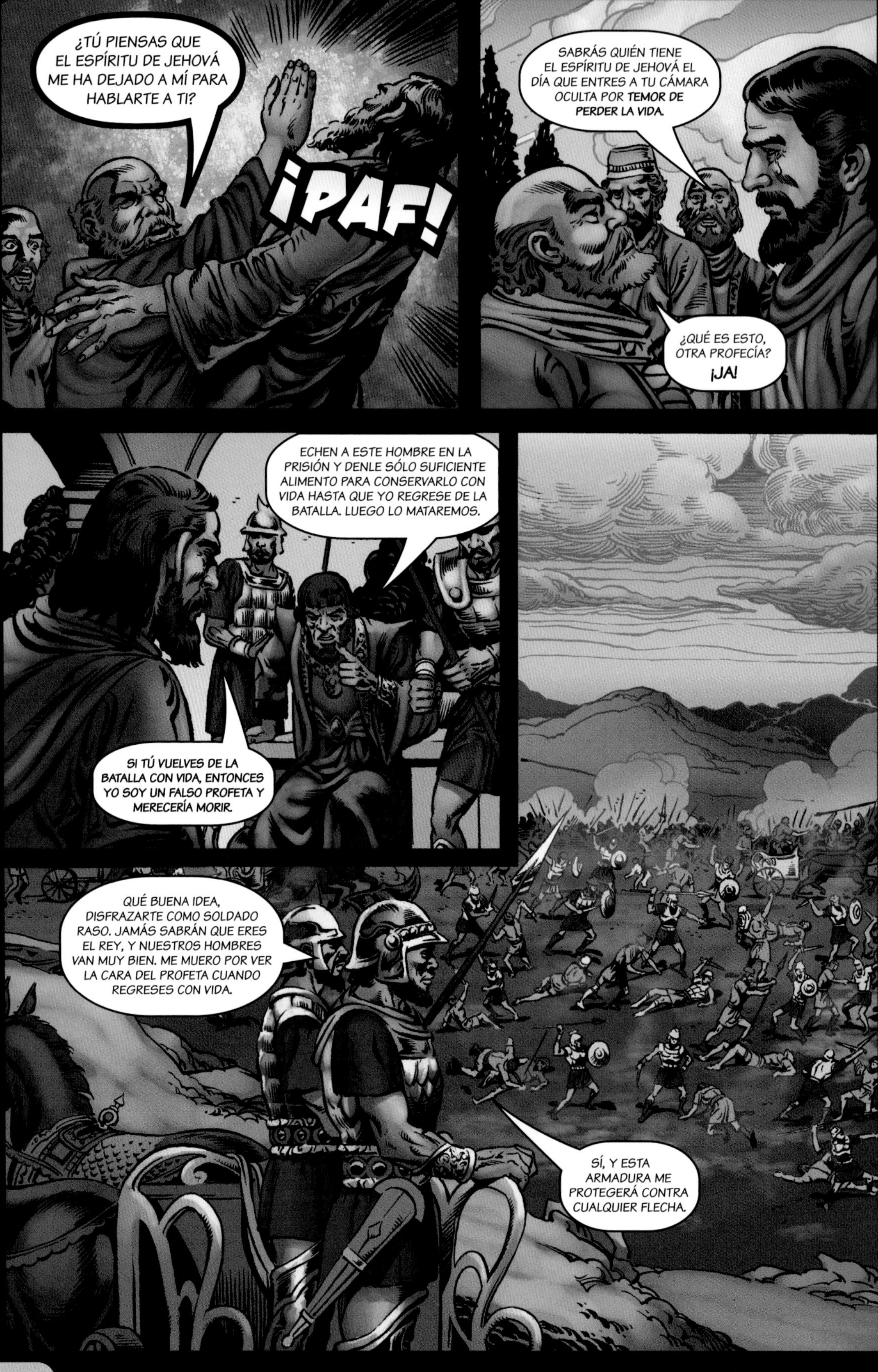
¿TÚ PIENSAS QUE EL ESPÍRITU DE JEHOVÁ ME HA DEJADO A MÍ PARA HABLARTE A TI?
¡PAF!
SABRÁS QUIÉN TIENE EL ESPÍRITU DE JEHOVÁ EL DÍA QUE ENTRES A TU CÁMARA OCULTA POR TEMOR DE PERDER LA VIDA.
¿QUÉ ES ESTO, OTRA PROFECÍA? ¡JA!
ECHEN A ESTE HOMBRE EN LA PRISIÓN Y DENLE SÓLO SUFICIENTE ALIMENTO PARA CONSERVARLO CON VIDA HASTA QUE YO REGRESE DE LA BATALLA. LUEGO LO MATAREMOS.
SI TÚ VUELVES DE LA BATALLA CON VIDA, ENTONCES YO SOY UN FALSO PROFETA Y MERECERÍA MORIR.
QUÉ BUENA IDEA, DISFRAZARTE COMO SOLDADO RASO. JAMÁS SABRÁN QUE ERES EL REY, Y NUESTROS HOMBRES VAN MUY BIEN. ME MUERO POR VER LA CARA DEL PROFETA CUANDO REGRESES CON VIDA.
SÍ, Y ESTA ARMADURA ME PROTEGERÁ CONTRA CUALQUIER FLECHA.

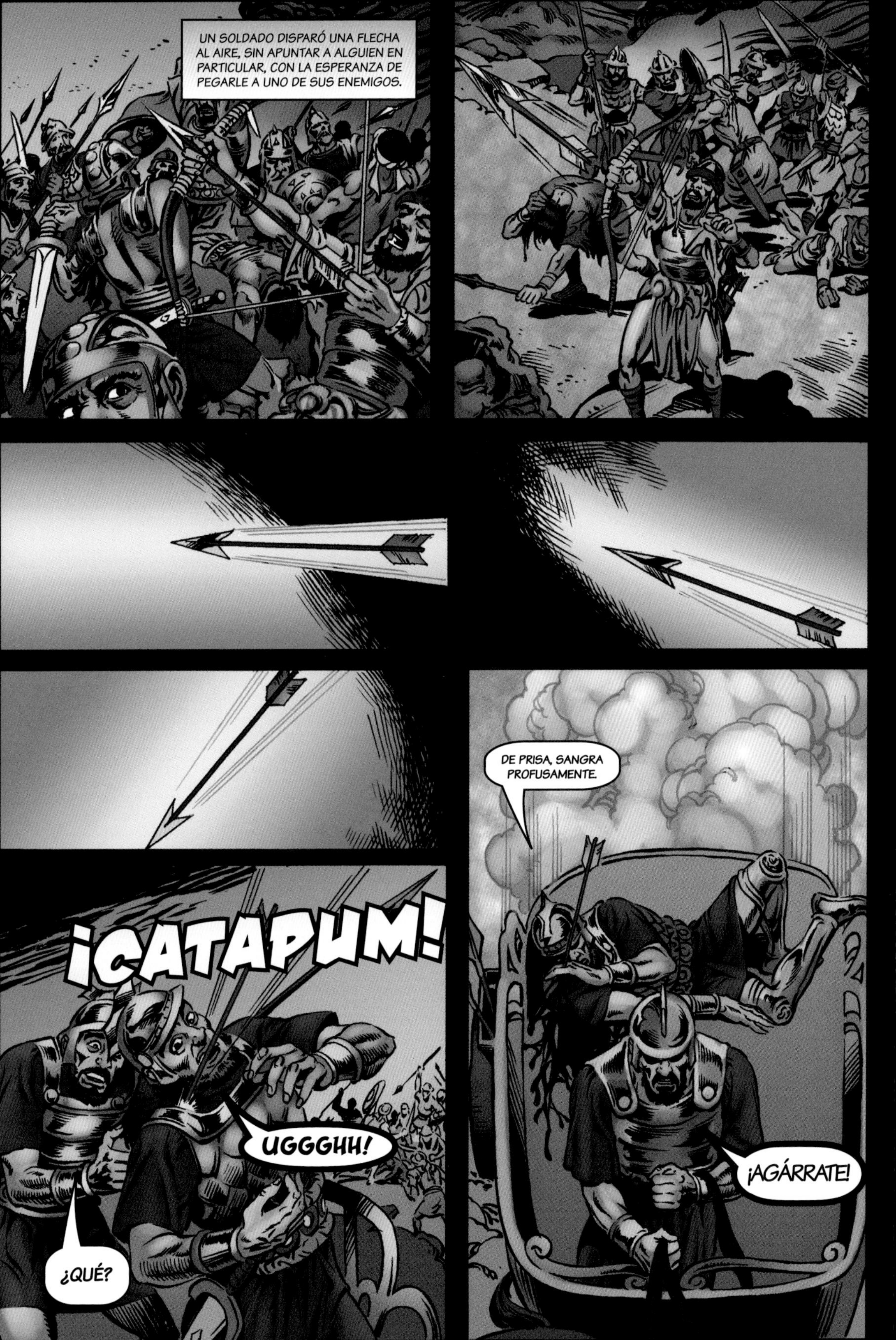
UN SOLDADO DISPARÓ UNA FLECHA AL AIRE, SIN APUNTAR A ALGUIEN EN PARTICULAR, CON LA ESPERANZA DE PEGARLE A UNO DE SUS ENEMIGOS.
¡CATAPUM!
UGGGHH!
¿QUÉ?
DE PRISA, SANGRA PROFUSAMENTE.
¡AGÁRRATE!

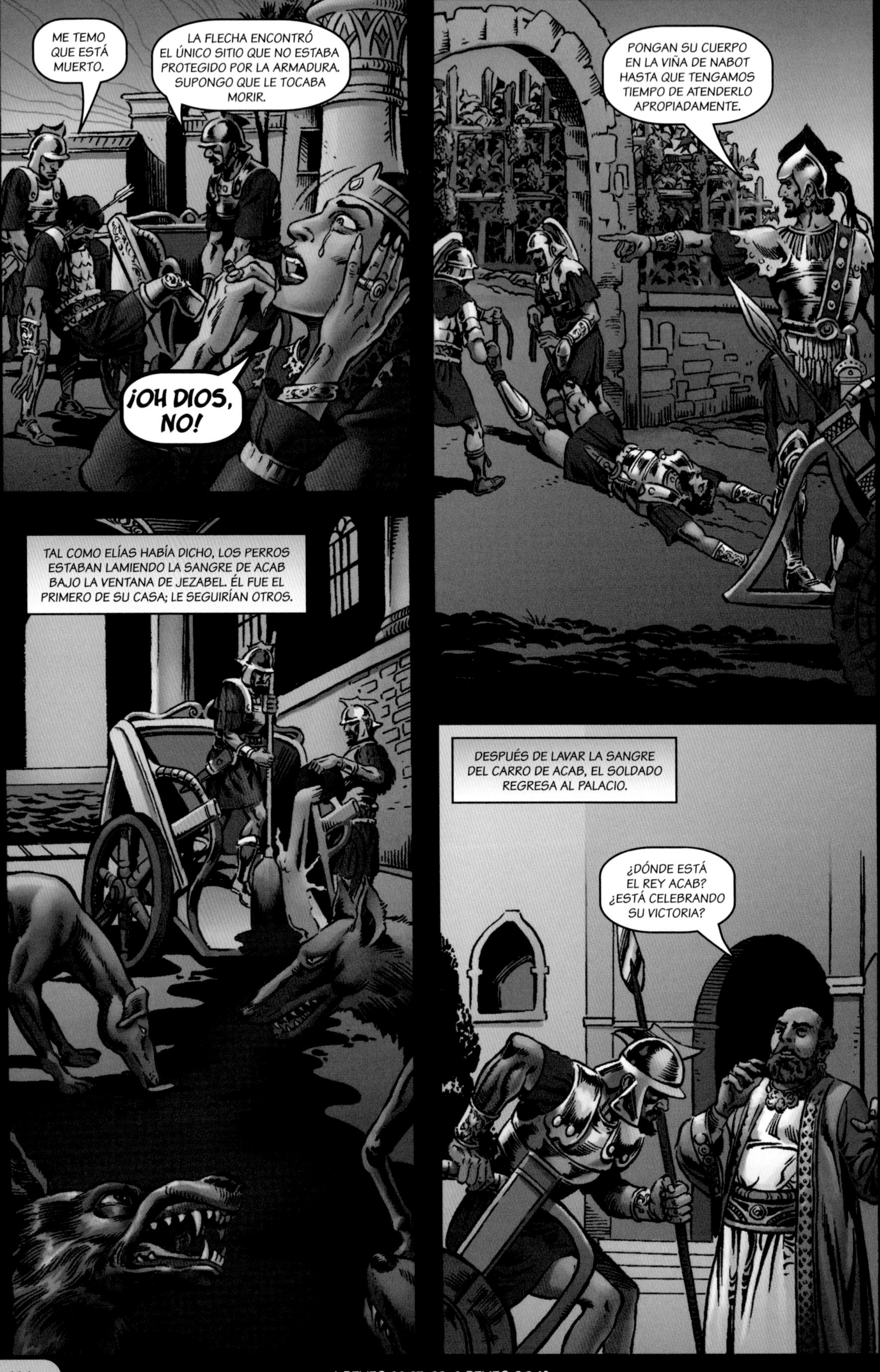
ME TEMO QUE ESTÁ MUERTO.
LA FLECHA ENCONTRÓ EL ÚNICO SITIO QUE NO ESTABA PROTEGIDO POR LA ARMADURA. SUPONGO QUE LE TOCABA MORIR.
¡OH DIOS, NO!
PONGAN SU CUERPO EN LA VIÑA DE NABOT HASTA QUE TENGAMOS TIEMPO DE ATENDERLO APROPIADAMENTE.
TAL COMO ELÍAS HABÍA DICHO, LOS PERROS ESTABAN LAMIENDO LA SANGRE DE ACAB BAJO LA VENTANA DE JEZABEL. ÉL FUE EL PRIMERO DE SU CASA; LE SEGUIRÍAN OTROS.
DESPUÉS DE LAVAR LA SANGRE DEL CARRO DE ACAB, EL SOLDADO REGRESA AL PALACIO.
¿DÓNDE ESTÁ EL REY ACAB? ¿ESTÁ CELEBRANDO SU VICTORIA?

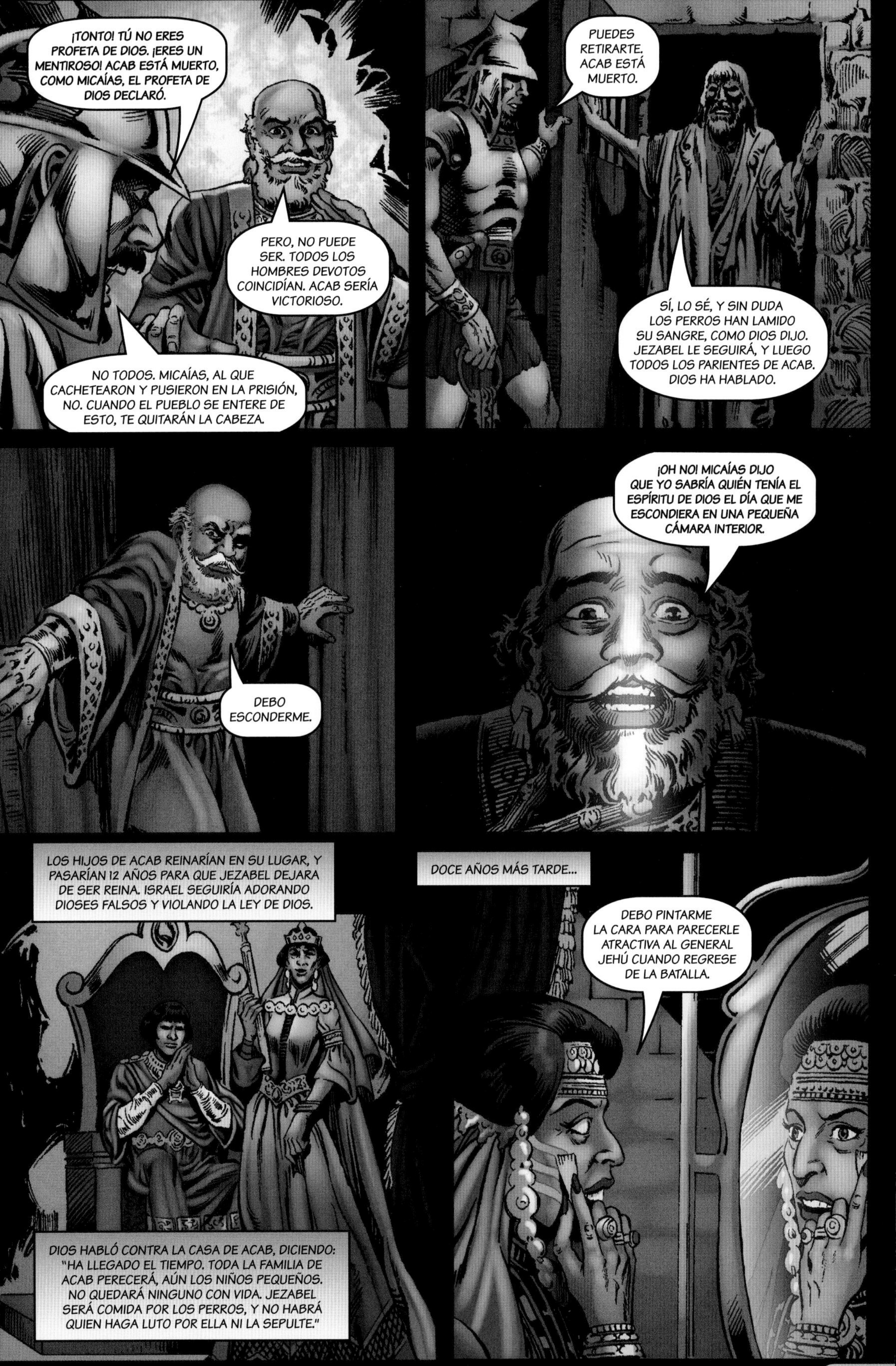
¡TONTO! TÚ NO ERES PROFETA DE DIOS. ¡ERES UN MENTIROSO! ACAB ESTÁ MUERTO, COMO MICAÍAS, EL PROFETA DE DIOS DECLARÓ.
PERO, NO PUEDE SER. TODOS LOS HOMBRES DEVOTOS COINCIDÍAN. ACAB SERÍA VICTORIOSO.
NO TODOS. MICAÍAS, AL QUE CACHETEARON Y PUSIERON EN LA PRISIÓN, NO. CUANDO EL PUEBLO SE ENTERE DE ESTO, TE QUITARÁN LA CABEZA.
PUEDES RETIRARTE. ACAB ESTÁ MUERTO.
SÍ, LO SÉ, Y SIN DUDA LOS PERROS HAN LAMIDO SU SANGRE, COMO DIOS DIJO. JEZABEL LE SEGUIRÁ, Y LUEGO TODOS LOS PARIENTES DE ACAB. DIOS HA HABLADO.
DEBO ESCONDERME.
¡OH NO! MICAÍAS DIJO QUE YO SABRÍA QUIÉN TENÍA EL ESPÍRITU DE DIOS EL DÍA QUE ME ESCONDIERA EN UNA PEQUEÑA CÁMARA INTERIOR.
LOS HIJOS DE ACAB REINARÍAN EN SU LUGAR, Y PASARÍAN 12 AÑOS PARA QUE JEZABEL DEJARA DE SER REINA. ISRAEL SEGUIRÍA ADORANDO DIOSES FALSOS Y VIOLANDO LA LEY DE DIOS.
DIOS HABLÓ CONTRA LA CASA DE ACAB, DICIENDO: "HA LLEGADO EL TIEMPO. TODA LA FAMILIA DE ACAB PERECERÁ, AÚN LOS NIÑOS PEQUEÑOS. NO QUEDARÁ NINGUNO CON VIDA. JEZABEL SERÁ COMIDA POR LOS PERROS, Y NO HABRÁ QUIEN HAGA LUTO POR ELLA NI LA SEPULTE."
DOCE AÑOS MÁS TARDE...
DEBO PINTARME LA CARA PARA PARECERLE ATRACTIVA AL GENERAL JEHÚ CUANDO REGRESE DE LA BATALLA.

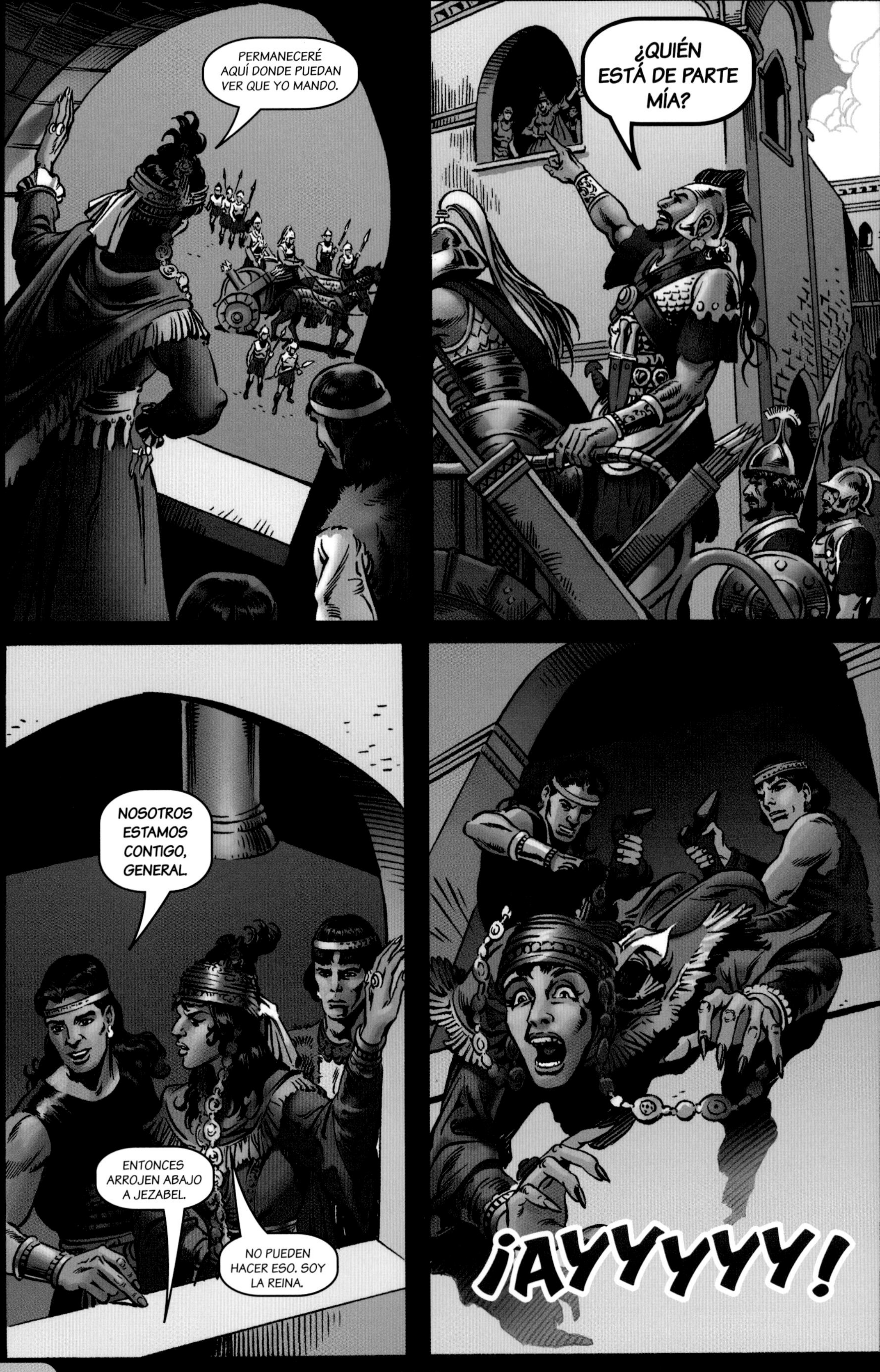
PERMANECERÉ AQUÍ DONDE PUEDAN VER QUE YO MANDO.
¿QUIÉN ESTÁ DE PARTE MÍA?
NOSOTROS ESTAMOS CONTIGO, GENERAL.
ENTONCES ARROJEN ABAJO A JEZABEL.
NO PUEDEN HACER ESO. SOY LA REINA.
¡AYYYYY!

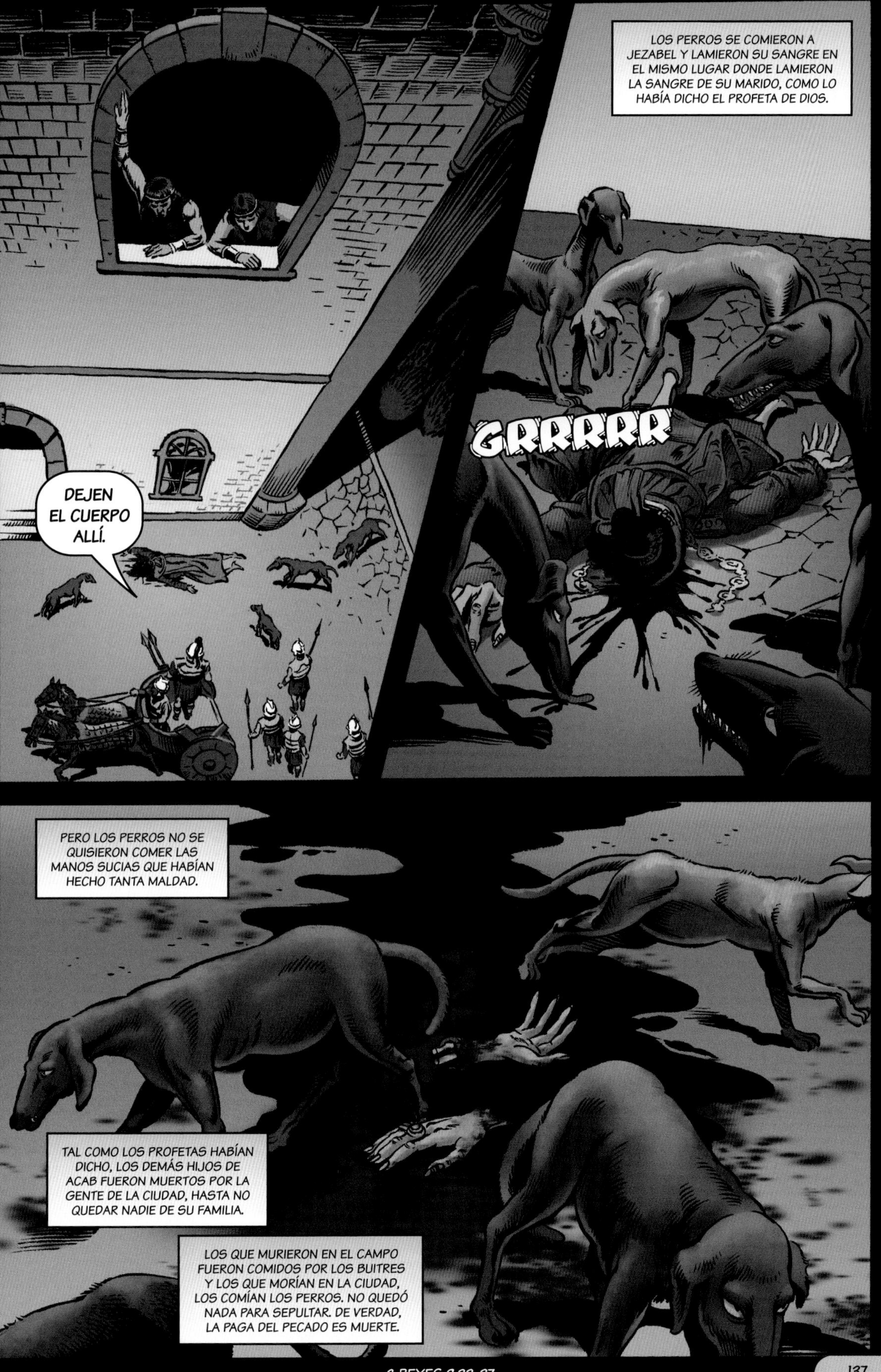
LOS PERROS SE COMIERON A JEZABEL Y LAMIERON SU SANGRE EN EL MISMO LUGAR DONDE LAMIERON LA SANGRE DE SU MARIDO, COMO LO HABÍA DICHO EL PROFETA DE DIOS.
DEJEN EL CUERPO ALLÍ.
GRRRRR
PERO LOS PERROS NO SE QUISIERON COMER LAS MANOS SUCIAS QUE HABÍAN HECHO TANTA MALDAD.
TAL COMO LOS PROFETAS HABÍAN DICHO, LOS DEMÁS HIJOS DE ACAB FUERON MUERTOS POR LA GENTE DE LA CIUDAD, HASTA NO QUEDAR NADIE DE SU FAMILIA.
LOS QUE MURIERON EN EL CAMPO FUERON COMIDOS POR LOS BUITRES Y LOS QUE MORÍAN EN LA CIUDAD, LOS COMÍAN LOS PERROS. NO QUEDÓ NADA PARA SEPULTAR. DE VERDAD, LA PAGA DEL PECADO ES MUERTE.

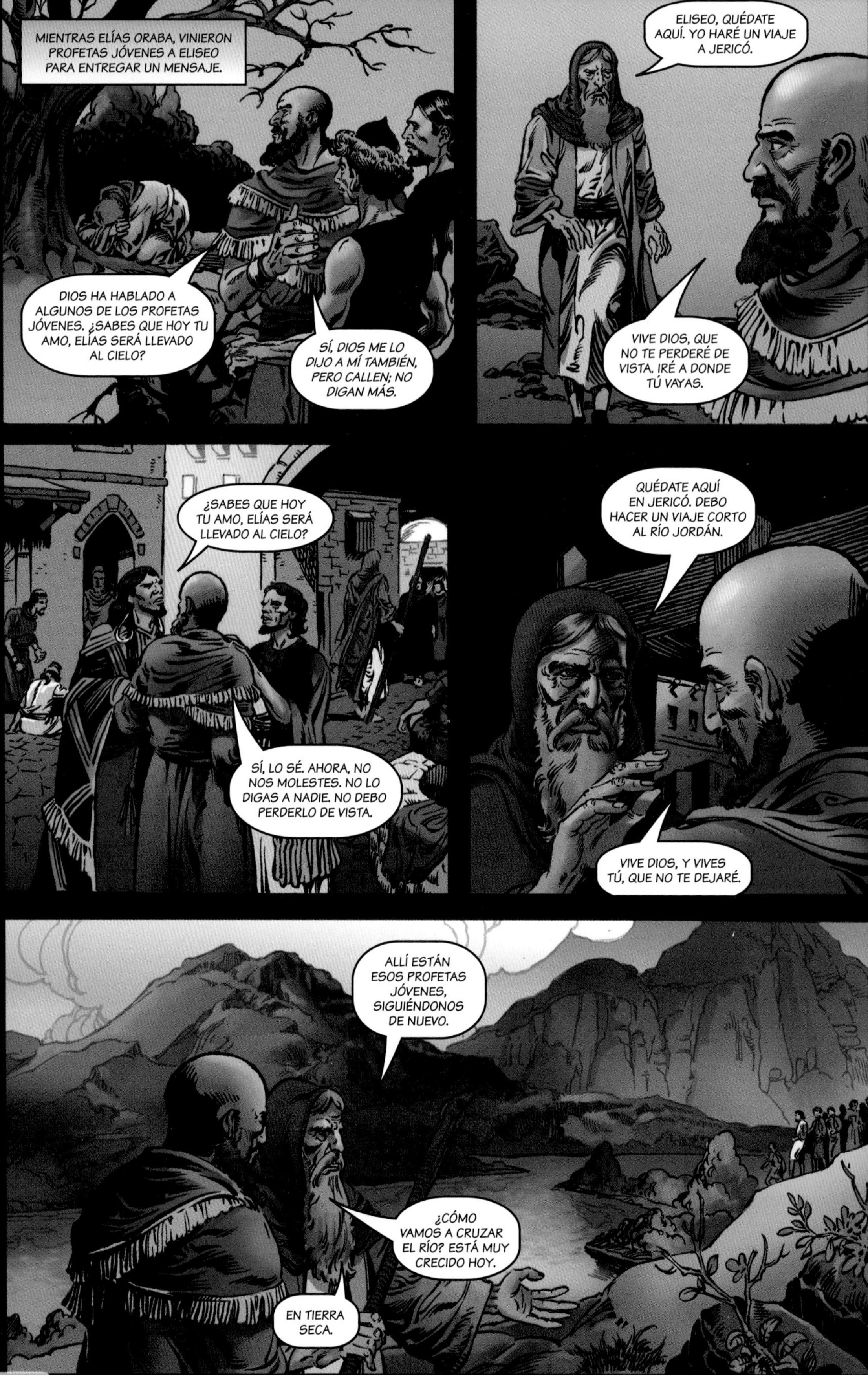
MIENTRAS ELÍAS ORABA, VINIERON PROFETAS JÓVENES A ELISEO PARA ENTREGAR UN MENSAJE.
DIOS HA HABLADO A ALGUNOS DE LOS PROFETAS JÓVENES. ¿SABES QUE HOY TU AMO, ELÍAS SERÁ LLEVADO AL CIELO?
SÍ, DIOS ME LO DIJO A MÍ TAMBIÉN, PERO CALLEN; NO DIGAN MÁS.
ELISEO, QUÉDATE AQUÍ. YO HARÉ UN VIAJE A JERICÓ.
VIVE DIOS, QUE NO TE PERDERÉ DE VISTA. IRÉ A DONDE TÚ VAYAS.
¿SABES QUE HOY TU AMO, ELÍAS SERÁ LLEVADO AL CIELO?
SÍ, LO SÉ. AHORA, NO NOS MOLESTES. NO LO DIGAS A NADIE. NO DEBO PERDERLO DE VISTA.
QUÉDATE AQUÍ EN JERICÓ. DEBO HACER UN VIAJE CORTO AL RÍO JORDÁN.
VIVE DIOS, Y VIVES TÚ, QUE NO TE DEJARÉ.
ALLÍ ESTÁN ESOS PROFETAS JÓVENES, SIGUIÉNDONOS DE NUEVO.
¿CÓMO VAMOS A CRUZAR EL RÍO? ESTÁ MUY CRECIDO HOY.
EN TIERRA SECA.

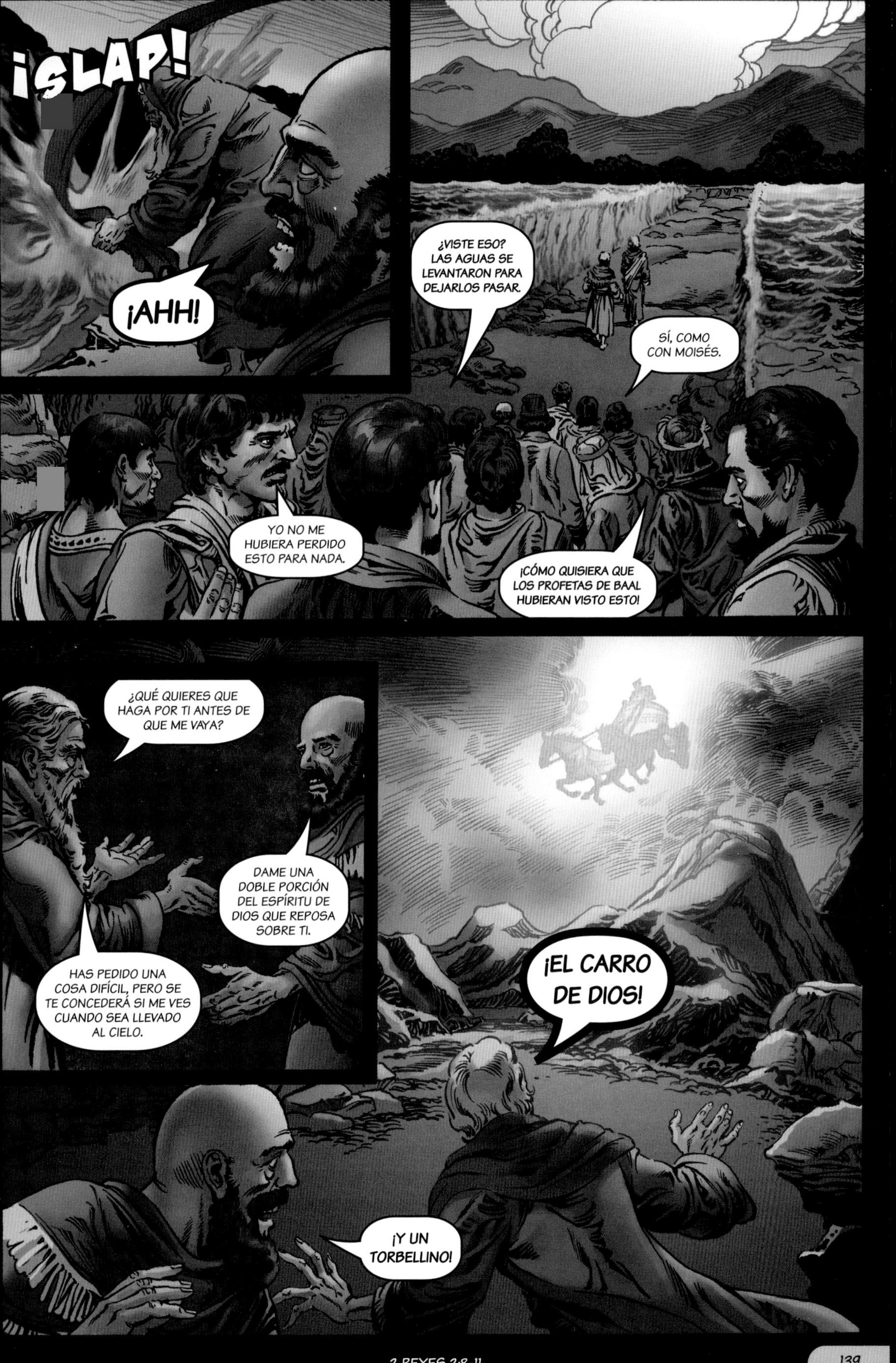
¡SLAP!
¡AHH!
¿VISTE ESO? LAS AGUAS SE LEVANTARON PARA DEJARLOS PASAR.
SÍ, COMO CON MOISÉS.
YO NO ME HUBIERA PERDIDO ESTO PARA NADA.
¡CÓMO QUISIERA QUE LOS PROFETAS DE BAAL HUBIERAN VISTO ESTO!
¿QUÉ QUIERES QUE HAGA POR TI ANTES DE QUE ME VAYA?
DAME UNA DOBLE PORCIÓN DEL ESPÍRITU DE DIOS QUE REPOSA SOBRE TI.
HAS PEDIDO UNA COSA DIFÍCIL, PERO SE TE CONCEDERÁ SI ME VES CUANDO SEA LLEVADO AL CIELO.
¡EL CARRO DE DIOS!
¡Y UN TORBELLINO!

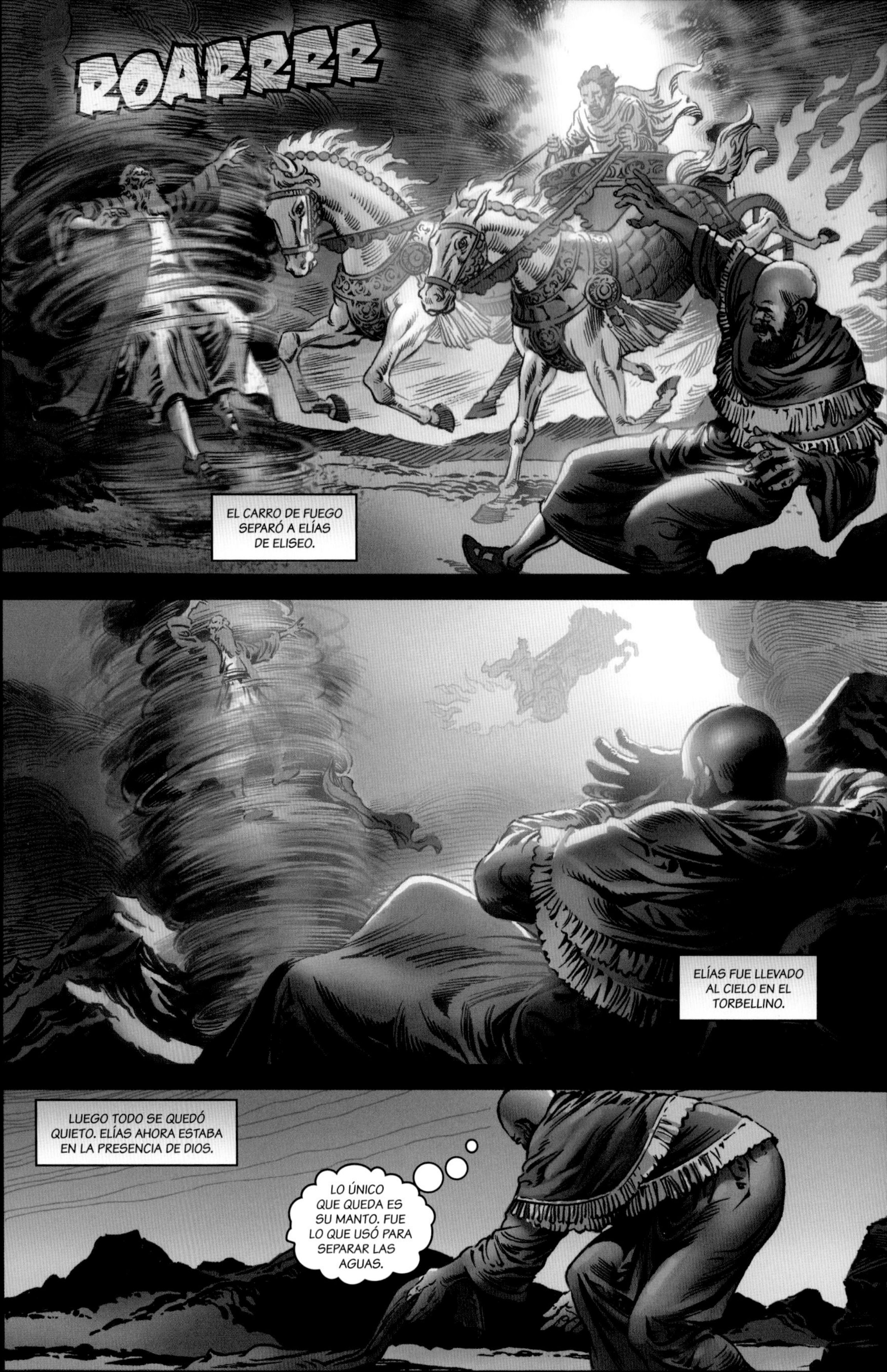
ROARRRR
EL CARRO DE FUEGO SEPARÓ A ELÍAS DE ELISEO.
ELÍAS FUE LLEVADO AL CIELO EN EL TORBELLINO.
LUEGO TODO SE QUEDÓ QUIETO. ELÍAS AHORA ESTABA EN LA PRESENCIA DE DIOS.
LO ÚNICO QUE QUEDA ES SU MANTO. FUE LO QUE USÓ PARA SEPARAR LAS AGUAS.

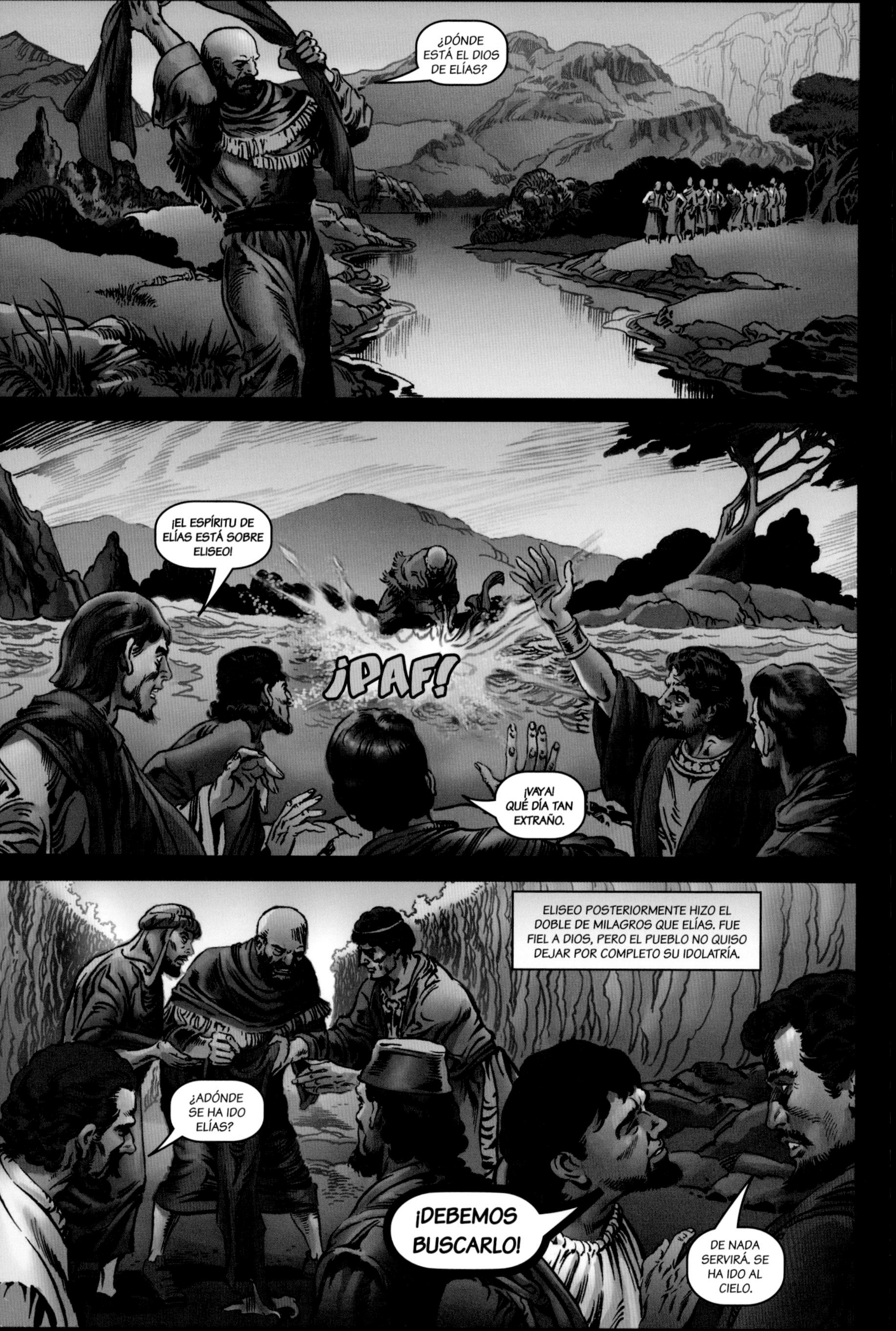
¿DÓNDE ESTÁ EL DIOS DE ELÍAS?
¡EL ESPÍRITU DE ELÍAS ESTÁ SOBRE ELISEO!
¡PAF!
¡VAYA! QUÉ DÍA TAN EXTRAÑO.
ELISEO POSTERIORMENTE HIZO EL DOBLE DE MILAGROS QUE ELÍAS. FUE FIEL A DIOS, PERO EL PUEBLO NO QUISO DEJAR POR COMPLETO SU IDOLATRÍA.
¿ADÓNDE SE HA IDO ELÍAS?
¡DEBEMOS BUSCARLO!
DE NADA SERVIRÁ. SE HA IDO AL CIELO.

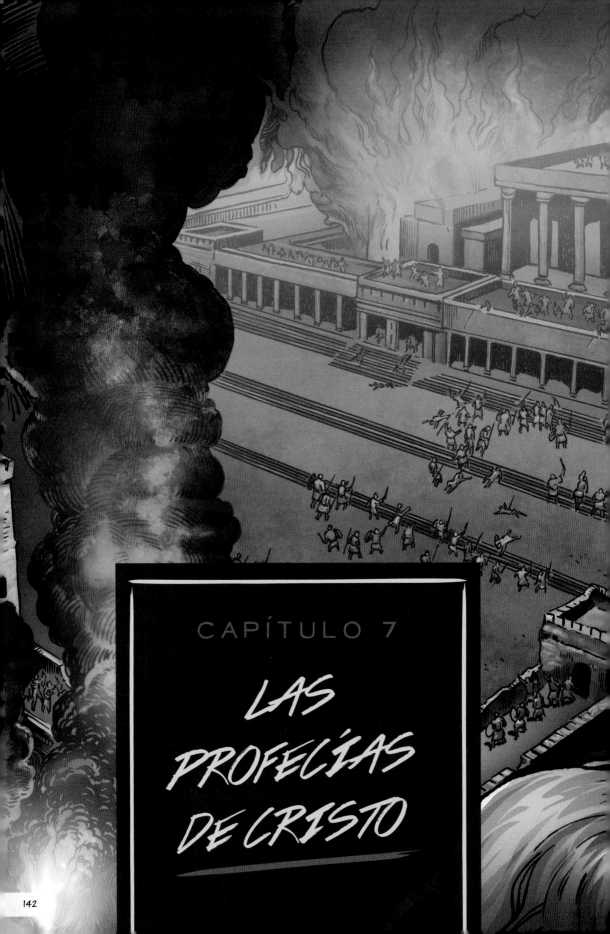

CAPÍTULO 7

LAS PROFECÍAS DE CRISTO

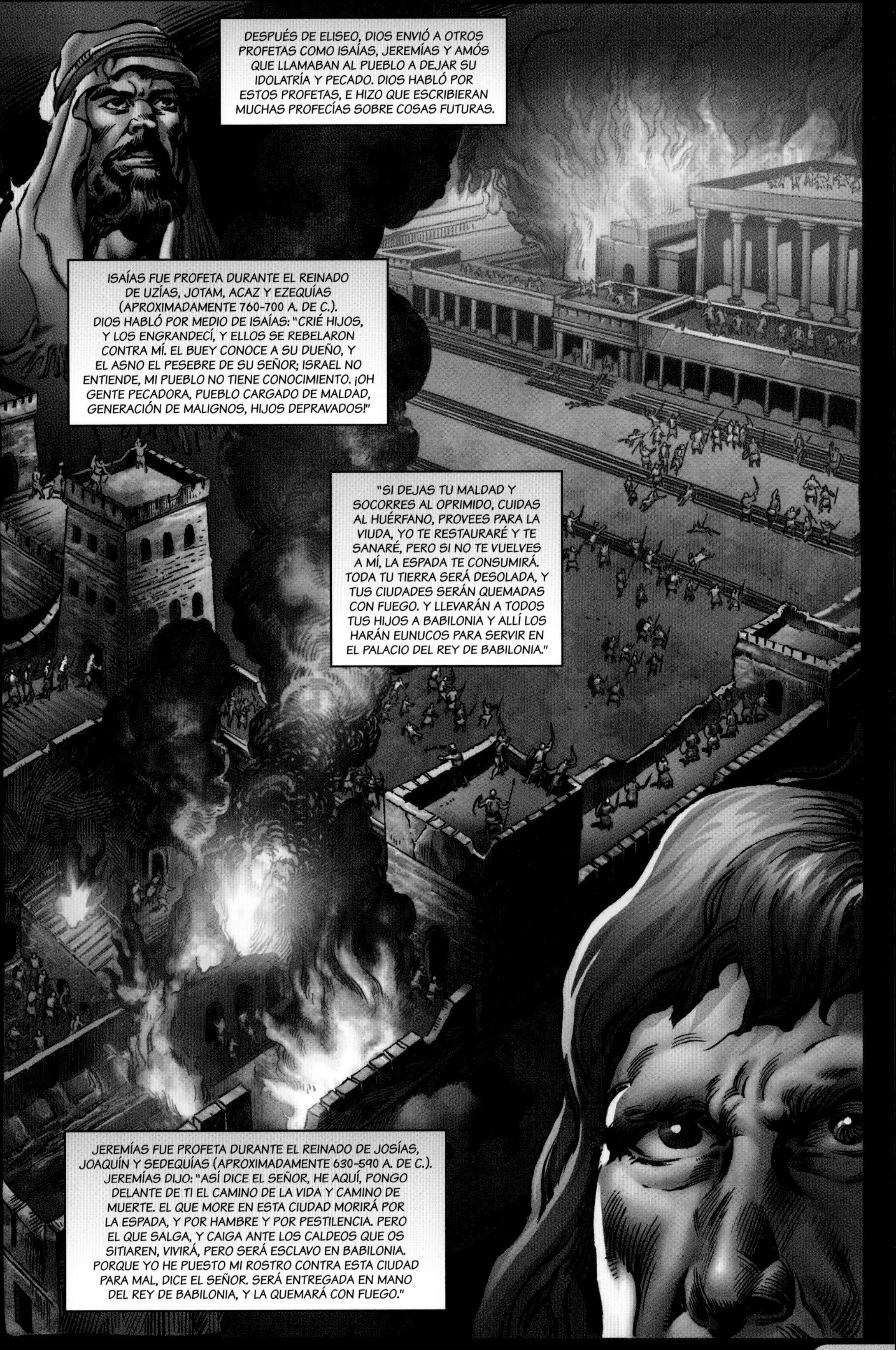
DESPUÉS DE ELISEO, DIOS ENVIÓ A OTROS PROFETAS COMO ISAÍAS, JEREMÍAS Y AMÓS QUE LLAMABAN AL PUEBLO A DEJAR SU IDOLATRÍA Y PECADO. DIOS HABLÓ POR ESTOS PROFETAS, E HIZO QUE ESCRIBIERAN MUCHAS PROFECÍAS SOBRE COSAS FUTURAS.
ISAÍAS FUE PROFETA DURANTE EL REINADO DE UZÍAS, JOTAM, ACAZ Y EZEQUÍAS (APROXIMADAMENTE 760-700 A. DE C.). DIOS HABLÓ POR MEDIO DE ISAÍAS: "CRIÉ HIJOS, Y LOS ENGRANDECÍ, Y ELLOS SE REBELARON CONTRA MÍ. EL BUEY CONOCE A SU DUEÑO, Y EL ASNO EL PESEBRE DE SU SEÑOR; ISRAEL NO ENTIENDE, MI PUEBLO NO TIENE CONOCIMIENTO. ¡OH GENTE PECADORA, PUEBLO CARGADO DE MALDAD, GENERACIÓN DE MALIGNOS, HIJOS DEPRAVADOS!"
"SI DEJAS TU MALDAD Y SOCORRES AL OPRIMIDO, CUIDAS AL HUÉRFANO, PROVEES PARA LA VIUDA, YO TE RESTAURARÉ Y TE SANARÉ, PERO SI NO TE VUELVES A MÍ, LA ESPADA TE CONSUMIRÁ. TODA TU TIERRA SERÁ DESOLADA, Y TUS CIUDADES SERÁN QUEMADAS CON FUEGO. Y LLEVARÁN A TODOS TUS HIJOS A BABILONIA Y ALLÍ LOS HARÁN EUNUCOS PARA SERVIR EN EL PALACIO DEL REY DE BABILONIA."
JEREMÍAS FUE PROFETA DURANTE EL REINADO DE JOSÍAS, JOAQUÍN Y SEDEQUÍAS (APROXIMADAMENTE 630-590 A. DE C.). JEREMÍAS DIJO: "ASÍ DICE EL SEÑOR, HE AQUÍ, PONGO DELANTE DE TI EL CAMINO DE LA VIDA Y CAMINO DE MUERTE. EL QUE MORE EN ESTA CIUDAD MORIRÁ POR LA ESPADA, Y POR HAMBRE Y POR PESTILENCIA. PERO EL QUE SALGA, Y CAIGA ANTE LOS CALDEOS QUE OS SITIAREN, VIVIRÁ, PERO SERÁ ESCLAVO EN BABILONIA. PORQUE YO HE PUESTO MI ROSTRO CONTRA ESTA CIUDAD PARA MAL, DICE EL SEÑOR. SERÁ ENTREGADA EN MANO DEL REY DE BABILONIA, Y LA QUEMARÁ CON FUEGO."

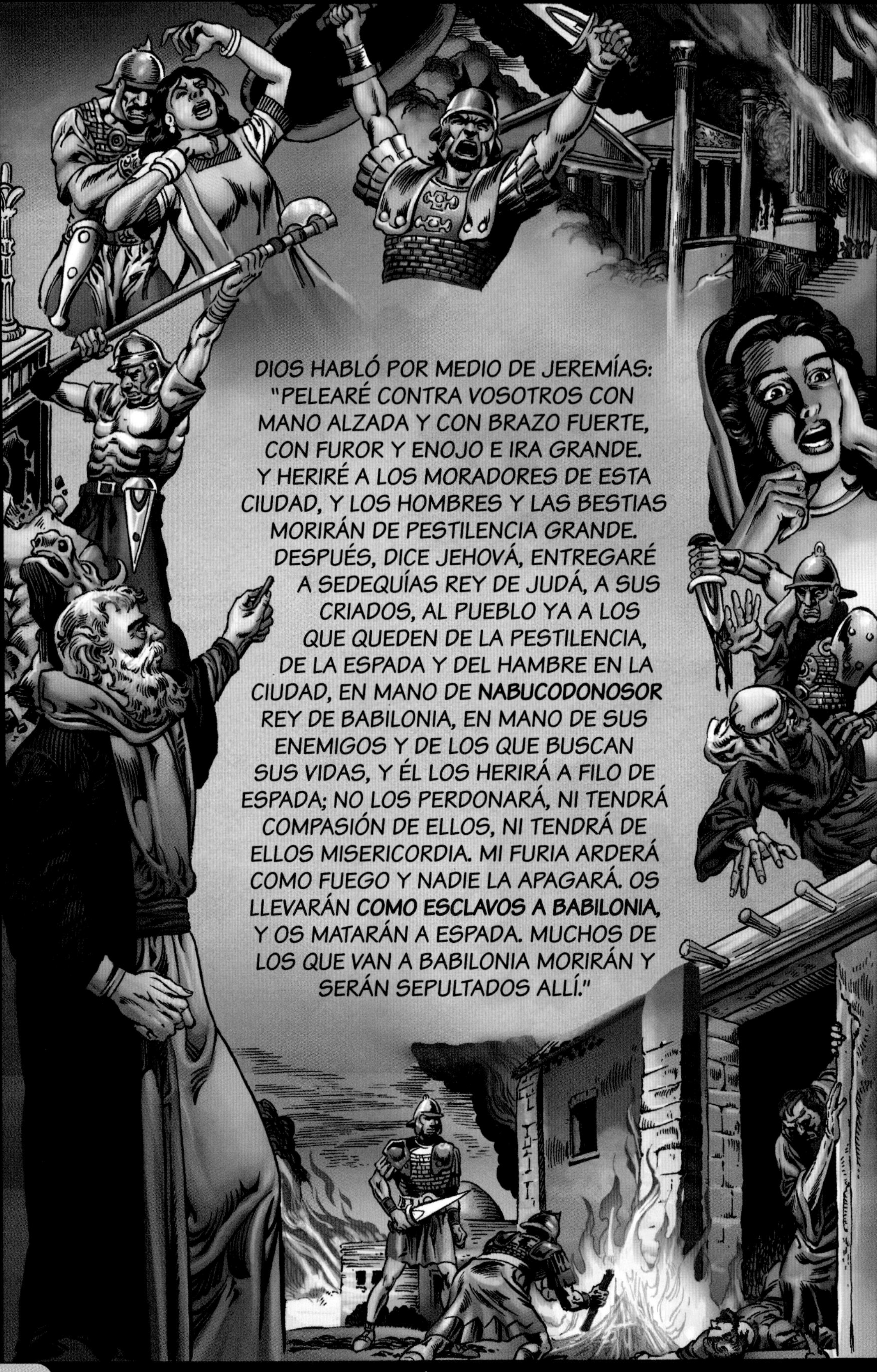
DIOS HABLÓ POR MEDIO DE JEREMÍAS: "PELEARÉ CONTRA VOSOTROS CON MANO ALZADA Y CON BRAZO FUERTE, CON FUROR Y ENOJO E IRA GRANDE. Y HERIRÉ A LOS MORADORES DE ESTA CIUDAD, Y LOS HOMBRES Y LAS BESTIAS MORIRÁN DE PESTILENCIA GRANDE. DESPUÉS, DICE JEHOVÁ, ENTREGARÉ A SEDEQUÍAS REY DE JUDÁ, A SUS CRIADOS, AL PUEBLO YA A LOS QUE QUEDEN DE LA PESTILENCIA, DE LA ESPADA Y DEL HAMBRE EN LA CIUDAD, EN MANO DE **NABUCODONOSOR** REY DE BABILONIA, EN MANO DE SUS ENEMIGOS Y DE LOS QUE BUSCAN SUS VIDAS, Y ÉL LOS HERIRÁ A FILO DE ESPADA; NO LOS PERDONARÁ, NI TENDRÁ COMPASIÓN DE ELLOS, NI TENDRÁ DE ELLOS MISERICORDIA. MI FURIA ARDERÁ COMO FUEGO Y NADIE LA APAGARÁ. OS LLEVARÁN **COMO ESCLAVOS A BABILONIA,** Y OS MATARÁN A ESPADA. MUCHOS DE LOS QUE VAN A BABILONIA MORIRÁN Y SERÁN SEPULTADOS ALLÍ."

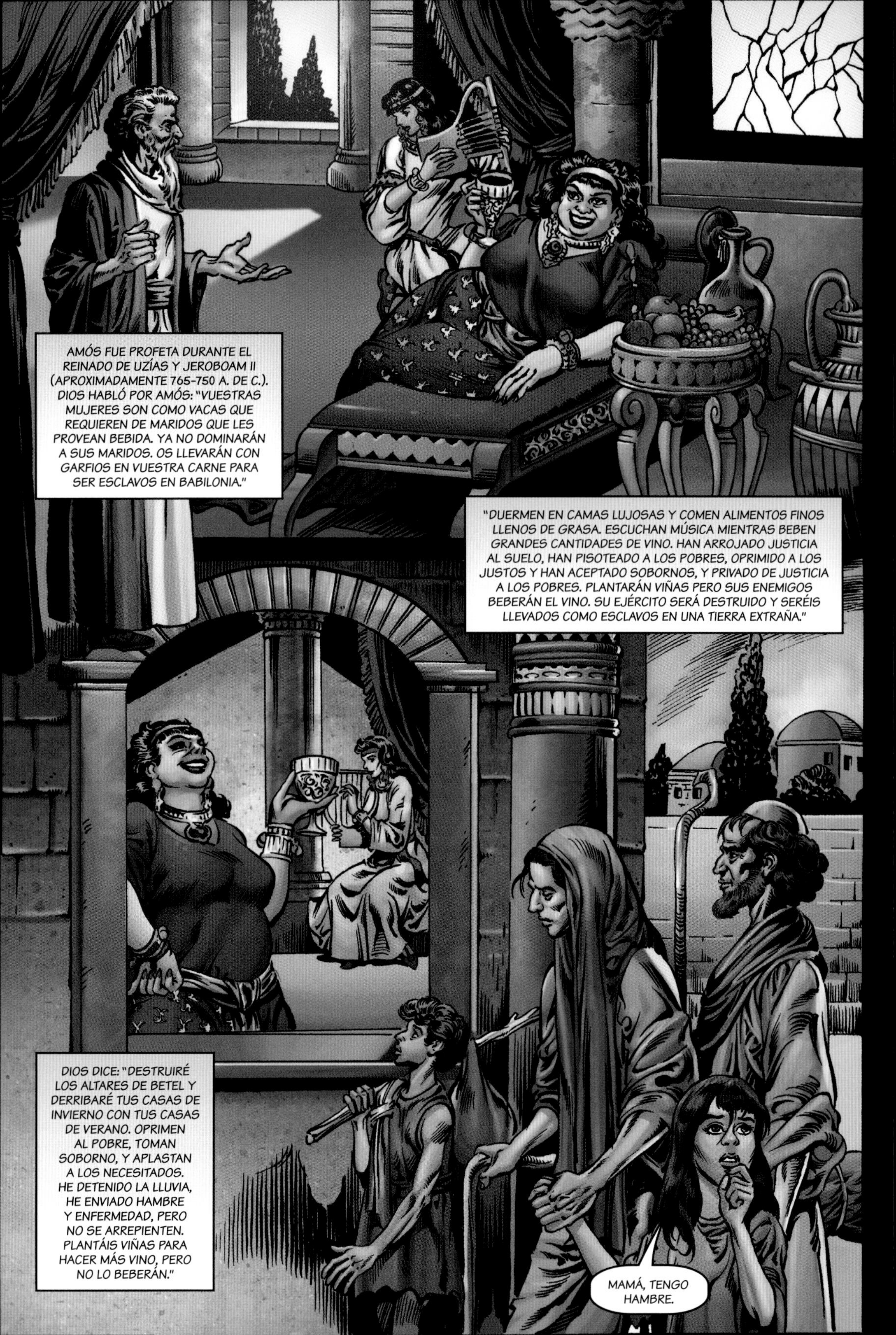
AMÓS FUE PROFETA DURANTE EL REINADO DE UZÍAS Y JEROBOAM II (APROXIMADAMENTE 765-750 A. DE C.). DIOS HABLÓ POR AMÓS: "VUESTRAS MUJERES SON COMO VACAS QUE REQUIEREN DE MARIDOS QUE LES PROVEAN BEBIDA. YA NO DOMINARÁN A SUS MARIDOS. OS LLEVARÁN CON GARFIOS EN VUESTRA CARNE PARA SER ESCLAVOS EN BABILONIA."
"DUERMEN EN CAMAS LUJOSAS Y COMEN ALIMENTOS FINOS LLENOS DE GRASA. ESCUCHAN MÚSICA MIENTRAS BEBEN GRANDES CANTIDADES DE VINO. HAN ARROJADO JUSTICIA AL SUELO, HAN PISOTEADO A LOS POBRES, OPRIMIDO A LOS JUSTOS Y HAN ACEPTADO SOBORNOS, Y PRIVADO DE JUSTICIA A LOS POBRES. PLANTARÁN VIÑAS PERO SUS ENEMIGOS BEBERÁN EL VINO. SU EJÉRCITO SERÁ DESTRUIDO Y SERÉIS LLEVADOS COMO ESCLAVOS EN UNA TIERRA EXTRAÑA."
DIOS DICE: "DESTRUIRÉ LOS ALTARES DE BETEL Y DERRIBARÉ TUS CASAS DE INVIERNO CON TUS CASAS DE VERANO. OPRIMEN AL POBRE, TOMAN SOBORNO, Y APLASTAN A LOS NECESITADOS. HE DETENIDO LA LLUVIA, HE ENVIADO HAMBRE Y ENFERMEDAD, PERO NO SE ARREPIENTEN. PLANTÁIS VIÑAS PARA HACER MÁS VINO, PERO NO LO BEBERÁN."
MAMÁ, TENGO HAMBRE.

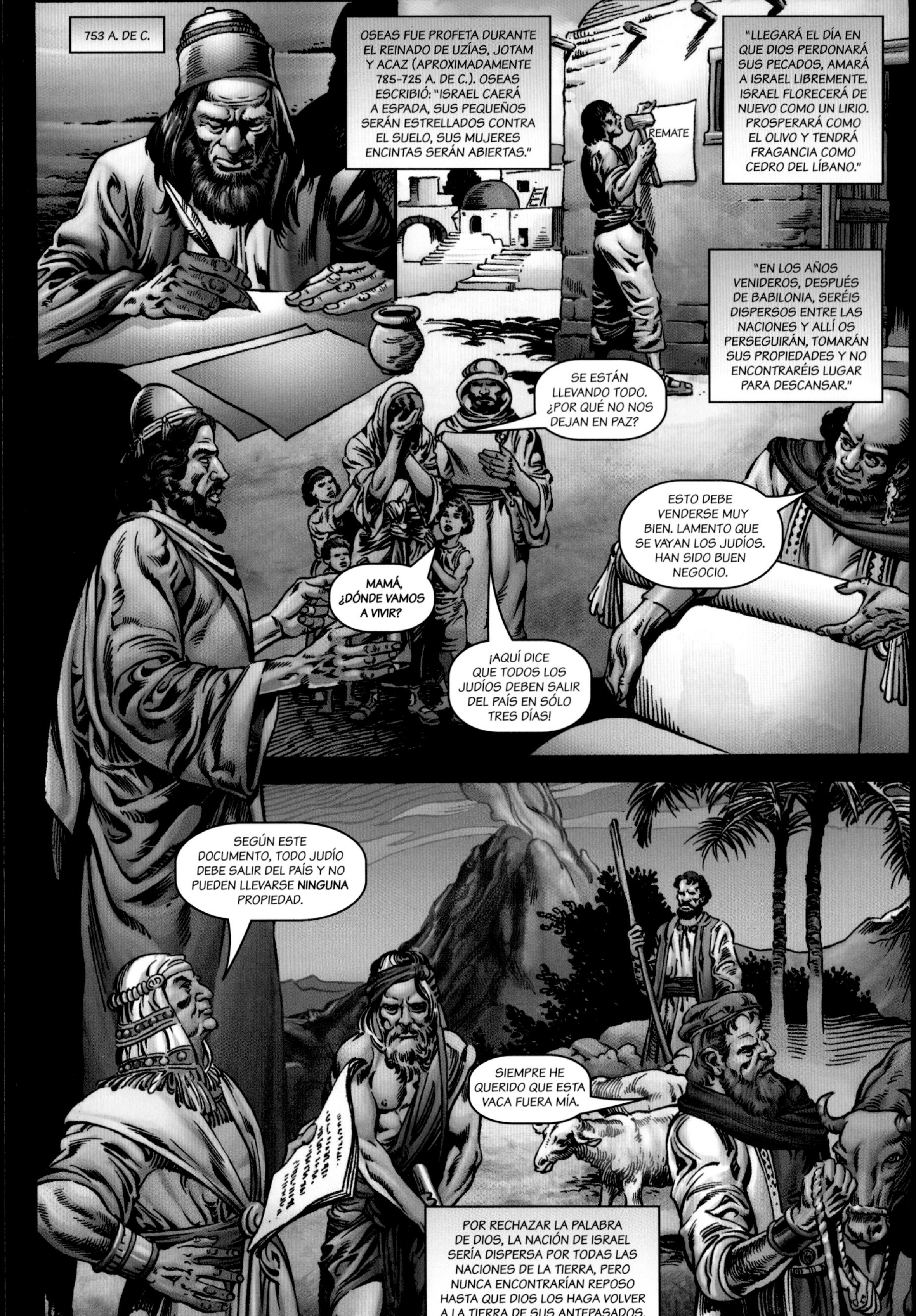

753 A. DE C.
OSEAS FUE PROFETA DURANTE EL REINADO DE UZÍAS, JOTAM Y ACAZ (APROXIMADAMENTE 785-725 A. DE C.). OSEAS ESCRIBIÓ: "ISRAEL CAERÁ A ESPADA, SUS PEQUEÑOS SERÁN ESTRELLADOS CONTRA EL SUELO, SUS MUJERES ENCINTAS SERÁN ABIERTAS."
REMATE
"LLEGARÁ EL DÍA EN QUE DIOS PERDONARÁ SUS PECADOS, AMARÁ A ISRAEL LIBREMENTE. ISRAEL FLORECERÁ DE NUEVO COMO UN LIRIO. PROSPERARÁ COMO EL OLIVO Y TENDRÁ FRAGANCIA COMO CEDRO DEL LÍBANO."
"EN LOS AÑOS VENIDEROS, DESPUÉS DE BABILONIA, SERÉIS DISPERSOS ENTRE LAS NACIONES Y ALLÍ OS PERSEGUIRÁN, TOMARÁN SUS PROPIEDADES Y NO ENCONTRARÉIS LUGAR PARA DESCANSAR."
SE ESTÁN LLEVANDO TODO. ¿POR QUÉ NO NOS DEJAN EN PAZ?
MAMÁ, ¿DÓNDE VAMOS A VIVIR?
¡AQUÍ DICE QUE TODOS LOS JUDÍOS DEBEN SALIR DEL PAÍS EN SÓLO TRES DÍAS!
ESTO DEBE VENDERSE MUY BIEN. LAMENTO QUE SE VAYAN LOS JUDÍOS. HAN SIDO BUEN NEGOCIO.
SEGÚN ESTE DOCUMENTO, TODO JUDÍO DEBE SALIR DEL PAÍS Y NO PUEDEN LLEVARSE NINGUNA PROPIEDAD.
SIEMPRE HE QUERIDO QUE ESTA VACA FUERA MÍA.
POR RECHAZAR LA PALABRA DE DIOS, LA NACIÓN DE ISRAEL SERÍA DISPERSA POR TODAS LAS NACIONES DE LA TIERRA, PERO NUNCA ENCONTRARÍAN REPOSO HASTA QUE DIOS LOS HAGA VOLVER A LA TIERRA DE SUS ANTEPASADOS.

ISAÍAS 10:21,35, 51:11; JEREMÍAS 30:11; EZEQUIEL 17:21; JOEL 3:2; OSEAS 13:16, 14:1-6

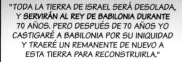

"TODA LA TIERRA DE ISRAEL SERÁ DESOLADA, Y SERVIRÁN AL REY DE BABILONIA DURANTE 70 AÑOS. PERO DESPUÉS DE 70 AÑOS YO CASTIGARÉ A BABILONIA POR SU INIQUIDAD Y TRAERÉ UN REMANENTE DE NUEVO A ESTA TIERRA PARA RECONSTRUIRLA."

"JERUSALÉN SERÁ TAN ABANDONADA QUE SERÁ ARADA COMO UN SEMBRADÍO."

ESTA PROFECÍA SE CUMPLIÓ. EL ENEMIGO DE HECHO HIZO SEMBRADÍO EN JERUSALÉN. PERO EN LOS ÚLTIMOS DÍAS EL TEMPLO SERÁ RECONSTRUIDO, Y LA GENTE ACUDIRÁ A ÉL.

MIQUEAS (750-686 A. DE C.) PROFETIZÓ:

"Y VENDRÁN MUCHAS NACIONES Y DIRÁN: VENID, SUBAMOS AL MONTE DEL SEÑOR, Y A LA CASA DEL DIOS DE JACOB. Y ÉL NOS ENSEÑARÁ SUS CAMINOS, Y ANDAREMOS EN SUS VEREDAS. PORQUE DE SION SALDRÁ LA LEY, Y DE JERUSALÉN LA PALABRA DEL SEÑOR."

"Y ÉL JUZGARÁ ENTRE MUCHOS PUEBLOS, Y REPRENDERÁ A FUERTES NACIONES LEJANAS; Y CONVERTIRÁN SUS ESPADAS EN ARADOS Y SUS LANZAS EN HOCES. NO LEVANTARÁ ESPADA NACIÓN CONTRA NACIÓN, NI ENSAYARÁN MÁS PARA LA GUERRA. Y SE SENTARÁ CADA UNO DEBAJO DE SU VID Y DEBAJO DE SU HIGUERA, Y NO HABRÁ QUIEN LOS AMEDRENTE; PORQUE LA BOCA DE JEHOVÁ DE LOS EJÉRCITOS LO HA HABLADO."

"Y ANDAREMOS EN EL NOMBRE DE JEHOVÁ NUESTRO DIOS ETERNAMENTE Y PARA SIEMPRE. EN AQUEL DÍA, DICE JEHOVÁ, JUNTARÉ A LA QUE COJEA, Y RECOGERÉ LA DESCARRIADA, Y A LA QUE AFLIGÍ, Y A LA DESCARRIADA COMO NACIÓN ROBUSTA; Y JEHOVÁ REINARÁ SOBRE ELLOS EN EL MONTE DE SION DESDE AHORA Y PARA SIEMPRE."

JEREMÍAS 25:11-12; MIQUEAS 3:12, 4:1-7

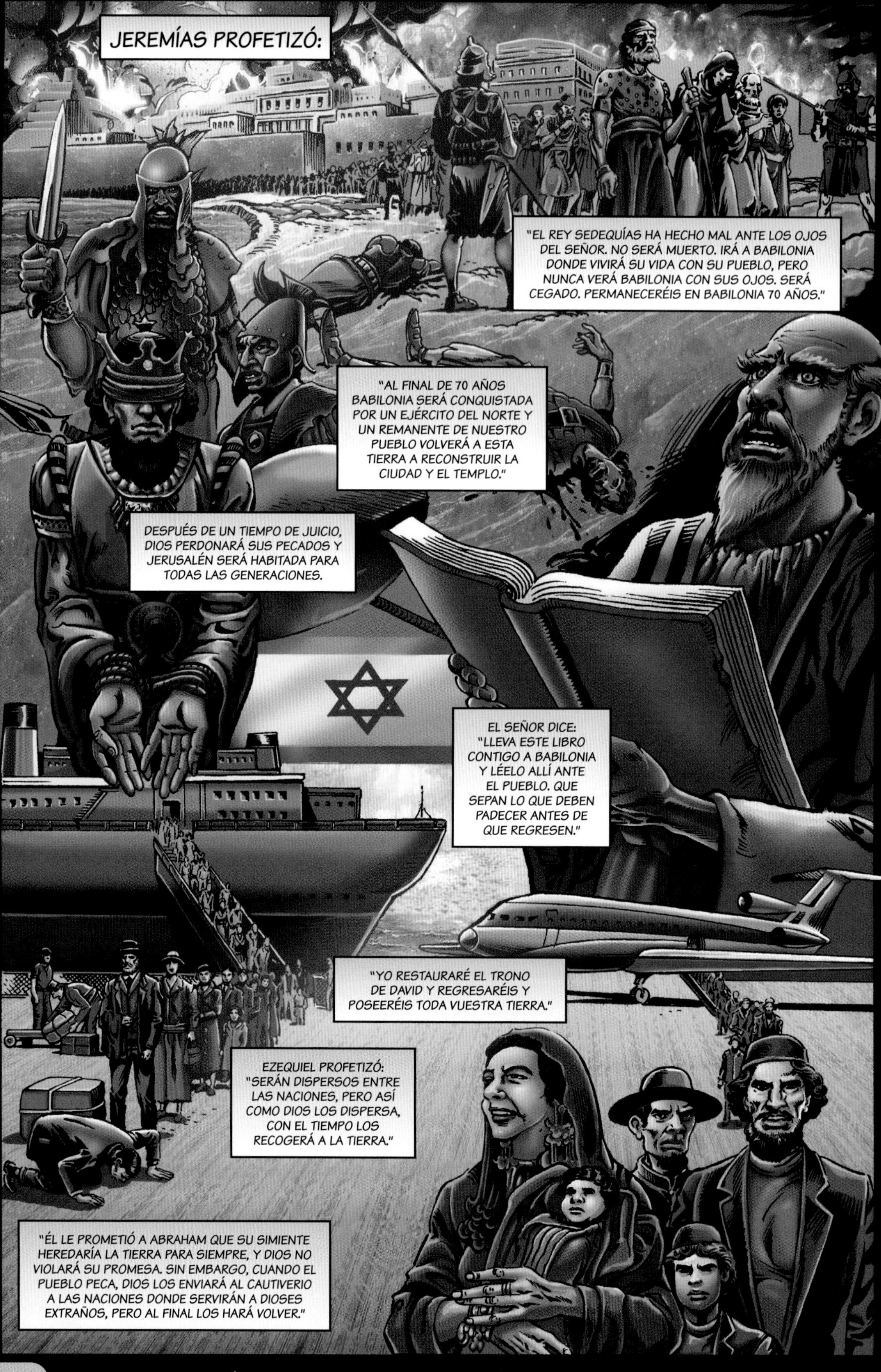
JEREMÍAS PROFETIZÓ:
"EL REY SEDEQUÍAS HA HECHO MAL ANTE LOS OJOS DEL SEÑOR. NO SERÁ MUERTO. IRÁ A BABILONIA DONDE VIVIRÁ SU VIDA CON SU PUEBLO, PERO NUNCA VERÁ BABILONIA CON SUS OJOS. SERÁ CEGADO. PERMANECERÉIS EN BABILONIA 70 AÑOS."
"AL FINAL DE 70 AÑOS BABILONIA SERÁ CONQUISTADA POR UN EJÉRCITO DEL NORTE Y UN REMANENTE DE NUESTRO PUEBLO VOLVERÁ A ESTA TIERRA A RECONSTRUIR LA CIUDAD Y EL TEMPLO."
DESPUÉS DE UN TIEMPO DE JUICIO, DIOS PERDONARÁ SUS PECADOS Y JERUSALÉN SERÁ HABITADA PARA TODAS LAS GENERACIONES.
EL SEÑOR DICE: "LLEVA ESTE LIBRO CONTIGO A BABILONIA Y LÉELO ALLÍ ANTE EL PUEBLO. QUE SEPAN LO QUE DEBEN PADECER ANTES DE QUE REGRESEN."
"YO RESTAURARÉ EL TRONO DE DAVID Y REGRESARÉIS Y POSEERÉIS TODA VUESTRA TIERRA."
EZEQUIEL PROFETIZÓ: "SERÁN DISPERSOS ENTRE LAS NACIONES, PERO ASÍ COMO DIOS LOS DISPERSA, CON EL TIEMPO LOS RECOGERÁ A LA TIERRA."
"ÉL LE PROMETIÓ A ABRAHAM QUE SU SIMIENTE HEREDARÍA LA TIERRA PARA SIEMPRE, Y DIOS NO VIOLARÁ SU PROMESA. SIN EMBARGO, CUANDO EL PUEBLO PECA, DIOS LOS ENVIARÁ AL CAUTIVERIO A LAS NACIONES DONDE SERVIRÁN A DIOSES EXTRAÑOS, PERO AL FINAL LOS HARÁ VOLVER."

JEREMÍAS 34:3, 51:60-61, 52:11; JOEL 3:20-21; AMÓS 9:11-15; EZEQUIEL 12:15-16

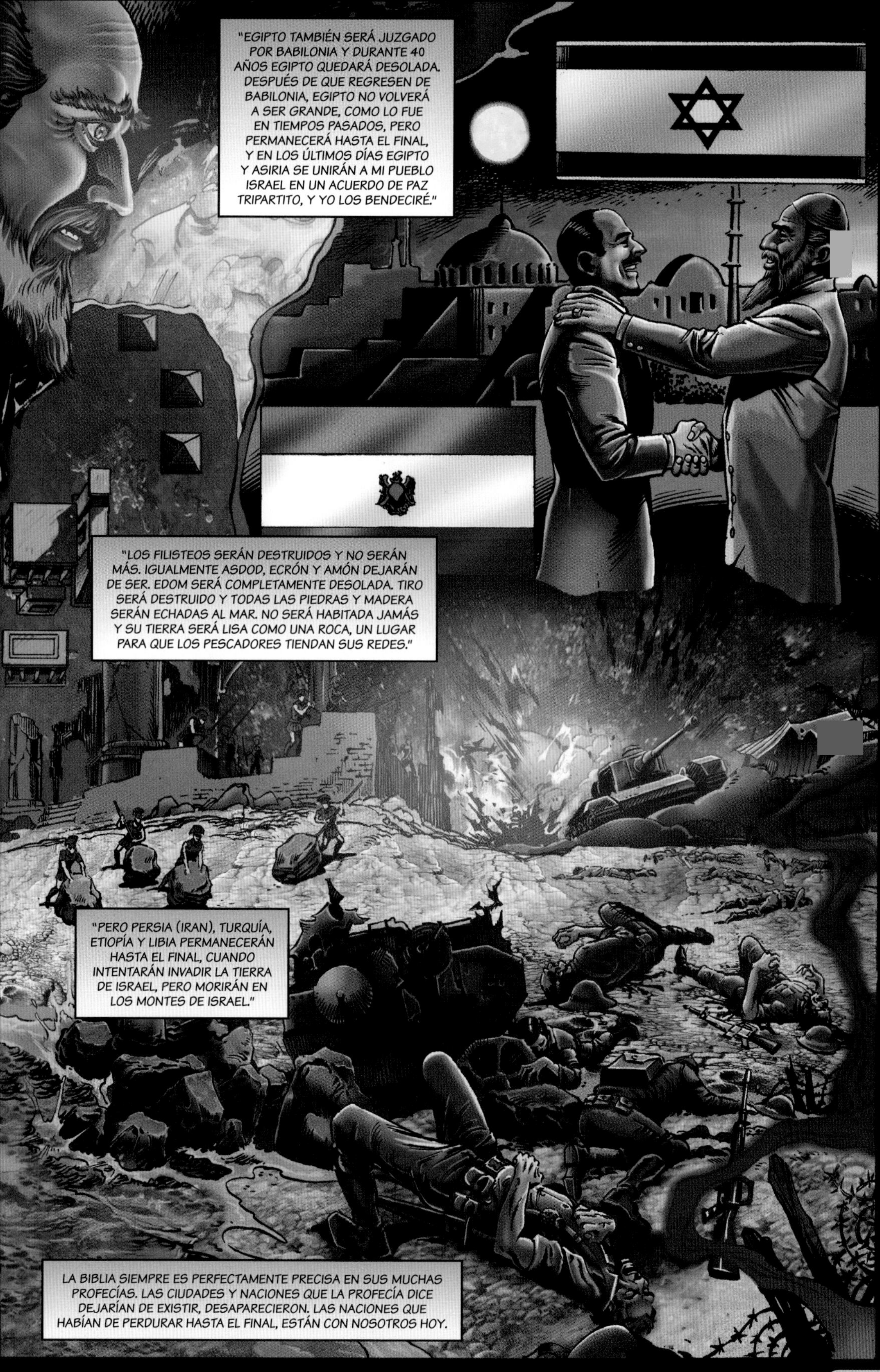
"EGIPTO TAMBIÉN SERÁ JUZGADO POR BABILONIA Y DURANTE 40 AÑOS EGIPTO QUEDARÁ DESOLADA. DESPUÉS DE QUE REGRESEN DE BABILONIA, EGIPTO NO VOLVERÁ A SER GRANDE, COMO LO FUE EN TIEMPOS PASADOS, PERO PERMANECERÁ HASTA EL FINAL, Y EN LOS ÚLTIMOS DÍAS EGIPTO Y ASIRIA SE UNIRÁN A MI PUEBLO ISRAEL EN UN ACUERDO DE PAZ TRIPARTITO, Y YO LOS BENDECIRÉ."
"LOS FILISTEOS SERÁN DESTRUIDOS Y NO SERÁN MÁS. IGUALMENTE ASDOD, ECRÓN Y AMÓN DEJARÁN DE SER. EDOM SERÁ COMPLETAMENTE DESOLADA. TIRO SERÁ DESTRUIDO Y TODAS LAS PIEDRAS Y MADERA SERÁN ECHADAS AL MAR. NO SERÁ HABITADA JAMÁS Y SU TIERRA SERÁ LISA COMO UNA ROCA, UN LUGAR PARA QUE LOS PESCADORES TIENDAN SUS REDES."
"PERO PERSIA (IRAN), TURQUÍA, ETIOPÍA Y LIBIA PERMANECERÁN HASTA EL FINAL, CUANDO INTENTARÁN INVADIR LA TIERRA DE ISRAEL, PERO MORIRÁN EN LOS MONTES DE ISRAEL."
LA BIBLIA SIEMPRE ES PERFECTAMENTE PRECISA EN SUS MUCHAS PROFECÍAS. LAS CIUDADES Y NACIONES QUE LA PROFECÍA DICE DEJARÍAN DE EXISTIR, DESAPARECIERON. LAS NACIONES QUE HABÍAN DE PERDURAR HASTA EL FINAL, ESTÁN CON NOSOTROS HOY.

EZEQUIEL 25, 26:15-19, 29:12-16, 30:1-8, 38:39; JEREMÍAS 25:15-26; AMÓS 1

EN EL 605 A. DE C. ISRAEL FUE CONQUISTADO POR BABILONIA, TAL COMO LOS PROFETAS HABÍAN ANUNCIADO.

MÁS DE 5000 JUDÍOS FUERON TRAÍDOS A BABILONIA COMO PRISIONEROS DE GUERRA. TRAJERON A LOS JÓVENES INTELECTUALES, ESPERANDO ENCONTRAR A ALGUNOS QUE FUERAN ÚTILES EN EL SERVICIO DEL REINO. ENTRE ELLOS ESTABA UN JOVEN LLAMADO DANIEL. ÉL SIEMPRE HABÍA GUARDADO LOS MANDAMIENTOS Y HABÍA CAMINADO EN OBEDIENCIA AL DIOS DE ABRAHAM.

OH, SEÑOR, SOMOS CASTIGADOS POR LOS PECADOS DE NUESTROS PADRES. AYÚDANOS A OBEDECER TU LEY AÚN AHORA EN ESTA TIERRA EXTRANJERA.

DANIEL ERA PRISIONERO EN UN PAÍS EXTRANJERO, PERO DECIDIÓ PERMANECER FIEL A SU DIOS. SUS CAPTURADORES OBSERVARON SU BUEN ESPÍRITU, Y LO PUSIERON EN UN LUGAR ESPECIAL COMO UNO DE LOS SABIOS DE BABILONIA.

TE AGRADECEMOS, OH, SEÑOR DEL CIELO Y DE LA TIERRA, REY DEL UNIVERSO, QUE EXTRAES EL PAN DE LA TIERRA.

UN SUEÑO EXTRAÑO DESPERTÓ A NABUCODONOSOR, REY DE BABILONIA.

USTEDES SON LOS SABIOS. USTEDES AFIRMAN QUE LOS DIOSES LES DICEN COSAS. DÍGANME LO QUE SOÑÉ Y LO QUE SIGNIFICA.

¿QUÉ SIGNIFICA ESTO? SEGURAMENTE UN SUEÑO ASÍ ES DADO POR LOS DIOSES PARA REVELAR EL FUTURO.

PERO, ¿CÓMO TE PODEMOS DECIR EL SIGNIFICADO DEL SUEÑO SI NO NOS DICES EL SUEÑO? SÓLO LOS DIOSES PUEDEN HACER ESO.

DANIEL 1:2-7,17-21, 2:1-11

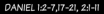

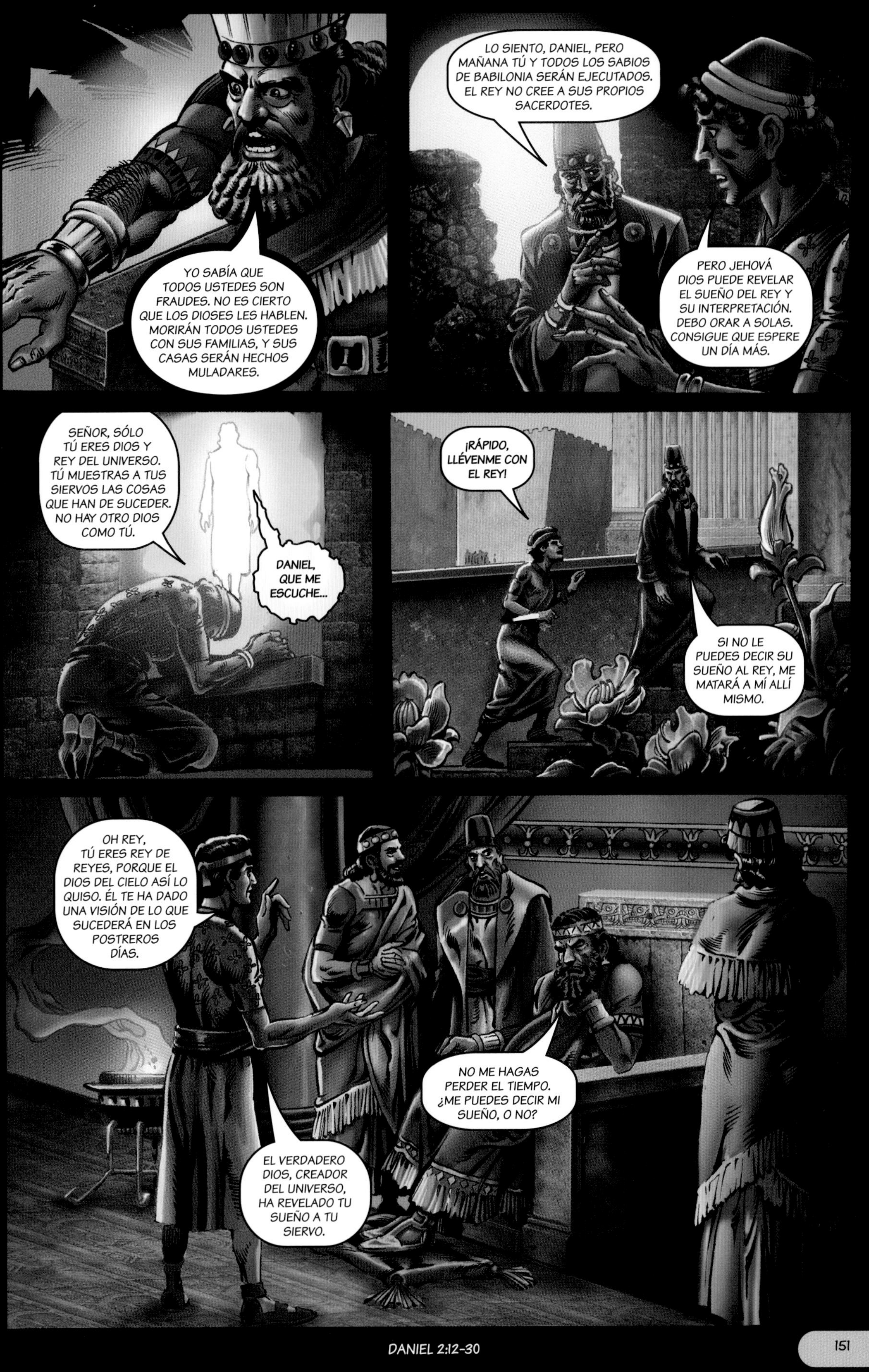
YO SABÍA QUE TODOS USTEDES SON FRAUDES. NO ES CIERTO QUE LOS DIOSES LES HABLEN. MORIRÁN TODOS USTEDES CON SUS FAMILIAS, Y SUS CASAS SERÁN HECHOS MULADARES.
LO SIENTO, DANIEL, PERO MAÑANA TÚ Y TODOS LOS SABIOS DE BABILONIA SERÁN EJECUTADOS. EL REY NO CREE A SUS PROPIOS SACERDOTES.
PERO JEHOVÁ DIOS PUEDE REVELAR EL SUEÑO DEL REY Y SU INTERPRETACIÓN. DEBO ORAR A SOLAS. CONSIGUE QUE ESPERE UN DÍA MÁS.
SEÑOR, SÓLO TÚ ERES DIOS Y REY DEL UNIVERSO. TÚ MUESTRAS A TUS SIERVOS LAS COSAS QUE HAN DE SUCEDER. NO HAY OTRO DIOS COMO TÚ.
DANIEL, QUE ME ESCUCHE...
¡RÁPIDO, LLÉVENME CON EL REY!
SI NO LE PUEDES DECIR SU SUEÑO AL REY, ME MATARÁ A MÍ ALLÍ MISMO.
OH REY, TÚ ERES REY DE REYES, PORQUE EL DIOS DEL CIELO ASÍ LO QUISO. ÉL TE HA DADO UNA VISIÓN DE LO QUE SUCEDERÁ EN LOS POSTREROS DÍAS.
NO ME HAGAS PERDER EL TIEMPO. ¿ME PUEDES DECIR MI SUEÑO, O NO?
EL VERDADERO DIOS, CREADOR DEL UNIVERSO, HA REVELADO TU SUEÑO A TU SIERVO.

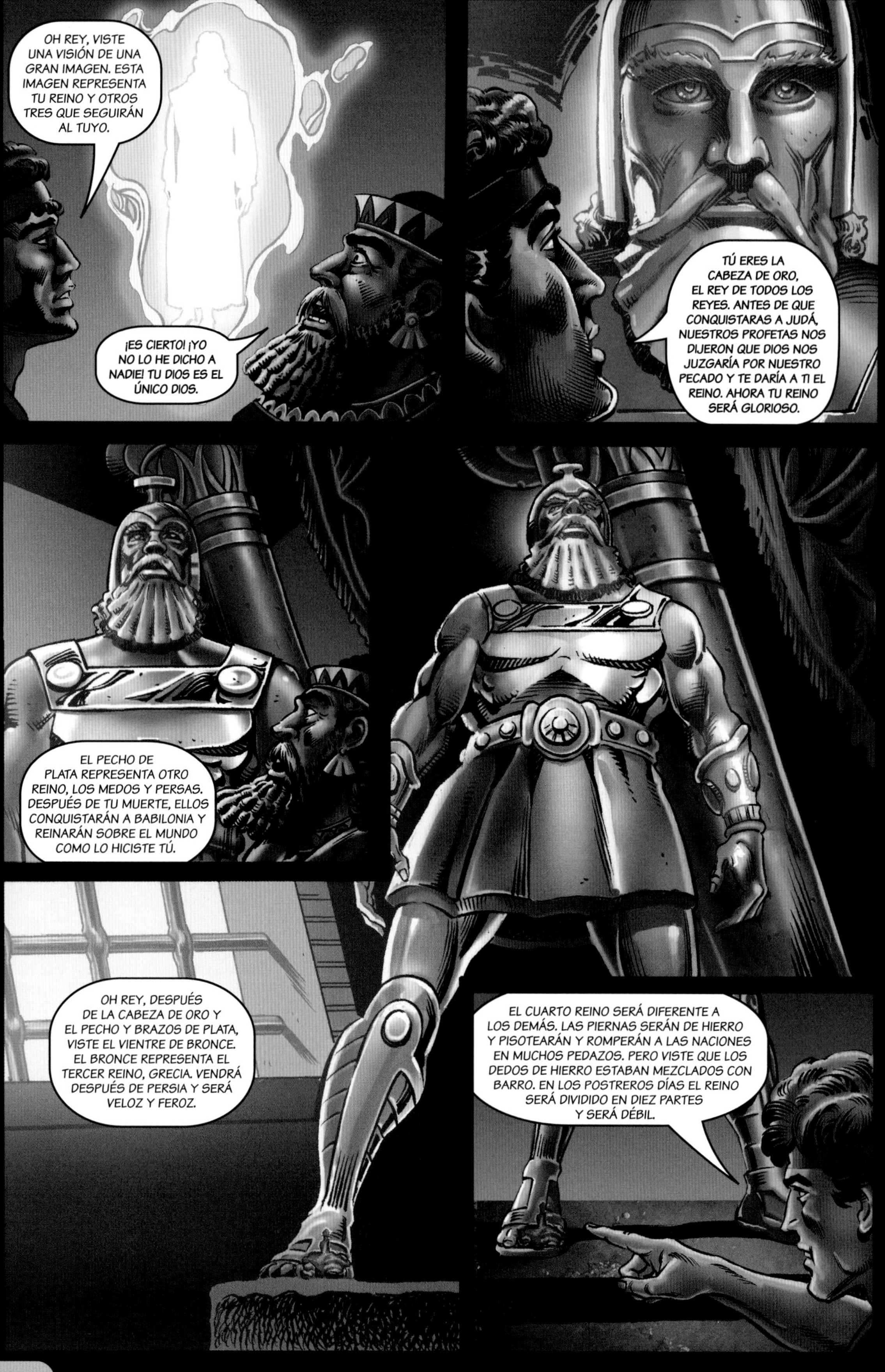
OH REY, VISTE UNA VISIÓN DE UNA GRAN IMAGEN. ESTA IMAGEN REPRESENTA TU REINO Y OTROS TRES QUE SEGUIRÁN AL TUYO.
¡ES CIERTO! ¡YO NO LO HE DICHO A NADIE! TU DIOS ES EL ÚNICO DIOS.
TÚ ERES LA CABEZA DE ORO, EL REY DE TODOS LOS REYES. ANTES DE QUE CONQUISTARAS A JUDÁ, NUESTROS PROFETAS NOS DIJERON QUE DIOS NOS JUZGARÍA POR NUESTRO PECADO Y TE DARÍA A TI EL REINO. AHORA TU REINO SERÁ GLORIOSO.
EL PECHO DE PLATA REPRESENTA OTRO REINO, LOS MEDOS Y PERSAS. DESPUÉS DE TU MUERTE, ELLOS CONQUISTARÁN A BABILONIA Y REINARÁN SOBRE EL MUNDO COMO LO HICISTE TÚ.
OH REY, DESPUÉS DE LA CABEZA DE ORO Y EL PECHO Y BRAZOS DE PLATA, VISTE EL VIENTRE DE BRONCE. EL BRONCE REPRESENTA EL TERCER REINO, GRECIA. VENDRÁ DESPUÉS DE PERSIA Y SERÁ VELOZ Y FEROZ.
EL CUARTO REINO SERÁ DIFERENTE A LOS DEMÁS. LAS PIERNAS SERÁN DE HIERRO Y PISOTEARÁN Y ROMPERÁN A LAS NACIONES EN MUCHOS PEDAZOS. PERO VISTE QUE LOS DEDOS DE HIERRO ESTABAN MEZCLADOS CON BARRO. EN LOS POSTREROS DÍAS EL REINO SERÁ DIVIDIDO EN DIEZ PARTES Y SERÁ DÉBIL.

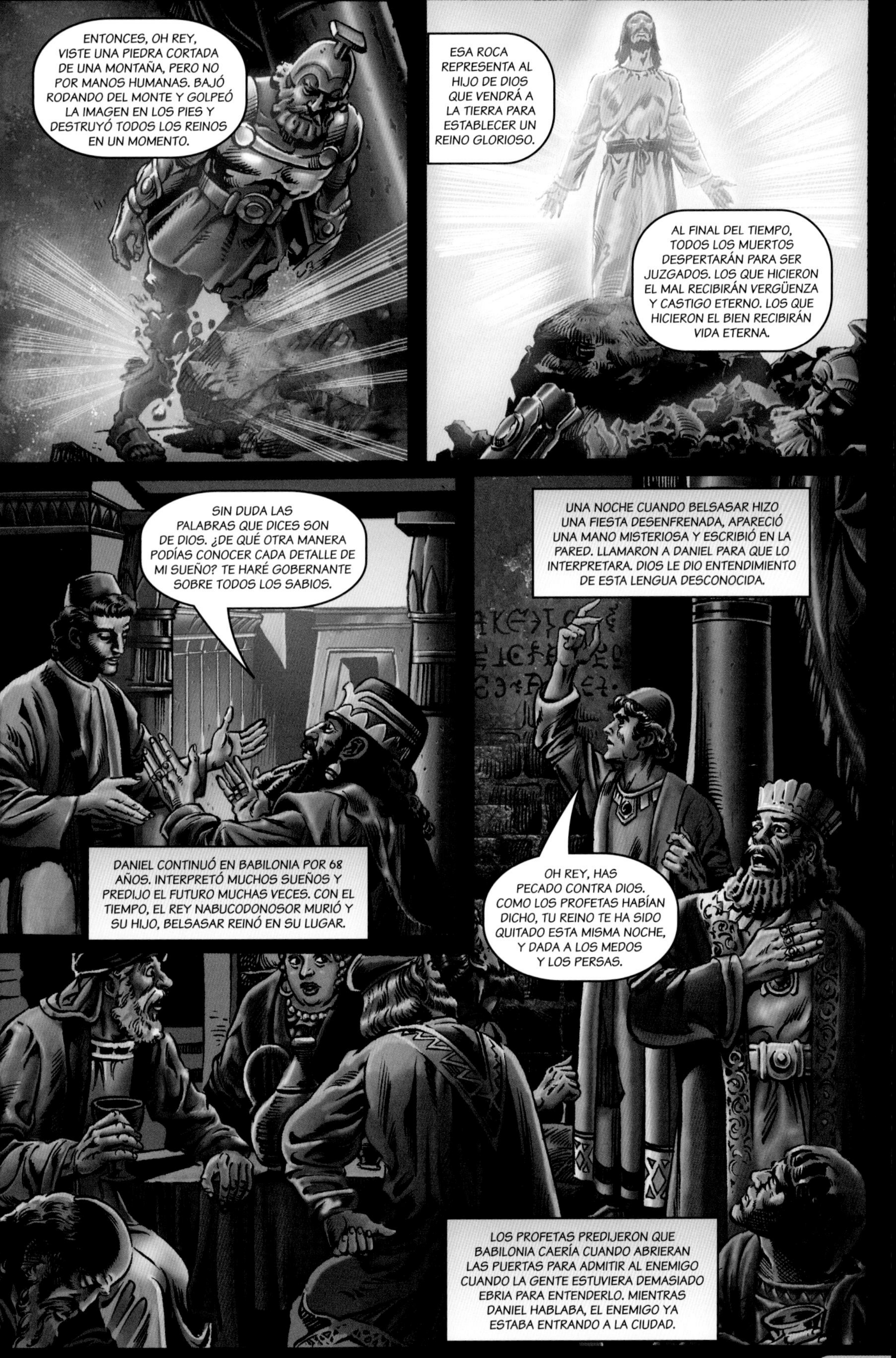
ENTONCES, OH REY, VISTE UNA PIEDRA CORTADA DE UNA MONTAÑA, PERO NO POR MANOS HUMANAS. BAJÓ RODANDO DEL MONTE Y GOLPEÓ LA IMAGEN EN LOS PIES Y DESTRUYÓ TODOS LOS REINOS EN UN MOMENTO.
ESA ROCA REPRESENTA AL HIJO DE DIOS QUE VENDRÁ A LA TIERRA PARA ESTABLECER UN REINO GLORIOSO.
AL FINAL DEL TIEMPO, TODOS LOS MUERTOS DESPERTARÁN PARA SER JUZGADOS. LOS QUE HICIERON EL MAL RECIBIRÁN VERGÜENZA Y CASTIGO ETERNO. LOS QUE HICIERON EL BIEN RECIBIRÁN VIDA ETERNA.
SIN DUDA LAS PALABRAS QUE DICES SON DE DIOS. ¿DE QUÉ OTRA MANERA PODÍAS CONOCER CADA DETALLE DE MI SUEÑO? TE HARÉ GOBERNANTE SOBRE TODOS LOS SABIOS.
DANIEL CONTINUÓ EN BABILONIA POR 68 AÑOS. INTERPRETÓ MUCHOS SUEÑOS Y PREDIJO EL FUTURO MUCHAS VECES. CON EL TIEMPO, EL REY NABUCODONOSOR MURIÓ Y SU HIJO, BELSASAR REINÓ EN SU LUGAR.
UNA NOCHE CUANDO BELSASAR HIZO UNA FIESTA DESENFRENADA, APARECIÓ UNA MANO MISTERIOSA Y ESCRIBIÓ EN LA PARED. LLAMARON A DANIEL PARA QUE LO INTERPRETARA. DIOS LE DIO ENTENDIMIENTO DE ESTA LENGUA DESCONOCIDA.
OH REY, HAS PECADO CONTRA DIOS. COMO LOS PROFETAS HABÍAN DICHO, TU REINO TE HA SIDO QUITADO ESTA MISMA NOCHE, Y DADA A LOS MEDOS Y LOS PERSAS.
LOS PROFETAS PREDIJERON QUE BABILONIA CAERÍA CUANDO ABRIERAN LAS PUERTAS PARA ADMITIR AL ENEMIGO CUANDO LA GENTE ESTUVIERA DEMASIADO EBRIA PARA ENTENDERLO. MIENTRAS DANIEL HABLABA, EL ENEMIGO YA ESTABA ENTRANDO A LA CIUDAD.

ECLESIASTÉS 12:13-14; ISAÍAS 9:6-7, 45:1; DANIEL 2:34-35,44-48, 5:1-29; APOCALIPSIS 20:11-21:5

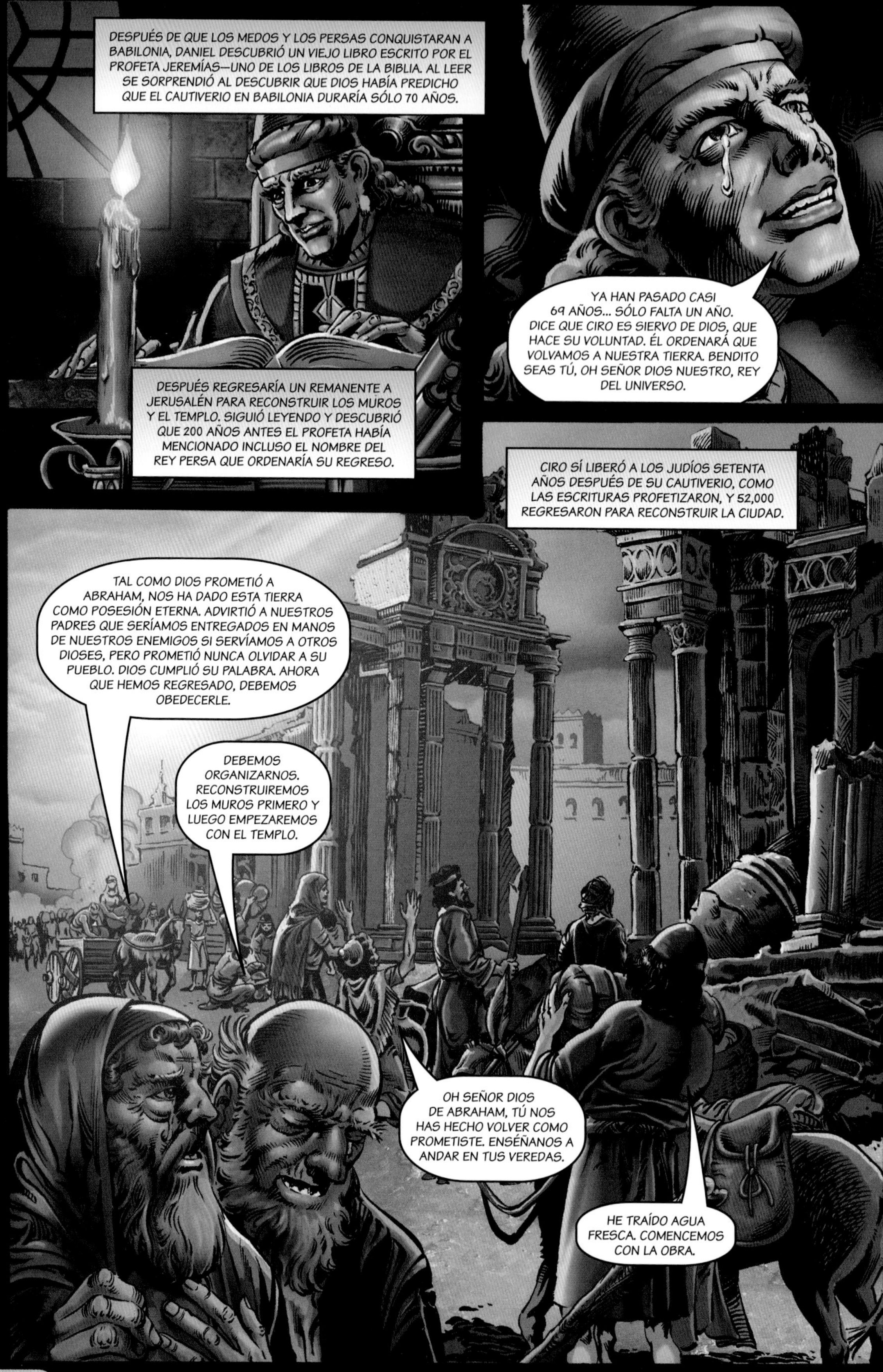

DESPUÉS DE QUE LOS MEDOS Y LOS PERSAS CONQUISTARAN A BABILONIA, DANIEL DESCUBRIÓ UN VIEJO LIBRO ESCRITO POR EL PROFETA JEREMÍAS—UNO DE LOS LIBROS DE LA BIBLIA. AL LEER SE SORPRENDIÓ AL DESCUBRIR QUE DIOS HABÍA PREDICHO QUE EL CAUTIVERIO EN BABILONIA DURARÍA SÓLO 70 AÑOS.
DESPUÉS REGRESARÍA UN REMANENTE A JERUSALÉN PARA RECONSTRUIR LOS MUROS Y EL TEMPLO. SIGUIÓ LEYENDO Y DESCUBRIÓ QUE 200 AÑOS ANTES EL PROFETA HABÍA MENCIONADO INCLUSO EL NOMBRE DEL REY PERSA QUE ORDENARÍA SU REGRESO.
YA HAN PASADO CASI 69 AÑOS... SÓLO FALTA UN AÑO. DICE QUE CIRO ES SIERVO DE DIOS, QUE HACE SU VOLUNTAD. ÉL ORDENARÁ QUE VOLVAMOS A NUESTRA TIERRA. BENDITO SEAS TÚ, OH SEÑOR DIOS NUESTRO, REY DEL UNIVERSO.
CIRO SÍ LIBERÓ A LOS JUDÍOS SETENTA AÑOS DESPUÉS DE SU CAUTIVERIO, COMO LAS ESCRITURAS PROFETIZARON, Y 52,000 REGRESARON PARA RECONSTRUIR LA CIUDAD.
TAL COMO DIOS PROMETIÓ A ABRAHAM, NOS HA DADO ESTA TIERRA COMO POSESIÓN ETERNA. ADVIRTIÓ A NUESTROS PADRES QUE SERÍAMOS ENTREGADOS EN MANOS DE NUESTROS ENEMIGOS SI SERVÍAMOS A OTROS DIOSES, PERO PROMETIÓ NUNCA OLVIDAR A SU PUEBLO. DIOS CUMPLIÓ SU PALABRA. AHORA QUE HEMOS REGRESADO, DEBEMOS OBEDECERLE.
DEBEMOS ORGANIZARNOS. RECONSTRUIREMOS LOS MUROS PRIMERO Y LUEGO EMPEZAREMOS CON EL TEMPLO.
OH SEÑOR DIOS DE ABRAHAM, TÚ NOS HAS HECHO VOLVER COMO PROMETISTE. ENSÉÑANOS A ANDAR EN TUS VEREDAS.
HE TRAÍDO AGUA FRESCA. COMENCEMOS CON LA OBRA.

DANIEL 9:1-2; JEREMÍAS 25:11-12, 29:10

DANIEL ERA MUY ANCIANO, ASÍ QUE NO REGRESÓ CON LOS DEMÁS. SEGUÍA JUGANDO UN PAPEL IMPORTANTE COMO CONSEJERO DE LOS REYES DEL IMPERIO MEDO-PERSA, AHORA LOCALIZADO EN LA CIUDAD DE BABILONIA. DIOS LE DIO VARIAS VISIONES MÁS RESPECTO AL FUTURO, INCLUYENDO LOS ÚLTIMOS DÍAS. EN UN SUEÑO VIO UNA BESTIA METÁLICA. UN ÁNGEL LE DIJO EL SIGNIFICADO.

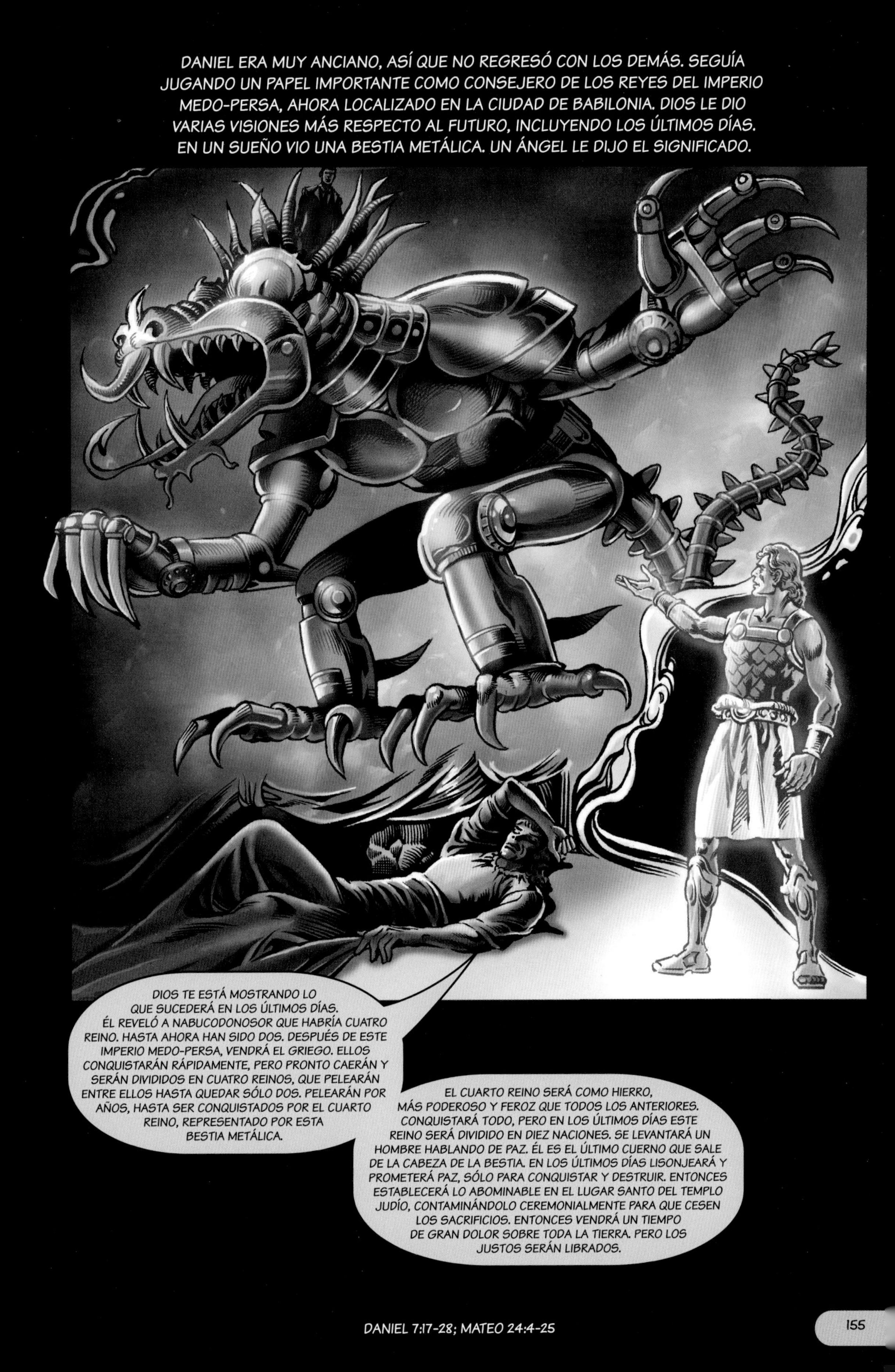
DIOS TE ESTÁ MOSTRANDO LO QUE SUCEDERÁ EN LOS ÚLTIMOS DÍAS. ÉL REVELÓ A NABUCODONOSOR QUE HABRÍA CUATRO REINO. HASTA AHORA HAN SIDO DOS. DESPUÉS DE ESTE IMPERIO MEDO-PERSA, VENDRÁ EL GRIEGO. ELLOS CONQUISTARÁN RÁPIDAMENTE, PERO PRONTO CAERÁN Y SERÁN DIVIDIDOS EN CUATRO REINOS, QUE PELEARÁN ENTRE ELLOS HASTA QUEDAR SÓLO DOS. PELEARÁN POR AÑOS, HASTA SER CONQUISTADOS POR EL CUARTO REINO, REPRESENTADO POR ESTA BESTIA METÁLICA.
EL CUARTO REINO SERÁ COMO HIERRO, MÁS PODEROSO Y FEROZ QUE TODOS LOS ANTERIORES. CONQUISTARÁ TODO, PERO EN LOS ÚLTIMOS DÍAS ESTE REINO SERÁ DIVIDIDO EN DIEZ NACIONES. SE LEVANTARÁ UN HOMBRE HABLANDO DE PAZ. ÉL ES EL ÚLTIMO CUERNO QUE SALE DE LA CABEZA DE LA BESTIA. EN LOS ÚLTIMOS DÍAS LISONJEARÁ Y PROMETERÁ PAZ, SÓLO PARA CONQUISTAR Y DESTRUIR. ENTONCES ESTABLECERÁ LO ABOMINABLE EN EL LUGAR SANTO DEL TEMPLO JUDÍO, CONTAMINÁNDOLO CEREMONIALMENTE PARA QUE CESEN LOS SACRIFICIOS. ENTONCES VENDRÁ UN TIEMPO DE GRAN DOLOR SOBRE TODA LA TIERRA. PERO LOS JUSTOS SERÁN LIBRADOS.

DANIEL, DIOS QUIERE QUE SEPAS LO QUE SUCEDERÁ Y CUÁNDO. DESDE LA ORDEN PARA RESTAURAR Y RECONSTRUIR EL TEMPLO, PASARÁN 483 AÑOS, Y DESPUÉS EL MESÍAS SERÁ MUERTO POR LOS PECADOS DEL PUEBLO Y ENTONCES EL TEMPLO SERÁ DESTRUIDO NUEVAMENTE.

ESTA PROFECÍA SE CUMPLIRÁ Y SERÁ UNGIDO EL MESÍAS. SE HARÁ RECONCILIACIÓN POR LOS PECADOS Y SE TRAERÁ JUSTICIA ETERNA A LA HUMANIDAD.

TAL COMO LO REGISTRÓ DANIEL, EL MESÍAS HIZO SU ENTRADA TRIUNFAL A JERUSALÉN EL MISMO DÍA EN QUE SE CUMPLIERON LOS 483 AÑOS.

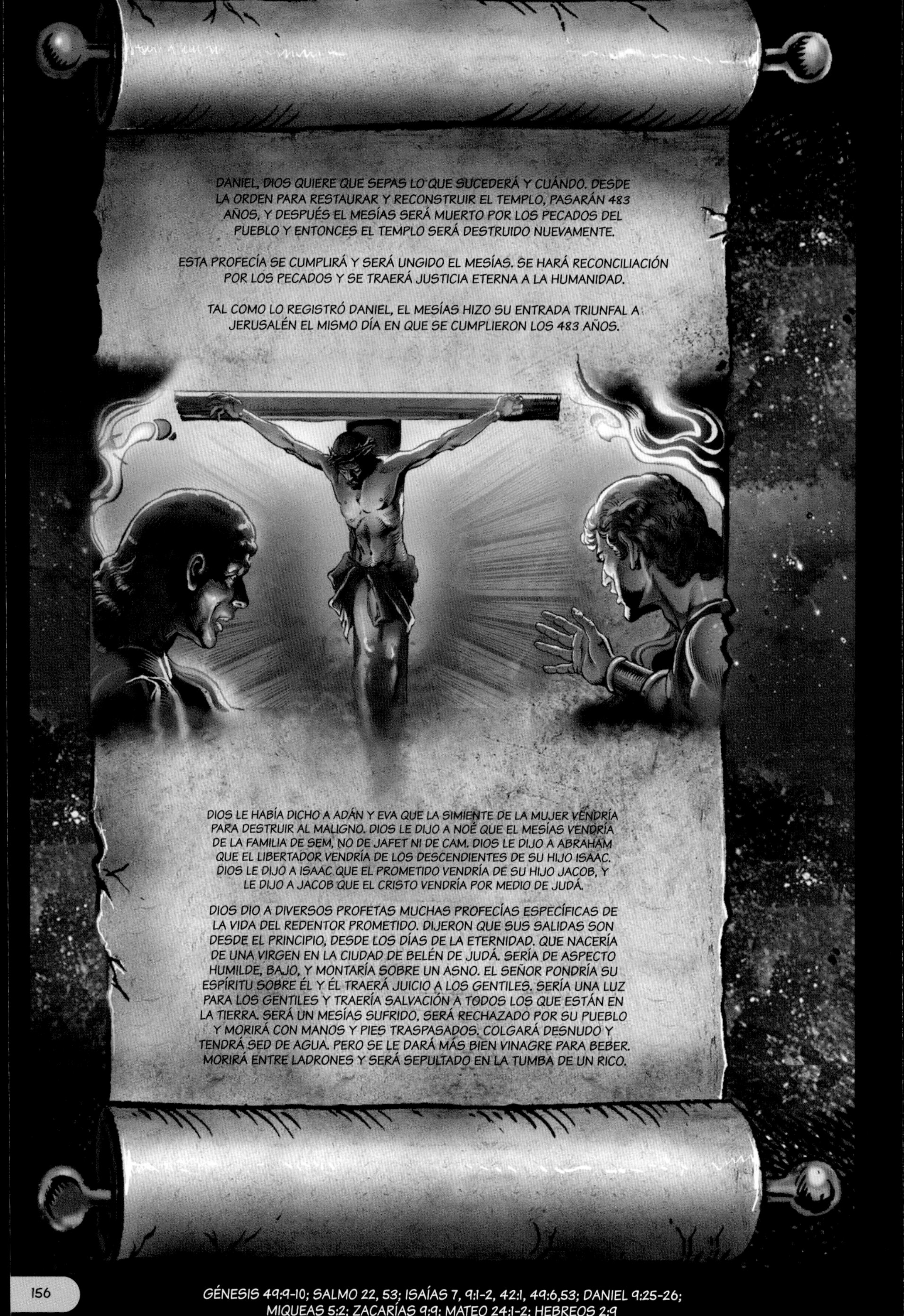

DIOS LE HABÍA DICHO A ADÁN Y EVA QUE LA SIMIENTE DE LA MUJER VENDRÍA PARA DESTRUIR AL MALIGNO. DIOS LE DIJO A NOÉ QUE EL MESÍAS VENDRÍA DE LA FAMILIA DE SEM, NO DE JAFET NI DE CAM. DIOS LE DIJO A ABRAHAM QUE EL LIBERTADOR VENDRÍA DE LOS DESCENDIENTES DE SU HIJO ISAAC. DIOS LE DIJO A ISAAC QUE EL PROMETIDO VENDRÍA DE SU HIJO JACOB, Y LE DIJO A JACOB QUE EL CRISTO VENDRÍA POR MEDIO DE JUDÁ.

DIOS DIO A DIVERSOS PROFETAS MUCHAS PROFECÍAS ESPECÍFICAS DE LA VIDA DEL REDENTOR PROMETIDO. DIJERON QUE SUS SALIDAS SON DESDE EL PRINCIPIO, DESDE LOS DÍAS DE LA ETERNIDAD. QUE NACERÍA DE UNA VIRGEN EN LA CIUDAD DE BELÉN DE JUDÁ. SERÍA DE ASPECTO HUMILDE, BAJO, Y MONTARÍA SOBRE UN ASNO. EL SEÑOR PONDRÍA SU ESPÍRITU SOBRE ÉL Y ÉL TRAERÁ JUICIO A LOS GENTILES. SERÍA UNA LUZ PARA LOS GENTILES Y TRAERÍA SALVACIÓN A TODOS LOS QUE ESTÁN EN LA TIERRA. SERÁ UN MESÍAS SUFRIDO, SERÁ RECHAZADO POR SU PUEBLO Y MORIRÁ CON MANOS Y PIES TRASPASADOS. COLGARÁ DESNUDO Y TENDRÁ SED DE AGUA. PERO SE LE DARÁ MÁS BIEN VINAGRE PARA BEBER. MORIRÁ ENTRE LADRONES Y SERÁ SEPULTADO EN LA TUMBA DE UN RICO.

GÉNESIS 49:9-10; SALMO 22, 53; ISAÍAS 7, 9:1-2, 42:1, 49:6,53; DANIEL 9:25-26; MIQUEAS 5:2; ZACARÍAS 9:9; MATEO 24:1-2; HEBREOS 2:9

LAS PROFECÍAS DE DANIEL RESPECTO A LOS CUATRO REINOS SE CUMPLIERON EXACTAMENTE COMO LO ANUNCIÓ. EN 330 A. DE C., ALEJANDRO MAGNO DE GRECIA, INICIÓ UNA CAMPAÑA QUE DURÓ SIETE AÑOS, EN EL QUE CONQUISTÓ TODO EL MUNDO CONOCIDO, INCLUYENDO EL VASTO IMPERIO MEDO-PERSA. GRECIA RETUVO EL PODER HASTA APROX. 167 A. DE C., CUANDO EL CUARTO REINO MUNDIAL, ROMA, EMPEZÓ A CONQUISTAR. ROMA, REPRESENTADA EN EL SUEÑO DE NABUCODONOSOR COMO LOS PIES Y PIERNAS DE HIERRO, Y EN LA VISIÓN DE DANIEL COMO LA BESTIA METÁLICA, AUMENTÓ SU PODER Y SU TERRITORIO, TAL COMO LOS PROFETAS PREDIJERON. EN EL AÑO 5 A. DE C., GOBERNÓ A ISRAEL CON MANO DE HIERRO.

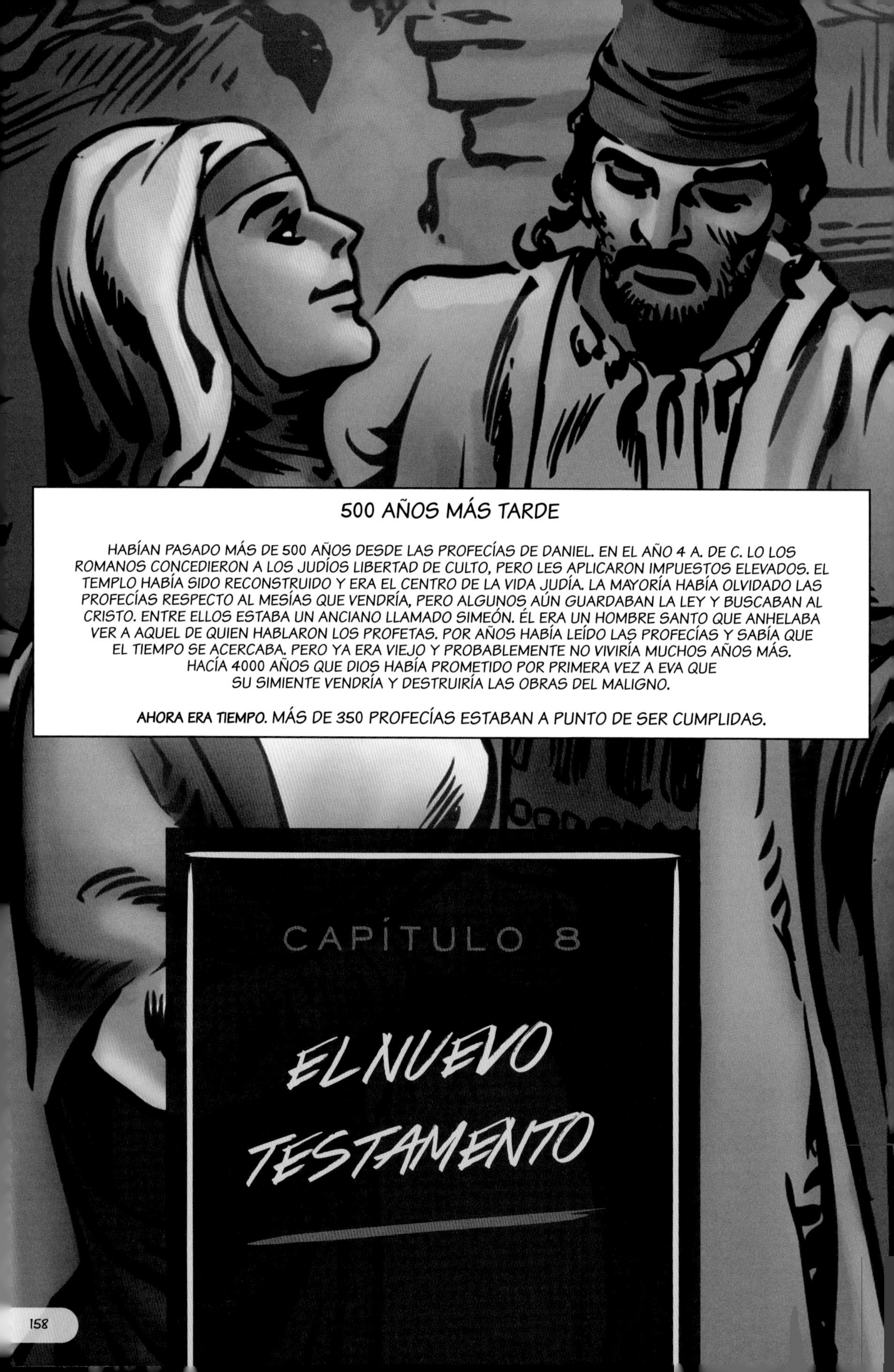
500 AÑOS MÁS TARDE
HABÍAN PASADO MÁS DE 500 AÑOS DESDE LAS PROFECÍAS DE DANIEL. EN EL AÑO 4 A. DE C. LO LOS ROMANOS CONCEDIERON A LOS JUDÍOS LIBERTAD DE CULTO, PERO LES APLICARON IMPUESTOS ELEVADOS. EL TEMPLO HABÍA SIDO RECONSTRUIDO Y ERA EL CENTRO DE LA VIDA JUDÍA. LA MAYORÍA HABÍA OLVIDADO LAS PROFECÍAS RESPECTO AL MESÍAS QUE VENDRÍA, PERO ALGUNOS AÚN GUARDABAN LA LEY Y BUSCABAN AL CRISTO. ENTRE ELLOS ESTABA UN ANCIANO LLAMADO SIMEÓN. ÉL ERA UN HOMBRE SANTO QUE ANHELABA VER A AQUEL DE QUIEN HABLARON LOS PROFETAS. POR AÑOS HABÍA LEÍDO LAS PROFECÍAS Y SABÍA QUE EL TIEMPO SE ACERCABA. PERO YA ERA VIEJO Y PROBABLEMENTE NO VIVIRÍA MUCHOS AÑOS MÁS. HACÍA 4000 AÑOS QUE DIOS HABÍA PROMETIDO POR PRIMERA VEZ A EVA QUE SU SIMIENTE VENDRÍA Y DESTRUIRÍA LAS OBRAS DEL MALIGNO.
AHORA ERA TIEMPO. MÁS DE 350 PROFECÍAS ESTABAN A PUNTO DE SER CUMPLIDAS.

CAPÍTULO 8

EL NUEVO TESTAMENTO

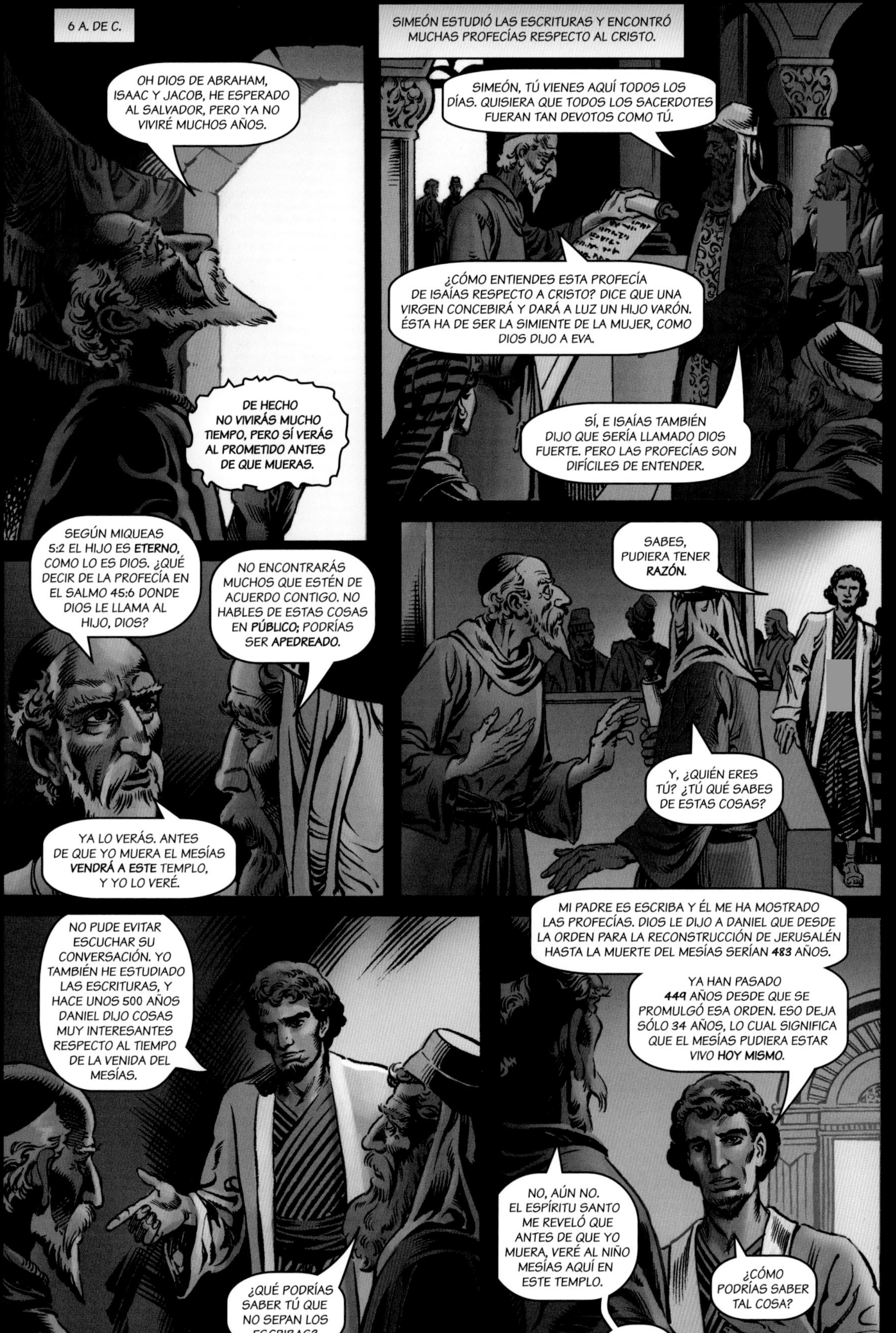
6 A. DE C.
OH DIOS DE ABRAHAM, ISAAC Y JACOB, HE ESPERADO AL SALVADOR, PERO YA NO VIVIRÉ MUCHOS AÑOS.
DE HECHO NO VIVIRÁS MUCHO TIEMPO, PERO SÍ VERÁS AL PROMETIDO ANTES DE QUE MUERAS.
SIMEÓN ESTUDIÓ LAS ESCRITURAS Y ENCONTRÓ MUCHAS PROFECÍAS RESPECTO AL CRISTO.
SIMEÓN, TÚ VIENES AQUÍ TODOS LOS DÍAS. QUISIERA QUE TODOS LOS SACERDOTES FUERAN TAN DEVOTOS COMO TÚ.
¿CÓMO ENTIENDES ESTA PROFECÍA DE ISAÍAS RESPECTO A CRISTO? DICE QUE UNA VIRGEN CONCEBIRÁ Y DARÁ A LUZ UN HIJO VARÓN. ÉSTA HA DE SER LA SIMIENTE DE LA MUJER, COMO DIOS DIJO A EVA.
SÍ, E ISAÍAS TAMBIÉN DIJO QUE SERÍA LLAMADO DIOS FUERTE. PERO LAS PROFECÍAS SON DIFÍCILES DE ENTENDER.
SEGÚN MIQUEAS 5:2 EL HIJO ES **ETERNO**, COMO LO ES DIOS. ¿QUÉ DECIR DE LA PROFECÍA EN EL SALMO 45:6 DONDE DIOS LE LLAMA AL HIJO, DIOS?
NO ENCONTRARÁS MUCHOS QUE ESTÉN DE ACUERDO CONTIGO. NO HABLES DE ESTAS COSAS EN **PÚBLICO**; PODRÍAS SER **APEDREADO**.
YA LO VERÁS. ANTES DE QUE YO MUERA EL MESÍAS **VENDRÁ A ESTE** TEMPLO, Y YO LO VERÉ.
SABES, PUDIERA TENER **RAZÓN**.
Y, ¿QUIÉN ERES TÚ? ¿TÚ QUÉ SABES DE ESTAS COSAS?
NO PUDE EVITAR ESCUCHAR SU CONVERSACIÓN. YO TAMBIÉN HE ESTUDIADO LAS ESCRITURAS, Y HACE UNOS 500 AÑOS DANIEL DIJO COSAS MUY INTERESANTES RESPECTO AL TIEMPO DE LA VENIDA DEL MESÍAS.
¿QUÉ PODRÍAS SABER TÚ QUE NO SEPAN LOS ESCRIBAS?
MI PADRE ES ESCRIBA Y ÉL ME HA MOSTRADO LAS PROFECÍAS. DIOS LE DIJO A DANIEL QUE DESDE LA ORDEN PARA LA RECONSTRUCCIÓN DE JERUSALÉN HASTA LA MUERTE DEL MESÍAS SERÍAN **483** AÑOS.
YA HAN PASADO **449** AÑOS DESDE QUE SE PROMULGÓ ESA ORDEN. ESO DEJA SÓLO 34 AÑOS, LO CUAL SIGNIFICA QUE EL MESÍAS PUDIERA ESTAR VIVO **HOY MISMO**.
NO, AÚN NO. EL ESPÍRITU SANTO ME REVELÓ QUE ANTES DE QUE YO MUERA, VERÉ AL NIÑO MESÍAS AQUÍ EN ESTE TEMPLO.
¿CÓMO PODRÍAS SABER TAL COSA?
YA LO VERÁS.

GÉNESIS 3:15; SALMO 45:6; ISAÍAS 7:14, 9:6; DANIEL 9:25-26; MIQUEAS 5:2; LUCAS 2:25-26

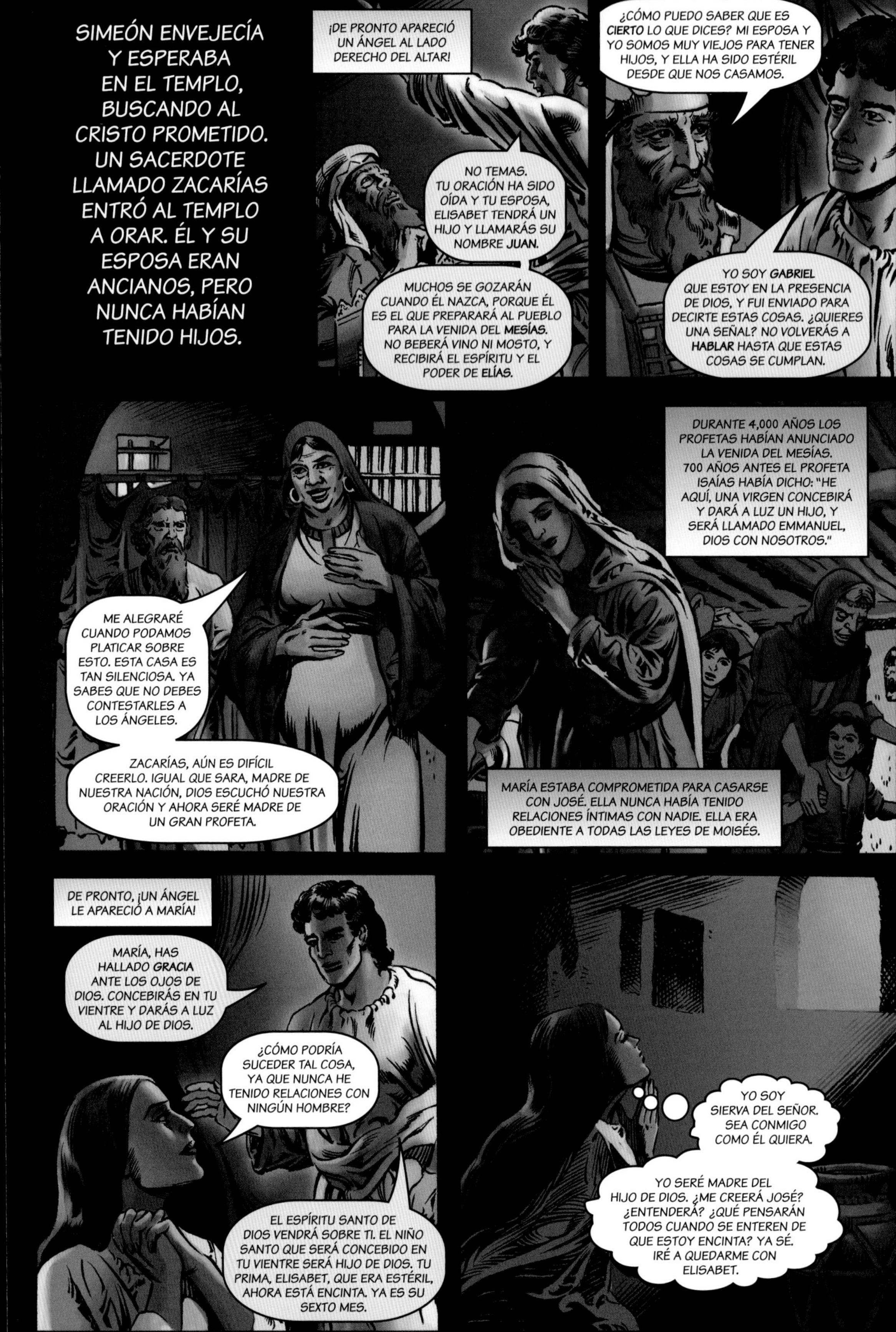
SIMEÓN ENVEJECÍA Y ESPERABA EN EL TEMPLO, BUSCANDO AL CRISTO PROMETIDO. UN SACERDOTE LLAMADO ZACARÍAS ENTRÓ AL TEMPLO A ORAR. ÉL Y SU ESPOSA ERAN ANCIANOS, PERO NUNCA HABÍAN TENIDO HIJOS.
¡DE PRONTO APARECIÓ UN ÁNGEL AL LADO DERECHO DEL ALTAR!
NO TEMAS. TU ORACIÓN HA SIDO OÍDA Y TU ESPOSA, ELISABET TENDRÁ UN HIJO Y LLAMARÁS SU NOMBRE **JUAN**.
MUCHOS SE GOZARÁN CUANDO ÉL NAZCA, PORQUE ÉL ES EL QUE PREPARARÁ AL PUEBLO PARA LA VENIDA DEL **MESÍAS**. NO BEBERÁ VINO NI MOSTO, Y RECIBIRÁ EL ESPÍRITU Y EL PODER DE **ELÍAS**.
¿CÓMO PUEDO SABER QUE ES **CIERTO** LO QUE DICES? MI ESPOSA Y YO SOMOS MUY VIEJOS PARA TENER HIJOS, Y ELLA HA SIDO ESTÉRIL DESDE QUE NOS CASAMOS.
YO SOY **GABRIEL** QUE ESTOY EN LA PRESENCIA DE DIOS, Y FUI ENVIADO PARA DECIRTE ESTAS COSAS. ¿QUIERES UNA SEÑAL? NO VOLVERÁS A **HABLAR** HASTA QUE ESTAS COSAS SE CUMPLAN.
ME ALEGRARÉ CUANDO PODAMOS PLATICAR SOBRE ESTO. ESTA CASA ES TAN SILENCIOSA. YA SABES QUE NO DEBES CONTESTARLES A LOS ÁNGELES.
ZACARÍAS, AÚN ES DIFÍCIL CREERLO. IGUAL QUE SARA, MADRE DE NUESTRA NACIÓN, DIOS ESCUCHÓ NUESTRA ORACIÓN Y AHORA SERÉ MADRE DE UN GRAN PROFETA.
DURANTE 4,000 AÑOS LOS PROFETAS HABÍAN ANUNCIADO LA VENIDA DEL MESÍAS. 700 AÑOS ANTES EL PROFETA ISAÍAS HABÍA DICHO: "HE AQUÍ, UNA VIRGEN CONCEBIRÁ Y DARÁ A LUZ UN HIJO, Y SERÁ LLAMADO EMMANUEL, DIOS CON NOSOTROS."
MARÍA ESTABA COMPROMETIDA PARA CASARSE CON JOSÉ. ELLA NUNCA HABÍA TENIDO RELACIONES ÍNTIMAS CON NADIE. ELLA ERA OBEDIENTE A TODAS LAS LEYES DE MOISÉS.
DE PRONTO, ¡UN ÁNGEL LE APARECIÓ A MARÍA!
MARÍA, HAS HALLADO **GRACIA** ANTE LOS OJOS DE DIOS. CONCEBIRÁS EN TU VIENTRE Y DARÁS A LUZ AL HIJO DE DIOS.
¿CÓMO PODRÍA SUCEDER TAL COSA, YA QUE NUNCA HE TENIDO RELACIONES CON NINGÚN HOMBRE?
EL ESPÍRITU SANTO DE DIOS VENDRÁ SOBRE TI. EL NIÑO SANTO QUE SERÁ CONCEBIDO EN TU VIENTRE SERÁ HIJO DE DIOS. TU PRIMA, ELISABET, QUE ERA ESTÉRIL, AHORA ESTÁ ENCINTA. YA ES SU SEXTO MES.
YO SOY SIERVA DEL SEÑOR. SEA CONMIGO COMO ÉL QUIERA.
YO SERÉ MADRE DEL HIJO DE DIOS. ¿ME CREERÁ JOSÉ? ¿ENTENDERÁ? ¿QUÉ PENSARÁN TODOS CUANDO SE ENTEREN DE QUE ESTOY ENCINTA? YA SÉ. IRÉ A QUEDARME CON ELISABET.

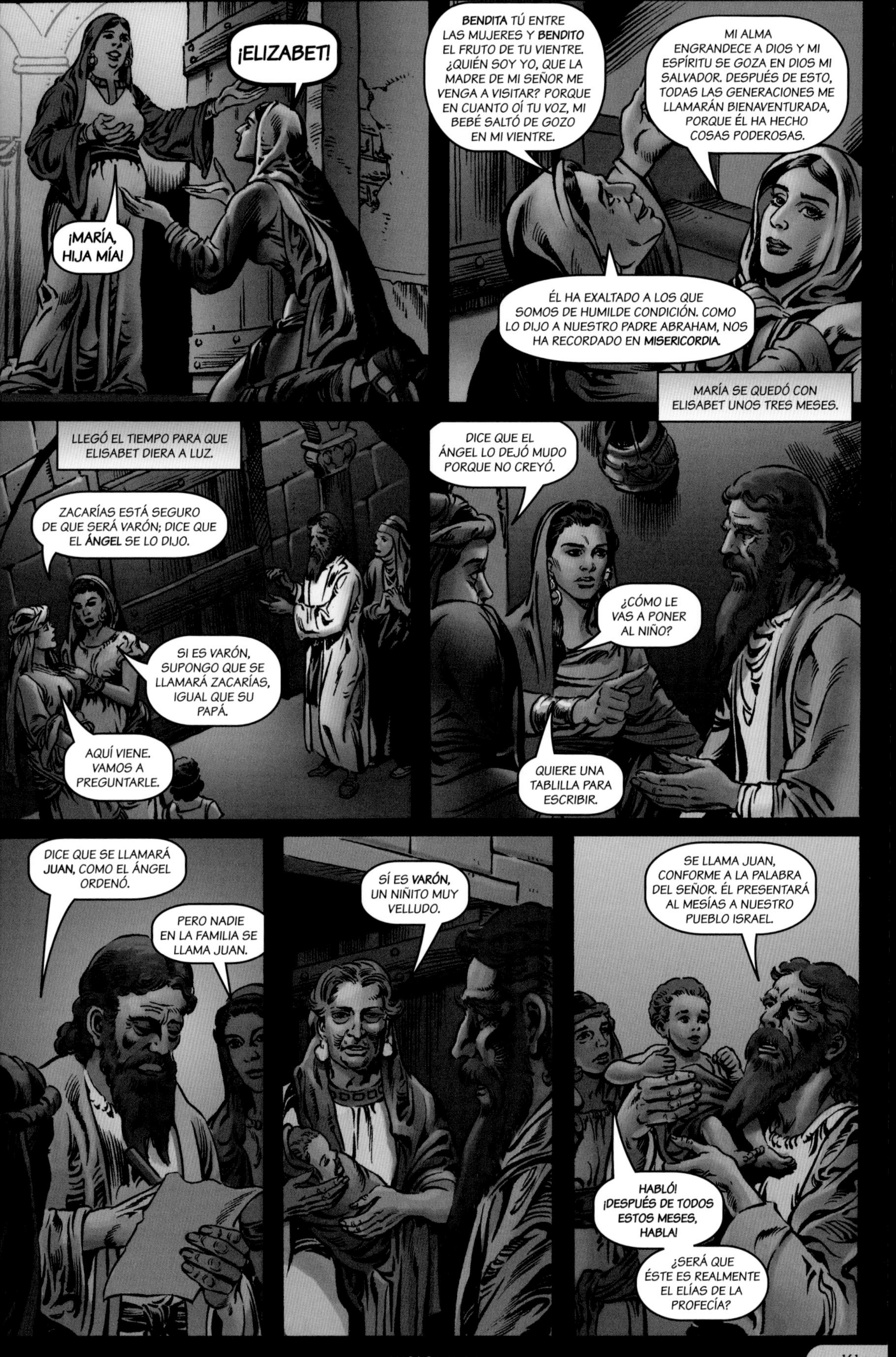
¡ELIZABET!
¡MARÍA, HIJA MÍA!
BENDITA TÚ ENTRE LAS MUJERES Y BENDITO EL FRUTO DE TU VIENTRE. ¿QUIÉN SOY YO, QUE LA MADRE DE MI SEÑOR ME VENGA A VISITAR? PORQUE EN CUANTO OÍ TU VOZ, MI BEBÉ SALTÓ DE GOZO EN MI VIENTRE.
MI ALMA ENGRANDECE A DIOS Y MI ESPÍRITU SE GOZA EN DIOS MI SALVADOR. DESPUÉS DE ESTO, TODAS LAS GENERACIONES ME LLAMARÁN BIENAVENTURADA, PORQUE ÉL HA HECHO COSAS PODEROSAS.
ÉL HA EXALTADO A LOS QUE SOMOS DE HUMILDE CONDICIÓN. COMO LO DIJO A NUESTRO PADRE ABRAHAM, NOS HA RECORDADO EN MISERICORDIA.
MARÍA SE QUEDÓ CON ELISABET UNOS TRES MESES.
LLEGÓ EL TIEMPO PARA QUE ELISABET DIERA A LUZ.
ZACARÍAS ESTÁ SEGURO DE QUE SERÁ VARÓN; DICE QUE EL ÁNGEL SE LO DIJO.
SI ES VARÓN, SUPONGO QUE SE LLAMARÁ ZACARÍAS, IGUAL QUE SU PAPÁ.
AQUÍ VIENE. VAMOS A PREGUNTARLE.
DICE QUE EL ÁNGEL LO DEJÓ MUDO PORQUE NO CREYÓ.
¿CÓMO LE VAS A PONER AL NIÑO?
QUIERE UNA TABLILLA PARA ESCRIBIR.
DICE QUE SE LLAMARÁ JUAN, COMO EL ÁNGEL ORDENÓ.
PERO NADIE EN LA FAMILIA SE LLAMA JUAN.
SÍ ES VARÓN, UN NIÑITO MUY VELLUDO.
SE LLAMA JUAN, CONFORME A LA PALABRA DEL SEÑOR. ÉL PRESENTARÁ AL MESÍAS A NUESTRO PUEBLO ISRAEL.
HABLÓ! ¡DESPUÉS DE TODOS ESTOS MESES, HABLA!
¿SERÁ QUE ÉSTE ES REALMENTE EL ELÍAS DE LA PROFECÍA?

LUCAS 1:41-64

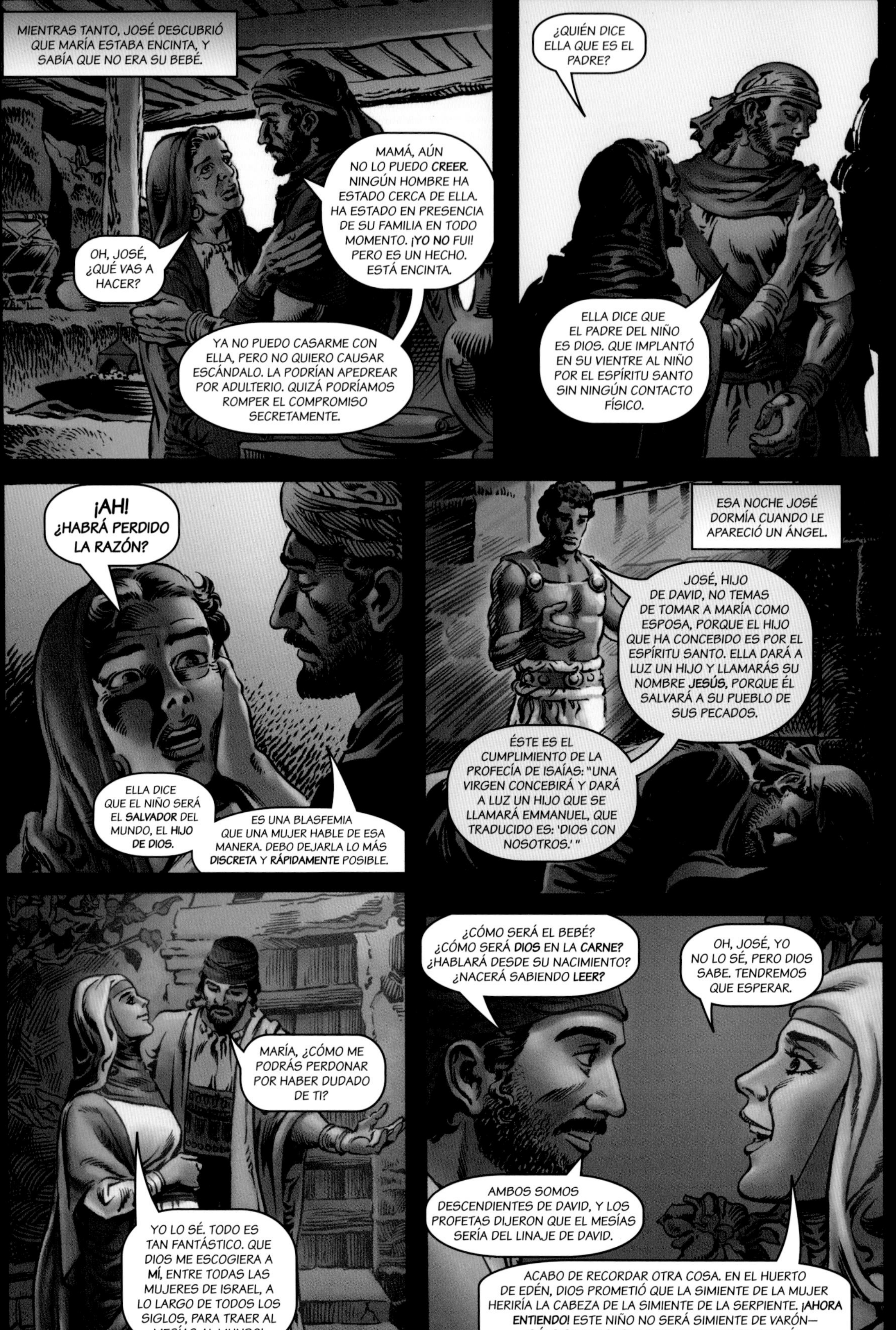
MIENTRAS TANTO, JOSÉ DESCUBRIÓ QUE MARÍA ESTABA ENCINTA, Y SABÍA QUE NO ERA SU BEBÉ.
MAMÁ, AÚN NO LO PUEDO CREER. NINGÚN HOMBRE HA ESTADO CERCA DE ELLA. HA ESTADO EN PRESENCIA DE SU FAMILIA EN TODO MOMENTO. ¡YO NO FUI! PERO ES UN HECHO. ESTÁ ENCINTA.
OH, JOSÉ, ¿QUÉ VAS A HACER?
YA NO PUEDO CASARME CON ELLA, PERO NO QUIERO CAUSAR ESCÁNDALO. LA PODRÍAN APEDREAR POR ADULTERIO. QUIZÁ PODRÍAMOS ROMPER EL COMPROMISO SECRETAMENTE.
¿QUIÉN DICE ELLA QUE ES EL PADRE?
ELLA DICE QUE EL PADRE DEL NIÑO ES DIOS. QUE IMPLANTÓ EN SU VIENTRE AL NIÑO POR EL ESPÍRITU SANTO SIN NINGÚN CONTACTO FÍSICO.
¡AH! ¿HABRÁ PERDIDO LA RAZÓN?
ELLA DICE QUE EL NIÑO SERÁ EL SALVADOR DEL MUNDO, EL HIJO DE DIOS.
ES UNA BLASFEMIA QUE UNA MUJER HABLE DE ESA MANERA. DEBO DEJARLA LO MÁS DISCRETA Y RÁPIDAMENTE POSIBLE.
ESA NOCHE JOSÉ DORMÍA CUANDO LE APARECIÓ UN ÁNGEL.
JOSÉ, HIJO DE DAVID, NO TEMAS DE TOMAR A MARÍA COMO ESPOSA, PORQUE EL HIJO QUE HA CONCEBIDO ES POR EL ESPÍRITU SANTO. ELLA DARÁ A LUZ UN HIJO Y LLAMARÁS SU NOMBRE JESÚS, PORQUE ÉL SALVARÁ A SU PUEBLO DE SUS PECADOS.
ÉSTE ES EL CUMPLIMIENTO DE LA PROFECÍA DE ISAÍAS: "UNA VIRGEN CONCEBIRÁ Y DARÁ A LUZ UN HIJO QUE SE LLAMARÁ EMMANUEL, QUE TRADUCIDO ES: 'DIOS CON NOSOTROS.' "
MARÍA, ¿CÓMO ME PODRÁS PERDONAR POR HABER DUDADO DE TI?
YO LO SÉ. TODO ES TAN FANTÁSTICO. QUE DIOS ME ESCOGIERA A MÍ, ENTRE TODAS LAS MUJERES DE ISRAEL, A LO LARGO DE TODOS LOS SIGLOS, PARA TRAER AL MESÍAS AL MUNDO!
¿CÓMO SERÁ EL BEBÉ? ¿CÓMO SERÁ DIOS EN LA CARNE? ¿HABLARÁ DESDE SU NACIMIENTO? ¿NACERÁ SABIENDO LEER?
OH, JOSÉ, YO NO LO SÉ, PERO DIOS SABE. TENDREMOS QUE ESPERAR.
AMBOS SOMOS DESCENDIENTES DE DAVID, Y LOS PROFETAS DIJERON QUE EL MESÍAS SERÍA DEL LINAJE DE DAVID.
ACABO DE RECORDAR OTRA COSA. EN EL HUERTO DE EDÉN, DIOS PROMETIÓ QUE LA SIMIENTE DE LA MUJER HERIRÍA LA CABEZA DE LA SIMIENTE DE LA SERPIENTE. ¡AHORA ENTIENDO! ESTE NIÑO NO SERÁ SIMIENTE DE VARÓN— SÓLO SIMIENTE DE LA MUJER. ¡VAYA! DIOS TENÍA ESTO PLANEADO DESDE EL PRINCIPIO.

GÉNESIS 3:15; ISAÍAS 7:14, 9:7; MATEO 1:18-23; LUCAS 1:32-33

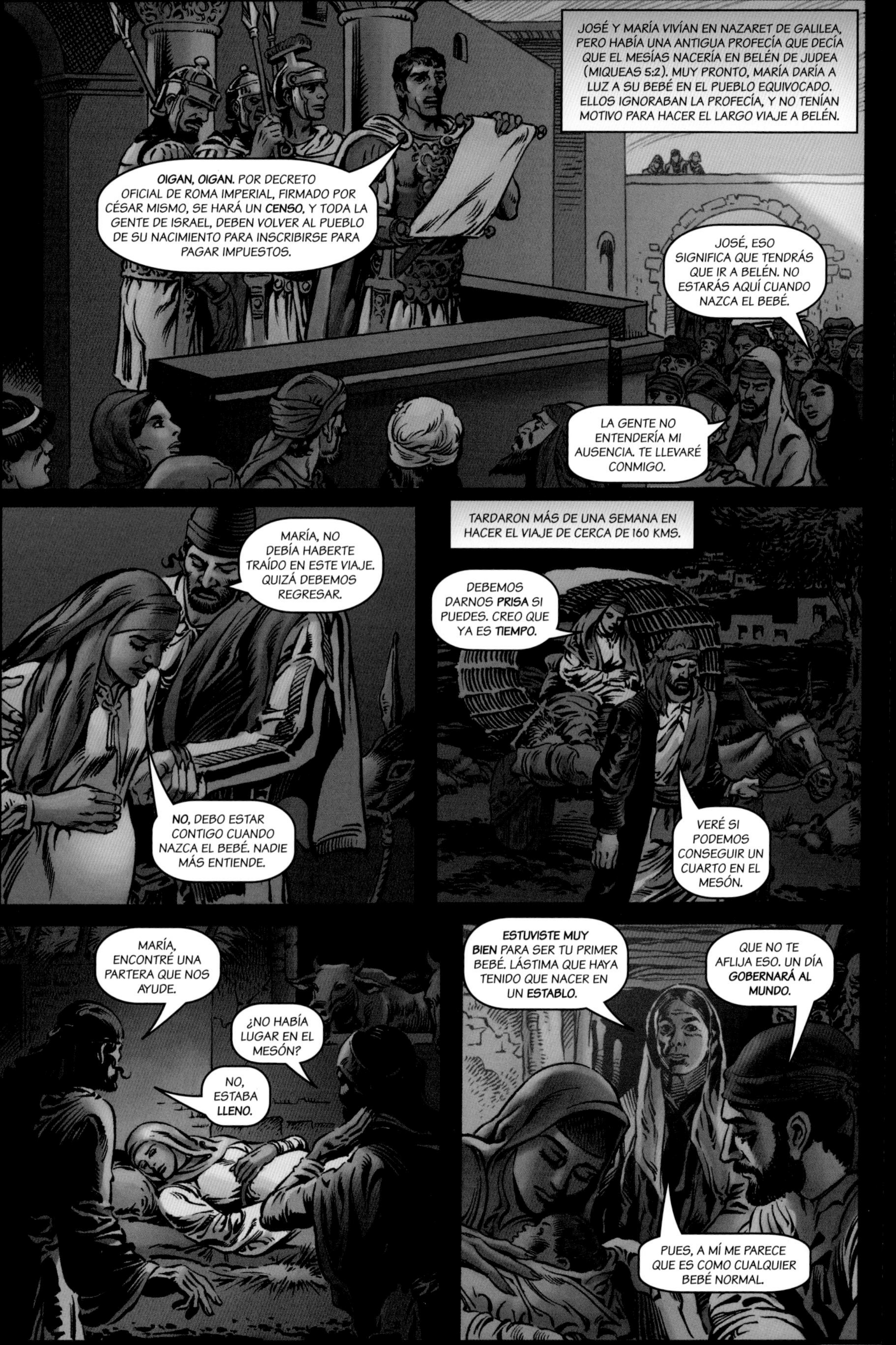
JOSÉ Y MARÍA VIVÍAN EN NAZARET DE GALILEA, PERO HABÍA UNA ANTIGUA PROFECÍA QUE DECÍA QUE EL MESÍAS NACERÍA EN BELÉN DE JUDEA (MIQUEAS 5:2). MUY PRONTO, MARÍA DARÍA A LUZ A SU BEBÉ EN EL PUEBLO EQUIVOCADO. ELLOS IGNORABAN LA PROFECÍA, Y NO TENÍAN MOTIVO PARA HACER EL LARGO VIAJE A BELÉN.
OIGAN, OIGAN. POR DECRETO OFICIAL DE ROMA IMPERIAL, FIRMADO POR CÉSAR MISMO, SE HARÁ UN **CENSO**, Y TODA LA GENTE DE ISRAEL, DEBEN VOLVER AL PUEBLO DE SU NACIMIENTO PARA INSCRIBIRSE PARA PAGAR IMPUESTOS.
JOSÉ, ESO SIGNIFICA QUE TENDRÁS QUE IR A BELÉN. NO ESTARÁS AQUÍ CUANDO NAZCA EL BEBÉ.
LA GENTE NO ENTENDERÍA MI AUSENCIA. TE LLEVARÉ CONMIGO.
MARÍA, NO DEBÍA HABERTE TRAÍDO EN ESTE VIAJE. QUIZÁ DEBEMOS REGRESAR.
NO, DEBO ESTAR CONTIGO CUANDO NAZCA EL BEBÉ. NADIE MÁS ENTIENDE.
TARDARON MÁS DE UNA SEMANA EN HACER EL VIAJE DE CERCA DE 160 KMS.
DEBEMOS DARNOS **PRISA** SI PUEDES. CREO QUE YA ES **TIEMPO**.
VERÉ SI PODEMOS CONSEGUIR UN CUARTO EN EL MESÓN.
MARÍA, ENCONTRÉ UNA PARTERA QUE NOS AYUDE.
¿NO HABÍA LUGAR EN EL MESÓN?
NO, ESTABA **LLENO**.
ESTUVISTE MUY BIEN PARA SER TU PRIMER BEBÉ. LÁSTIMA QUE HAYA TENIDO QUE NACER EN UN **ESTABLO**.
QUE NO TE AFLIJA ESO. UN DÍA **GOBERNARÁ AL MUNDO**.
PUES, A MÍ ME PARECE QUE ES COMO CUALQUIER BEBÉ NORMAL.

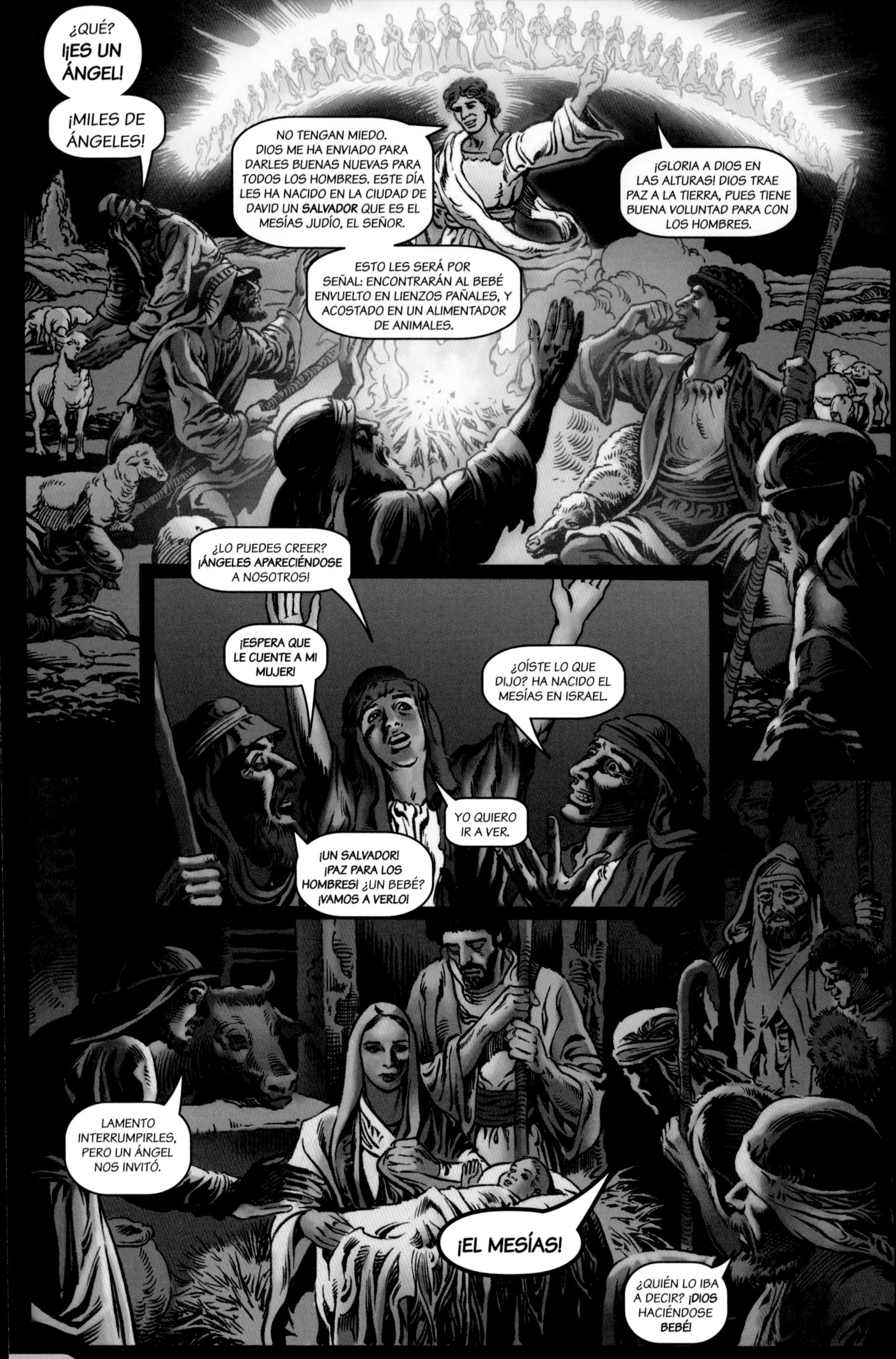
¿QUÉ? ¡¡ES UN ÁNGEL!
¡MILES DE ÁNGELES!
NO TENGAN MIEDO. DIOS ME HA ENVIADO PARA DARLES BUENAS NUEVAS PARA TODOS LOS HOMBRES. ESTE DÍA LES HA NACIDO EN LA CIUDAD DE DAVID UN SALVADOR QUE ES EL MESÍAS JUDÍO, EL SEÑOR.
ESTO LES SERÁ POR SEÑAL: ENCONTRARÁN AL BEBÉ ENVUELTO EN LIENZOS PAÑALES, Y ACOSTADO EN UN ALIMENTADOR DE ANIMALES.
¡GLORIA A DIOS EN LAS ALTURAS! DIOS TRAE PAZ A LA TIERRA, PUES TIENE BUENA VOLUNTAD PARA CON LOS HOMBRES.
¿LO PUEDES CREER? ¡ÁNGELES APARECIÉNDOSE A NOSOTROS!
¡ESPERA QUE LE CUENTE A MI MUJER!
¿OÍSTE LO QUE DIJO? HA NACIDO EL MESÍAS EN ISRAEL.
YO QUIERO IR A VER.
¡UN SALVADOR! ¡PAZ PARA LOS HOMBRES! ¿UN BEBÉ? ¡VAMOS A VERLO!
LAMENTO INTERRUMPIRLES, PERO UN ÁNGEL NOS INVITÓ.
¡EL MESÍAS!
¿QUIÉN LO IBA A DECIR? ¡DIOS HACIÉNDOSE BEBÉ!

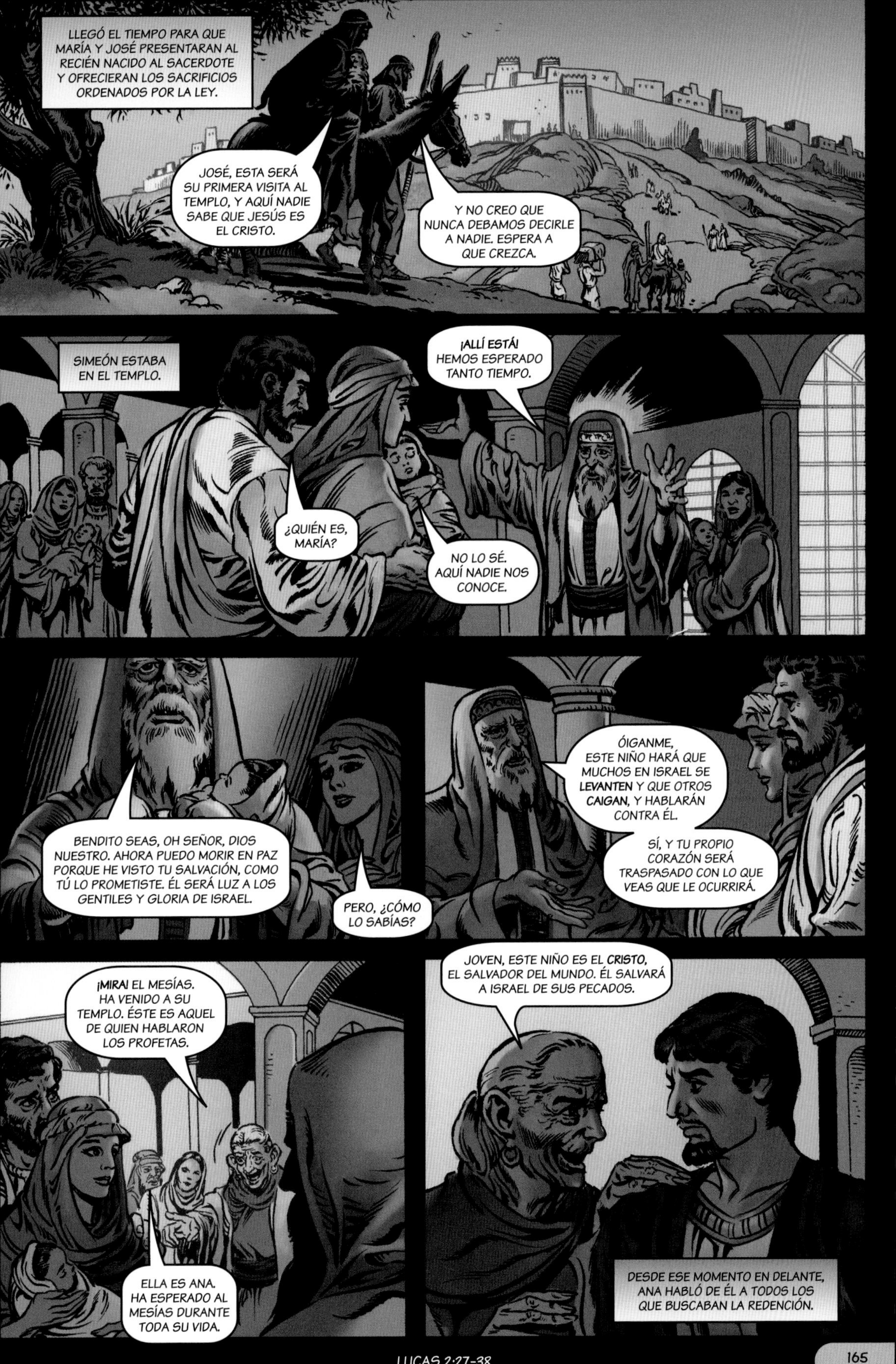
LLEGÓ EL TIEMPO PARA QUE MARÍA Y JOSÉ PRESENTARAN AL RECIÉN NACIDO AL SACERDOTE Y OFRECIERAN LOS SACRIFICIOS ORDENADOS POR LA LEY.
JOSÉ, ESTA SERÁ SU PRIMERA VISITA AL TEMPLO, Y AQUÍ NADIE SABE QUE JESÚS ES EL CRISTO.
Y NO CREO QUE NUNCA DEBAMOS DECIRLE A NADIE. ESPERA A QUE CREZCA.
SIMEÓN ESTABA EN EL TEMPLO.
¡ALLÍ ESTÁ! HEMOS ESPERADO TANTO TIEMPO.
¿QUIÉN ES, MARÍA?
NO LO SÉ. AQUÍ NADIE NOS CONOCE.
BENDITO SEAS, OH SEÑOR, DIOS NUESTRO. AHORA PUEDO MORIR EN PAZ PORQUE HE VISTO TU SALVACIÓN, COMO TÚ LO PROMETISTE. ÉL SERÁ LUZ A LOS GENTILES Y GLORIA DE ISRAEL.
PERO, ¿CÓMO LO SABÍAS?
ÓIGANME, ESTE NIÑO HARÁ QUE MUCHOS EN ISRAEL SE LEVANTEN Y QUE OTROS CAIGAN, Y HABLARÁN CONTRA ÉL.
SÍ, Y TU PROPIO CORAZÓN SERÁ TRASPASADO CON LO QUE VEAS QUE LE OCURRIRÁ.
¡MIRA! EL MESÍAS. HA VENIDO A SU TEMPLO. ÉSTE ES AQUEL DE QUIEN HABLARON LOS PROFETAS.
ELLA ES ANA. HA ESPERADO AL MESÍAS DURANTE TODA SU VIDA.
JOVEN, ESTE NIÑO ES EL CRISTO, EL SALVADOR DEL MUNDO. ÉL SALVARÁ A ISRAEL DE SUS PECADOS.
DESDE ESE MOMENTO EN DELANTE, ANA HABLÓ DE ÉL A TODOS LOS QUE BUSCABAN LA REDENCIÓN.

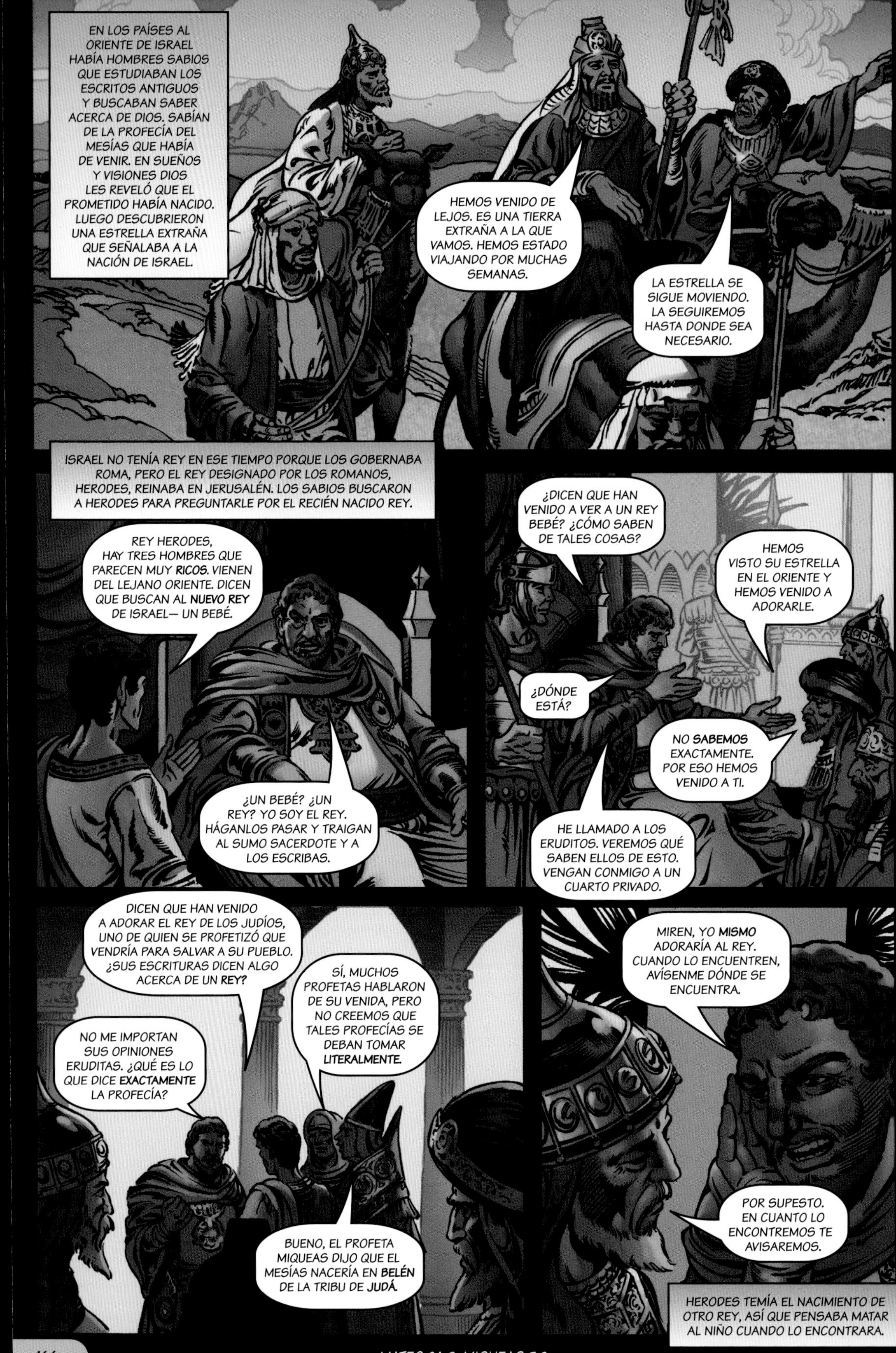
EN LOS PAÍSES AL ORIENTE DE ISRAEL HABÍA HOMBRES SABIOS QUE ESTUDIABAN LOS ESCRITOS ANTIGUOS Y BUSCABAN SABER ACERCA DE DIOS. SABÍAN DE LA PROFECÍA DEL MESÍAS QUE HABÍA DE VENIR. EN SUEÑOS Y VISIONES DIOS LES REVELÓ QUE EL PROMETIDO HABÍA NACIDO. LUEGO DESCUBRIERON UNA ESTRELLA EXTRAÑA QUE SEÑALABA A LA NACIÓN DE ISRAEL.
HEMOS VENIDO DE LEJOS. ES UNA TIERRA EXTRAÑA A LA QUE VAMOS. HEMOS ESTADO VIAJANDO POR MUCHAS SEMANAS.
LA ESTRELLA SE SIGUE MOVIENDO. LA SEGUIREMOS HASTA DONDE SEA NECESARIO.
ISRAEL NO TENÍA REY EN ESE TIEMPO PORQUE LOS GOBERNABA ROMA, PERO EL REY DESIGNADO POR LOS ROMANOS, HERODES, REINABA EN JERUSALÉN. LOS SABIOS BUSCARON A HERODES PARA PREGUNTARLE POR EL RECIÉN NACIDO REY.
REY HERODES, HAY TRES HOMBRES QUE PARECEN MUY **RICOS**. VIENEN DEL LEJANO ORIENTE. DICEN QUE BUSCAN AL **NUEVO REY** DE ISRAEL— UN BEBÉ.
¿UN BEBÉ? ¿UN REY? YO SOY EL REY. HÁGANLOS PASAR Y TRAIGAN AL SUMO SACERDOTE Y A LOS ESCRIBAS.
¿DICEN QUE HAN VENIDO A VER A UN REY BEBÉ? ¿CÓMO SABEN DE TALES COSAS?
HEMOS VISTO SU ESTRELLA EN EL ORIENTE Y HEMOS VENIDO A ADORARLE.
¿DÓNDE ESTÁ?
NO **SABEMOS** EXACTAMENTE. POR ESO HEMOS VENIDO A TI.
HE LLAMADO A LOS ERUDITOS. VEREMOS QUÉ SABEN ELLOS DE ESTO. VENGAN CONMIGO A UN CUARTO PRIVADO.
DICEN QUE HAN VENIDO A ADORAR EL REY DE LOS JUDÍOS, UNO DE QUIEN SE PROFETIZÓ QUE VENDRÍA PARA SALVAR A SU PUEBLO. ¿SUS ESCRITURAS DICEN ALGO ACERCA DE UN **REY**?
SÍ, MUCHOS PROFETAS HABLARON DE SU VENIDA, PERO NO CREEMOS QUE TALES PROFECÍAS SE DEBAN TOMAR **LITERALMENTE**.
NO ME IMPORTAN SUS OPINIONES ERUDITAS. ¿QUÉ ES LO QUE DICE **EXACTAMENTE** LA PROFECÍA?
BUENO, EL PROFETA MIQUEAS DIJO QUE EL MESÍAS NACERÍA EN **BELÉN** DE LA TRIBU DE **JUDÁ**.
MIREN, YO **MISMO** ADORARÍA AL REY. CUANDO LO ENCUENTREN, AVÍSENME DÓNDE SE ENCUENTRA.
POR SUPESTO. EN CUANTO LO ENCONTREMOS TE AVISAREMOS.
HERODES TEMÍA EL NACIMIENTO DE OTRO REY, ASÍ QUE PENSABA MATAR AL NIÑO CUANDO LO ENCONTRARA.

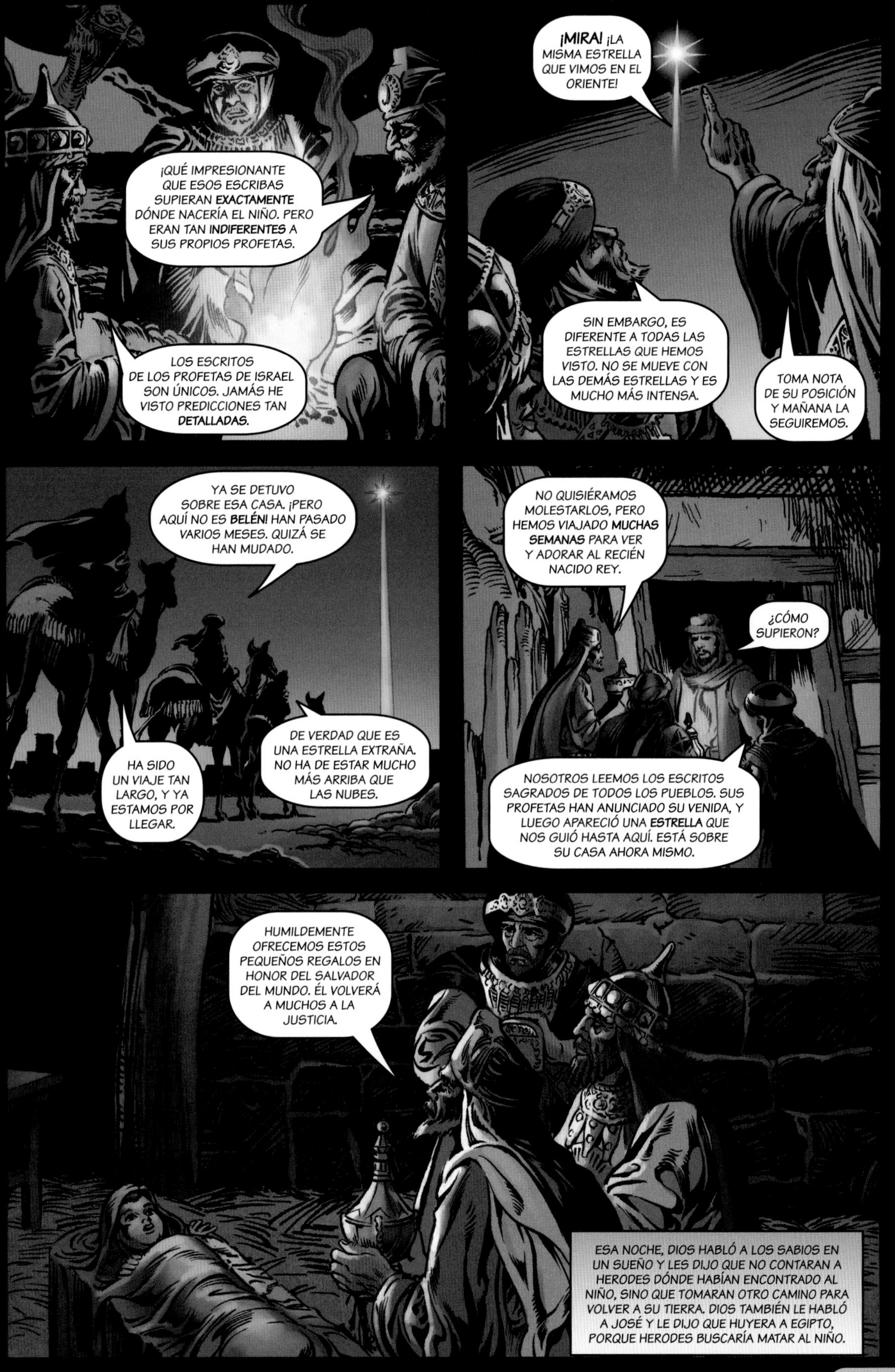

¡QUÉ IMPRESIONANTE QUE ESOS ESCRIBAS SUPIERAN **EXACTAMENTE** DÓNDE NACERÍA EL NIÑO. PERO ERAN TAN **INDIFERENTES** A SUS PROPIOS PROFETAS.
LOS ESCRITOS DE LOS PROFETAS DE ISRAEL SON ÚNICOS. JAMÁS HE VISTO PREDICCIONES TAN **DETALLADAS.**
¡MIRA! ¡LA MISMA ESTRELLA QUE VIMOS EN EL ORIENTE!
SIN EMBARGO, ES DIFERENTE A TODAS LAS ESTRELLAS QUE HEMOS VISTO. NO SE MUEVE CON LAS DEMÁS ESTRELLAS Y ES MUCHO MÁS INTENSA.
TOMA NOTA DE SU POSICIÓN Y MAÑANA LA SEGUIREMOS.
YA SE DETUVO SOBRE ESA CASA. ¡PERO AQUÍ NO ES **BELÉN**! HAN PASADO VARIOS MESES. QUIZÁ SE HAN MUDADO.
HA SIDO UN VIAJE TAN LARGO, Y YA ESTAMOS POR LLEGAR.
DE VERDAD QUE ES UNA ESTRELLA EXTRAÑA. NO HA DE ESTAR MUCHO MÁS ARRIBA QUE LAS NUBES.
NO QUISIÉRAMOS MOLESTARLOS, PERO HEMOS VIAJADO **MUCHAS SEMANAS** PARA VER Y ADORAR AL RECIÉN NACIDO REY.
¿CÓMO SUPIERON?
NOSOTROS LEEMOS LOS ESCRITOS SAGRADOS DE TODOS LOS PUEBLOS. SUS PROFETAS HAN ANUNCIADO SU VENIDA, Y LUEGO APARECIÓ UNA **ESTRELLA** QUE NOS GUIÓ HASTA AQUÍ. ESTÁ SOBRE SU CASA AHORA MISMO.
HUMILDEMENTE OFRECEMOS ESTOS PEQUEÑOS REGALOS EN HONOR DEL SALVADOR DEL MUNDO. ÉL VOLVERÁ A MUCHOS A LA JUSTICIA.
ESA NOCHE, DIOS HABLÓ A LOS SABIOS EN UN SUEÑO Y LES DIJO QUE NO CONTARAN A HERODES DÓNDE HABÍAN ENCONTRADO AL NIÑO, SINO QUE TOMARAN OTRO CAMINO PARA VOLVER A SU TIERRA. DIOS TAMBIÉN LE HABLÓ A JOSÉ Y LE DIJO QUE HUYERA A EGIPTO, PORQUE HERODES BUSCARÍA MATAR AL NIÑO.

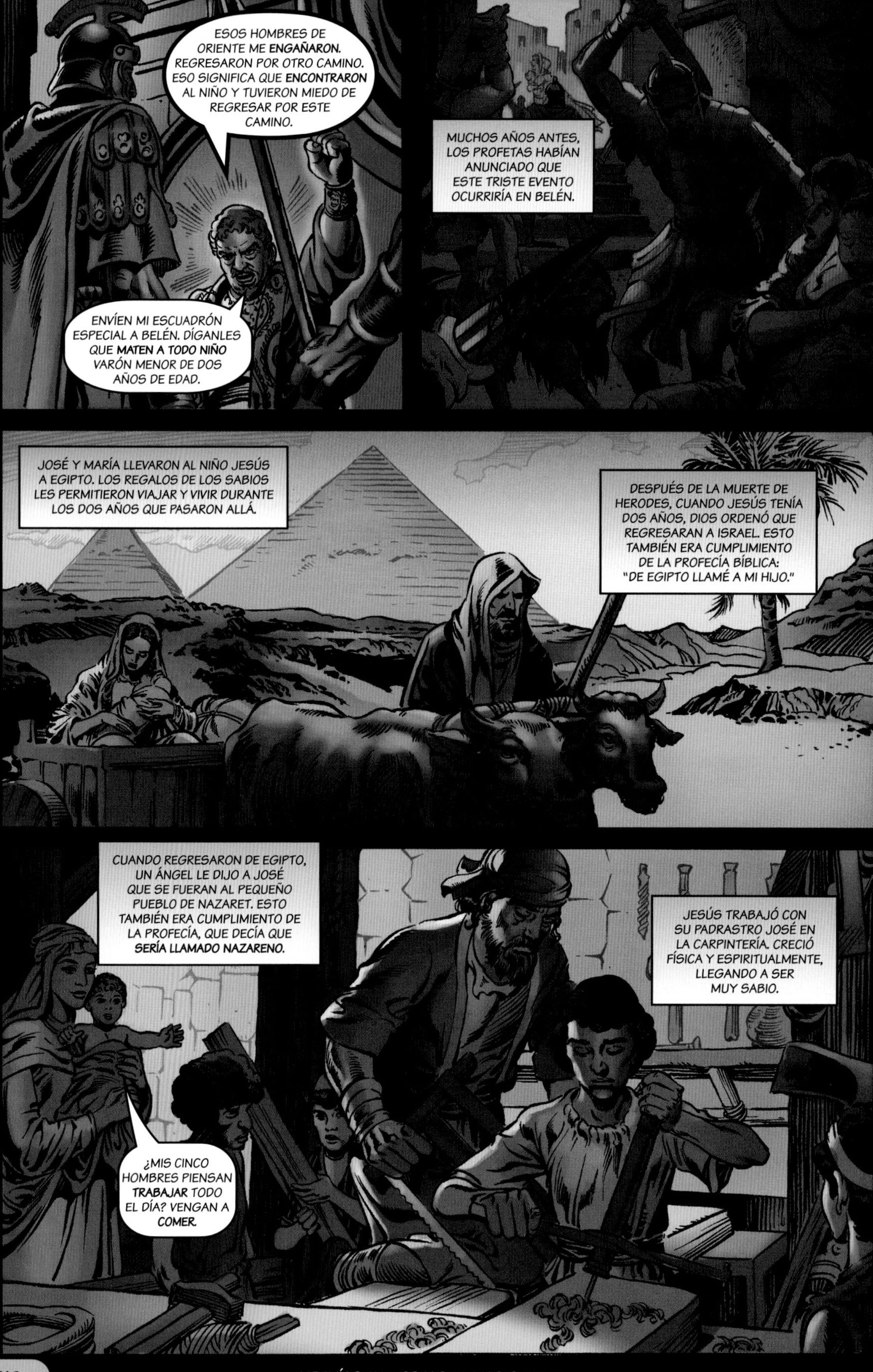
ESOS HOMBRES DE ORIENTE ME ENGAÑARON. REGRESARON POR OTRO CAMINO. ESO SIGNIFICA QUE ENCONTRARON AL NIÑO Y TUVIERON MIEDO DE REGRESAR POR ESTE CAMINO.
ENVÍEN MI ESCUADRÓN ESPECIAL A BELÉN. DÍGANLES QUE MATEN A TODO NIÑO VARÓN MENOR DE DOS AÑOS DE EDAD.
MUCHOS AÑOS ANTES, LOS PROFETAS HABÍAN ANUNCIADO QUE ESTE TRISTE EVENTO OCURRIRÍA EN BELÉN.
JOSÉ Y MARÍA LLEVARON AL NIÑO JESÚS A EGIPTO. LOS REGALOS DE LOS SABIOS LES PERMITIERON VIAJAR Y VIVIR DURANTE LOS DOS AÑOS QUE PASARON ALLÁ.
DESPUÉS DE LA MUERTE DE HERODES, CUANDO JESÚS TENÍA DOS AÑOS, DIOS ORDENÓ QUE REGRESARAN A ISRAEL. ESTO TAMBIÉN ERA CUMPLIMIENTO DE LA PROFECÍA BÍBLICA: "DE EGIPTO LLAMÉ A MI HIJO."
CUANDO REGRESARON DE EGIPTO, UN ÁNGEL LE DIJO A JOSÉ QUE SE FUERAN AL PEQUEÑO PUEBLO DE NAZARET. ESTO TAMBIÉN ERA CUMPLIMIENTO DE LA PROFECÍA, QUE DECÍA QUE SERÍA LLAMADO NAZARENO.
JESÚS TRABAJÓ CON SU PADRASTRO JOSÉ EN LA CARPINTERÍA. CRECIÓ FÍSICA Y ESPIRITUALMENTE, LLEGANDO A SER MUY SABIO.
¿MIS CINCO HOMBRES PIENSAN TRABAJAR TODO EL DÍA? VENGAN A COMER.

JEREMÍAS 31:15; OSEAS 11:1; MATEO 2:13-23

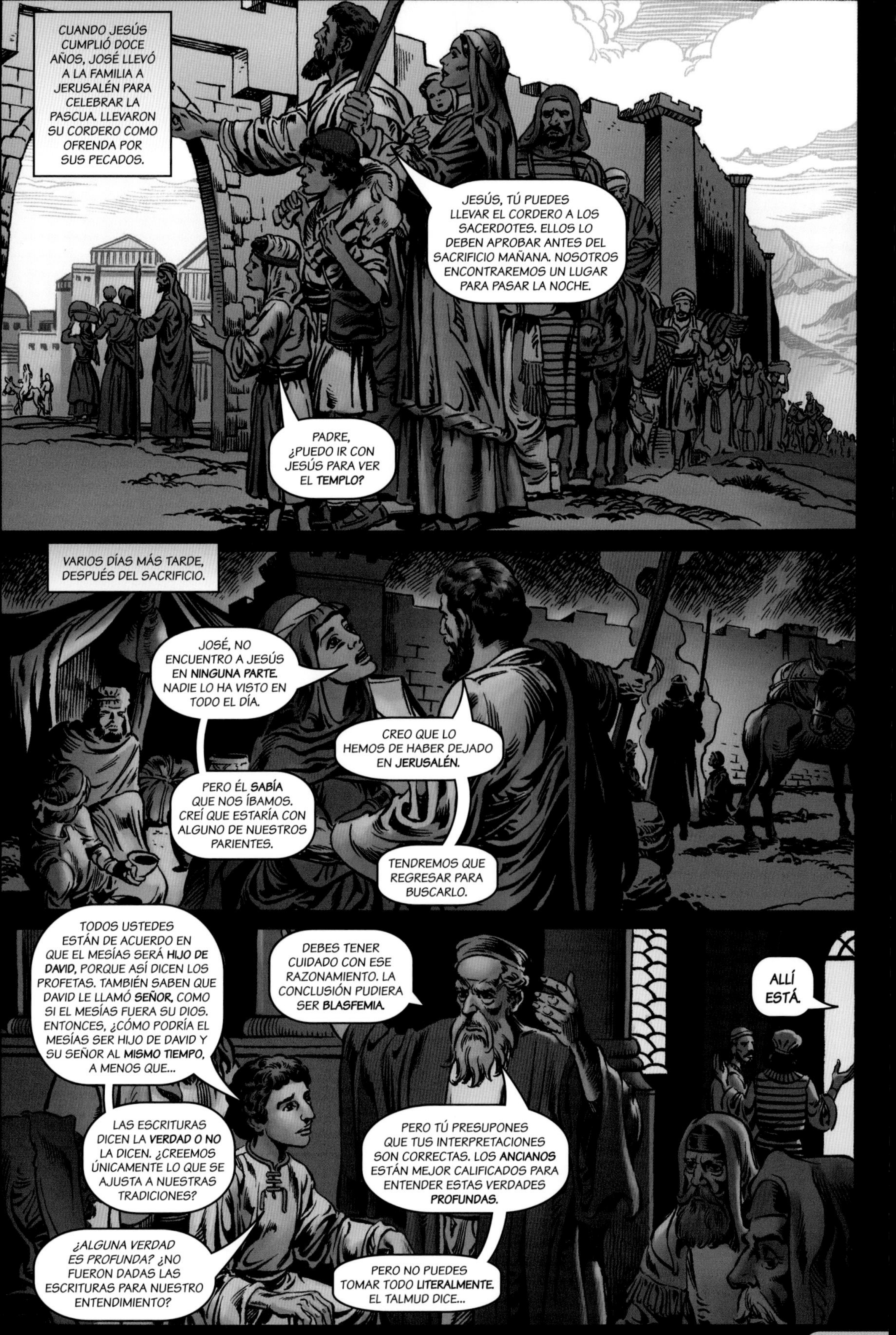
CUANDO JESÚS CUMPLIÓ DOCE AÑOS, JOSÉ LLEVÓ A LA FAMILIA A JERUSALÉN PARA CELEBRAR LA PASCUA. LLEVARON SU CORDERO COMO OFRENDA POR SUS PECADOS.
JESÚS, TÚ PUEDES LLEVAR EL CORDERO A LOS SACERDOTES. ELLOS LO DEBEN APROBAR ANTES DEL SACRIFICIO MAÑANA. NOSOTROS ENCONTRAREMOS UN LUGAR PARA PASAR LA NOCHE.
PADRE, ¿PUEDO IR CON JESÚS PARA VER EL **TEMPLO?**
VARIOS DÍAS MÁS TARDE, DESPUÉS DEL SACRIFICIO.
JOSÉ, NO ENCUENTRO A JESÚS EN **NINGUNA PARTE.** NADIE LO HA VISTO EN TODO EL DÍA.
CREO QUE LO HEMOS DE HABER DEJADO EN **JERUSALÉN.**
PERO ÉL **SABÍA** QUE NOS ÍBAMOS. CREÍ QUE ESTARÍA CON ALGUNO DE NUESTROS PARIENTES.
TENDREMOS QUE REGRESAR PARA BUSCARLO.
TODOS USTEDES ESTÁN DE ACUERDO EN QUE EL MESÍAS SERÁ **HIJO DE DAVID,** PORQUE ASÍ DICEN LOS PROFETAS. TAMBIÉN SABEN QUE DAVID LE LLAMÓ **SEÑOR,** COMO SI EL MESÍAS FUERA SU DIOS. ENTONCES, ¿CÓMO PODRÍA EL MESÍAS SER HIJO DE DAVID Y SU SEÑOR AL **MISMO TIEMPO,** A MENOS QUE...
DEBES TENER CUIDADO CON ESE RAZONAMIENTO. LA CONCLUSIÓN PUDIERA SER **BLASFEMIA.**
ALLÍ ESTÁ.
LAS ESCRITURAS DICEN LA **VERDAD O NO** LA DICEN. ¿CREEMOS ÚNICAMENTE LO QUE SE AJUSTA A NUESTRAS TRADICIONES?
PERO TÚ PRESUPONES QUE TUS INTERPRETACIONES SON CORRECTAS. LOS **ANCIANOS** ESTÁN MEJOR CALIFICADOS PARA ENTENDER ESTAS VERDADES **PROFUNDAS.**
¿ALGUNA VERDAD ES PROFUNDA? ¿NO FUERON DADAS LAS ESCRITURAS PARA NUESTRO ENTENDIMIENTO?
PERO NO PUEDES TOMAR TODO **LITERALMENTE.** EL TALMUD DICE...

ISAÍAS 9:7; LUCAS 2:42-46; 2 TIMOTEO 3:16-17

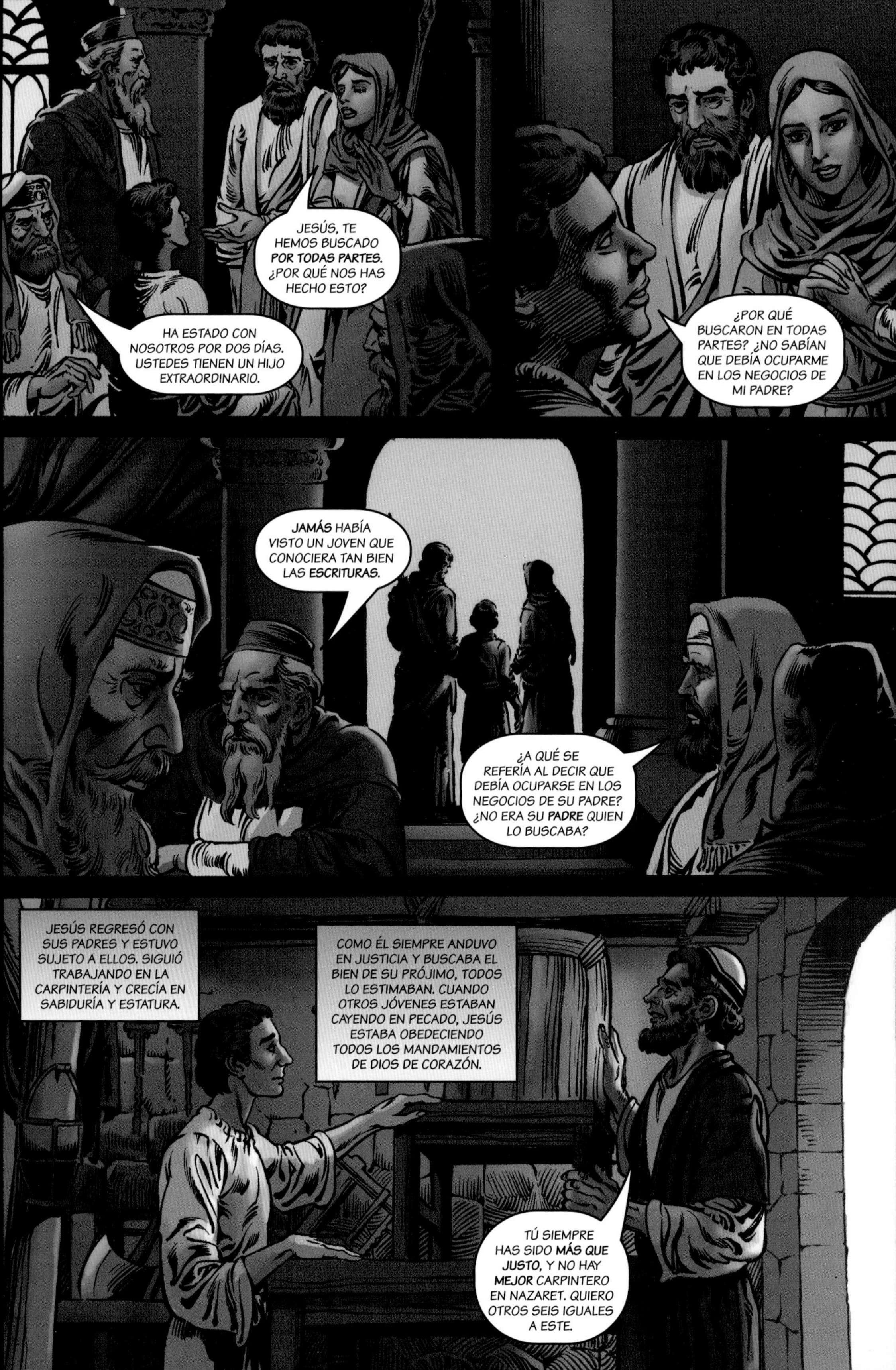
JESÚS, TE HEMOS BUSCADO POR TODAS PARTES. ¿POR QUÉ NOS HAS HECHO ESTO?
HA ESTADO CON NOSOTROS POR DOS DÍAS. USTEDES TIENEN UN HIJO EXTRAORDINARIO.
¿POR QUÉ BUSCARON EN TODAS PARTES? ¿NO SABÍAN QUE DEBÍA OCUPARME EN LOS NEGOCIOS DE MI PADRE?
JAMÁS HABÍA VISTO UN JOVEN QUE CONOCIERA TAN BIEN LAS ESCRITURAS.
¿A QUÉ SE REFERÍA AL DECIR QUE DEBÍA OCUPARSE EN LOS NEGOCIOS DE SU PADRE? ¿NO ERA SU PADRE QUIEN LO BUSCABA?
JESÚS REGRESÓ CON SUS PADRES Y ESTUVO SUJETO A ELLOS. SIGUIÓ TRABAJANDO EN LA CARPINTERÍA Y CRECÍA EN SABIDURÍA Y ESTATURA.
COMO ÉL SIEMPRE ANDUVO EN JUSTICIA Y BUSCABA EL BIEN DE SU PRÓJIMO, TODOS LO ESTIMABAN. CUANDO OTROS JÓVENES ESTABAN CAYENDO EN PECADO, JESÚS ESTABA OBEDECIENDO TODOS LOS MANDAMIENTOS DE DIOS DE CORAZÓN.
TÚ SIEMPRE HAS SIDO MÁS QUE JUSTO, Y NO HAY MEJOR CARPINTERO EN NAZARET. QUIERO OTROS SEIS IGUALES A ESTE.

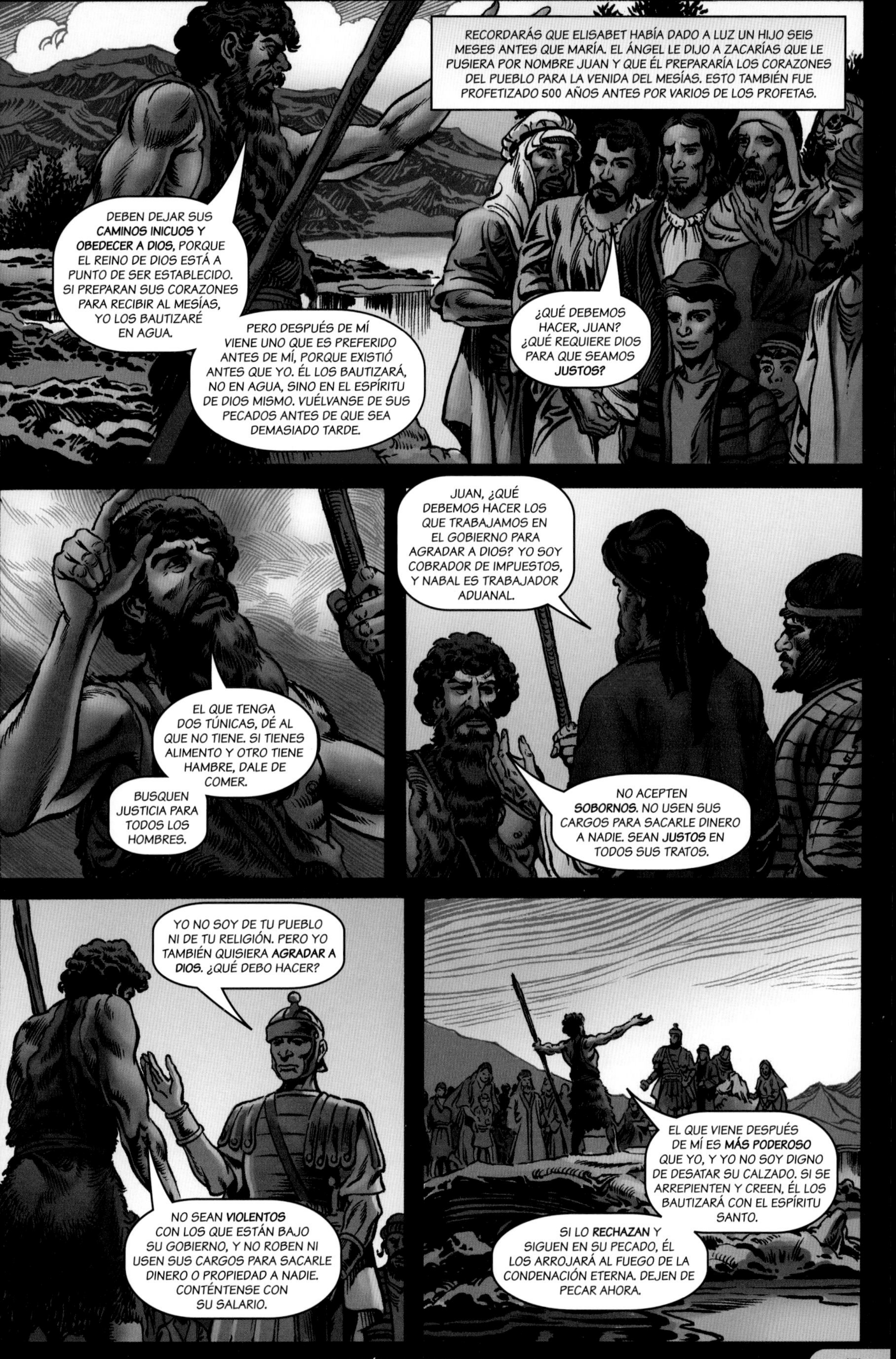
RECORDARÁS QUE ELISABET HABÍA DADO A LUZ UN HIJO SEIS MESES ANTES QUE MARÍA. EL ÁNGEL LE DIJO A ZACARÍAS QUE LE PUSIERA POR NOMBRE JUAN Y QUE ÉL PREPARARÍA LOS CORAZONES DEL PUEBLO PARA LA VENIDA DEL MESÍAS. ESTO TAMBIÉN FUE PROFETIZADO 500 AÑOS ANTES POR VARIOS DE LOS PROFETAS.
DEBEN DEJAR SUS **CAMINOS INICUOS Y OBEDECER A DIOS,** PORQUE EL REINO DE DIOS ESTÁ A PUNTO DE SER ESTABLECIDO. SI PREPARAN SUS CORAZONES PARA RECIBIR AL MESÍAS, YO LOS BAUTIZARÉ EN AGUA.
PERO DESPUÉS DE MÍ VIENE UNO QUE ES PREFERIDO ANTES DE MÍ, PORQUE EXISTIÓ ANTES QUE YO. ÉL LOS BAUTIZARÁ, NO EN AGUA, SINO EN EL ESPÍRITU DE DIOS MISMO. VUÉLVANSE DE SUS PECADOS ANTES DE QUE SEA DEMASIADO TARDE.
¿QUÉ DEBEMOS HACER, JUAN? ¿QUÉ REQUIERE DIOS PARA QUE SEAMOS **JUSTOS?**
EL QUE TENGA DOS TÚNICAS, DÉ AL QUE NO TIENE. SI TIENES ALIMENTO Y OTRO TIENE HAMBRE, DALE DE COMER.
BUSQUEN JUSTICIA PARA TODOS LOS HOMBRES.
JUAN, ¿QUÉ DEBEMOS HACER LOS QUE TRABAJAMOS EN EL GOBIERNO PARA AGRADAR A DIOS? YO SOY COBRADOR DE IMPUESTOS, Y NABAL ES TRABAJADOR ADUANAL.
NO ACEPTEN **SOBORNOS.** NO USEN SUS CARGOS PARA SACARLE DINERO A NADIE. SEAN **JUSTOS** EN TODOS SUS TRATOS.
YO NO SOY DE TU PUEBLO NI DE TU RELIGIÓN. PERO YO TAMBIÉN QUISIERA **AGRADAR A DIOS.** ¿QUÉ DEBO HACER?
NO SEAN **VIOLENTOS** CON LOS QUE ESTÁN BAJO SU GOBIERNO, Y NO ROBEN NI USEN SUS CARGOS PARA SACARLE DINERO O PROPIEDAD A NADIE. CONTÉNTENSE CON SU SALARIO.
EL QUE VIENE DESPUÉS DE MÍ ES **MÁS PODEROSO** QUE YO, Y YO NO SOY DIGNO DE DESATAR SU CALZADO. SI SE ARREPIENTEN Y CREEN, ÉL LOS BAUTIZARÁ CON EL ESPÍRITU SANTO.
SI LO **RECHAZAN** Y SIGUEN EN SU PECADO, ÉL LOS ARROJARÁ AL FUEGO DE LA CONDENACIÓN ETERNA. DEJEN DE PECAR AHORA.

MALAQUÍAS 3:1; LUCAS 3:2-18, 7:24,27

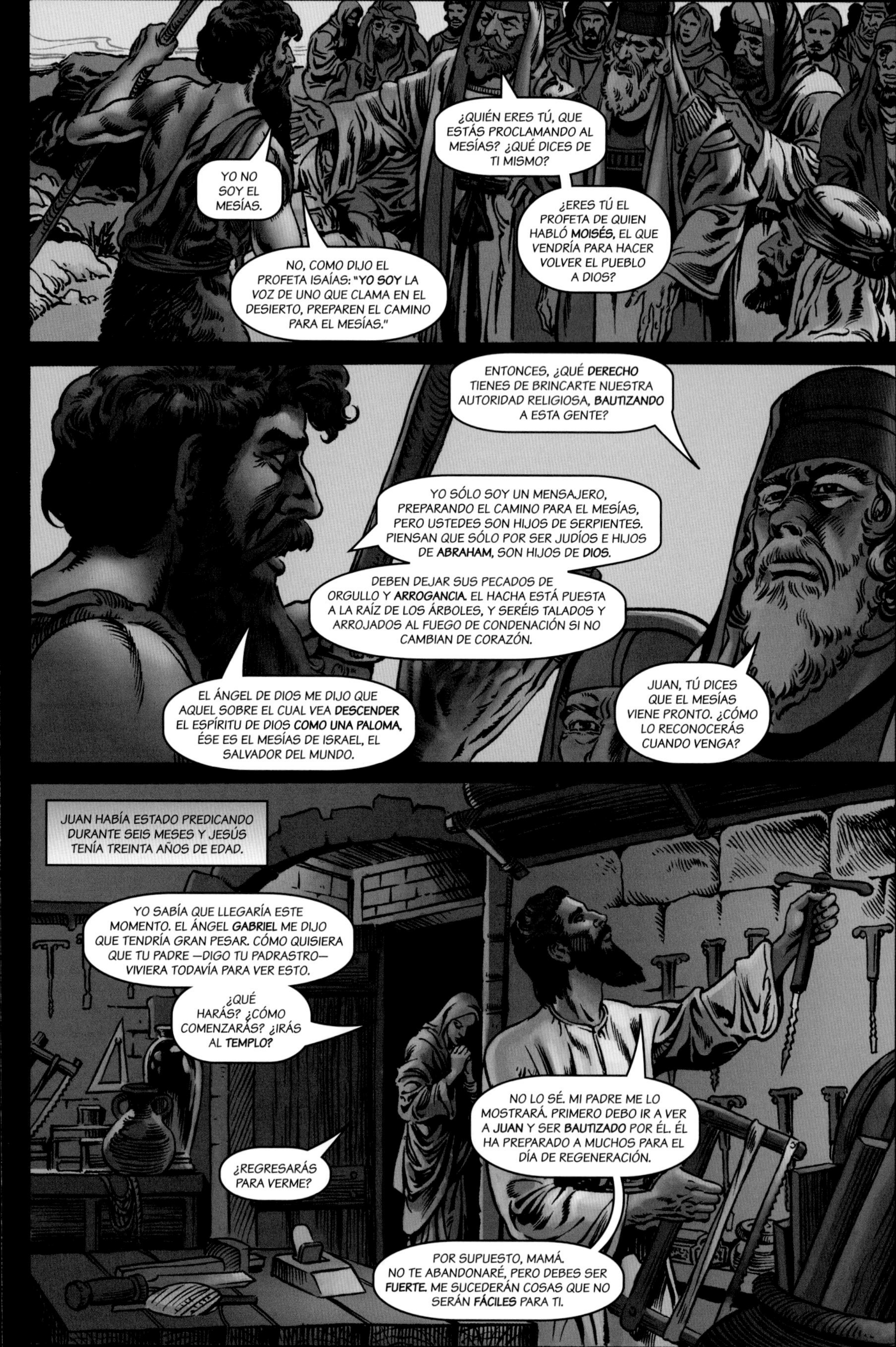
¿QUIÉN ERES TÚ, QUE ESTÁS PROCLAMANDO AL MESÍAS? ¿QUÉ DICES DE TI MISMO?
YO NO SOY EL MESÍAS.
¿ERES TÚ EL PROFETA DE QUIEN HABLÓ MOISÉS, EL QUE VENDRÍA PARA HACER VOLVER EL PUEBLO A DIOS?
NO, COMO DIJO EL PROFETA ISAÍAS: "YO SOY LA VOZ DE UNO QUE CLAMA EN EL DESIERTO, PREPAREN EL CAMINO PARA EL MESÍAS."
ENTONCES, ¿QUÉ DERECHO TIENES DE BRINCARTE NUESTRA AUTORIDAD RELIGIOSA, BAUTIZANDO A ESTA GENTE?
YO SÓLO SOY UN MENSAJERO, PREPARANDO EL CAMINO PARA EL MESÍAS, PERO USTEDES SON HIJOS DE SERPIENTES. PIENSAN QUE SÓLO POR SER JUDÍOS E HIJOS DE ABRAHAM, SON HIJOS DE DIOS.
DEBEN DEJAR SUS PECADOS DE ORGULLO Y ARROGANCIA. EL HACHA ESTÁ PUESTA A LA RAÍZ DE LOS ÁRBOLES, Y SERÉIS TALADOS Y ARROJADOS AL FUEGO DE CONDENACIÓN SI NO CAMBIAN DE CORAZÓN.
JUAN, TÚ DICES QUE EL MESÍAS VIENE PRONTO. ¿CÓMO LO RECONOCERÁS CUANDO VENGA?
EL ÁNGEL DE DIOS ME DIJO QUE AQUEL SOBRE EL CUAL VEA DESCENDER EL ESPÍRITU DE DIOS COMO UNA PALOMA, ÉSE ES EL MESÍAS DE ISRAEL, EL SALVADOR DEL MUNDO.
JUAN HABÍA ESTADO PREDICANDO DURANTE SEIS MESES Y JESÚS TENÍA TREINTA AÑOS DE EDAD.
YO SABÍA QUE LLEGARÍA ESTE MOMENTO. EL ÁNGEL GABRIEL ME DIJO QUE TENDRÍA GRAN PESAR. CÓMO QUISIERA QUE TU PADRE —DIGO TU PADRASTRO— VIVIERA TODAVÍA PARA VER ESTO.
¿QUÉ HARÁS? ¿CÓMO COMENZARÁS? ¿IRÁS AL TEMPLO?
NO LO SÉ. MI PADRE ME LO MOSTRARÁ. PRIMERO DEBO IR A VER A JUAN Y SER BAUTIZADO POR ÉL. ÉL HA PREPARADO A MUCHOS PARA EL DÍA DE REGENERACIÓN.
¿REGRESARÁS PARA VERME?
POR SUPUESTO, MAMÁ. NO TE ABANDONARÉ, PERO DEBES SER FUERTE. ME SUCEDERÁN COSAS QUE NO SERÁN FÁCILES PARA TI.

ISAÍAS 40:3; MATEO 3:1-12; LUCAS 3:15-18,23; JUAN 1:19-27,33

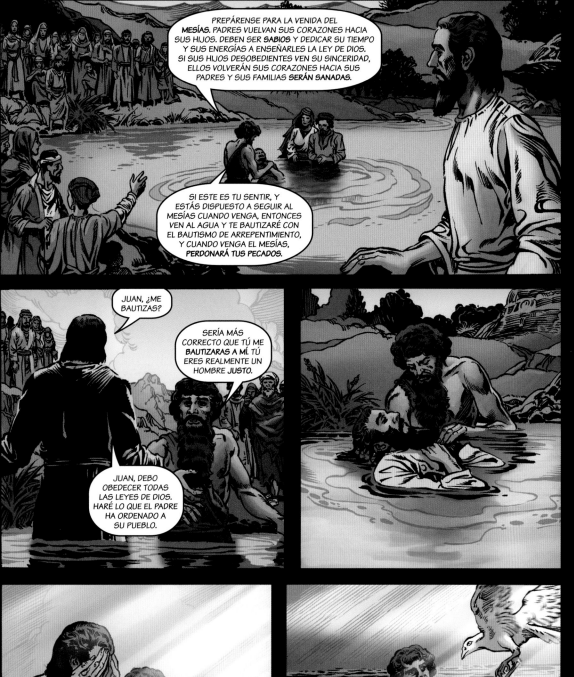

PREPÁRENSE PARA LA VENIDA DEL **MESÍAS**. PADRES VUELVAN SUS CORAZONES HACIA SUS HIJOS. DEBEN SER **SABIOS** Y DEDICAR SU TIEMPO Y SUS ENERGÍAS A ENSEÑARLES LA LEY DE DIOS. SI SUS HIJOS DESOBEDIENTES VEN SU SINCERIDAD, ELLOS VOLVERÁN SUS CORAZONES HACIA SUS PADRES Y SUS FAMILIAS **SERÁN SANADAS**.

SI ESTE ES TU SENTIR, Y ESTÁS DISPUESTO A SEGUIR AL MESÍAS CUANDO VENGA, ENTONCES VEN AL AGUA Y TE BAUTIZARÉ CON EL BAUTISMO DE ARREPENTIMIENTO, Y CUANDO VENGA EL MESÍAS, **PERDONARÁ TUS PECADOS**.

JUAN, ¿ME BAUTIZAS?

SERÍA MÁS CORRECTO QUE TÚ ME **BAUTIZARAS A MÍ**. TÚ ERES REALMENTE UN HOMBRE JUSTO.

JUAN, DEBO OBEDECER TODAS LAS LEYES DE DIOS. HARÉ LO QUE EL PADRE HA ORDENADO A SU PUEBLO.

¡LA PALOMA! ¡VEO LA PALOMA!

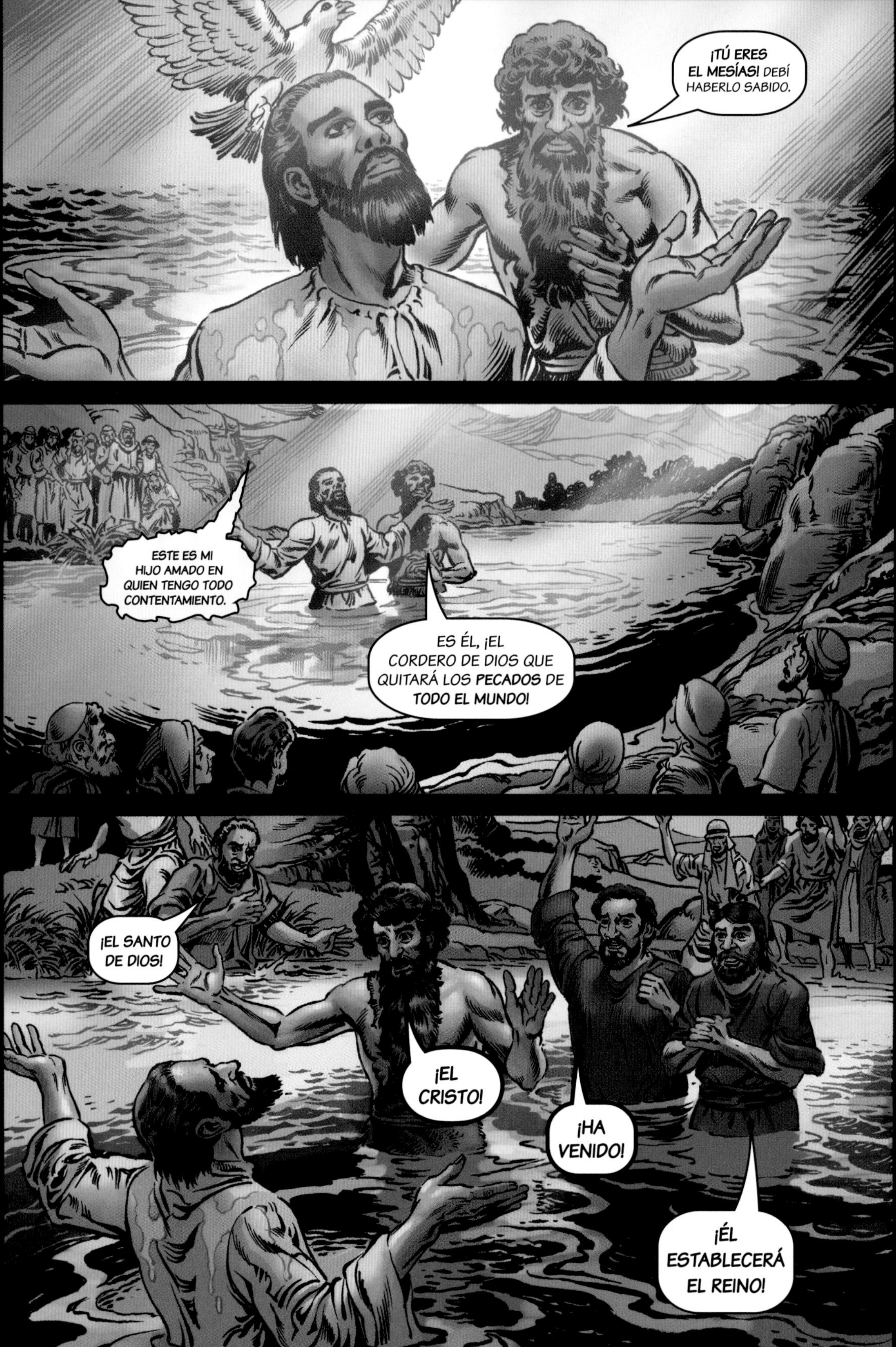
¡TÚ ERES EL MESÍAS! DEBÍ HABERLO SABIDO.
ESTE ES MI HIJO AMADO EN QUIEN TENGO TODO CONTENTAMIENTO.
ES ÉL, ¡EL CORDERO DE DIOS QUE QUITARÁ LOS PECADOS DE TODO EL MUNDO!
¡EL SANTO DE DIOS!
¡EL CRISTO!
¡HA VENIDO!
¡ÉL ESTABLECERÁ EL REINO!

LUCAS 3:22; JUAN 1:29-34; 1 JUAN 2:1-2

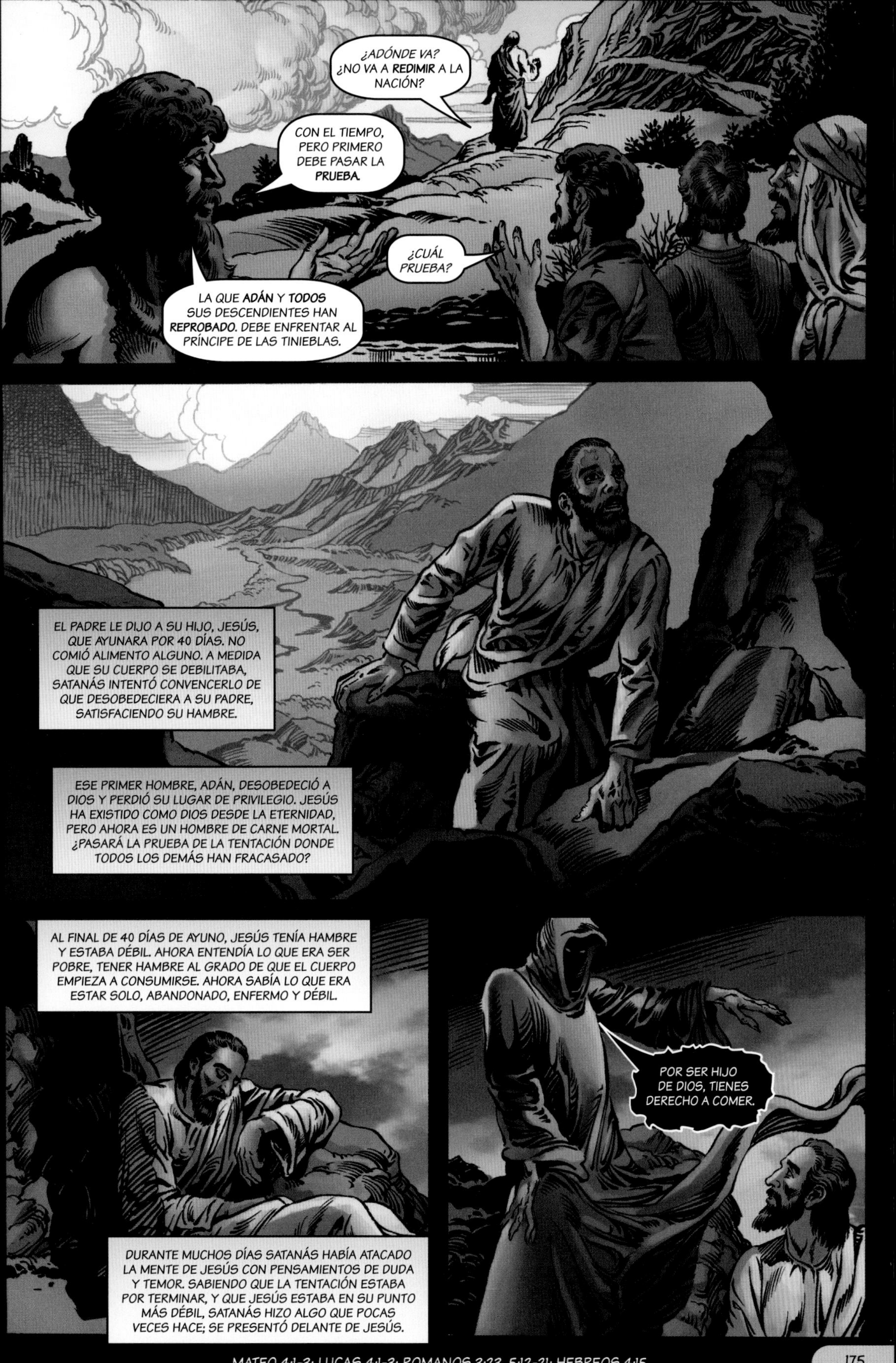

¿ADÓNDE VA? ¿NO VA A **REDIMIR** A LA NACIÓN?
CON EL TIEMPO, PERO PRIMERO DEBE PASAR LA **PRUEBA.**
¿CUÁL PRUEBA?
LA QUE **ADÁN** Y **TODOS** SUS DESCENDIENTES HAN **REPROBADO.** DEBE ENFRENTAR AL PRÍNCIPE DE LAS TINIEBLAS.
EL PADRE LE DIJO A SU HIJO, JESÚS, QUE AYUNARA POR 40 DÍAS. NO COMIÓ ALIMENTO ALGUNO. A MEDIDA QUE SU CUERPO SE DEBILITABA, SATANÁS INTENTÓ CONVENCERLO DE QUE DESOBEDECIERA A SU PADRE, SATISFACIENDO SU HAMBRE.
ESE PRIMER HOMBRE, ADÁN, DESOBEDECIÓ A DIOS Y PERDIÓ SU LUGAR DE PRIVILEGIO. JESÚS HA EXISTIDO COMO DIOS DESDE LA ETERNIDAD, PERO AHORA ES UN HOMBRE DE CARNE MORTAL. ¿PASARÁ LA PRUEBA DE LA TENTACIÓN DONDE TODOS LOS DEMÁS HAN FRACASADO?
AL FINAL DE 40 DÍAS DE AYUNO, JESÚS TENÍA HAMBRE Y ESTABA DÉBIL. AHORA ENTENDÍA LO QUE ERA SER POBRE, TENER HAMBRE AL GRADO DE QUE EL CUERPO EMPIEZA A CONSUMIRSE. AHORA SABÍA LO QUE ERA ESTAR SOLO, ABANDONADO, ENFERMO Y DÉBIL.
DURANTE MUCHOS DÍAS SATANÁS HABÍA ATACADO LA MENTE DE JESÚS CON PENSAMIENTOS DE DUDA Y TEMOR. SABIENDO QUE LA TENTACIÓN ESTABA POR TERMINAR, Y QUE JESÚS ESTABA EN SU PUNTO MÁS DÉBIL, SATANÁS HIZO ALGO QUE POCAS VECES HACE; SE PRESENTÓ DELANTE DE JESÚS.
POR SER HIJO DE DIOS, TIENES DERECHO A COMER.

MATEO 4:1-3; LUCAS 4:1-3; ROMANOS 3:23, 5:12-21; HEBREOS 4:15

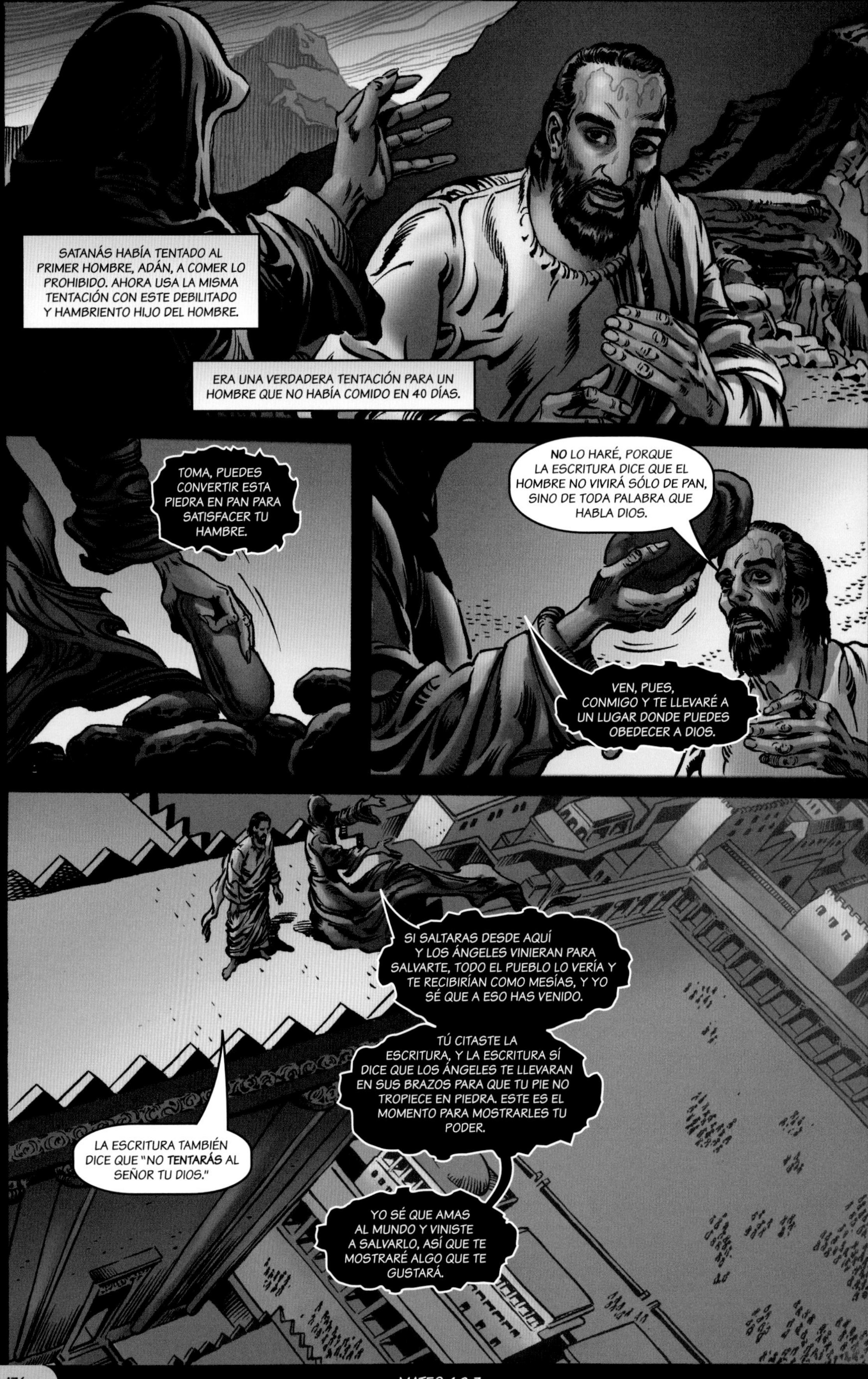
SATANÁS HABÍA TENTADO AL PRIMER HOMBRE, ADÁN, A COMER LO PROHIBIDO. AHORA USA LA MISMA TENTACIÓN CON ESTE DEBILITADO Y HAMBRIENTO HIJO DEL HOMBRE.
ERA UNA VERDADERA TENTACIÓN PARA UN HOMBRE QUE NO HABÍA COMIDO EN 40 DÍAS.
TOMA, PUEDES CONVERTIR ESTA PIEDRA EN PAN PARA SATISFACER TU HAMBRE.
NO LO HARÉ, PORQUE LA ESCRITURA DICE QUE EL HOMBRE NO VIVIRÁ SÓLO DE PAN, SINO DE TODA PALABRA QUE HABLA DIOS.
VEN, PUES, CONMIGO Y TE LLEVARÉ A UN LUGAR DONDE PUEDES OBEDECER A DIOS.
SI SALTARAS DESDE AQUÍ Y LOS ÁNGELES VINIERAN PARA SALVARTE, TODO EL PUEBLO LO VERÍA Y TE RECIBIRÍAN COMO MESÍAS, Y YO SÉ QUE A ESO HAS VENIDO.
TÚ CITASTE LA ESCRITURA, Y LA ESCRITURA SÍ DICE QUE LOS ÁNGELES TE LLEVARAN EN SUS BRAZOS PARA QUE TU PIE NO TROPIECE EN PIEDRA. ESTE ES EL MOMENTO PARA MOSTRARLES TU PODER.
LA ESCRITURA TAMBIÉN DICE QUE "NO **TENTARÁS** AL SEÑOR TU DIOS."
YO SÉ QUE AMAS AL MUNDO Y VINISTE A SALVARLO, ASÍ QUE TE MOSTRARÉ ALGO QUE TE GUSTARÁ.

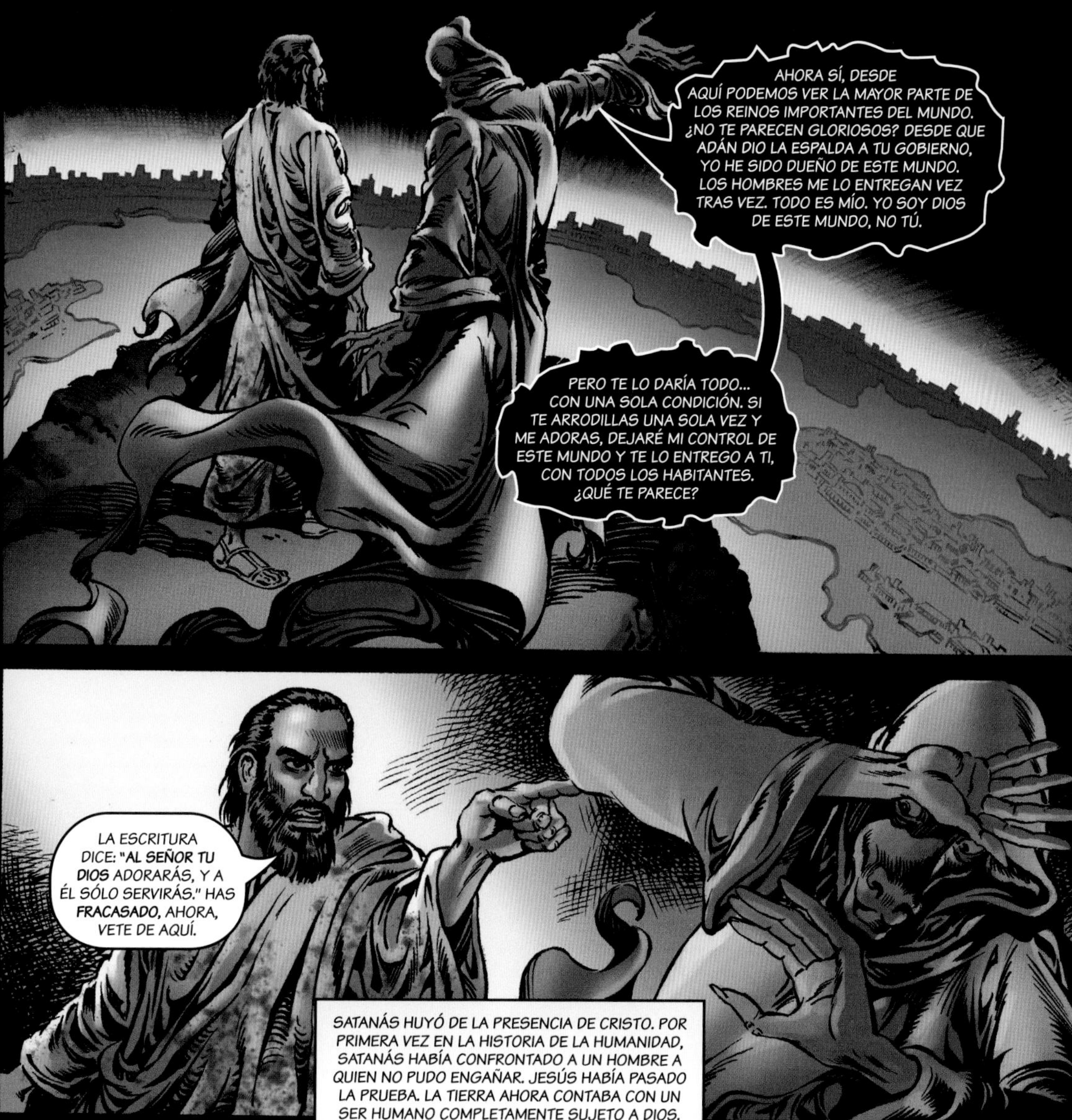
AHORA SÍ, DESDE AQUÍ PODEMOS VER LA MAYOR PARTE DE LOS REINOS IMPORTANTES DEL MUNDO. ¿NO TE PARECEN GLORIOSOS? DESDE QUE ADÁN DIO LA ESPALDA A TU GOBIERNO, YO HE SIDO DUEÑO DE ESTE MUNDO. LOS HOMBRES ME LO ENTREGAN VEZ TRAS VEZ. TODO ES MÍO. YO SOY DIOS DE ESTE MUNDO, NO TÚ.
PERO TE LO DARÍA TODO... CON UNA SOLA CONDICIÓN. SI TE ARRODILLAS UNA SOLA VEZ Y ME ADORAS, DEJARÉ MI CONTROL DE ESTE MUNDO Y TE LO ENTREGO A TI, CON TODOS LOS HABITANTES. ¿QUÉ TE PARECE?
LA ESCRITURA DICE: "**AL SEÑOR TU DIOS** ADORARÁS, Y A ÉL SÓLO SERVIRÁS." HAS **FRACASADO**, AHORA, VETE DE AQUÍ.
SATANÁS HUYÓ DE LA PRESENCIA DE CRISTO. POR PRIMERA VEZ EN LA HISTORIA DE LA HUMANIDAD, SATANÁS HABÍA CONFRONTADO A UN HOMBRE A QUIEN NO PUDO ENGAÑAR. JESÚS HABÍA PASADO LA PRUEBA. LA TIERRA AHORA CONTABA CON UN SER HUMANO COMPLETAMENTE SUJETO A DIOS.
HABÍA TERMINADO LA PRUEBA DE LOS 40 DÍAS, PERO JESÚS ESTABA DEMASIADO DEBILITADO PARA SEGUIR ADELANTE.
VINIERON ÁNGELES CON ALIMENTO Y AGUA Y LE SIRVIERON. CUANDO SU CUERPO SE FORTALECIÓ, VOLVIÓ DONDE JUAN ESTABA PREDICANDO.

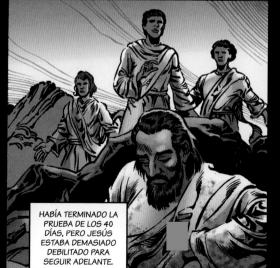

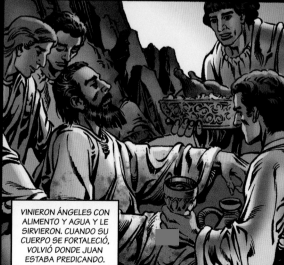

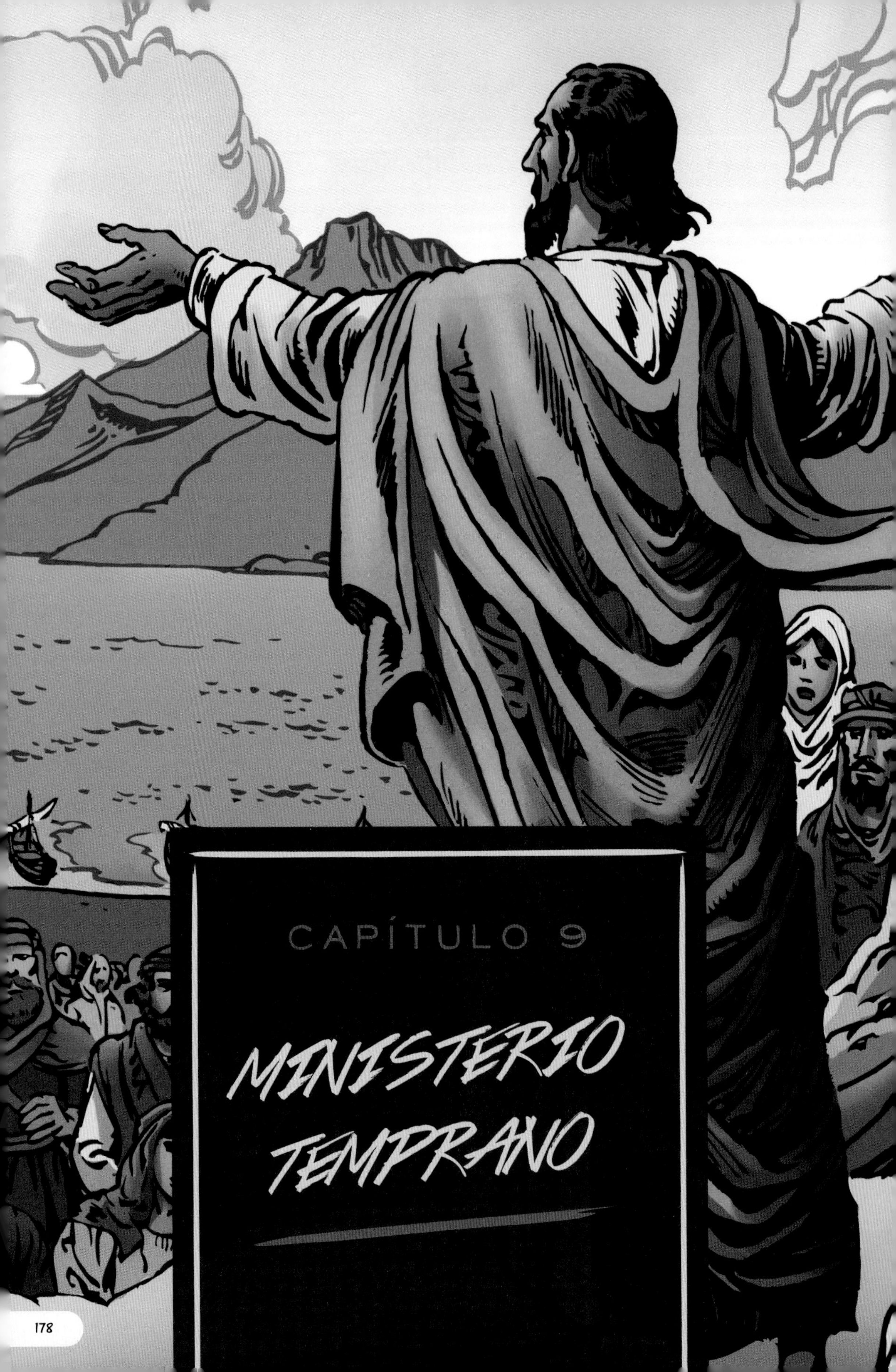

CAPÍTULO 9

MINISTERIO TEMPRANO

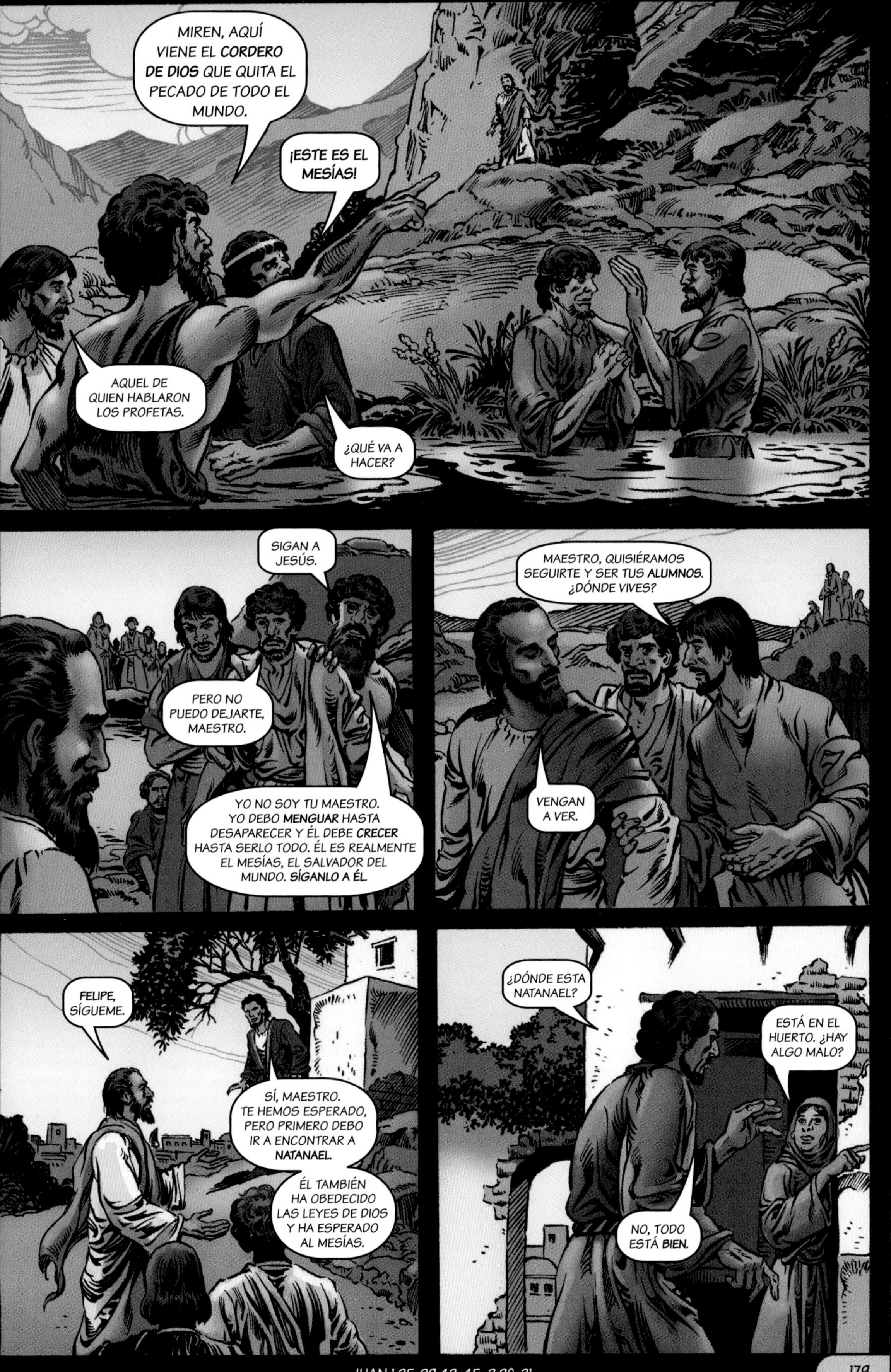
MIREN, AQUÍ VIENE EL **CORDERO DE DIOS** QUE QUITA EL PECADO DE TODO EL MUNDO.
¡ESTE ES EL MESÍAS!
AQUEL DE QUIEN HABLARON LOS PROFETAS.
¿QUÉ VA A HACER?
SIGAN A JESÚS.
PERO NO PUEDO DEJARTE, MAESTRO.
YO NO SOY TU MAESTRO. YO DEBO **MENGUAR** HASTA DESAPARECER Y ÉL DEBE **CRECER** HASTA SERLO TODO. ÉL ES REALMENTE EL MESÍAS, EL SALVADOR DEL MUNDO. **SÍGANLO A ÉL.**
MAESTRO, QUISIÉRAMOS SEGUIRTE Y SER TUS **ALUMNOS**. ¿DÓNDE VIVES?
VENGAN A VER.
FELIPE, SÍGUEME.
SÍ, MAESTRO. TE HEMOS ESPERADO, PERO PRIMERO DEBO IR A ENCONTRAR A **NATANAEL.**
ÉL TAMBIÉN HA OBEDECIDO LAS LEYES DE DIOS Y HA ESPERADO AL MESÍAS.
¿DÓNDE ESTA NATANAEL?
ESTÁ EN EL HUERTO. ¿HAY ALGO MALO?
NO, TODO ESTÁ **BIEN.**

JUAN 1:35-39,43-45, 3:30-31

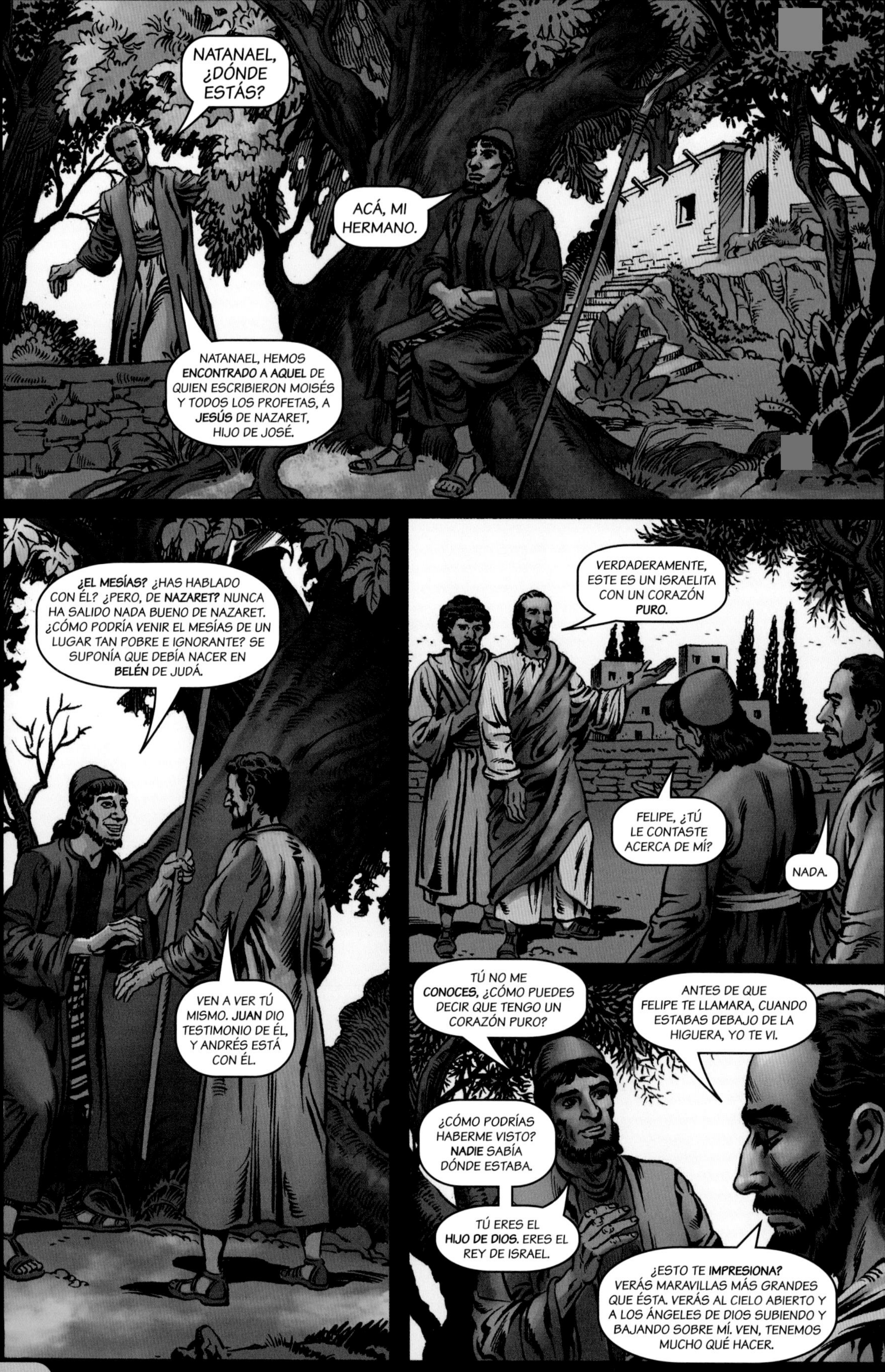
NATANAEL, ¿DÓNDE ESTÁS?
ACÁ, MI HERMANO.
NATANAEL, HEMOS ENCONTRADO A AQUEL DE QUIEN ESCRIBIERON MOISÉS Y TODOS LOS PROFETAS, A JESÚS DE NAZARET, HIJO DE JOSÉ.
¿EL MESÍAS? ¿HAS HABLADO CON ÉL? ¿PERO, DE NAZARET? NUNCA HA SALIDO NADA BUENO DE NAZARET. ¿CÓMO PODRÍA VENIR EL MESÍAS DE UN LUGAR TAN POBRE E IGNORANTE? SE SUPONÍA QUE DEBÍA NACER EN BELÉN DE JUDÁ.
VEN A VER TÚ MISMO. JUAN DIO TESTIMONIO DE ÉL, Y ANDRÉS ESTÁ CON ÉL.
VERDADERAMENTE, ESTE ES UN ISRAELITA CON UN CORAZÓN PURO.
FELIPE, ¿TÚ LE CONTASTE ACERCA DE MÍ?
NADA.
TÚ NO ME CONOCES, ¿CÓMO PUEDES DECIR QUE TENGO UN CORAZÓN PURO?
ANTES DE QUE FELIPE TE LLAMARA, CUANDO ESTABAS DEBAJO DE LA HIGUERA, YO TE VI.
¿CÓMO PODRÍAS HABERME VISTO? NADIE SABÍA DÓNDE ESTABA.
TÚ ERES EL HIJO DE DIOS. ERES EL REY DE ISRAEL.
¿ESTO TE IMPRESIONA? VERÁS MARAVILLAS MÁS GRANDES QUE ÉSTA. VERÁS AL CIELO ABIERTO Y A LOS ÁNGELES DE DIOS SUBIENDO Y BAJANDO SOBRE MÍ. VEN, TENEMOS MUCHO QUÉ HACER.

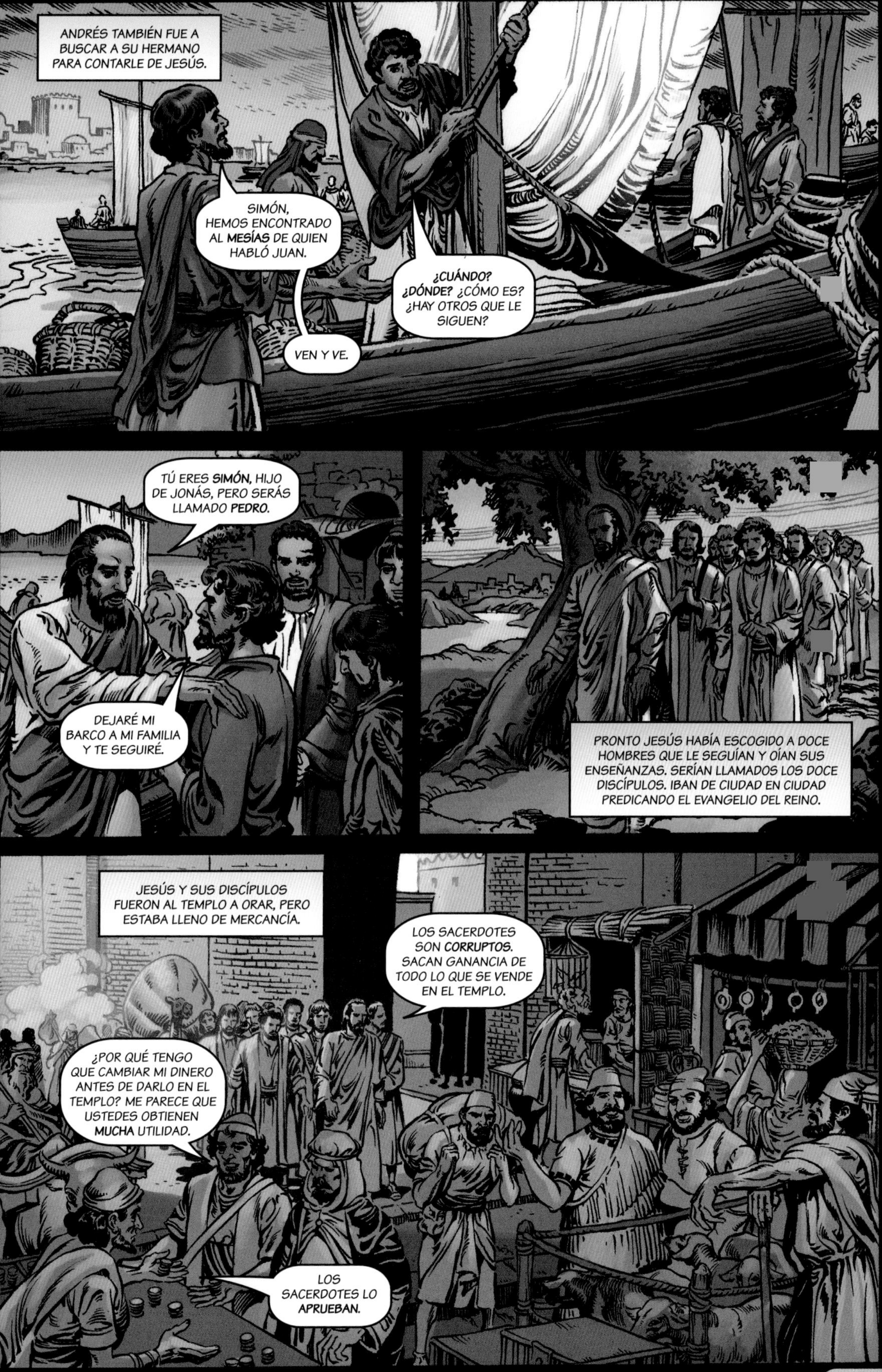
ANDRÉS TAMBIÉN FUE A BUSCAR A SU HERMANO PARA CONTARLE DE JESÚS.
SIMÓN, HEMOS ENCONTRADO AL **MESÍAS** DE QUIEN HABLÓ JUAN.
¿CUÁNDO? ¿DÓNDE? ¿CÓMO ES? ¿HAY OTROS QUE LE SIGUEN?
VEN Y VE.
TÚ ERES **SIMÓN,** HIJO DE JONÁS, PERO SERÁS LLAMADO **PEDRO**.
DEJARÉ MI BARCO A MI FAMILIA Y TE SEGUIRÉ.
PRONTO JESÚS HABÍA ESCOGIDO A DOCE HOMBRES QUE LE SEGUÍAN Y OÍAN SUS ENSEÑANZAS. SERÍAN LLAMADOS LOS DOCE DISCÍPULOS. IBAN DE CIUDAD EN CIUDAD PREDICANDO EL EVANGELIO DEL REINO.
JESÚS Y SUS DISCÍPULOS FUERON AL TEMPLO A ORAR, PERO ESTABA LLENO DE MERCANCÍA.
LOS SACERDOTES SON **CORRUPTOS.** SACAN GANANCIA DE TODO LO QUE SE VENDE EN EL TEMPLO.
¿POR QUÉ TENGO QUE CAMBIAR MI DINERO ANTES DE DARLO EN EL TEMPLO? ME PARECE QUE USTEDES OBTIENEN **MUCHA** UTILIDAD.
LOS SACERDOTES LO **APRUEBAN.**

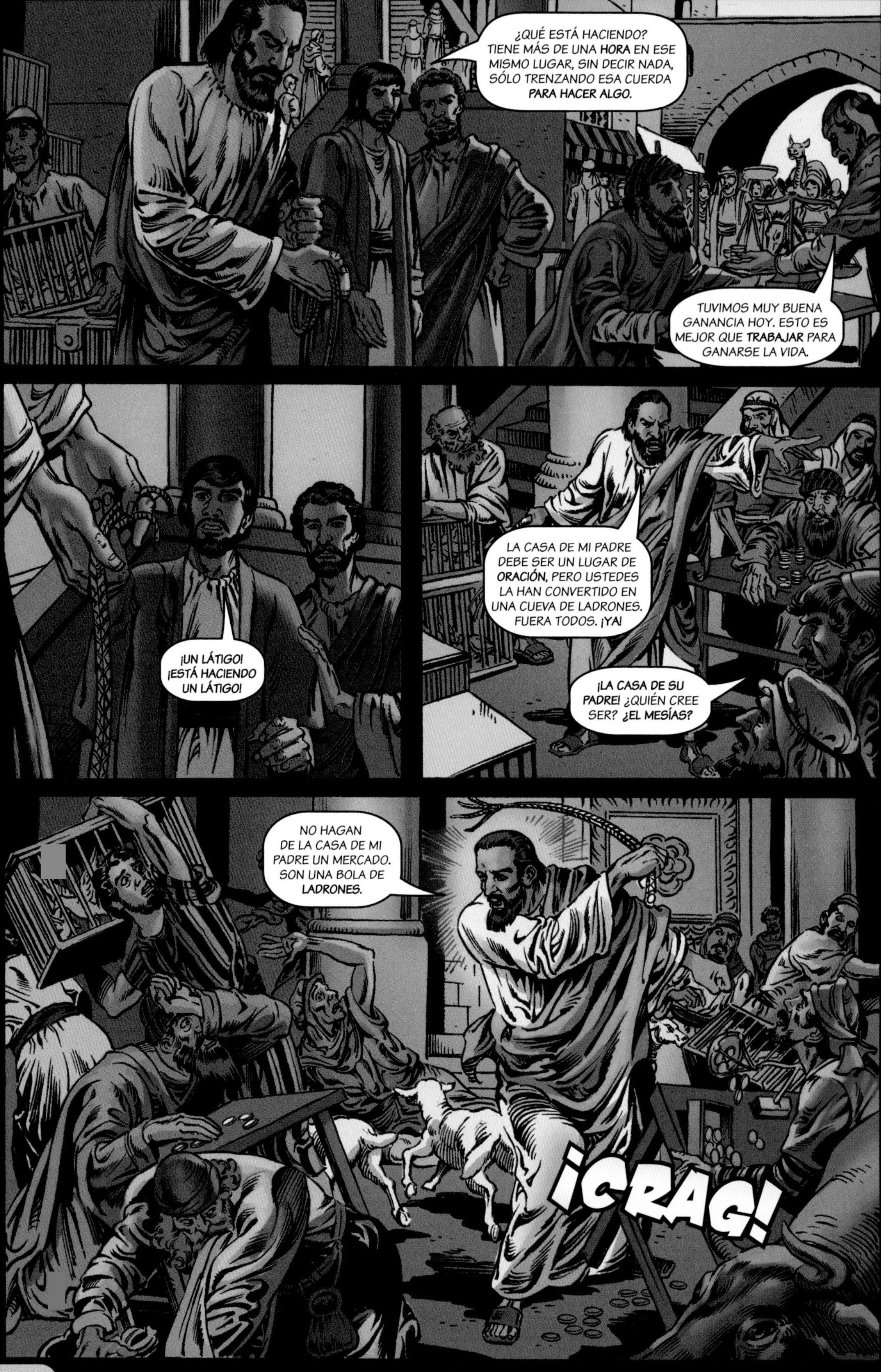
¿QUÉ ESTÁ HACIENDO? TIENE MÁS DE UNA HORA EN ESE MISMO LUGAR, SIN DECIR NADA, SÓLO TRENZANDO ESA CUERDA PARA HACER ALGO.
TUVIMOS MUY BUENA GANANCIA HOY. ESTO ES MEJOR QUE TRABAJAR PARA GANARSE LA VIDA.
¡UN LÁTIGO! ¡ESTÁ HACIENDO UN LÁTIGO!
LA CASA DE MI PADRE DEBE SER UN LUGAR DE ORACIÓN, PERO USTEDES LA HAN CONVERTIDO EN UNA CUEVA DE LADRONES. FUERA TODOS. ¡YA!
¡LA CASA DE SU PADRE! ¿QUIÉN CREE SER? ¿EL MESÍAS?
NO HAGAN DE LA CASA DE MI PADRE UN MERCADO. SON UNA BOLA DE LADRONES.
¡CRAG!

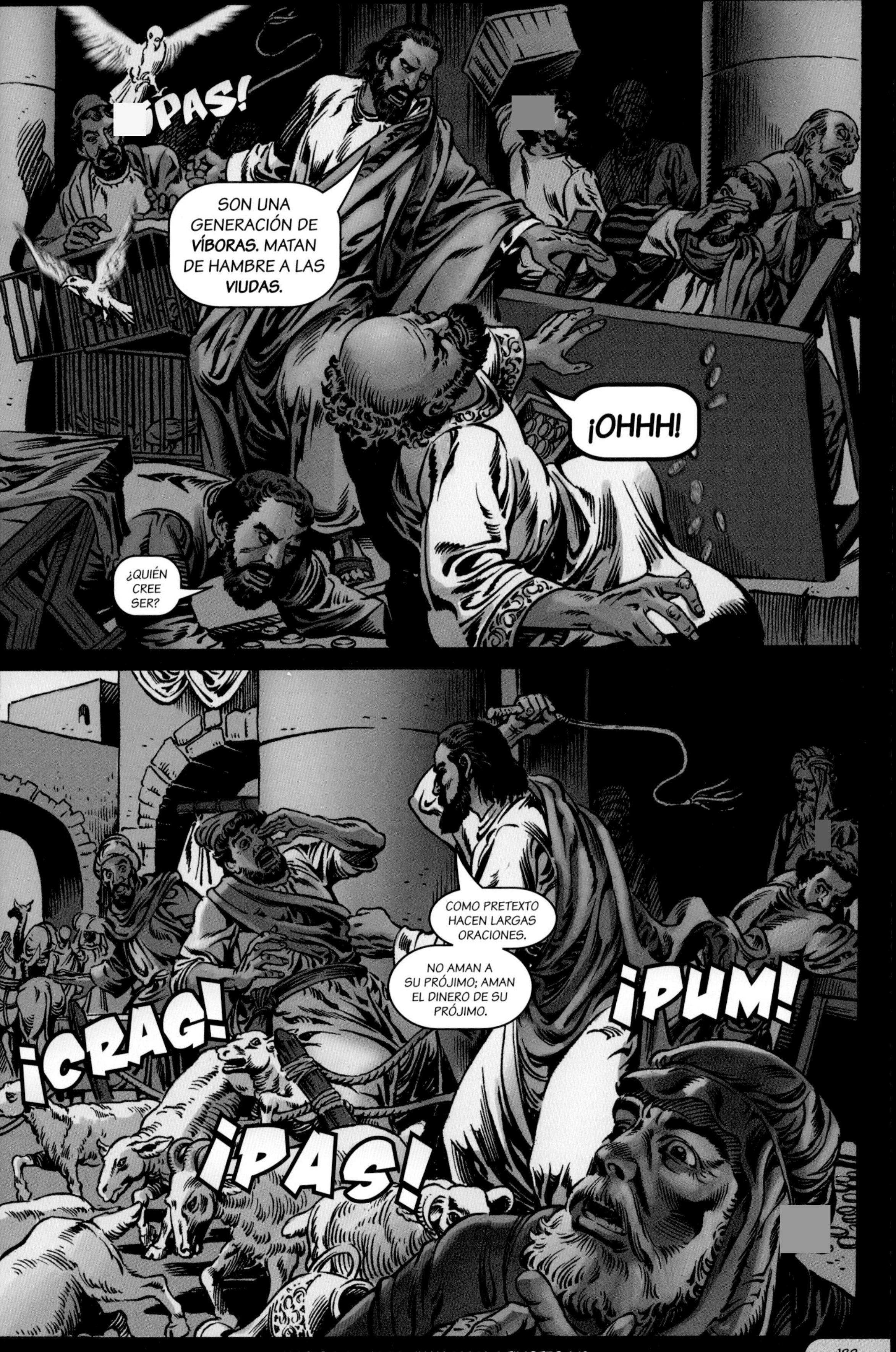
PAS!
SON UNA GENERACIÓN DE **VÍBORAS**. MATAN DE HAMBRE A LAS **VIUDAS**.
¡OHHH!
¿QUIÉN CREE SER?
COMO PRETEXTO HACEN LARGAS ORACIONES.
NO AMAN A SU PRÓJIMO; AMAN EL DINERO DE SU PRÓJIMO.
¡CRAG!
¡PUM!
¡PAS!

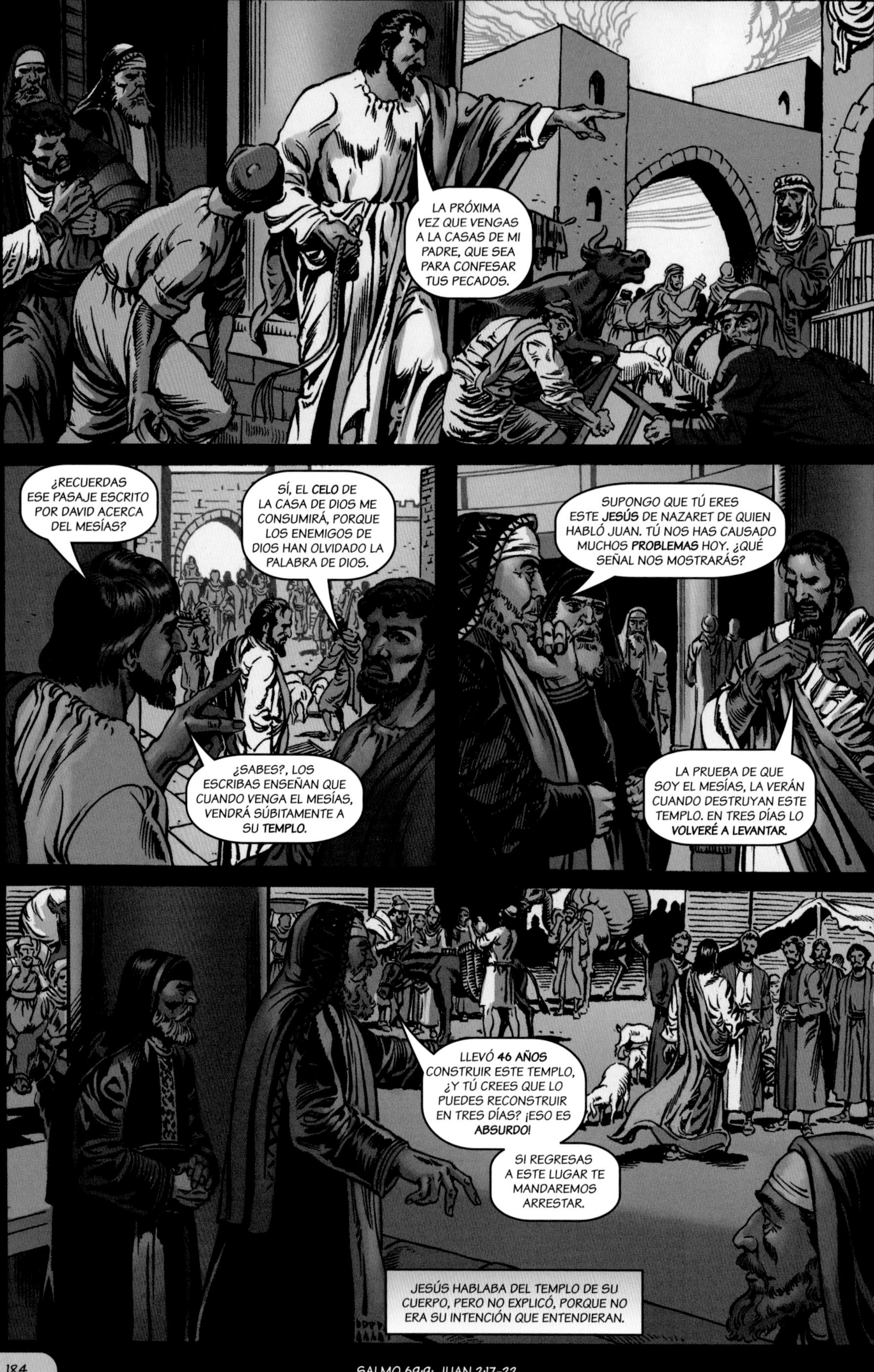

LA PRÓXIMA VEZ QUE VENGAS A LA CASAS DE MI PADRE, QUE SEA PARA CONFESAR TUS PECADOS.
¿RECUERDAS ESE PASAJE ESCRITO POR DAVID ACERCA DEL MESÍAS?
SÍ, EL **CELO** DE LA CASA DE DIOS ME CONSUMIRÁ, PORQUE LOS ENEMIGOS DE DIOS HAN OLVIDADO LA PALABRA DE DIOS.
¿SABES?, LOS ESCRIBAS ENSEÑAN QUE CUANDO VENGA EL MESÍAS, VENDRÁ SÚBITAMENTE A SU **TEMPLO**.
SUPONGO QUE TÚ ERES ESTE **JESÚS** DE NAZARET DE QUIEN HABLÓ JUAN. TÚ NOS HAS CAUSADO MUCHOS **PROBLEMAS** HOY. ¿QUÉ SEÑAL NOS MOSTRARÁS?
LA PRUEBA DE QUE SOY EL MESÍAS, LA VERÁN CUANDO DESTRUYAN ESTE TEMPLO. EN TRES DÍAS LO **VOLVERÉ A LEVANTAR**.
LLEVÓ **46 AÑOS** CONSTRUIR ESTE TEMPLO, ¿Y TÚ CREES QUE LO PUEDES RECONSTRUIR EN TRES DÍAS? ¡ESO ES **ABSURDO**!
SI REGRESAS A ESTE LUGAR TE MANDAREMOS ARRESTAR.
JESÚS HABLABA DEL TEMPLO DE SU CUERPO, PERO NO EXPLICÓ, PORQUE NO ERA SU INTENCIÓN QUE ENTENDIERAN.

SALMO 69:9; JUAN 2:17-22

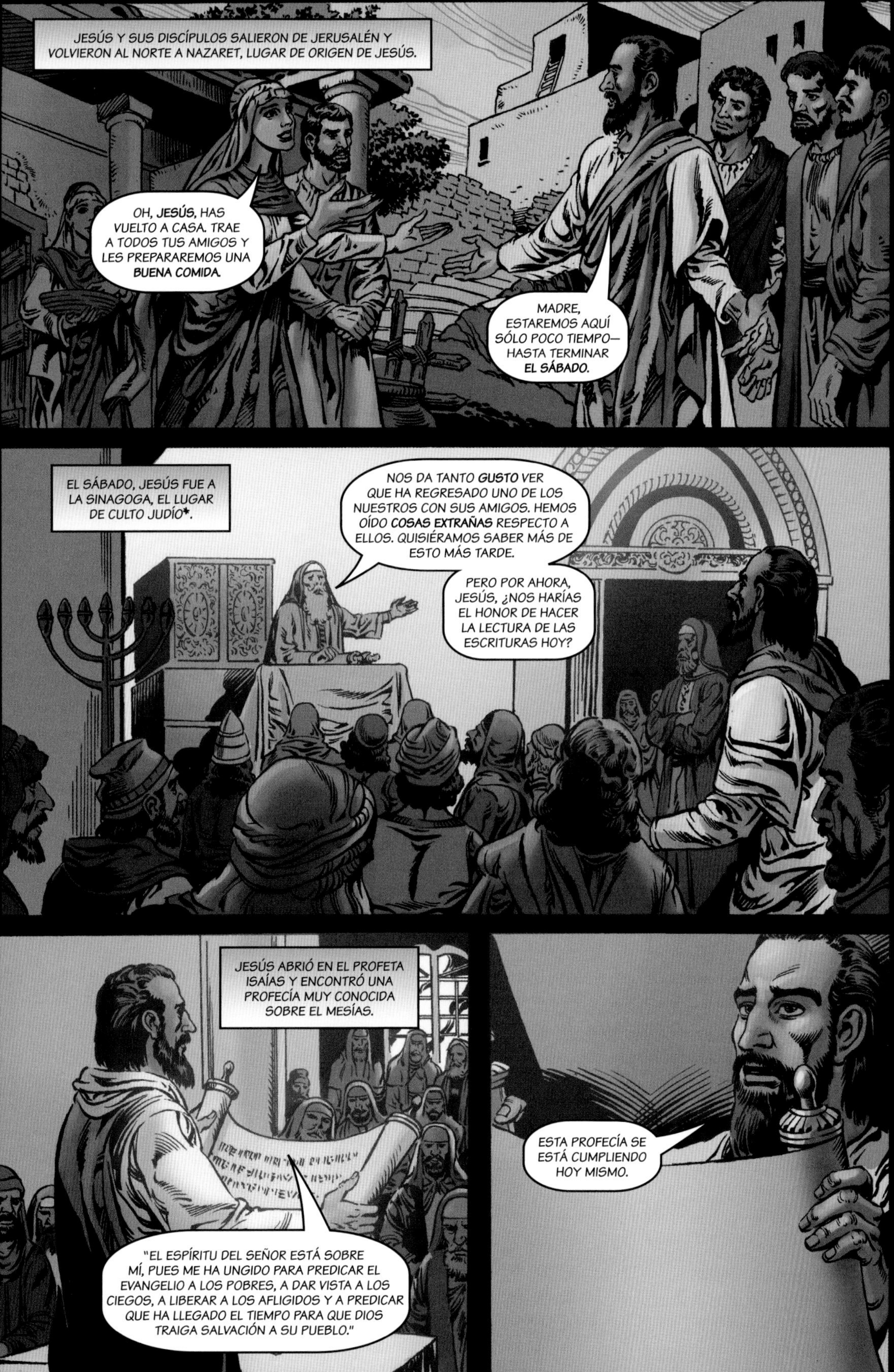
JESÚS Y SUS DISCÍPULOS SALIERON DE JERUSALÉN Y VOLVIERON AL NORTE A NAZARET, LUGAR DE ORIGEN DE JESÚS.
OH, **JESÚS**, HAS VUELTO A CASA. TRAE A TODOS TUS AMIGOS Y LES PREPARAREMOS UNA **BUENA COMIDA**.
MADRE, ESTAREMOS AQUÍ SÓLO POCO TIEMPO— HASTA TERMINAR **EL SÁBADO**.
EL SÁBADO, JESÚS FUE A LA SINAGOGA, EL LUGAR DE CULTO JUDÍO*.
NOS DA TANTO **GUSTO** VER QUE HA REGRESADO UNO DE LOS NUESTROS CON SUS AMIGOS. HEMOS OÍDO **COSAS EXTRAÑAS** RESPECTO A ELLOS. QUISIÉRAMOS SABER MÁS DE ESTO MÁS TARDE.
PERO POR AHORA, JESÚS, ¿NOS HARÍAS EL HONOR DE HACER LA LECTURA DE LAS ESCRITURAS HOY?
JESÚS ABRIÓ EN EL PROFETA ISAÍAS Y ENCONTRÓ UNA PROFECÍA MUY CONOCIDA SOBRE EL MESÍAS.
"EL ESPÍRITU DEL SEÑOR ESTÁ SOBRE MÍ, PUES ME HA UNGIDO PARA PREDICAR EL EVANGELIO A LOS POBRES, A DAR VISTA A LOS CIEGOS, A LIBERAR A LOS AFLIGIDOS Y A PREDICAR QUE HA LLEGADO EL TIEMPO PARA QUE DIOS TRAIGA SALVACIÓN A SU PUEBLO."
ESTA PROFECÍA SE ESTÁ CUMPLIENDO HOY MISMO.

LUCAS 4:16-21 *EL SÁBADO ES UN DÍA RELIGIOSO DE REPOSO SEMANAL ESTABLECIDO POR DIOS EL SÉPTIMO DÍA Y ORDENADO COMO UNO DE LOS DIEZ MANDAMIENTOS PARA LOS JUDÍOS (GÉNESIS 2:2-3; ÉXODO 20:10).

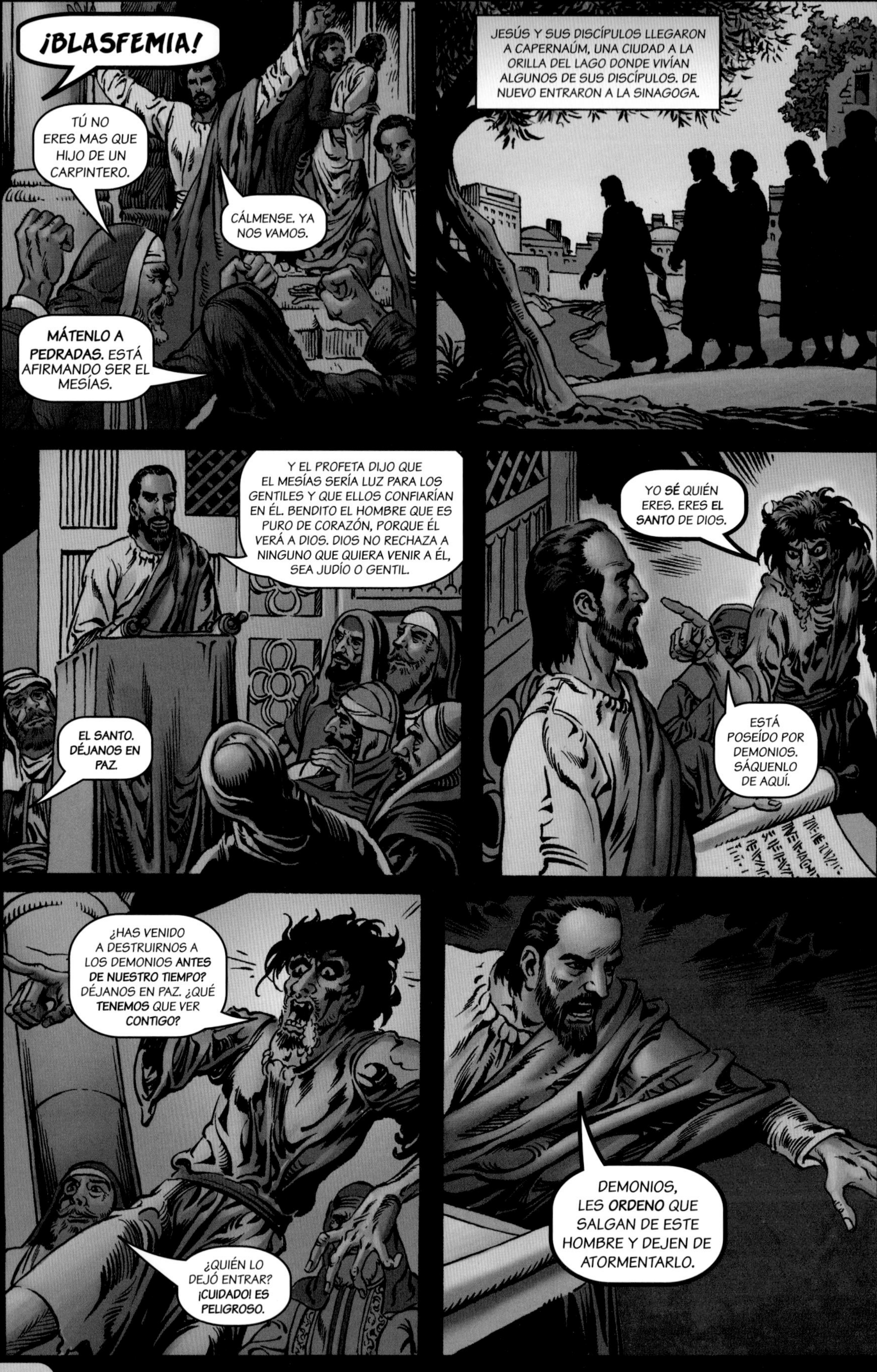
¡BLASFEMIA!
TÚ NO ERES MAS QUE HIJO DE UN CARPINTERO.
CÁLMENSE. YA NOS VAMOS.
MÁTENLO A PEDRADAS. ESTÁ AFIRMANDO SER EL MESÍAS.
JESÚS Y SUS DISCÍPULOS LLEGARON A CAPERNAÚM, UNA CIUDAD A LA ORILLA DEL LAGO DONDE VIVÍAN ALGUNOS DE SUS DISCÍPULOS. DE NUEVO ENTRARON A LA SINAGOGA.
Y EL PROFETA DIJO QUE EL MESÍAS SERÍA LUZ PARA LOS GENTILES Y QUE ELLOS CONFIARÍAN EN ÉL. BENDITO EL HOMBRE QUE ES PURO DE CORAZÓN, PORQUE ÉL VERÁ A DIOS. DIOS NO RECHAZA A NINGUNO QUE QUIERA VENIR A ÉL, SEA JUDÍO O GENTIL.
EL SANTO. DÉJANOS EN PAZ.
YO SÉ QUIÉN ERES. ERES EL SANTO DE DIOS.
ESTÁ POSEÍDO POR DEMONIOS. SÁQUENLO DE AQUÍ.
¿HAS VENIDO A DESTRUIRNOS A LOS DEMONIOS ANTES DE NUESTRO TIEMPO? DÉJANOS EN PAZ. ¿QUÉ TENEMOS QUE VER CONTIGO?
¿QUIÉN LO DEJÓ ENTRAR? ¡CUIDADO! ES PELIGROSO.
DEMONIOS, LES ORDENO QUE SALGAN DE ESTE HOMBRE Y DEJEN DE ATORMENTARLO.

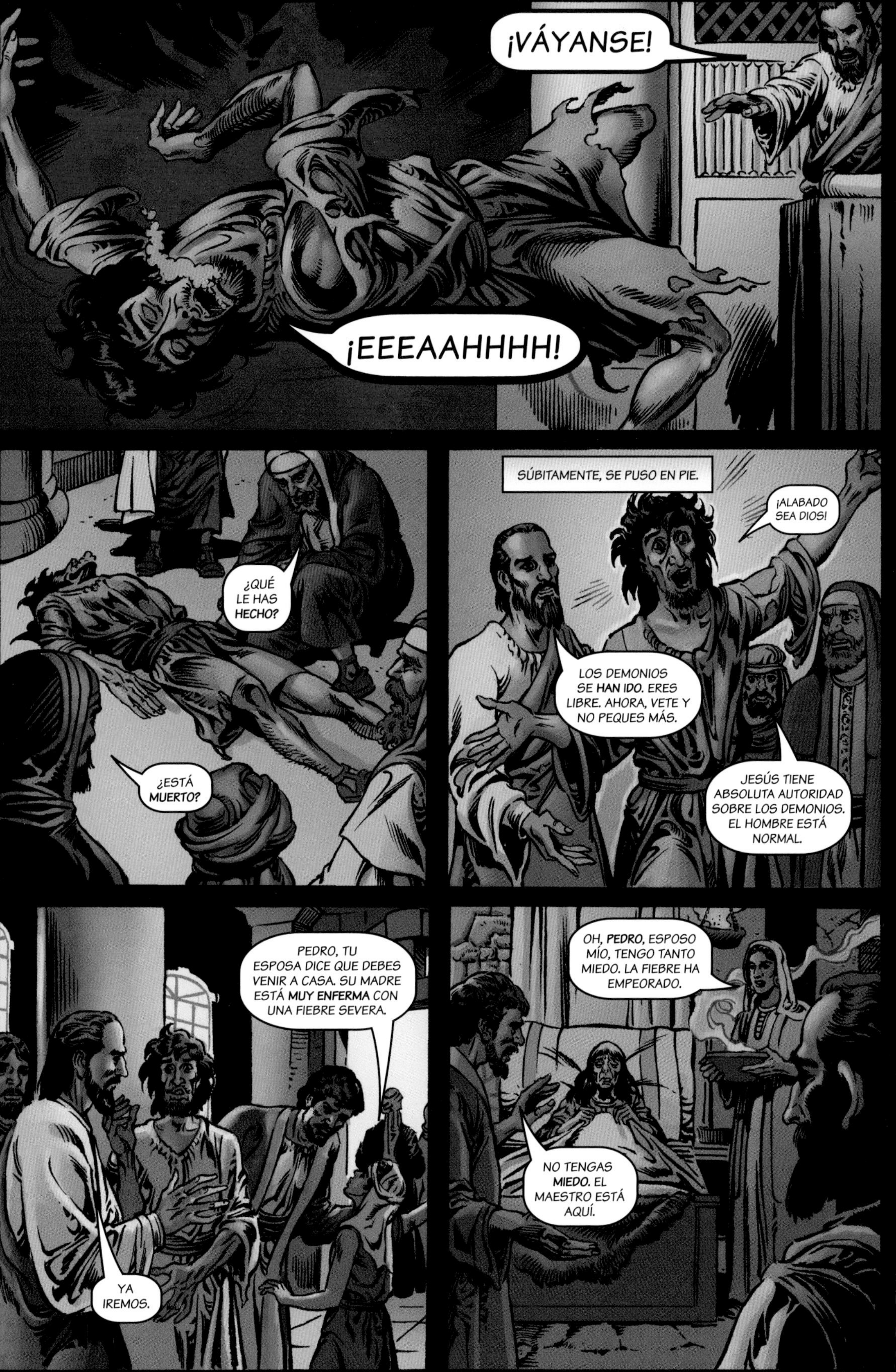
¡VÁYANSE!
¡EEEAAHHHH!
¿QUÉ LE HAS **HECHO?**
¿ESTÁ **MUERTO?**
SÚBITAMENTE, SE PUSO EN PIE.
¡ALABADO SEA DIOS!
LOS DEMONIOS SE **HAN IDO**. ERES LIBRE. AHORA, VETE Y NO PEQUES MÁS.
JESÚS TIENE ABSOLUTA AUTORIDAD SOBRE LOS DEMONIOS. EL HOMBRE ESTÁ NORMAL.
PEDRO, TU ESPOSA DICE QUE DEBES VENIR A CASA. SU MADRE ESTÁ **MUY ENFERMA** CON UNA FIEBRE SEVERA.
YA IREMOS.
OH, **PEDRO**, ESPOSO MÍO, TENGO TANTO MIEDO. LA FIEBRE HA EMPEORADO.
NO TENGAS **MIEDO**. EL MAESTRO ESTÁ AQUÍ.

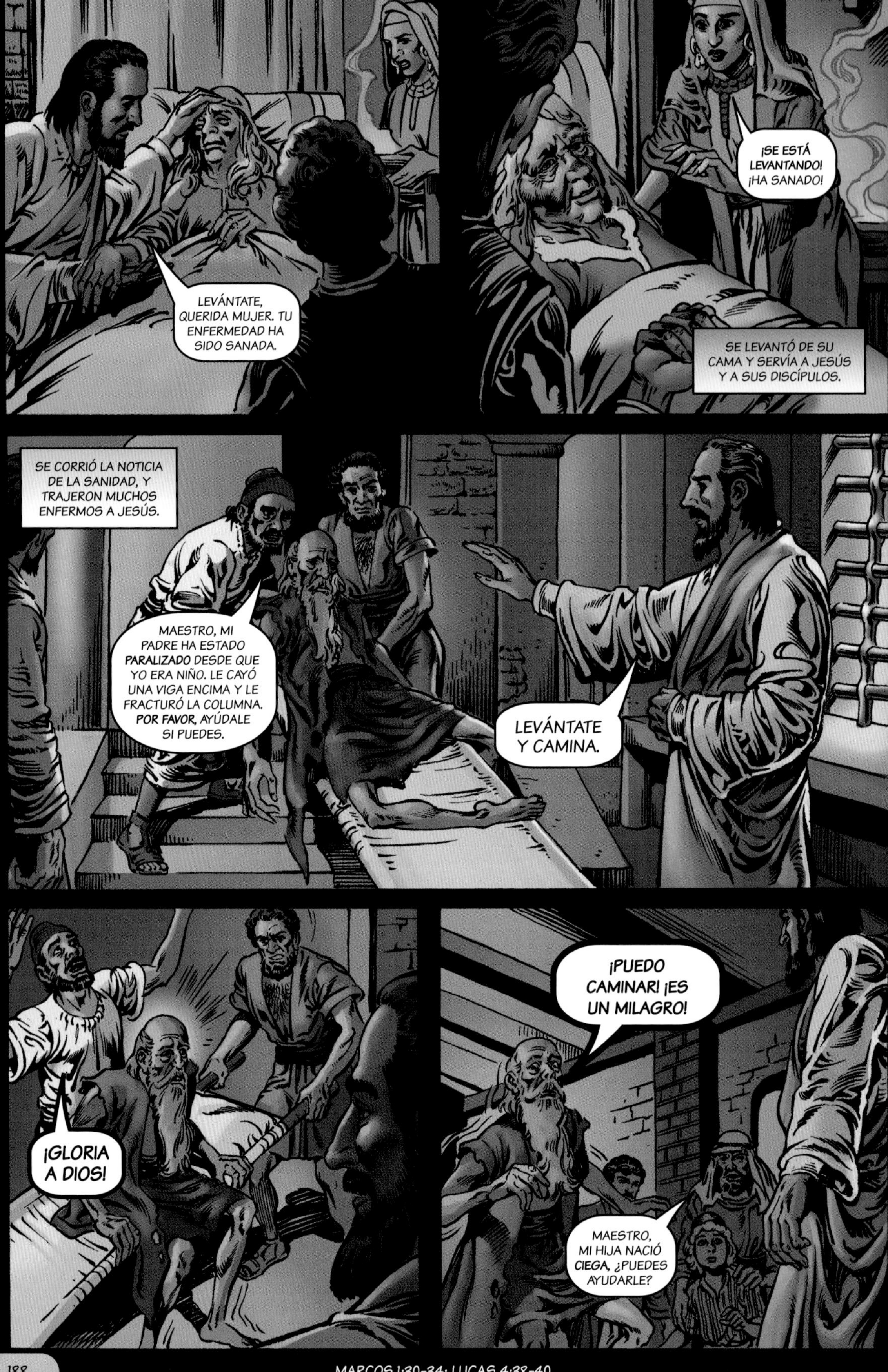
LEVÁNTATE, QUERIDA MUJER. TU ENFERMEDAD HA SIDO SANADA.
¡SE ESTÁ LEVANTANDO! ¡HA SANADO!
SE LEVANTÓ DE SU CAMA Y SERVÍA A JESÚS Y A SUS DISCÍPULOS.
SE CORRIÓ LA NOTICIA DE LA SANIDAD, Y TRAJERON MUCHOS ENFERMOS A JESÚS.
MAESTRO, MI PADRE HA ESTADO PARALIZADO DESDE QUE YO ERA NIÑO. LE CAYÓ UNA VIGA ENCIMA Y LE FRACTURÓ LA COLUMNA. POR FAVOR, AYÚDALE SI PUEDES.
LEVÁNTATE Y CAMINA.
¡GLORIA A DIOS!
¡PUEDO CAMINAR! ¡ES UN MILAGRO!
MAESTRO, MI HIJA NACIÓ CIEGA, ¿PUEDES AYUDARLE?

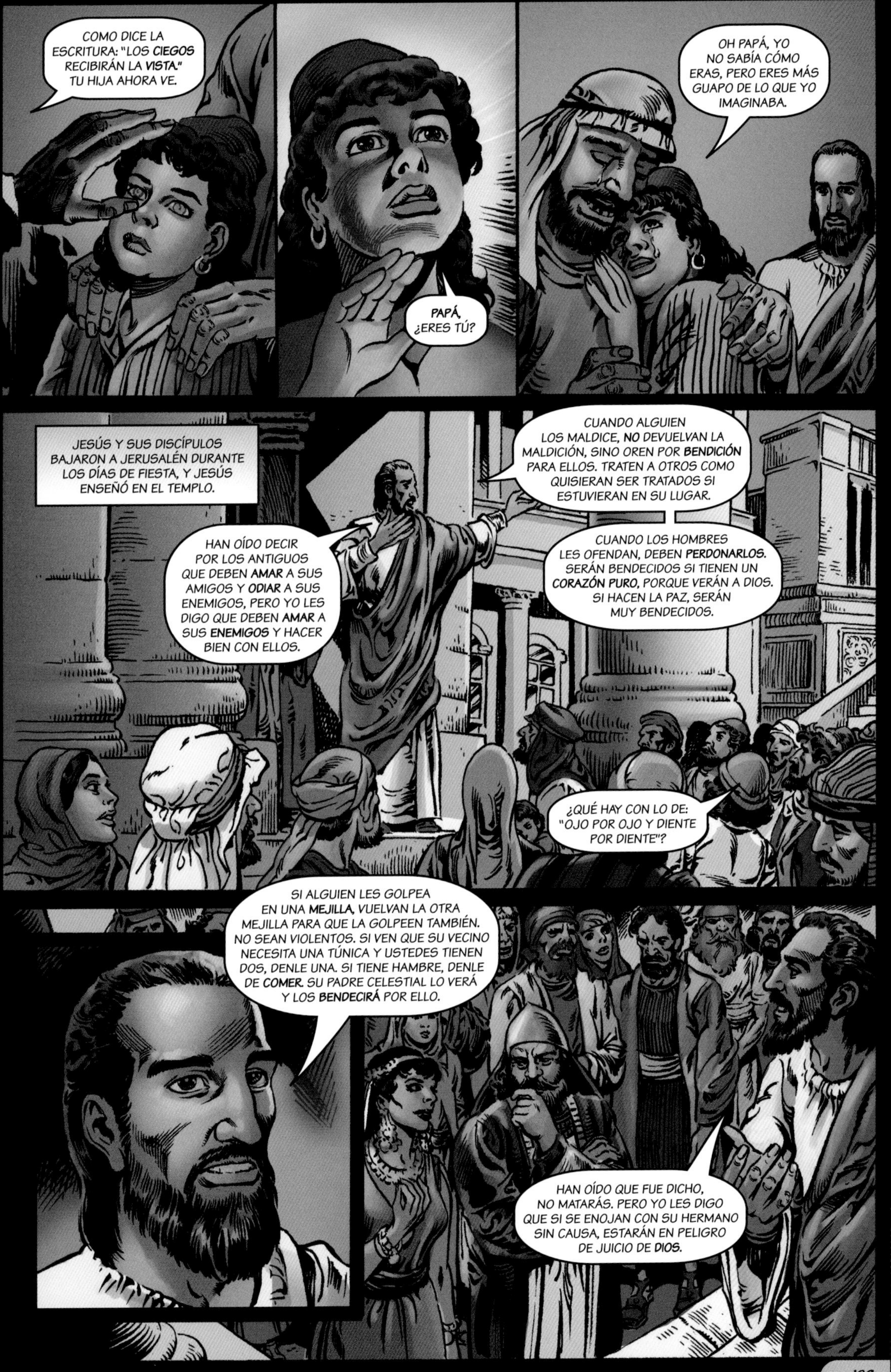
COMO DICE LA ESCRITURA: "LOS CIEGOS RECIBIRÁN LA VISTA." TU HIJA AHORA VE.
PAPÁ, ¿ERES TÚ?
OH PAPÁ, YO NO SABÍA CÓMO ERAS, PERO ERES MÁS GUAPO DE LO QUE YO IMAGINABA.
JESÚS Y SUS DISCÍPULOS BAJARON A JERUSALÉN DURANTE LOS DÍAS DE FIESTA, Y JESÚS ENSEÑÓ EN EL TEMPLO.
HAN OÍDO DECIR POR LOS ANTIGUOS QUE DEBEN AMAR A SUS AMIGOS Y ODIAR A SUS ENEMIGOS, PERO YO LES DIGO QUE DEBEN AMAR A SUS ENEMIGOS Y HACER BIEN CON ELLOS.
CUANDO ALGUIEN LOS MALDICE, NO DEVUELVAN LA MALDICIÓN, SINO OREN POR BENDICIÓN PARA ELLOS. TRATEN A OTROS COMO QUISIERAN SER TRATADOS SI ESTUVIERAN EN SU LUGAR.
CUANDO LOS HOMBRES LES OFENDAN, DEBEN PERDONARLOS. SERÁN BENDECIDOS SI TIENEN UN CORAZÓN PURO, PORQUE VERÁN A DIOS. SI HACEN LA PAZ, SERÁN MUY BENDECIDOS.
¿QUÉ HAY CON LO DE: "OJO POR OJO Y DIENTE POR DIENTE"?
SI ALGUIEN LES GOLPEA EN UNA MEJILLA, VUELVAN LA OTRA MEJILLA PARA QUE LA GOLPEEN TAMBIÉN. NO SEAN VIOLENTOS. SI VEN QUE SU VECINO NECESITA UNA TÚNICA Y USTEDES TIENEN DOS, DENLE UNA. SI TIENE HAMBRE, DENLE DE COMER. SU PADRE CELESTIAL LO VERÁ Y LOS BENDECIRÁ POR ELLO.
HAN OÍDO QUE FUE DICHO, NO MATARÁS. PERO YO LES DIGO QUE SI SE ENOJAN CON SU HERMANO SIN CAUSA, ESTARÁN EN PELIGRO DE JUICIO DE DIOS.

MATEO 5:8,21-22,38-44, 6:12; MARCOS 1:34; LUCAS 4:39-41

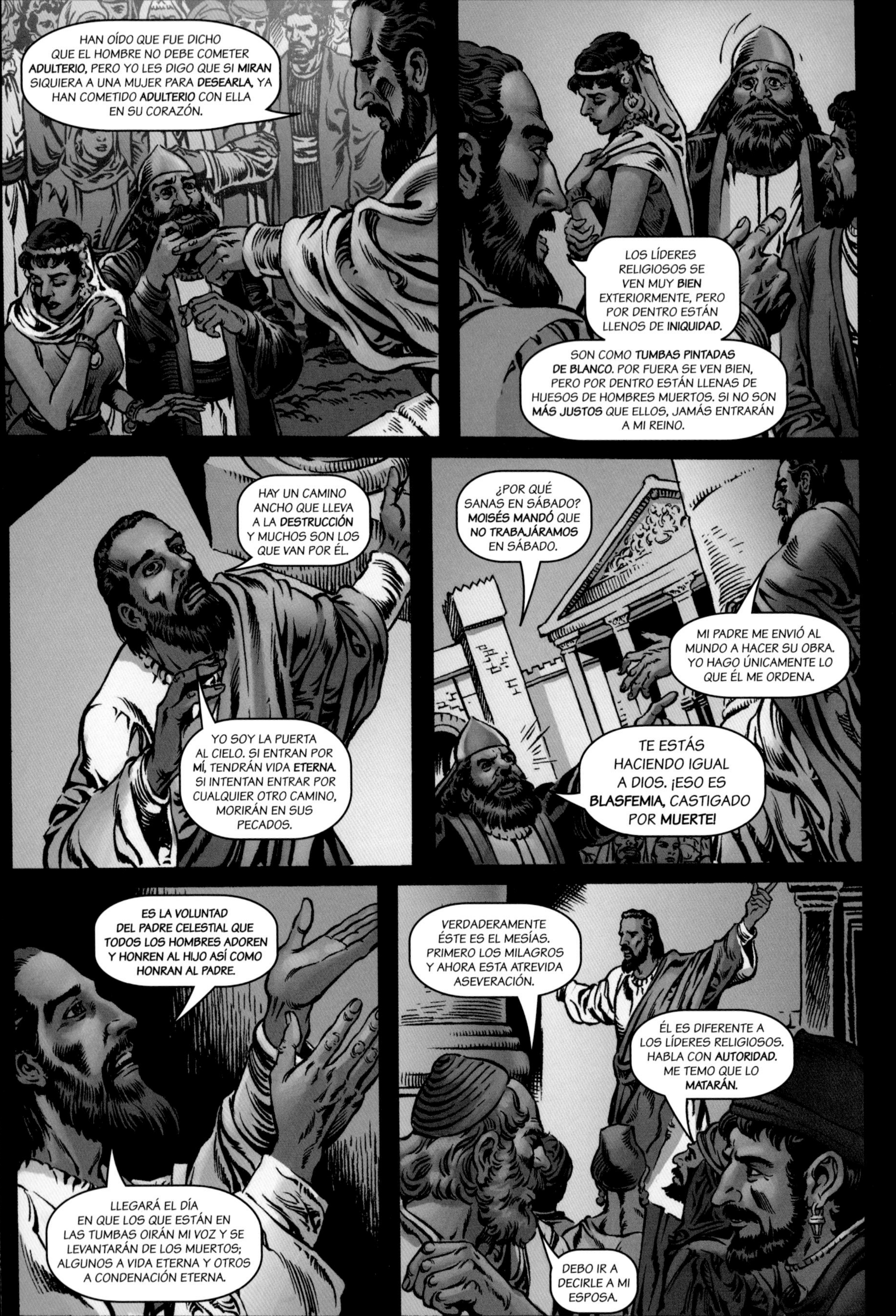

HAN OÍDO QUE FUE DICHO QUE EL HOMBRE NO DEBE COMETER **ADULTERIO**, PERO YO LES DIGO QUE SI **MIRAN** SIQUIERA A UNA MUJER PARA **DESEARLA**, YA HAN COMETIDO **ADULTERIO** CON ELLA EN SU CORAZÓN.
LOS LÍDERES RELIGIOSOS SE VEN MUY **BIEN** EXTERIORMENTE, PERO POR DENTRO ESTÁN LLENOS DE **INIQUIDAD**.
SON COMO **TUMBAS PINTADAS DE BLANCO**. POR FUERA SE VEN BIEN, PERO POR DENTRO ESTÁN LLENAS DE HUESOS DE HOMBRES MUERTOS. SI NO SON **MÁS JUSTOS** QUE ELLOS, JAMÁS ENTRARÁN A MI REINO.
HAY UN CAMINO ANCHO QUE LLEVA A LA **DESTRUCCIÓN** Y MUCHOS SON LOS QUE VAN POR ÉL.
YO SOY LA PUERTA AL CIELO. SI ENTRAN POR **MÍ**, TENDRÁN VIDA **ETERNA**. SI INTENTAN ENTRAR POR CUALQUIER OTRO CAMINO, MORIRÁN EN SUS PECADOS.
¿POR QUÉ SANAS EN SÁBADO? **MOISÉS MANDÓ** QUE **NO TRABAJÁRAMOS** EN SÁBADO.
MI PADRE ME ENVIÓ AL MUNDO A HACER SU OBRA. YO HAGO ÚNICAMENTE LO QUE ÉL ME ORDENA.
TE ESTÁS HACIENDO IGUAL A DIOS. ¡ESO ES **BLASFEMIA**, CASTIGADO POR **MUERTE**!
ES LA VOLUNTAD DEL PADRE CELESTIAL QUE TODOS LOS HOMBRES ADOREN Y HONREN AL HIJO ASÍ COMO HONRAN AL PADRE.
LLEGARÁ EL DÍA EN QUE LOS QUE ESTÁN EN LAS TUMBAS OIRÁN MI VOZ Y SE LEVANTARÁN DE LOS MUERTOS; ALGUNOS A VIDA ETERNA Y OTROS A CONDENACIÓN ETERNA.
VERDADERAMENTE ÉSTE ES EL MESÍAS. PRIMERO LOS MILAGROS Y AHORA ESTA ATREVIDA ASEVERACIÓN.
ÉL ES DIFERENTE A LOS LÍDERES RELIGIOSOS. HABLA CON **AUTORIDAD**. ME TEMO QUE LO **MATARÁN**.
DEBO IR A DECIRLE A MI ESPOSA.

MATEO 5:27-28, 7:13-14, 28-29, 23:27-28; JUAN 5:18-19, 23, 29-30, 14:6

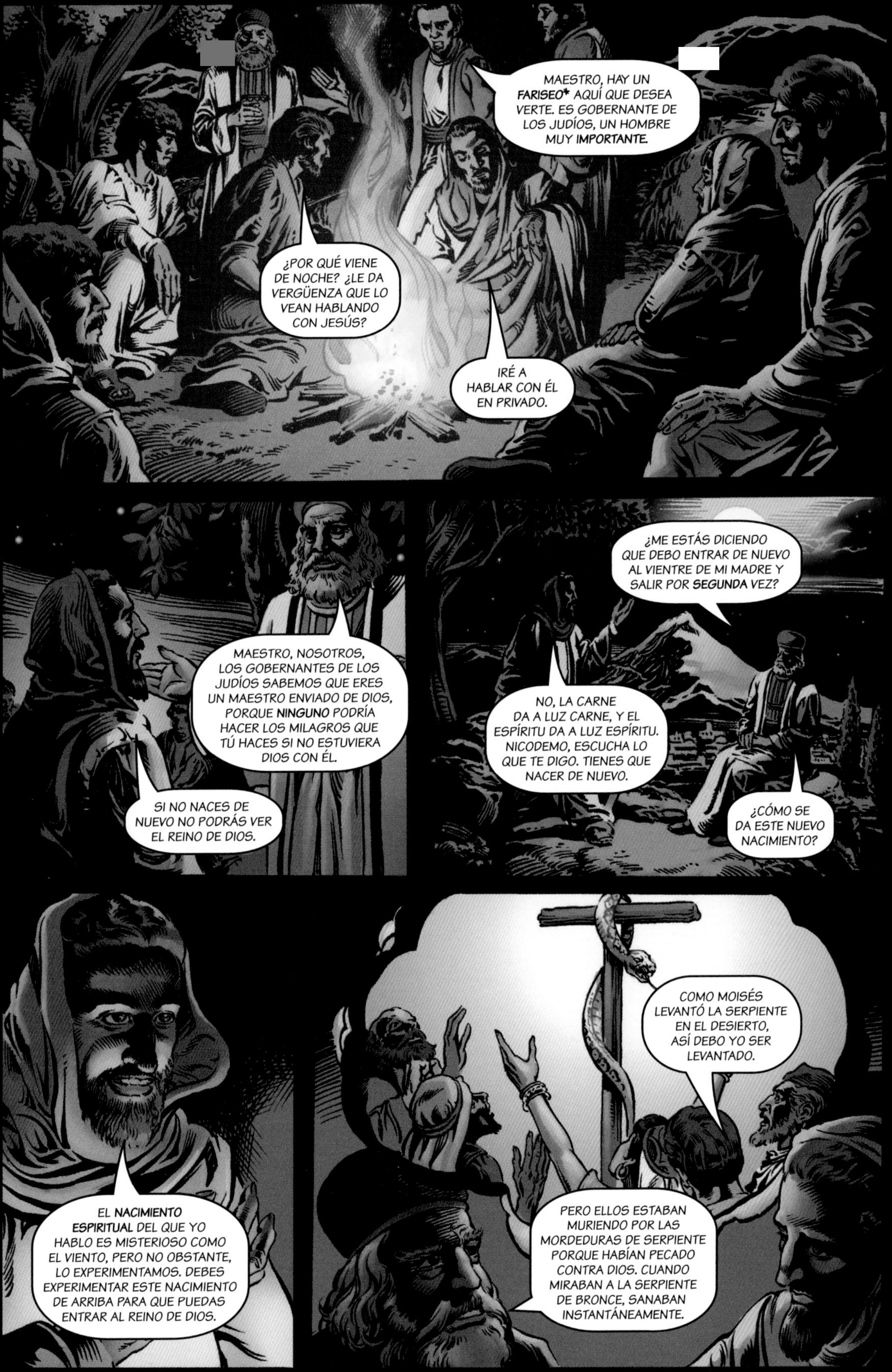
MAESTRO, HAY UN **FARISEO*** AQUÍ QUE DESEA VERTE. ES GOBERNANTE DE LOS JUDÍOS, UN HOMBRE MUY **IMPORTANTE**.
¿POR QUÉ VIENE DE NOCHE? ¿LE DA VERGÜENZA QUE LO VEAN HABLANDO CON JESÚS?
IRÉ A HABLAR CON ÉL EN PRIVADO.
MAESTRO, NOSOTROS, LOS GOBERNANTES DE LOS JUDÍOS SABEMOS QUE ERES UN MAESTRO ENVIADO DE DIOS, PORQUE **NINGUNO** PODRÍA HACER LOS MILAGROS QUE TÚ HACES SI NO ESTUVIERA DIOS CON ÉL.
SI NO NACES DE NUEVO NO PODRÁS VER EL REINO DE DIOS.
¿ME ESTÁS DICIENDO QUE DEBO ENTRAR DE NUEVO AL VIENTRE DE MI MADRE Y SALIR POR **SEGUNDA** VEZ?
NO, LA CARNE DA A LUZ CARNE, Y EL ESPÍRITU DA A LUZ ESPÍRITU. NICODEMO, ESCUCHA LO QUE TE DIGO. TIENES QUE NACER DE NUEVO.
¿CÓMO SE DA ESTE NUEVO NACIMIENTO?
EL **NACIMIENTO ESPIRITUAL** DEL QUE YO HABLO ES MISTERIOSO COMO EL VIENTO, PERO NO OBSTANTE, LO EXPERIMENTAMOS. DEBES EXPERIMENTAR ESTE NACIMIENTO DE ARRIBA PARA QUE PUEDAS ENTRAR AL REINO DE DIOS.
COMO MOISÉS LEVANTÓ LA SERPIENTE EN EL DESIERTO, ASÍ DEBO YO SER LEVANTADO.
PERO ELLOS ESTABAN MURIENDO POR LAS MORDEDURAS DE SERPIENTE PORQUE HABÍAN PECADO CONTRA DIOS. CUANDO MIRABAN A LA SERPIENTE DE BRONCE, SANABAN INSTANTÁNEAMENTE.

NÚMEROS 21:5-9; JUAN 3:1-14

*UN MIEMBRO DE UNA ANTIGUA SECTA JUDÍA CONOCIDA POR SU ADHERENCIA ESTRICTA A LAS TRADICIONES JUDÍAS.

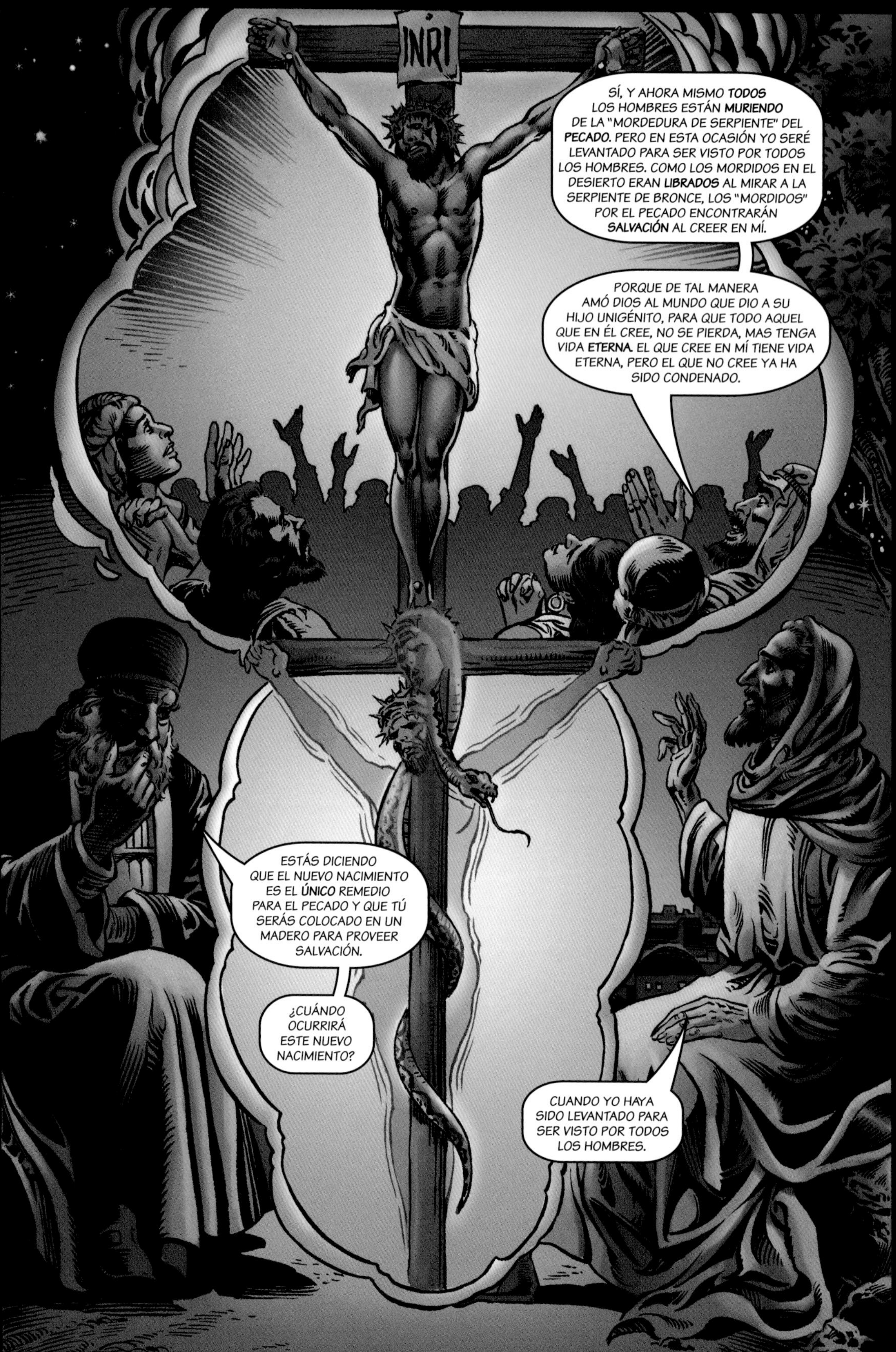
SÍ, Y AHORA MISMO TODOS LOS HOMBRES ESTÁN MURIENDO DE LA "MORDEDURA DE SERPIENTE" DEL PECADO. PERO EN ESTA OCASIÓN YO SERÉ LEVANTADO PARA SER VISTO POR TODOS LOS HOMBRES. COMO LOS MORDIDOS EN EL DESIERTO ERAN LIBRADOS AL MIRAR A LA SERPIENTE DE BRONCE, LOS "MORDIDOS" POR EL PECADO ENCONTRARÁN SALVACIÓN AL CREER EN MÍ.
PORQUE DE TAL MANERA AMÓ DIOS AL MUNDO QUE DIO A SU HIJO UNIGÉNITO, PARA QUE TODO AQUEL QUE EN ÉL CREE, NO SE PIERDA, MAS TENGA VIDA ETERNA. EL QUE CREE EN MÍ TIENE VIDA ETERNA, PERO EL QUE NO CREE YA HA SIDO CONDENADO.
INRI
ESTÁS DICIENDO QUE EL NUEVO NACIMIENTO ES EL ÚNICO REMEDIO PARA EL PECADO Y QUE TÚ SERÁS COLOCADO EN UN MADERO PARA PROVEER SALVACIÓN.
¿CUÁNDO OCURRIRÁ ESTE NUEVO NACIMIENTO?
CUANDO YO HAYA SIDO LEVANTADO PARA SER VISTO POR TODOS LOS HOMBRES.

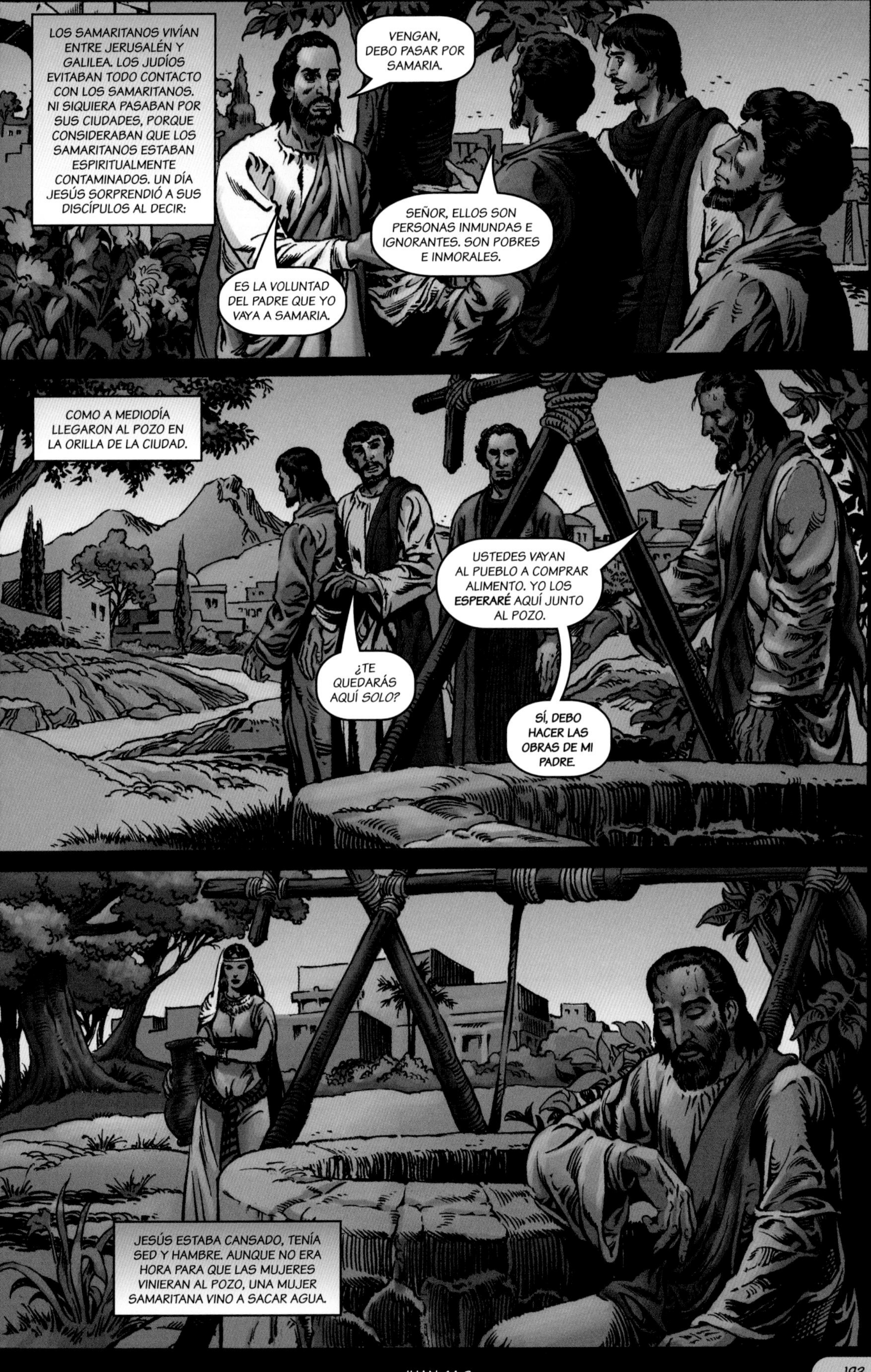
LOS SAMARITANOS VIVÍAN ENTRE JERUSALÉN Y GALILEA. LOS JUDÍOS EVITABAN TODO CONTACTO CON LOS SAMARITANOS. NI SIQUIERA PASABAN POR SUS CIUDADES, PORQUE CONSIDERABAN QUE LOS SAMARITANOS ESTABAN ESPIRITUALMENTE CONTAMINADOS. UN DÍA JESÚS SORPRENDIÓ A SUS DISCÍPULOS AL DECIR:
VENGAN, DEBO PASAR POR SAMARIA.
SEÑOR, ELLOS SON PERSONAS INMUNDAS E IGNORANTES. SON POBRES E INMORALES.
ES LA VOLUNTAD DEL PADRE QUE YO VAYA A SAMARIA.
COMO A MEDIODÍA LLEGARON AL POZO EN LA ORILLA DE LA CIUDAD.
USTEDES VAYAN AL PUEBLO A COMPRAR ALIMENTO. YO LOS **ESPERARÉ** AQUÍ JUNTO AL POZO.
¿TE QUEDARÁS AQUÍ SOLO?
SÍ, DEBO HACER LAS OBRAS DE MI PADRE.
JESÚS ESTABA CANSADO, TENÍA SED Y HAMBRE. AUNQUE NO ERA HORA PARA QUE LAS MUJERES VINIERAN AL POZO, UNA MUJER SAMARITANA VINO A SACAR AGUA.

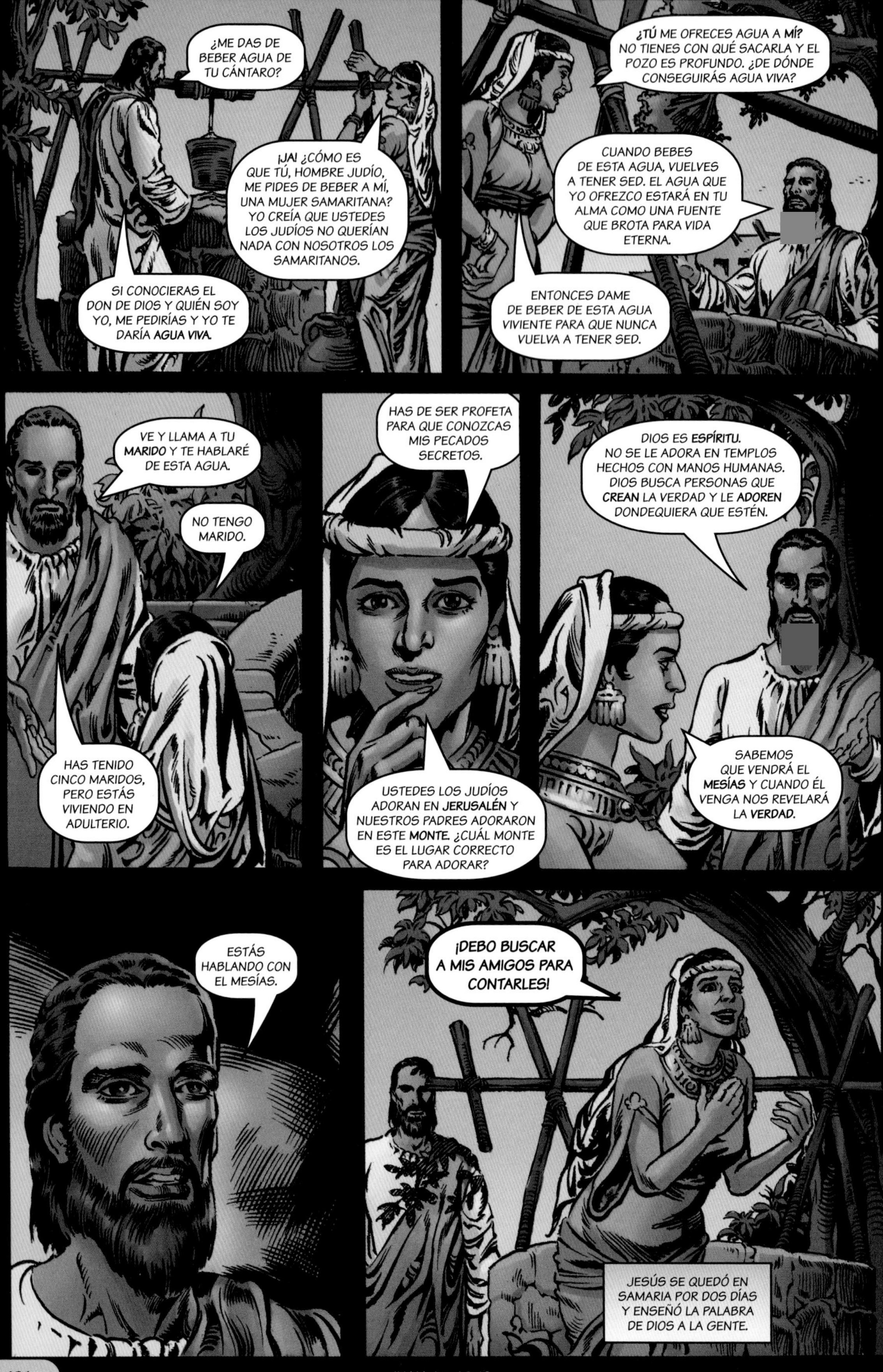
¿ME DAS DE BEBER AGUA DE TU CÁNTARO?
¡JA! ¿CÓMO ES QUE TÚ, HOMBRE JUDÍO, ME PIDES DE BEBER A MÍ, UNA MUJER SAMARITANA? YO CREÍA QUE USTEDES LOS JUDÍOS NO QUERÍAN NADA CON NOSOTROS LOS SAMARITANOS.
SI CONOCIERAS EL DON DE DIOS Y QUIÉN SOY YO, ME PEDIRÍAS Y YO TE DARÍA AGUA VIVA.
¿TÚ ME OFRECES AGUA A MÍ? NO TIENES CON QUÉ SACARLA Y EL POZO ES PROFUNDO. ¿DE DÓNDE CONSEGUIRÁS AGUA VIVA?
CUANDO BEBES DE ESTA AGUA, VUELVES A TENER SED. EL AGUA QUE YO OFREZCO ESTARÁ EN TU ALMA COMO UNA FUENTE QUE BROTA PARA VIDA ETERNA.
ENTONCES DAME DE BEBER DE ESTA AGUA VIVIENTE PARA QUE NUNCA VUELVA A TENER SED.
VE Y LLAMA A TU MARIDO Y TE HABLARÉ DE ESTA AGUA.
NO TENGO MARIDO.
HAS TENIDO CINCO MARIDOS, PERO ESTÁS VIVIENDO EN ADULTERIO.
HAS DE SER PROFETA PARA QUE CONOZCAS MIS PECADOS SECRETOS.
USTEDES LOS JUDÍOS ADORAN EN JERUSALÉN Y NUESTROS PADRES ADORARON EN ESTE MONTE. ¿CUÁL MONTE ES EL LUGAR CORRECTO PARA ADORAR?
DIOS ES ESPÍRITU. NO SE LE ADORA EN TEMPLOS HECHOS CON MANOS HUMANAS. DIOS BUSCA PERSONAS QUE CREAN LA VERDAD Y LE ADOREN DONDEQUIERA QUE ESTÉN.
SABEMOS QUE VENDRÁ EL MESÍAS Y CUANDO ÉL VENGA NOS REVELARÁ LA VERDAD.
ESTÁS HABLANDO CON EL MESÍAS.
¡DEBO BUSCAR A MIS AMIGOS PARA CONTARLES!
JESÚS SE QUEDÓ EN SAMARIA POR DOS DÍAS Y ENSEÑÓ LA PALABRA DE DIOS A LA GENTE.

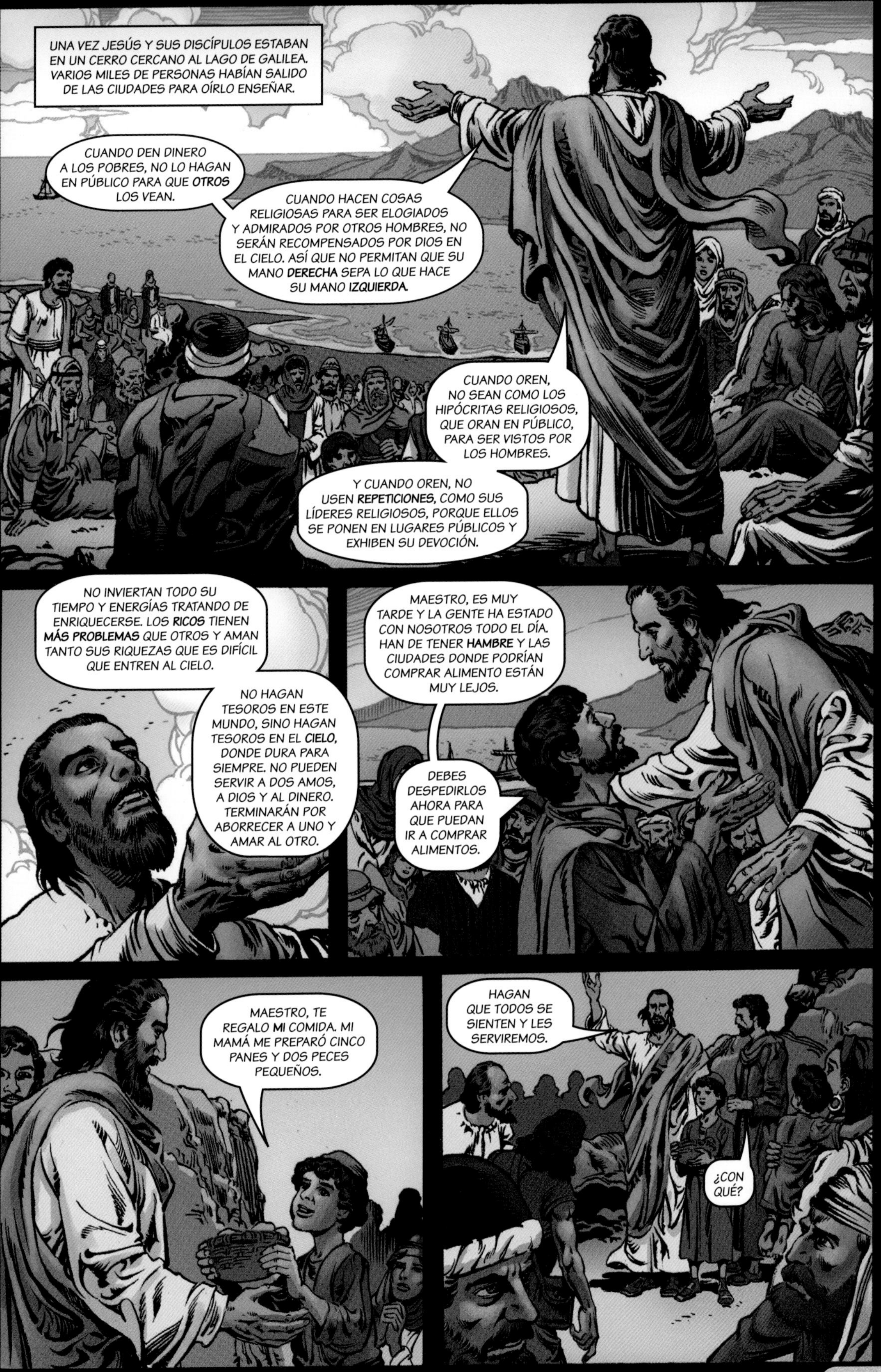

UNA VEZ JESÚS Y SUS DISCÍPULOS ESTABAN EN UN CERRO CERCANO AL LAGO DE GALILEA. VARIOS MILES DE PERSONAS HABÍAN SALIDO DE LAS CIUDADES PARA OÍRLO ENSEÑAR.
CUANDO DEN DINERO A LOS POBRES, NO LO HAGAN EN PÚBLICO PARA QUE **OTROS** LOS VEAN.
CUANDO HACEN COSAS RELIGIOSAS PARA SER ELOGIADOS Y ADMIRADOS POR OTROS HOMBRES, NO SERÁN RECOMPENSADOS POR DIOS EN EL CIELO. ASÍ QUE NO PERMITAN QUE SU MANO **DERECHA** SEPA LO QUE HACE SU MANO **IZQUIERDA**.
CUANDO OREN, NO SEAN COMO LOS HIPÓCRITAS RELIGIOSOS, QUE ORAN EN PÚBLICO, PARA SER VISTOS POR LOS HOMBRES.
Y CUANDO OREN, NO USEN **REPETICIONES**, COMO SUS LÍDERES RELIGIOSOS, PORQUE ELLOS SE PONEN EN LUGARES PÚBLICOS Y EXHIBEN SU DEVOCIÓN.
NO INVIERTAN TODO SU TIEMPO Y ENERGÍAS TRATANDO DE ENRIQUECERSE. LOS **RICOS** TIENEN **MÁS PROBLEMAS** QUE OTROS Y AMAN TANTO SUS RIQUEZAS QUE ES DIFÍCIL QUE ENTREN AL CIELO.
NO HAGAN TESOROS EN ESTE MUNDO, SINO HAGAN TESOROS EN EL **CIELO**, DONDE DURA PARA SIEMPRE. NO PUEDEN SERVIR A DOS AMOS, A DIOS Y AL DINERO. TERMINARÁN POR ABORRECER A UNO Y AMAR AL OTRO.
MAESTRO, ES MUY TARDE Y LA GENTE HA ESTADO CON NOSOTROS TODO EL DÍA. HAN DE TENER **HAMBRE** Y LAS CIUDADES DONDE PODRÍAN COMPRAR ALIMENTO ESTÁN MUY LEJOS.
DEBES DESPEDIRLOS AHORA PARA QUE PUEDAN IR A COMPRAR ALIMENTOS.
MAESTRO, TE REGALO **MI** COMIDA. MI MAMÁ ME PREPARÓ CINCO PANES Y DOS PECES PEQUEÑOS.
HAGAN QUE TODOS SE SIENTEN Y LES SERVIREMOS.
¿CON QUÉ?

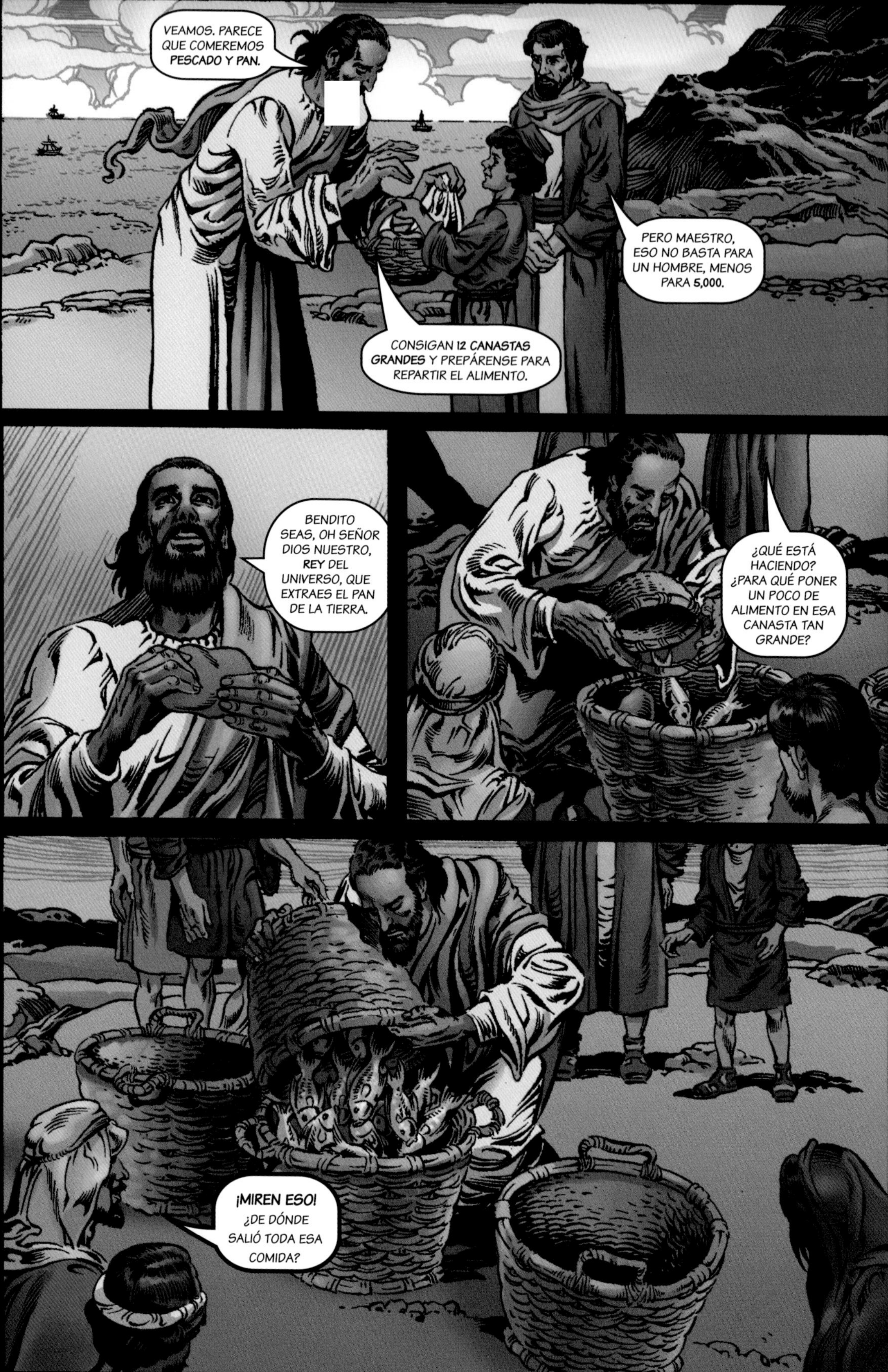
VEAMOS. PARECE QUE COMEREMOS PESCADO Y PAN.
PERO MAESTRO, ESO NO BASTA PARA UN HOMBRE, MENOS PARA 5,000.
CONSIGAN 12 CANASTAS GRANDES Y PREPÁRENSE PARA REPARTIR EL ALIMENTO.
BENDITO SEAS, OH SEÑOR DIOS NUESTRO, REY DEL UNIVERSO, QUE EXTRAES EL PAN DE LA TIERRA.
¿QUÉ ESTÁ HACIENDO? ¿PARA QUÉ PONER UN POCO DE ALIMENTO EN ESA CANASTA TAN GRANDE?
¡MIREN ESO! ¿DE DÓNDE SALIÓ TODA ESA COMIDA?

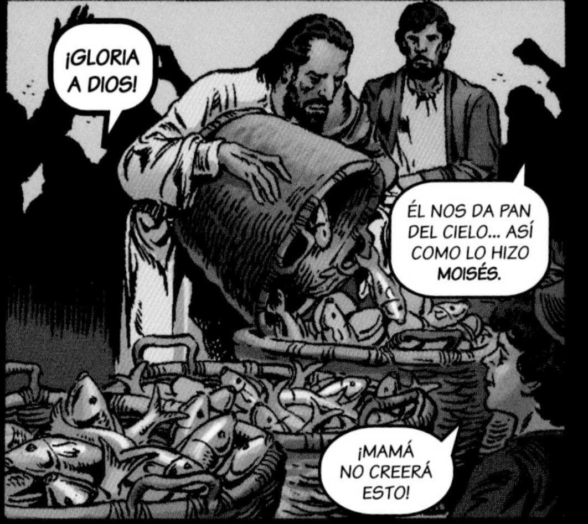
¡GLORIA A DIOS!
ÉL NOS DA PAN DEL CIELO... ASÍ COMO LO HIZO MOISÉS.
¡MAMÁ NO CREERÁ ESTO!

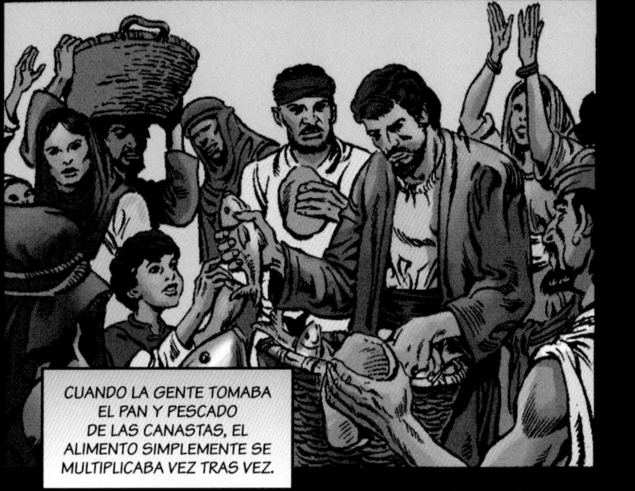
CUANDO LA GENTE TOMABA EL PAN Y PESCADO DE LAS CANASTAS, EL ALIMENTO SIMPLEMENTE SE MULTIPLICABA VEZ TRAS VEZ.

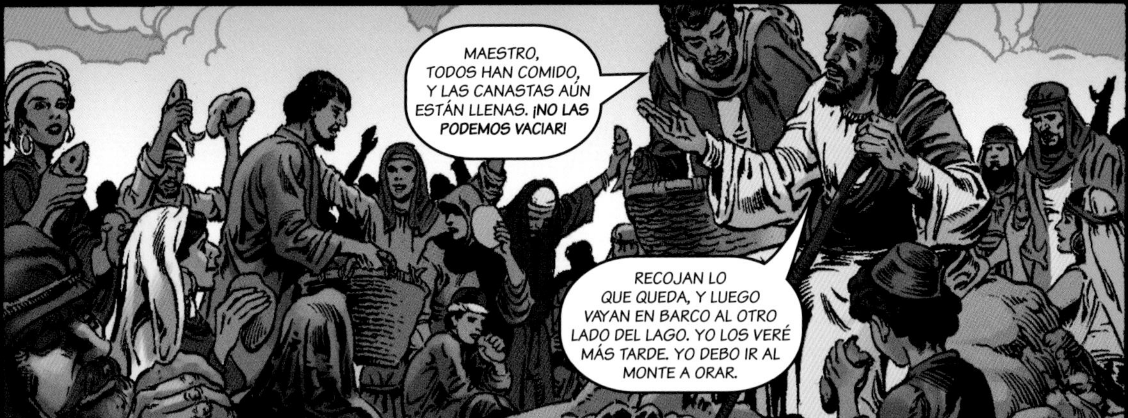
MAESTRO, TODOS HAN COMIDO, Y LAS CANASTAS AÚN ESTÁN LLENAS. ¡NO LAS PODEMOS VACIAR!
RECOJAN LO QUE QUEDA, Y LUEGO VAYAN EN BARCO AL OTRO LADO DEL LAGO. YO LOS VERÉ MÁS TARDE. YO DEBO IR AL MONTE A ORAR.

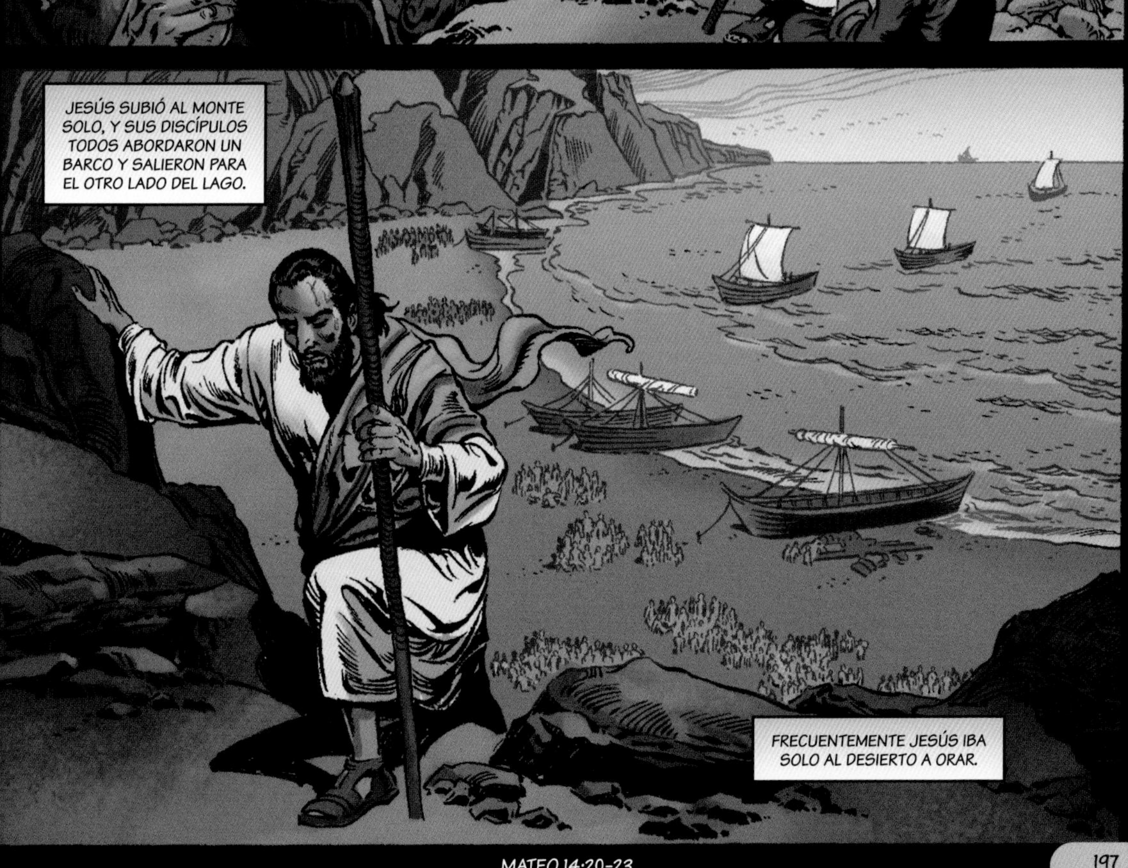
JESÚS SUBIÓ AL MONTE SOLO, Y SUS DISCÍPULOS TODOS ABORDARON UN BARCO Y SALIERON PARA EL OTRO LADO DEL LAGO.
FRECUENTEMENTE JESÚS IBA SOLO AL DESIERTO A ORAR.

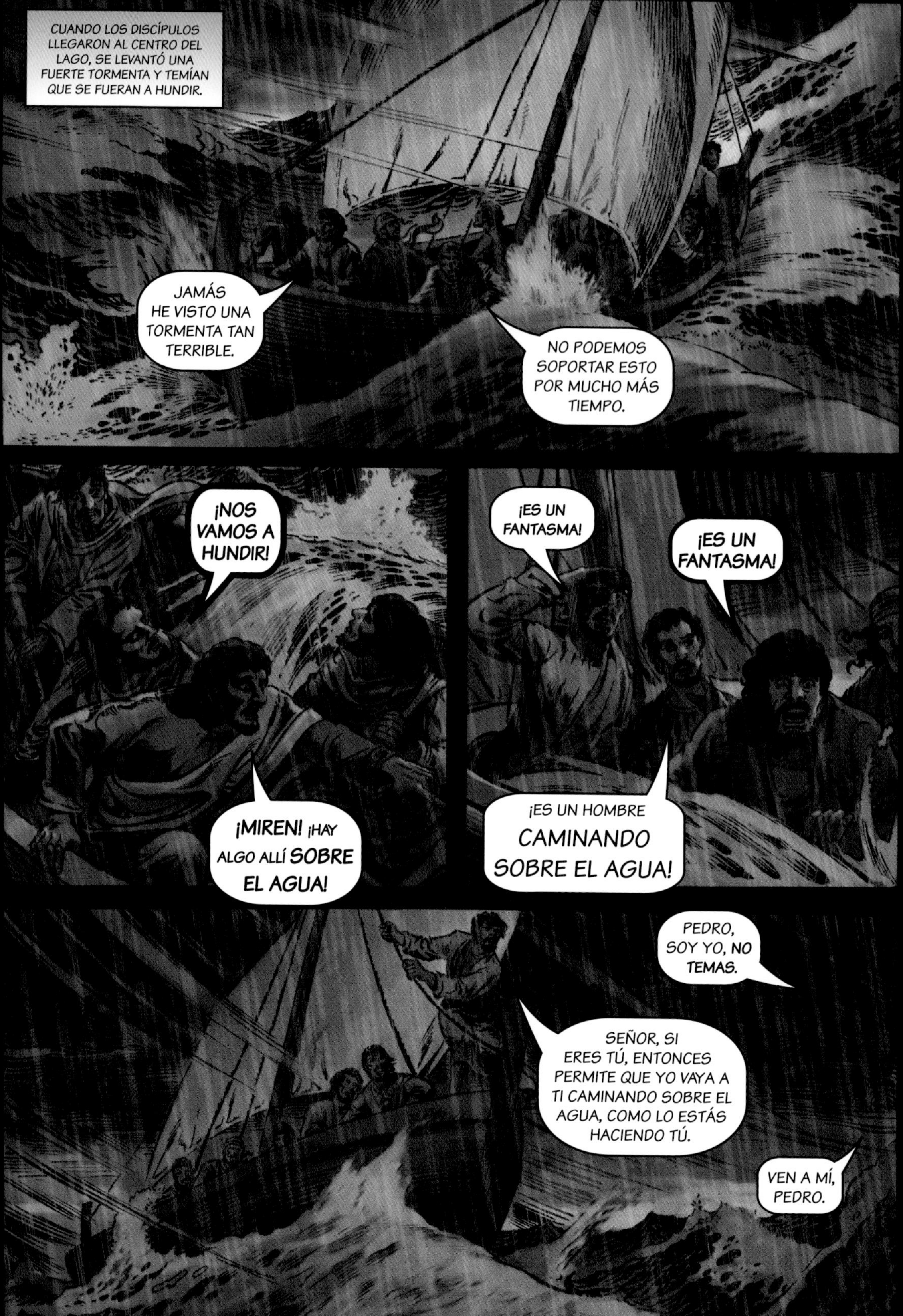
CUANDO LOS DISCÍPULOS LLEGARON AL CENTRO DEL LAGO, SE LEVANTÓ UNA FUERTE TORMENTA Y TEMÍAN QUE SE FUERAN A HUNDIR.
JAMÁS HE VISTO UNA TORMENTA TAN TERRIBLE.
NO PODEMOS SOPORTAR ESTO POR MUCHO MÁS TIEMPO.
¡NOS VAMOS A HUNDIR!
¡MIREN! ¡HAY ALGO ALLÍ SOBRE EL AGUA!
¡ES UN FANTASMA!
¡ES UN FANTASMA!
¡ES UN HOMBRE CAMINANDO SOBRE EL AGUA!
PEDRO, SOY YO, NO TEMAS.
SEÑOR, SI ERES TÚ, ENTONCES PERMITE QUE YO VAYA A TI CAMINANDO SOBRE EL AGUA, COMO LO ESTÁS HACIENDO TÚ.
VEN A MÍ, PEDRO.

MATEO 14:24-29

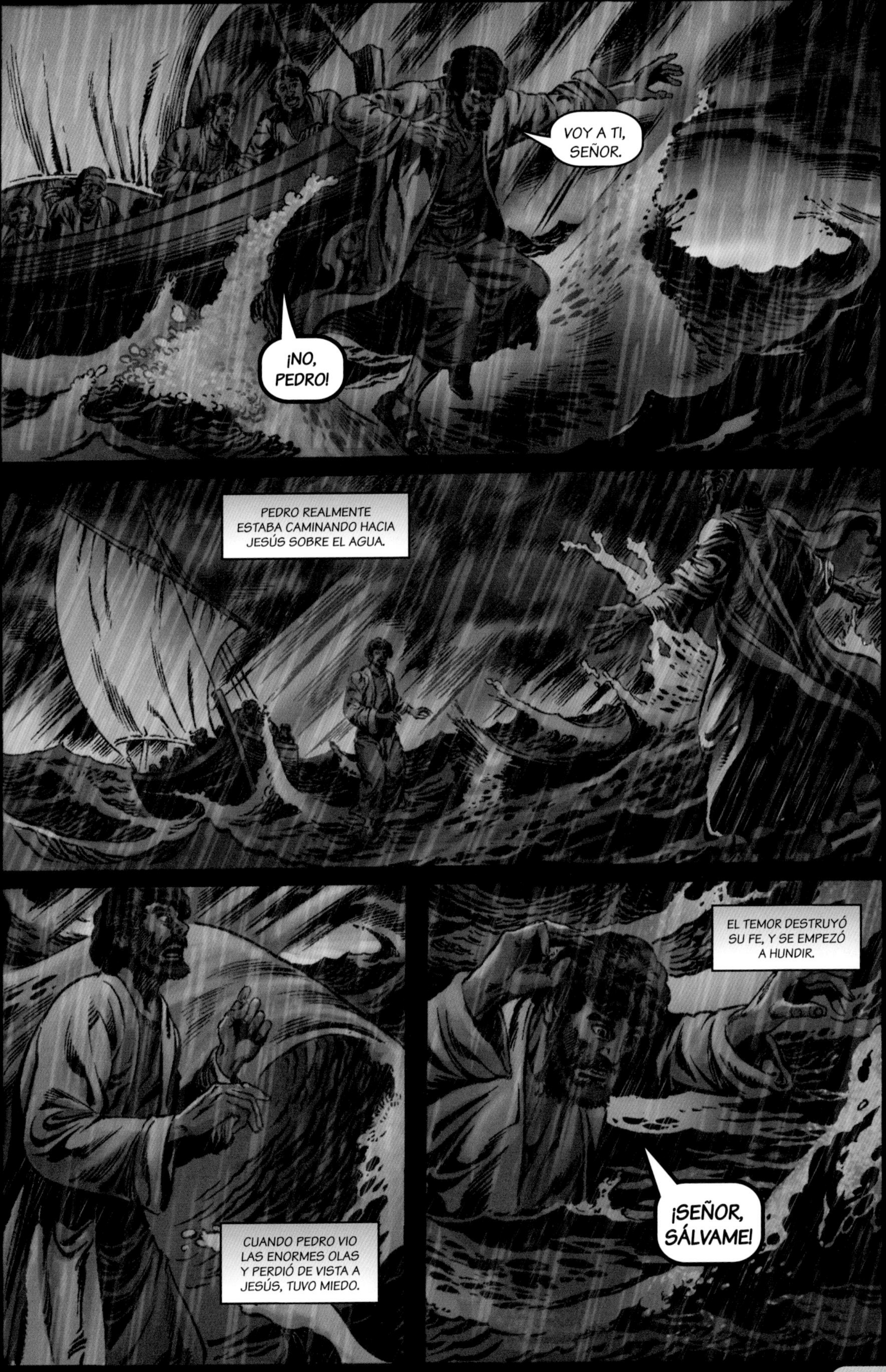
VOY A TI, SEÑOR.
¡NO, PEDRO!
PEDRO REALMENTE ESTABA CAMINANDO HACIA JESÚS SOBRE EL AGUA.
CUANDO PEDRO VIO LAS ENORMES OLAS Y PERDIÓ DE VISTA A JESÚS, TUVO MIEDO.
EL TEMOR DESTRUYÓ SU FE, Y SE EMPEZÓ A HUNDIR.
¡SEÑOR, SÁLVAME!

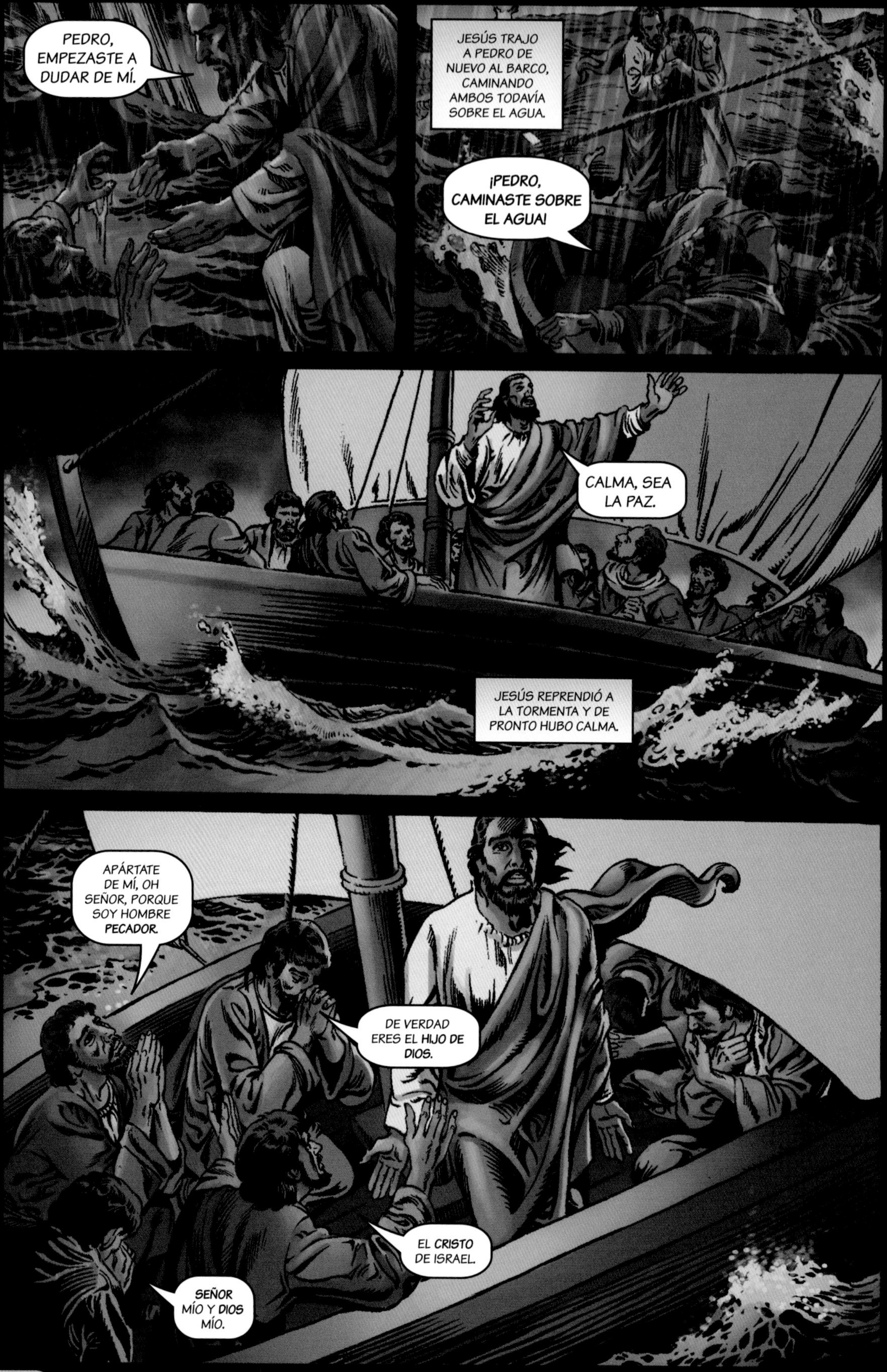
PEDRO, EMPEZASTE A DUDAR DE MÍ.
JESÚS TRAJO A PEDRO DE NUEVO AL BARCO, CAMINANDO AMBOS TODAVÍA SOBRE EL AGUA.
¡PEDRO, CAMINASTE SOBRE EL AGUA!
CALMA, SEA LA PAZ.
JESÚS REPRENDIÓ A LA TORMENTA Y DE PRONTO HUBO CALMA.
APÁRTATE DE MÍ, OH SEÑOR, PORQUE SOY HOMBRE PECADOR.
DE VERDAD ERES EL HIJO DE DIOS.
EL CRISTO DE ISRAEL.
SEÑOR MÍO Y DIOS MÍO.

MATEO 14:31-33; 4:38-41

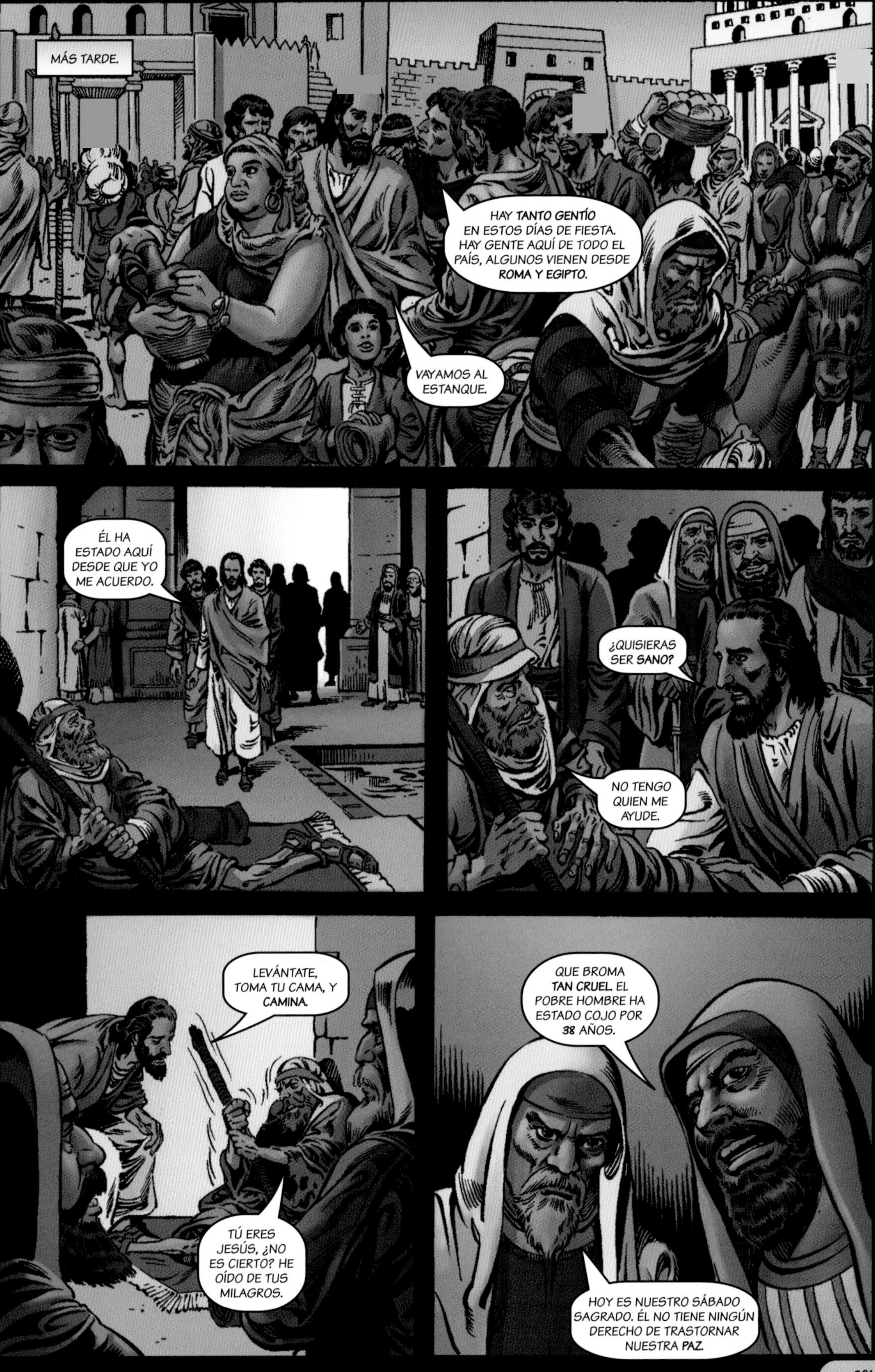
MÁS TARDE.
HAY TANTO GENTÍO EN ESTOS DÍAS DE FIESTA. HAY GENTE AQUÍ DE TODO EL PAÍS, ALGUNOS VIENEN DESDE ROMA Y EGIPTO.
VAYAMOS AL ESTANQUE.
ÉL HA ESTADO AQUÍ DESDE QUE YO ME ACUERDO.
¿QUISIERAS SER SANO?
NO TENGO QUIEN ME AYUDE.
LEVÁNTATE, TOMA TU CAMA, Y CAMINA.
TÚ ERES JESÚS, ¿NO ES CIERTO? HE OÍDO DE TUS MILAGROS.
QUE BROMA TAN CRUEL. EL POBRE HOMBRE HA ESTADO COJO POR 38 AÑOS.
HOY ES NUESTRO SÁBADO SAGRADO. ÉL NO TIENE NINGÚN DERECHO DE TRASTORNAR NUESTRA PAZ.

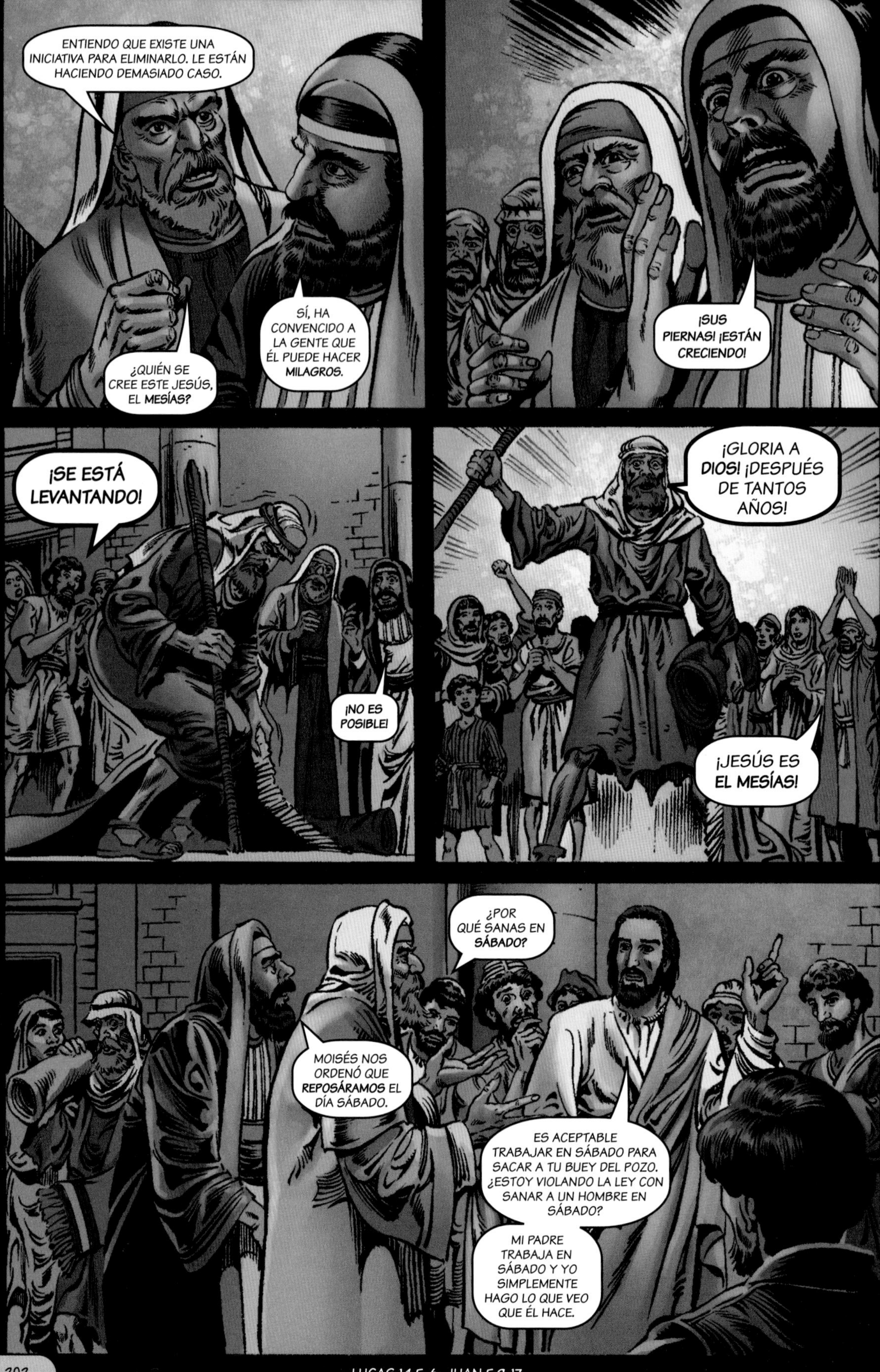
ENTIENDO QUE EXISTE UNA INICIATIVA PARA ELIMINARLO. LE ESTÁN HACIENDO DEMASIADO CASO.
¿QUIÉN SE CREE ESTE JESÚS, EL MESÍAS?
SÍ, HA CONVENCIDO A LA GENTE QUE ÉL PUEDE HACER MILAGROS.
¡SUS PIERNAS! ¡ESTÁN CRECIENDO!
¡SE ESTÁ LEVANTANDO!
¡NO ES POSIBLE!
¡GLORIA A DIOS! ¡DESPUÉS DE TANTOS AÑOS!
¡JESÚS ES EL MESÍAS!
¿POR QUÉ SANAS EN SÁBADO?
MOISÉS NOS ORDENÓ QUE REPOSÁRAMOS EL DÍA SÁBADO.
ES ACEPTABLE TRABAJAR EN SÁBADO PARA SACAR A TU BUEY DEL POZO. ¿ESTOY VIOLANDO LA LEY CON SANAR A UN HOMBRE EN SÁBADO?
MI PADRE TRABAJA EN SÁBADO Y YO SIMPLEMENTE HAGO LO QUE VEO QUE ÉL HACE.

LUCAS 14:5-6; JUAN 5:9-17

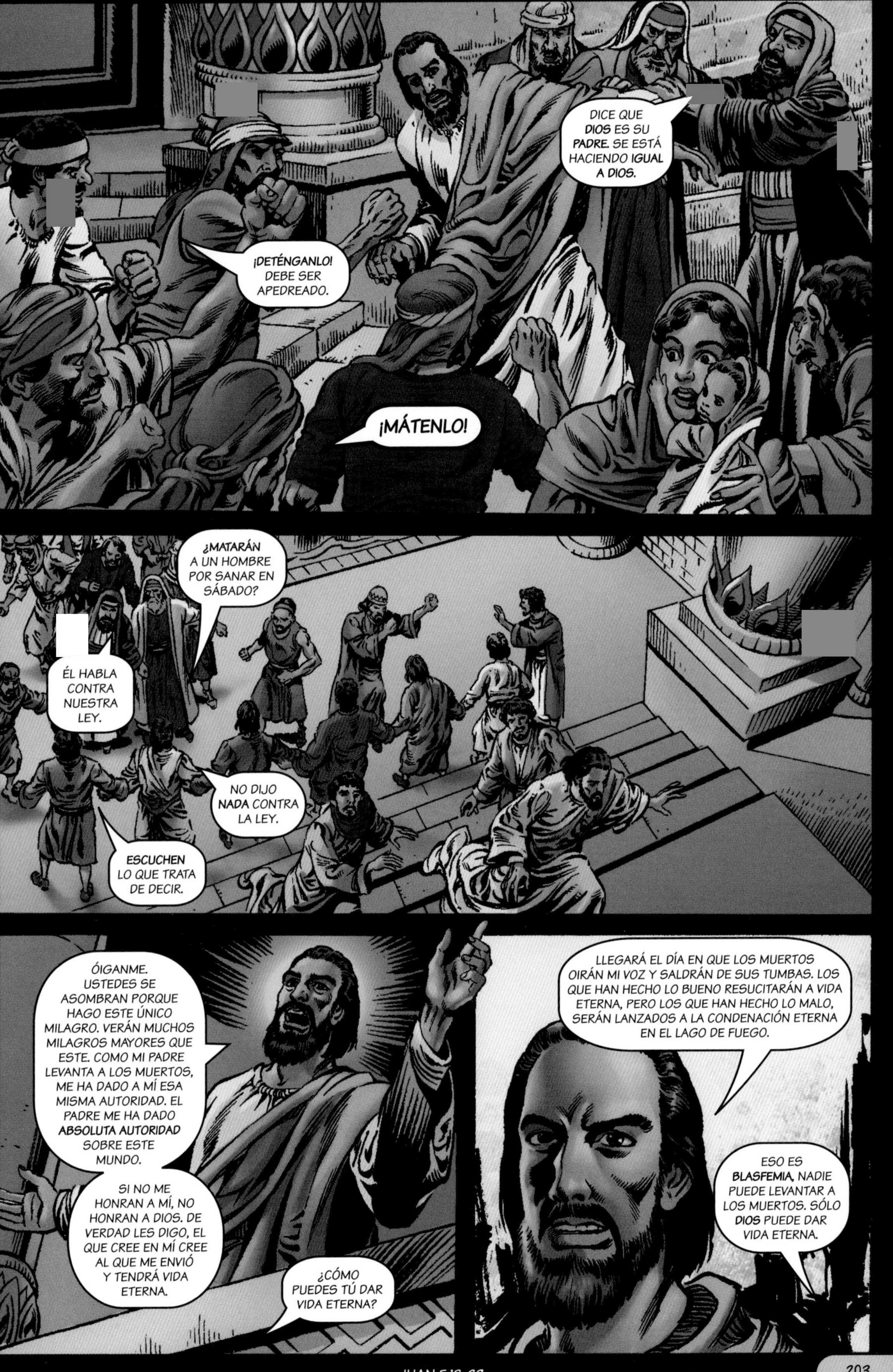
DICE QUE DIOS ES SU PADRE. SE ESTÁ HACIENDO IGUAL A DIOS.
¡DETÉNGANLO! DEBE SER APEDREADO.
¡MÁTENLO!
¿MATARÁN A UN HOMBRE POR SANAR EN SÁBADO?
ÉL HABLA CONTRA NUESTRA LEY.
NO DIJO NADA CONTRA LA LEY.
ESCUCHEN LO QUE TRATA DE DECIR.
ÓIGANME. USTEDES SE ASOMBRAN PORQUE HAGO ESTE ÚNICO MILAGRO. VERÁN MUCHOS MILAGROS MAYORES QUE ESTE. COMO MI PADRE LEVANTA A LOS MUERTOS, ME HA DADO A MÍ ESA MISMA AUTORIDAD. EL PADRE ME HA DADO ABSOLUTA AUTORIDAD SOBRE ESTE MUNDO.
SI NO ME HONRAN A MÍ, NO HONRAN A DIOS. DE VERDAD LES DIGO, EL QUE CREE EN MÍ CREE AL QUE ME ENVIÓ Y TENDRÁ VIDA ETERNA.
¿CÓMO PUEDES TÚ DAR VIDA ETERNA?
LLEGARÁ EL DÍA EN QUE LOS MUERTOS OIRÁN MI VOZ Y SALDRÁN DE SUS TUMBAS. LOS QUE HAN HECHO LO BUENO RESUCITARÁN A VIDA ETERNA, PERO LOS QUE HAN HECHO LO MALO, SERÁN LANZADOS A LA CONDENACIÓN ETERNA EN EL LAGO DE FUEGO.
ESO ES BLASFEMIA, NADIE PUEDE LEVANTAR A LOS MUERTOS. SÓLO DIOS PUEDE DAR VIDA ETERNA.

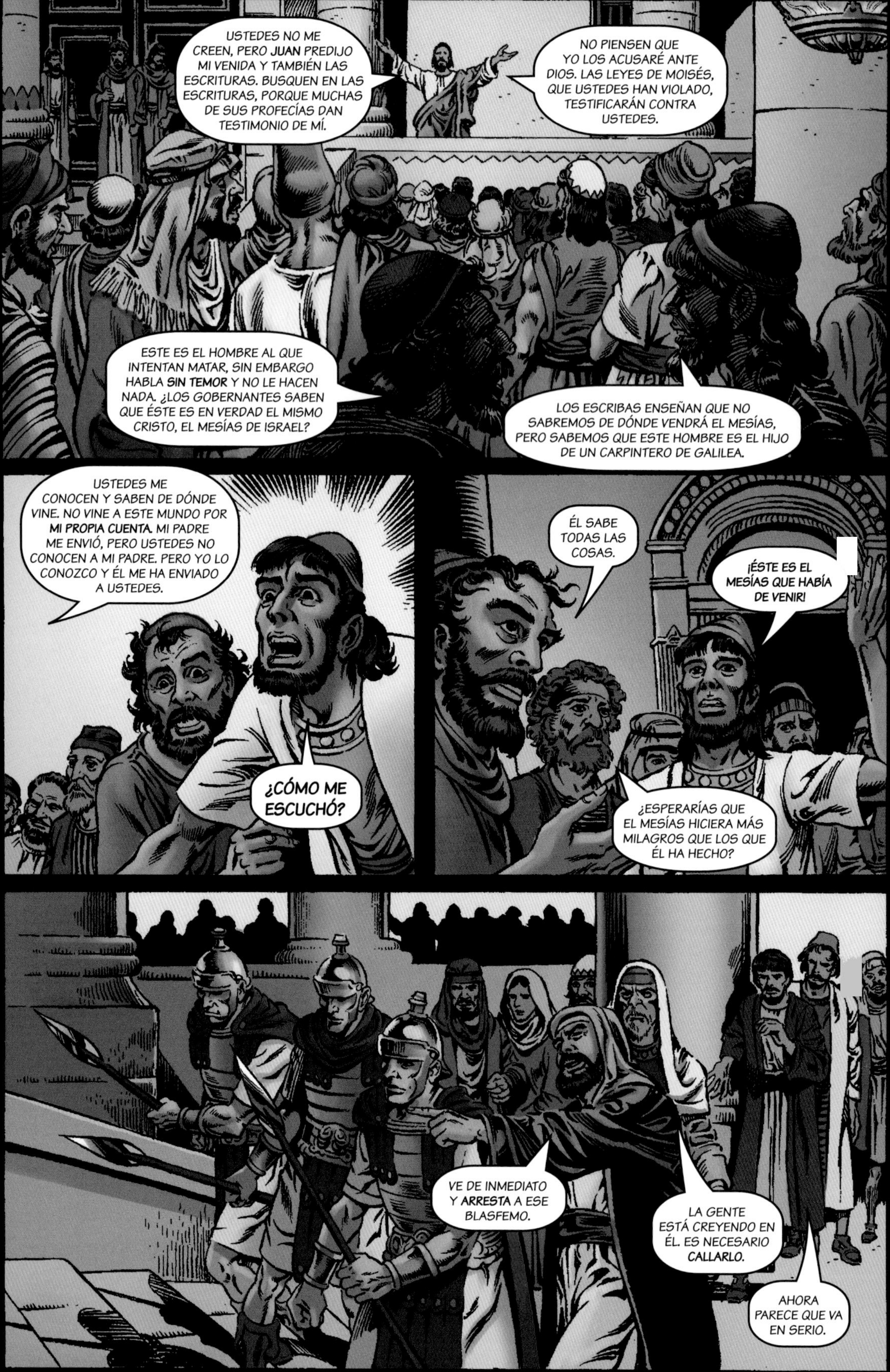
USTEDES NO ME CREEN, PERO JUAN PREDIJO MI VENIDA Y TAMBIÉN LAS ESCRITURAS. BUSQUEN EN LAS ESCRITURAS, PORQUE MUCHAS DE SUS PROFECÍAS DAN TESTIMONIO DE MÍ.
NO PIENSEN QUE YO LOS ACUSARÉ ANTE DIOS. LAS LEYES DE MOISÉS, QUE USTEDES HAN VIOLADO, TESTIFICARÁN CONTRA USTEDES.
ESTE ES EL HOMBRE AL QUE INTENTAN MATAR, SIN EMBARGO HABLA SIN TEMOR Y NO LE HACEN NADA. ¿LOS GOBERNANTES SABEN QUE ÉSTE ES EN VERDAD EL MISMO CRISTO, EL MESÍAS DE ISRAEL?
LOS ESCRIBAS ENSEÑAN QUE NO SABREMOS DE DÓNDE VENDRÁ EL MESÍAS, PERO SABEMOS QUE ESTE HOMBRE ES EL HIJO DE UN CARPINTERO DE GALILEA.
USTEDES ME CONOCEN Y SABEN DE DÓNDE VINE. NO VINE A ESTE MUNDO POR MI PROPIA CUENTA. MI PADRE ME ENVIÓ, PERO USTEDES NO CONOCEN A MI PADRE. PERO YO LO CONOZCO Y ÉL ME HA ENVIADO A USTEDES.
¿CÓMO ME ESCUCHÓ?
ÉL SABE TODAS LAS COSAS.
¡ÉSTE ES EL MESÍAS QUE HABÍA DE VENIR!
¿ESPERARÍAS QUE EL MESÍAS HICIERA MÁS MILAGROS QUE LOS QUE ÉL HA HECHO?
VE DE INMEDIATO Y ARRESTA A ESE BLASFEMO.
LA GENTE ESTÁ CREYENDO EN ÉL. ES NECESARIO CALLARLO.
AHORA PARECE QUE VA EN SERIO.

JUAN 5:30-39,45, 6:42-43, 7:25-32,40-41

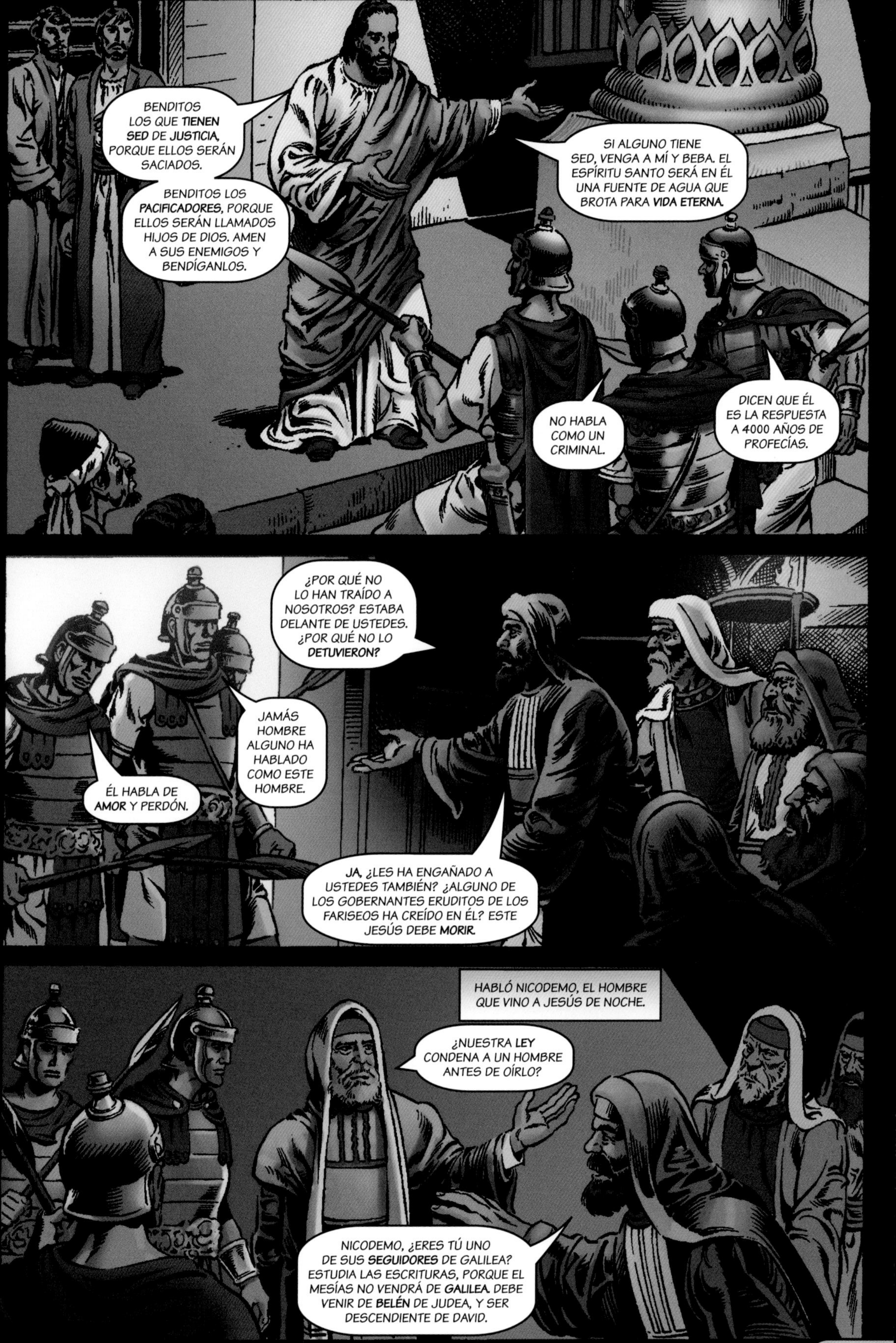
BENDITOS LOS QUE TIENEN SED DE JUSTICIA, PORQUE ELLOS SERÁN SACIADOS.
BENDITOS LOS PACIFICADORES, PORQUE ELLOS SERÁN LLAMADOS HIJOS DE DIOS. AMEN A SUS ENEMIGOS Y BENDÍGANLOS.
SI ALGUNO TIENE SED, VENGA A MÍ Y BEBA. EL ESPÍRITU SANTO SERÁ EN ÉL UNA FUENTE DE AGUA QUE BROTA PARA VIDA ETERNA.
NO HABLA COMO UN CRIMINAL.
DICEN QUE ÉL ES LA RESPUESTA A 4000 AÑOS DE PROFECÍAS.
¿POR QUÉ NO LO HAN TRAÍDO A NOSOTROS? ESTABA DELANTE DE USTEDES. ¿POR QUÉ NO LO DETUVIERON?
ÉL HABLA DE AMOR Y PERDÓN.
JAMÁS HOMBRE ALGUNO HA HABLADO COMO ESTE HOMBRE.
JA, ¿LES HA ENGAÑADO A USTEDES TAMBIÉN? ¿ALGUNO DE LOS GOBERNANTES ERUDITOS DE LOS FARISEOS HA CREÍDO EN ÉL? ESTE JESÚS DEBE MORIR.
HABLÓ NICODEMO, EL HOMBRE QUE VINO A JESÚS DE NOCHE.
¿NUESTRA LEY CONDENA A UN HOMBRE ANTES DE OÍRLO?
NICODEMO, ¿ERES TÚ UNO DE SUS SEGUIDORES DE GALILEA? ESTUDIA LAS ESCRITURAS, PORQUE EL MESÍAS NO VENDRÁ DE GALILEA. DEBE VENIR DE BELÉN DE JUDEA, Y SER DESCENDIENTE DE DAVID.

MATEO 5:6,9; JUAN 4:14, 7:45-52

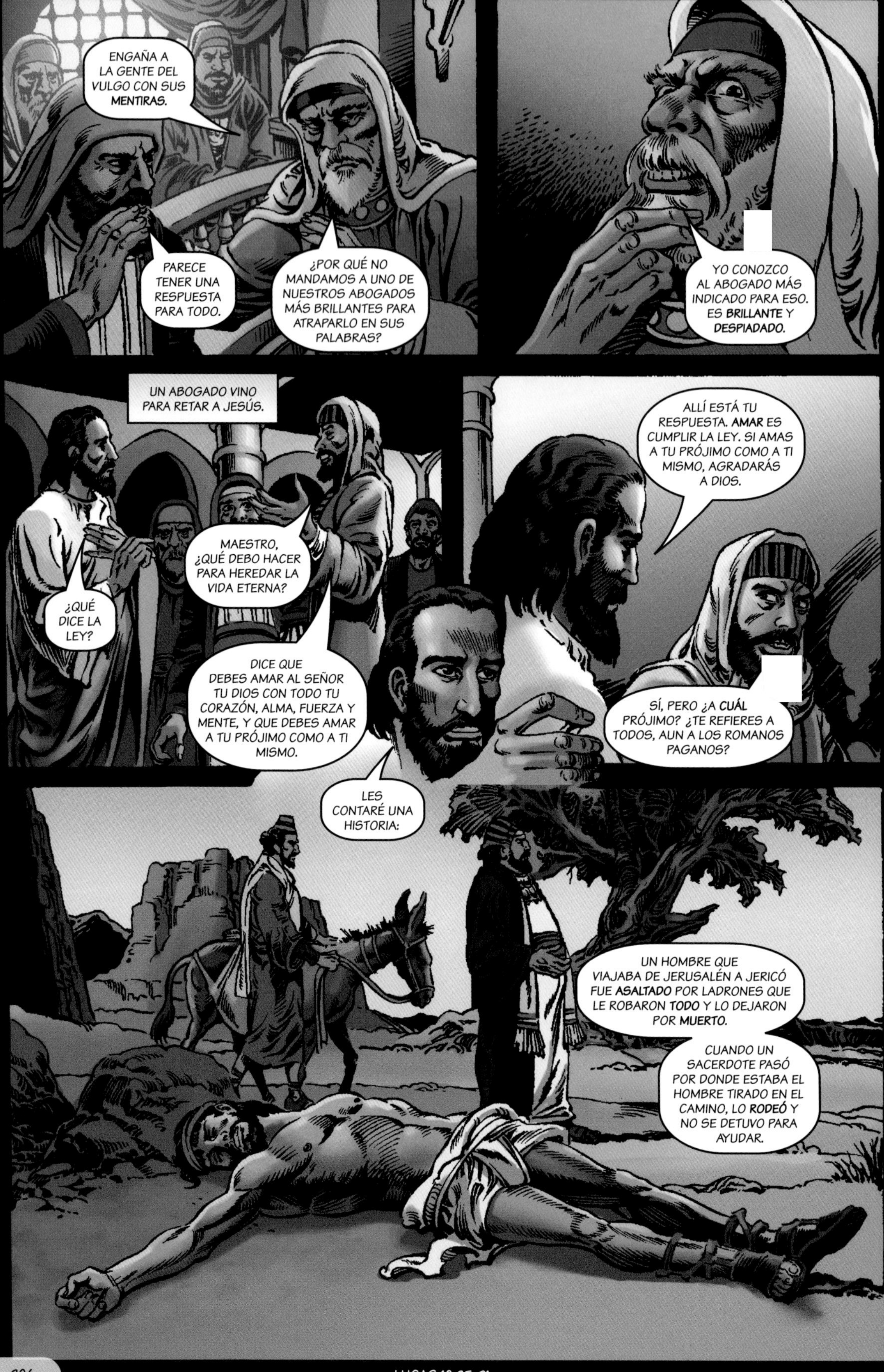
ENGAÑA A LA GENTE DEL VULGO CON SUS MENTIRAS.
PARECE TENER UNA RESPUESTA PARA TODO.
¿POR QUÉ NO MANDAMOS A UNO DE NUESTROS ABOGADOS MÁS BRILLANTES PARA ATRAPARLO EN SUS PALABRAS?
YO CONOZCO AL ABOGADO MÁS INDICADO PARA ESO. ES BRILLANTE Y DESPIADADO.
UN ABOGADO VINO PARA RETAR A JESÚS.
MAESTRO, ¿QUÉ DEBO HACER PARA HEREDAR LA VIDA ETERNA?
¿QUÉ DICE LA LEY?
DICE QUE DEBES AMAR AL SEÑOR TU DIOS CON TODO TU CORAZÓN, ALMA, FUERZA Y MENTE, Y QUE DEBES AMAR A TU PRÓJIMO COMO A TI MISMO.
ALLÍ ESTÁ TU RESPUESTA. AMAR ES CUMPLIR LA LEY. SI AMAS A TU PRÓJIMO COMO A TI MISMO, AGRADARÁS A DIOS.
SÍ, PERO ¿A CUÁL PRÓJIMO? ¿TE REFIERES A TODOS, AUN A LOS ROMANOS PAGANOS?
LES CONTARÉ UNA HISTORIA:
UN HOMBRE QUE VIAJABA DE JERUSALÉN A JERICÓ FUE ASALTADO POR LADRONES QUE LE ROBARON TODO Y LO DEJARON POR MUERTO.
CUANDO UN SACERDOTE PASÓ POR DONDE ESTABA EL HOMBRE TIRADO EN EL CAMINO, LO RODEÓ Y NO SE DETUVO PARA AYUDAR.

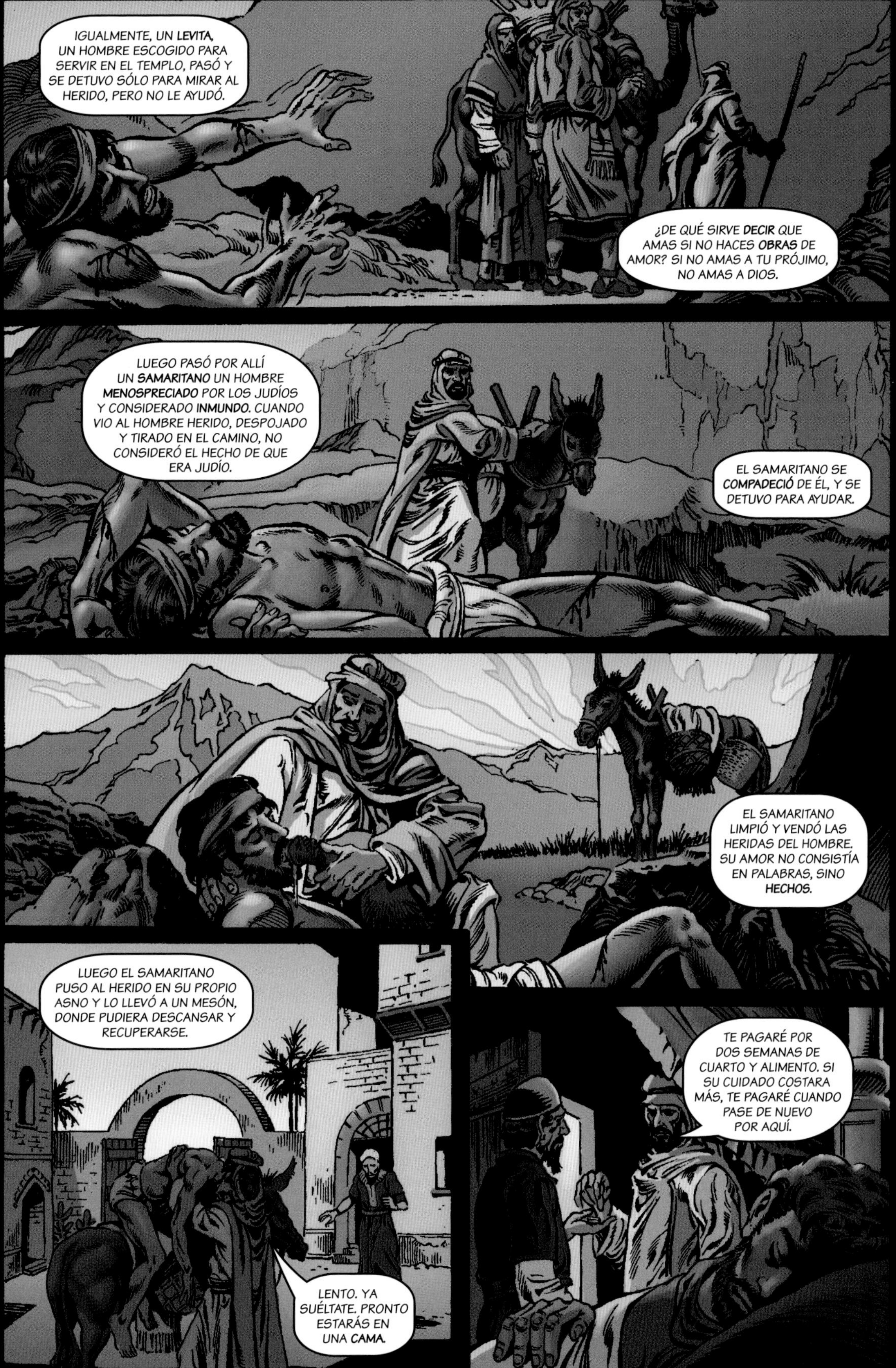
IGUALMENTE, UN LEVITA, UN HOMBRE ESCOGIDO PARA SERVIR EN EL TEMPLO, PASÓ Y SE DETUVO SÓLO PARA MIRAR AL HERIDO, PERO NO LE AYUDÓ.
¿DE QUÉ SIRVE DECIR QUE AMAS SI NO HACES OBRAS DE AMOR? SI NO AMAS A TU PRÓJIMO, NO AMAS A DIOS.
LUEGO PASÓ POR ALLÍ UN SAMARITANO UN HOMBRE MENOSPRECIADO POR LOS JUDÍOS Y CONSIDERADO INMUNDO. CUANDO VIO AL HOMBRE HERIDO, DESPOJADO Y TIRADO EN EL CAMINO, NO CONSIDERÓ EL HECHO DE QUE ERA JUDÍO.
EL SAMARITANO SE COMPADECIÓ DE ÉL, Y SE DETUVO PARA AYUDAR.
EL SAMARITANO LIMPIÓ Y VENDÓ LAS HERIDAS DEL HOMBRE. SU AMOR NO CONSISTÍA EN PALABRAS, SINO HECHOS.
LUEGO EL SAMARITANO PUSO AL HERIDO EN SU PROPIO ASNO Y LO LLEVÓ A UN MESÓN, DONDE PUDIERA DESCANSAR Y RECUPERARSE.
LENTO. YA SUÉLTATE. PRONTO ESTARÁS EN UNA CAMA.
TE PAGARÉ POR DOS SEMANAS DE CUARTO Y ALIMENTO. SI SU CUIDADO COSTARA MÁS, TE PAGARÉ CUANDO PASE DE NUEVO POR AQUÍ.

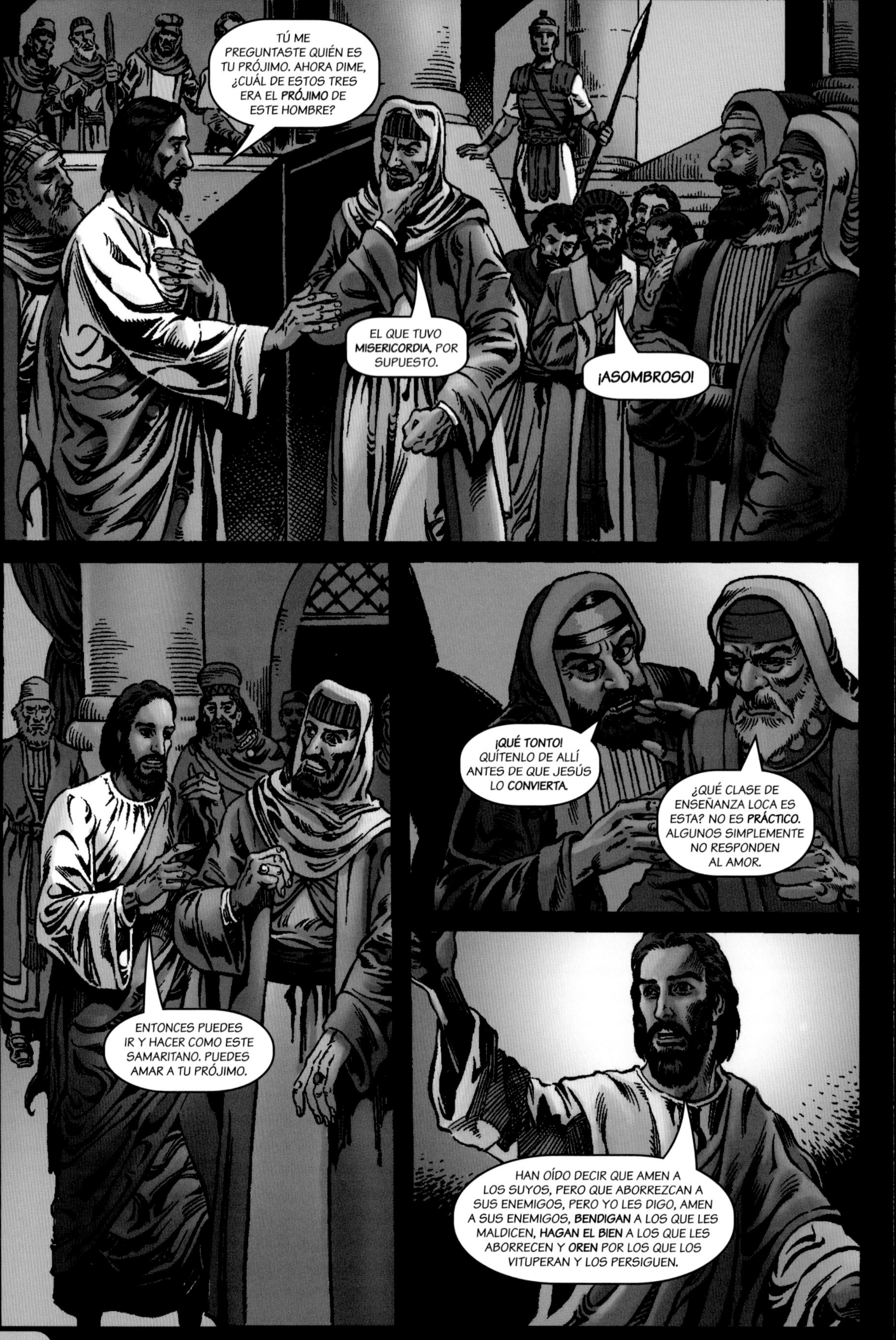
TÚ ME PREGUNTASTE QUIÉN ES TU PRÓJIMO. AHORA DIME, ¿CUÁL DE ESTOS TRES ERA EL **PRÓJIMO** DE ESTE HOMBRE?
EL QUE TUVO **MISERICORDIA**, POR SUPUESTO.
¡ASOMBROSO!
ENTONCES PUEDES IR Y HACER COMO ESTE SAMARITANO. PUEDES AMAR A TU PRÓJIMO.
¡QUÉ TONTO! QUÍTENLO DE ALLÍ ANTES DE QUE JESÚS LO **CONVIERTA**.
¿QUÉ CLASE DE ENSEÑANZA LOCA ES ESTA? NO ES **PRÁCTICO**. ALGUNOS SIMPLEMENTE NO RESPONDEN AL AMOR.
HAN OÍDO DECIR QUE AMEN A LOS SUYOS, PERO QUE ABORREZCAN A SUS ENEMIGOS, PERO YO LES DIGO, AMEN A SUS ENEMIGOS, **BENDIGAN** A LOS QUE LES MALDICEN, **HAGAN EL BIEN** A LOS QUE LES ABORRECEN Y **OREN** POR LOS QUE LOS VITUPERAN Y LOS PERSIGUEN.

MATEO 5:43-44; LUCAS 10:36-37

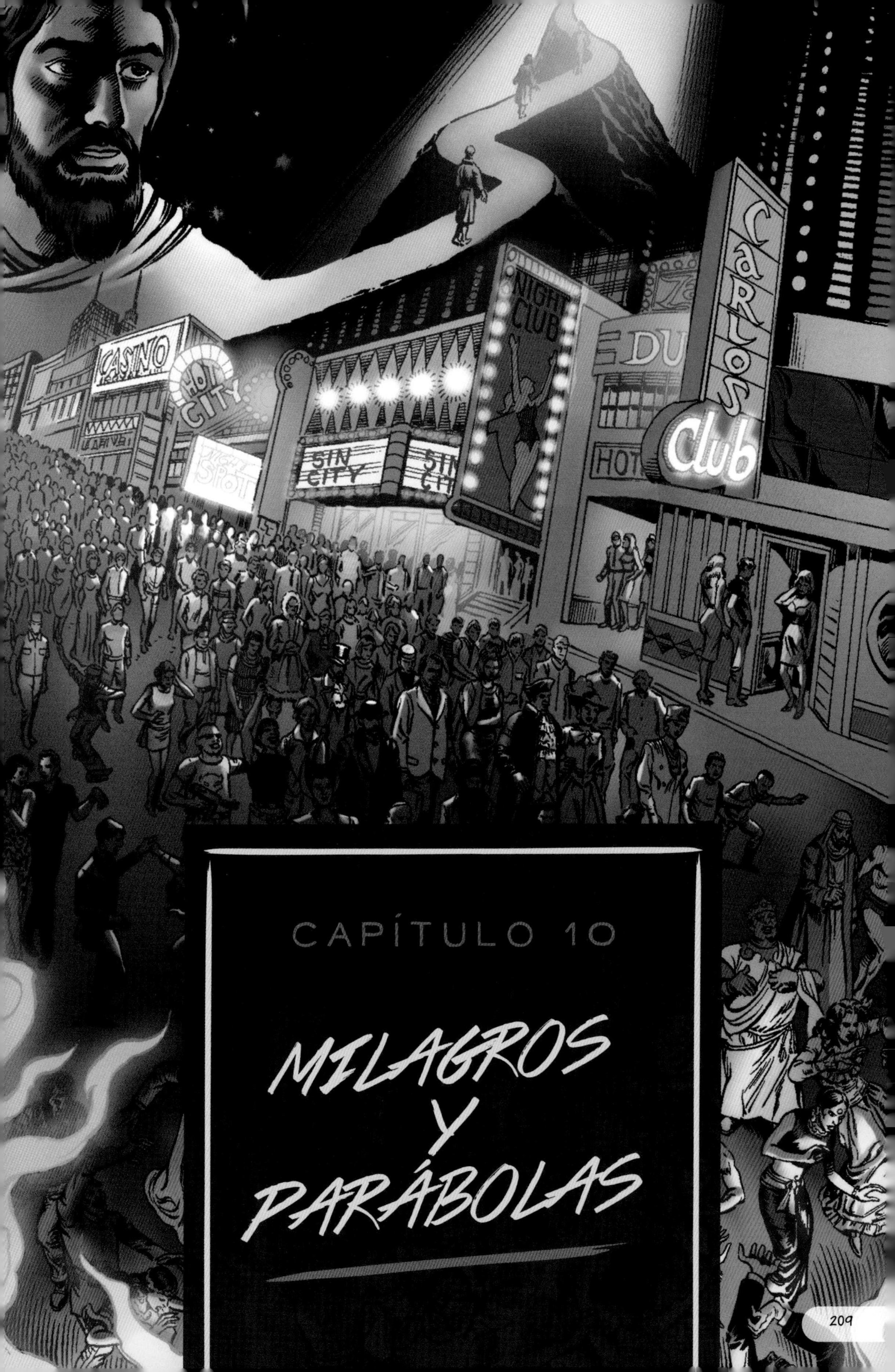
CASINO
HOT CITY
NIGHT SPOT
SIN CITY
NIGHT CLUB
DU
HOT
CARLOS
Club

CAPÍTULO 10

MILAGROS Y PARÁBOLAS

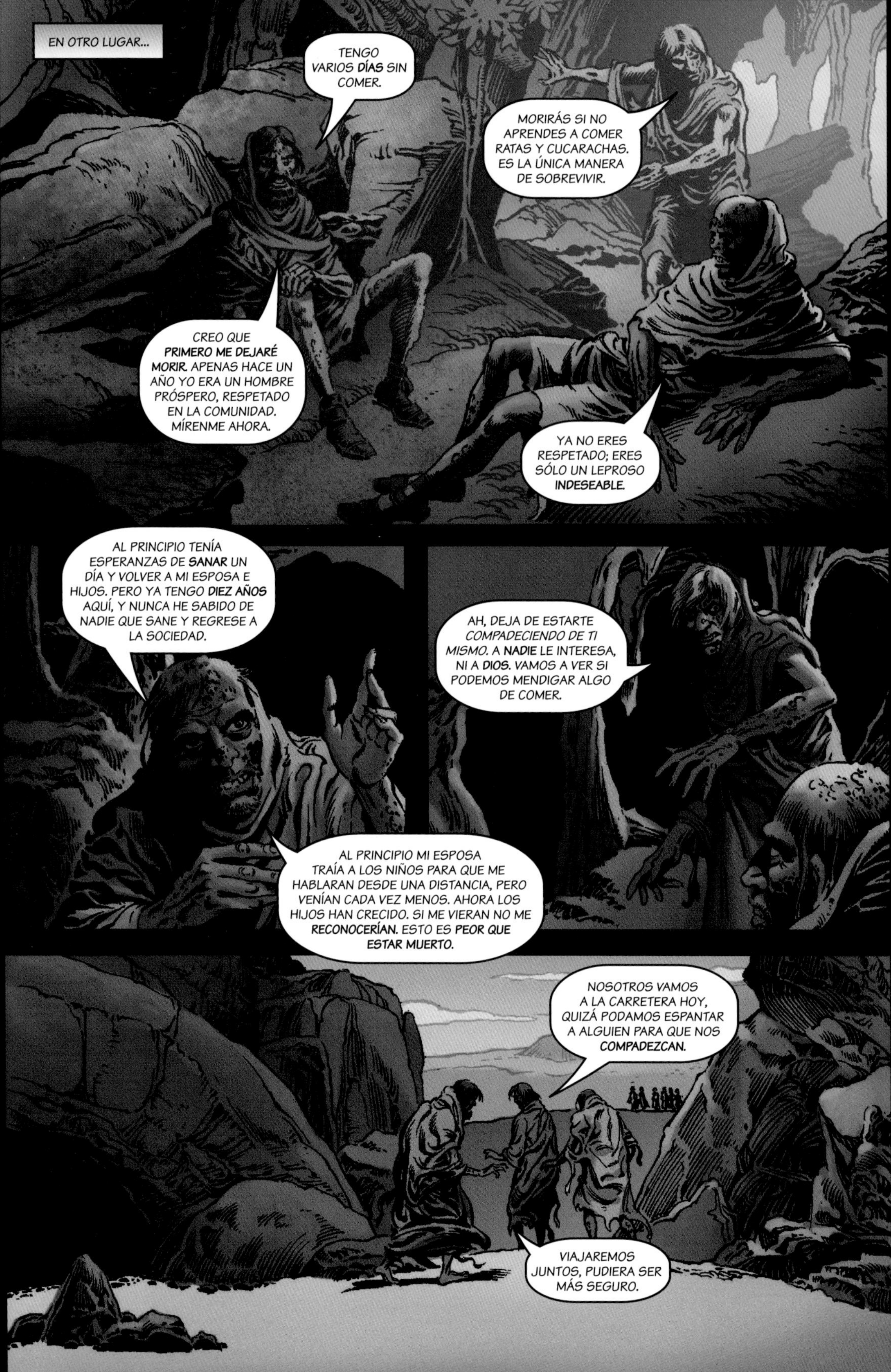
EN OTRO LUGAR...
TENGO VARIOS DÍAS SIN COMER.
MORIRÁS SI NO APRENDES A COMER RATAS Y CUCARACHAS. ES LA ÚNICA MANERA DE SOBREVIVIR.
CREO QUE PRIMERO ME DEJARÉ MORIR. APENAS HACE UN AÑO YO ERA UN HOMBRE PRÓSPERO, RESPETADO EN LA COMUNIDAD. MÍRENME AHORA.
YA NO ERES RESPETADO; ERES SÓLO UN LEPROSO INDESEABLE.
AL PRINCIPIO TENÍA ESPERANZAS DE SANAR UN DÍA Y VOLVER A MI ESPOSA E HIJOS. PERO YA TENGO DIEZ AÑOS AQUÍ, Y NUNCA HE SABIDO DE NADIE QUE SANE Y REGRESE A LA SOCIEDAD.
AL PRINCIPIO MI ESPOSA TRAÍA A LOS NIÑOS PARA QUE ME HABLARAN DESDE UNA DISTANCIA, PERO VENÍAN CADA VEZ MENOS. AHORA LOS HIJOS HAN CRECIDO. SI ME VIERAN NO ME RECONOCERÍAN. ESTO ES PEOR QUE ESTAR MUERTO.
AH, DEJA DE ESTARTE COMPADECIENDO DE TI MISMO. A NADIE LE INTERESA, NI A DIOS. VAMOS A VER SI PODEMOS MENDIGAR ALGO DE COMER.
NOSOTROS VAMOS A LA CARRETERA HOY, QUIZÁ PODAMOS ESPANTAR A ALGUIEN PARA QUE NOS COMPADEZCAN.
VIAJAREMOS JUNTOS, PUDIERA SER MÁS SEGURO.

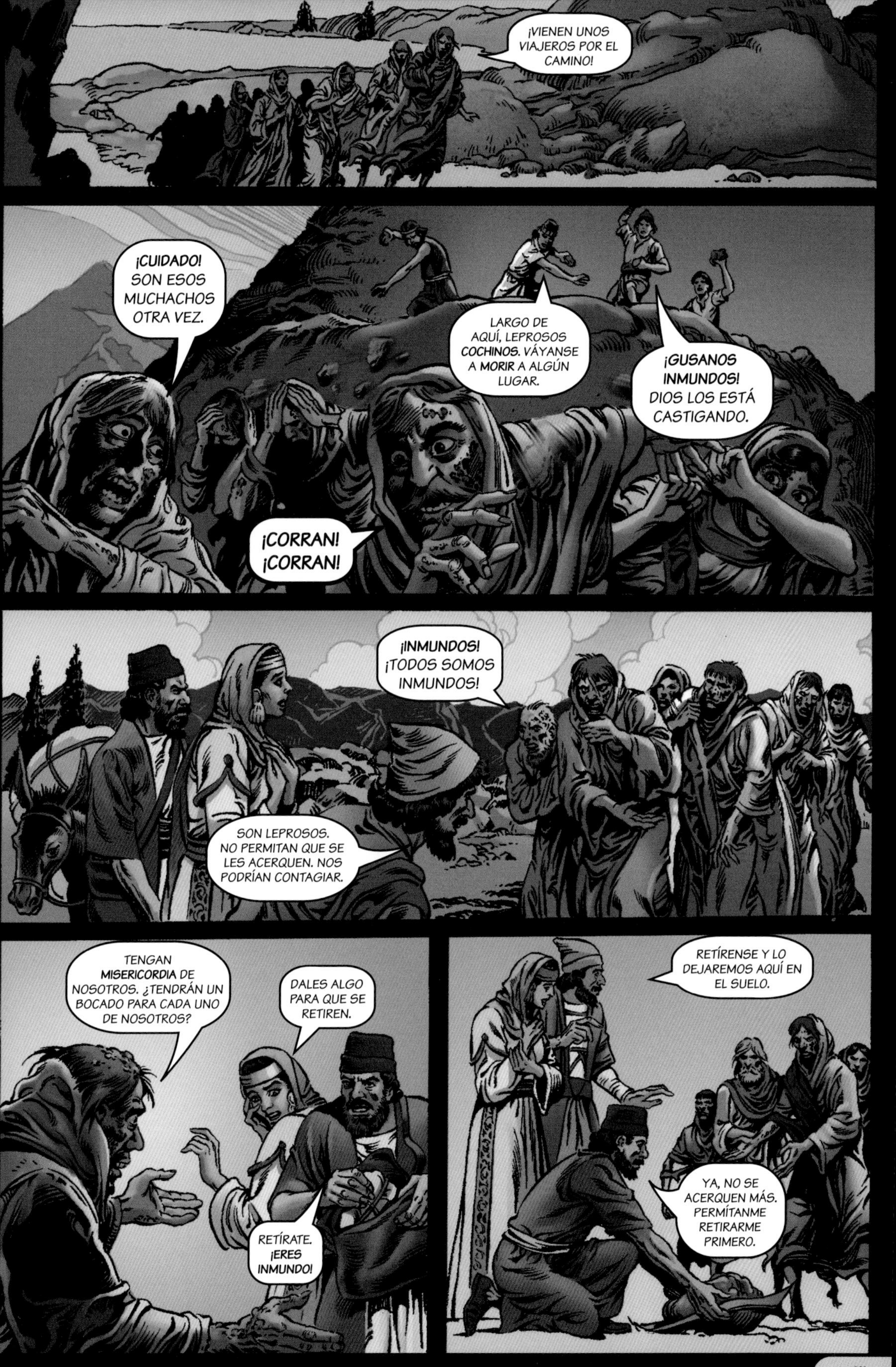
¡VIENEN UNOS VIAJEROS POR EL CAMINO!
¡CUIDADO! SON ESOS MUCHACHOS OTRA VEZ.
LARGO DE AQUÍ, LEPROSOS **COCHINOS.** VÁYANSE A **MORIR** A ALGÚN LUGAR.
¡GUSANOS INMUNDOS! DIOS LOS ESTÁ CASTIGANDO.
¡CORRAN! ¡CORRAN!
¡INMUNDOS! ¡TODOS SOMOS INMUNDOS!
SON LEPROSOS. NO PERMITAN QUE SE LES ACERQUEN. NOS PODRÍAN CONTAGIAR.
TENGAN **MISERICORDIA** DE NOSOTROS. ¿TENDRÁN UN BOCADO PARA CADA UNO DE NOSOTROS?
DALES ALGO PARA QUE SE RETIREN.
RETÍRATE. **¡ERES INMUNDO!**
RETÍRENSE Y LO DEJAREMOS AQUÍ EN EL SUELO.
YA, NO SE ACERQUEN MÁS. PERMÍTANME RETIRARME PRIMERO.

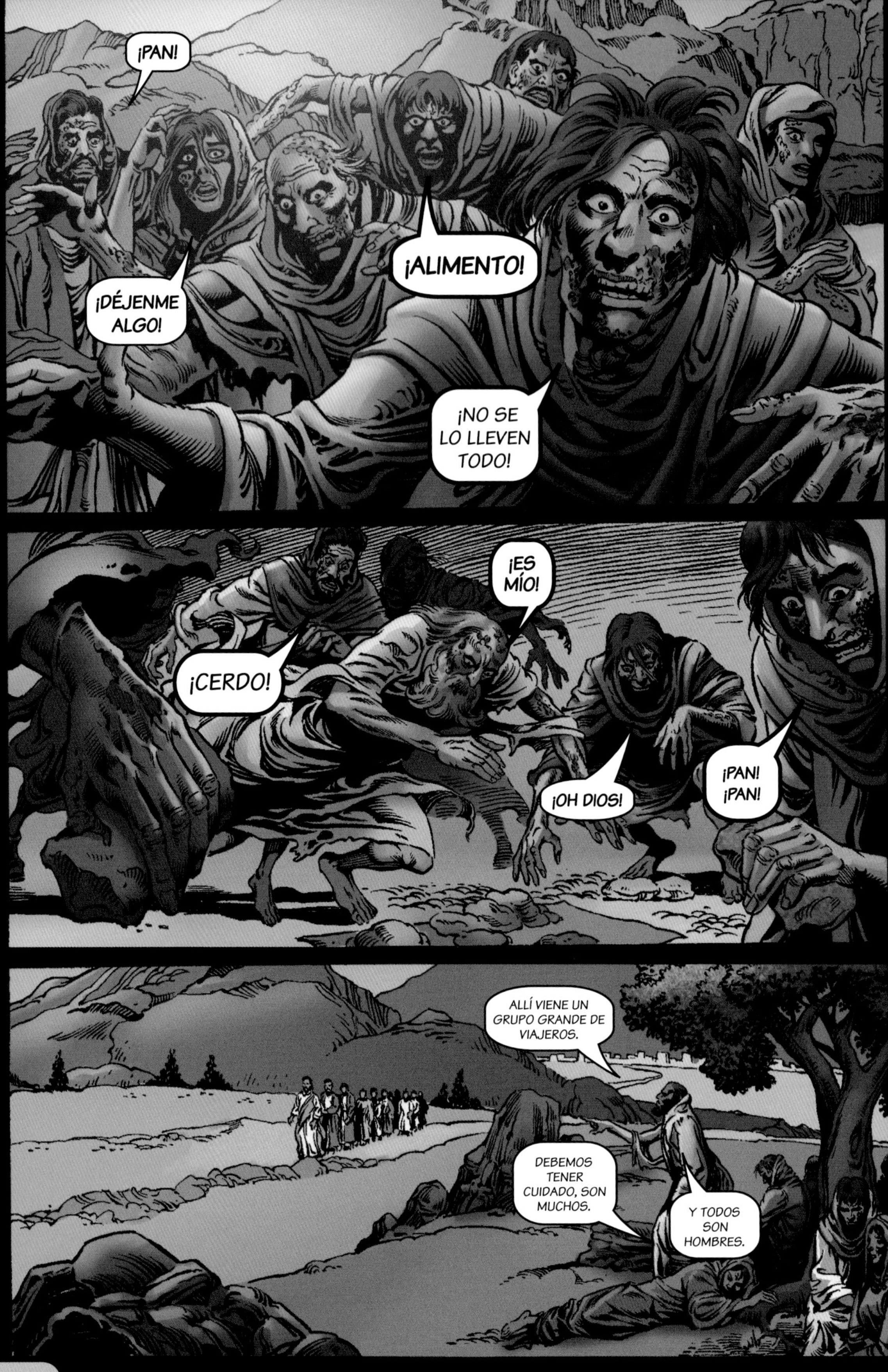
¡PAN!
¡DÉJENME ALGO!
¡ALIMENTO!
¡NO SE LO LLEVEN TODO!
¡CERDO!
¡ES MÍO!
¡OH DIOS!
¡PAN! ¡PAN!
ALLÍ VIENE UN GRUPO GRANDE DE VIAJEROS.
DEBEMOS TENER CUIDADO, SON MUCHOS.
Y TODOS SON HOMBRES.

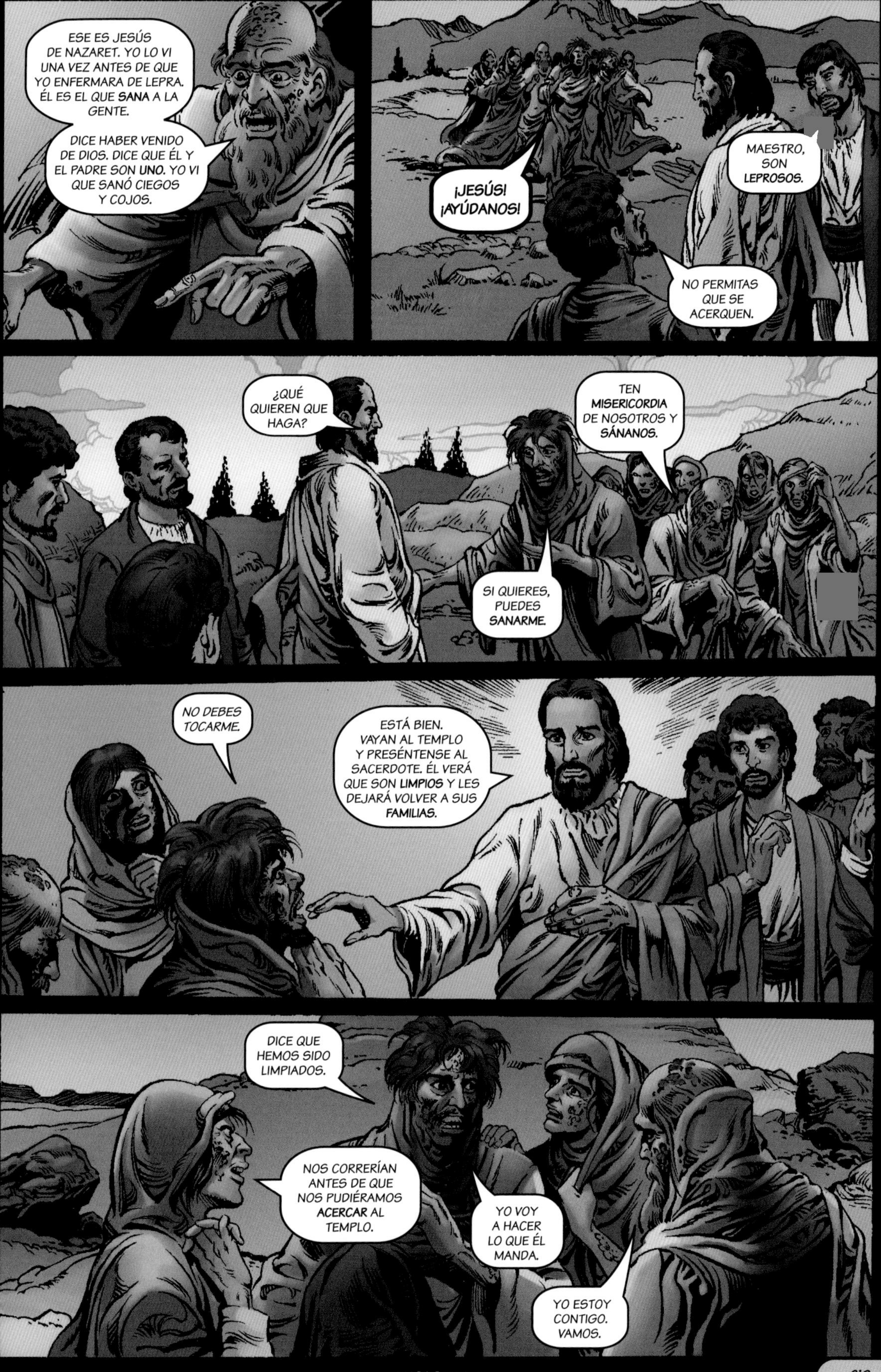
ESE ES JESÚS DE NAZARET. YO LO VI UNA VEZ ANTES DE QUE YO ENFERMARA DE LEPRA. ÉL ES EL QUE SANA A LA GENTE.
DICE HABER VENIDO DE DIOS. DICE QUE ÉL Y EL PADRE SON UNO. YO VI QUE SANÓ CIEGOS Y COJOS.
¡JESÚS! ¡AYÚDANOS!
MAESTRO, SON LEPROSOS.
NO PERMITAS QUE SE ACERQUEN.
¿QUÉ QUIEREN QUE HAGA?
TEN MISERICORDIA DE NOSOTROS Y SÁNANOS.
SI QUIERES, PUEDES SANARME.
NO DEBES TOCARME.
ESTÁ BIEN. VAYAN AL TEMPLO Y PRESÉNTENSE AL SACERDOTE. ÉL VERÁ QUE SON LIMPIOS Y LES DEJARÁ VOLVER A SUS FAMILIAS.
DICE QUE HEMOS SIDO LIMPIADOS.
NOS CORRERÍAN ANTES DE QUE NOS PUDIÉRAMOS ACERCAR AL TEMPLO.
YO VOY A HACER LO QUE ÉL MANDA.
YO ESTOY CONTIGO. VAMOS.

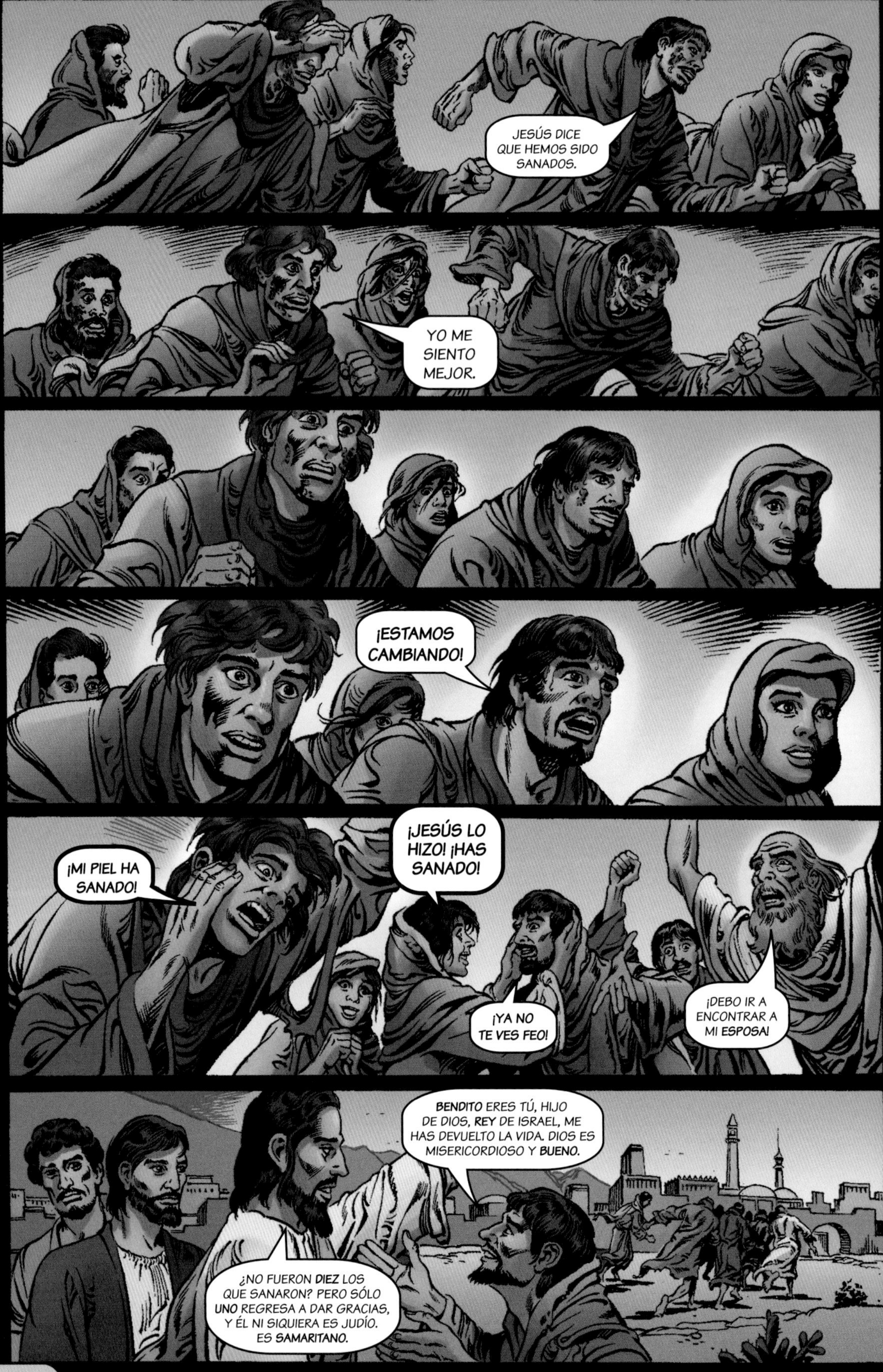
JESÚS DICE QUE HEMOS SIDO SANADOS.
YO ME SIENTO MEJOR.
¡ESTAMOS CAMBIANDO!
¡MI PIEL HA SANADO!
¡JESÚS LO HIZO! ¡HAS SANADO!
¡YA NO TE VES FEO!
¡DEBO IR A ENCONTRAR A MI ESPOSA!
BENDITO ERES TÚ, HIJO DE DIOS, REY DE ISRAEL, ME HAS DEVUELTO LA VIDA. DIOS ES MISERICORDIOSO Y BUENO.
¿NO FUERON DIEZ LOS QUE SANARON? PERO SÓLO UNO REGRESA A DAR GRACIAS, Y ÉL NI SIQUIERA ES JUDÍO. ES SAMARITANO.

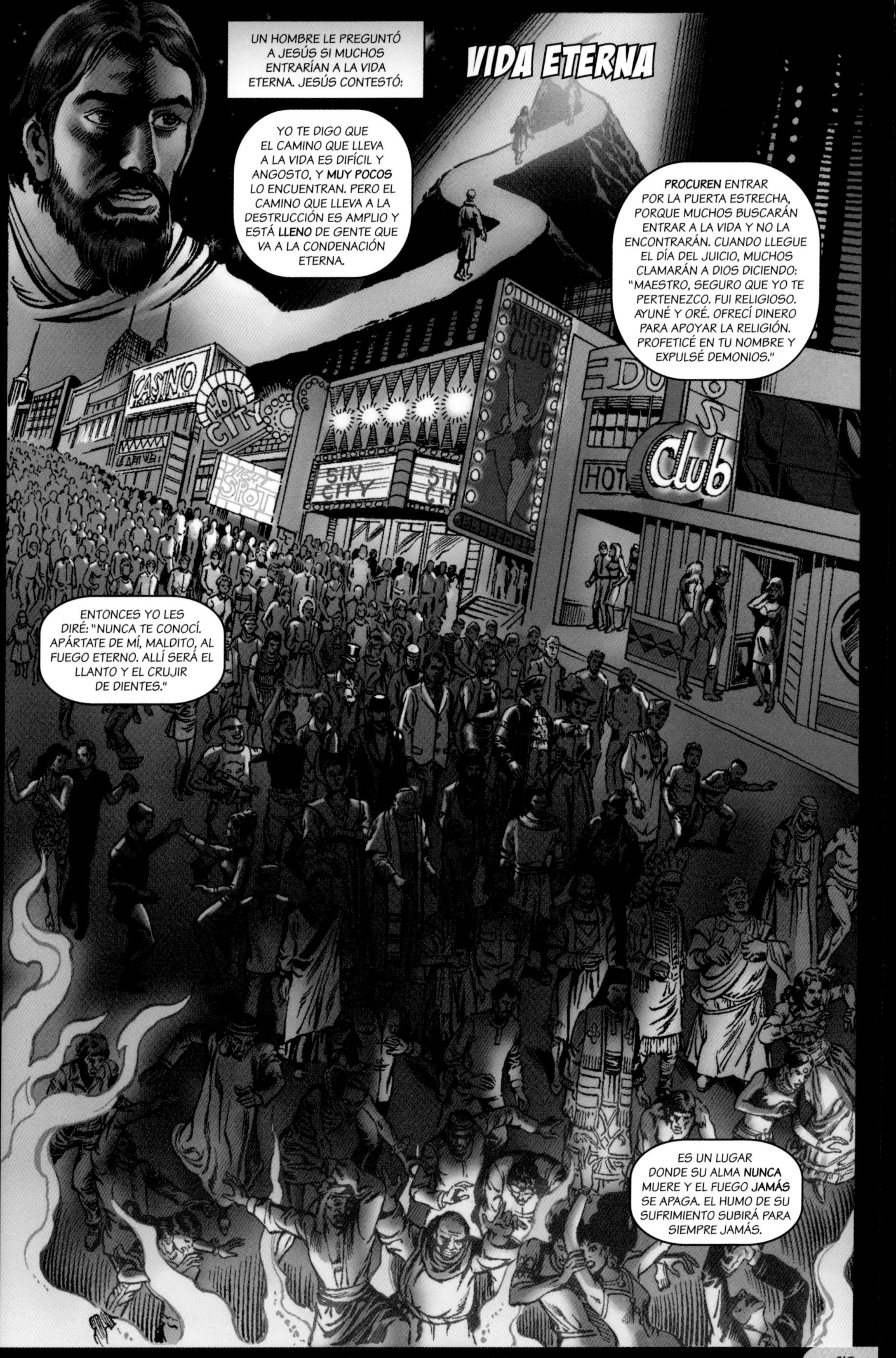
UN HOMBRE LE PREGUNTÓ A JESÚS SI MUCHOS ENTRARÍAN A LA VIDA ETERNA. JESÚS CONTESTÓ:
VIDA ETERNA
YO TE DIGO QUE EL CAMINO QUE LLEVA A LA VIDA ES DIFÍCIL Y ANGOSTO, Y **MUY POCOS** LO ENCUENTRAN. PERO EL CAMINO QUE LLEVA A LA DESTRUCCIÓN ES AMPLIO Y ESTÁ **LLENO** DE GENTE QUE VA A LA CONDENACIÓN ETERNA.
PROCUREN ENTRAR POR LA PUERTA ESTRECHA, PORQUE MUCHOS BUSCARÁN ENTRAR A LA VIDA Y NO LA ENCONTRARÁN. CUANDO LLEGUE EL DÍA DEL JUICIO, MUCHOS CLAMARÁN A DIOS DICIENDO: "MAESTRO, SEGURO QUE YO TE PERTENEZCO. FUI RELIGIOSO. AYUNÉ Y ORÉ. OFRECÍ DINERO PARA APOYAR LA RELIGIÓN. PROFETICÉ EN TU NOMBRE Y EXPULSÉ DEMONIOS."
CASINO
HOT CITY
NIGHT CLUB
SIN CITY
NIGHT SPOT
club
HOT
ENTONCES YO LES DIRÉ: "NUNCA TE CONOCÍ. APÁRTATE DE MÍ, MALDITO, AL FUEGO ETERNO. ALLÍ SERÁ EL LLANTO Y EL CRUJIR DE DIENTES."
ES UN LUGAR DONDE SU ALMA **NUNCA** MUERE Y EL FUEGO **JAMÁS** SE APAGA. EL HUMO DE SU SUFRIMIENTO SUBIRÁ PARA SIEMPRE JAMÁS.

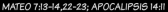

MATEO 7:13-14,22-23; APOCALIPSIS 14:11

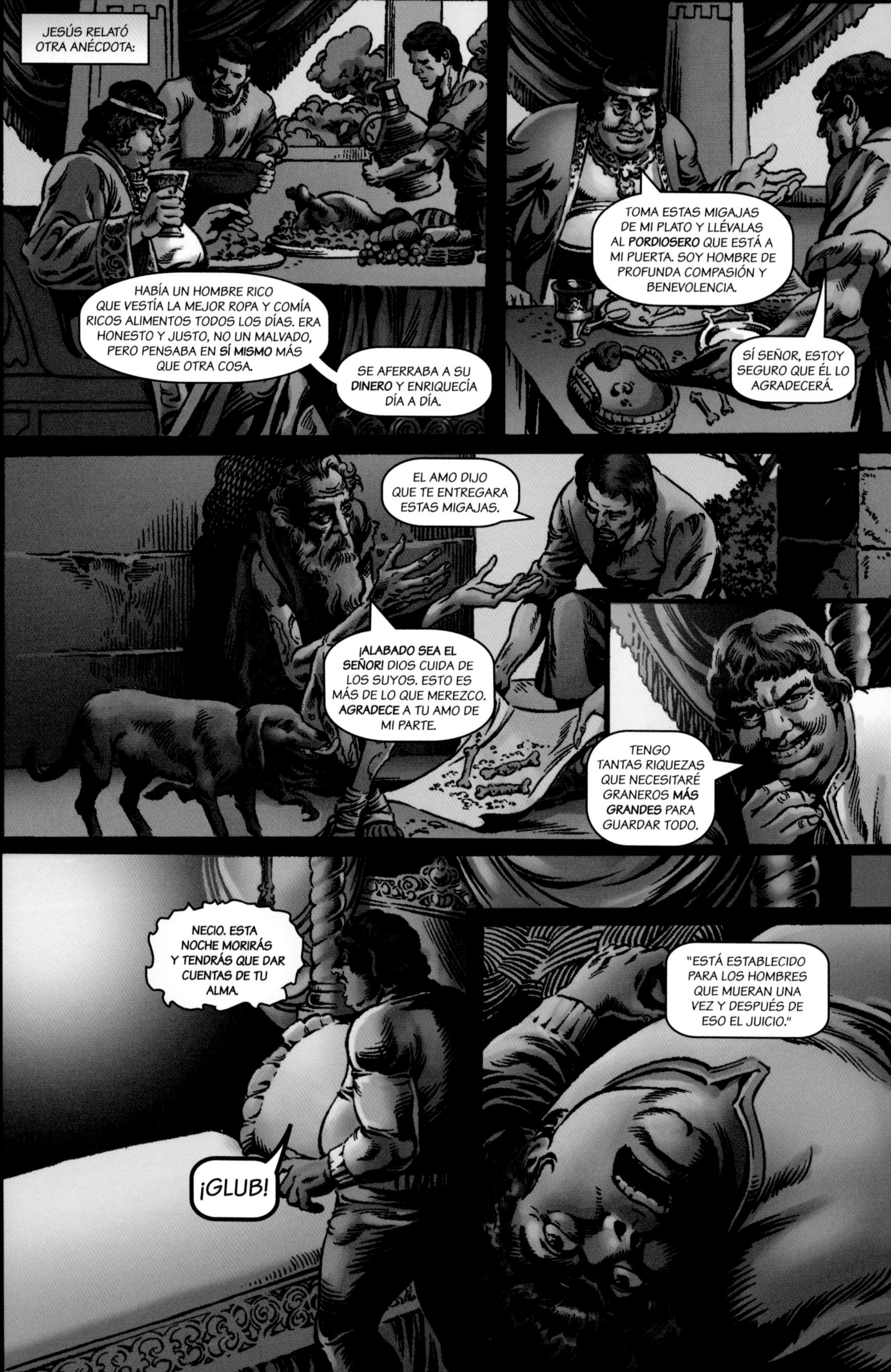
JESÚS RELATÓ OTRA ANÉCDOTA:
HABÍA UN HOMBRE RICO QUE VESTÍA LA MEJOR ROPA Y COMÍA RICOS ALIMENTOS TODOS LOS DÍAS. ERA HONESTO Y JUSTO, NO UN MALVADO, PERO PENSABA EN **SÍ MISMO** MÁS QUE OTRA COSA.
SE AFERRABA A SU **DINERO** Y ENRIQUECÍA DÍA A DÍA.
TOMA ESTAS MIGAJAS DE MI PLATO Y LLÉVALAS AL **PORDIOSERO** QUE ESTÁ A MI PUERTA. SOY HOMBRE DE PROFUNDA COMPASIÓN Y BENEVOLENCIA.
SÍ SEÑOR, ESTOY SEGURO QUE ÉL LO AGRADECERÁ.
EL AMO DIJO QUE TE ENTREGARA ESTAS MIGAJAS.
¡ALABADO SEA EL SEÑOR! DIOS CUIDA DE LOS SUYOS. ESTO ES MÁS DE LO QUE MEREZCO. **AGRADECE** A TU AMO DE MI PARTE.
TENGO TANTAS RIQUEZAS QUE NECESITARÉ GRANEROS **MÁS GRANDES** PARA GUARDAR TODO.
NECIO. ESTA NOCHE MORIRÁS Y TENDRÁS QUE DAR CUENTAS DE TU ALMA.
¡GLUB!
"ESTÁ ESTABLECIDO PARA LOS HOMBRES QUE MUERAN UNA VEZ Y DESPUÉS DE ESO EL JUICIO."

LUCAS 16:19-22; HEBREOS 9:27

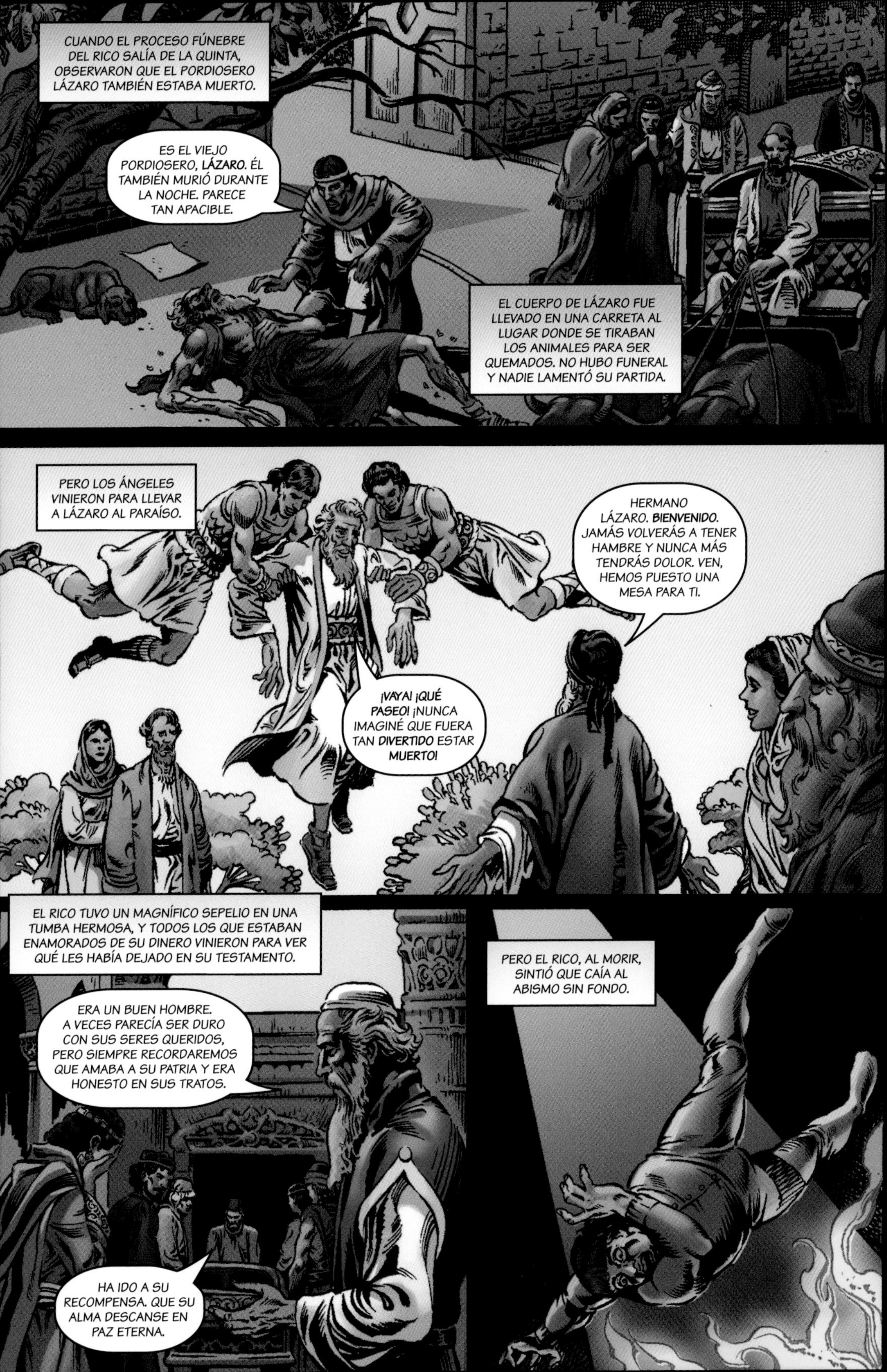
CUANDO EL PROCESO FÚNEBRE DEL RICO SALÍA DE LA QUINTA, OBSERVARON QUE EL PORDIOSERO LÁZARO TAMBIÉN ESTABA MUERTO.
ES EL VIEJO PORDIOSERO, **LÁZARO**. ÉL TAMBIÉN MURIÓ DURANTE LA NOCHE. PARECE TAN APACIBLE.
EL CUERPO DE LÁZARO FUE LLEVADO EN UNA CARRETA AL LUGAR DONDE SE TIRABAN LOS ANIMALES PARA SER QUEMADOS. NO HUBO FUNERAL Y NADIE LAMENTÓ SU PARTIDA.
PERO LOS ÁNGELES VINIERON PARA LLEVAR A LÁZARO AL PARAÍSO.
HERMANO LÁZARO. **BIENVENIDO.** JAMÁS VOLVERÁS A TENER HAMBRE Y NUNCA MÁS TENDRÁS DOLOR. VEN, HEMOS PUESTO UNA MESA PARA TI.
¡VAYA! ¡QUÉ PASEO! ¡NUNCA IMAGINÉ QUE FUERA TAN **DIVERTIDO** ESTAR **MUERTO!**
EL RICO TUVO UN MAGNÍFICO SEPELIO EN UNA TUMBA HERMOSA, Y TODOS LOS QUE ESTABAN ENAMORADOS DE SU DINERO VINIERON PARA VER QUÉ LES HABÍA DEJADO EN SU TESTAMENTO.
ERA UN BUEN HOMBRE. A VECES PARECÍA SER DURO CON SUS SERES QUERIDOS, PERO SIEMPRE RECORDAREMOS QUE AMABA A SU PATRIA Y ERA HONESTO EN SUS TRATOS.
HA IDO A SU RECOMPENSA. QUE SU ALMA DESCANSE EN PAZ ETERNA.
PERO EL RICO, AL MORIR, SINTIÓ QUE CAÍA AL ABISMO SIN FONDO.

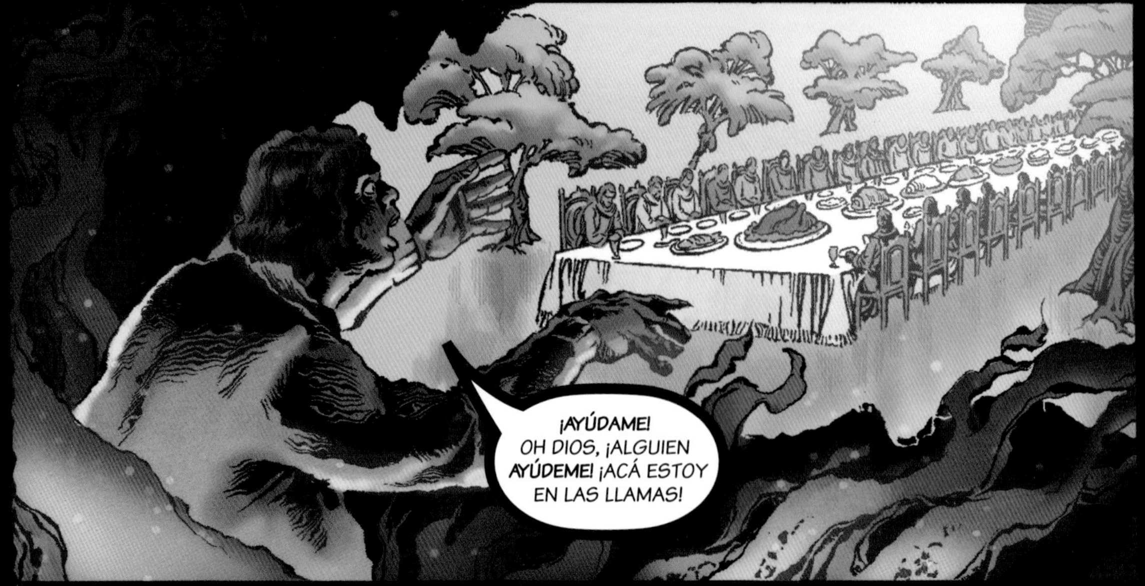
¡AYÚDAME! OH DIOS, ¡ALGUIEN AYÚDEME! ¡ACÁ ESTOY EN LAS LLAMAS!

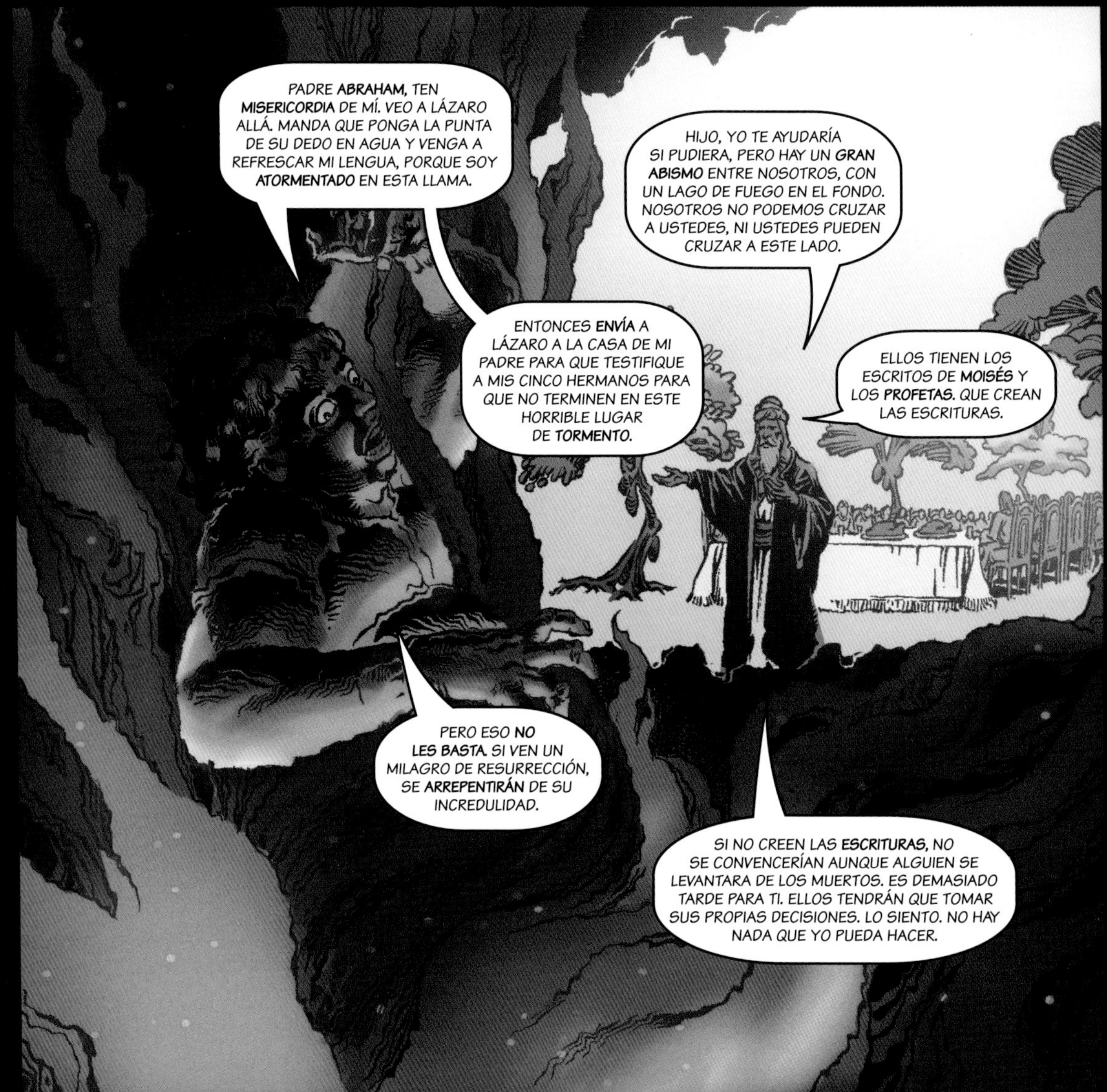
PADRE ABRAHAM, TEN MISERICORDIA DE MÍ. VEO A LÁZARO ALLÁ. MANDA QUE PONGA LA PUNTA DE SU DEDO EN AGUA Y VENGA A REFRESCAR MI LENGUA, PORQUE SOY ATORMENTADO EN ESTA LLAMA.
HIJO, YO TE AYUDARÍA SI PUDIERA, PERO HAY UN GRAN ABISMO ENTRE NOSOTROS, CON UN LAGO DE FUEGO EN EL FONDO. NOSOTROS NO PODEMOS CRUZAR A USTEDES, NI USTEDES PUEDEN CRUZAR A ESTE LADO.
ENTONCES ENVÍA A LÁZARO A LA CASA DE MI PADRE PARA QUE TESTIFIQUE A MIS CINCO HERMANOS PARA QUE NO TERMINEN EN ESTE HORRIBLE LUGAR DE TORMENTO.
ELLOS TIENEN LOS ESCRITOS DE MOISÉS Y LOS PROFETAS. QUE CREAN LAS ESCRITURAS.
PERO ESO NO LES BASTA. SI VEN UN MILAGRO DE RESURRECCIÓN, SE ARREPENTIRÁN DE SU INCREDULIDAD.
SI NO CREEN LAS ESCRITURAS, NO SE CONVENCERÍAN AUNQUE ALGUIEN SE LEVANTARA DE LOS MUERTOS. ES DEMASIADO TARDE PARA TI. ELLOS TENDRÁN QUE TOMAR SUS PROPIAS DECISIONES. LO SIENTO. NO HAY NADA QUE YO PUEDA HACER.

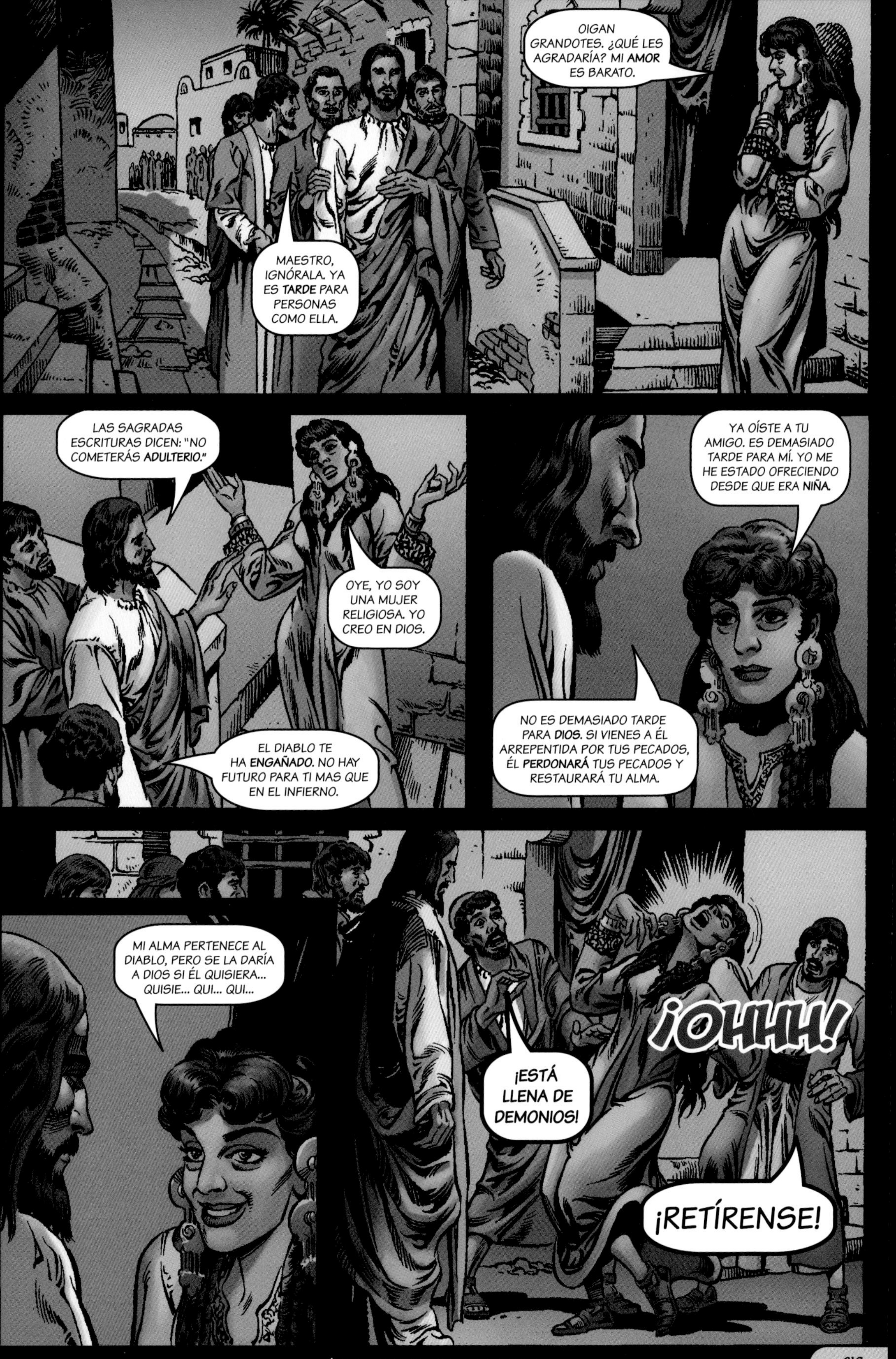
OIGAN GRANDOTES. ¿QUÉ LES AGRADARÍA? MI AMOR ES BARATO.
MAESTRO, IGNÓRALA. YA ES TARDE PARA PERSONAS COMO ELLA.
LAS SAGRADAS ESCRITURAS DICEN: "NO COMETERÁS ADULTERIO."
OYE, YO SOY UNA MUJER RELIGIOSA. YO CREO EN DIOS.
EL DIABLO TE HA ENGAÑADO. NO HAY FUTURO PARA TI MAS QUE EN EL INFIERNO.
YA OÍSTE A TU AMIGO. ES DEMASIADO TARDE PARA MÍ. YO ME HE ESTADO OFRECIENDO DESDE QUE ERA NIÑA.
NO ES DEMASIADO TARDE PARA DIOS. SI VIENES A ÉL ARREPENTIDA POR TUS PECADOS, ÉL PERDONARÁ TUS PECADOS Y RESTAURARÁ TU ALMA.
MI ALMA PERTENECE AL DIABLO, PERO SE LA DARÍA A DIOS SI ÉL QUISIERA... QUISIE... QUI... QUI...
¡ESTÁ LLENA DE DEMONIOS!
¡OHHH!
¡RETÍRENSE!

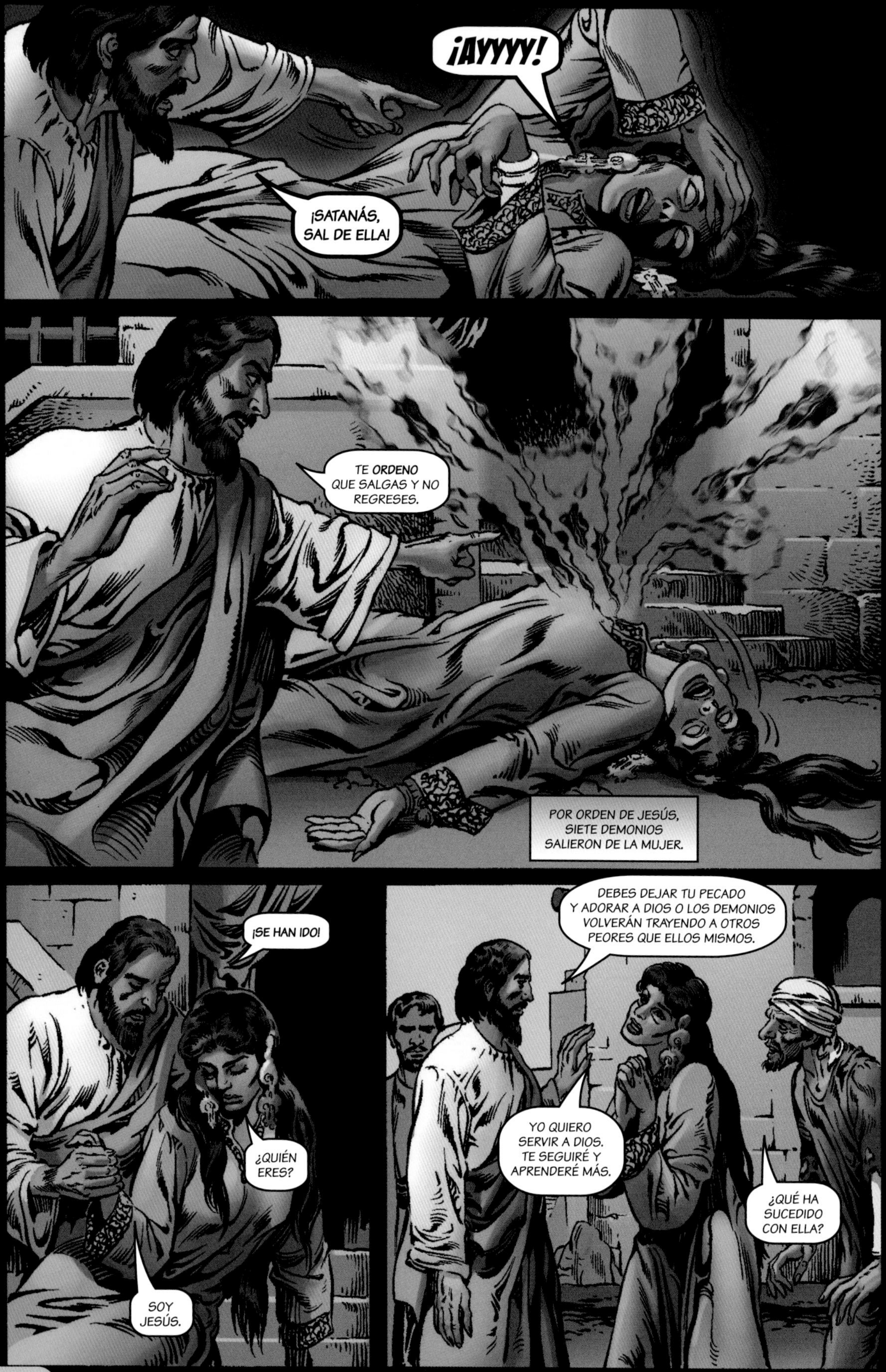

¡AYYYY!
¡SATANÁS, SAL DE ELLA!
TE ORDENO QUE SALGAS Y NO REGRESES.
POR ORDEN DE JESÚS, SIETE DEMONIOS SALIERON DE LA MUJER.
¡SE HAN IDO!
¿QUIÉN ERES?
SOY JESÚS.
DEBES DEJAR TU PECADO Y ADORAR A DIOS O LOS DEMONIOS VOLVERÁN TRAYENDO A OTROS PEORES QUE ELLOS MISMOS.
YO QUIERO SERVIR A DIOS. TE SEGUIRÉ Y APRENDERÉ MÁS.
¿QUÉ HA SUCEDIDO CON ELLA?

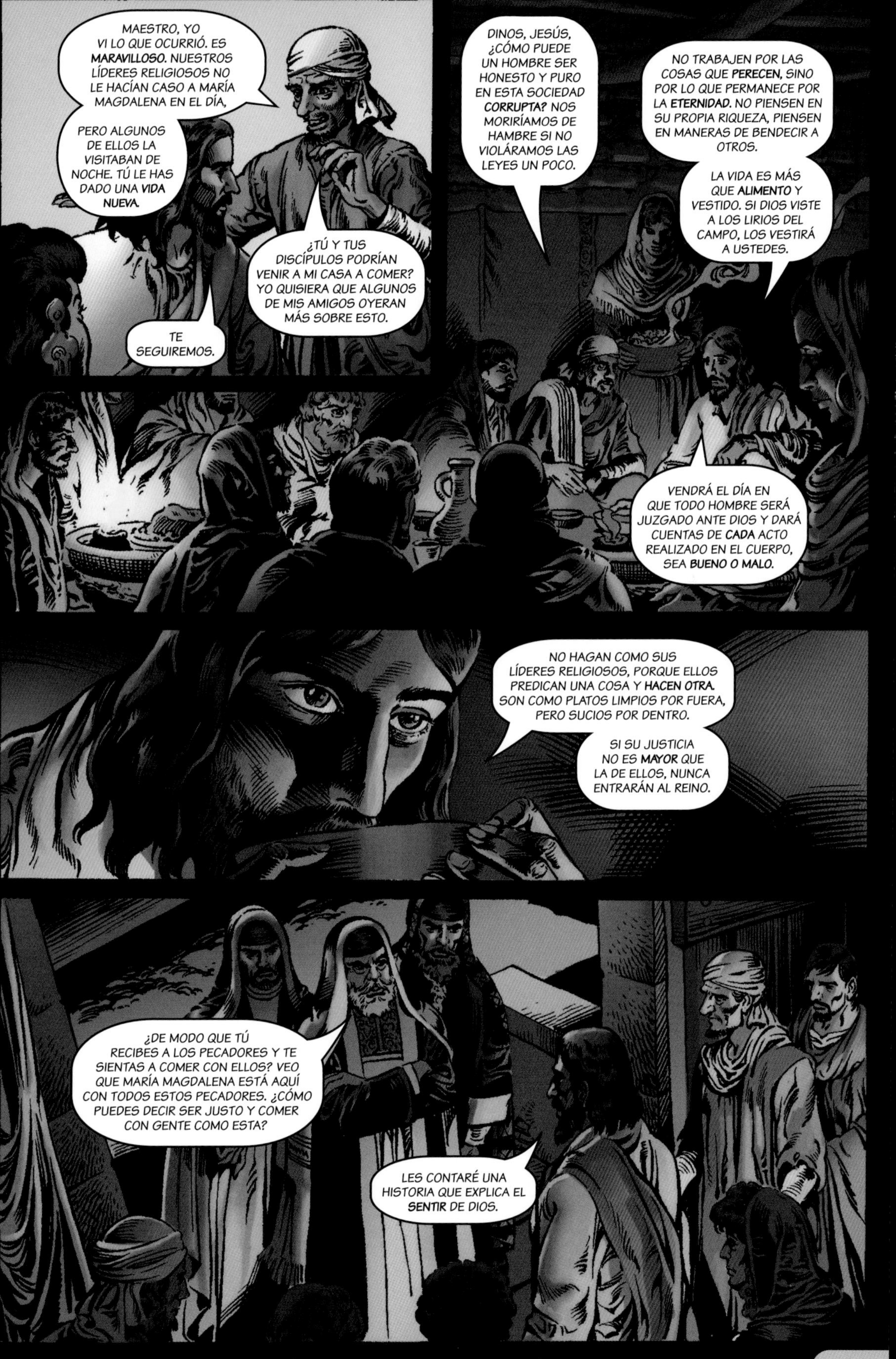
MAESTRO, YO VI LO QUE OCURRIÓ. ES **MARAVILLOSO.** NUESTROS LÍDERES RELIGIOSOS NO LE HACÍAN CASO A MARÍA MAGDALENA EN EL DÍA,
PERO ALGUNOS DE ELLOS LA VISITABAN DE NOCHE. TÚ LE HAS DADO UNA **VIDA NUEVA.**
¿TÚ Y TUS DISCÍPULOS PODRÍAN VENIR A MI CASA A COMER? YO QUISIERA QUE ALGUNOS DE MIS AMIGOS OYERAN MÁS SOBRE ESTO.
TE SEGUIREMOS.
DINOS, JESÚS, ¿CÓMO PUEDE UN HOMBRE SER HONESTO Y PURO EN ESTA SOCIEDAD **CORRUPTA?** NOS MORIRÍAMOS DE HAMBRE SI NO VIOLÁRAMOS LAS LEYES UN POCO.
NO TRABAJEN POR LAS COSAS QUE **PERECEN,** SINO POR LO QUE PERMANECE POR LA **ETERNIDAD.** NO PIENSEN EN SU PROPIA RIQUEZA, PIENSEN EN MANERAS DE BENDECIR A OTROS.
LA VIDA ES MÁS QUE **ALIMENTO** Y VESTIDO. SI DIOS VISTE A LOS LIRIOS DEL CAMPO, LOS VESTIRÁ A USTEDES.
VENDRÁ EL DÍA EN QUE TODO HOMBRE SERÁ JUZGADO ANTE DIOS Y DARÁ CUENTAS DE **CADA** ACTO REALIZADO EN EL CUERPO, SEA **BUENO O MALO.**
NO HAGAN COMO SUS LÍDERES RELIGIOSOS, PORQUE ELLOS PREDICAN UNA COSA Y **HACEN OTRA.** SON COMO PLATOS LIMPIOS POR FUERA, PERO SUCIOS POR DENTRO.
SI SU JUSTICIA NO ES **MAYOR** QUE LA DE ELLOS, NUNCA ENTRARÁN AL REINO.
¿DE MODO QUE TÚ RECIBES A LOS PECADORES Y TE SIENTAS A COMER CON ELLOS? VEO QUE MARÍA MAGDALENA ESTÁ AQUÍ CON TODOS ESTOS PECADORES. ¿CÓMO PUEDES DECIR SER JUSTO Y COMER CON GENTE COMO ESTA?
LES CONTARÉ UNA HISTORIA QUE EXPLICA EL **SENTIR** DE DIOS.

ECLESIASTÉS 12:14; MATEO 6:19-21,25,28-30, 12:36, 23:25; LUCAS 15:1-3

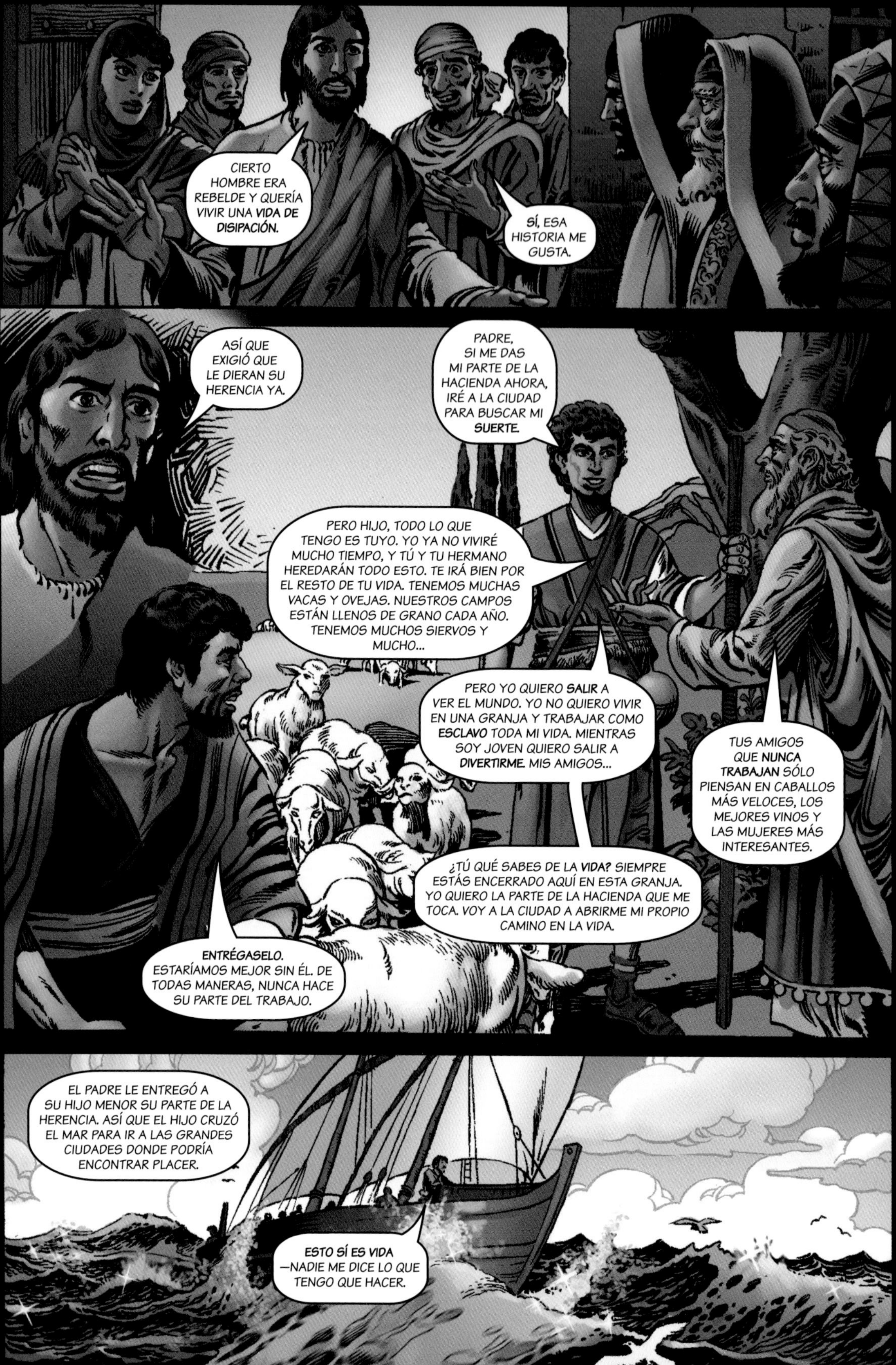
CIERTO HOMBRE ERA REBELDE Y QUERÍA VIVIR UNA VIDA DE DISIPACIÓN.
SÍ, ESA HISTORIA ME GUSTA.
ASÍ QUE EXIGIÓ QUE LE DIERAN SU HERENCIA YA.
PADRE, SI ME DAS MI PARTE DE LA HACIENDA AHORA, IRÉ A LA CIUDAD PARA BUSCAR MI SUERTE.
PERO HIJO, TODO LO QUE TENGO ES TUYO. YO YA NO VIVIRÉ MUCHO TIEMPO, Y TÚ Y TU HERMANO HEREDARÁN TODO ESTO. TE IRÁ BIEN POR EL RESTO DE TU VIDA. TENEMOS MUCHAS VACAS Y OVEJAS. NUESTROS CAMPOS ESTÁN LLENOS DE GRANO CADA AÑO. TENEMOS MUCHOS SIERVOS Y MUCHO...
PERO YO QUIERO SALIR A VER EL MUNDO. YO NO QUIERO VIVIR EN UNA GRANJA Y TRABAJAR COMO ESCLAVO TODA MI VIDA. MIENTRAS SOY JOVEN QUIERO SALIR A DIVERTIRME. MIS AMIGOS...
TUS AMIGOS QUE NUNCA TRABAJAN SÓLO PIENSAN EN CABALLOS MÁS VELOCES, LOS MEJORES VINOS Y LAS MUJERES MÁS INTERESANTES.
¿TÚ QUÉ SABES DE LA VIDA? SIEMPRE ESTÁS ENCERRADO AQUÍ EN ESTA GRANJA. YO QUIERO LA PARTE DE LA HACIENDA QUE ME TOCA. VOY A LA CIUDAD A ABRIRME MI PROPIO CAMINO EN LA VIDA.
ENTRÉGASELO. ESTARÍAMOS MEJOR SIN ÉL. DE TODAS MANERAS, NUNCA HACE SU PARTE DEL TRABAJO.
EL PADRE LE ENTREGÓ A SU HIJO MENOR SU PARTE DE LA HERENCIA. ASÍ QUE EL HIJO CRUZÓ EL MAR PARA IR A LAS GRANDES CIUDADES DONDE PODRÍA ENCONTRAR PLACER.
ESTO SÍ ES VIDA —NADIE ME DICE LO QUE TENGO QUE HACER.

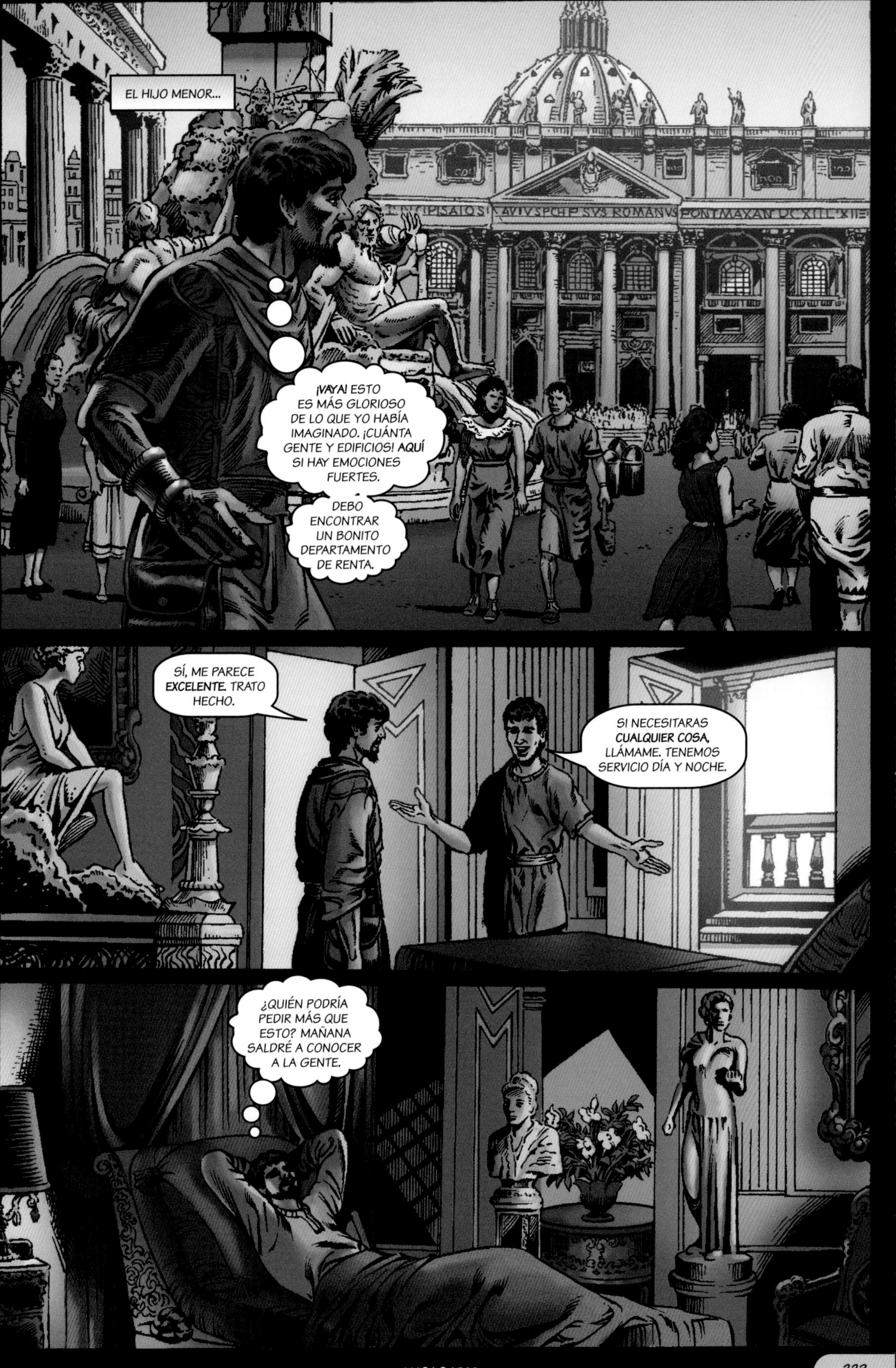
EL HIJO MENOR...
¡VAYA! ESTO ES MÁS GLORIOSO DE LO QUE YO HABÍA IMAGINADO. ¡CUÁNTA GENTE Y EDIFICIOS! AQUÍ SI HAY EMOCIONES FUERTES.
DEBO ENCONTRAR UN BONITO DEPARTAMENTO DE RENTA.
SÍ, ME PARECE EXCELENTE. TRATO HECHO.
SI NECESITARAS CUALQUIER COSA, LLÁMAME. TENEMOS SERVICIO DÍA Y NOCHE.
¿QUIÉN PODRÍA PEDIR MÁS QUE ESTO? MAÑANA SALDRÉ A CONOCER A LA GENTE.

LUCAS 15:13

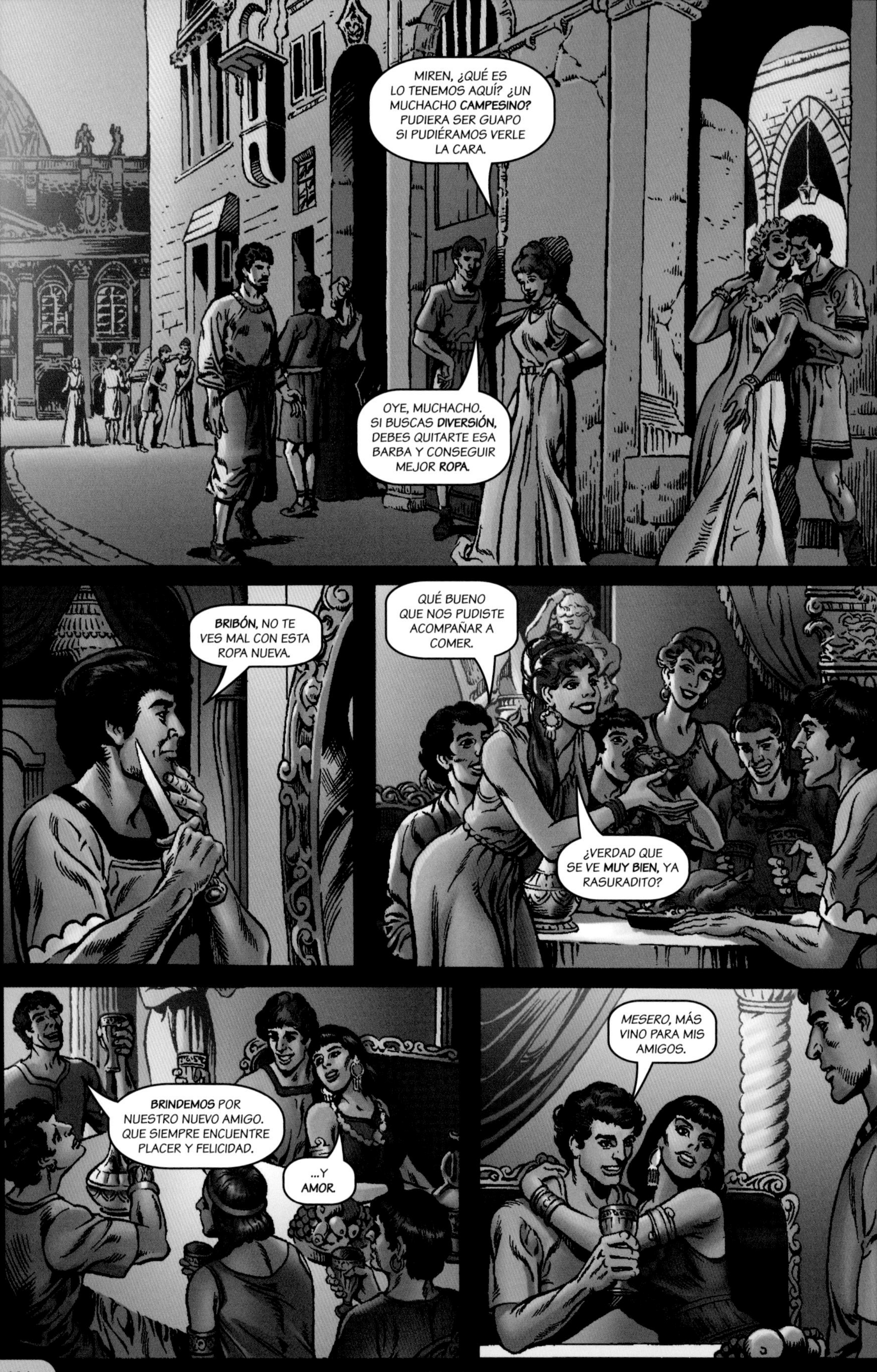
MIREN, ¿QUÉ ES LO TENEMOS AQUÍ? ¿UN MUCHACHO **CAMPESINO?** PUDIERA SER GUAPO SI PUDIÉRAMOS VERLE LA CARA.
OYE, MUCHACHO. SI BUSCAS **DIVERSIÓN,** DEBES QUITARTE ESA BARBA Y CONSEGUIR MEJOR **ROPA.**
BRIBÓN, NO TE VES MAL CON ESTA ROPA NUEVA.
QUÉ BUENO QUE NOS PUDISTE ACOMPAÑAR A COMER.
¿VERDAD QUE SE VE **MUY BIEN,** YA RASURADITO?
BRINDEMOS POR NUESTRO NUEVO AMIGO. QUE SIEMPRE ENCUENTRE PLACER Y FELICIDAD.
...Y AMOR.
MESERO, MÁS VINO PARA MIS AMIGOS.

LUCAS 15:13

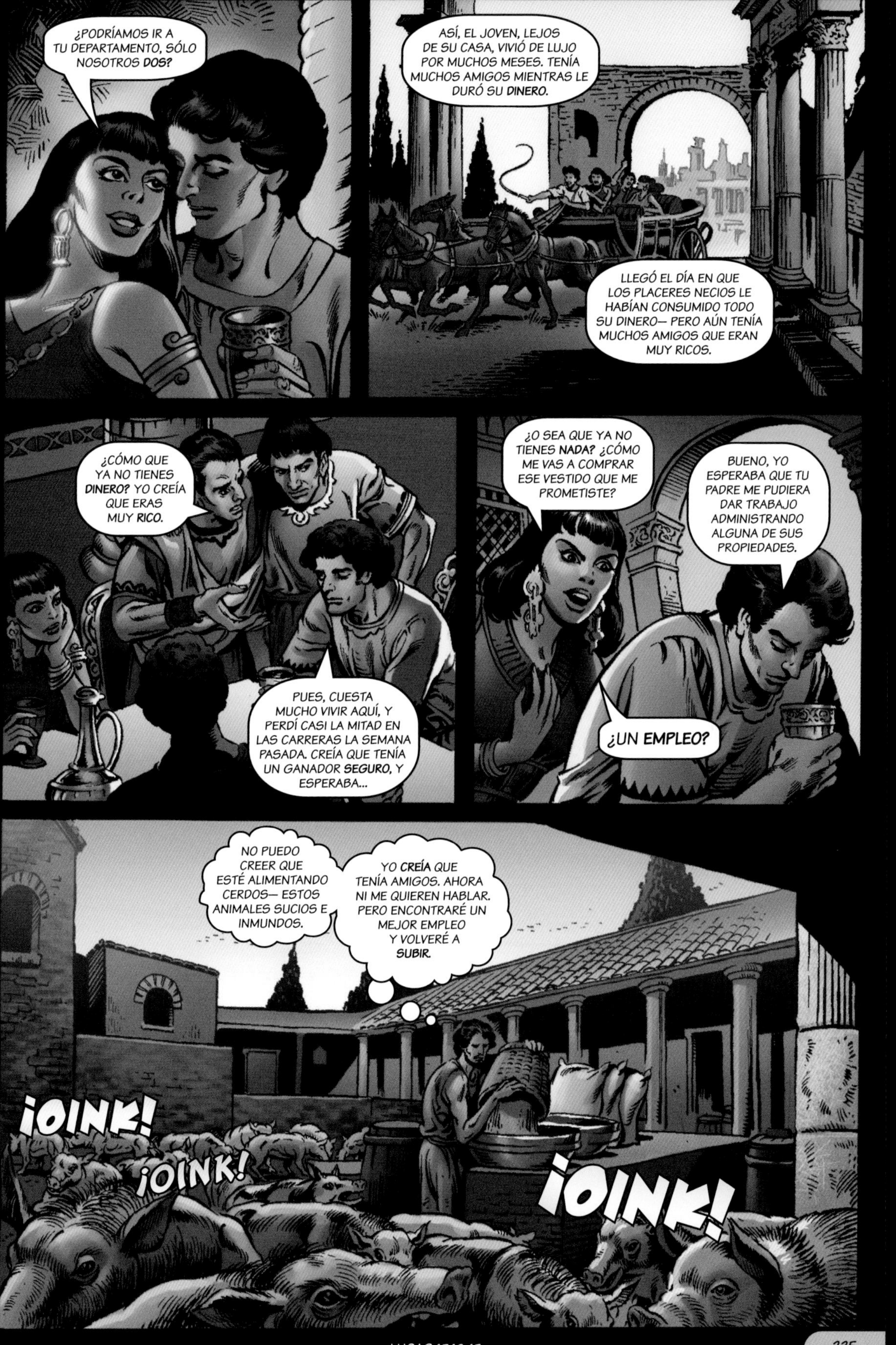
¿PODRÍAMOS IR A TU DEPARTAMENTO, SÓLO NOSOTROS DOS?
ASÍ, EL JOVEN, LEJOS DE SU CASA, VIVIÓ DE LUJO POR MUCHOS MESES. TENÍA MUCHOS AMIGOS MIENTRAS LE DURÓ SU DINERO.
LLEGÓ EL DÍA EN QUE LOS PLACERES NECIOS LE HABÍAN CONSUMIDO TODO SU DINERO— PERO AÚN TENÍA MUCHOS AMIGOS QUE ERAN MUY RICOS.
¿CÓMO QUE YA NO TIENES DINERO? YO CREÍA QUE ERAS MUY RICO.
PUES, CUESTA MUCHO VIVIR AQUÍ, Y PERDÍ CASI LA MITAD EN LAS CARRERAS LA SEMANA PASADA. CREÍA QUE TENÍA UN GANADOR SEGURO, Y ESPERABA...
¿O SEA QUE YA NO TIENES NADA? ¿CÓMO ME VAS A COMPRAR ESE VESTIDO QUE ME PROMETISTE?
BUENO, YO ESPERABA QUE TU PADRE ME PUDIERA DAR TRABAJO ADMINISTRANDO ALGUNA DE SUS PROPIEDADES.
¿UN EMPLEO?
NO PUEDO CREER QUE ESTÉ ALIMENTANDO CERDOS— ESTOS ANIMALES SUCIOS E INMUNDOS.
YO CREÍA QUE TENÍA AMIGOS. AHORA NI ME QUIEREN HABLAR. PERO ENCONTRARÉ UN MEJOR EMPLEO Y VOLVERÉ A SUBIR.
¡OINK!
¡OINK!
¡OINK!

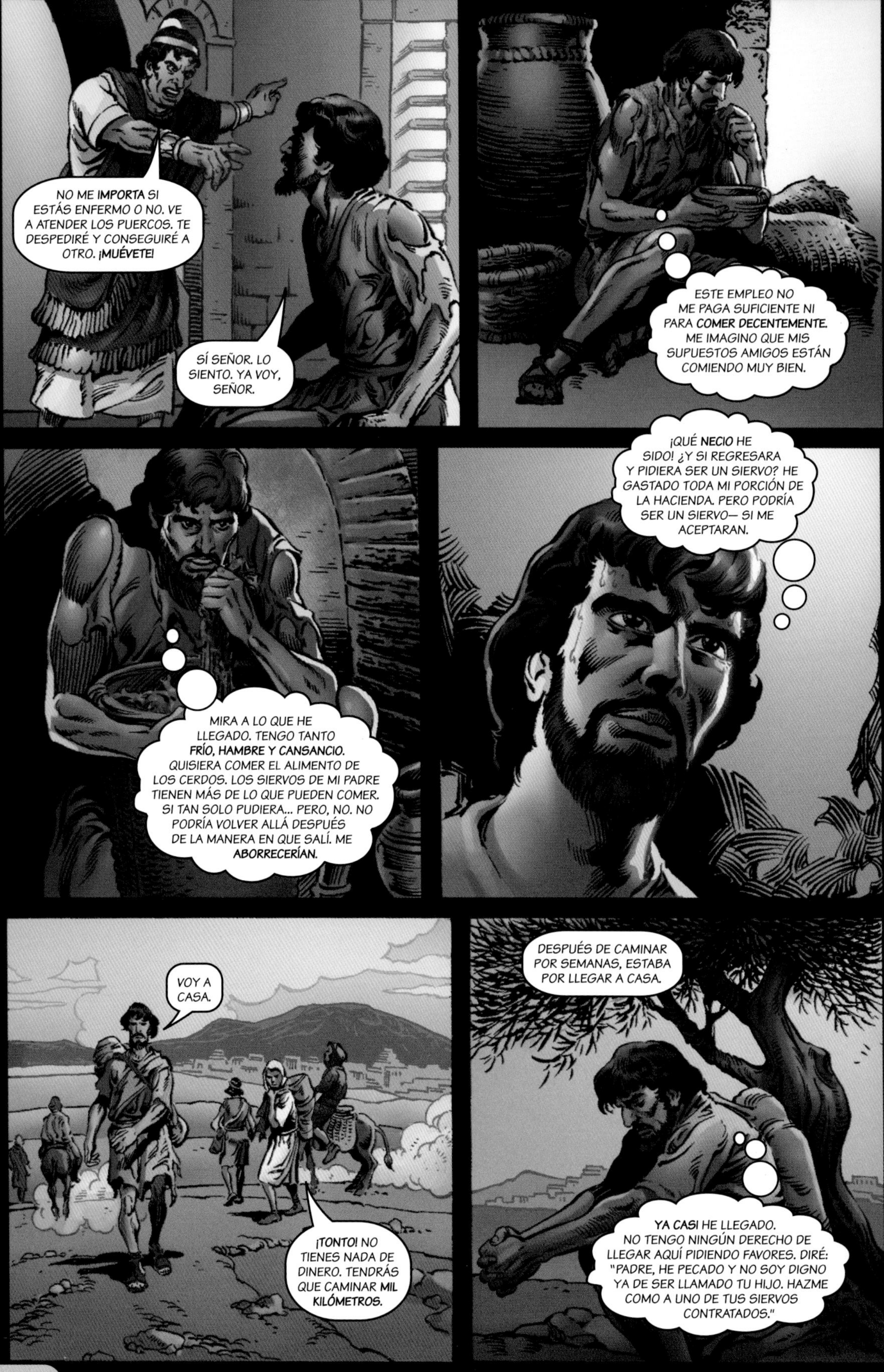
NO ME IMPORTA SI ESTÁS ENFERMO O NO. VE A ATENDER LOS PUERCOS. TE DESPEDIRÉ Y CONSEGUIRÉ A OTRO. ¡MUÉVETE!
SÍ SEÑOR. LO SIENTO. YA VOY, SEÑOR.
ESTE EMPLEO NO ME PAGA SUFICIENTE NI PARA COMER DECENTEMENTE. ME IMAGINO QUE MIS SUPUESTOS AMIGOS ESTÁN COMIENDO MUY BIEN.
MIRA A LO QUE HE LLEGADO. TENGO TANTO FRÍO, HAMBRE Y CANSANCIO. QUISIERA COMER EL ALIMENTO DE LOS CERDOS. LOS SIERVOS DE MI PADRE TIENEN MÁS DE LO QUE PUEDEN COMER. SI TAN SOLO PUDIERA... PERO, NO. NO PODRÍA VOLVER ALLÁ DESPUÉS DE LA MANERA EN QUE SALÍ. ME ABORRECERÍAN.
¡QUÉ NECIO HE SIDO! ¿Y SI REGRESARA Y PIDIERA SER UN SIERVO? HE GASTADO TODA MI PORCIÓN DE LA HACIENDA. PERO PODRÍA SER UN SIERVO— SI ME ACEPTARAN.
VOY A CASA.
¡TONTO! NO TIENES NADA DE DINERO. TENDRÁS QUE CAMINAR MIL KILÓMETROS.
DESPUÉS DE CAMINAR POR SEMANAS, ESTABA POR LLEGAR A CASA.
YA CASI HE LLEGADO. NO TENGO NINGÚN DERECHO DE LLEGAR AQUÍ PIDIENDO FAVORES. DIRÉ: "PADRE, HE PECADO Y NO SOY DIGNO YA DE SER LLAMADO TU HIJO. HAZME COMO A UNO DE TUS SIERVOS CONTRATADOS."

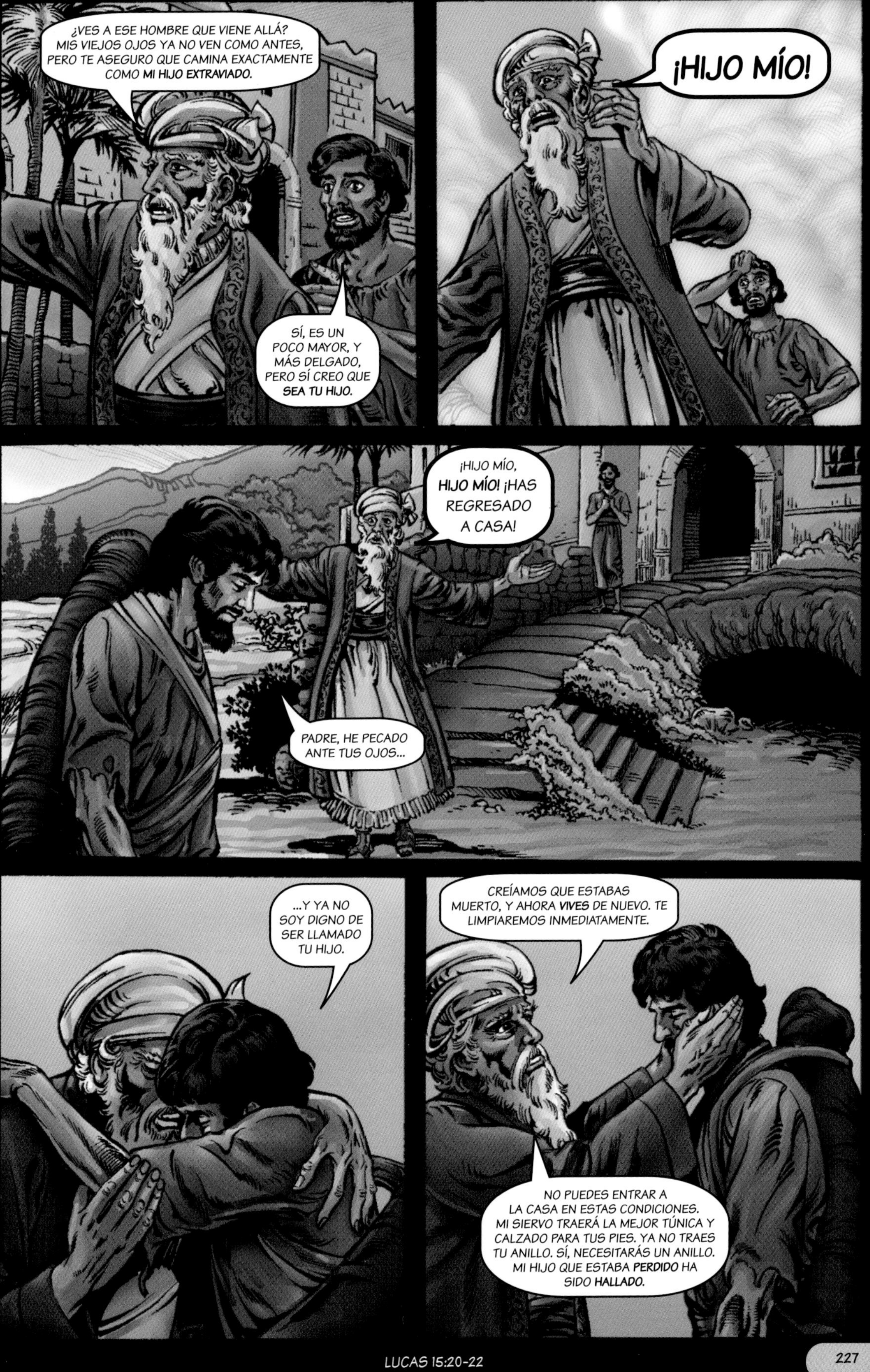
¿VES A ESE HOMBRE QUE VIENE ALLÁ? MIS VIEJOS OJOS YA NO VEN COMO ANTES, PERO TE ASEGURO QUE CAMINA EXACTAMENTE COMO **MI HIJO EXTRAVIADO**.
SÍ, ES UN POCO MAYOR, Y MÁS DELGADO, PERO SÍ CREO QUE **SEA TU HIJO**.
¡HIJO MÍO!
¡HIJO MÍO, **HIJO MÍO!** ¡HAS REGRESADO A CASA!
PADRE, HE PECADO ANTE TUS OJOS...
...Y YA NO SOY DIGNO DE SER LLAMADO TU HIJO.
CREÍAMOS QUE ESTABAS MUERTO, Y AHORA **VIVES** DE NUEVO. TE LIMPIAREMOS INMEDIATAMENTE.
NO PUEDES ENTRAR A LA CASA EN ESTAS CONDICIONES. MI SIERVO TRAERÁ LA MEJOR TÚNICA Y CALZADO PARA TUS PIES. YA NO TRAES TU ANILLO. SÍ, NECESITARÁS UN ANILLO. MI HIJO QUE ESTABA **PERDIDO** HA SIDO **HALLADO**.

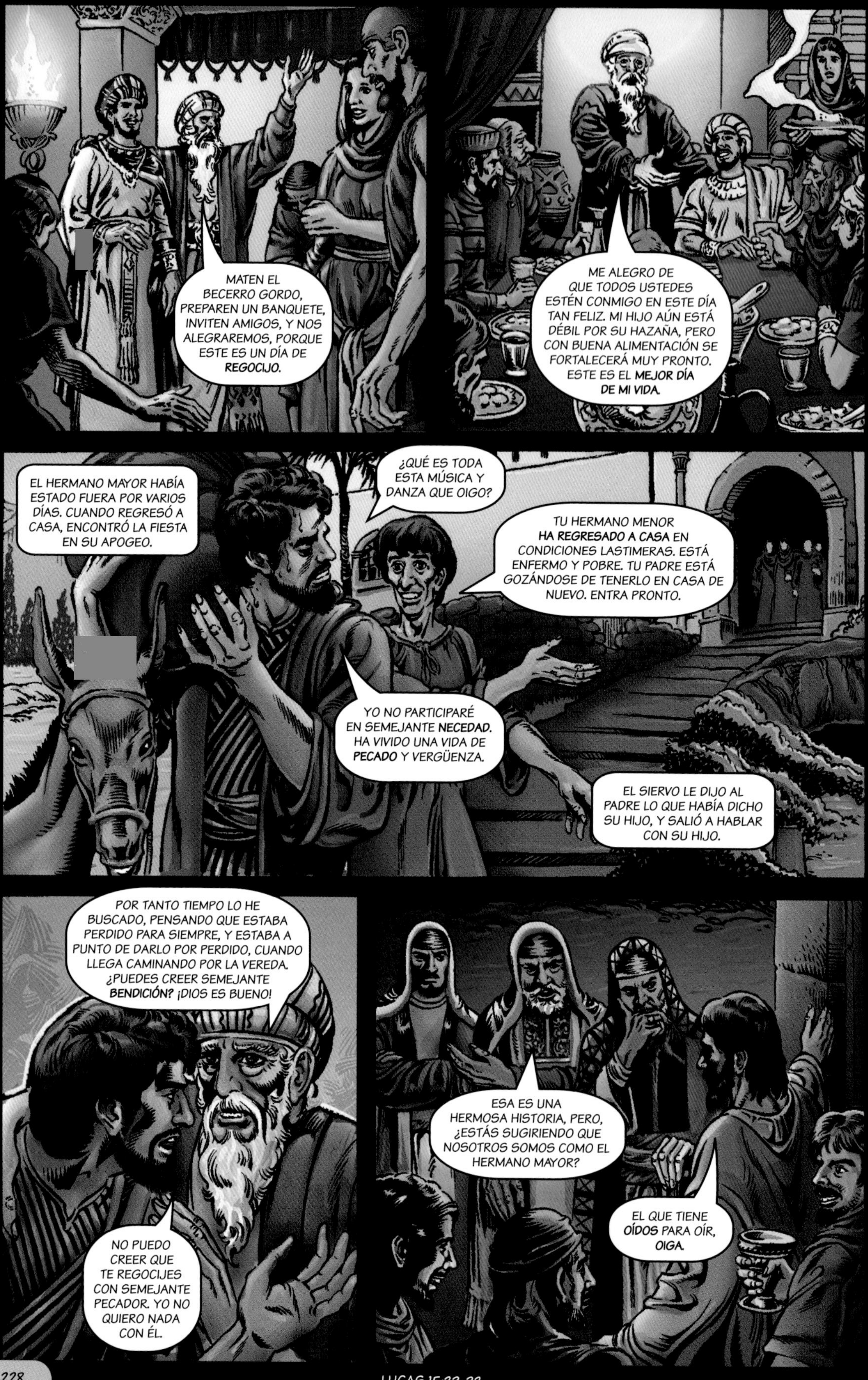
MATEN EL BECERRO GORDO, PREPAREN UN BANQUETE, INVITEN AMIGOS, Y NOS ALEGRAREMOS, PORQUE ESTE ES UN DÍA DE **REGOCIJO.**
ME ALEGRO DE QUE TODOS USTEDES ESTÉN CONMIGO EN ESTE DÍA TAN FELIZ. MI HIJO AÚN ESTÁ DÉBIL POR SU HAZAÑA, PERO CON BUENA ALIMENTACIÓN SE FORTALECERÁ MUY PRONTO. ESTE ES EL **MEJOR DÍA DE MI VIDA.**
EL HERMANO MAYOR HABÍA ESTADO FUERA POR VARIOS DÍAS. CUANDO REGRESÓ A CASA, ENCONTRÓ LA FIESTA EN SU APOGEO.
¿QUÉ ES TODA ESTA MÚSICA Y DANZA QUE OIGO?
TU HERMANO MENOR **HA REGRESADO A CASA** EN CONDICIONES LASTIMERAS. ESTÁ ENFERMO Y POBRE. TU PADRE ESTÁ GOZÁNDOSE DE TENERLO EN CASA DE NUEVO. ENTRA PRONTO.
YO NO PARTICIPARÉ EN SEMEJANTE **NECEDAD.** HA VIVIDO UNA VIDA DE **PECADO** Y VERGÜENZA.
EL SIERVO LE DIJO AL PADRE LO QUE HABÍA DICHO SU HIJO, Y SALIÓ A HABLAR CON SU HIJO.
POR TANTO TIEMPO LO HE BUSCADO, PENSANDO QUE ESTABA PERDIDO PARA SIEMPRE, Y ESTABA A PUNTO DE DARLO POR PERDIDO, CUANDO LLEGA CAMINANDO POR LA VEREDA. ¿PUEDES CREER SEMEJANTE **BENDICIÓN?** ¡DIOS ES BUENO!
NO PUEDO CREER QUE TE REGOCIJES CON SEMEJANTE PECADOR. YO NO QUIERO NADA CON ÉL.
ESA ES UNA HERMOSA HISTORIA, PERO, ¿ESTÁS SUGIRIENDO QUE NOSOTROS SOMOS COMO EL HERMANO MAYOR?
EL QUE TIENE **OÍDOS** PARA OÍR, **OIGA.**

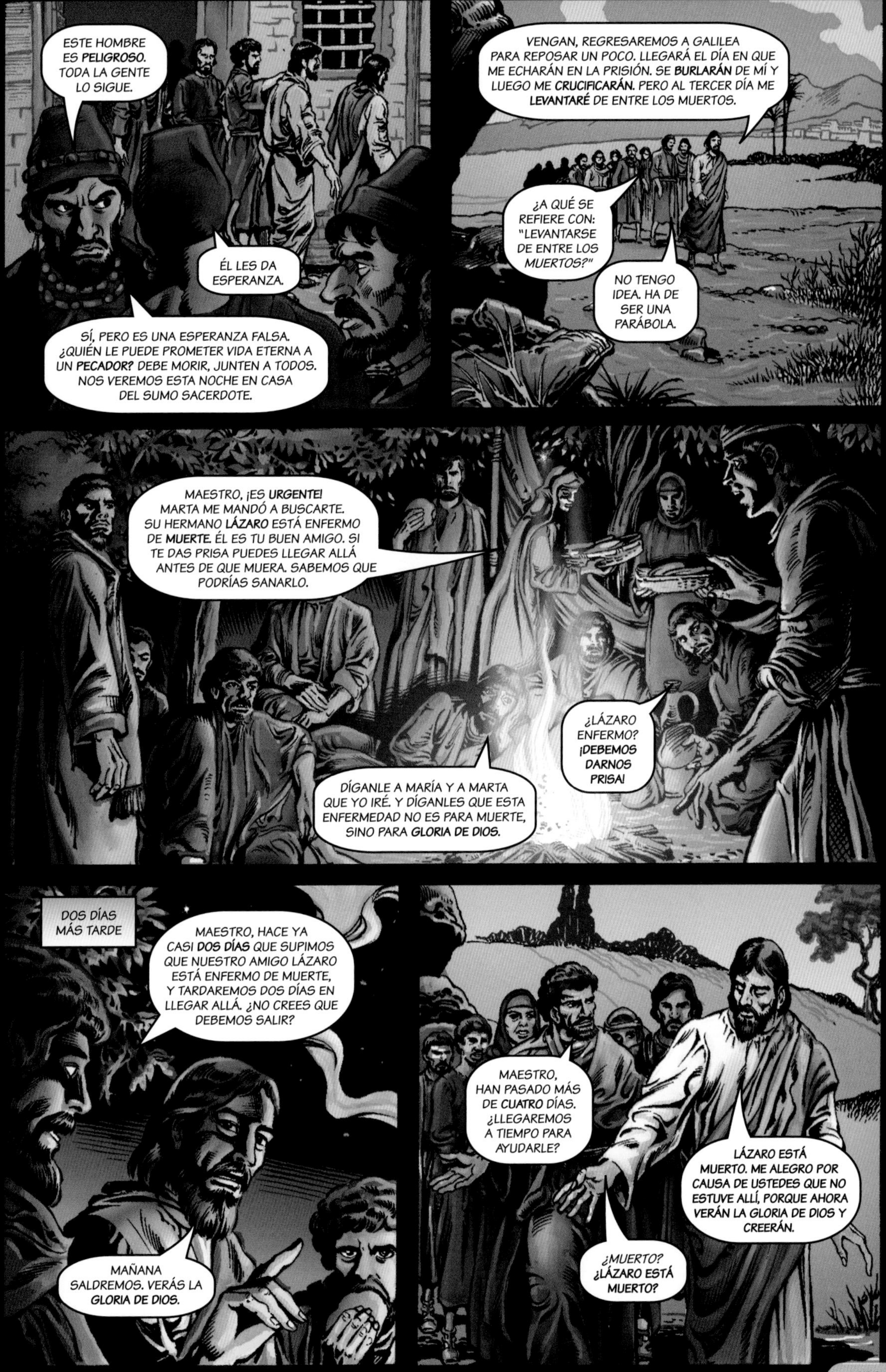
ESTE HOMBRE ES PELIGROSO. TODA LA GENTE LO SIGUE.
ÉL LES DA ESPERANZA.
SÍ, PERO ES UNA ESPERANZA FALSA. ¿QUIÉN LE PUEDE PROMETER VIDA ETERNA A UN PECADOR? DEBE MORIR, JUNTEN A TODOS. NOS VEREMOS ESTA NOCHE EN CASA DEL SUMO SACERDOTE.
VENGAN, REGRESAREMOS A GALILEA PARA REPOSAR UN POCO. LLEGARÁ EL DÍA EN QUE ME ECHARÁN EN LA PRISIÓN. SE BURLARÁN DE MÍ Y LUEGO ME CRUCIFICARÁN. PERO AL TERCER DÍA ME LEVANTARÉ DE ENTRE LOS MUERTOS.
¿A QUÉ SE REFIERE CON: "LEVANTARSE DE ENTRE LOS MUERTOS?"
NO TENGO IDEA. HA DE SER UNA PARÁBOLA.
MAESTRO, ¡ES URGENTE! MARTA ME MANDÓ A BUSCARTE. SU HERMANO LÁZARO ESTÁ ENFERMO DE MUERTE. ÉL ES TU BUEN AMIGO. SI TE DAS PRISA PUEDES LLEGAR ALLÁ ANTES DE QUE MUERA. SABEMOS QUE PODRÍAS SANARLO.
¿LÁZARO ENFERMO? ¡DEBEMOS DARNOS PRISA!
DÍGANLE A MARÍA Y A MARTA QUE YO IRÉ. Y DÍGANLES QUE ESTA ENFERMEDAD NO ES PARA MUERTE, SINO PARA GLORIA DE DIOS.
DOS DÍAS MÁS TARDE
MAESTRO, HACE YA CASI DOS DÍAS QUE SUPIMOS QUE NUESTRO AMIGO LÁZARO ESTÁ ENFERMO DE MUERTE, Y TARDAREMOS DOS DÍAS EN LLEGAR ALLÁ. ¿NO CREES QUE DEBEMOS SALIR?
MAÑANA SALDREMOS. VERÁS LA GLORIA DE DIOS.
MAESTRO, HAN PASADO MÁS DE CUATRO DÍAS. ¿LLEGAREMOS A TIEMPO PARA AYUDARLE?
LÁZARO ESTÁ MUERTO. ME ALEGRO POR CAUSA DE USTEDES QUE NO ESTUVE ALLÍ, PORQUE AHORA VERÁN LA GLORIA DE DIOS Y CREERÁN.
¿MUERTO? ¿LÁZARO ESTÁ MUERTO?

MATEO 20:17-20; JUAN 11:1-15

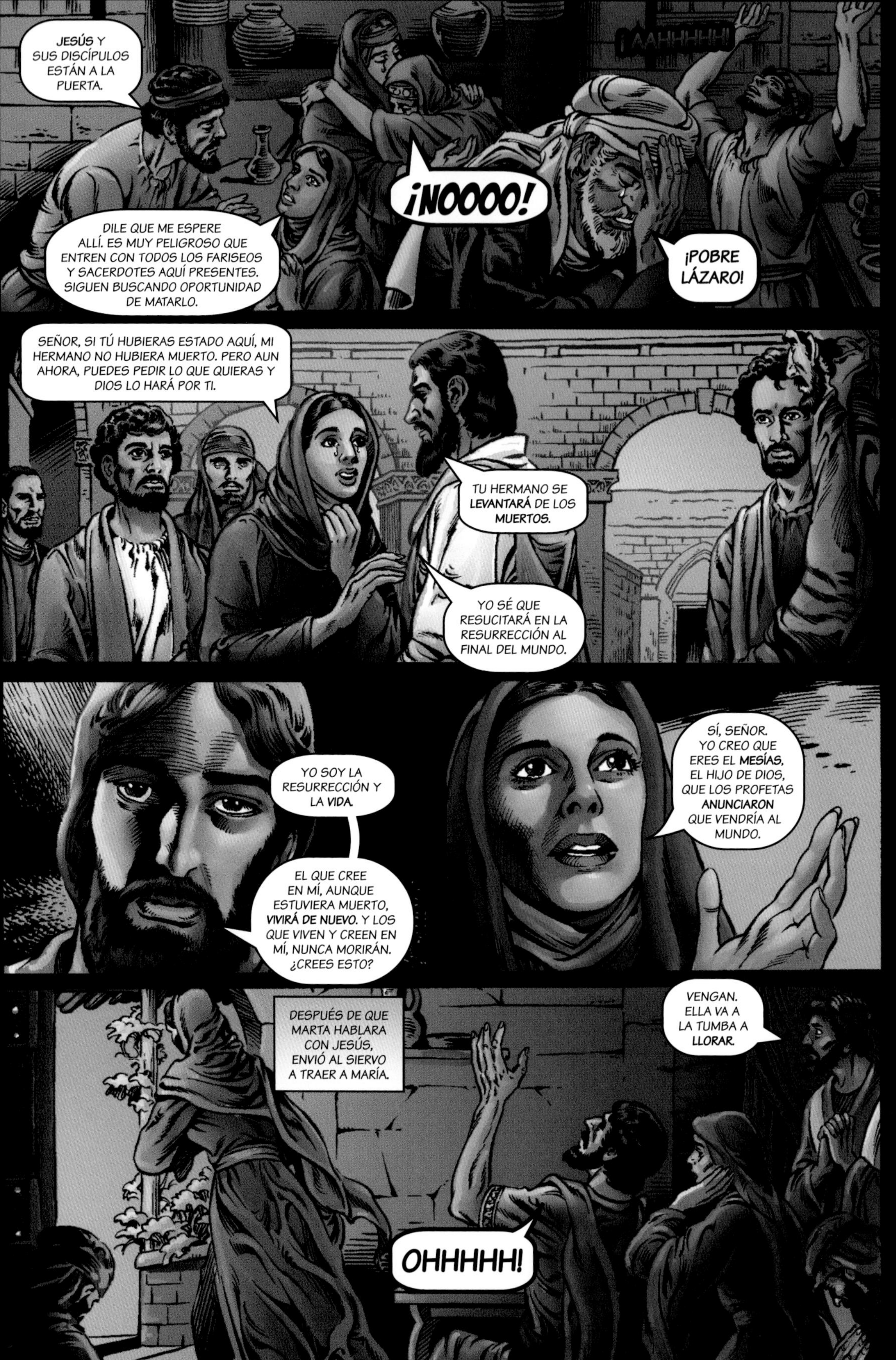
JESÚS Y SUS DISCÍPULOS ESTÁN A LA PUERTA.
DILE QUE ME ESPERE ALLÍ. ES MUY PELIGROSO QUE ENTREN CON TODOS LOS FARISEOS Y SACERDOTES AQUÍ PRESENTES. SIGUEN BUSCANDO OPORTUNIDAD DE MATARLO.
¡NOOOO!
¡AAHHHHHH!
¡POBRE LÁZARO!
SEÑOR, SI TÚ HUBIERAS ESTADO AQUÍ, MI HERMANO NO HUBIERA MUERTO. PERO AUN AHORA, PUEDES PEDIR LO QUE QUIERAS Y DIOS LO HARÁ POR TI.
TU HERMANO SE **LEVANTARÁ** DE LOS **MUERTOS**.
YO SÉ QUE RESUCITARÁ EN LA RESURRECCIÓN AL FINAL DEL MUNDO.
YO SOY LA RESURRECCIÓN Y LA **VIDA**.
EL QUE CREE EN MÍ, AUNQUE ESTUVIERA MUERTO, **VIVIRÁ DE NUEVO**. Y LOS QUE VIVEN Y CREEN EN MÍ, NUNCA MORIRÁN. ¿CREES ESTO?
SÍ, SEÑOR. YO CREO QUE ERES EL **MESÍAS**, EL HIJO DE DIOS, QUE LOS PROFETAS **ANUNCIARON** QUE VENDRÍA AL MUNDO.
DESPUÉS DE QUE MARTA HABLARA CON JESÚS, ENVIÓ AL SIERVO A TRAER A MARÍA.
VENGAN. ELLA VA A LA TUMBA A **LLORAR**.
OHHHHH!

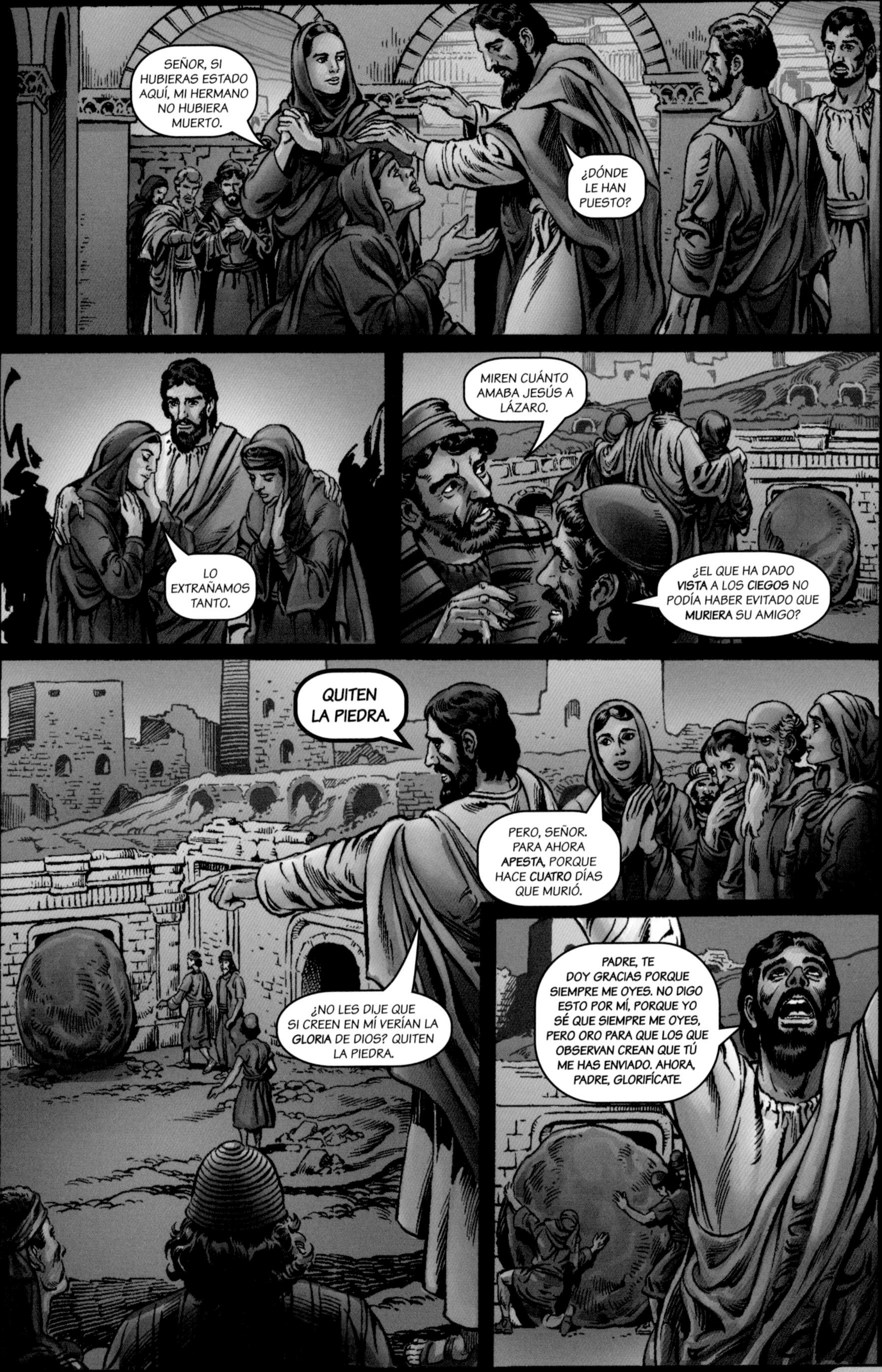
SEÑOR, SI HUBIERAS ESTADO AQUÍ, MI HERMANO NO HUBIERA MUERTO.
¿DÓNDE LE HAN PUESTO?
LO EXTRAÑAMOS TANTO.
MIREN CUÁNTO AMABA JESÚS A LÁZARO.
¿EL QUE HA DADO **VISTA** A LOS **CIEGOS** NO PODÍA HABER EVITADO QUE **MURIERA** SU AMIGO?
QUITEN LA PIEDRA.
PERO, SEÑOR. PARA AHORA **APESTA**, PORQUE HACE **CUATRO** DÍAS QUE MURIÓ.
¿NO LES DIJE QUE SI CREEN EN MÍ VERÍAN LA **GLORIA** DE DIOS? QUITEN LA PIEDRA.
PADRE, TE DOY GRACIAS PORQUE SIEMPRE ME OYES. NO DIGO ESTO POR MÍ, PORQUE YO SÉ QUE SIEMPRE ME OYES, PERO ORO PARA QUE LOS QUE OBSERVAN CREAN QUE TÚ ME HAS ENVIADO. AHORA, PADRE, GLORIFÍCATE.

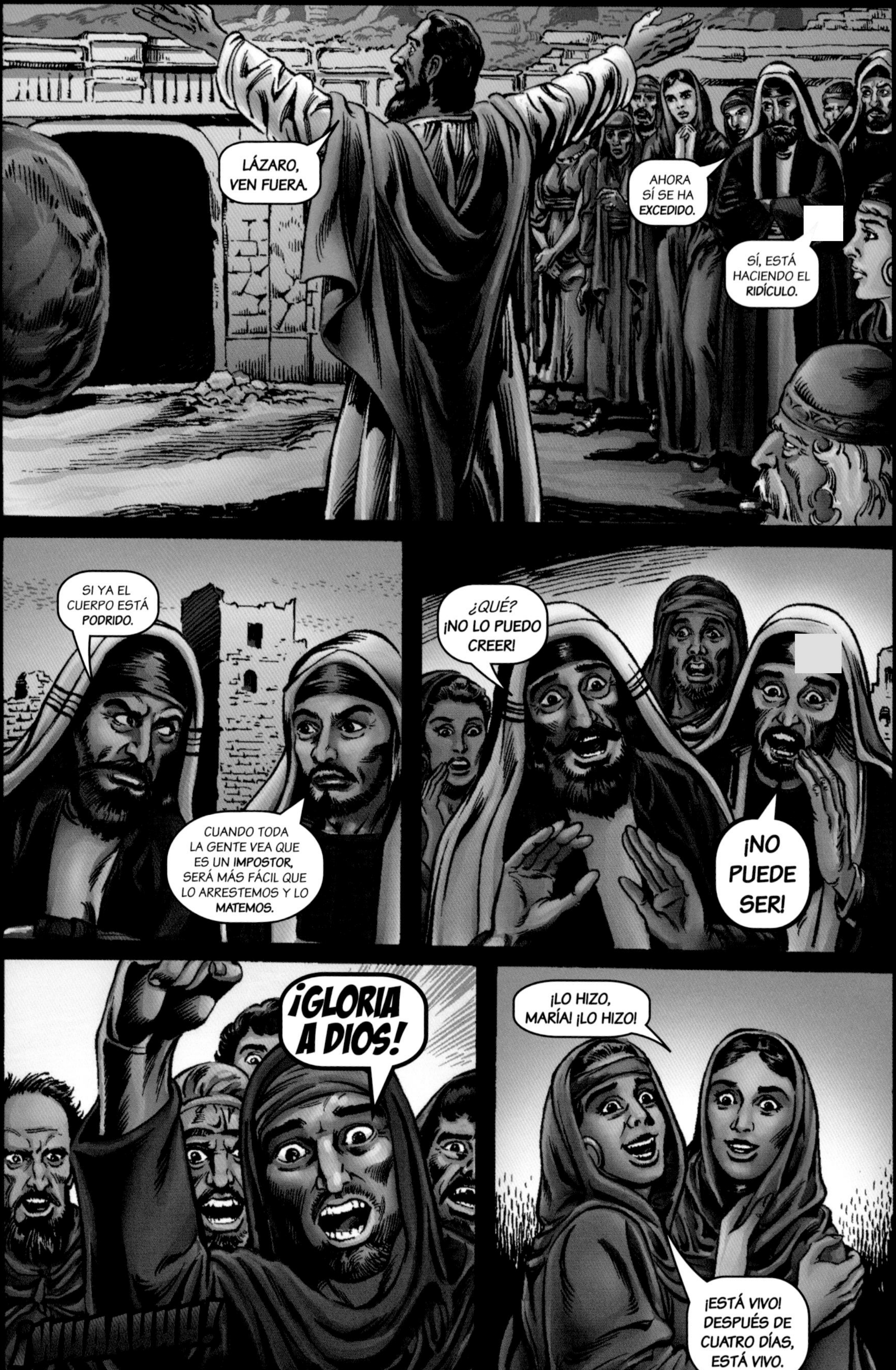
LÁZARO, VEN FUERA.
AHORA SÍ SE HA EXCEDIDO.
SÍ, ESTÁ HACIENDO EL RIDÍCULO.
SI YA EL CUERPO ESTÁ PODRIDO.
CUANDO TODA LA GENTE VEA QUE ES UN IMPOSTOR, SERÁ MÁS FÁCIL QUE LO ARRESTEMOS Y LO MATEMOS.
¿QUÉ? ¡NO LO PUEDO CREER!
¡NO PUEDE SER!
¡GLORIA A DIOS!
¡LO HIZO, MARÍA! ¡LO HIZO!
¡ESTÁ VIVO! DESPUÉS DE CUATRO DÍAS, ESTÁ VIVO.

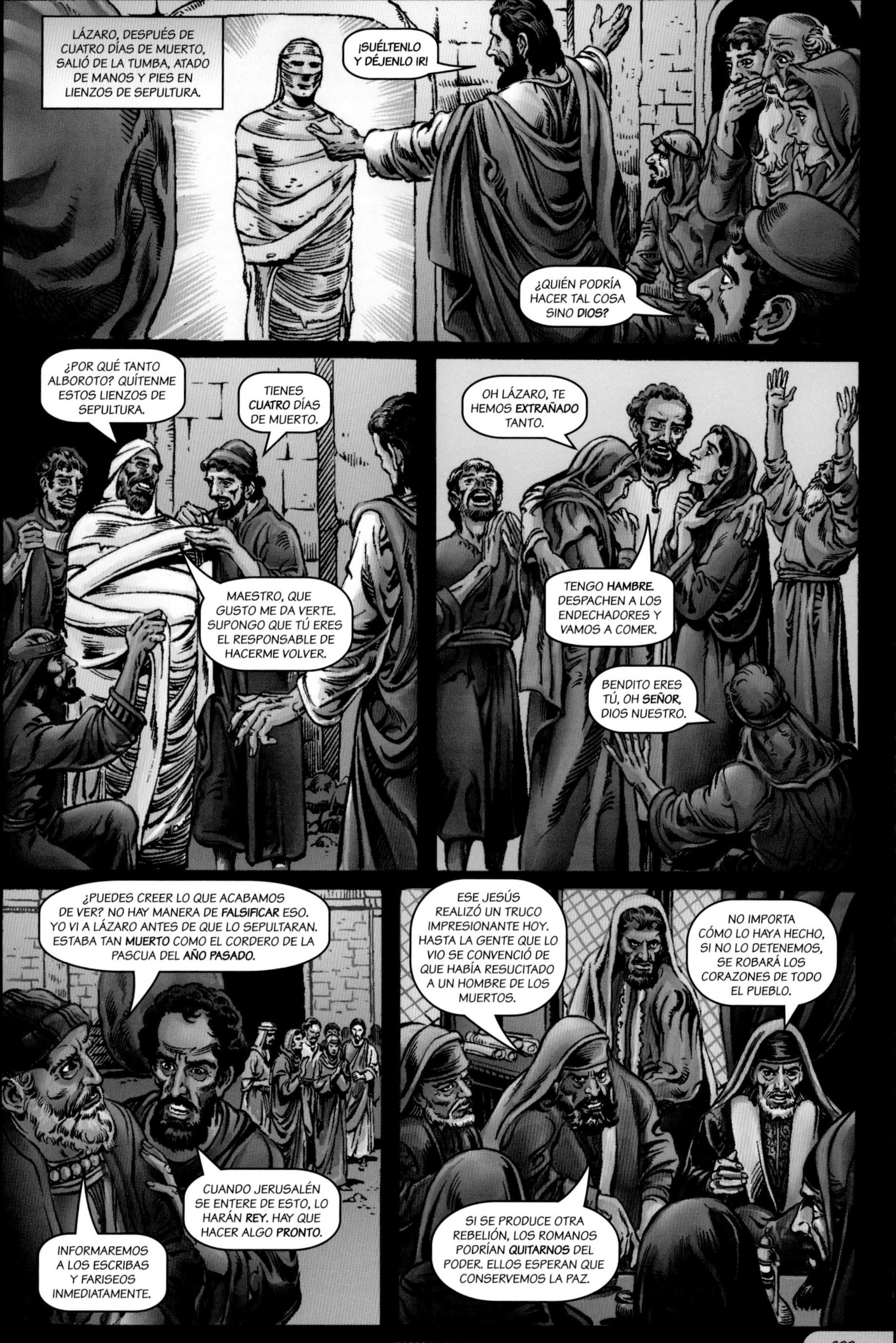
LÁZARO, DESPUÉS DE CUATRO DÍAS DE MUERTO, SALIÓ DE LA TUMBA, ATADO DE MANOS Y PIES EN LIENZOS DE SEPULTURA.
¡SUÉLTENLO Y DÉJENLO IR!
¿QUIÉN PODRÍA HACER TAL COSA SINO **DIOS?**
¿POR QUÉ TANTO ALBOROTO? QUÍTENME ESTOS LIENZOS DE SEPULTURA.
TIENES **CUATRO** DÍAS DE MUERTO.
MAESTRO, QUE GUSTO ME DA VERTE. SUPONGO QUE TÚ ERES EL RESPONSABLE DE HACERME VOLVER.
OH LÁZARO, TE HEMOS **EXTRAÑADO** TANTO.
TENGO **HAMBRE.** DESPACHEN A LOS ENDECHADORES Y VAMOS A COMER.
BENDITO ERES TÚ, OH **SEÑOR,** DIOS NUESTRO.
¿PUEDES CREER LO QUE ACABAMOS DE VER? NO HAY MANERA DE **FALSIFICAR** ESO. YO VI A LÁZARO ANTES DE QUE LO SEPULTARAN. ESTABA TAN **MUERTO** COMO EL CORDERO DE LA PASCUA DEL **AÑO PASADO.**
CUANDO JERUSALÉN SE ENTERE DE ESTO, LO HARÁN **REY.** HAY QUE HACER ALGO **PRONTO.**
INFORMAREMOS A LOS ESCRIBAS Y FARISEOS INMEDIATAMENTE.
ESE JESÚS REALIZÓ UN TRUCO IMPRESIONANTE HOY. HASTA LA GENTE QUE LO VIO SE CONVENCIÓ DE QUE HABÍA RESUCITADO A UN HOMBRE DE LOS MUERTOS.
NO IMPORTA CÓMO LO HAYA HECHO, SI NO LO DETENEMOS, SE ROBARÁ LOS CORAZONES DE TODO EL PUEBLO.
SI SE PRODUCE OTRA REBELIÓN, LOS ROMANOS PODRÍAN **QUITARNOS** DEL PODER. ELLOS ESPERAN QUE CONSERVEMOS LA PAZ.

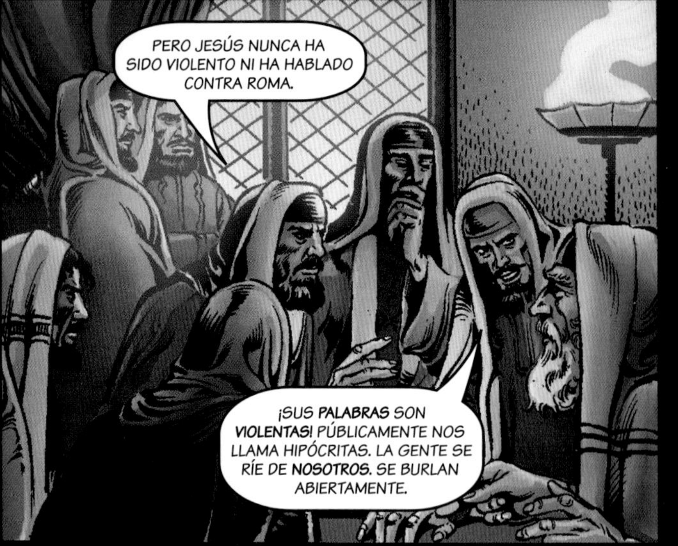
PERO JESÚS NUNCA HA SIDO VIOLENTO NI HA HABLADO CONTRA ROMA.
¡SUS **PALABRAS** SON **VIOLENTAS**! PÚBLICAMENTE NOS LLAMA HIPÓCRITAS. LA GENTE SE RÍE DE **NOSOTROS**. SE BURLAN ABIERTAMENTE.

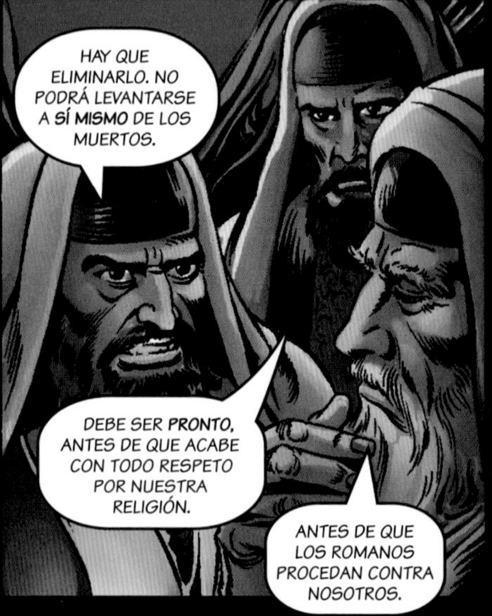
HAY QUE ELIMINARLO. NO PODRÁ LEVANTARSE A **SÍ MISMO** DE LOS MUERTOS.
DEBE SER **PRONTO**, ANTES DE QUE ACABE CON TODO RESPETO POR NUESTRA RELIGIÓN.
ANTES DE QUE LOS ROMANOS PROCEDAN CONTRA NOSOTROS.

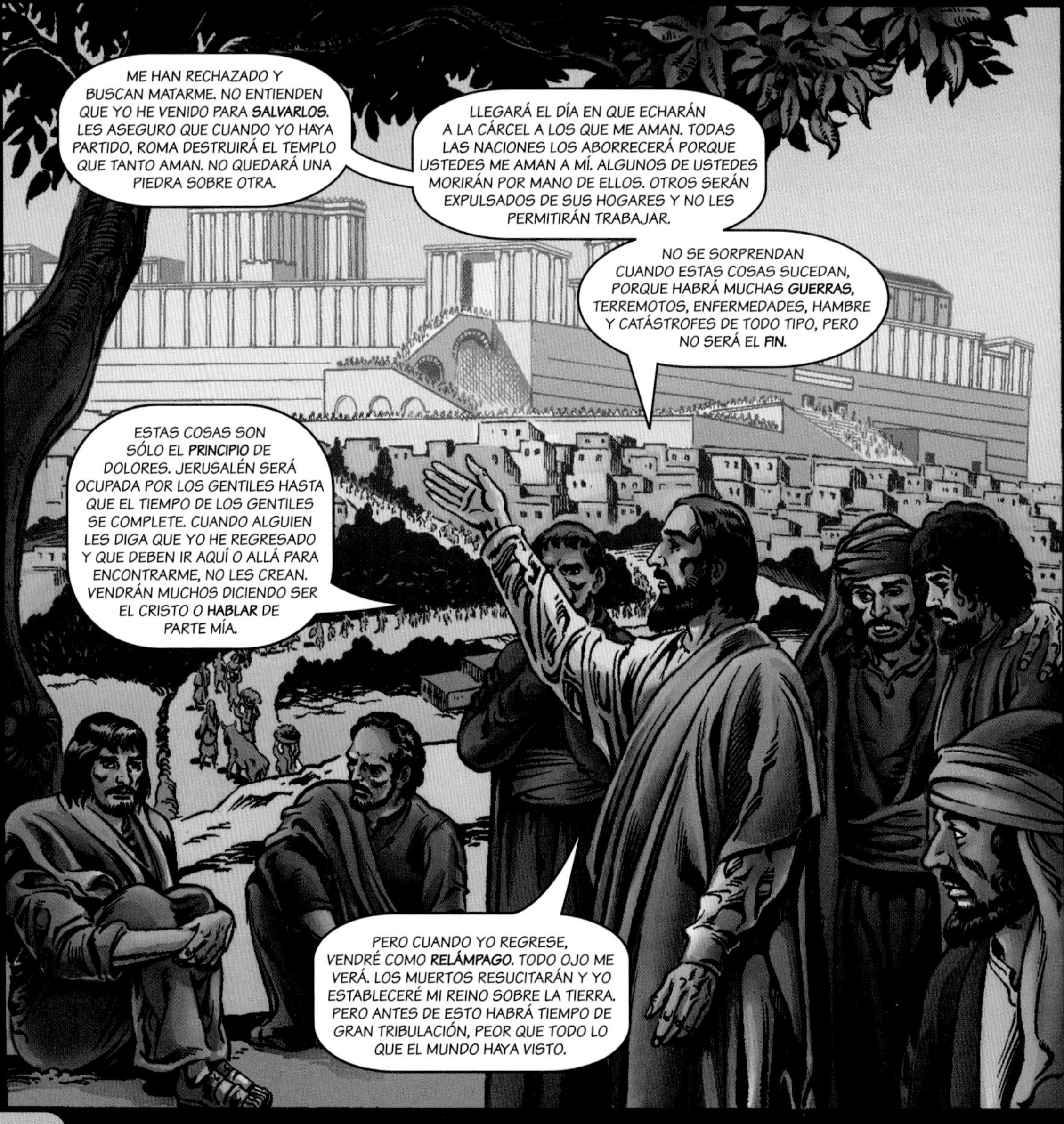
ME HAN RECHAZADO Y BUSCAN MATARME. NO ENTIENDEN QUE YO HE VENIDO PARA **SALVARLOS**. LES ASEGURO QUE CUANDO YO HAYA PARTIDO, ROMA DESTRUIRÁ EL TEMPLO QUE TANTO AMAN. NO QUEDARÁ UNA PIEDRA SOBRE OTRA.
LLEGARÁ EL DÍA EN QUE ECHARÁN A LA CÁRCEL A LOS QUE ME AMAN. TODAS LAS NACIONES LOS ABORRECERÁ PORQUE USTEDES ME AMAN A MÍ. ALGUNOS DE USTEDES MORIRÁN POR MANO DE ELLOS. OTROS SERÁN EXPULSADOS DE SUS HOGARES Y NO LES PERMITIRÁN TRABAJAR.
NO SE SORPRENDAN CUANDO ESTAS COSAS SUCEDAN, PORQUE HABRÁ MUCHAS **GUERRAS**, TERREMOTOS, ENFERMEDADES, HAMBRE Y CATÁSTROFES DE TODO TIPO, PERO NO SERÁ EL **FIN**.
ESTAS COSAS SON SÓLO EL **PRINCIPIO** DE DOLORES. JERUSALÉN SERÁ OCUPADA POR LOS GENTILES HASTA QUE EL TIEMPO DE LOS GENTILES SE COMPLETE. CUANDO ALGUIEN LES DIGA QUE YO HE REGRESADO Y QUE DEBEN IR AQUÍ O ALLÁ PARA ENCONTRARME, NO LES CREAN. VENDRÁN MUCHOS DICIENDO SER EL CRISTO O **HABLAR** DE PARTE MÍA.
PERO CUANDO YO REGRESE, VENDRÉ COMO **RELÁMPAGO**. TODO OJO ME VERÁ. LOS MUERTOS RESUCITARÁN Y YO ESTABLECERÉ MI REINO SOBRE LA TIERRA. PERO ANTES DE ESTO HABRÁ TIEMPO DE GRAN TRIBULACIÓN, PEOR QUE TODO LO QUE EL MUNDO HAYA VISTO.

MATEO 10:22, 24:2,5-9,21,27-31; LUCAS 19:43-44, 21:8; JUAN 11:49-53; APOCALIPSIS 2:10

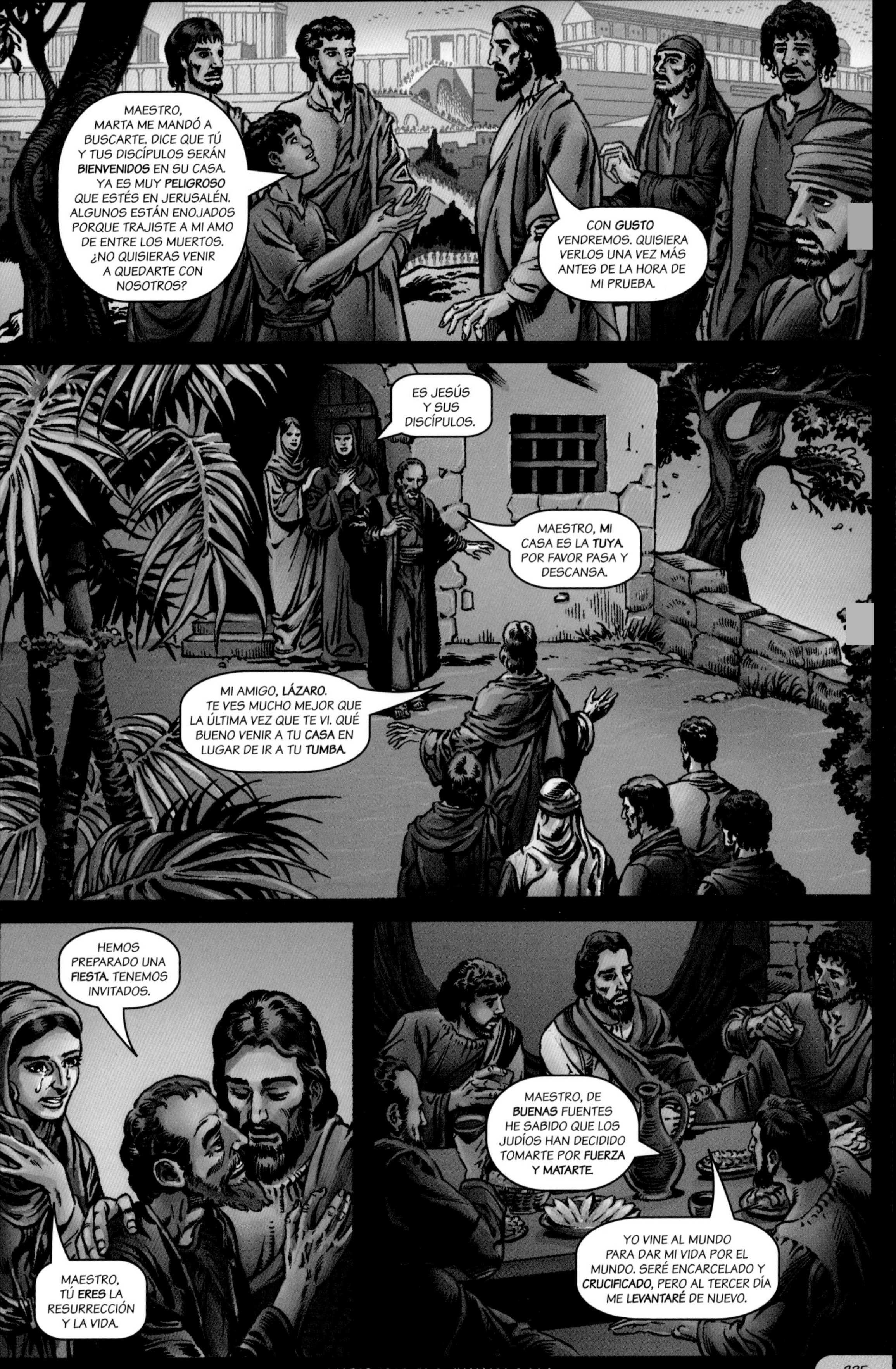
MAESTRO, MARTA ME MANDÓ A BUSCARTE. DICE QUE TÚ Y TUS DISCÍPULOS SERÁN **BIENVENIDOS** EN SU CASA. YA ES MUY **PELIGROSO** QUE ESTÉS EN JERUSALÉN. ALGUNOS ESTÁN ENOJADOS PORQUE TRAJISTE A MI AMO DE ENTRE LOS MUERTOS. ¿NO QUISIERAS VENIR A QUEDARTE CON NOSOTROS?
CON **GUSTO** VENDREMOS. QUISIERA VERLOS UNA VEZ MÁS ANTES DE LA HORA DE MI PRUEBA.
ES JESÚS Y SUS DISCÍPULOS.
MAESTRO, **MI** CASA ES LA **TUYA**. POR FAVOR PASA Y DESCANSA.
MI AMIGO, **LÁZARO**. TE VES MUCHO MEJOR QUE LA ÚLTIMA VEZ QUE TE VI. QUÉ BUENO VENIR A TU **CASA** EN LUGAR DE IR A TU **TUMBA**.
HEMOS PREPARADO UNA **FIESTA**. TENEMOS INVITADOS.
MAESTRO, TÚ **ERES** LA RESURRECCIÓN Y LA VIDA.
MAESTRO, DE **BUENAS** FUENTES HE SABIDO QUE LOS JUDÍOS HAN DECIDIDO TOMARTE POR **FUERZA** Y **MATARTE**.
YO VINE AL MUNDO PARA DAR MI VIDA POR EL MUNDO. SERÉ ENCARCELADO Y **CRUCIFICADO**, PERO AL TERCER DÍA ME **LEVANTARÉ** DE NUEVO.

MATEO 20:19, 26:2; JUAN 12:1-2, 14:6

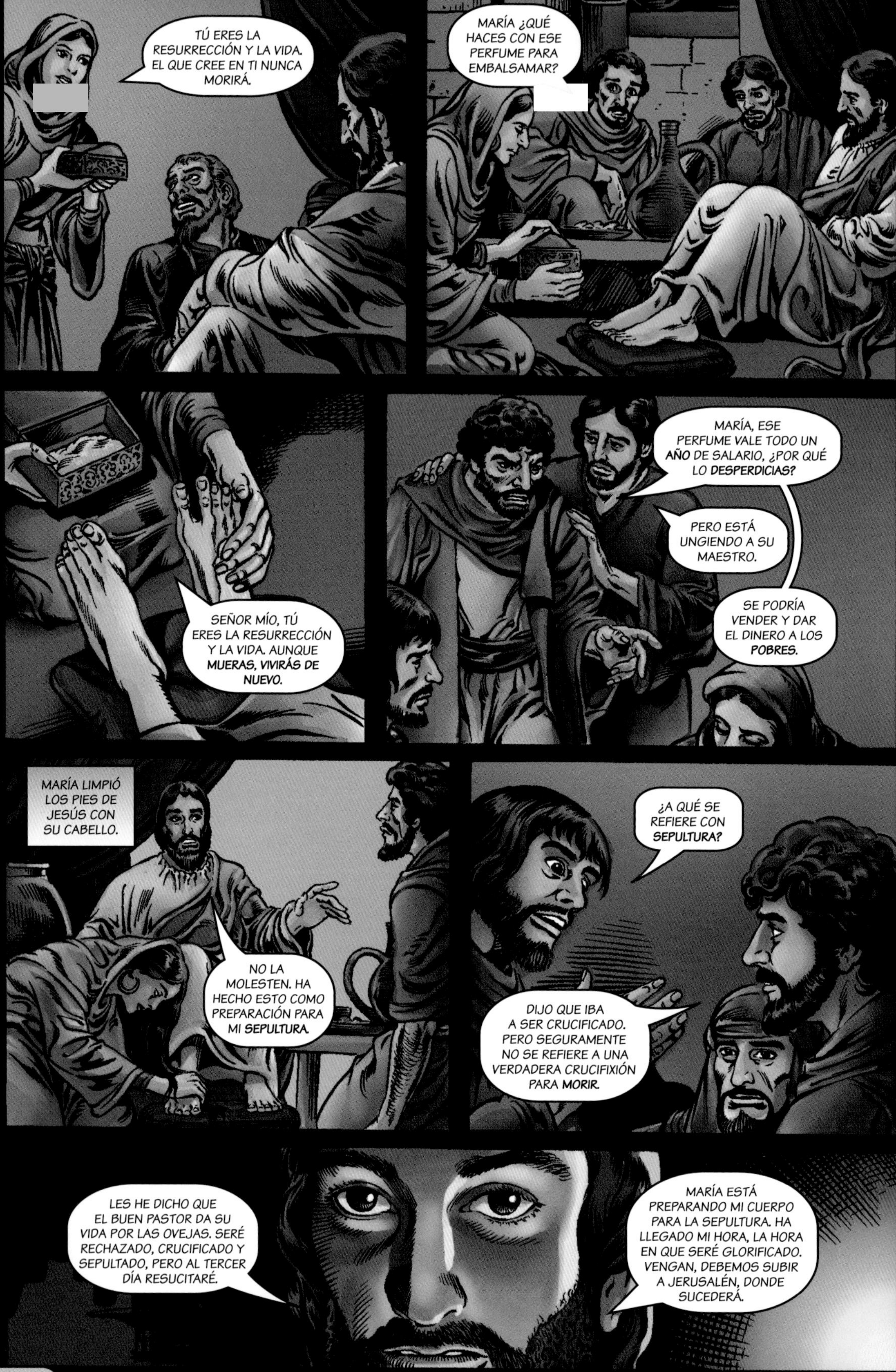
TÚ ERES LA RESURRECCIÓN Y LA VIDA. EL QUE CREE EN TI NUNCA MORIRÁ.
MARÍA ¿QUÉ HACES CON ESE PERFUME PARA EMBALSAMAR?
SEÑOR MÍO, TÚ ERES LA RESURRECCIÓN Y LA VIDA. AUNQUE **MUERAS, VIVIRÁS DE NUEVO.**
MARÍA, ESE PERFUME VALE TODO UN **AÑO** DE SALARIO, ¿POR QUÉ LO **DESPERDICIAS?**
PERO ESTÁ UNGIENDO A SU MAESTRO.
SE PODRÍA VENDER Y DAR EL DINERO A LOS **POBRES.**
MARÍA LIMPIÓ LOS PIES DE JESÚS CON SU CABELLO.
NO LA MOLESTEN. HA HECHO ESTO COMO PREPARACIÓN PARA MI **SEPULTURA.**
¿A QUÉ SE REFIERE CON **SEPULTURA?**
DIJO QUE IBA A SER CRUCIFICADO. PERO SEGURAMENTE NO SE REFIERE A UNA VERDADERA CRUCIFIXIÓN PARA **MORIR.**
LES HE DICHO QUE EL BUEN PASTOR DA SU VIDA POR LAS OVEJAS. SERÉ RECHAZADO, CRUCIFICADO Y SEPULTADO, PERO AL TERCER DÍA RESUCITARÉ.
MARÍA ESTÁ PREPARANDO MI CUERPO PARA LA SEPULTURA. HA LLEGADO MI HORA, LA HORA EN QUE SERÉ GLORIFICADO. VENGAN, DEBEMOS SUBIR A JERUSALÉN, DONDE SUCEDERÁ.

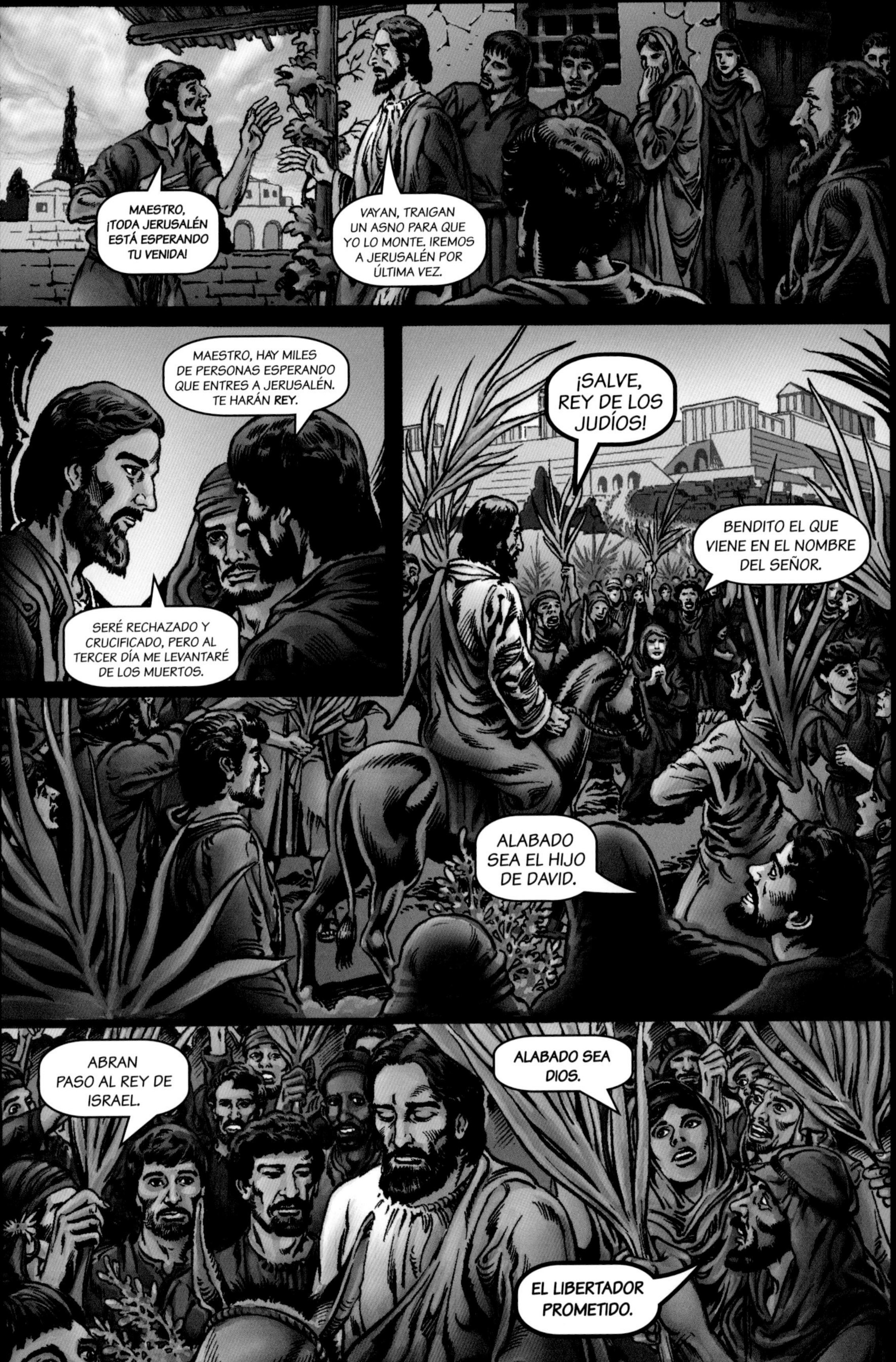
MAESTRO, ¡TODA JERUSALÉN ESTÁ ESPERANDO TU VENIDA!
VAYAN, TRAIGAN UN ASNO PARA QUE YO LO MONTE. IREMOS A JERUSALÉN POR ÚLTIMA VEZ.
MAESTRO, HAY MILES DE PERSONAS ESPERANDO QUE ENTRES A JERUSALÉN. TE HARÁN REY.
SERÉ RECHAZADO Y CRUCIFICADO, PERO AL TERCER DÍA ME LEVANTARÉ DE LOS MUERTOS.
¡SALVE, REY DE LOS JUDÍOS!
BENDITO EL QUE VIENE EN EL NOMBRE DEL SEÑOR.
ALABADO SEA EL HIJO DE DAVID.
ABRAN PASO AL REY DE ISRAEL.
ALABADO SEA DIOS.
EL LIBERTADOR PROMETIDO.

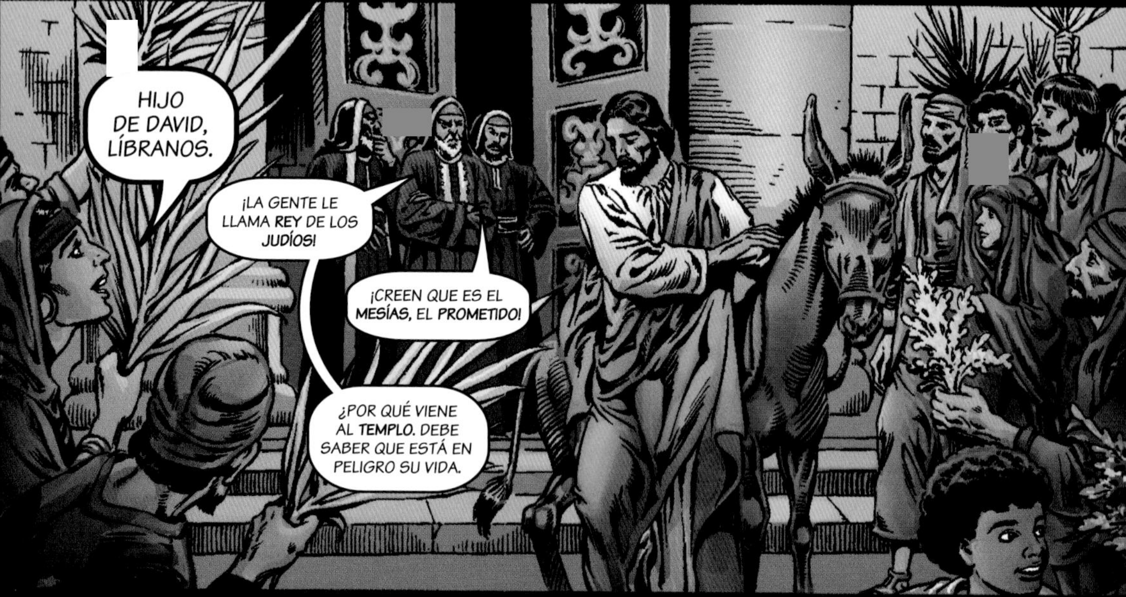
HIJO DE DAVID, LÍBRANOS.
¡LA GENTE LE LLAMA REY DE LOS JUDÍOS!
¡CREEN QUE ES EL MESÍAS, EL PROMETIDO!
¿POR QUÉ VIENE AL TEMPLO. DEBE SABER QUE ESTÁ EN PELIGRO SU VIDA.

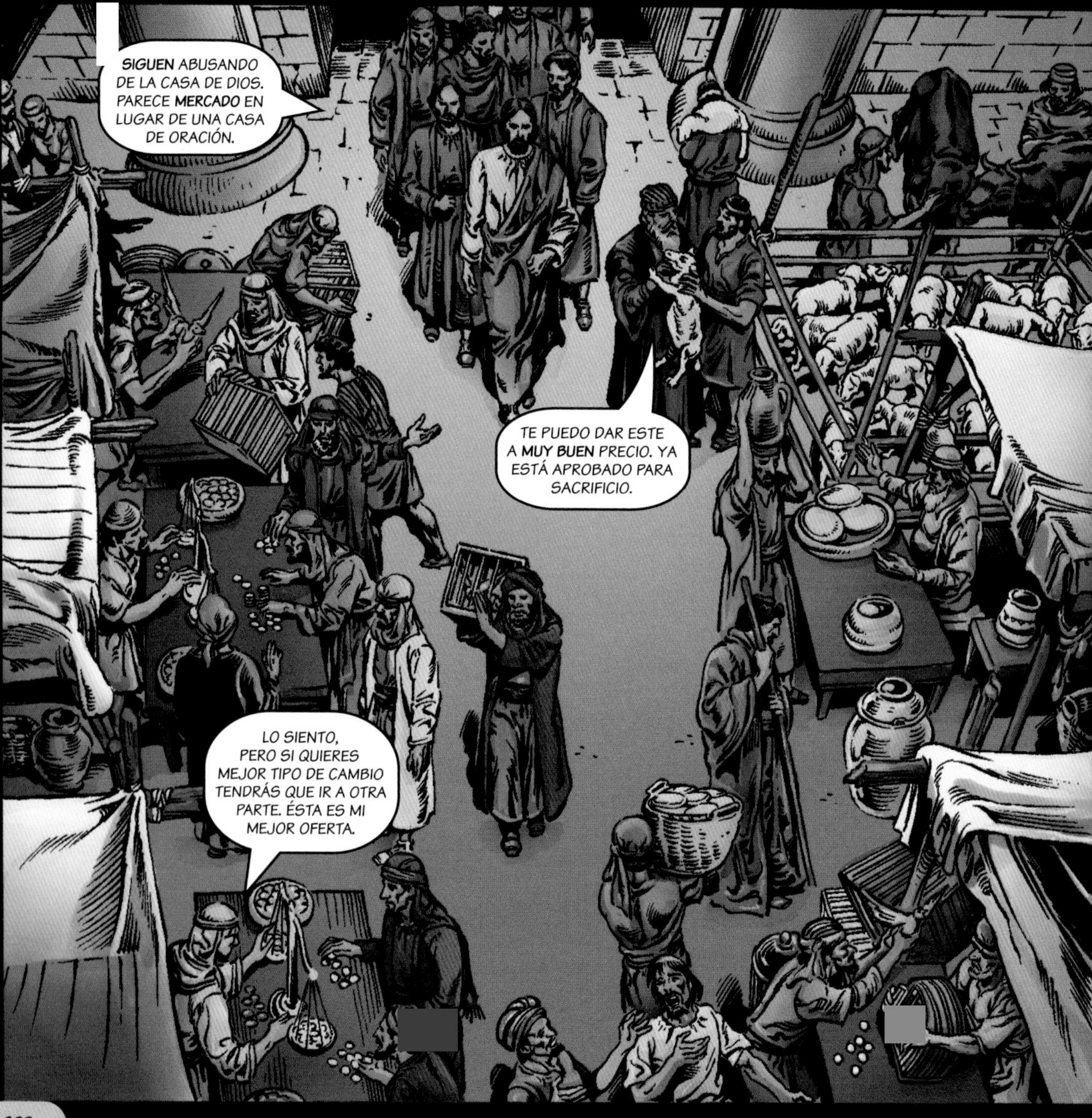
SIGUEN ABUSANDO DE LA CASA DE DIOS. PARECE MERCADO EN LUGAR DE UNA CASA DE ORACIÓN.
TE PUEDO DAR ESTE A MUY BUEN PRECIO. YA ESTÁ APROBADO PARA SACRIFICIO.
LO SIENTO, PERO SI QUIERES MEJOR TIPO DE CAMBIO TENDRÁS QUE IR A OTRA PARTE. ÉSTA ES MI MEJOR OFERTA.

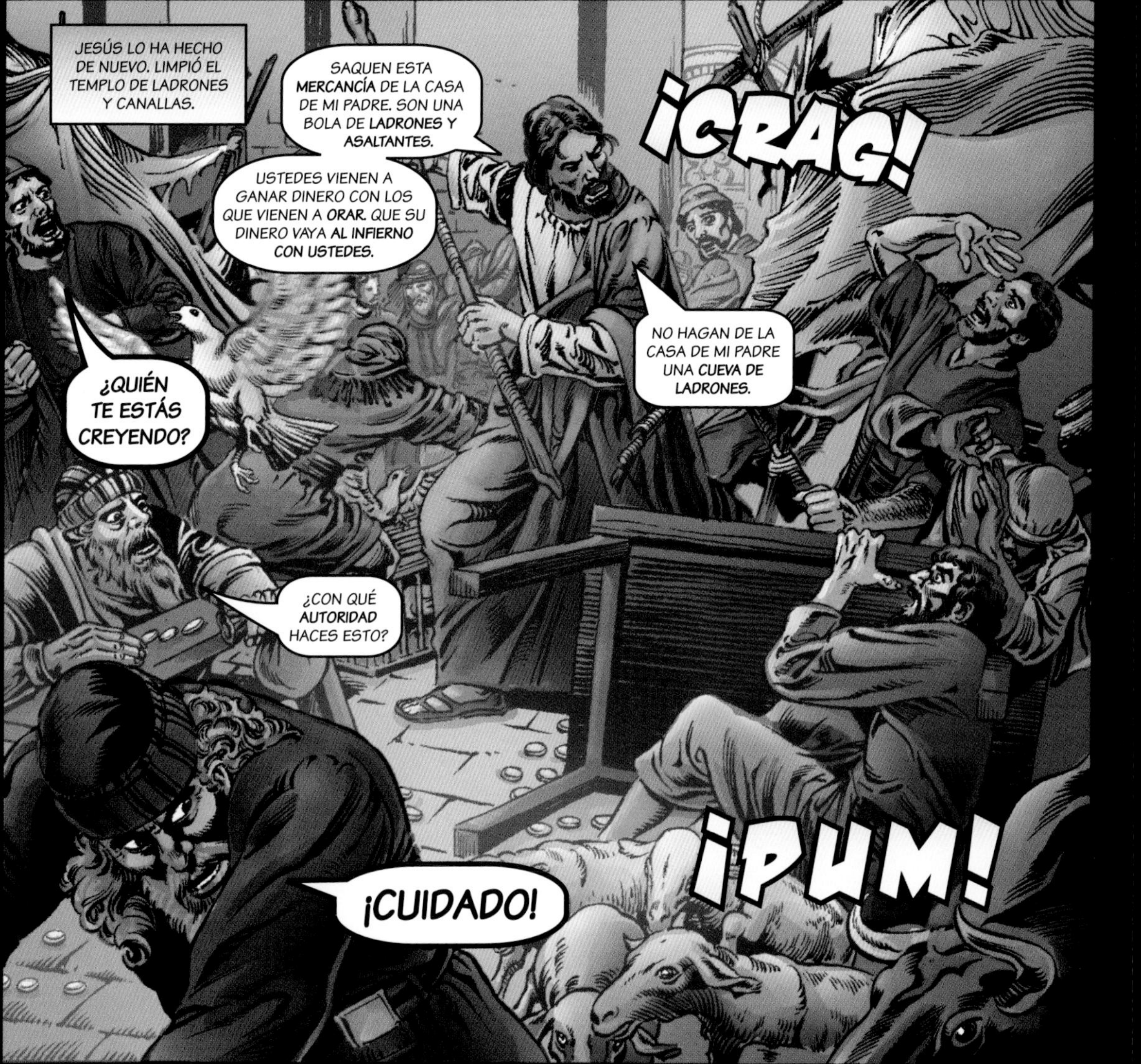
JESÚS LO HA HECHO DE NUEVO. LIMPIÓ EL TEMPLO DE LADRONES Y CANALLAS.
SAQUEN ESTA MERCANCÍA DE LA CASA DE MI PADRE. SON UNA BOLA DE LADRONES Y ASALTANTES.
USTEDES VIENEN A GANAR DINERO CON LOS QUE VIENEN A ORAR. QUE SU DINERO VAYA AL INFIERNO CON USTEDES.
¡CRAG!
NO HAGAN DE LA CASA DE MI PADRE UNA CUEVA DE LADRONES.
¿QUIÉN TE ESTÁS CREYENDO?
¿CON QUÉ AUTORIDAD HACES ESTO?
¡CUIDADO!
¡PUM!

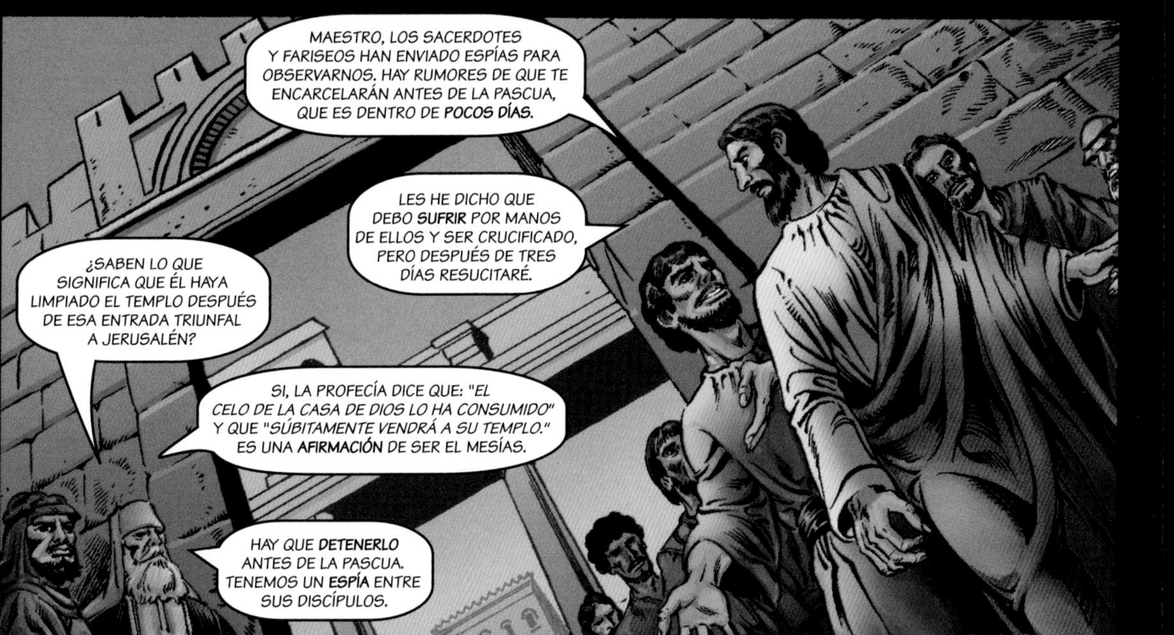
MAESTRO, LOS SACERDOTES Y FARISEOS HAN ENVIADO ESPÍAS PARA OBSERVARNOS. HAY RUMORES DE QUE TE ENCARCELARÁN ANTES DE LA PASCUA, QUE ES DENTRO DE POCOS DÍAS.
LES HE DICHO QUE DEBO SUFRIR POR MANOS DE ELLOS Y SER CRUCIFICADO, PERO DESPUÉS DE TRES DÍAS RESUCITARÉ.
¿SABEN LO QUE SIGNIFICA QUE ÉL HAYA LIMPIADO EL TEMPLO DESPUÉS DE ESA ENTRADA TRIUNFAL A JERUSALÉN?
SI, LA PROFECÍA DICE QUE: "EL CELO DE LA CASA DE DIOS LO HA CONSUMIDO" Y QUE "SÚBITAMENTE VENDRÁ A SU TEMPLO." ES UNA AFIRMACIÓN DE SER EL MESÍAS.
HAY QUE DETENERLO ANTES DE LA PASCUA. TENEMOS UN ESPÍA ENTRE SUS DISCÍPULOS.

SALMO 69:9; MATEO 21:12-13

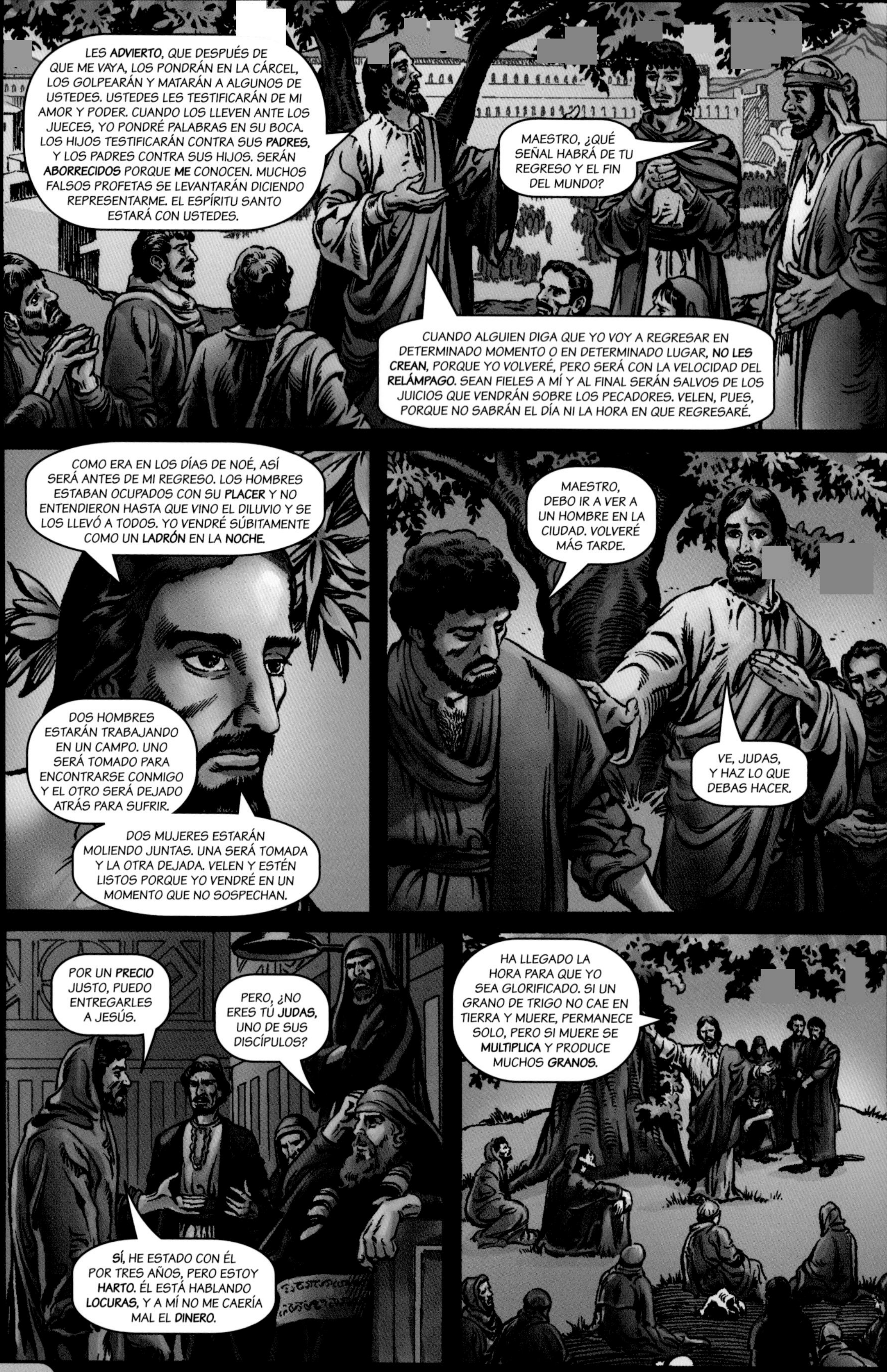
LES **ADVIERTO**, QUE DESPUÉS DE QUE ME VAYA, LOS PONDRÁN EN LA CÁRCEL, LOS GOLPEARÁN Y MATARÁN A ALGUNOS DE USTEDES. USTEDES LES TESTIFICARÁN DE MI AMOR Y PODER. CUANDO LOS LLEVEN ANTE LOS JUECES, YO PONDRÉ PALABRAS EN SU BOCA. LOS HIJOS TESTIFICARÁN CONTRA SUS **PADRES**, Y LOS PADRES CONTRA SUS HIJOS. SERÁN **ABORRECIDOS** PORQUE **ME** CONOCEN. MUCHOS FALSOS PROFETAS SE LEVANTARÁN DICIENDO REPRESENTARME. EL ESPÍRITU SANTO ESTARÁ CON USTEDES.
MAESTRO, ¿QUÉ SEÑAL HABRÁ DE TU REGRESO Y EL FIN DEL MUNDO?
CUANDO ALGUIEN DIGA QUE YO VOY A REGRESAR EN DETERMINADO MOMENTO O EN DETERMINADO LUGAR, **NO LES CREAN**, PORQUE YO VOLVERÉ, PERO SERÁ CON LA VELOCIDAD DEL **RELÁMPAGO**. SEAN FIELES A MÍ Y AL FINAL SERÁN SALVOS DE LOS JUICIOS QUE VENDRÁN SOBRE LOS PECADORES. VELEN, PUES, PORQUE NO SABRÁN EL DÍA NI LA HORA EN QUE REGRESARÉ.
COMO ERA EN LOS DÍAS DE NOÉ, ASÍ SERÁ ANTES DE MI REGRESO. LOS HOMBRES ESTABAN OCUPADOS CON SU **PLACER** Y NO ENTENDIERON HASTA QUE VINO EL DILUVIO Y SE LOS LLEVÓ A TODOS. YO VENDRÉ SÚBITAMENTE COMO UN **LADRÓN** EN LA **NOCHE**.
DOS HOMBRES ESTARÁN TRABAJANDO EN UN CAMPO. UNO SERÁ TOMADO PARA ENCONTRARSE CONMIGO Y EL OTRO SERÁ DEJADO ATRÁS PARA SUFRIR.
DOS MUJERES ESTARÁN MOLIENDO JUNTAS. UNA SERÁ TOMADA Y LA OTRA DEJADA. VELEN Y ESTÉN LISTOS PORQUE YO VENDRÉ EN UN MOMENTO QUE NO SOSPECHAN.
MAESTRO, DEBO IR A VER A UN HOMBRE EN LA CIUDAD. VOLVERÉ MÁS TARDE.
VE, JUDAS, Y HAZ LO QUE DEBAS HACER.
POR UN **PRECIO** JUSTO, PUEDO ENTREGARLES A JESÚS.
PERO, ¿NO ERES TÚ **JUDAS**, UNO DE SUS DISCÍPULOS?
SÍ, HE ESTADO CON ÉL POR TRES AÑOS, PERO ESTOY **HARTO**. ÉL ESTÁ HABLANDO **LOCURAS**, Y A MÍ NO ME CAERÍA MAL EL **DINERO**.
HA LLEGADO LA HORA PARA QUE YO SEA GLORIFICADO. SI UN GRANO DE TRIGO NO CAE EN TIERRA Y MUERE, PERMANECE SOLO, PERO SI MUERE SE **MULTIPLICA** Y PRODUCE MUCHOS **GRANOS**.

MATEO 26:14-16; MARCOS 13:5-13; LUCAS 17:26-37; JUAN 12:23-24; 2 PEDRO 3:10

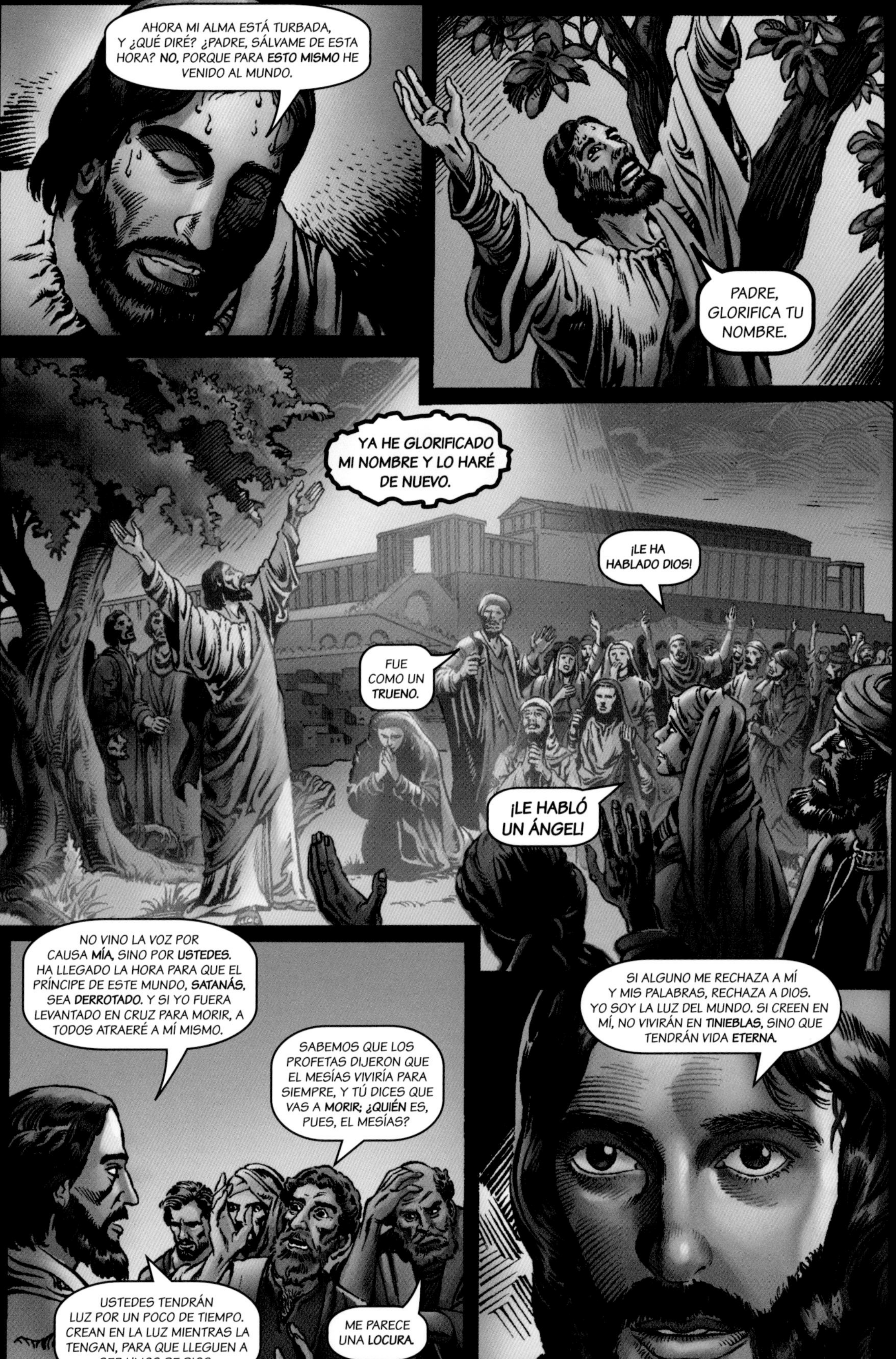
AHORA MI ALMA ESTÁ TURBADA, Y ¿QUÉ DIRÉ? ¿PADRE, SÁLVAME DE ESTA HORA? **NO,** PORQUE PARA **ESTO MISMO** HE VENIDO AL MUNDO.
PADRE, GLORIFICA TU NOMBRE.
YA HE GLORIFICADO MI NOMBRE Y LO HARÉ DE NUEVO.
¡LE HA HABLADO DIOS!
FUE COMO UN **TRUENO.**
¡LE HABLÓ UN ÁNGEL!
NO VINO LA VOZ POR CAUSA **MÍA,** SINO POR **USTEDES.** HA LLEGADO LA HORA PARA QUE EL PRÍNCIPE DE ESTE MUNDO, **SATANÁS,** SEA **DERROTADO.** Y SI YO FUERA LEVANTADO EN CRUZ PARA MORIR, A TODOS ATRAERÉ A MÍ MISMO.
SABEMOS QUE LOS PROFETAS DIJERON QUE EL MESÍAS VIVIRÍA PARA SIEMPRE, Y TÚ DICES QUE VAS A **MORIR; ¿QUIÉN** ES, PUES, EL MESÍAS?
USTEDES TENDRÁN LUZ POR UN POCO DE TIEMPO. CREAN EN LA LUZ MIENTRAS LA TENGAN, PARA QUE LLEGUEN A SER HIJOS DE DIOS.
ME PARECE UNA **LOCURA.**
SI ALGUNO ME RECHAZA A MÍ Y MIS PALABRAS, RECHAZA A DIOS. YO SOY LA LUZ DEL MUNDO. SI CREEN EN MÍ, NO VIVIRÁN EN **TINIEBLAS,** SINO QUE TENDRÁN VIDA **ETERNA.**

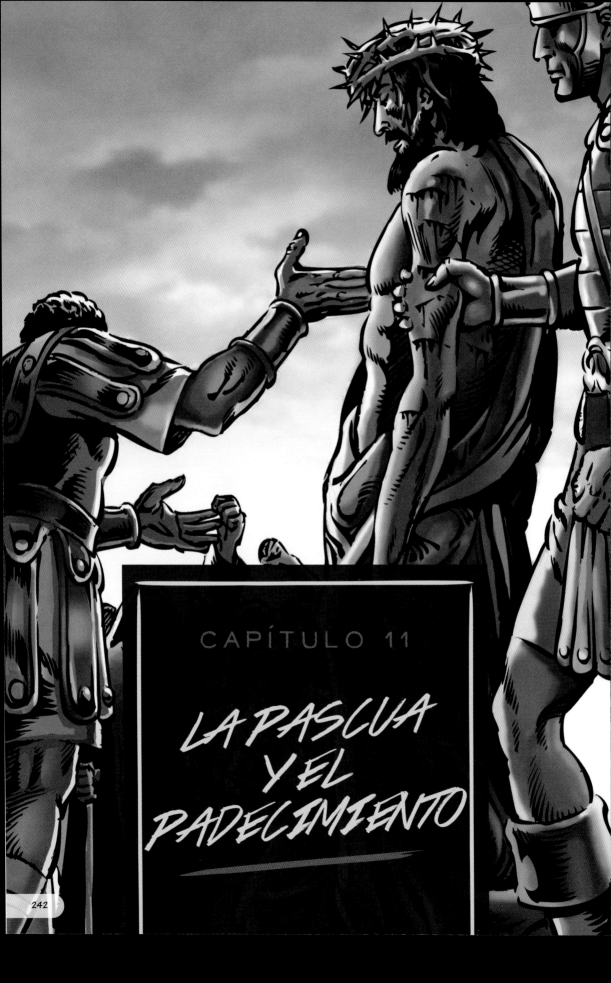

CAPÍTULO 11

LA PASCUA Y EL PADECIMIENTO

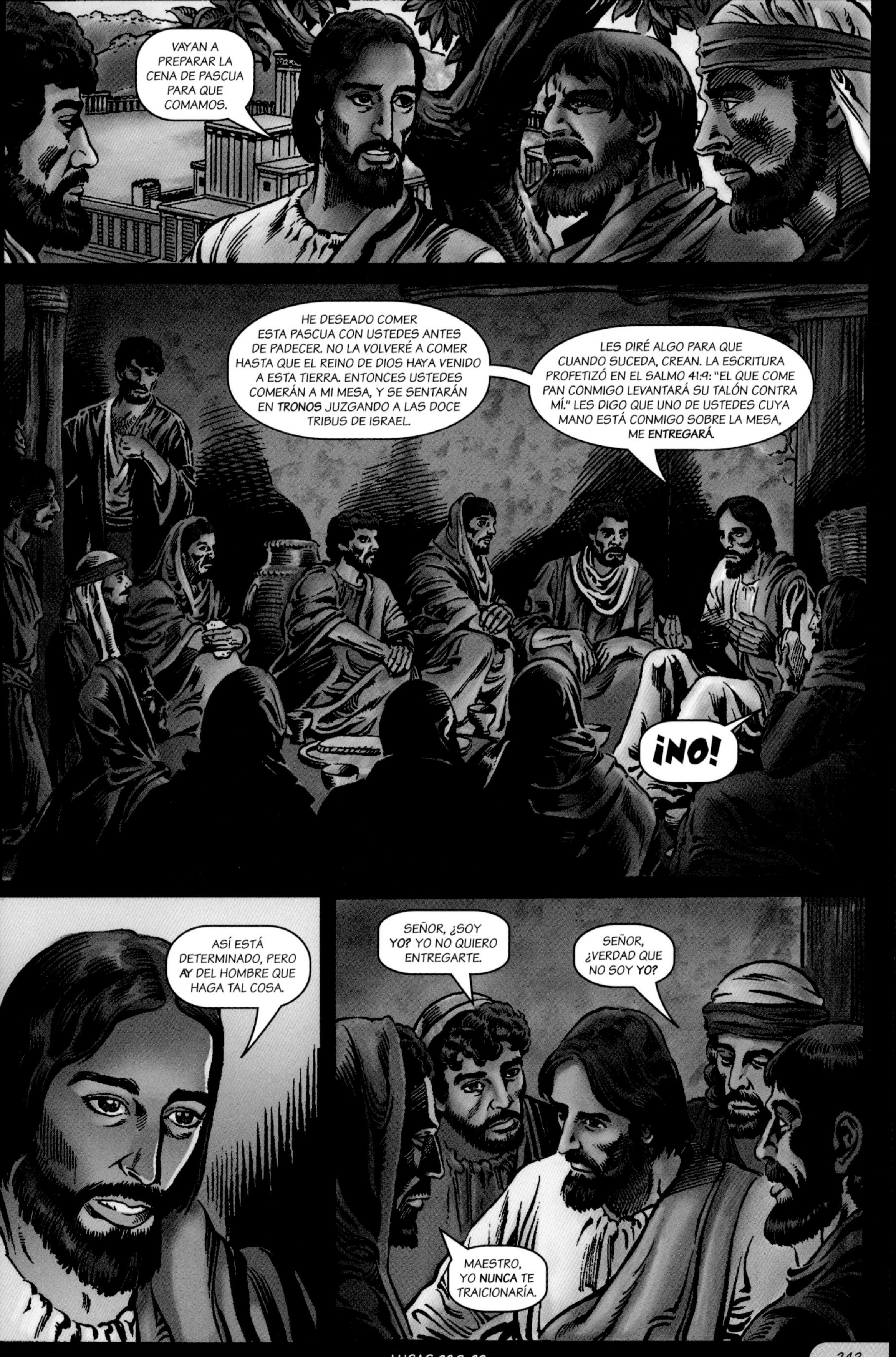
VAYAN A PREPARAR LA CENA DE PASCUA PARA QUE COMAMOS.
HE DESEADO COMER ESTA PASCUA CON USTEDES ANTES DE PADECER. NO LA VOLVERÉ A COMER HASTA QUE EL REINO DE DIOS HAYA VENIDO A ESTA TIERRA. ENTONCES USTEDES COMERÁN A MI MESA, Y SE SENTARÁN EN TRONOS JUZGANDO A LAS DOCE TRIBUS DE ISRAEL.
LES DIRÉ ALGO PARA QUE CUANDO SUCEDA, CREAN. LA ESCRITURA PROFETIZÓ EN EL SALMO 41:9: "EL QUE COME PAN CONMIGO LEVANTARÁ SU TALÓN CONTRA MÍ." LES DIGO QUE UNO DE USTEDES CUYA MANO ESTÁ CONMIGO SOBRE LA MESA, ME ENTREGARÁ.
¡NO!
ASÍ ESTÁ DETERMINADO, PERO AY DEL HOMBRE QUE HAGA TAL COSA.
SEÑOR, ¿SOY YO? YO NO QUIERO ENTREGARTE.
SEÑOR, ¿VERDAD QUE NO SOY YO?
MAESTRO, YO NUNCA TE TRAICIONARÍA.

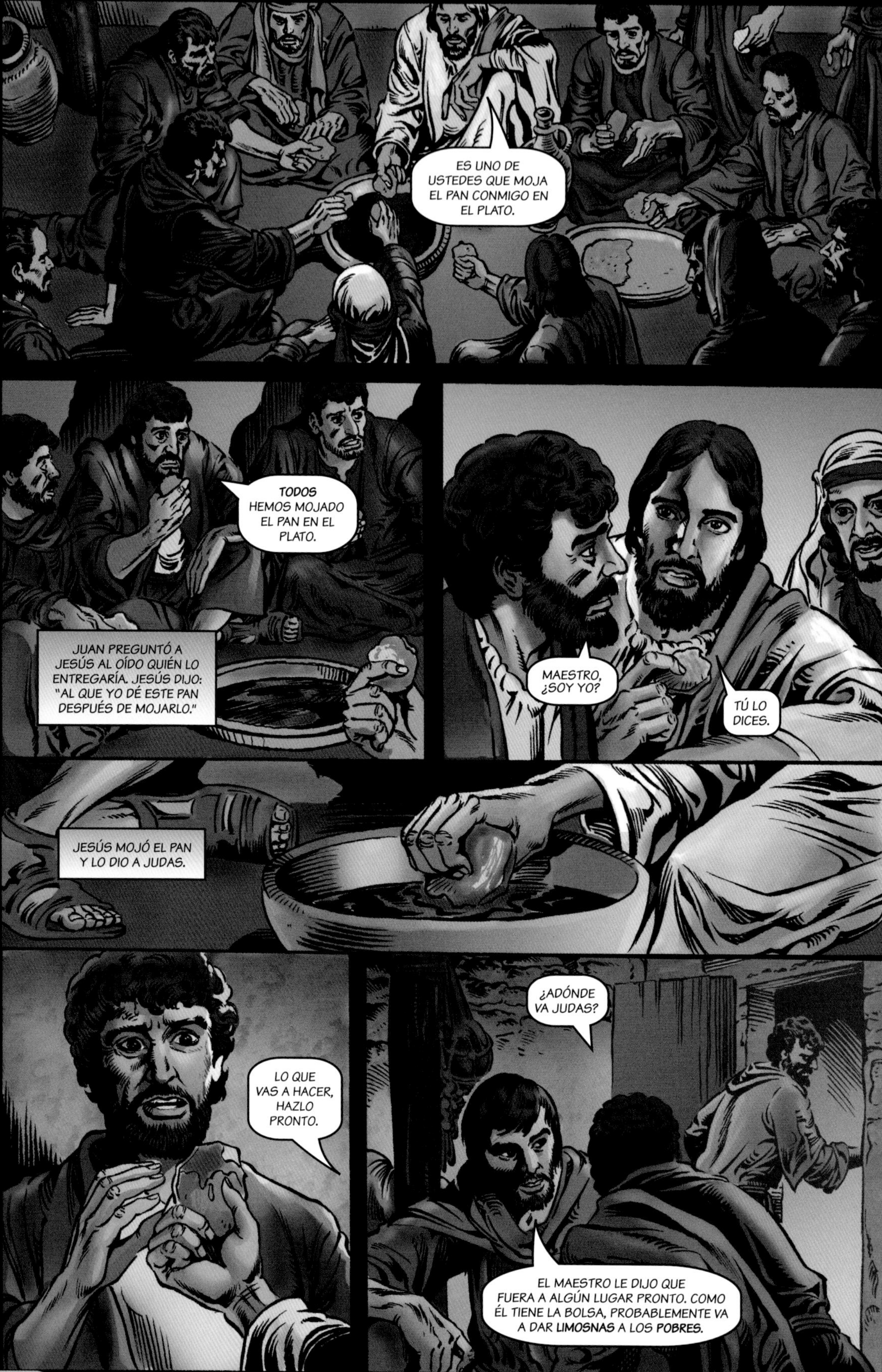
ES UNO DE USTEDES QUE MOJA EL PAN CONMIGO EN EL PLATO.
TODOS HEMOS MOJADO EL PAN EN EL PLATO.
JUAN PREGUNTÓ A JESÚS AL OÍDO QUIÉN LO ENTREGARÍA. JESÚS DIJO: "AL QUE YO DÉ ESTE PAN DESPUÉS DE MOJARLO."
MAESTRO, ¿SOY YO?
TÚ LO DICES.
JESÚS MOJÓ EL PAN Y LO DIO A JUDAS.
LO QUE VAS A HACER, HAZLO PRONTO.
¿ADÓNDE VA JUDAS?
EL MAESTRO LE DIJO QUE FUERA A ALGÚN LUGAR PRONTO. COMO ÉL TIENE LA BOLSA, PROBABLEMENTE VA A DAR **LIMOSNAS** A LOS **POBRES**.

MATEO 26:23-29; JUAN 13:26-30

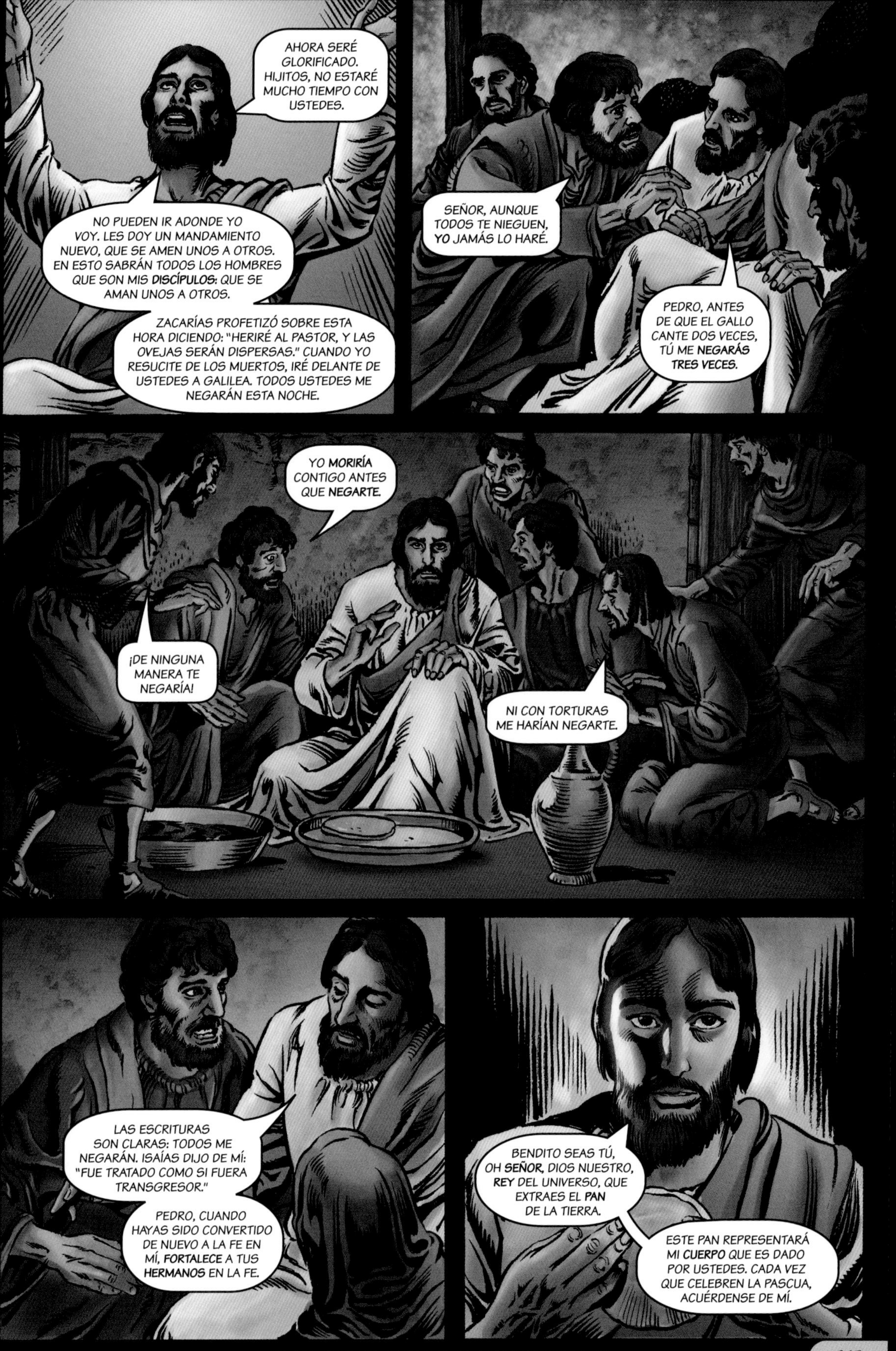
AHORA SERÉ GLORIFICADO. HIJITOS, NO ESTARÉ MUCHO TIEMPO CON USTEDES.
NO PUEDEN IR ADONDE YO VOY. LES DOY UN MANDAMIENTO NUEVO, QUE SE AMEN UNOS A OTROS. EN ESTO SABRÁN TODOS LOS HOMBRES QUE SON MIS **DISCÍPULOS**: QUE SE AMAN UNOS A OTROS.
ZACARÍAS PROFETIZÓ SOBRE ESTA HORA DICIENDO: "HERIRÉ AL PASTOR, Y LAS OVEJAS SERÁN DISPERSAS." CUANDO YO RESUCITE DE LOS MUERTOS, IRÉ DELANTE DE USTEDES A GALILEA. TODOS USTEDES ME NEGARÁN ESTA NOCHE.
SEÑOR, AUNQUE TODOS TE NIEGUEN, **YO** JAMÁS LO HARÉ.
PEDRO, ANTES DE QUE EL GALLO CANTE DOS VECES, TÚ ME **NEGARÁS TRES VECES**.
YO **MORIRÍA** CONTIGO ANTES QUE **NEGARTE**.
¡DE NINGUNA MANERA TE NEGARÍA!
NI CON TORTURAS ME HARÍAN NEGARTE.
LAS ESCRITURAS SON CLARAS: TODOS ME NEGARÁN. ISAÍAS DIJO DE MÍ: "FUE TRATADO COMO SI FUERA TRANSGRESOR."
PEDRO, CUANDO HAYAS SIDO CONVERTIDO DE NUEVO A LA FE EN MÍ, **FORTALECE** A TUS **HERMANOS** EN LA FE.
BENDITO SEAS TÚ, OH **SEÑOR**, DIOS NUESTRO, **REY** DEL UNIVERSO, QUE EXTRAES EL **PAN** DE LA TIERRA.
ESTE PAN REPRESENTARÁ MI **CUERPO** QUE ES DADO POR USTEDES. CADA VEZ QUE CELEBREN LA PASCUA, ACUÉRDENSE DE MÍ.

MATEO 26:33-35; JUAN 13:31-38; 1 CORINTIOS 11:24-25

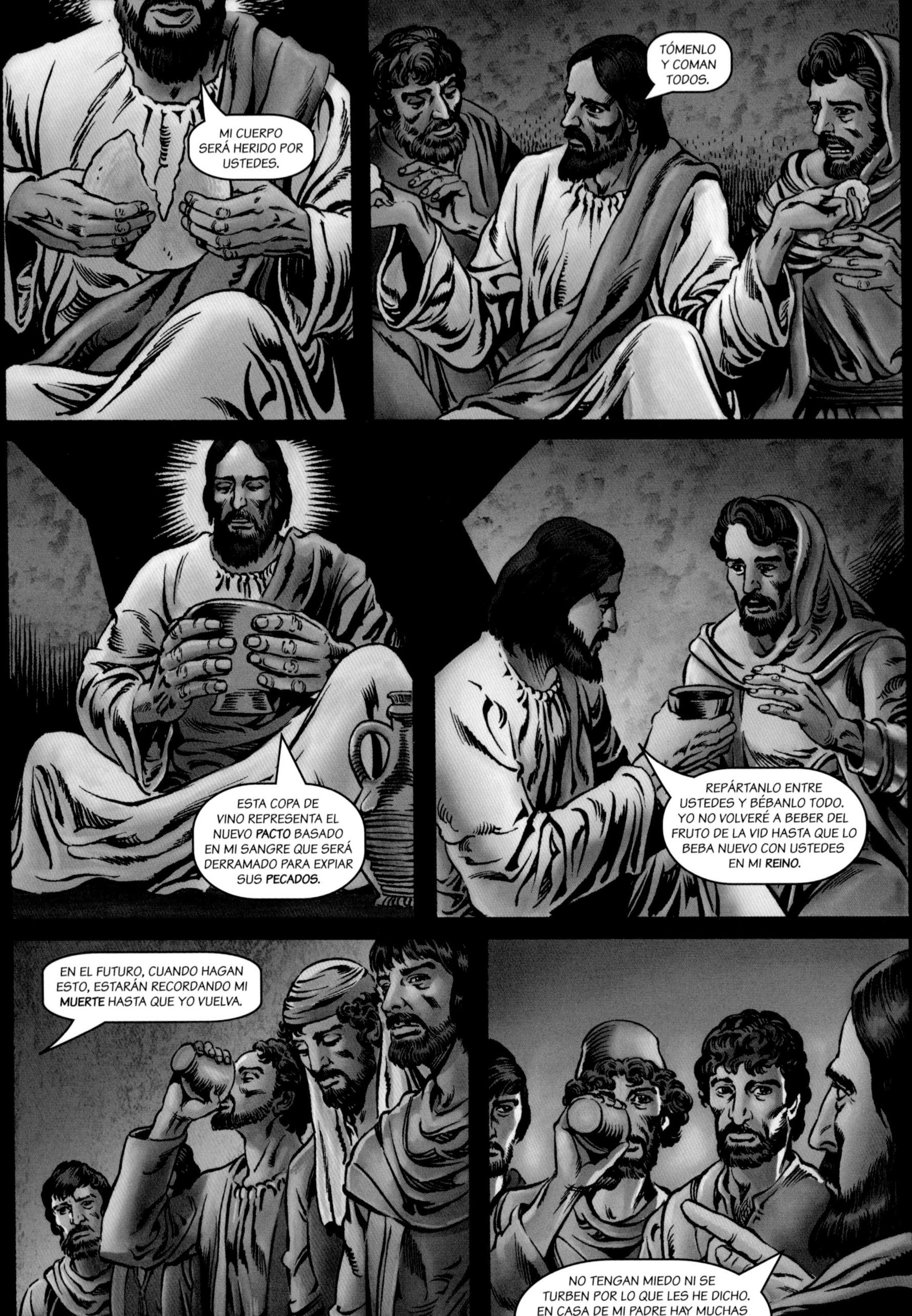
MI CUERPO SERÁ HERIDO POR USTEDES.
TÓMENLO Y COMAN TODOS.
ESTA COPA DE VINO REPRESENTA EL NUEVO **PACTO** BASADO EN MI SANGRE QUE SERÁ DERRAMADO PARA EXPIAR SUS **PECADOS**.
REPÁRTANLO ENTRE USTEDES Y BÉBANLO TODO. YO NO VOLVERÉ A BEBER DEL FRUTO DE LA VID HASTA QUE LO BEBA NUEVO CON USTEDES EN MI **REINO**.
EN EL FUTURO, CUANDO HAGAN ESTO, ESTARÁN RECORDANDO MI **MUERTE** HASTA QUE YO VUELVA.
NO TENGAN MIEDO NI SE TURBEN POR LO QUE LES HE DICHO. EN CASA DE MI PADRE HAY MUCHAS MANSIONES. CUANDO YO ME VAYA, LES PREPARARÉ UN LUGAR, LUEGO VENDRÉ Y LES LLEVARÉ A ESTAR CONMIGO DONDE YO ESTÉ.

JUAN 14:1-3; 1 CORINTIOS 11:24-26

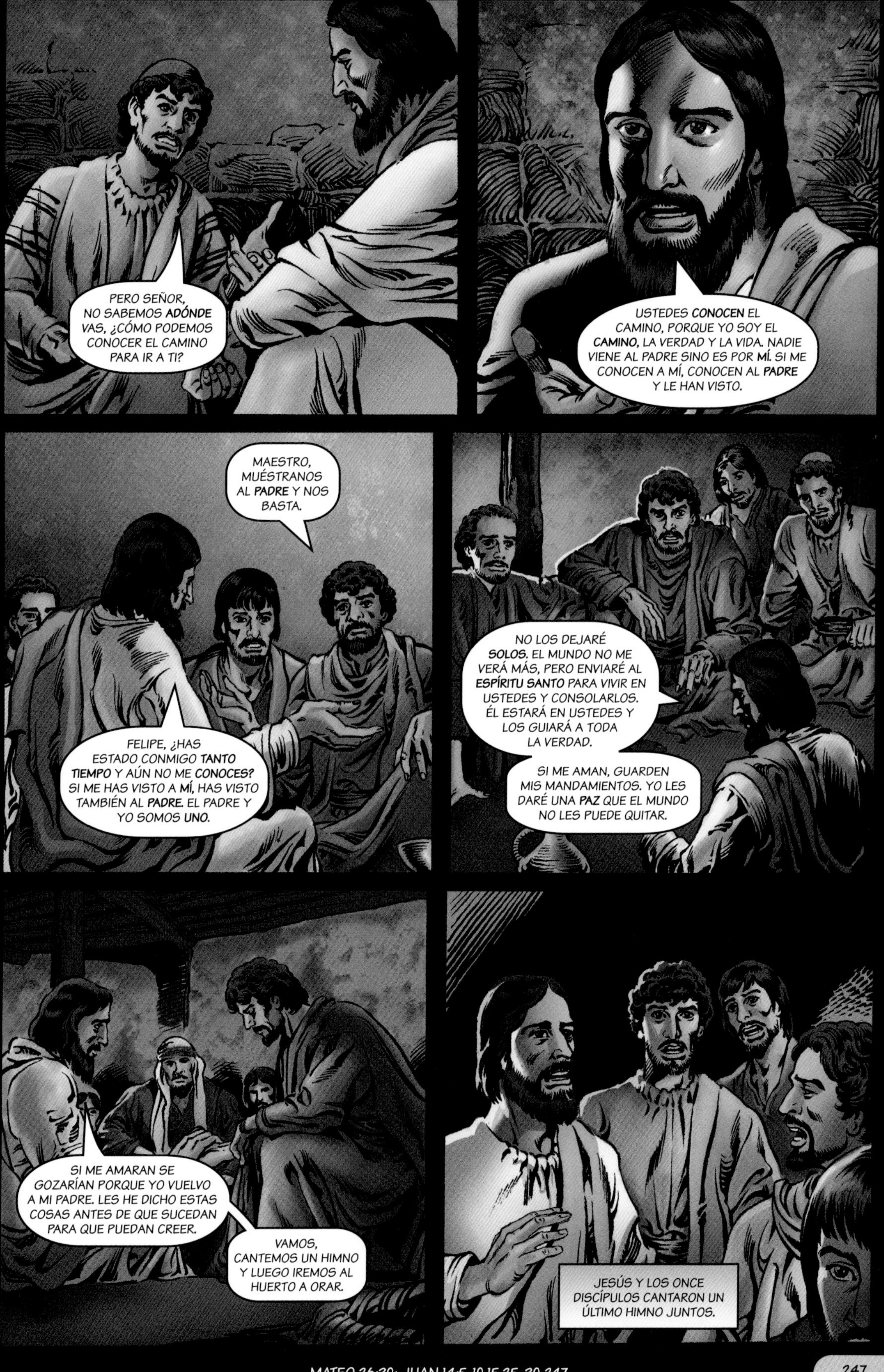
PERO SEÑOR, NO SABEMOS ADÓNDE VAS, ¿CÓMO PODEMOS CONOCER EL CAMINO PARA IR A TI?
USTEDES CONOCEN EL CAMINO, PORQUE YO SOY EL CAMINO, LA VERDAD Y LA VIDA. NADIE VIENE AL PADRE SINO ES POR MÍ. SI ME CONOCEN A MÍ, CONOCEN AL PADRE Y LE HAN VISTO.
MAESTRO, MUÉSTRANOS AL PADRE Y NOS BASTA.
FELIPE, ¿HAS ESTADO CONMIGO TANTO TIEMPO Y AÚN NO ME CONOCES? SI ME HAS VISTO A MÍ, HAS VISTO TAMBIÉN AL PADRE. EL PADRE Y YO SOMOS UNO.
NO LOS DEJARÉ SOLOS. EL MUNDO NO ME VERÁ MÁS, PERO ENVIARÉ AL ESPÍRITU SANTO PARA VIVIR EN USTEDES Y CONSOLARLOS. ÉL ESTARÁ EN USTEDES Y LOS GUIARÁ A TODA LA VERDAD.
SI ME AMAN, GUARDEN MIS MANDAMIENTOS. YO LES DARÉ UNA PAZ QUE EL MUNDO NO LES PUEDE QUITAR.
SI ME AMARAN SE GOZARÍAN PORQUE YO VUELVO A MI PADRE. LES HE DICHO ESTAS COSAS ANTES DE QUE SUCEDAN PARA QUE PUEDAN CREER.
VAMOS, CANTEMOS UN HIMNO Y LUEGO IREMOS AL HUERTO A ORAR.
JESÚS Y LOS ONCE DISCÍPULOS CANTARON UN ÚLTIMO HIMNO JUNTOS.

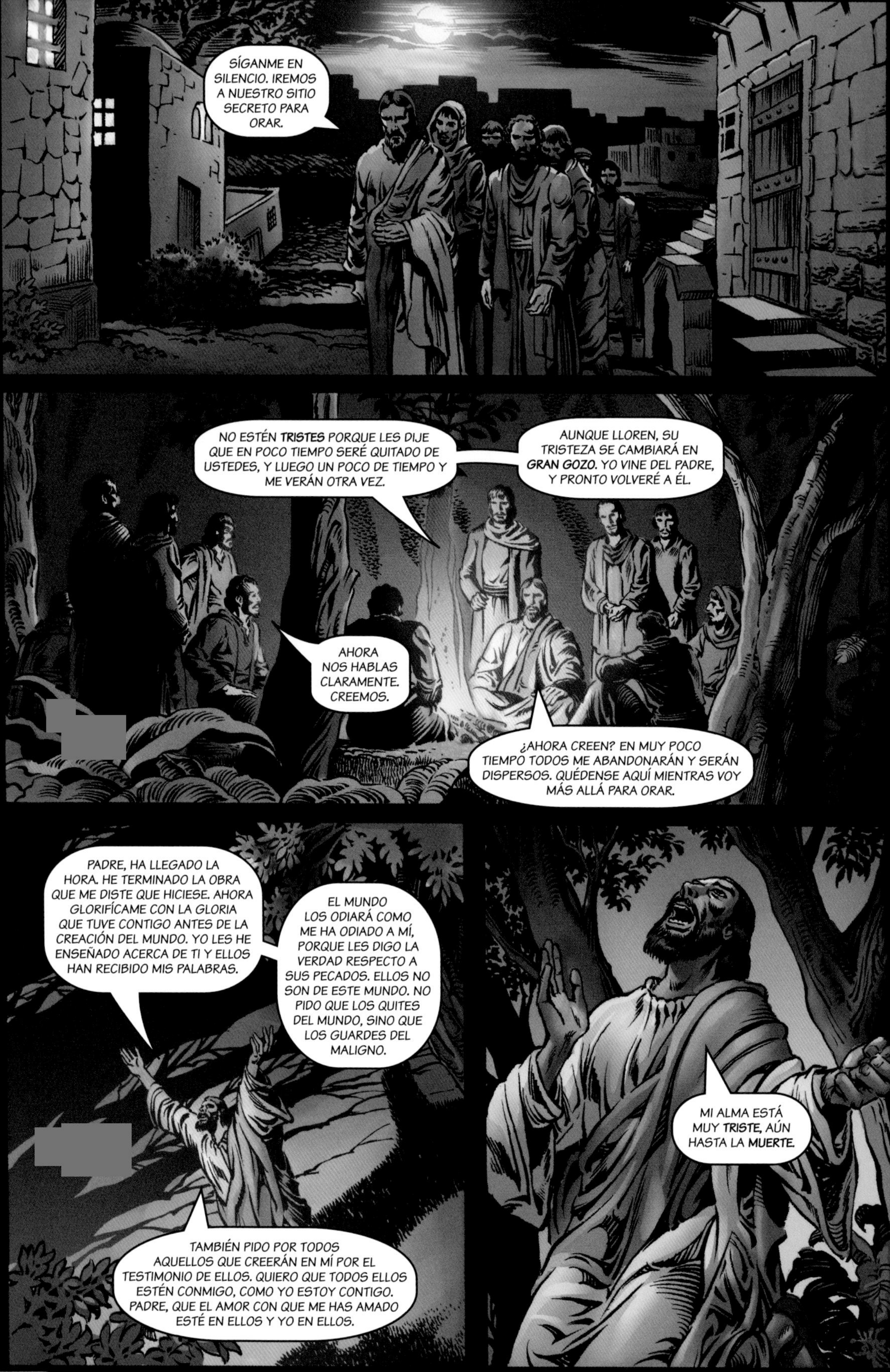
SÍGANME EN SILENCIO. IREMOS A NUESTRO SITIO SECRETO PARA ORAR.
NO ESTÉN **TRISTES** PORQUE LES DIJE QUE EN POCO TIEMPO SERÉ QUITADO DE USTEDES, Y LUEGO UN POCO DE TIEMPO Y ME VERÁN OTRA VEZ.
AUNQUE LLOREN, SU TRISTEZA SE CAMBIARÁ EN **GRAN GOZO**. YO VINE DEL PADRE, Y PRONTO VOLVERÉ A ÉL.
AHORA NOS HABLAS CLARAMENTE. CREEMOS.
¿AHORA CREEN? EN MUY POCO TIEMPO TODOS ME ABANDONARÁN Y SERÁN DISPERSOS. QUÉDENSE AQUÍ MIENTRAS VOY MÁS ALLÁ PARA ORAR.
PADRE, HA LLEGADO LA HORA. HE TERMINADO LA OBRA QUE ME DISTE QUE HICIESE. AHORA GLORIFÍCAME CON LA GLORIA QUE TUVE CONTIGO ANTES DE LA CREACIÓN DEL MUNDO. YO LES HE ENSEÑADO ACERCA DE TI Y ELLOS HAN RECIBIDO MIS PALABRAS.
EL MUNDO LOS ODIARÁ COMO ME HA ODIADO A MÍ, PORQUE LES DIGO LA VERDAD RESPECTO A SUS PECADOS. ELLOS NO SON DE ESTE MUNDO. NO PIDO QUE LOS QUITES DEL MUNDO, SINO QUE LOS GUARDES DEL MALIGNO.
TAMBIÉN PIDO POR TODOS AQUELLOS QUE CREERÁN EN MÍ POR EL TESTIMONIO DE ELLOS. QUIERO QUE TODOS ELLOS ESTÉN CONMIGO, COMO YO ESTOY CONTIGO. PADRE, QUE EL AMOR CON QUE ME HAS AMADO ESTÉ EN ELLOS Y YO EN ELLOS.
MI ALMA ESTÁ MUY **TRISTE**, AÚN HASTA LA **MUERTE**.

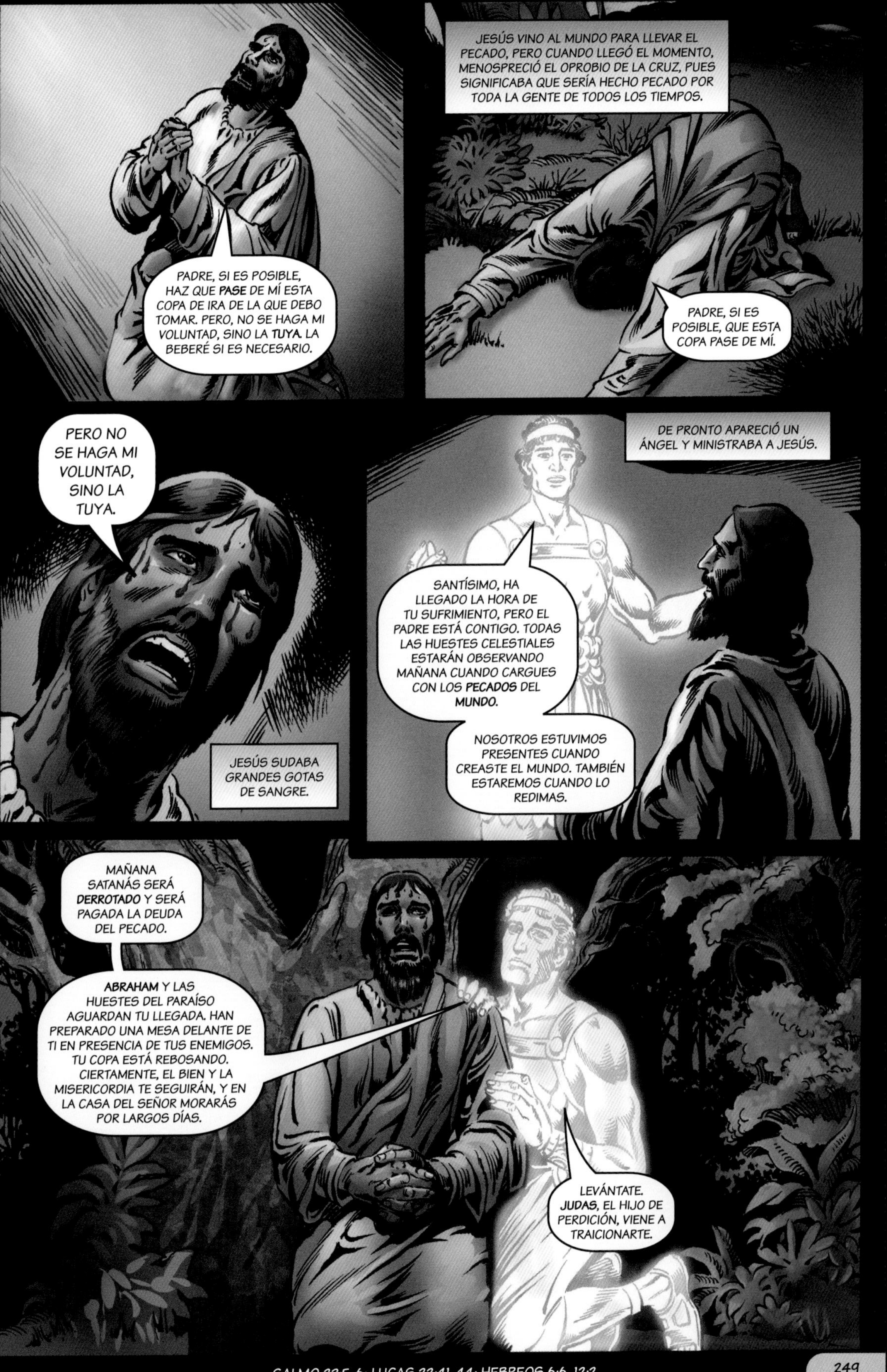
PADRE, SI ES POSIBLE, HAZ QUE PASE DE MÍ ESTA COPA DE IRA DE LA QUE DEBO TOMAR. PERO, NO SE HAGA MI VOLUNTAD, SINO LA TUYA. LA BEBERÉ SI ES NECESARIO.
JESÚS VINO AL MUNDO PARA LLEVAR EL PECADO, PERO CUANDO LLEGÓ EL MOMENTO, MENOSPRECIÓ EL OPROBIO DE LA CRUZ, PUES SIGNIFICABA QUE SERÍA HECHO PECADO POR TODA LA GENTE DE TODOS LOS TIEMPOS.
PADRE, SI ES POSIBLE, QUE ESTA COPA PASE DE MÍ.
PERO NO SE HAGA MI VOLUNTAD, SINO LA TUYA.
JESÚS SUDABA GRANDES GOTAS DE SANGRE.
DE PRONTO APARECIÓ UN ÁNGEL Y MINISTRABA A JESÚS.
SANTÍSIMO, HA LLEGADO LA HORA DE TU SUFRIMIENTO, PERO EL PADRE ESTÁ CONTIGO. TODAS LAS HUESTES CELESTIALES ESTARÁN OBSERVANDO MAÑANA CUANDO CARGUES CON LOS PECADOS DEL MUNDO.
NOSOTROS ESTUVIMOS PRESENTES CUANDO CREASTE EL MUNDO. TAMBIÉN ESTAREMOS CUANDO LO REDIMAS.
MAÑANA SATANÁS SERÁ DERROTADO Y SERÁ PAGADA LA DEUDA DEL PECADO.
ABRAHAM Y LAS HUESTES DEL PARAÍSO AGUARDAN TU LLEGADA. HAN PREPARADO UNA MESA DELANTE DE TI EN PRESENCIA DE TUS ENEMIGOS. TU COPA ESTÁ REBOSANDO. CIERTAMENTE, EL BIEN Y LA MISERICORDIA TE SEGUIRÁN, Y EN LA CASA DEL SEÑOR MORARÁS POR LARGOS DÍAS.
LEVÁNTATE. JUDAS, EL HIJO DE PERDICIÓN, VIENE A TRAICIONARTE.

SALMO 23:5-6; LUCAS 22:41-44; HEBREOS 6:6, 12:2

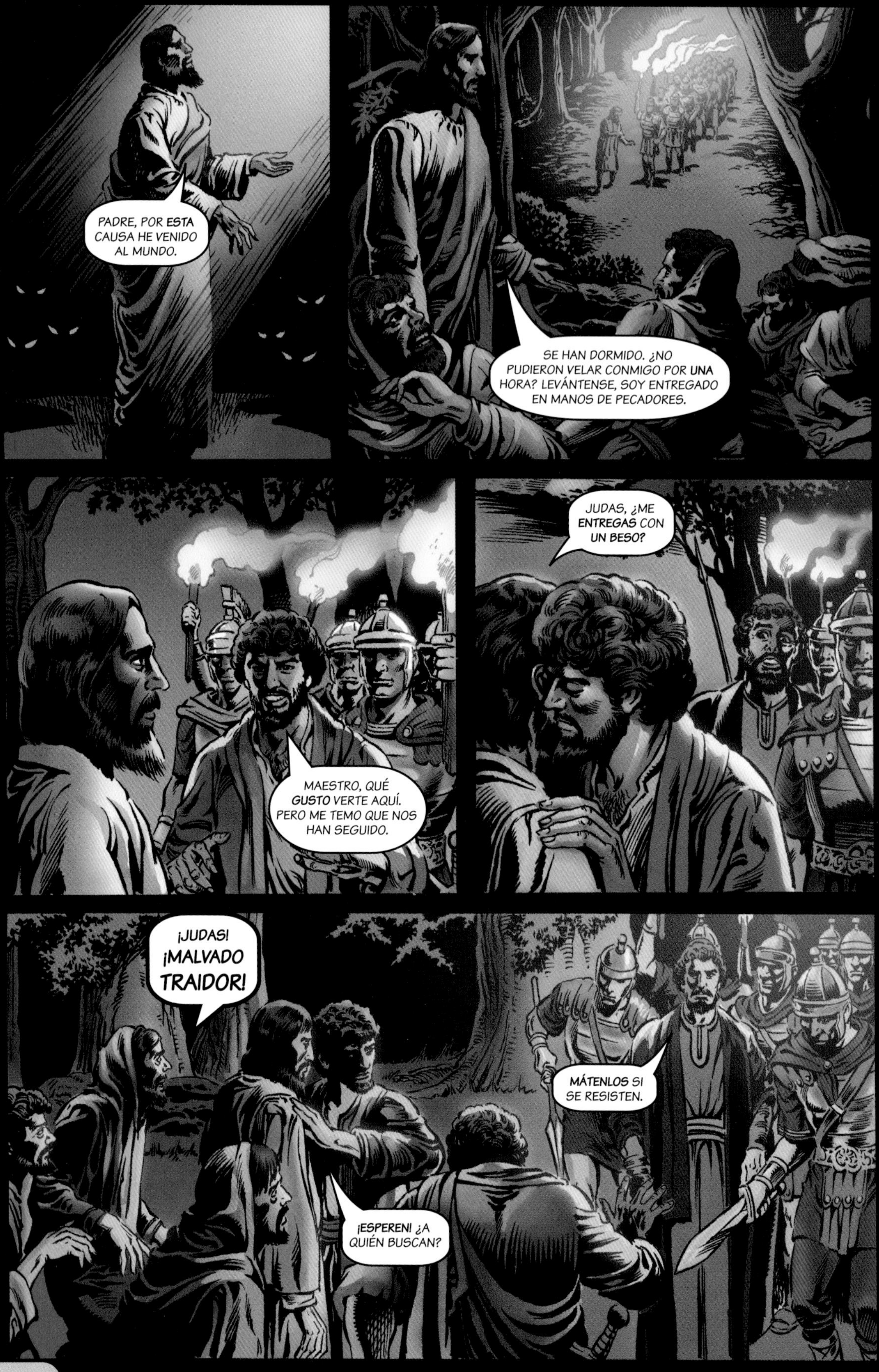
PADRE, POR ESTA CAUSA HE VENIDO AL MUNDO.
SE HAN DORMIDO. ¿NO PUDIERON VELAR CONMIGO POR UNA HORA? LEVÁNTENSE, SOY ENTREGADO EN MANOS DE PECADORES.
MAESTRO, QUÉ GUSTO VERTE AQUÍ. PERO ME TEMO QUE NOS HAN SEGUIDO.
JUDAS, ¿ME ENTREGAS CON UN BESO?
¡JUDAS! ¡MALVADO TRAIDOR!
MÁTENLOS SI SE RESISTEN.
¡ESPEREN! ¿A QUIÉN BUSCAN?

MATEO 26:40,45-50; JUAN 12:27, 18:1-4

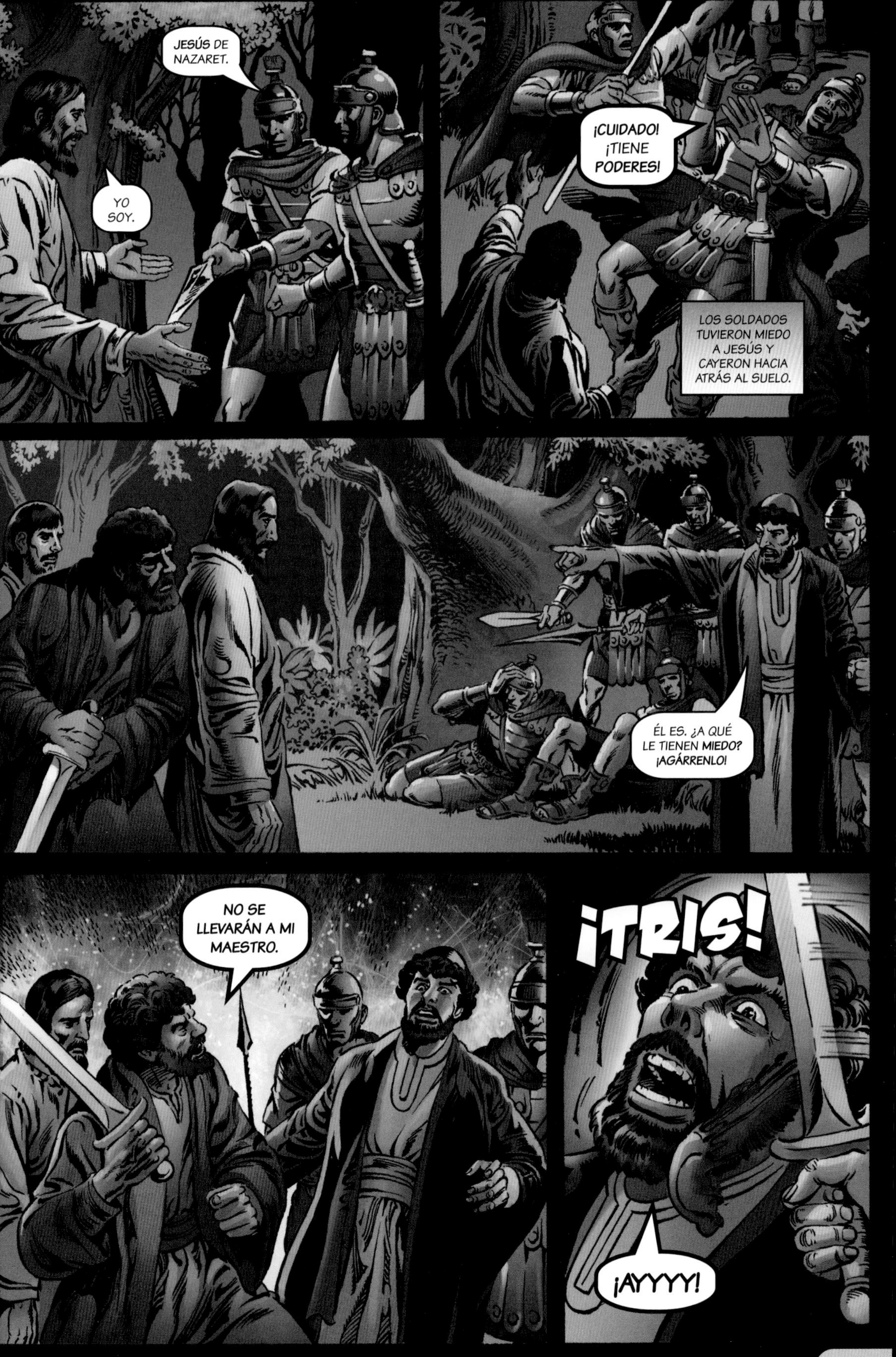
JESÚS DE NAZARET.
YO SOY.
¡CUIDADO! ¡TIENE PODERES!
LOS SOLDADOS TUVIERON MIEDO A JESÚS Y CAYERON HACIA ATRÁS AL SUELO.
ÉL ES. ¿A QUÉ LE TIENEN MIEDO? ¡AGÁRRENLO!
NO SE LLEVARÁN A MI MAESTRO.
¡TRIS!
¡AYYYY!

JUAN 18:4-6,10

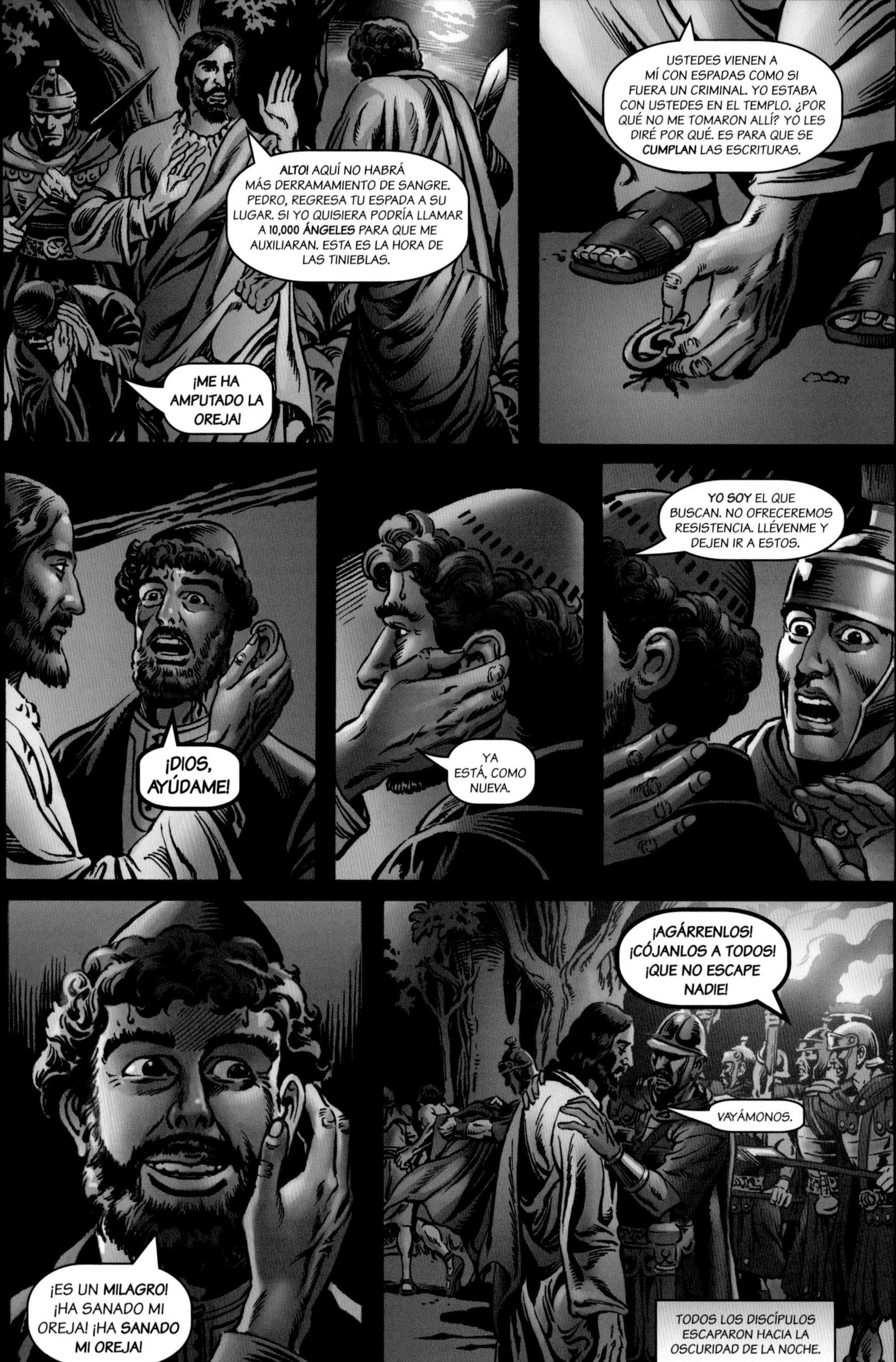
ALTO! AQUÍ NO HABRÁ MÁS DERRAMAMIENTO DE SANGRE. PEDRO, REGRESA TU ESPADA A SU LUGAR. SI YO QUISIERA PODRÍA LLAMAR A 10,000 ÁNGELES PARA QUE ME AUXILIARAN. ESTA ES LA HORA DE LAS TINIEBLAS.
¡ME HA AMPUTADO LA OREJA!
USTEDES VIENEN A MÍ CON ESPADAS COMO SI FUERA UN CRIMINAL. YO ESTABA CON USTEDES EN EL TEMPLO. ¿POR QUÉ NO ME TOMARON ALLÍ? YO LES DIRÉ POR QUÉ. ES PARA QUE SE CUMPLAN LAS ESCRITURAS.
¡DIOS, AYÚDAME!
YA ESTÁ, COMO NUEVA.
YO SOY EL QUE BUSCAN. NO OFRECEREMOS RESISTENCIA. LLÉVENME Y DEJEN IR A ESTOS.
¡ES UN MILAGRO! ¡HA SANADO MI OREJA! ¡HA SANADO MI OREJA!
¡AGÁRRENLOS! ¡CÓJANLOS A TODOS! ¡QUE NO ESCAPE NADIE!
VAYÁMONOS.
TODOS LOS DISCÍPULOS ESCAPARON HACIA LA OSCURIDAD DE LA NOCHE.

MATEO 26:52–57; MARCOS 14:51–52; LUCAS 22:50–51

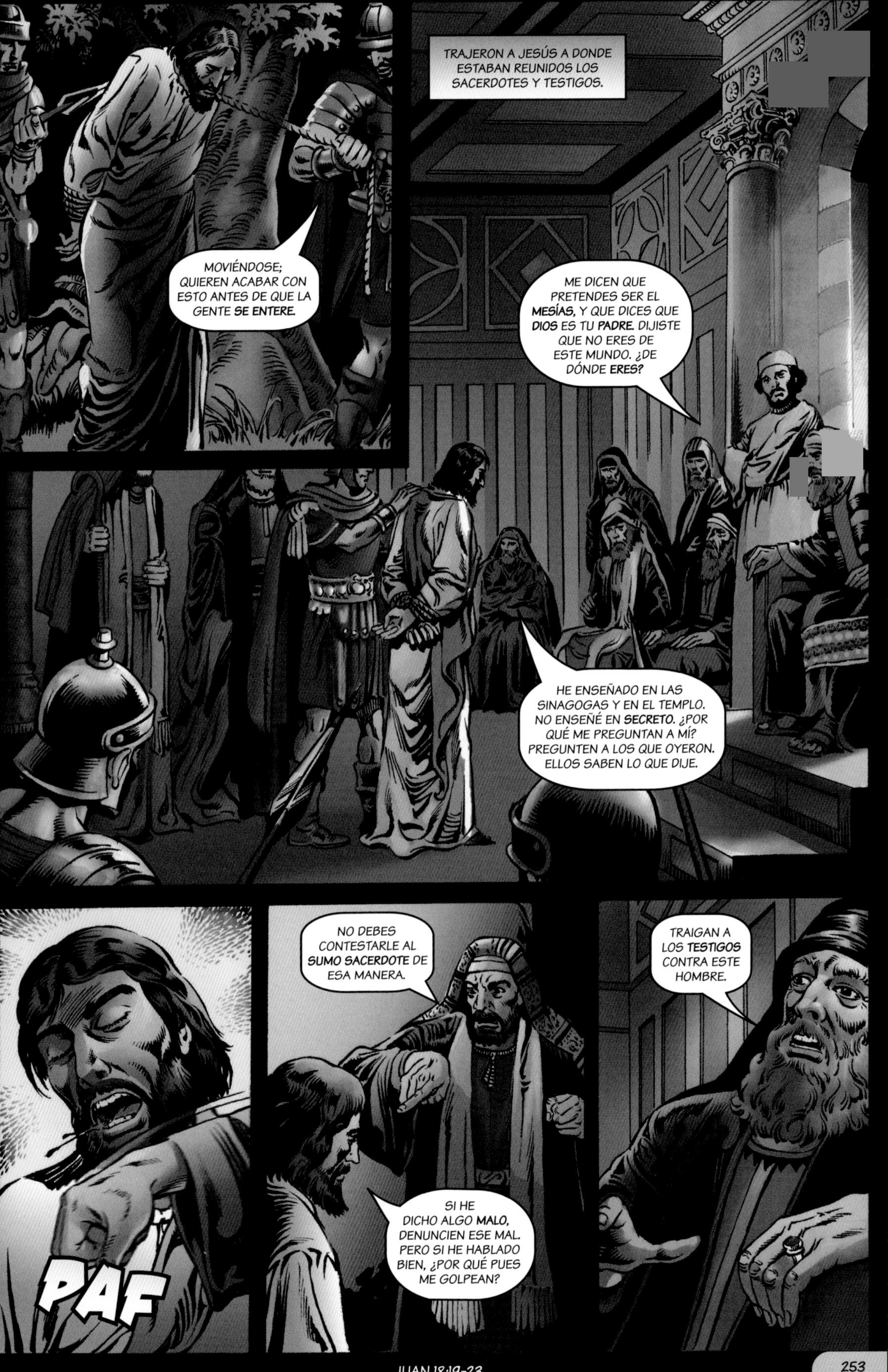
MOVIÉNDOSE; QUIEREN ACABAR CON ESTO ANTES DE QUE LA GENTE SE ENTERE.
TRAJERON A JESÚS A DONDE ESTABAN REUNIDOS LOS SACERDOTES Y TESTIGOS.
ME DICEN QUE PRETENDES SER EL MESÍAS, Y QUE DICES QUE DIOS ES TU PADRE. DIJISTE QUE NO ERES DE ESTE MUNDO. ¿DE DÓNDE ERES?
HE ENSEÑADO EN LAS SINAGOGAS Y EN EL TEMPLO. NO ENSEÑÉ EN SECRETO. ¿POR QUÉ ME PREGUNTAN A MÍ? PREGUNTEN A LOS QUE OYERON. ELLOS SABEN LO QUE DIJE.
PAF
NO DEBES CONTESTARLE AL SUMO SACERDOTE DE ESA MANERA.
SI HE DICHO ALGO MALO, DENUNCIEN ESE MAL. PERO SI HE HABLADO BIEN, ¿POR QUÉ PUES ME GOLPEAN?
TRAIGAN A LOS TESTIGOS CONTRA ESTE HOMBRE.

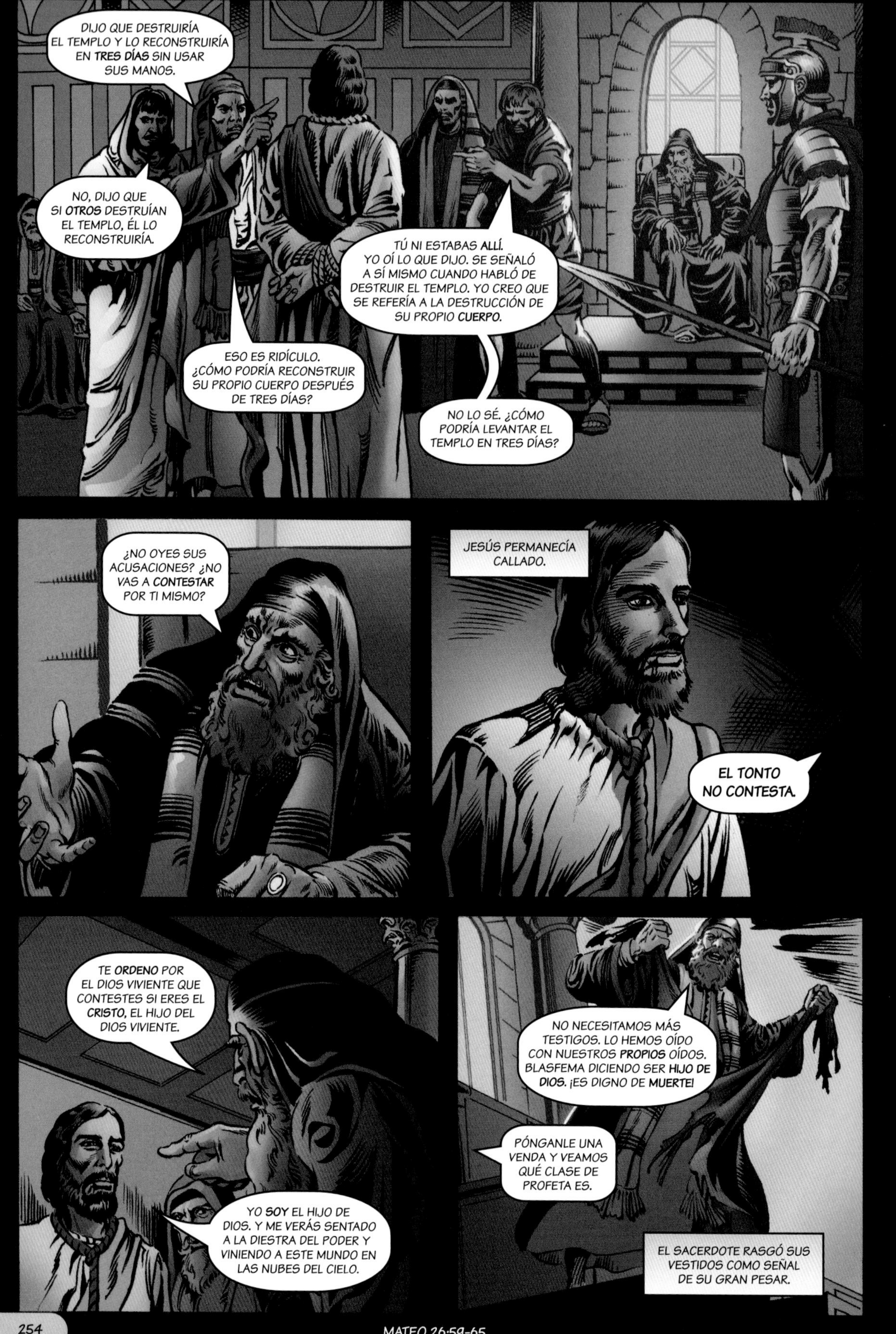
DIJO QUE DESTRUIRÍA EL TEMPLO Y LO RECONSTRUIRÍA EN TRES DÍAS SIN USAR SUS MANOS.
NO, DIJO QUE SI OTROS DESTRUÍAN EL TEMPLO, ÉL LO RECONSTRUIRÍA.
TÚ NI ESTABAS ALLÍ. YO OÍ LO QUE DIJO. SE SEÑALÓ A SÍ MISMO CUANDO HABLÓ DE DESTRUIR EL TEMPLO. YO CREO QUE SE REFERÍA A LA DESTRUCCIÓN DE SU PROPIO CUERPO.
ESO ES RIDÍCULO. ¿CÓMO PODRÍA RECONSTRUIR SU PROPIO CUERPO DESPUÉS DE TRES DÍAS?
NO LO SÉ. ¿CÓMO PODRÍA LEVANTAR EL TEMPLO EN TRES DÍAS?
¿NO OYES SUS ACUSACIONES? ¿NO VAS A CONTESTAR POR TI MISMO?
JESÚS PERMANECÍA CALLADO.
EL TONTO NO CONTESTA.
TE ORDENO POR EL DIOS VIVIENTE QUE CONTESTES SI ERES EL CRISTO, EL HIJO DEL DIOS VIVIENTE.
YO SOY EL HIJO DE DIOS. Y ME VERÁS SENTADO A LA DIESTRA DEL PODER Y VINIENDO A ESTE MUNDO EN LAS NUBES DEL CIELO.
NO NECESITAMOS MÁS TESTIGOS. LO HEMOS OÍDO CON NUESTROS PROPIOS OÍDOS. BLASFEMA DICIENDO SER HIJO DE DIOS. ¡ES DIGNO DE MUERTE!
PÓNGANLE UNA VENDA Y VEAMOS QUÉ CLASE DE PROFETA ES.
EL SACERDOTE RASGÓ SUS VESTIDOS COMO SEÑAL DE SU GRAN PESAR.

MATEO 26:59-65

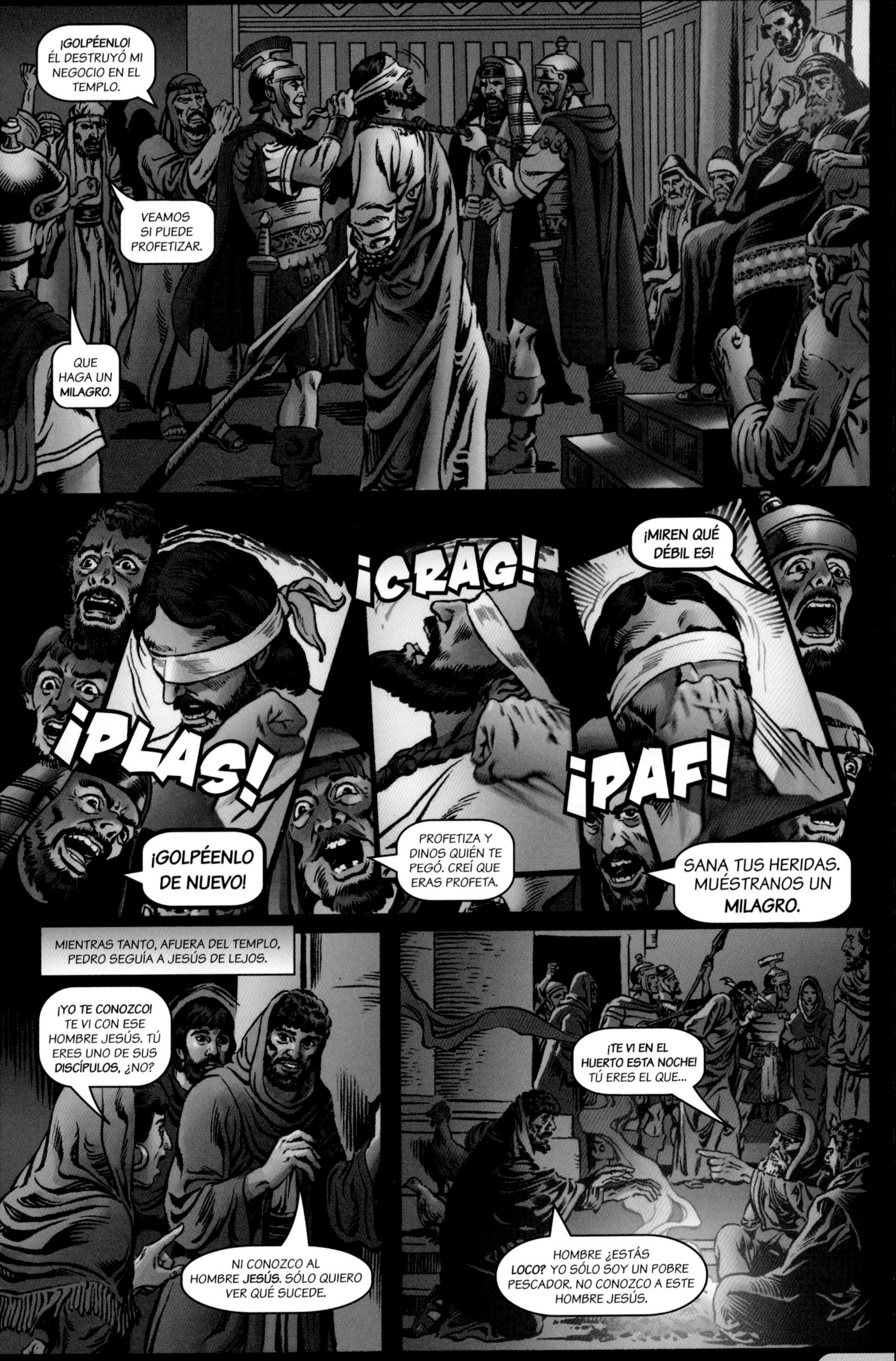
¡GOLPÉENLO! ÉL DESTRUYÓ MI NEGOCIO EN EL TEMPLO.
VEAMOS SI PUEDE PROFETIZAR.
QUE HAGA UN MILAGRO.
¡MIREN QUÉ DÉBIL ES!
¡CRAG!
¡PLAS!
¡PAF!
¡GOLPÉENLO DE NUEVO!
PROFETIZA Y DINOS QUIÉN TE PEGÓ. CREÍ QUE ERAS PROFETA.
SANA TUS HERIDAS. MUÉSTRANOS UN MILAGRO.
MIENTRAS TANTO, AFUERA DEL TEMPLO, PEDRO SEGUÍA A JESÚS DE LEJOS.
¡YO TE CONOZCO! TE VI CON ESE HOMBRE JESÚS. TÚ ERES UNO DE SUS DISCÍPULOS, ¿NO?
NI CONOZCO AL HOMBRE JESÚS. SÓLO QUIERO VER QUÉ SUCEDE.
¡TE VI EN EL HUERTO ESTA NOCHE! TÚ ERES EL QUE...
HOMBRE ¿ESTÁS LOCO? YO SÓLO SOY UN POBRE PESCADOR. NO CONOZCO A ESTE HOMBRE JESÚS.

MATEO 26:67-70; LUCAS 22:64-65

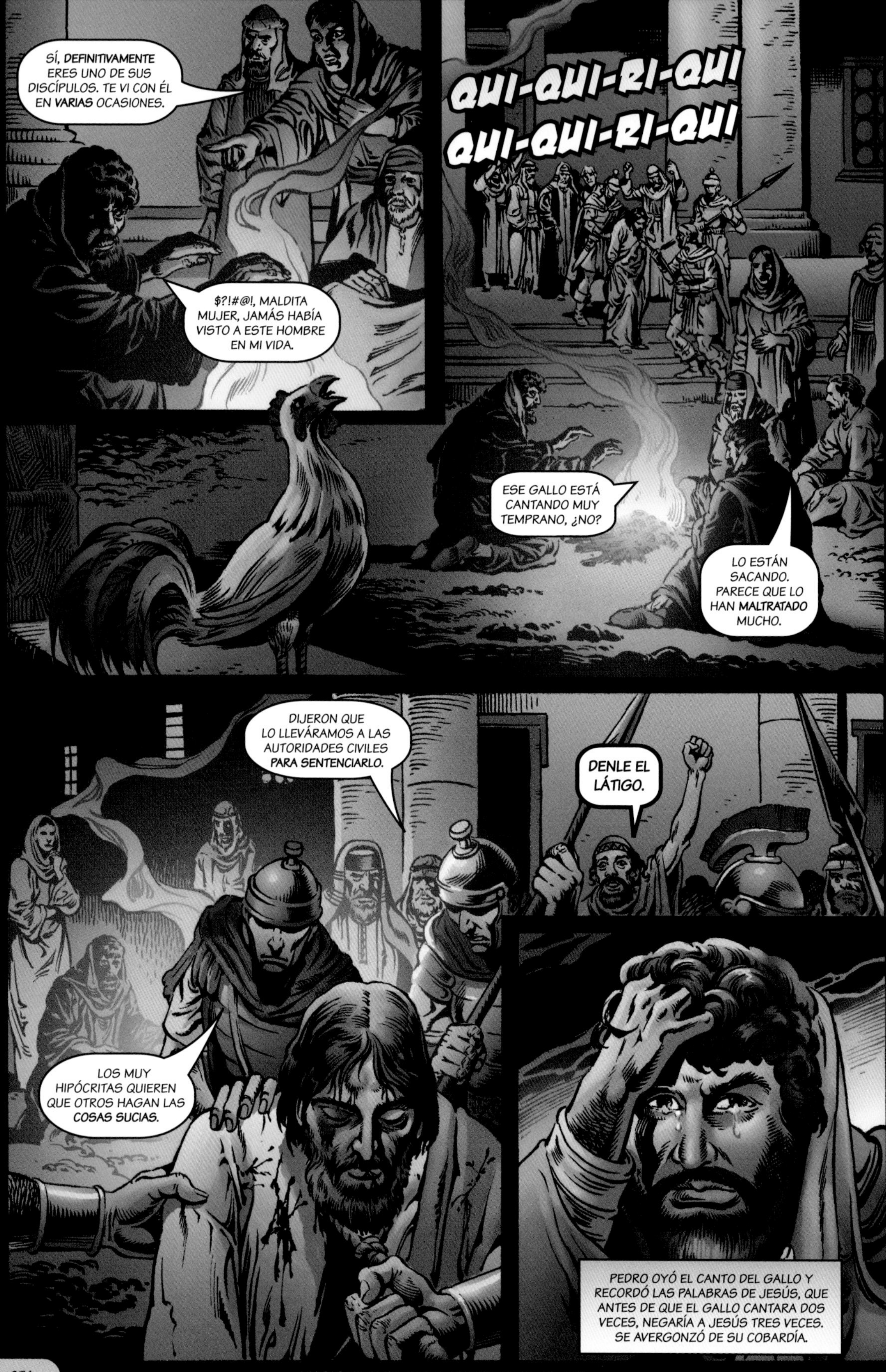
SÍ, DEFINITIVAMENTE ERES UNO DE SUS DISCÍPULOS. TE VI CON ÉL EN VARIAS OCASIONES.
$?!#@!, MALDITA MUJER, JAMÁS HABÍA VISTO A ESTE HOMBRE EN MI VIDA.
QUI-QUI-RI-QUI
QUI-QUI-RI-QUI
ESE GALLO ESTÁ CANTANDO MUY TEMPRANO, ¿NO?
LO ESTÁN SACANDO. PARECE QUE LO HAN MALTRATADO MUCHO.
DIJERON QUE LO LLEVÁRAMOS A LAS AUTORIDADES CIVILES PARA SENTENCIARLO.
DENLE EL LÁTIGO.
LOS MUY HIPÓCRITAS QUIEREN QUE OTROS HAGAN LAS COSAS SUCIAS.
PEDRO OYÓ EL CANTO DEL GALLO Y RECORDÓ LAS PALABRAS DE JESÚS, QUE ANTES DE QUE EL GALLO CANTARA DOS VECES, NEGARÍA A JESÚS TRES VECES. SE AVERGONZÓ DE SU COBARDÍA.

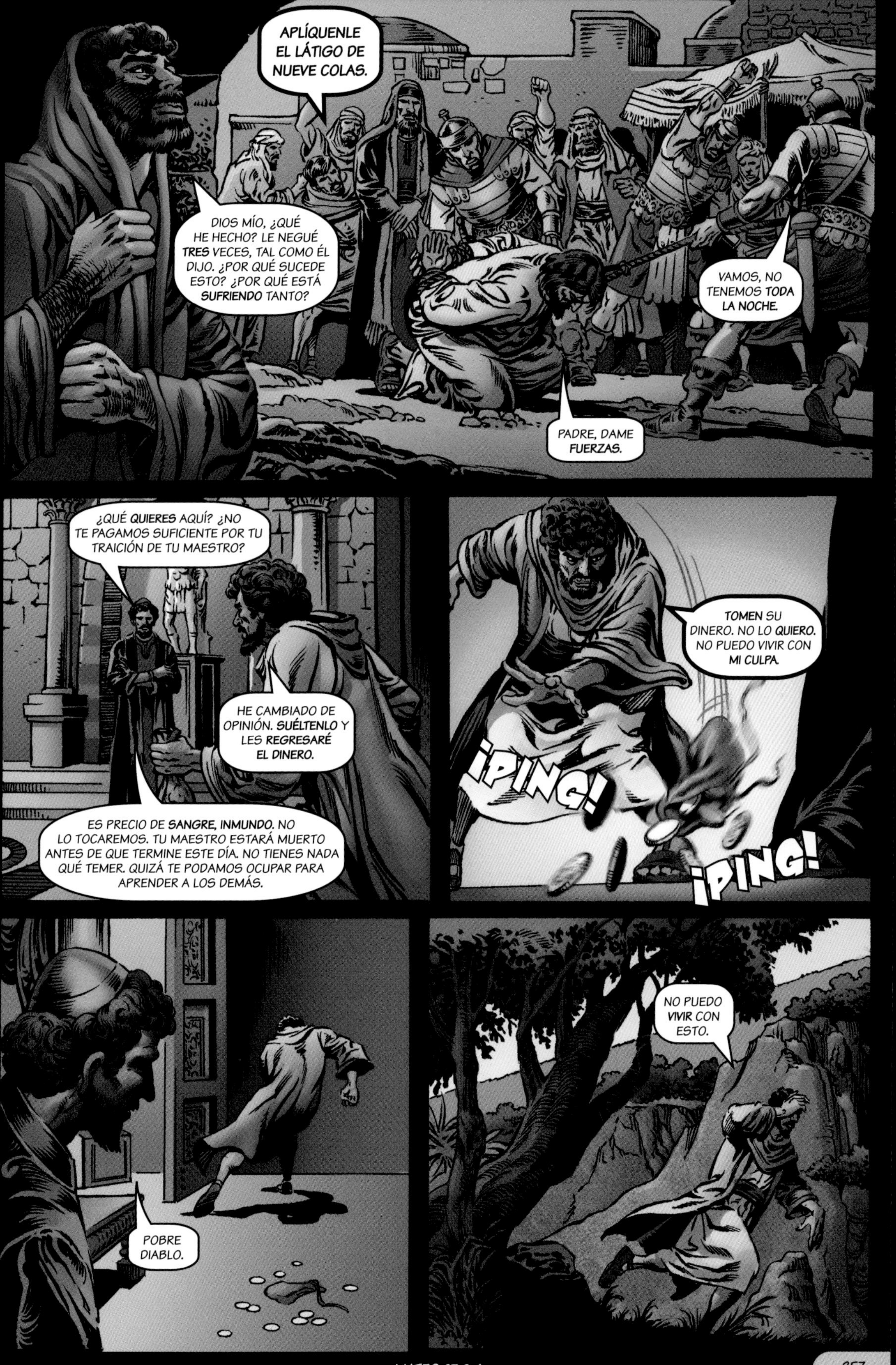
APLÍQUENLE EL LÁTIGO DE NUEVE COLAS.
DIOS MÍO, ¿QUÉ HE HECHO? LE NEGUÉ TRES VECES, TAL COMO ÉL DIJO. ¿POR QUÉ SUCEDE ESTO? ¿POR QUÉ ESTÁ SUFRIENDO TANTO?
VAMOS, NO TENEMOS TODA LA NOCHE.
PADRE, DAME FUERZAS.
¿QUÉ QUIERES AQUÍ? ¿NO TE PAGAMOS SUFICIENTE POR TU TRAICIÓN DE TU MAESTRO?
HE CAMBIADO DE OPINIÓN. SUÉLTENLO Y LES REGRESARÉ EL DINERO.
ES PRECIO DE SANGRE, INMUNDO. NO LO TOCAREMOS. TU MAESTRO ESTARÁ MUERTO ANTES DE QUE TERMINE ESTE DÍA. NO TIENES NADA QUÉ TEMER. QUIZÁ TE PODAMOS OCUPAR PARA APRENDER A LOS DEMÁS.
TOMEN SU DINERO. NO LO QUIERO. NO PUEDO VIVIR CON MI CULPA.
¡PING!
¡PING!
POBRE DIABLO.
NO PUEDO VIVIR CON ESTO.

MATEO 27:3-6

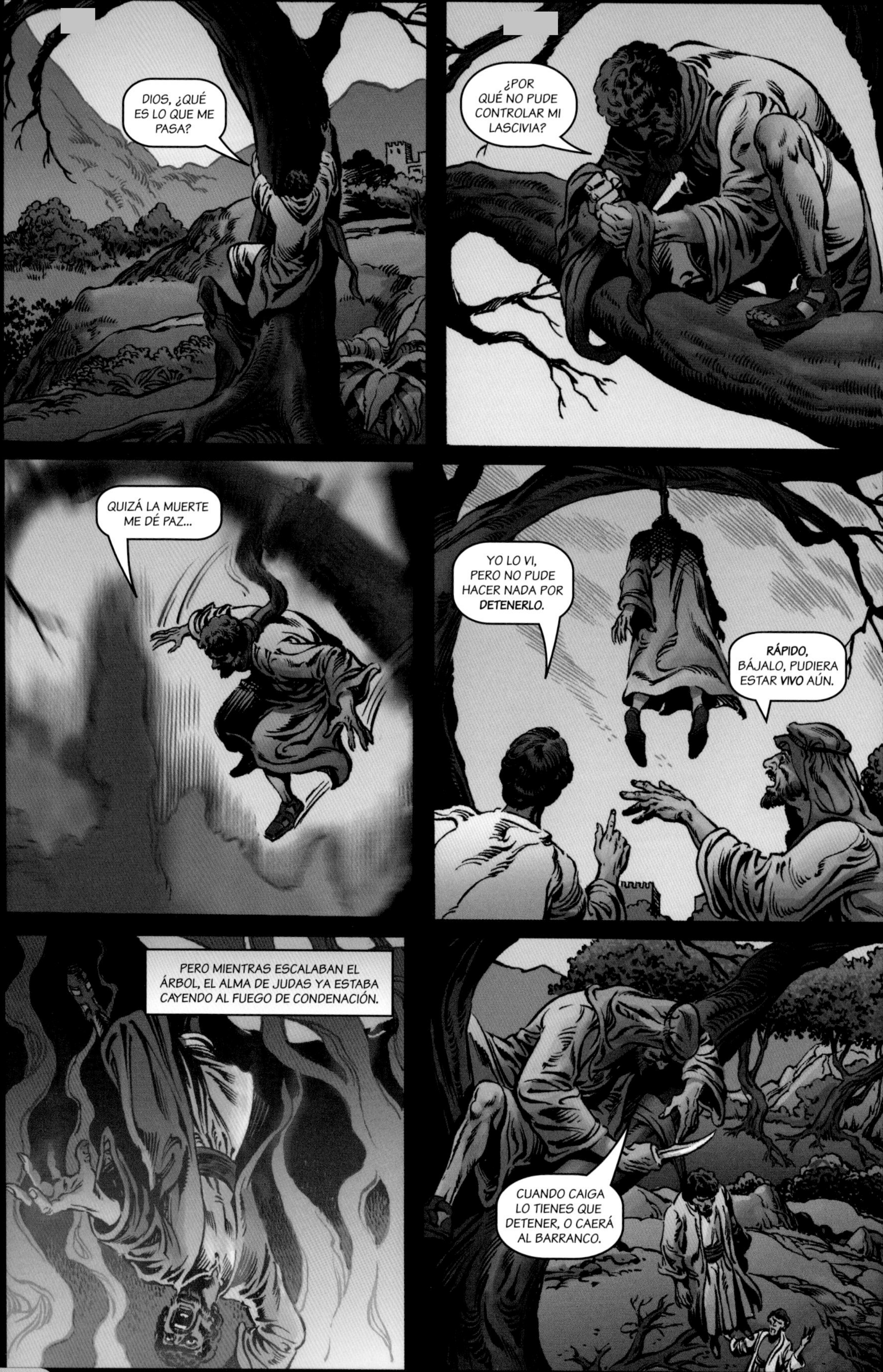
DIOS, ¿QUÉ ES LO QUE ME PASA?
¿POR QUÉ NO PUDE CONTROLAR MI LASCIVIA?
QUIZÁ LA MUERTE ME DÉ PAZ...
YO LO VI, PERO NO PUDE HACER NADA POR DETENERLO.
RÁPIDO, BÁJALO, PUDIERA ESTAR VIVO AÚN.
PERO MIENTRAS ESCALABAN EL ÁRBOL, EL ALMA DE JUDAS YA ESTABA CAYENDO AL FUEGO DE CONDENACIÓN.
CUANDO CAIGA LO TIENES QUE DETENER, O CAERÁ AL BARRANCO.

MATEO 27:5; HECHOS 1:18

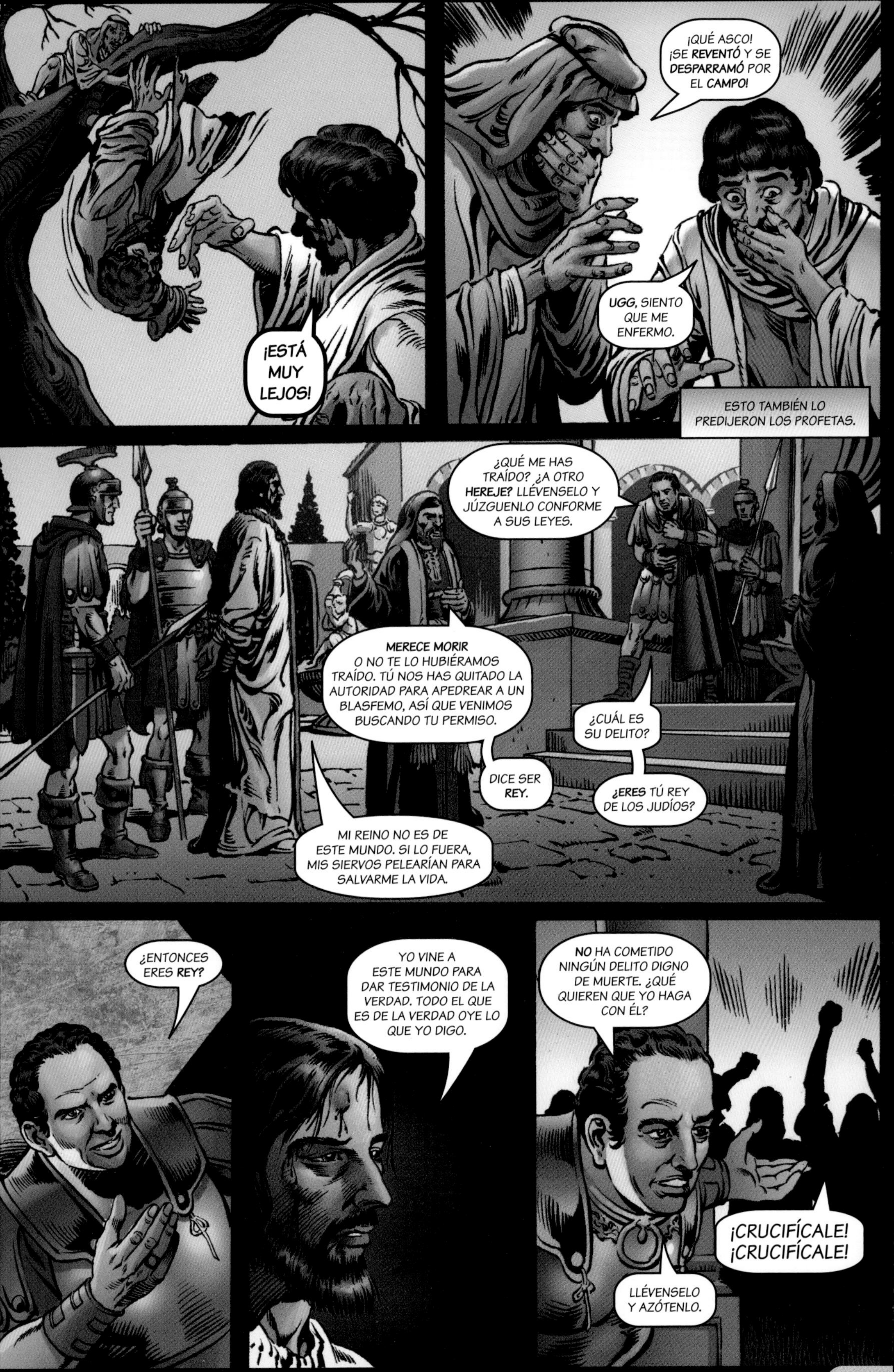
¡ESTÁ MUY LEJOS!
¡QUÉ ASCO! ¡SE REVENTÓ Y SE DESPARRAMÓ POR EL CAMPO!
UGG, SIENTO QUE ME ENFERMO.
ESTO TAMBIÉN LO PREDIJERON LOS PROFETAS.
¿QUÉ ME HAS TRAÍDO? ¿A OTRO HEREJE? LLÉVENSELO Y JÚZGUENLO CONFORME A SUS LEYES.
MERECE MORIR O NO TE LO HUBIÉRAMOS TRAÍDO. TÚ NOS HAS QUITADO LA AUTORIDAD PARA APEDREAR A UN BLASFEMO, ASÍ QUE VENIMOS BUSCANDO TU PERMISO.
¿CUÁL ES SU DELITO?
DICE SER REY.
¿ERES TÚ REY DE LOS JUDÍOS?
MI REINO NO ES DE ESTE MUNDO. SI LO FUERA, MIS SIERVOS PELEARÍAN PARA SALVARME LA VIDA.
¿ENTONCES ERES REY?
YO VINE A ESTE MUNDO PARA DAR TESTIMONIO DE LA VERDAD. TODO EL QUE ES DE LA VERDAD OYE LO QUE YO DIGO.
NO HA COMETIDO NINGÚN DELITO DIGNO DE MUERTE. ¿QUÉ QUIEREN QUE YO HAGA CON ÉL?
¡CRUCIFÍCALE! ¡CRUCIFÍCALE!
LLÉVENSELO Y AZÓTENLO.

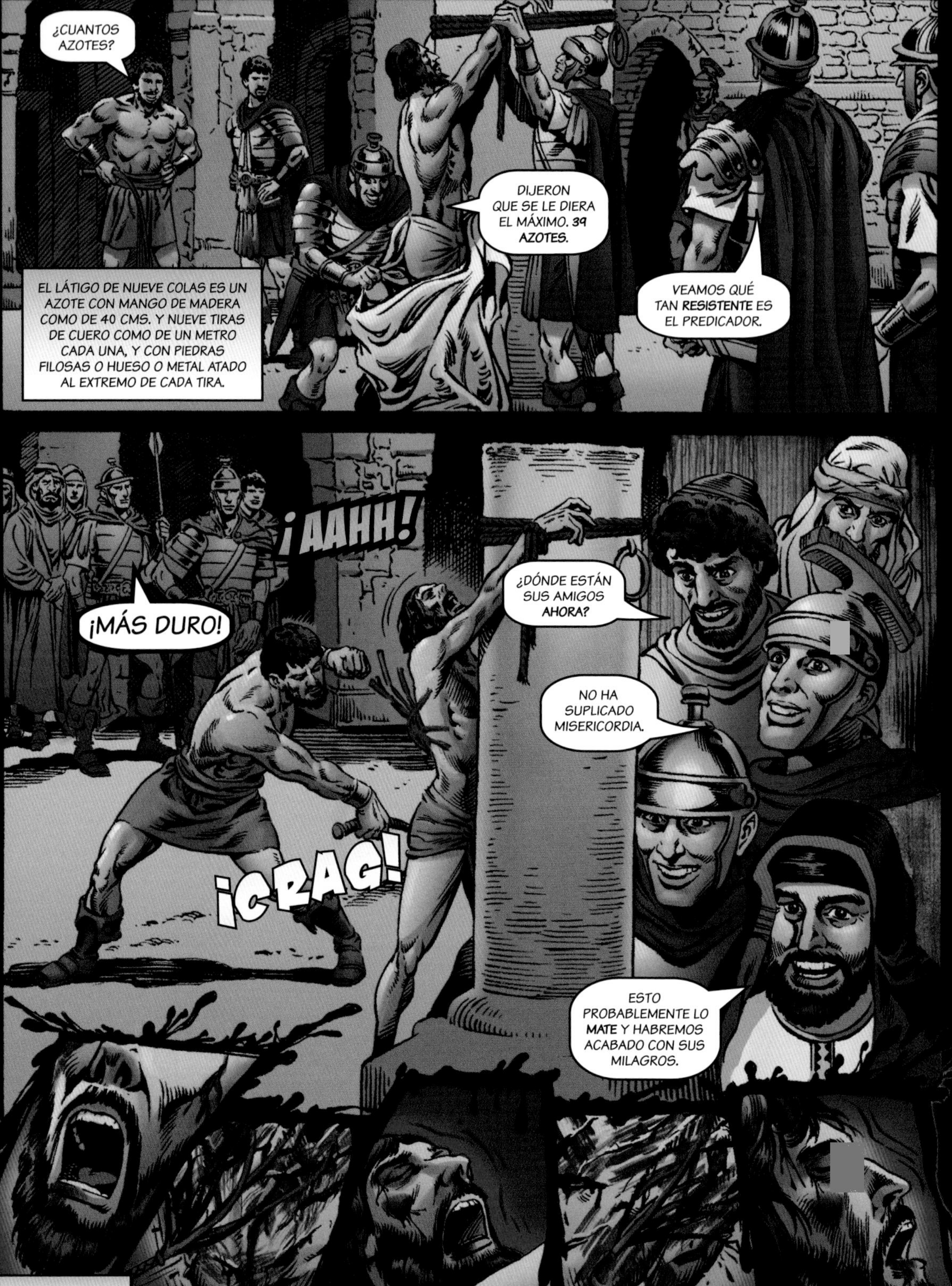
¿CUANTOS AZOTES?
DIJERON QUE SE LE DIERA EL MÁXIMO. 39 AZOTES.
VEAMOS QUÉ TAN RESISTENTE ES EL PREDICADOR.
EL LÁTIGO DE NUEVE COLAS ES UN AZOTE CON MANGO DE MADERA COMO DE 40 CMS. Y NUEVE TIRAS DE CUERO COMO DE UN METRO CADA UNA, Y CON PIEDRAS FILOSAS O HUESO O METAL ATADO AL EXTREMO DE CADA TIRA.
¡AAHH!
¡MÁS DURO!
¿DÓNDE ESTÁN SUS AMIGOS AHORA?
NO HA SUPLICADO MISERICORDIA.
¡CRAG!
ESTO PROBABLEMENTE LO MATE Y HABREMOS ACABADO CON SUS MILAGROS.
TREINTA Y CINCO
TREINTA Y SEIS
TREINTA Y SIETE
TREINTA Y OCHO
TREINTA Y NUEVE

LUCAS 23:11; JUAN 19:1-2

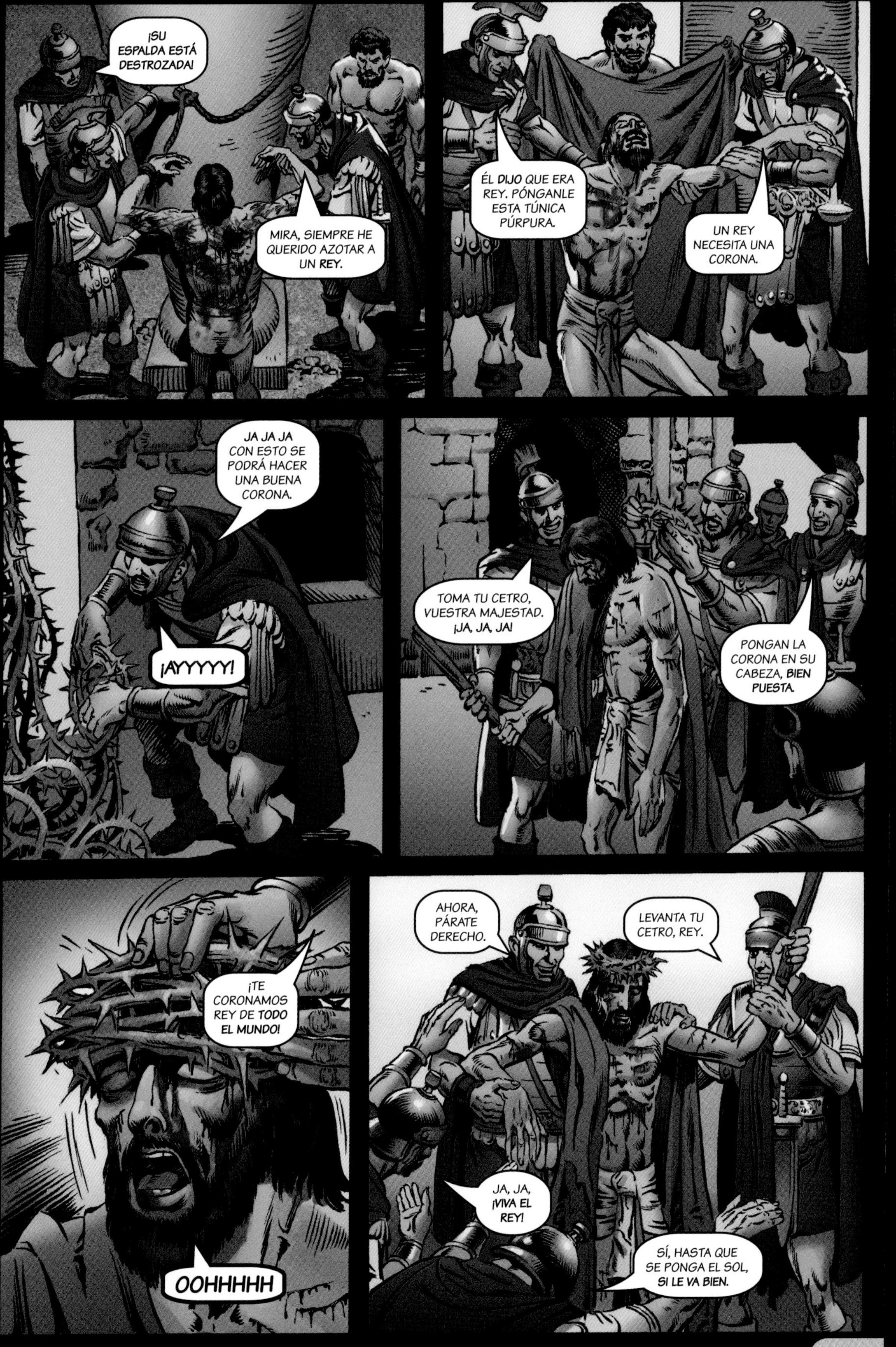
¡SU ESPALDA ESTÁ DESTROZADA!
MIRA, SIEMPRE HE QUERIDO AZOTAR A UN REY.
ÉL DIJO QUE ERA REY. PÓNGANLE ESTA TÚNICA PÚRPURA.
UN REY NECESITA UNA CORONA.
JA JA JA CON ESTO SE PODRÁ HACER UNA BUENA CORONA.
¡AYYYYY!
TOMA TU CETRO, VUESTRA MAJESTAD. ¡JA, JA, JA!
PONGAN LA CORONA EN SU CABEZA, BIEN PUESTA.
¡TE CORONAMOS REY DE TODO EL MUNDO!
OOHHHHH
AHORA, PÁRATE DERECHO.
LEVANTA TU CETRO, REY.
JA, JA, ¡VIVA EL REY!
SÍ, HASTA QUE SE PONGA EL SOL, SI LE VA BIEN.

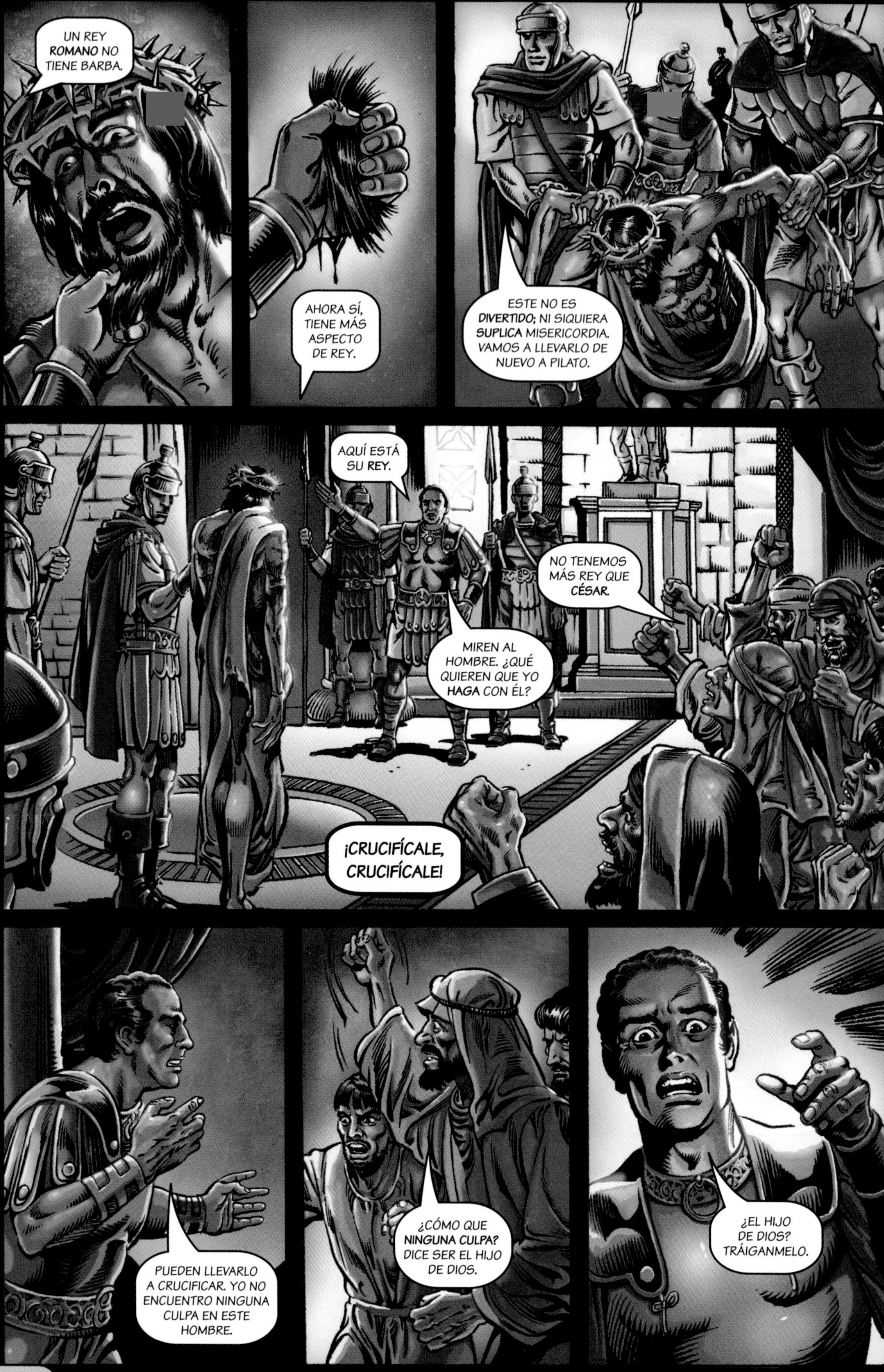
UN REY ROMANO NO TIENE BARBA.
AHORA SÍ, TIENE MÁS ASPECTO DE REY.
ESTE NO ES DIVERTIDO; NI SIQUIERA SUPLICA MISERICORDIA. VAMOS A LLEVARLO DE NUEVO A PILATO.
AQUÍ ESTÁ SU REY.
MIREN AL HOMBRE. ¿QUÉ QUIEREN QUE YO HAGA CON ÉL?
NO TENEMOS MÁS REY QUE CÉSAR.
¡CRUCIFÍCALE, CRUCIFÍCALE!
PUEDEN LLEVARLO A CRUCIFICAR. YO NO ENCUENTRO NINGUNA CULPA EN ESTE HOMBRE.
¿CÓMO QUE NINGUNA CULPA? DICE SER EL HIJO DE DIOS.
¿EL HIJO DE DIOS? TRÁIGANMELO.

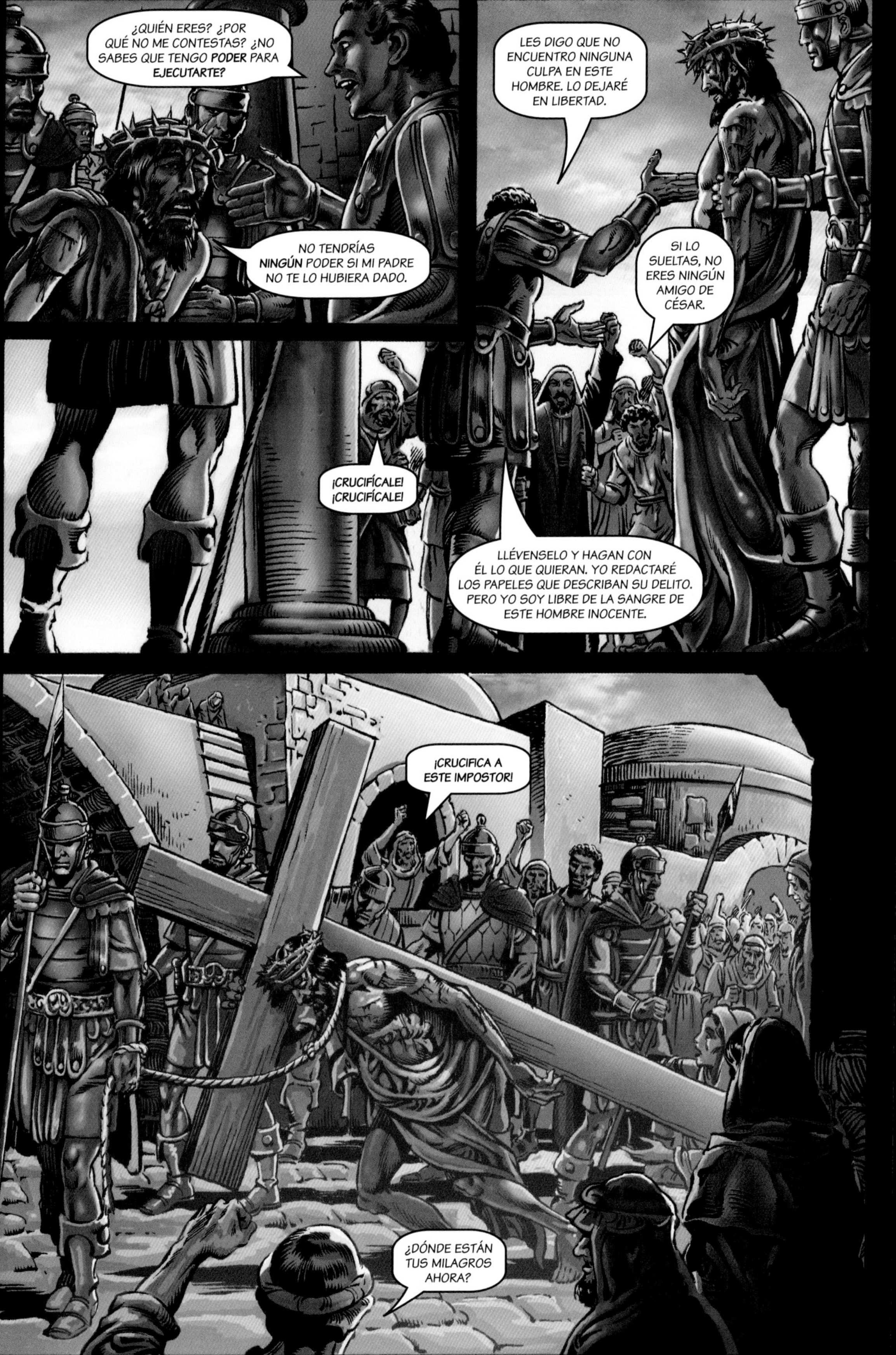
¿QUIÉN ERES? ¿POR QUÉ NO ME CONTESTAS? ¿NO SABES QUE TENGO PODER PARA EJECUTARTE?
NO TENDRÍAS NINGÚN PODER SI MI PADRE NO TE LO HUBIERA DADO.
LES DIGO QUE NO ENCUENTRO NINGUNA CULPA EN ESTE HOMBRE. LO DEJARÉ EN LIBERTAD.
SI LO SUELTAS, NO ERES NINGÚN AMIGO DE CÉSAR.
¡CRUCIFÍCALE! ¡CRUCIFÍCALE!
LLÉVENSELO Y HAGAN CON ÉL LO QUE QUIERAN. YO REDACTARÉ LOS PAPELES QUE DESCRIBAN SU DELITO. PERO YO SOY LIBRE DE LA SANGRE DE ESTE HOMBRE INOCENTE.
¡CRUCIFICA A ESTE IMPOSTOR!
¿DÓNDE ESTÁN TUS MILAGROS AHORA?

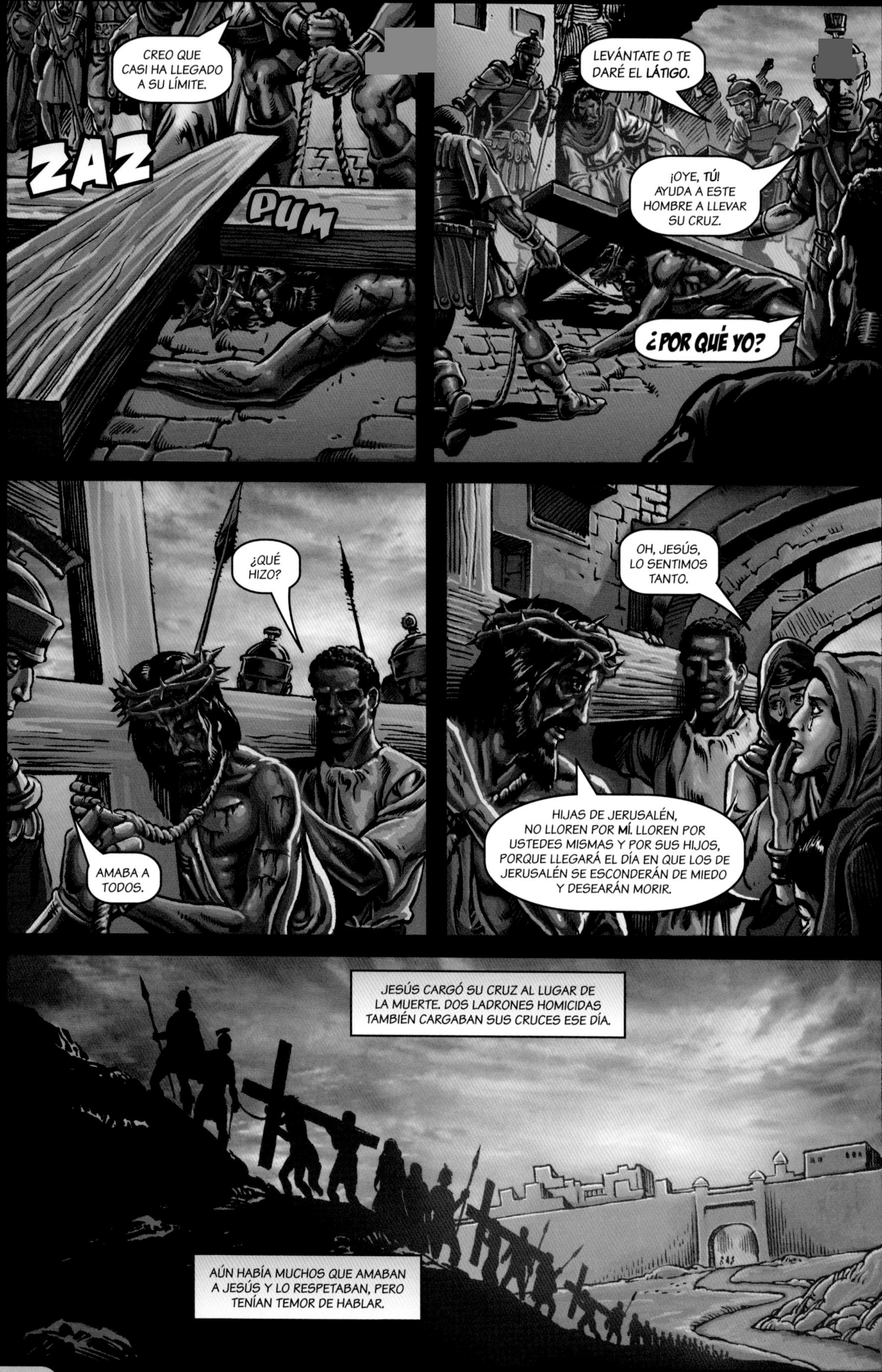
CREO QUE CASI HA LLEGADO A SU LÍMITE.
ZAZ
PUM
LEVÁNTATE O TE DARÉ EL LÁTIGO.
¡OYE, TÚ! AYUDA A ESTE HOMBRE A LLEVAR SU CRUZ.
¿POR QUÉ YO?
¿QUÉ HIZO?
AMABA A TODOS.
OH, JESÚS, LO SENTIMOS TANTO.
HIJAS DE JERUSALÉN, NO LLOREN POR MÍ. LLOREN POR USTEDES MISMAS Y POR SUS HIJOS, PORQUE LLEGARÁ EL DÍA EN QUE LOS DE JERUSALÉN SE ESCONDERÁN DE MIEDO Y DESEARÁN MORIR.
JESÚS CARGÓ SU CRUZ AL LUGAR DE LA MUERTE. DOS LADRONES HOMICIDAS TAMBIÉN CARGABAN SUS CRUCES ESE DÍA.
AÚN HABÍA MUCHOS QUE AMABAN A JESÚS Y LO RESPETABAN, PERO TENÍAN TEMOR DE HABLAR.

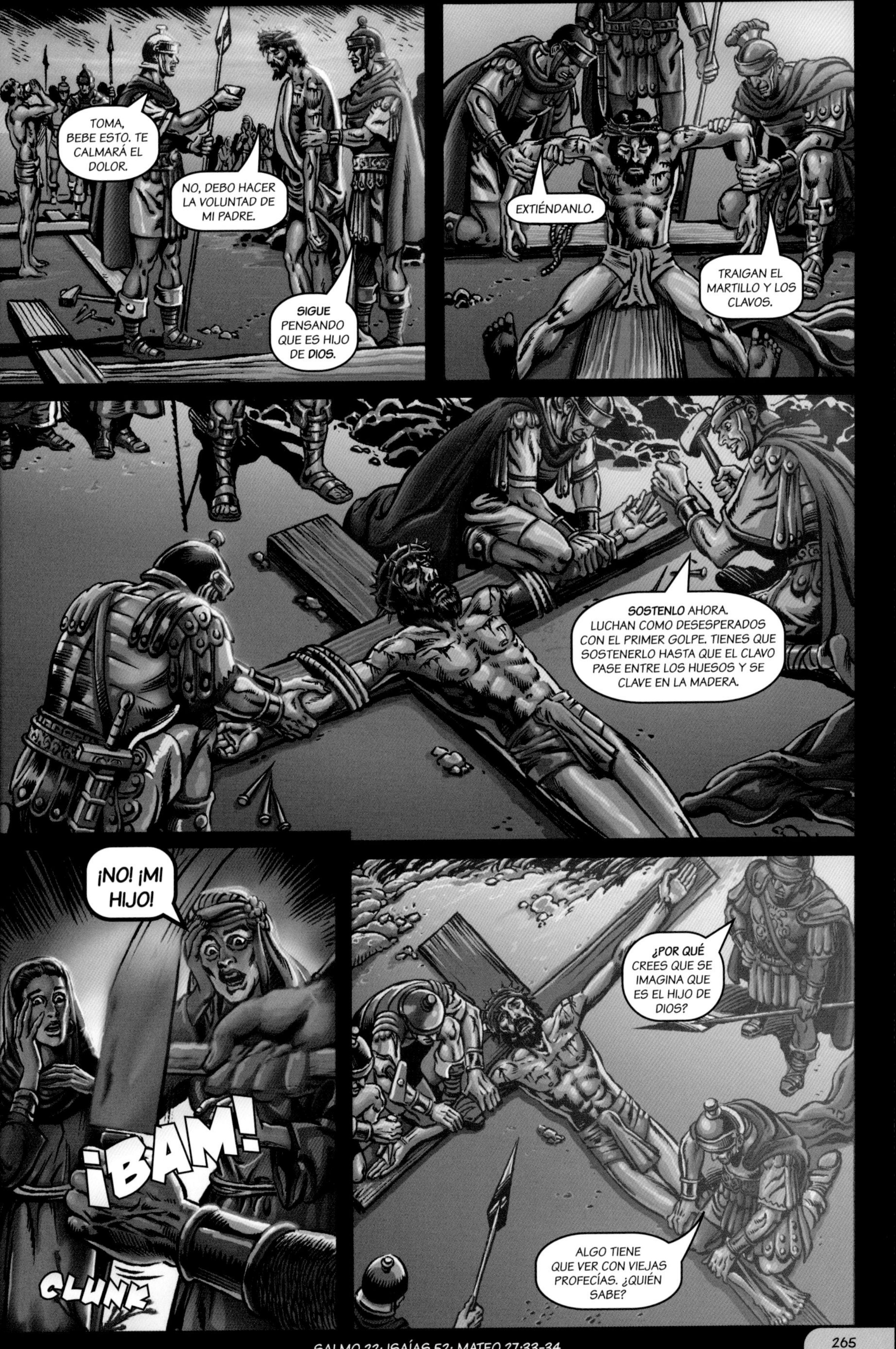
TOMA, BEBE ESTO. TE CALMARÁ EL DOLOR.
NO, DEBO HACER LA VOLUNTAD DE MI PADRE.
SIGUE PENSANDO QUE ES HIJO DE DIOS.
EXTIÉNDANLO.
TRAIGAN EL MARTILLO Y LOS CLAVOS.
SOSTENLO AHORA. LUCHAN COMO DESESPERADOS CON EL PRIMER GOLPE. TIENES QUE SOSTENERLO HASTA QUE EL CLAVO PASE ENTRE LOS HUESOS Y SE CLAVE EN LA MADERA.
¡NO! ¡MI HIJO!
¡BAM!
CLUNK
¿POR QUÉ CREES QUE SE IMAGINA QUE ES EL HIJO DE DIOS?
ALGO TIENE QUE VER CON VIEJAS PROFECÍAS. ¿QUIÉN SABE?

SALMO 22; ISAÍAS 52; MATEO 27:33-34

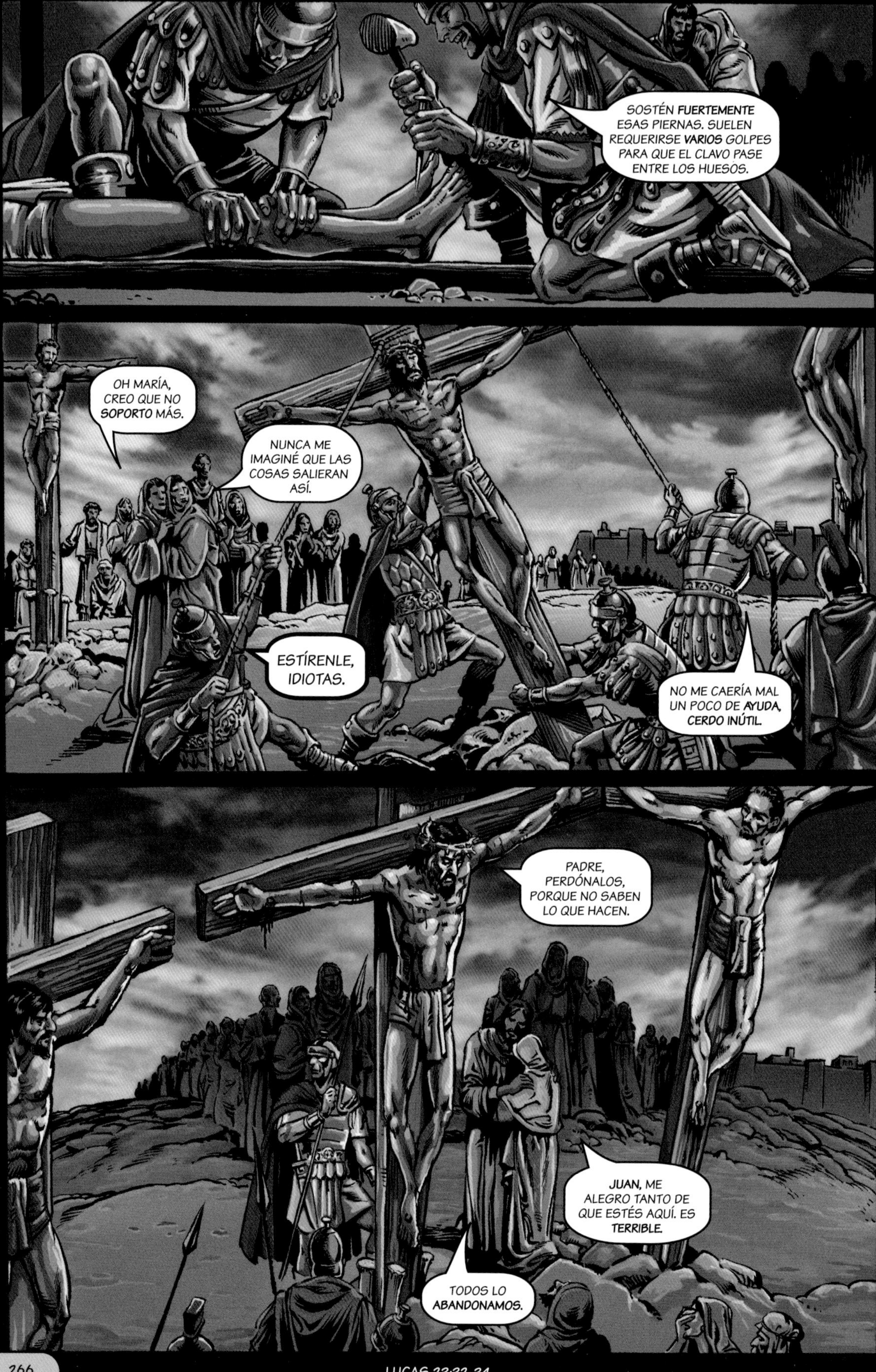
SOSTÉN **FUERTEMENTE** ESAS PIERNAS. SUELEN REQUERIRSE **VARIOS** GOLPES PARA QUE EL CLAVO PASE ENTRE LOS HUESOS.
OH MARÍA, CREO QUE NO **SOPORTO** MÁS.
NUNCA ME IMAGINÉ QUE LAS COSAS SALIERAN ASÍ.
ESTÍRENLE, IDIOTAS.
NO ME CAERÍA MAL UN POCO DE **AYUDA, CERDO INÚTIL.**
PADRE, PERDÓNALOS, PORQUE NO SABEN LO QUE HACEN.
JUAN, ME ALEGRO TANTO DE QUE ESTÉS AQUÍ. ES **TERRIBLE.**
TODOS LO **ABANDONAMOS.**

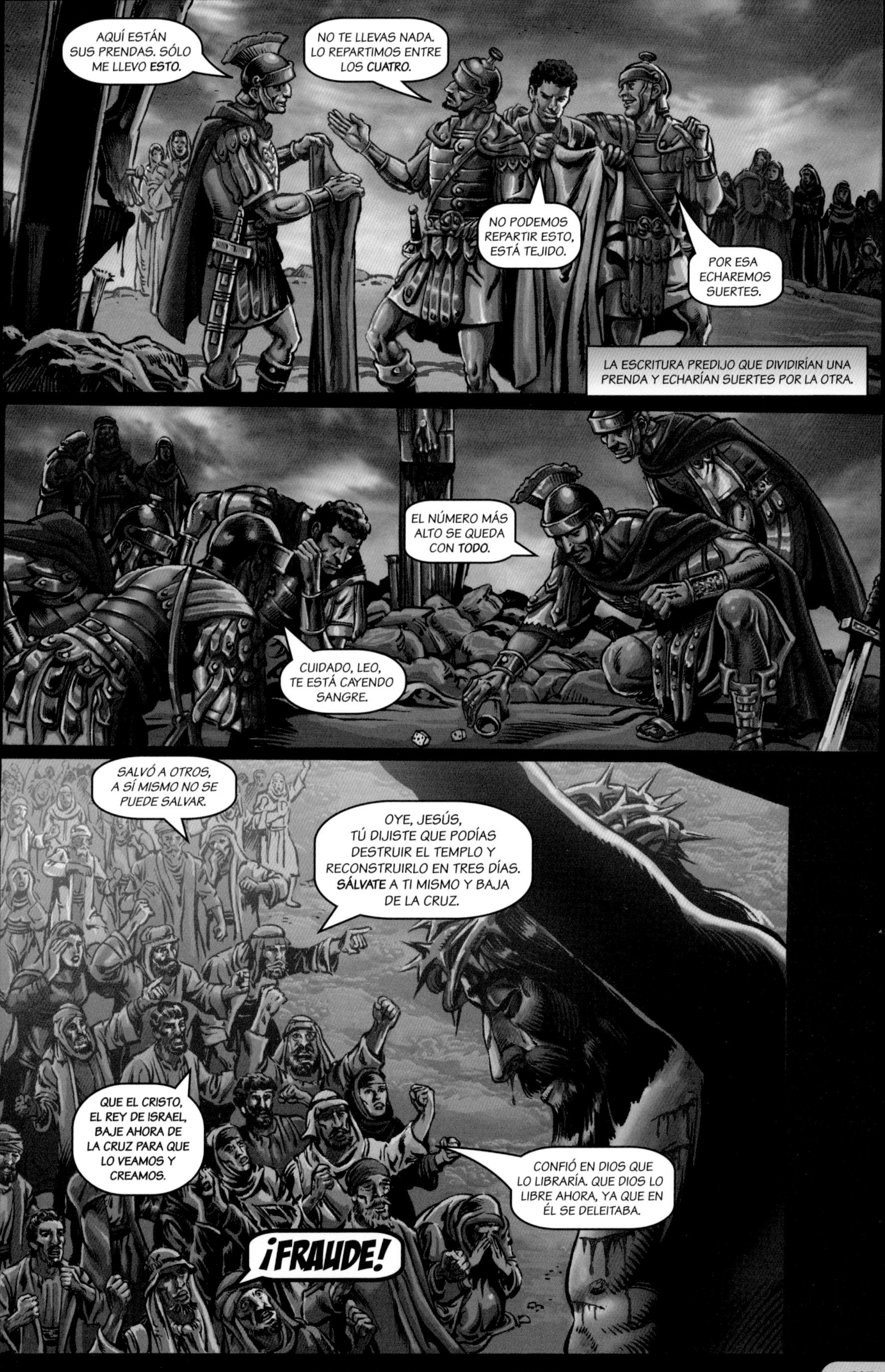
AQUÍ ESTÁN SUS PRENDAS. SÓLO ME LLEVO ESTO.
NO TE LLEVAS NADA. LO REPARTIMOS ENTRE LOS CUATRO.
NO PODEMOS REPARTIR ESTO, ESTÁ TEJIDO.
POR ESA ECHAREMOS SUERTES.
LA ESCRITURA PREDIJO QUE DIVIDIRÍAN UNA PRENDA Y ECHARÍAN SUERTES POR LA OTRA.
EL NÚMERO MÁS ALTO SE QUEDA CON TODO.
CUIDADO, LEO, TE ESTÁ CAYENDO SANGRE.
SALVÓ A OTROS, A SÍ MISMO NO SE PUEDE SALVAR.
OYE, JESÚS, TÚ DIJISTE QUE PODÍAS DESTRUIR EL TEMPLO Y RECONSTRUIRLO EN TRES DÍAS. SÁLVATE A TI MISMO Y BAJA DE LA CRUZ.
QUE EL CRISTO, EL REY DE ISRAEL, BAJE AHORA DE LA CRUZ PARA QUE LO VEAMOS Y CREAMOS.
CONFIÓ EN DIOS QUE LO LIBRARÍA. QUE DIOS LO LIBRE AHORA, YA QUE EN ÉL SE DELEITABA.
¡FRAUDE!

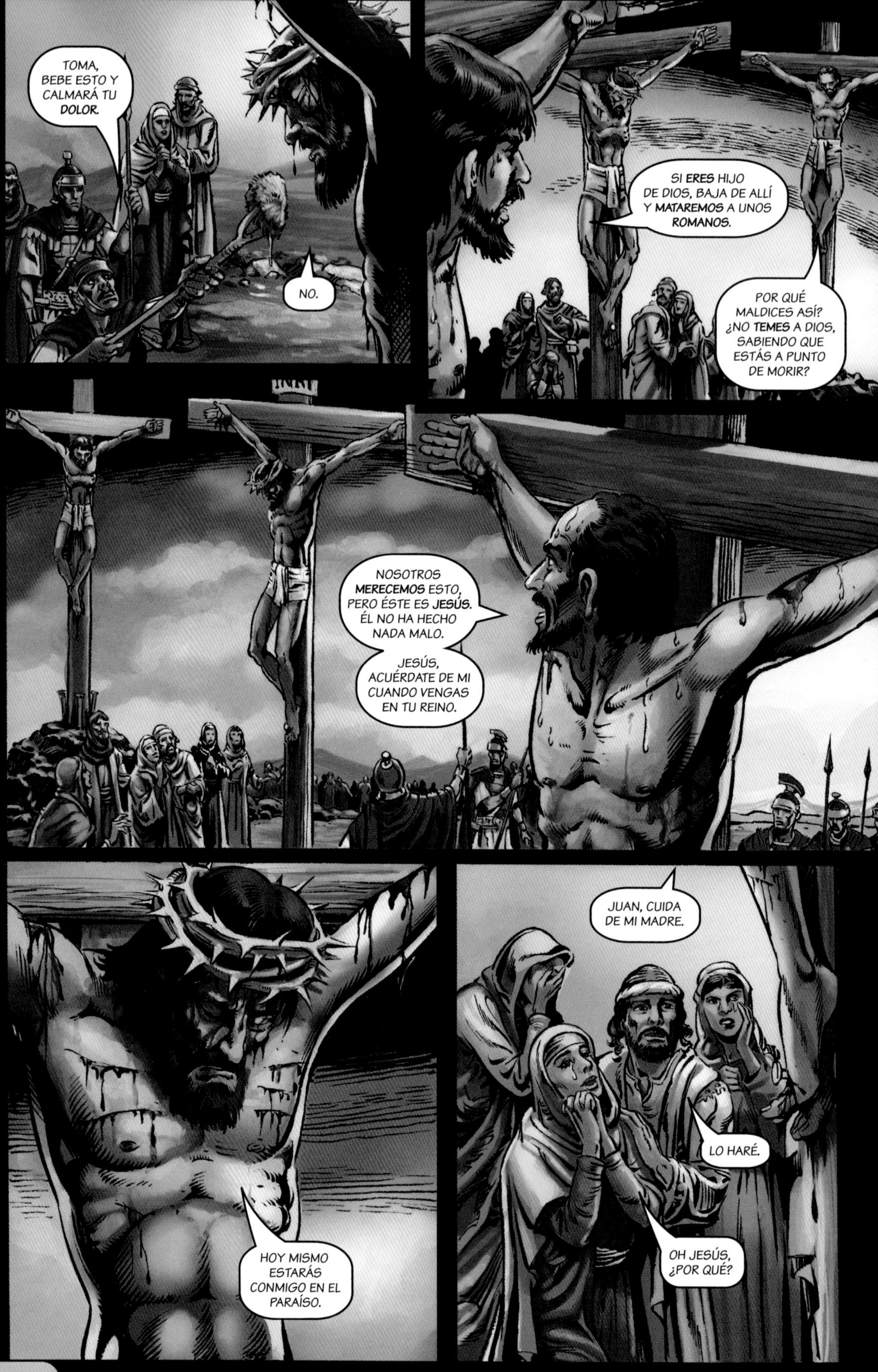
TOMA, BEBE ESTO Y CALMARÁ TU DOLOR.
NO.
SI ERES HIJO DE DIOS, BAJA DE ALLÍ Y MATAREMOS A UNOS ROMANOS.
POR QUÉ MALDICES ASÍ? ¿NO TEMES A DIOS, SABIENDO QUE ESTÁS A PUNTO DE MORIR?
NOSOTROS MERECEMOS ESTO, PERO ÉSTE ES JESÚS. ÉL NO HA HECHO NADA MALO.
JESÚS, ACUÉRDATE DE MI CUANDO VENGAS EN TU REINO.
HOY MISMO ESTARÁS CONMIGO EN EL PARAÍSO.
JUAN, CUIDA DE MI MADRE.
LO HARÉ.
OH JESÚS, ¿POR QUÉ?

LUCAS 23:36-43; JUAN 19:25-27

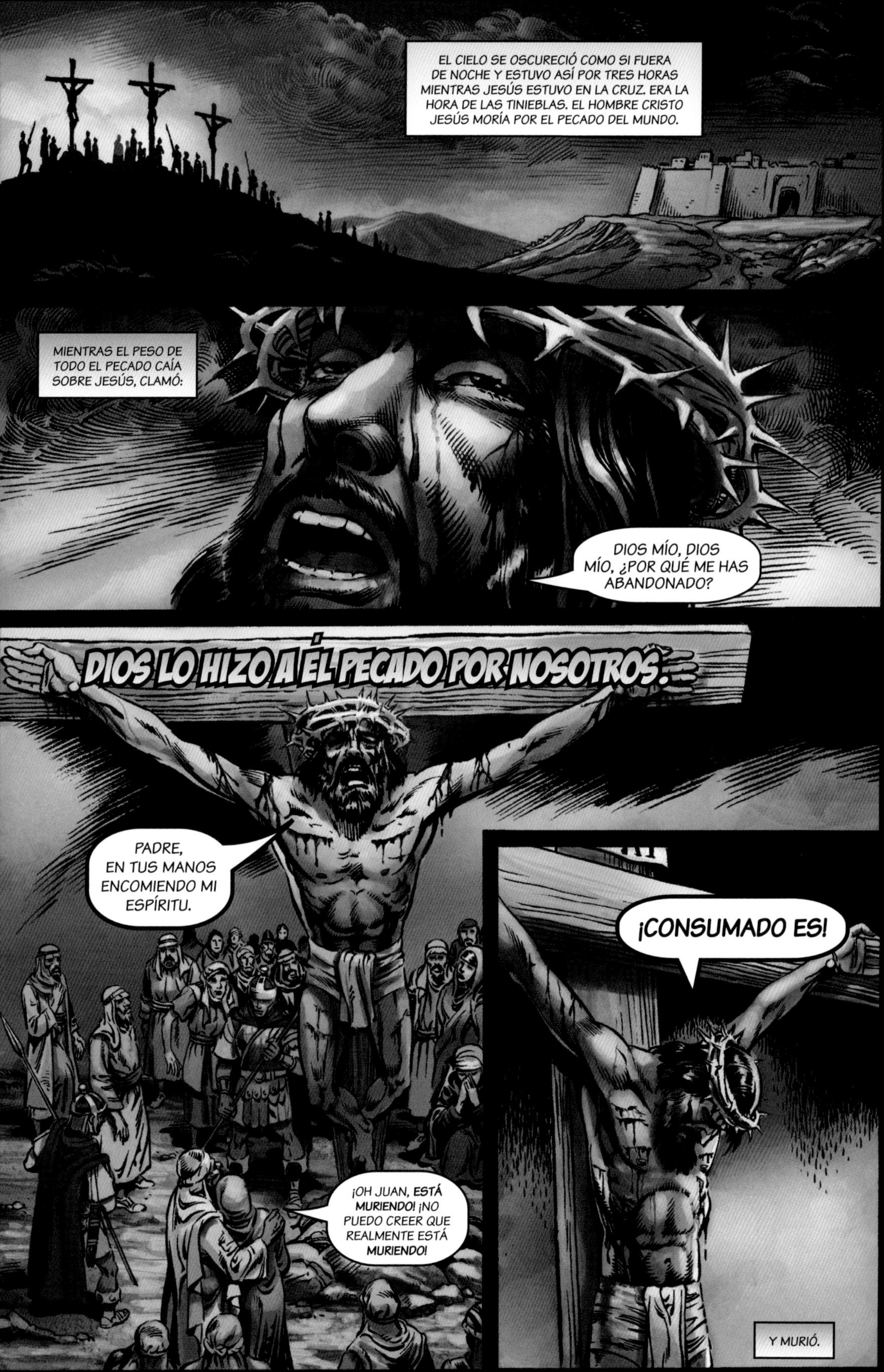
EL CIELO SE OSCURECIÓ COMO SI FUERA DE NOCHE Y ESTUVO ASÍ POR TRES HORAS MIENTRAS JESÚS ESTUVO EN LA CRUZ. ERA LA HORA DE LAS TINIEBLAS. EL HOMBRE CRISTO JESÚS MORÍA POR EL PECADO DEL MUNDO.
MIENTRAS EL PESO DE TODO EL PECADO CAÍA SOBRE JESÚS, CLAMÓ:
DIOS MÍO, DIOS MÍO, ¿POR QUÉ ME HAS ABANDONADO?
DIOS LO HIZO A ÉL PECADO POR NOSOTROS.
PADRE, EN TUS MANOS ENCOMIENDO MI ESPÍRITU.
¡OH JUAN, ESTÁ MURIENDO! ¡NO PUEDO CREER QUE REALMENTE ESTÁ MURIENDO!
¡CONSUMADO ES!
Y MURIÓ.

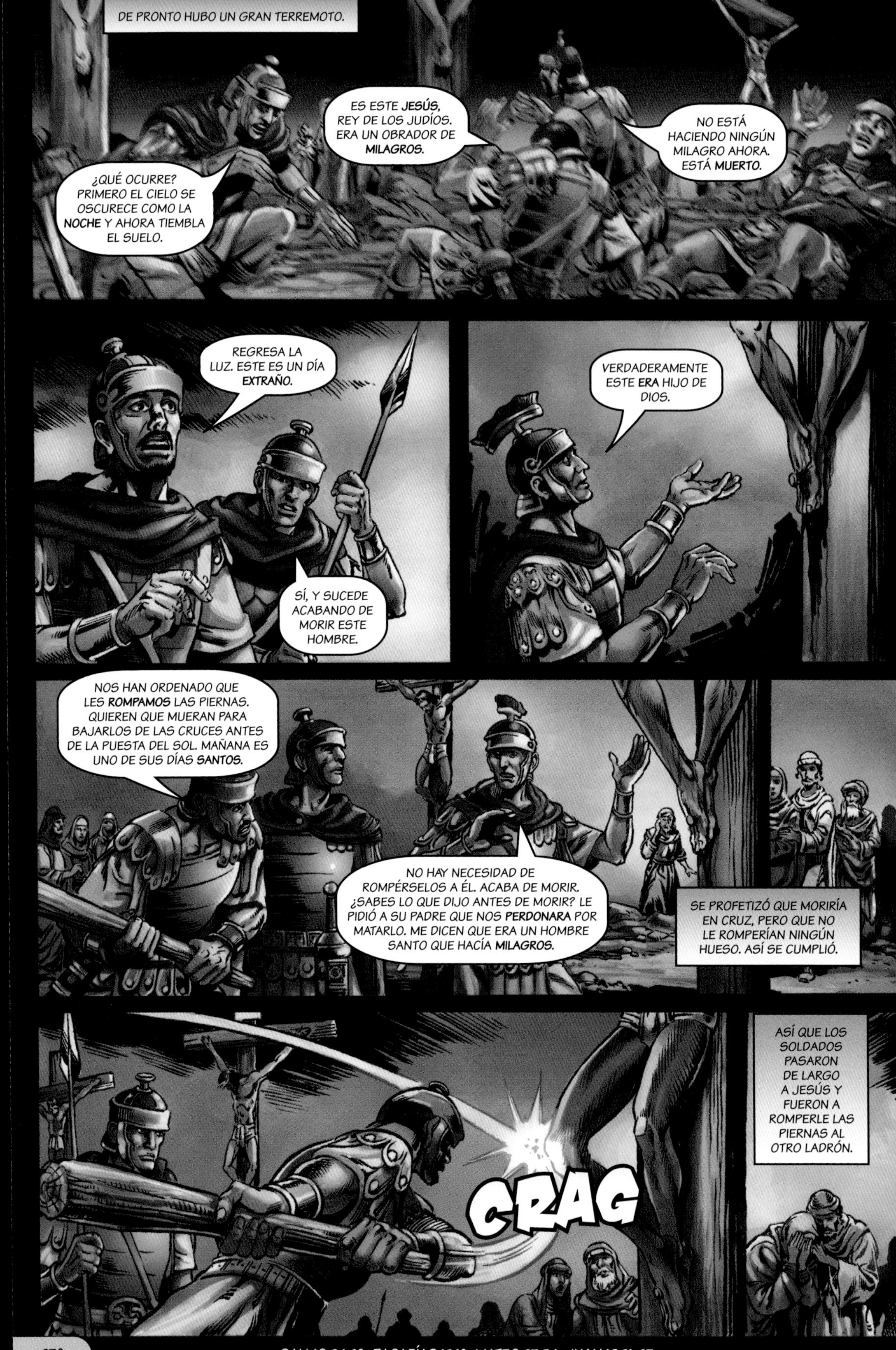
DE PRONTO HUBO UN GRAN TERREMOTO.
¿QUÉ OCURRE? PRIMERO EL CIELO SE OSCURECE COMO LA NOCHE Y AHORA TIEMBLA EL SUELO.
ES ESTE JESÚS, REY DE LOS JUDÍOS. ERA UN OBRADOR DE MILAGROS.
NO ESTÁ HACIENDO NINGÚN MILAGRO AHORA. ESTÁ MUERTO.
REGRESA LA LUZ. ESTE ES UN DÍA EXTRAÑO.
SÍ, Y SUCEDE ACABANDO DE MORIR ESTE HOMBRE.
VERDADERAMENTE ESTE ERA HIJO DE DIOS.
NOS HAN ORDENADO QUE LES ROMPAMOS LAS PIERNAS. QUIEREN QUE MUERAN PARA BAJARLOS DE LAS CRUCES ANTES DE LA PUESTA DEL SOL. MAÑANA ES UNO DE SUS DÍAS SANTOS.
NO HAY NECESIDAD DE ROMPÉRSELOS A ÉL. ACABA DE MORIR. ¿SABES LO QUE DIJO ANTES DE MORIR? LE PIDIÓ A SU PADRE QUE NOS PERDONARA POR MATARLO. ME DICEN QUE ERA UN HOMBRE SANTO QUE HACÍA MILAGROS.
SE PROFETIZÓ QUE MORIRÍA EN CRUZ, PERO QUE NO LE ROMPERÍAN NINGÚN HUESO. ASÍ SE CUMPLIÓ.
ASÍ QUE LOS SOLDADOS PASARON DE LARGO A JESÚS Y FUERON A ROMPERLE LAS PIERNAS AL OTRO LADRÓN.
CRAG

SALMO 34:20; ZACARÍAS 12:10; MATEO 27:54; JUAN 19:31-37

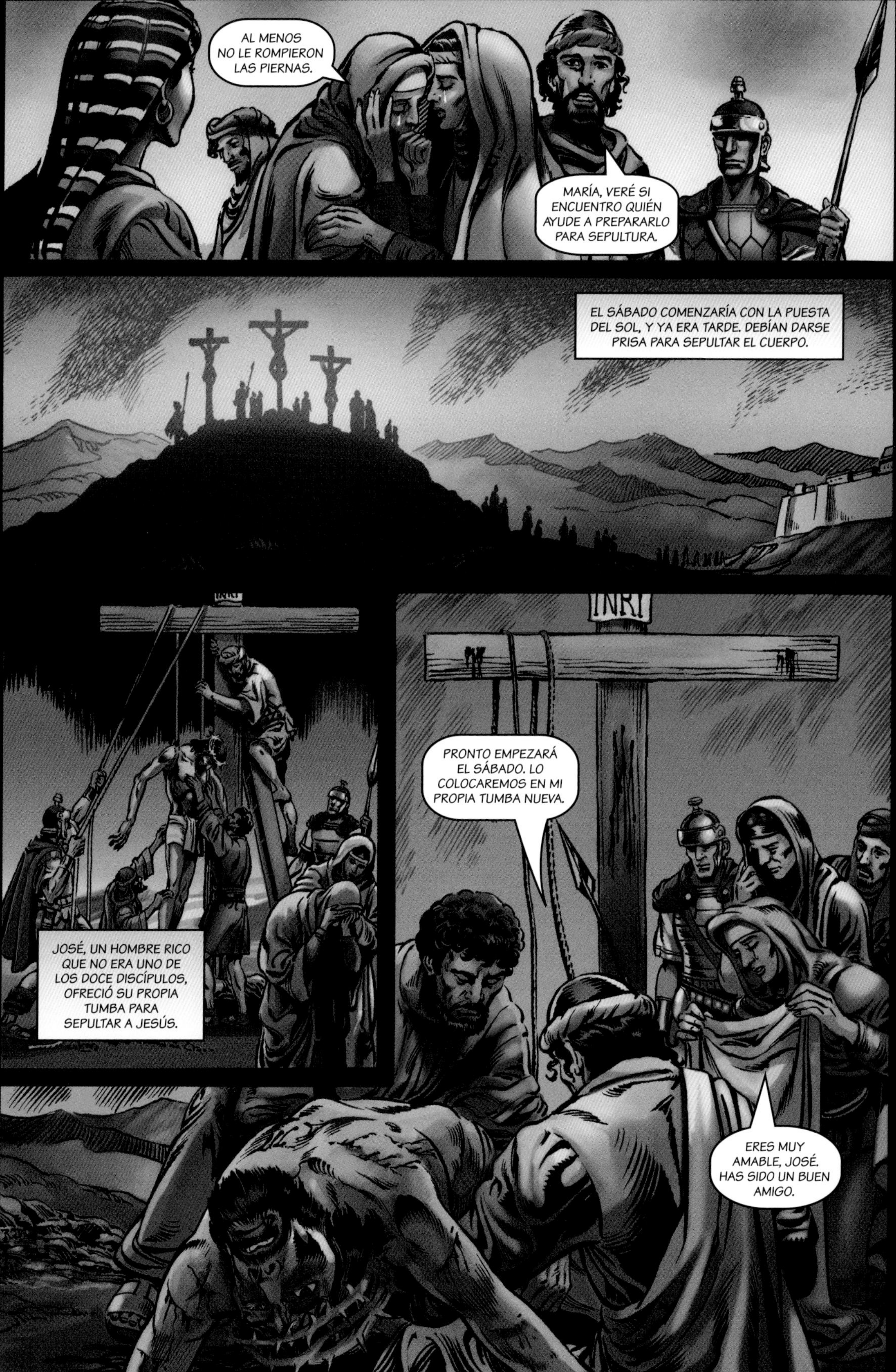
AL MENOS NO LE ROMPIERON LAS PIERNAS.
MARÍA, VERÉ SI ENCUENTRO QUIÉN AYUDE A PREPARARLO PARA SEPULTURA.
EL SÁBADO COMENZARÍA CON LA PUESTA DEL SOL, Y YA ERA TARDE. DEBÍAN DARSE PRISA PARA SEPULTAR EL CUERPO.
INRI
JOSÉ, UN HOMBRE RICO QUE NO ERA UNO DE LOS DOCE DISCÍPULOS, OFRECIÓ SU PROPIA TUMBA PARA SEPULTAR A JESÚS.
INRI
PRONTO EMPEZARÁ EL SÁBADO. LO COLOCAREMOS EN MI PROPIA TUMBA NUEVA.
ERES MUY AMABLE, JOSÉ. HAS SIDO UN BUEN AMIGO.

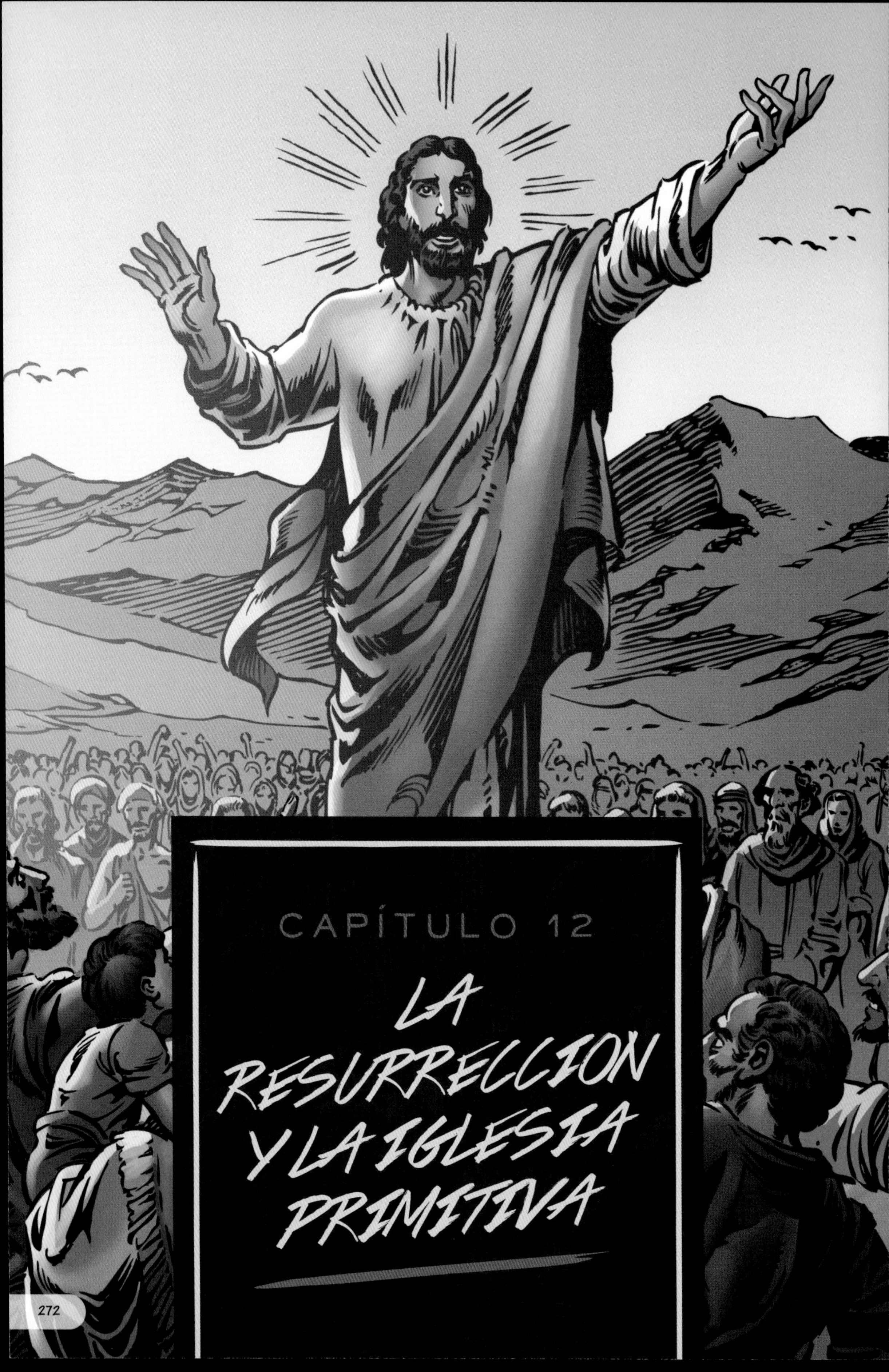
CAPÍTULO 12
LA RESURRECCION Y LA IGLESIA PRIMITIVA

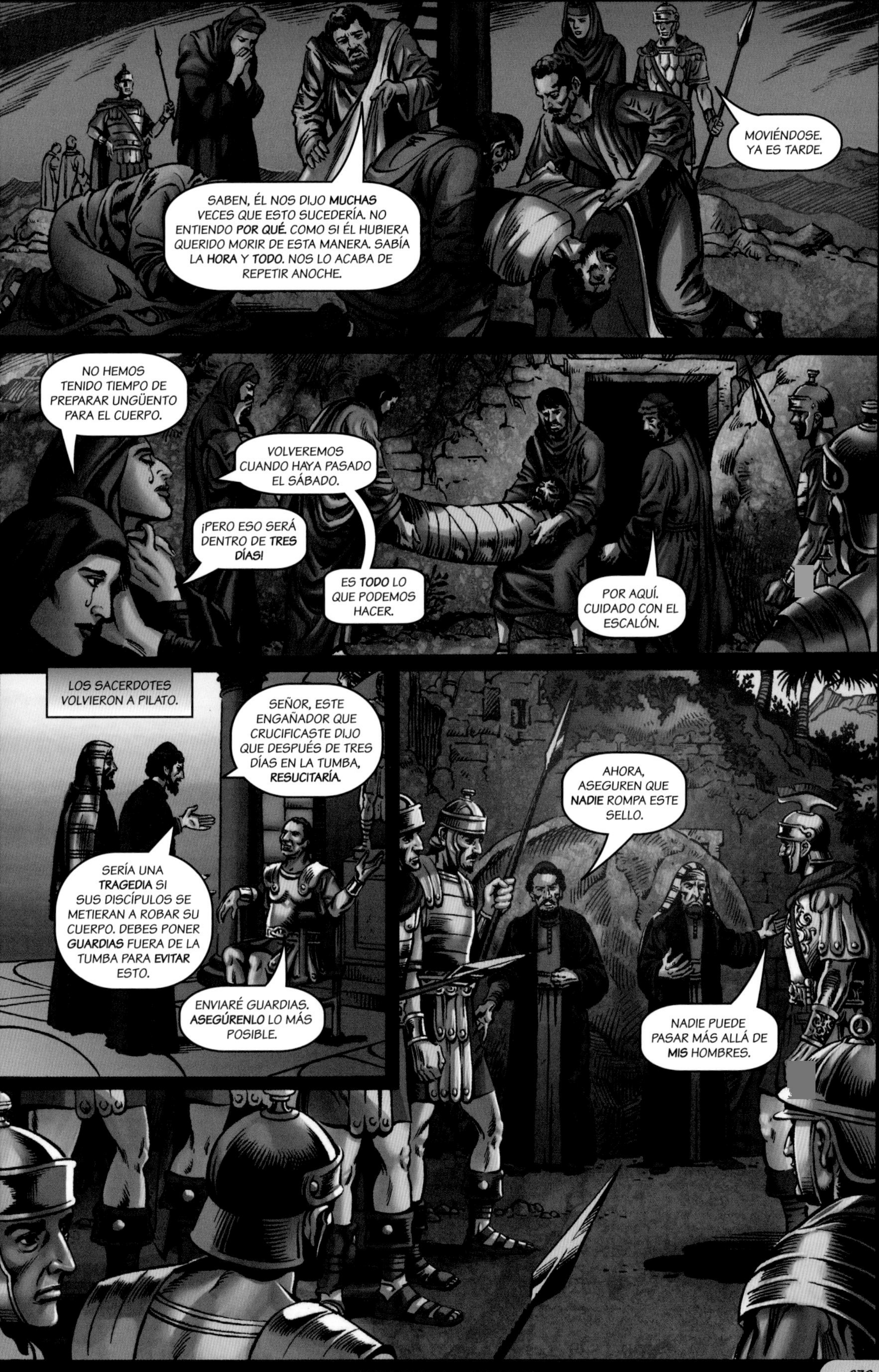
SABEN, ÉL NOS DIJO MUCHAS VECES QUE ESTO SUCEDERÍA. NO ENTIENDO POR QUÉ. COMO SI ÉL HUBIERA QUERIDO MORIR DE ESTA MANERA. SABÍA LA HORA Y TODO. NOS LO ACABA DE REPETIR ANOCHE.
MOVIÉNDOSE. YA ES TARDE.
NO HEMOS TENIDO TIEMPO DE PREPARAR UNGÜENTO PARA EL CUERPO.
VOLVEREMOS CUANDO HAYA PASADO EL SÁBADO.
¡PERO ESO SERÁ DENTRO DE TRES DÍAS!
ES TODO LO QUE PODEMOS HACER.
POR AQUÍ. CUIDADO CON EL ESCALÓN.
LOS SACERDOTES VOLVIERON A PILATO.
SEÑOR, ESTE ENGAÑADOR QUE CRUCIFICASTE DIJO QUE DESPUÉS DE TRES DÍAS EN LA TUMBA, RESUCITARÍA.
SERÍA UNA TRAGEDIA SI SUS DISCÍPULOS SE METIERAN A ROBAR SU CUERPO. DEBES PONER GUARDIAS FUERA DE LA TUMBA PARA EVITAR ESTO.
ENVIARÉ GUARDIAS. ASEGÚRENLO LO MÁS POSIBLE.
AHORA, ASEGUREN QUE NADIE ROMPA ESTE SELLO.
NADIE PUEDE PASAR MÁS ALLÁ DE MIS HOMBRES.

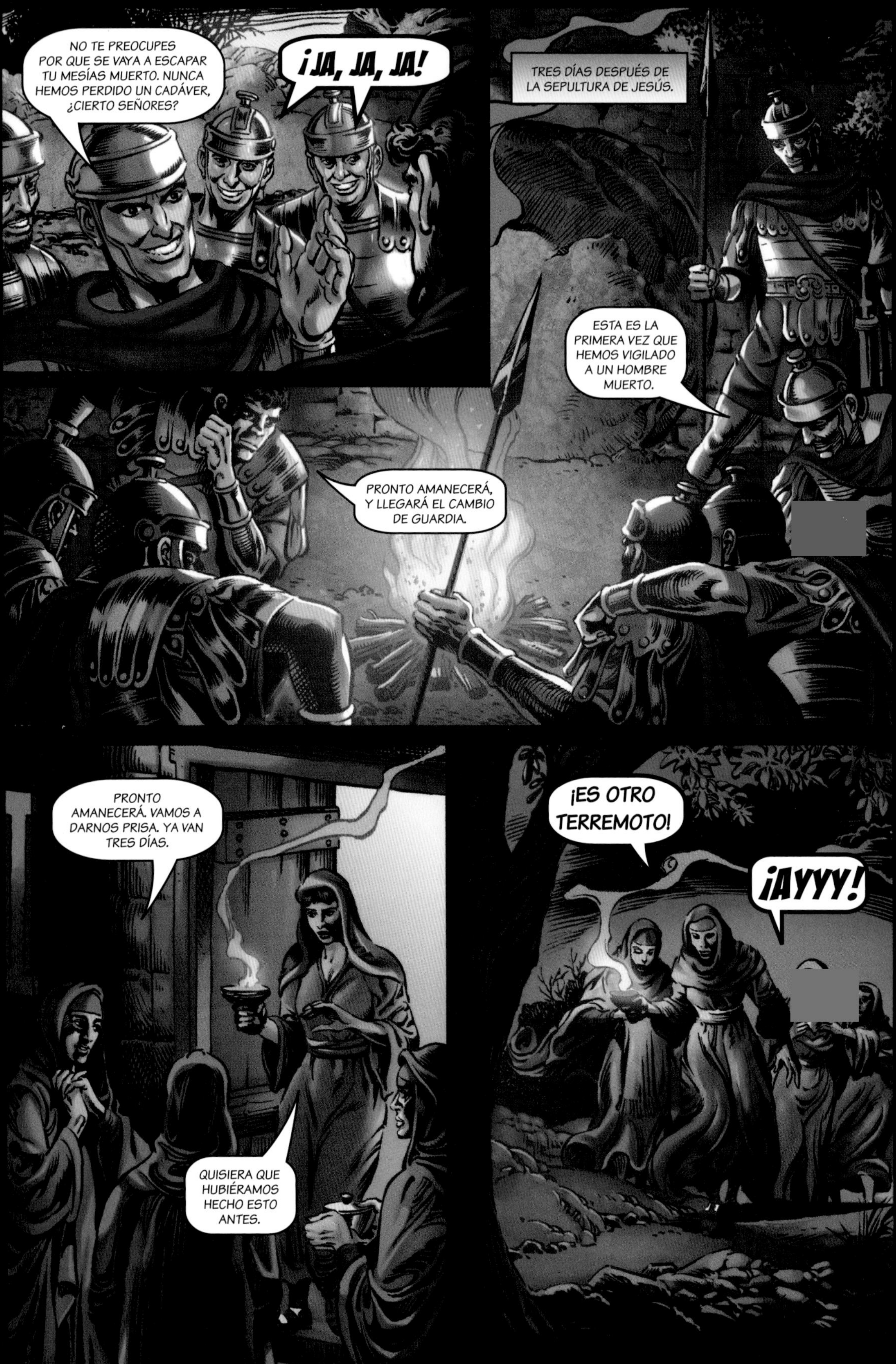
NO TE PREOCUPES POR QUE SE VAYA A ESCAPAR TU MESÍAS MUERTO. NUNCA HEMOS PERDIDO UN CADÁVER, ¿CIERTO SEÑORES?
¡JA, JA, JA!
TRES DÍAS DESPUÉS DE LA SEPULTURA DE JESÚS.
ESTA ES LA PRIMERA VEZ QUE HEMOS VIGILADO A UN HOMBRE MUERTO.
PRONTO AMANECERÁ, Y LLEGARÁ EL CAMBIO DE GUARDIA.
PRONTO AMANECERÁ. VAMOS A DARNOS PRISA. YA VAN TRES DÍAS.
QUISIERA QUE HUBIÉRAMOS HECHO ESTO ANTES.
¡ES OTRO TERREMOTO!
¡AYYY!

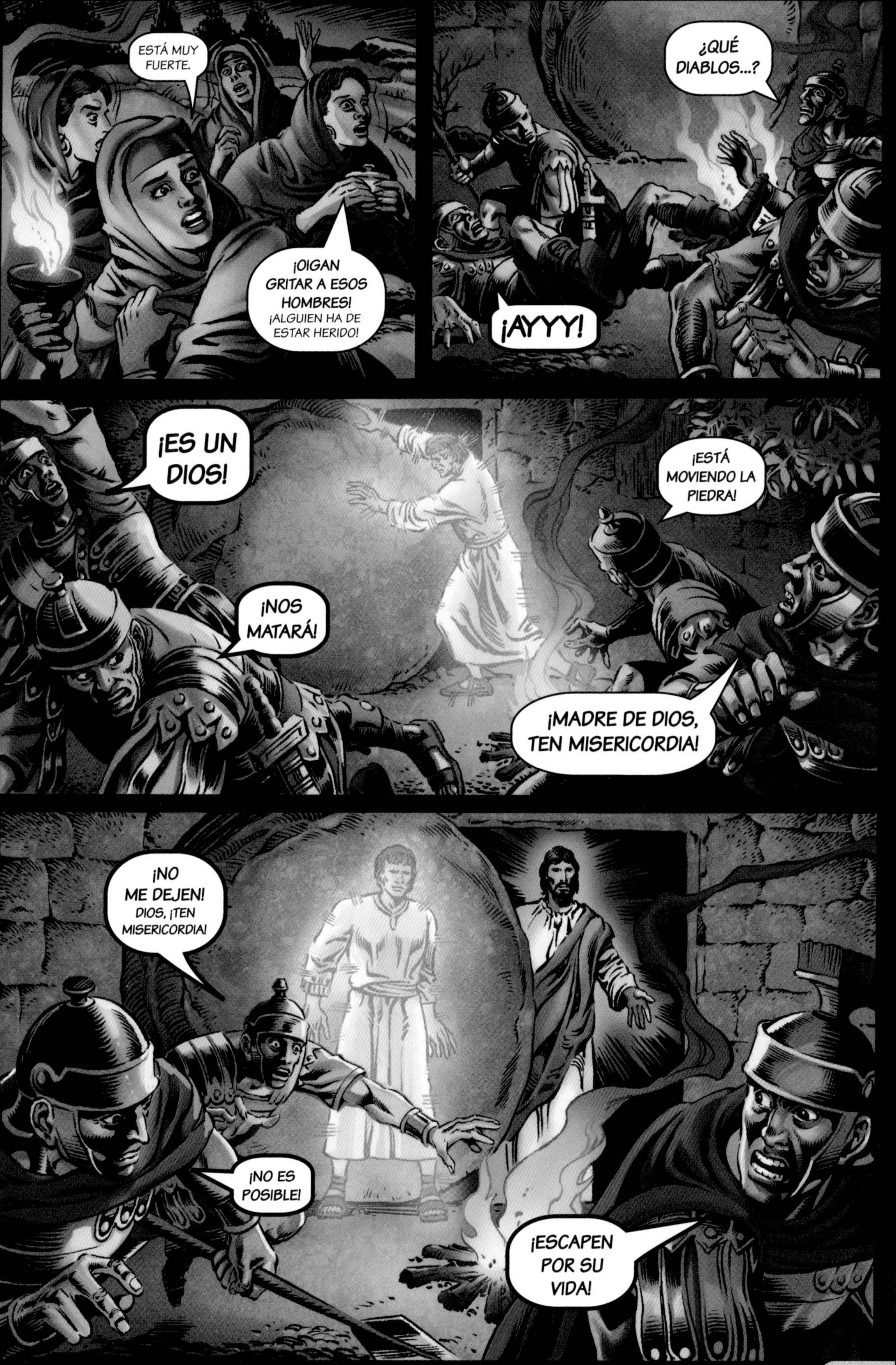
ESTÁ MUY FUERTE.
¡OIGAN GRITAR A ESOS HOMBRES! ¡ALGUIEN HA DE ESTAR HERIDO!
¿QUÉ DIABLOS...?
¡AYYY!
¡ES UN DIOS!
¡NOS MATARÁ!
¡ESTÁ MOVIENDO LA PIEDRA!
¡MADRE DE DIOS, TEN MISERICORDIA!
¡NO ME DEJEN! DIOS, ¡TEN MISERICORDIA!
¡NO ES POSIBLE!
¡ESCAPEN POR SU VIDA!

MATEO 28:2-4

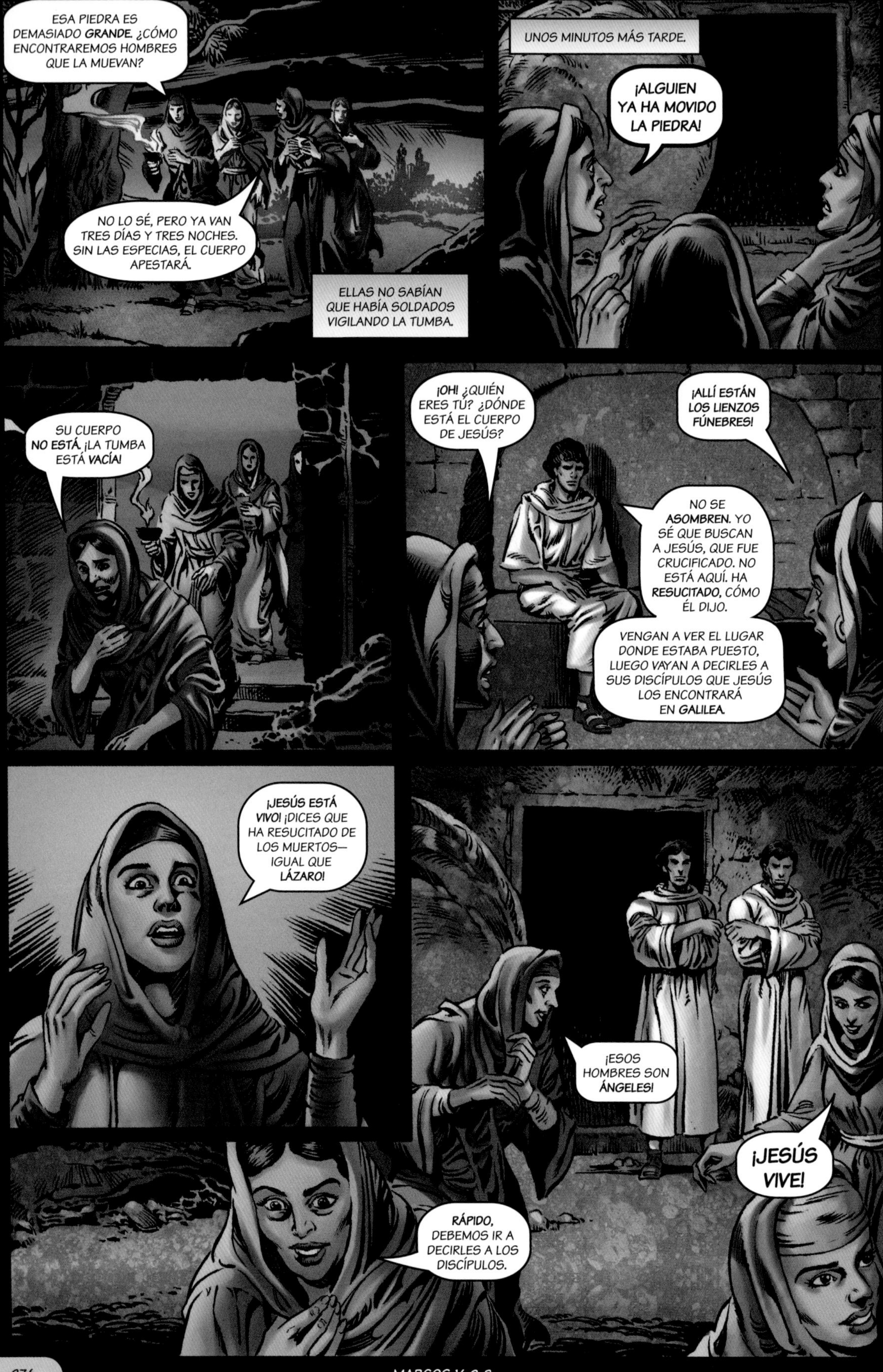
ESA PIEDRA ES DEMASIADO GRANDE. ¿CÓMO ENCONTRAREMOS HOMBRES QUE LA MUEVAN?
NO LO SÉ, PERO YA VAN TRES DÍAS Y TRES NOCHES. SIN LAS ESPECIAS, EL CUERPO APESTARÁ.
ELLAS NO SABÍAN QUE HABÍA SOLDADOS VIGILANDO LA TUMBA.
UNOS MINUTOS MÁS TARDE.
¡ALGUIEN YA HA MOVIDO LA PIEDRA!
SU CUERPO NO ESTÁ. ¡LA TUMBA ESTÁ VACÍA!
¡OH! ¿QUIÉN ERES TU? ¿DÓNDE ESTÁ EL CUERPO DE JESÚS?
¡ALLÍ ESTÁN LOS LIENZOS FÚNEBRES!
NO SE ASOMBREN. YO SÉ QUE BUSCAN A JESÚS, QUE FUE CRUCIFICADO. NO ESTÁ AQUÍ. HA RESUCITADO, CÓMO ÉL DIJO.
VENGAN A VER EL LUGAR DONDE ESTABA PUESTO, LUEGO VAYAN A DECIRLES A SUS DISCÍPULOS QUE JESÚS LOS ENCONTRARÁ EN GALILEA.
¡JESÚS ESTÁ VIVO! ¡DICES QUE HA RESUCITADO DE LOS MUERTOS— IGUAL QUE LÁZARO!
¡ESOS HOMBRES SON ÁNGELES!
¡JESÚS VIVE!
RÁPIDO, DEBEMOS IR A DECIRLES A LOS DISCÍPULOS.

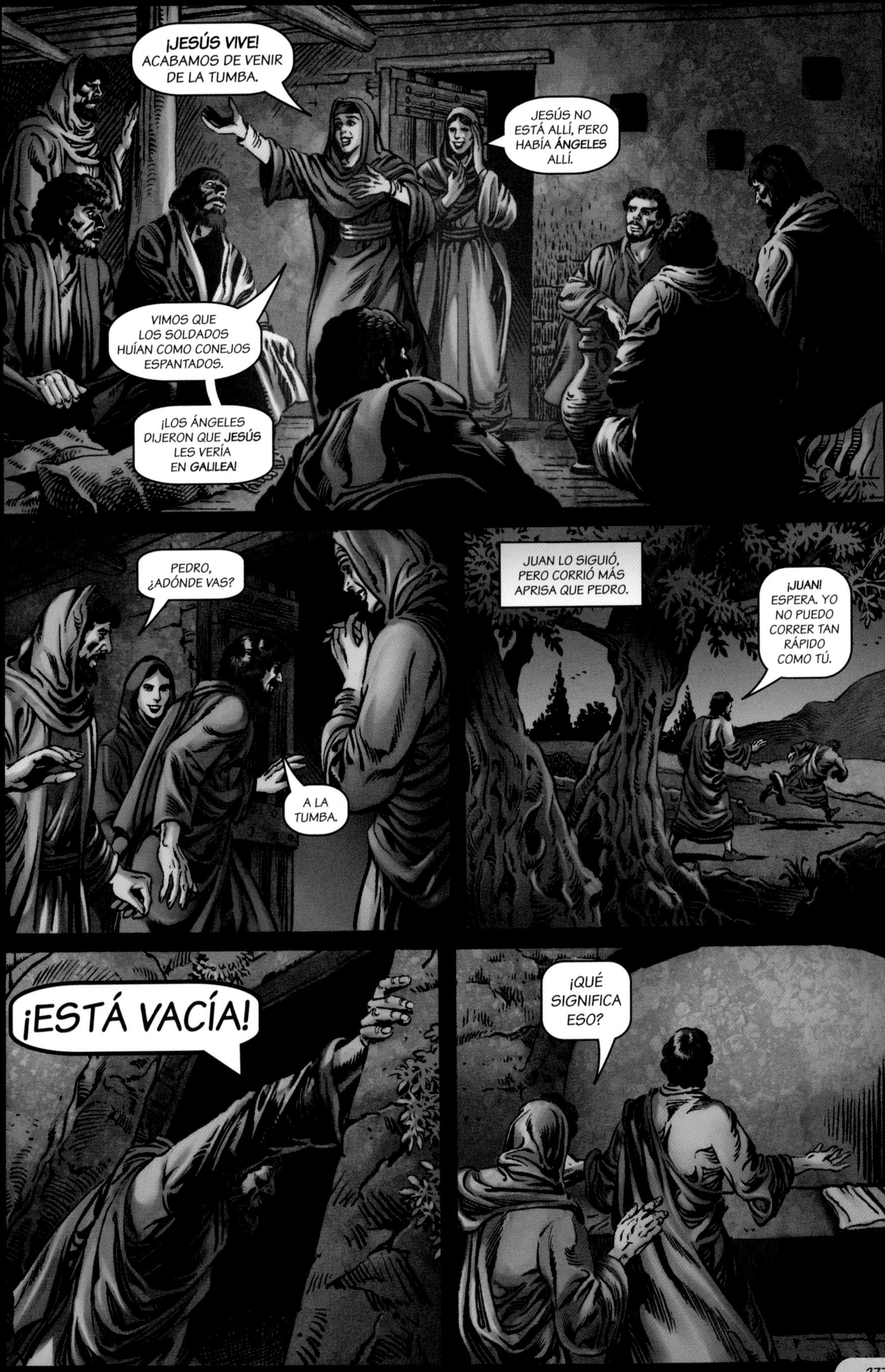
¡JESÚS VIVE! ACABAMOS DE VENIR DE LA TUMBA.
JESÚS NO ESTÁ ALLÍ, PERO HABÍA ÁNGELES ALLÍ.
VIMOS QUE LOS SOLDADOS HUÍAN COMO CONEJOS ESPANTADOS.
¡LOS ÁNGELES DIJERON QUE JESÚS LES VERÍA EN GALILEA!
PEDRO, ¿ADÓNDE VAS?
A LA TUMBA.
JUAN LO SIGUIÓ, PERO CORRIÓ MÁS APRISA QUE PEDRO.
¡JUAN! ESPERA. YO NO PUEDO CORRER TAN RÁPIDO COMO TÚ.
¡ESTÁ VACÍA!
¿QUÉ SIGNIFICA ESO?

JUAN 20:2-9

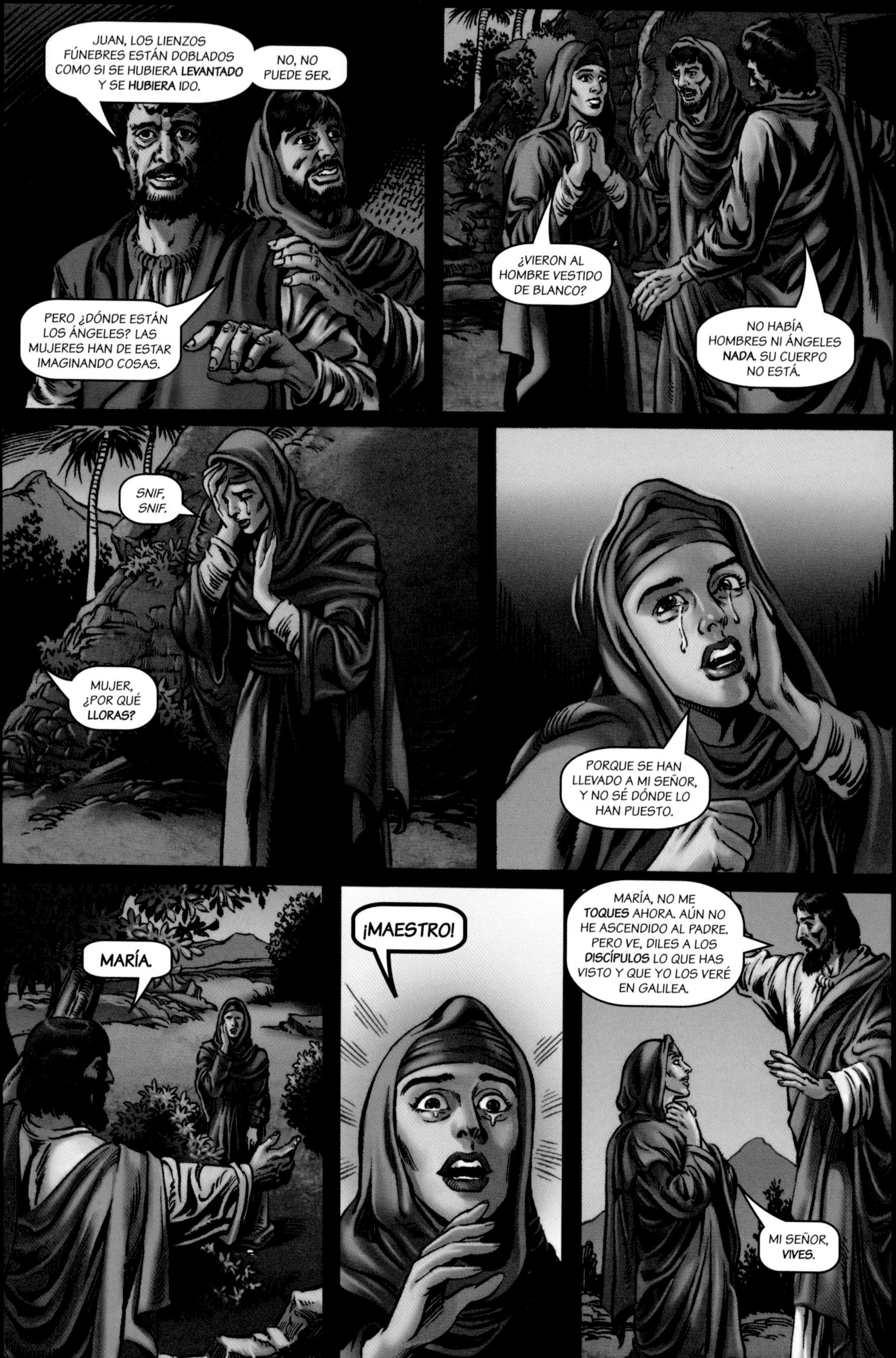
JUAN, LOS LIENZOS FÚNEBRES ESTÁN DOBLADOS COMO SI SE HUBIERA LEVANTADO Y SE HUBIERA IDO.
NO, NO PUEDE SER.
PERO ¿DÓNDE ESTÁN LOS ÁNGELES? LAS MUJERES HAN DE ESTAR IMAGINANDO COSAS.
¿VIERON AL HOMBRE VESTIDO DE BLANCO?
NO HABÍA HOMBRES NI ÁNGELES NADA. SU CUERPO NO ESTÁ.
SNIF, SNIF.
MUJER, ¿POR QUÉ LLORAS?
PORQUE SE HAN LLEVADO A MI SEÑOR, Y NO SÉ DÓNDE LO HAN PUESTO.
MARÍA.
¡MAESTRO!
MARÍA, NO ME TOQUES AHORA. AÚN NO HE ASCENDIDO AL PADRE. PERO VE, DILES A LOS DISCÍPULOS LO QUE HAS VISTO Y QUE YO LOS VERÉ EN GALILEA.
MI SEÑOR, VIVES.

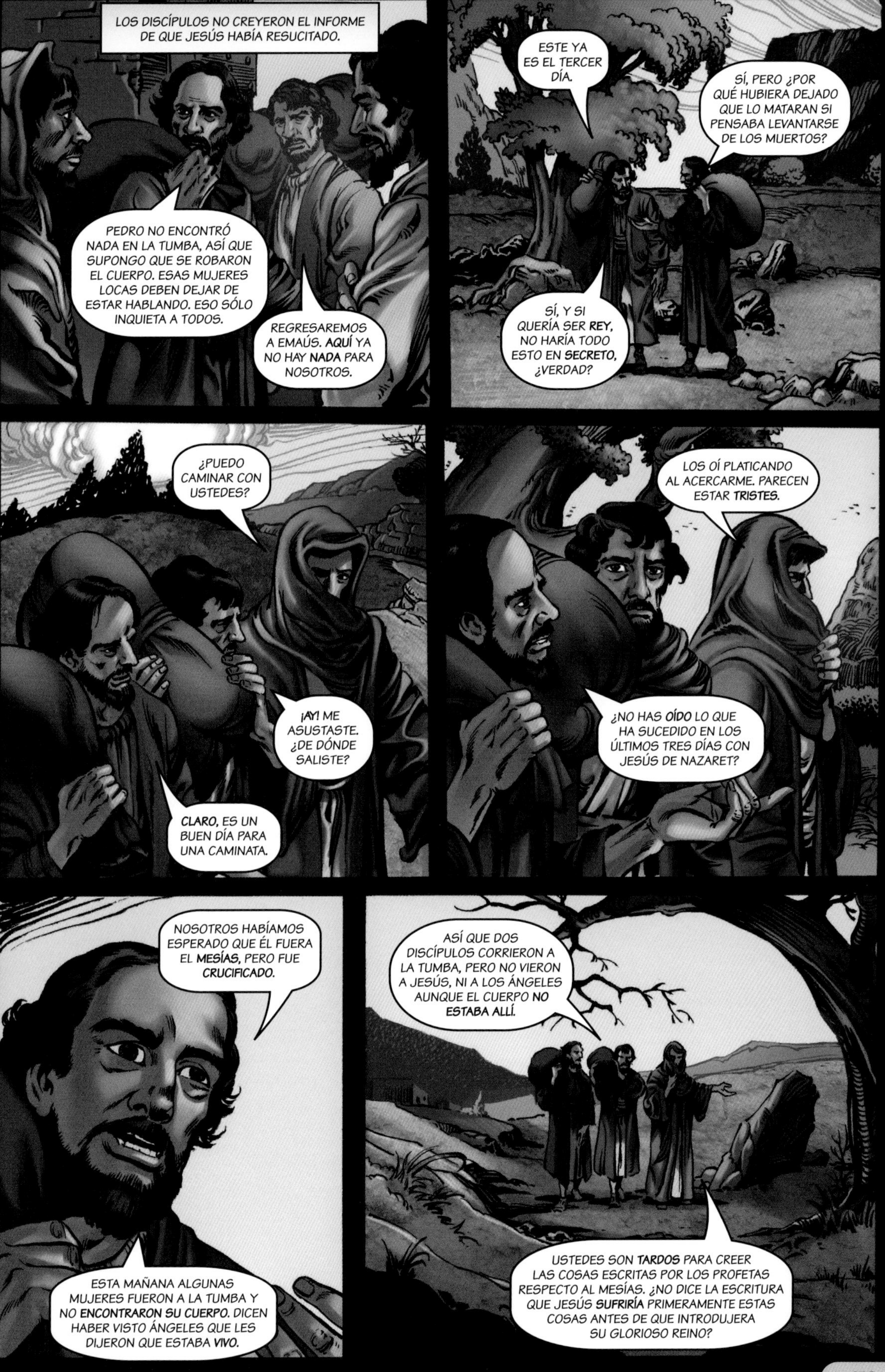
LOS DISCÍPULOS NO CREYERON EL INFORME DE QUE JESÚS HABÍA RESUCITADO.
PEDRO NO ENCONTRÓ NADA EN LA TUMBA, ASÍ QUE SUPONGO QUE SE ROBARON EL CUERPO. ESAS MUJERES LOCAS DEBEN DEJAR DE ESTAR HABLANDO. ESO SÓLO INQUIETA A TODOS.
REGRESAREMOS A EMAÚS. **AQUÍ** YA NO HAY **NADA** PARA NOSOTROS.
ESTE YA ES EL TERCER DÍA.
SÍ, PERO ¿POR QUÉ HUBIERA DEJADO QUE LO MATARAN SI PENSABA LEVANTARSE DE LOS MUERTOS?
SÍ, Y SI QUERÍA SER **REY**, NO HARÍA TODO ESTO EN **SECRETO**, ¿VERDAD?
¿PUEDO CAMINAR CON USTEDES?
¡AY! ME ASUSTASTE. ¿DE DÓNDE SALISTE?
CLARO, ES UN BUEN DÍA PARA UNA CAMINATA.
LOS OÍ PLATICANDO AL ACERCARME. PARECEN ESTAR **TRISTES**.
¿NO HAS **OÍDO** LO QUE HA SUCEDIDO EN LOS ÚLTIMOS TRES DÍAS CON JESÚS DE NAZARET?
NOSOTROS HABÍAMOS ESPERADO QUE ÉL FUERA EL **MESÍAS**, PERO FUE **CRUCIFICADO**.
ESTA MAÑANA ALGUNAS MUJERES FUERON A LA TUMBA Y NO **ENCONTRARON SU CUERPO**. DICEN HABER VISTO ÁNGELES QUE LES DIJERON QUE ESTABA **VIVO**.
ASÍ QUE DOS DISCÍPULOS CORRIERON A LA TUMBA, PERO NO VIERON A JESÚS, NI A LOS ÁNGELES AUNQUE EL CUERPO **NO ESTABA ALLÍ**.
USTEDES SON **TARDOS** PARA CREER LAS COSAS ESCRITAS POR LOS PROFETAS RESPECTO AL MESÍAS. ¿NO DICE LA ESCRITURA QUE JESÚS **SUFRIRÍA** PRIMERAMENTE ESTAS COSAS ANTES DE QUE INTRODUJERA SU GLORIOSO REINO?

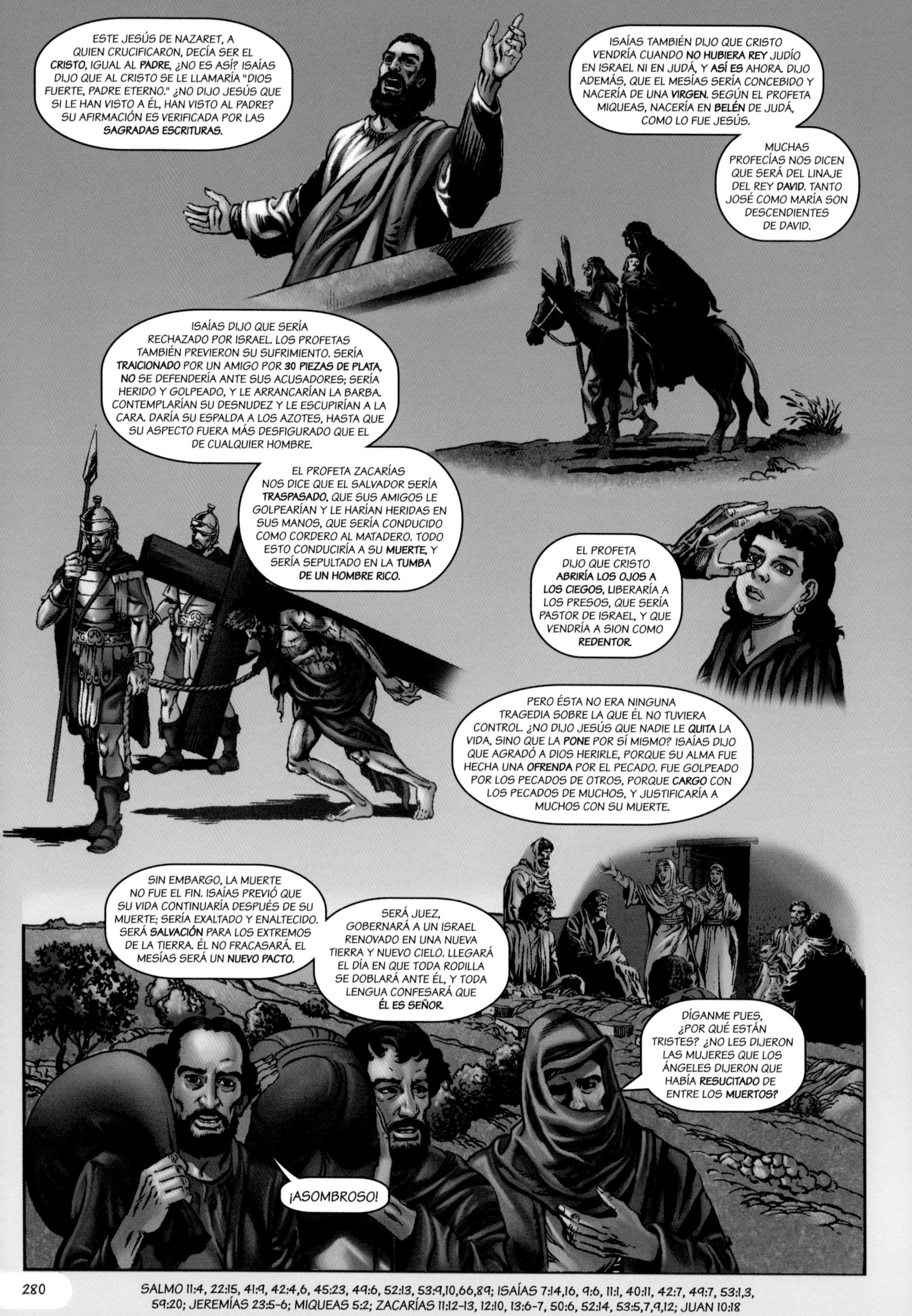
ESTE JESÚS DE NAZARET, A QUIEN CRUCIFICARON, DECÍA SER EL CRISTO, IGUAL AL PADRE, ¿NO ES ASÍ? ISAÍAS DIJO QUE AL CRISTO SE LE LLAMARÍA "DIOS FUERTE, PADRE ETERNO." ¿NO DIJO JESÚS QUE SI LE HAN VISTO A ÉL, HAN VISTO AL PADRE? SU AFIRMACIÓN ES VERIFICADA POR LAS SAGRADAS ESCRITURAS.
ISAÍAS TAMBIÉN DIJO QUE CRISTO VENDRÍA CUANDO NO HUBIERA REY JUDÍO EN ISRAEL NI EN JUDÁ, Y ASÍ ES AHORA. DIJO ADEMÁS, QUE EL MESÍAS SERÍA CONCEBIDO Y NACERÍA DE UNA VIRGEN. SEGÚN EL PROFETA MIQUEAS, NACERÍA EN BELÉN DE JUDÁ, COMO LO FUE JESÚS.
MUCHAS PROFECÍAS NOS DICEN QUE SERÁ DEL LINAJE DEL REY DAVID. TANTO JOSÉ COMO MARÍA SON DESCENDIENTES DE DAVID.
ISAÍAS DIJO QUE SERÍA RECHAZADO POR ISRAEL. LOS PROFETAS TAMBIÉN PREVIERON SU SUFRIMIENTO. SERÍA TRAICIONADO POR UN AMIGO POR 30 PIEZAS DE PLATA, NO SE DEFENDERÍA ANTE SUS ACUSADORES; SERÍA HERIDO Y GOLPEADO, Y LE ARRANCARÍAN LA BARBA. CONTEMPLARÍAN SU DESNUDEZ Y LE ESCUPIRÍAN A LA CARA. DARÍA SU ESPALDA A LOS AZOTES, HASTA QUE SU ASPECTO FUERA MÁS DESFIGURADO QUE EL DE CUALQUIER HOMBRE.
EL PROFETA ZACARÍAS NOS DICE QUE EL SALVADOR SERÍA TRASPASADO, QUE SUS AMIGOS LE GOLPEARÍAN Y LE HARÍAN HERIDAS EN SUS MANOS, QUE SERÍA CONDUCIDO COMO CORDERO AL MATADERO. TODO ESTO CONDUCIRÍA A SU MUERTE, Y SERÍA SEPULTADO EN LA TUMBA DE UN HOMBRE RICO.
EL PROFETA DIJO QUE CRISTO ABRIRÍA LOS OJOS A LOS CIEGOS, LIBERARÍA A LOS PRESOS, QUE SERÍA PASTOR DE ISRAEL, Y QUE VENDRÍA A SION COMO REDENTOR.
PERO ÉSTA NO ERA NINGUNA TRAGEDIA SOBRE LA QUE ÉL NO TUVIERA CONTROL. ¿NO DIJO JESÚS QUE NADIE LE QUITA LA VIDA, SINO QUE LA PONE POR SÍ MISMO? ISAÍAS DIJO QUE AGRADÓ A DIOS HERIRLE, PORQUE SU ALMA FUE HECHA UNA OFRENDA POR EL PECADO. FUE GOLPEADO POR LOS PECADOS DE OTROS, PORQUE CARGO CON LOS PECADOS DE MUCHOS, Y JUSTIFICARÍA A MUCHOS CON SU MUERTE.
SIN EMBARGO, LA MUERTE NO FUE EL FIN. ISAÍAS PREVIÓ QUE SU VIDA CONTINUARÍA DESPUÉS DE SU MUERTE; SERÍA EXALTADO Y ENALTECIDO. SERÁ SALVACIÓN PARA LOS EXTREMOS DE LA TIERRA. ÉL NO FRACASARÁ. EL MESÍAS SERÁ UN NUEVO PACTO.
SERÁ JUEZ, GOBERNARÁ A UN ISRAEL RENOVADO EN UNA NUEVA TIERRA Y NUEVO CIELO. LLEGARÁ EL DÍA EN QUE TODA RODILLA SE DOBLARÁ ANTE ÉL, Y TODA LENGUA CONFESARÁ QUE ÉL ES SEÑOR.
DÍGANME PUES, ¿POR QUÉ ESTÁN TRISTES? ¿NO LES DIJERON LAS MUJERES QUE LOS ÁNGELES DIJERON QUE HABÍA RESUCITADO DE ENTRE LOS MUERTOS?
¡ASOMBROSO!

SALMO 11:4, 22:15, 41:9, 42:4,6, 45:23, 49:6, 52:13, 53:9,10,66,89; ISAÍAS 7:14,16, 9:6, 11:1, 40:11, 42:7, 49:7, 53:1,3, 59:20; JEREMÍAS 23:5-6; MIQUEAS 5:2; ZACARÍAS 11:12-13, 12:10, 13:6-7, 50:6, 52:14, 53:5,7,9,12; JUAN 10:18

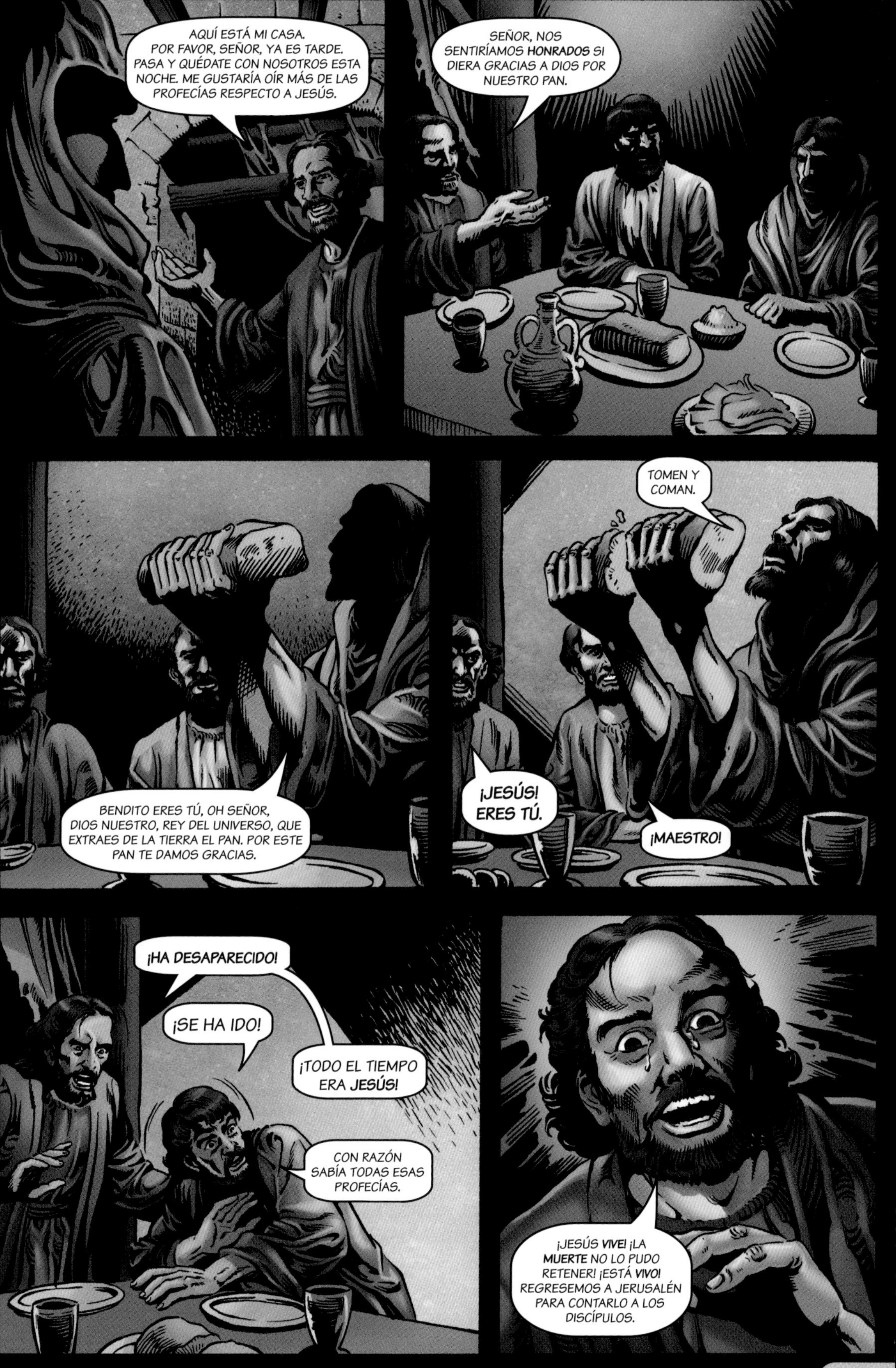
AQUÍ ESTÁ MI CASA. POR FAVOR, SEÑOR, YA ES TARDE. PASA Y QUÉDATE CON NOSOTROS ESTA NOCHE. ME GUSTARÍA OÍR MÁS DE LAS PROFECÍAS RESPECTO A JESÚS.
SEÑOR, NOS SENTIRÍAMOS **HONRADOS** SI DIERA GRACIAS A DIOS POR NUESTRO PAN.
BENDITO ERES TÚ, OH SEÑOR, DIOS NUESTRO, REY DEL UNIVERSO, QUE EXTRAES DE LA TIERRA EL PAN. POR ESTE PAN TE DAMOS GRACIAS.
TOMEN Y COMAN.
¡JESÚS! ERES TÚ.
¡MAESTRO!
¡HA DESAPARECIDO!
¡SE HA IDO!
¡TODO EL TIEMPO ERA **JESÚS**!
CON RAZÓN SABÍA TODAS ESAS PROFECÍAS.
¡JESÚS **VIVE**! ¡LA **MUERTE** NO LO PUDO RETENER! ¡ESTÁ **VIVO**! REGRESEMOS A JERUSALÉN PARA CONTARLO A LOS DISCÍPULOS.

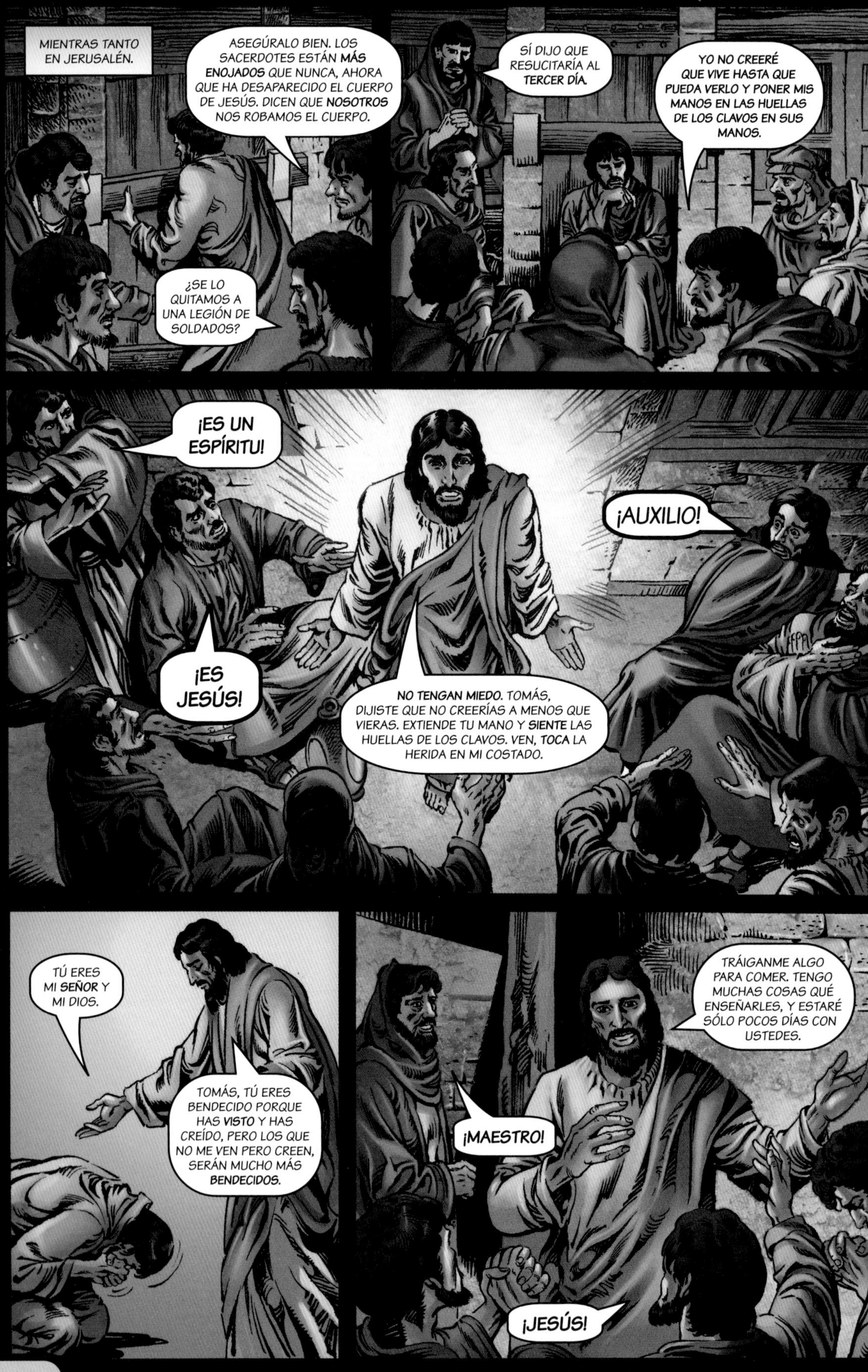
MIENTRAS TANTO EN JERUSALÉN.
ASEGÚRALO BIEN. LOS SACERDOTES ESTÁN MÁS ENOJADOS QUE NUNCA, AHORA QUE HA DESAPARECIDO EL CUERPO DE JESÚS. DICEN QUE NOSOTROS NOS ROBAMOS EL CUERPO.
¿SE LO QUITAMOS A UNA LEGIÓN DE SOLDADOS?
SÍ DIJO QUE RESUCITARÍA AL TERCER DÍA.
YO NO CREERÉ QUE VIVE HASTA QUE PUEDA VERLO Y PONER MIS MANOS EN LAS HUELLAS DE LOS CLAVOS EN SUS MANOS.
¡ES UN ESPÍRITU!
¡AUXILIO!
¡ES JESÚS!
NO TENGAN MIEDO. TOMÁS, DIJISTE QUE NO CREERÍAS A MENOS QUE VIERAS. EXTIENDE TU MANO Y SIENTE LAS HUELLAS DE LOS CLAVOS. VEN, TOCA LA HERIDA EN MI COSTADO.
TÚ ERES MI SEÑOR Y MI DIOS.
TOMÁS, TÚ ERES BENDECIDO PORQUE HAS VISTO Y HAS CREÍDO, PERO LOS QUE NO ME VEN PERO CREEN, SERÁN MUCHO MÁS BENDECIDOS.
TRÁIGANME ALGO PARA COMER. TENGO MUCHAS COSAS QUÉ ENSEÑARLES, Y ESTARÉ SÓLO POCOS DÍAS CON USTEDES.
¡MAESTRO!
¡JESÚS!

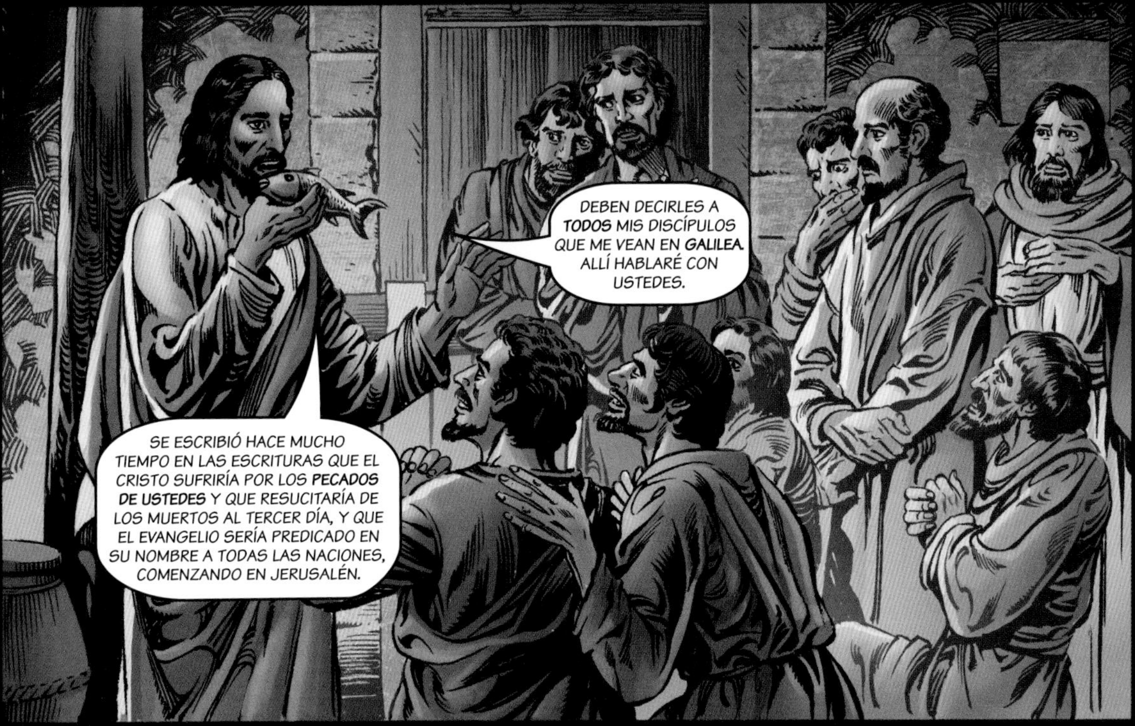
DEBEN DECIRLES A TODOS MIS DISCÍPULOS QUE ME VEAN EN GALILEA. ALLÍ HABLARÉ CON USTEDES.
SE ESCRIBIÓ HACE MUCHO TIEMPO EN LAS ESCRITURAS QUE EL CRISTO SUFRIRÍA POR LOS PECADOS DE USTEDES Y QUE RESUCITARÍA DE LOS MUERTOS AL TERCER DÍA, Y QUE EL EVANGELIO SERÍA PREDICADO EN SU NOMBRE A TODAS LAS NACIONES, COMENZANDO EN JERUSALÉN.

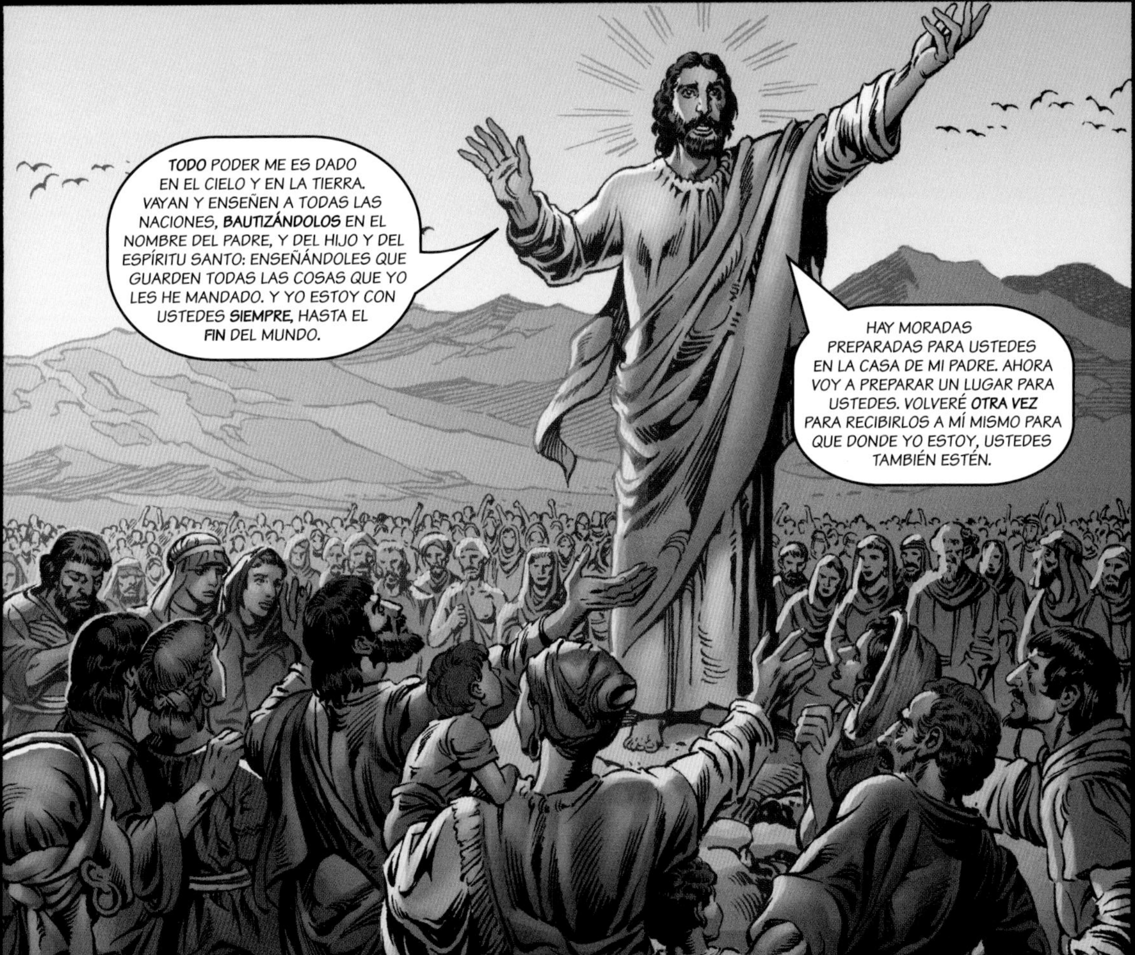
TODO PODER ME ES DADO EN EL CIELO Y EN LA TIERRA. VAYAN Y ENSEÑEN A TODAS LAS NACIONES, BAUTIZÁNDOLOS EN EL NOMBRE DEL PADRE, Y DEL HIJO Y DEL ESPÍRITU SANTO: ENSEÑÁNDOLES QUE GUARDEN TODAS LAS COSAS QUE YO LES HE MANDADO. Y YO ESTOY CON USTEDES SIEMPRE, HASTA EL FIN DEL MUNDO.
HAY MORADAS PREPARADAS PARA USTEDES EN LA CASA DE MI PADRE. AHORA VOY A PREPARAR UN LUGAR PARA USTEDES. VOLVERÉ OTRA VEZ PARA RECIBIRLOS A MÍ MISMO PARA QUE DONDE YO ESTOY, USTEDES TAMBIÉN ESTÉN.

MATEO 28:18-20; LUCAS 24:44-49; JUAN 14:2-4

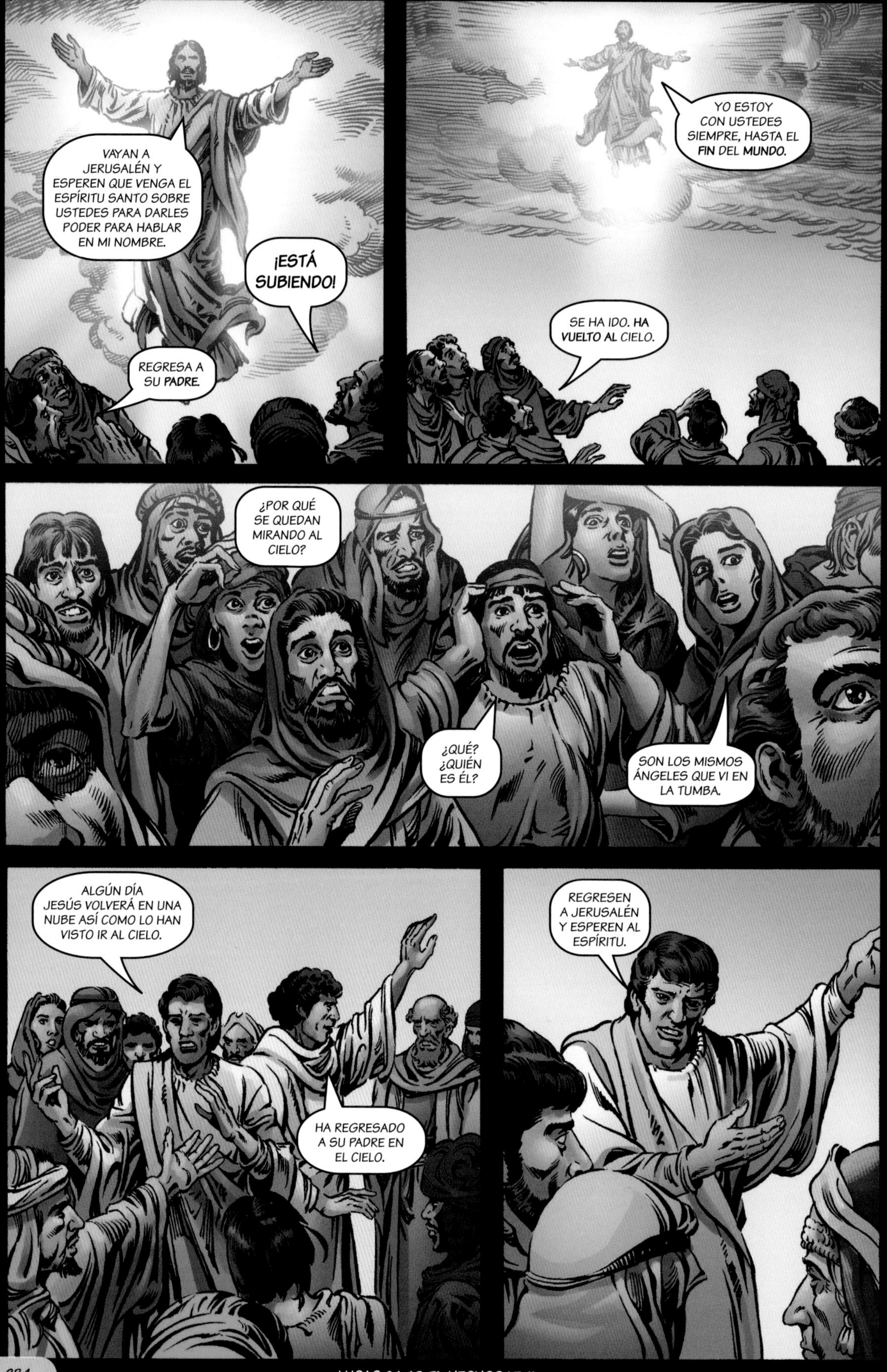
VAYAN A JERUSALÉN Y ESPEREN QUE VENGA EL ESPÍRITU SANTO SOBRE USTEDES PARA DARLES PODER PARA HABLAR EN MI NOMBRE.
¡ESTÁ SUBIENDO!
REGRESA A SU PADRE.
YO ESTOY CON USTEDES SIEMPRE, HASTA EL FIN DEL MUNDO.
SE HA IDO. HA VUELTO AL CIELO.
¿POR QUÉ SE QUEDAN MIRANDO AL CIELO?
¿QUÉ? ¿QUIÉN ES ÉL?
SON LOS MISMOS ÁNGELES QUE VI EN LA TUMBA.
ALGÚN DÍA JESÚS VOLVERÁ EN UNA NUBE ASÍ COMO LO HAN VISTO IR AL CIELO.
HA REGRESADO A SU PADRE EN EL CIELO.
REGRESEN A JERUSALÉN Y ESPEREN AL ESPÍRITU.

LUCAS 24:49-51; HECHOS 1:7-11

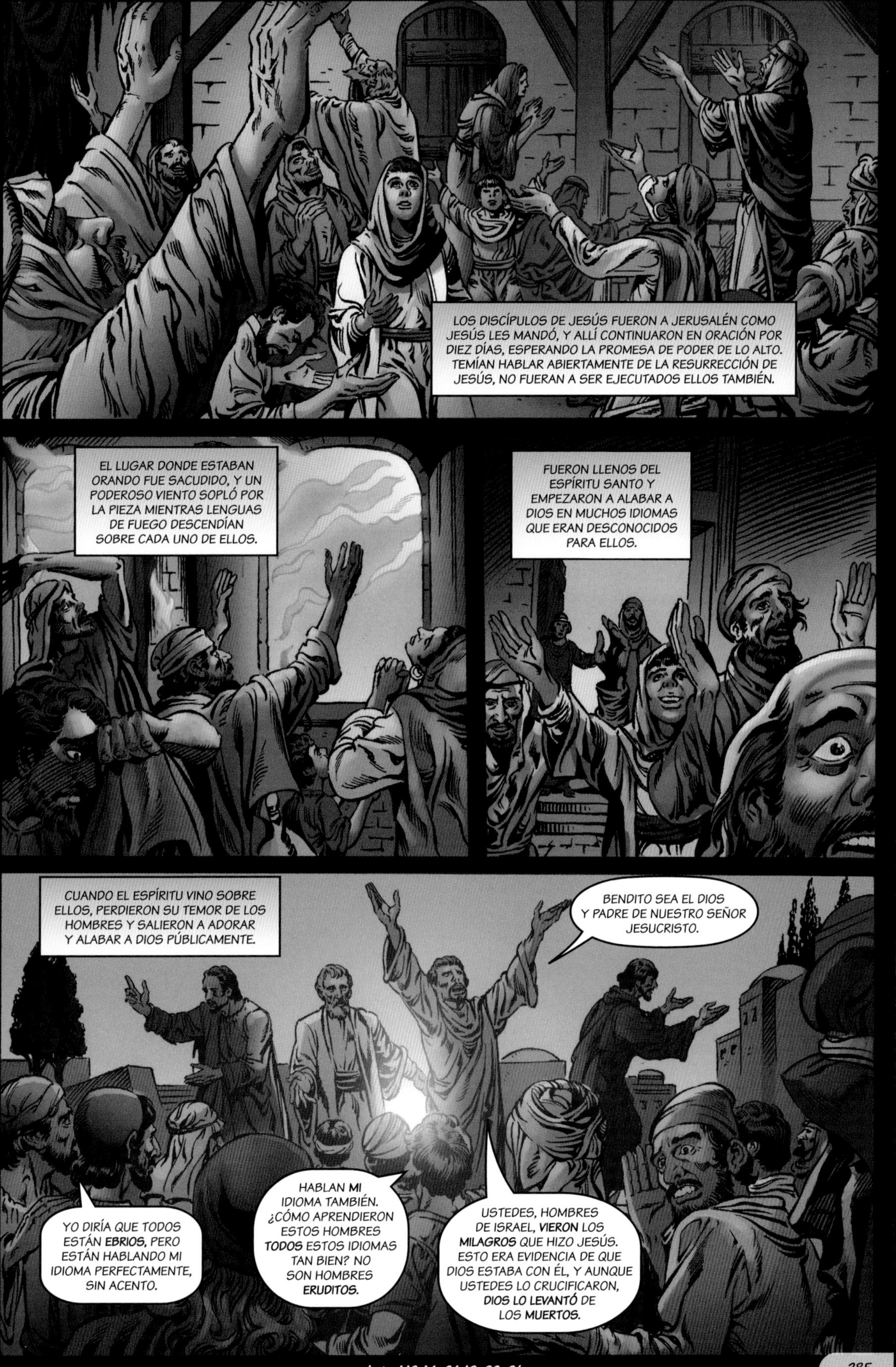

LOS DISCÍPULOS DE JESÚS FUERON A JERUSALÉN COMO JESÚS LES MANDÓ, Y ALLÍ CONTINUARON EN ORACIÓN POR DIEZ DÍAS, ESPERANDO LA PROMESA DE PODER DE LO ALTO. TEMÍAN HABLAR ABIERTAMENTE DE LA RESURRECCIÓN DE JESÚS, NO FUERAN A SER EJECUTADOS ELLOS TAMBIÉN.
EL LUGAR DONDE ESTABAN ORANDO FUE SACUDIDO, Y UN PODEROSO VIENTO SOPLÓ POR LA PIEZA MIENTRAS LENGUAS DE FUEGO DESCENDÍAN SOBRE CADA UNO DE ELLOS.
FUERON LLENOS DEL ESPÍRITU SANTO Y EMPEZARON A ALABAR A DIOS EN MUCHOS IDIOMAS QUE ERAN DESCONOCIDOS PARA ELLOS.
CUANDO EL ESPÍRITU VINO SOBRE ELLOS, PERDIERON SU TEMOR DE LOS HOMBRES Y SALIERON A ADORAR Y ALABAR A DIOS PÚBLICAMENTE.
BENDITO SEA EL DIOS Y PADRE DE NUESTRO SEÑOR JESUCRISTO.
YO DIRÍA QUE TODOS ESTÁN **EBRIOS**, PERO ESTÁN HABLANDO MI IDIOMA PERFECTAMENTE, SIN ACENTO.
HABLAN **MI** IDIOMA TAMBIÉN. ¿CÓMO APRENDIERON ESTOS HOMBRES ***TODOS*** ESTOS IDIOMAS TAN BIEN? NO SON HOMBRES **ERUDITOS**.
USTEDES, HOMBRES DE ISRAEL, **VIERON** LOS **MILAGROS** QUE HIZO JESÚS. ESTO ERA EVIDENCIA DE QUE DIOS ESTABA CON ÉL, Y AUNQUE USTEDES LO CRUCIFICARON, **DIOS LO LEVANTÓ** DE LOS **MUERTOS**.

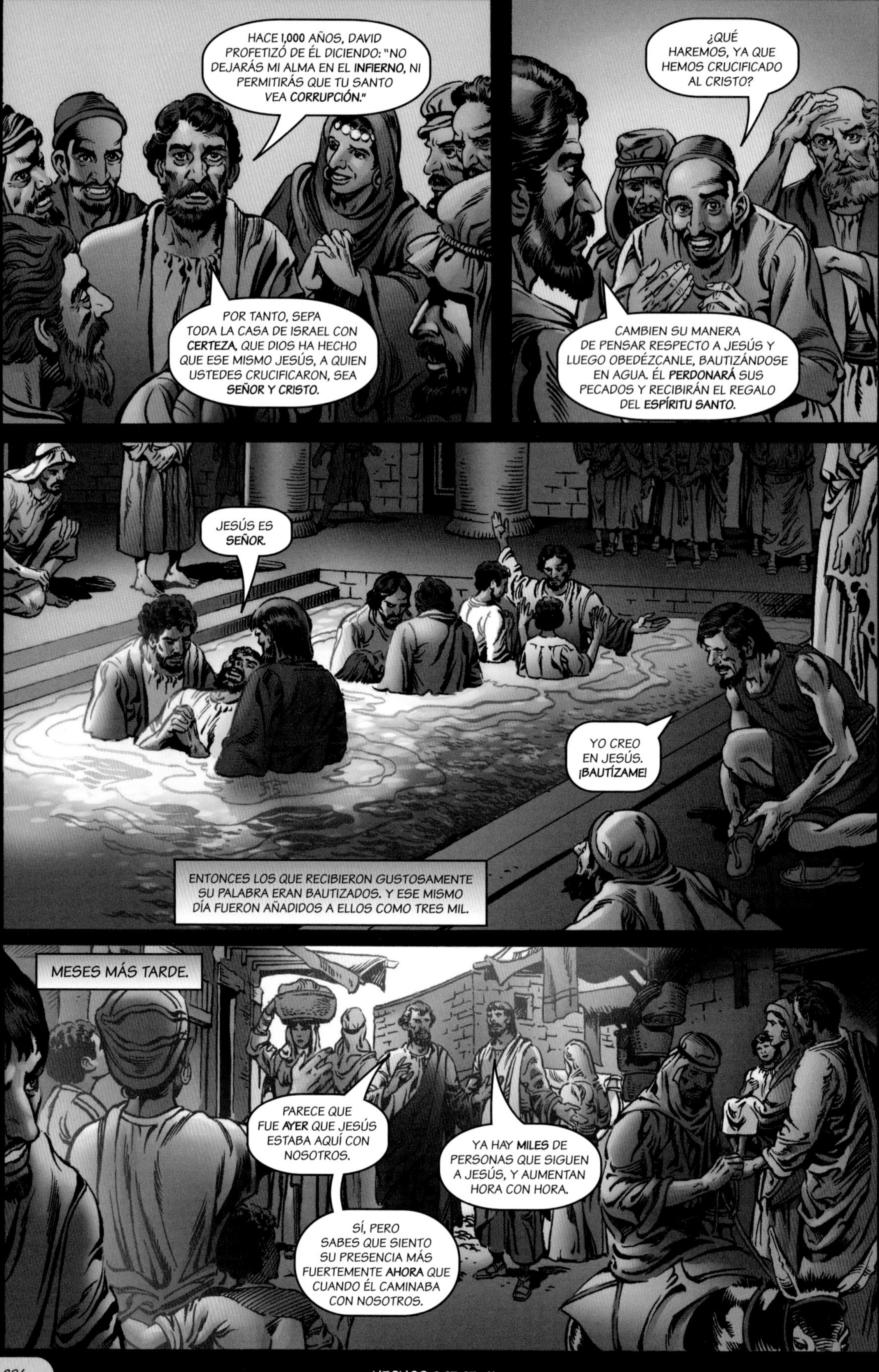
HACE 1,000 AÑOS, DAVID PROFETIZÓ DE ÉL DICIENDO: "NO DEJARÁS MI ALMA EN EL **INFIERNO,** NI PERMITIRÁS QUE TU SANTO VEA **CORRUPCIÓN.**"
POR TANTO, SEPA TODA LA CASA DE ISRAEL CON **CERTEZA,** QUE DIOS HA HECHO QUE ESE MISMO JESÚS, A QUIEN USTEDES CRUCIFICARON, SEA **SEÑOR Y CRISTO.**
¿QUÉ HAREMOS, YA QUE HEMOS CRUCIFICADO AL CRISTO?
CAMBIEN SU MANERA DE PENSAR RESPECTO A JESÚS Y LUEGO OBEDÉZCANLE, BAUTIZÁNDOSE EN AGUA. ÉL **PERDONARÁ** SUS PECADOS Y RECIBIRÁN EL REGALO DEL **ESPÍRITU SANTO.**
JESÚS ES **SEÑOR.**
YO CREO EN JESÚS. **¡BAUTÍZAME!**
ENTONCES LOS QUE RECIBIERON GUSTOSAMENTE SU PALABRA ERAN BAUTIZADOS. Y ESE MISMO DÍA FUERON AÑADIDOS A ELLOS COMO TRES MIL.
MESES MÁS TARDE.
PARECE QUE FUE **AYER** QUE JESÚS ESTABA AQUÍ CON NOSOTROS.
YA HAY **MILES** DE PERSONAS QUE SIGUEN A JESÚS, Y AUMENTAN HORA CON HORA.
SÍ, PERO SABES QUE SIENTO SU PRESENCIA MÁS FUERTEMENTE **AHORA** QUE CUANDO ÉL CAMINABA CON NOSOTROS.

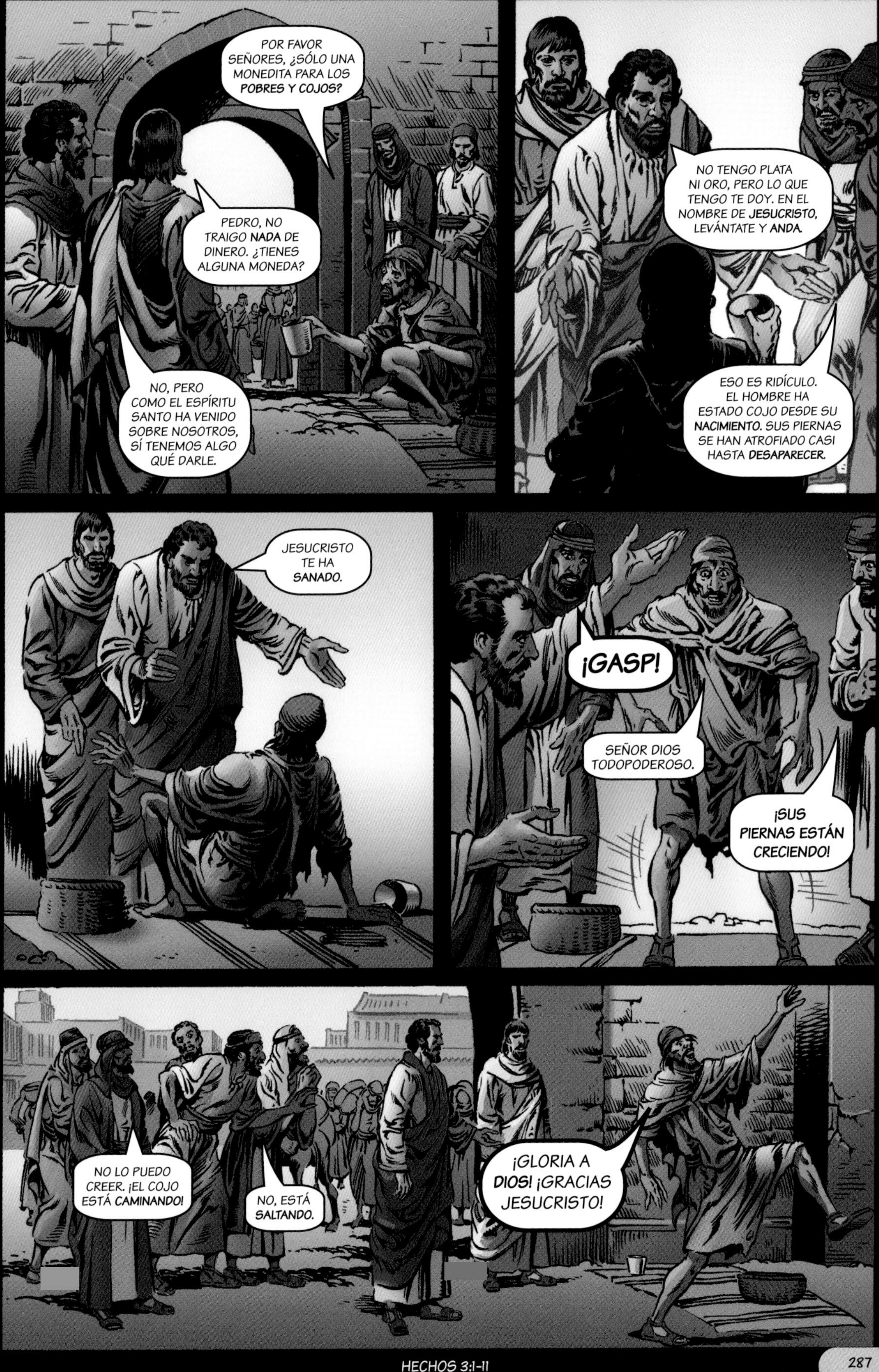
POR FAVOR SEÑORES, ¿SÓLO UNA MONEDITA PARA LOS POBRES Y COJOS?
PEDRO, NO TRAIGO NADA DE DINERO. ¿TIENES ALGUNA MONEDA?
NO, PERO COMO EL ESPÍRITU SANTO HA VENIDO SOBRE NOSOTROS, SÍ TENEMOS ALGO QUÉ DARLE.
NO TENGO PLATA NI ORO, PERO LO QUE TENGO TE DOY. EN EL NOMBRE DE JESUCRISTO, LEVÁNTATE Y ANDA.
ESO ES RIDÍCULO. EL HOMBRE HA ESTADO COJO DESDE SU NACIMIENTO. SUS PIERNAS SE HAN ATROFIADO CASI HASTA DESAPARECER.
JESUCRISTO TE HA SANADO.
¡GASP!
SEÑOR DIOS TODOPODEROSO.
¡SUS PIERNAS ESTÁN CRECIENDO!
NO LO PUEDO CREER. ¡EL COJO ESTÁ CAMINANDO!
NO, ESTÁ SALTANDO.
¡GLORIA A DIOS! ¡GRACIAS JESUCRISTO!

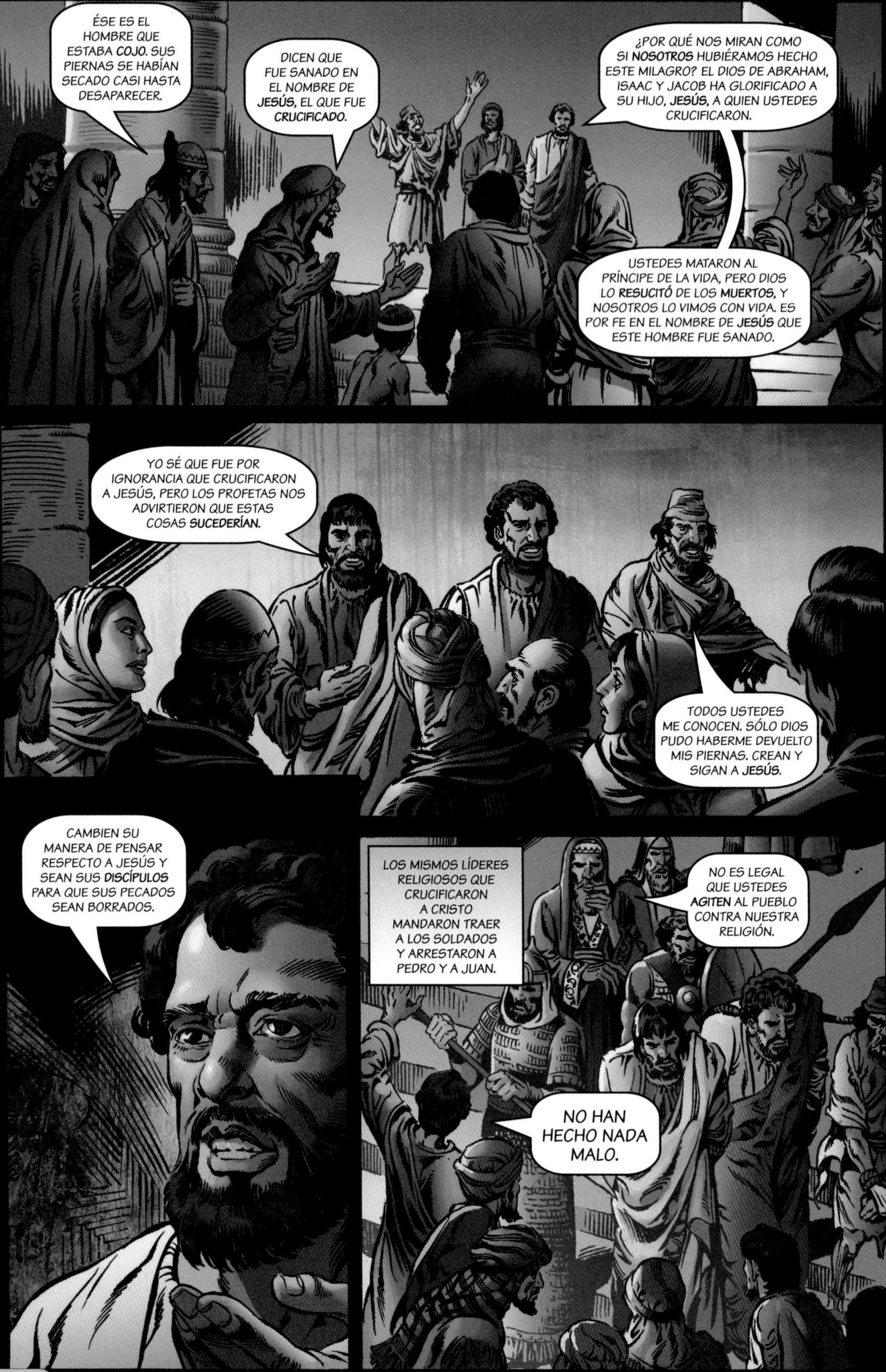
ÉSE ES EL HOMBRE QUE ESTABA **COJO**. SUS PIERNAS SE HABÍAN SECADO CASI HASTA DESAPARECER.
DICEN QUE FUE SANADO EN EL NOMBRE DE **JESÚS**, EL QUE FUE **CRUCIFICADO**.
¿POR QUÉ NOS MIRAN COMO SI **NOSOTROS** HUBIÉRAMOS HECHO ESTE MILAGRO? EL DIOS DE ABRAHAM, ISAAC Y JACOB HA GLORIFICADO A SU HIJO, **JESÚS**, A QUIEN USTEDES CRUCIFICARON.
USTEDES MATARON AL PRÍNCIPE DE LA VIDA, PERO DIOS LO **RESUCITÓ** DE LOS **MUERTOS**, Y NOSOTROS LO VIMOS CON VIDA. ES POR FE EN EL NOMBRE DE **JESÚS** QUE ESTE HOMBRE FUE SANADO.
YO SÉ QUE FUE POR IGNORANCIA QUE CRUCIFICARON A JESÚS, PERO LOS PROFETAS NOS ADVIRTIERON QUE ESTAS COSAS **SUCEDERÍAN**.
TODOS USTEDES ME CONOCEN. SÓLO DIOS PUDO HABERME DEVUELTO MIS PIERNAS. CREAN Y SIGAN A **JESÚS**.
CAMBIEN SU MANERA DE PENSAR RESPECTO A JESÚS Y SEAN SUS **DISCÍPULOS** PARA QUE SUS PECADOS SEAN BORRADOS.
LOS MISMOS LÍDERES RELIGIOSOS QUE CRUCIFICARON A CRISTO MANDARON TRAER A LOS SOLDADOS Y ARRESTARON A PEDRO Y A JUAN.
NO ES LEGAL QUE USTEDES **AGITEN** AL PUEBLO CONTRA NUESTRA RELIGIÓN.
NO HAN HECHO NADA MALO.

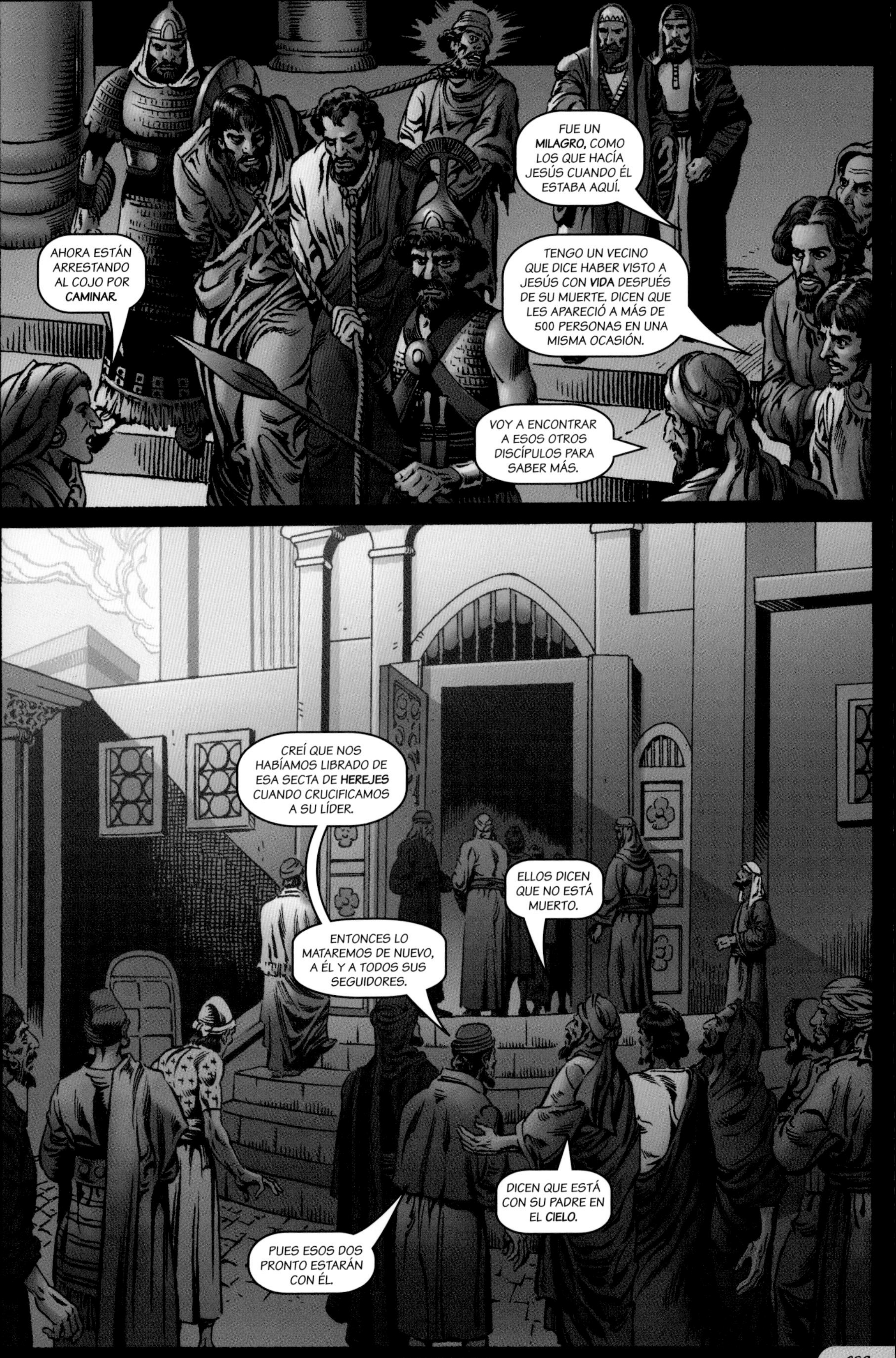
FUE UN MILAGRO, COMO LOS QUE HACÍA JESÚS CUANDO ÉL ESTABA AQUÍ.
AHORA ESTÁN ARRESTANDO AL COJO POR CAMINAR.
TENGO UN VECINO QUE DICE HABER VISTO A JESÚS CON VIDA DESPUÉS DE SU MUERTE. DICEN QUE LES APARECIÓ A MÁS DE 500 PERSONAS EN UNA MISMA OCASIÓN.
VOY A ENCONTRAR A ESOS OTROS DISCÍPULOS PARA SABER MÁS.
CREÍ QUE NOS HABÍAMOS LIBRADO DE ESA SECTA DE HEREJES CUANDO CRUCIFICAMOS A SU LÍDER.
ELLOS DICEN QUE NO ESTÁ MUERTO.
ENTONCES LO MATAREMOS DE NUEVO, A ÉL Y A TODOS SUS SEGUIDORES.
DICEN QUE ESTÁ CON SU PADRE EN EL CIELO.
PUES ESOS DOS PRONTO ESTARÁN CON ÉL.

HECHOS 4:3-6

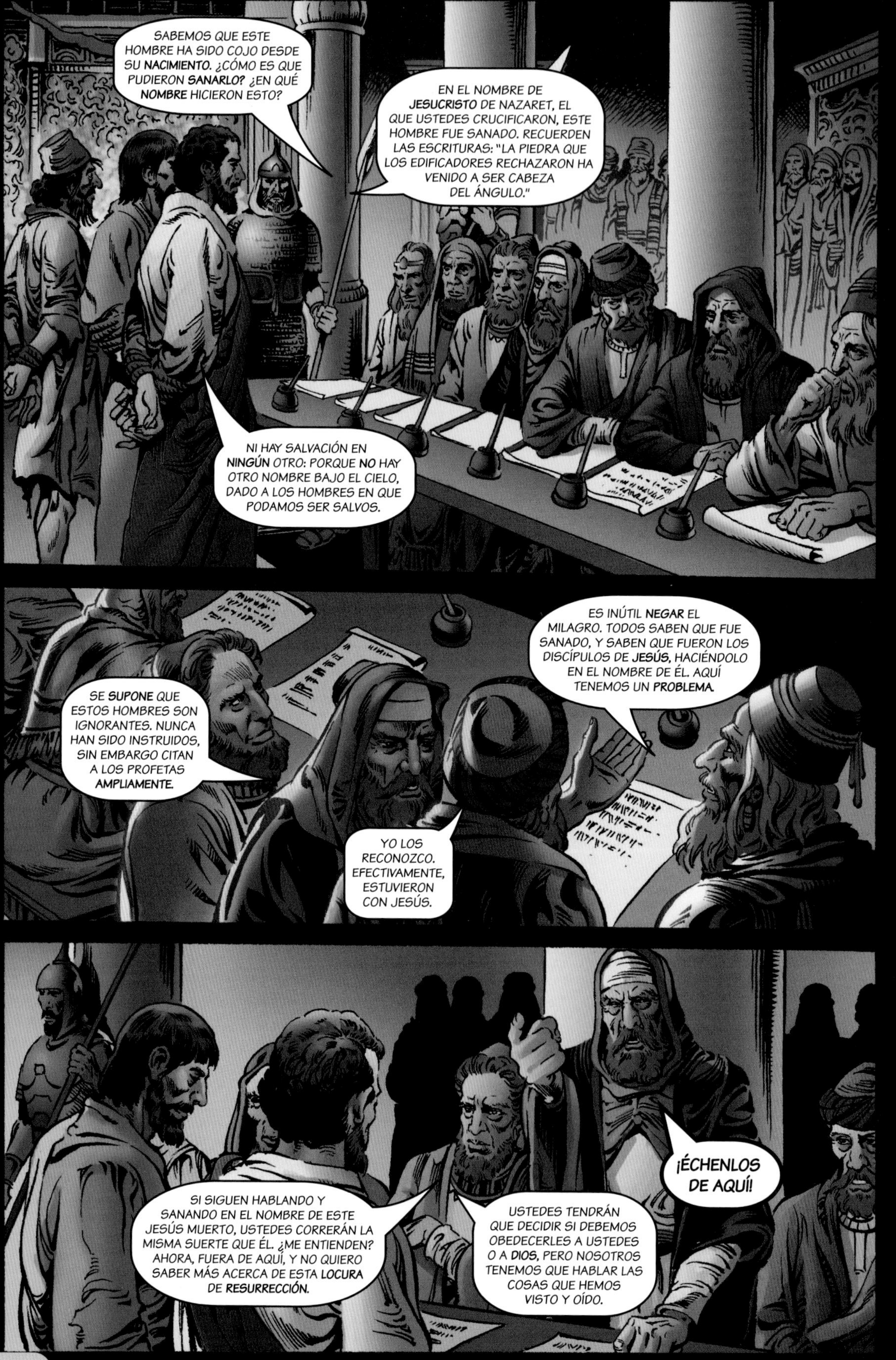
SABEMOS QUE ESTE HOMBRE HA SIDO COJO DESDE SU **NACIMIENTO**. ¿CÓMO ES QUE PUDIERON **SANARLO?** ¿EN QUÉ **NOMBRE** HICIERON ESTO?
EN EL NOMBRE DE **JESUCRISTO** DE NAZARET, EL QUE USTEDES CRUCIFICARON, ESTE HOMBRE FUE SANADO. RECUERDEN LAS ESCRITURAS: "LA PIEDRA QUE LOS EDIFICADORES RECHAZARON HA VENIDO A SER CABEZA DEL ÁNGULO."
NI HAY SALVACIÓN EN **NINGÚN** OTRO: PORQUE **NO** HAY OTRO NOMBRE BAJO EL CIELO, DADO A LOS HOMBRES EN QUE PODAMOS SER SALVOS.
SE **SUPONE** QUE ESTOS HOMBRES SON IGNORANTES. NUNCA HAN SIDO INSTRUIDOS, SIN EMBARGO CITAN A LOS PROFETAS **AMPLIAMENTE**.
ES INÚTIL **NEGAR** EL MILAGRO. TODOS SABEN QUE FUE SANADO, Y SABEN QUE FUERON LOS DISCÍPULOS DE **JESÚS**, HACIÉNDOLO EN EL NOMBRE DE ÉL. AQUÍ TENEMOS UN **PROBLEMA**.
YO LOS RECONOZCO. EFECTIVAMENTE, ESTUVIERON CON JESÚS.
SI SIGUEN HABLANDO Y SANANDO EN EL NOMBRE DE ESTE JESÚS MUERTO, USTEDES CORRERÁN LA MISMA SUERTE QUE ÉL. ¿ME ENTIENDEN? AHORA, FUERA DE AQUÍ, Y NO QUIERO SABER MÁS ACERCA DE ESTA **LOCURA** DE **RESURRECCIÓN**.
USTEDES TENDRÁN QUE DECIDIR SI DEBEMOS OBEDECERLES A USTEDES O A **DIOS**, PERO NOSOTROS TENEMOS QUE HABLAR LAS COSAS QUE HEMOS VISTO Y OÍDO.
¡ÉCHENLOS DE AQUÍ!

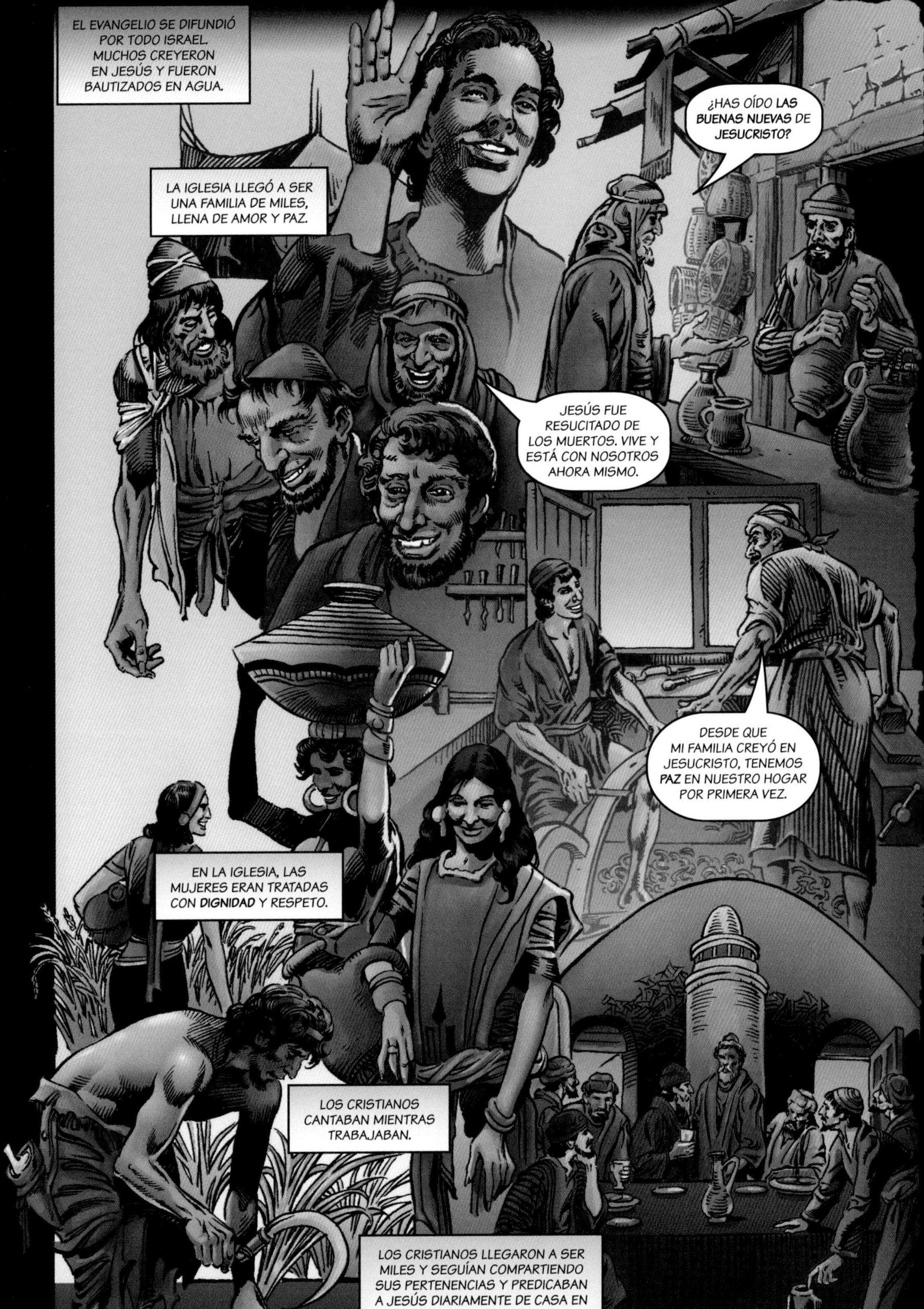
EL EVANGELIO SE DIFUNDIÓ POR TODO ISRAEL. MUCHOS CREYERON EN JESÚS Y FUERON BAUTIZADOS EN AGUA.
¿HAS OÍDO LAS BUENAS NUEVAS DE JESUCRISTO?
LA IGLESIA LLEGÓ A SER UNA FAMILIA DE MILES, LLENA DE AMOR Y PAZ.
JESÚS FUE RESUCITADO DE LOS MUERTOS. VIVE Y ESTÁ CON NOSOTROS AHORA MISMO.
DESDE QUE MI FAMILIA CREYÓ EN JESUCRISTO, TENEMOS PAZ EN NUESTRO HOGAR POR PRIMERA VEZ.
EN LA IGLESIA, LAS MUJERES ERAN TRATADAS CON DIGNIDAD Y RESPETO.
LOS CRISTIANOS CANTABAN MIENTRAS TRABAJABAN.
LOS CRISTIANOS LLEGARON A SER MILES Y SEGUÍAN COMPARTIENDO SUS PERTENENCIAS Y PREDICABAN A JESÚS DIARIAMENTE DE CASA EN CASA Y EN LAS CALLES A TODOS LOS QUE SE ENCONTRABAN.

HECHOS 4:10, 13:30-32

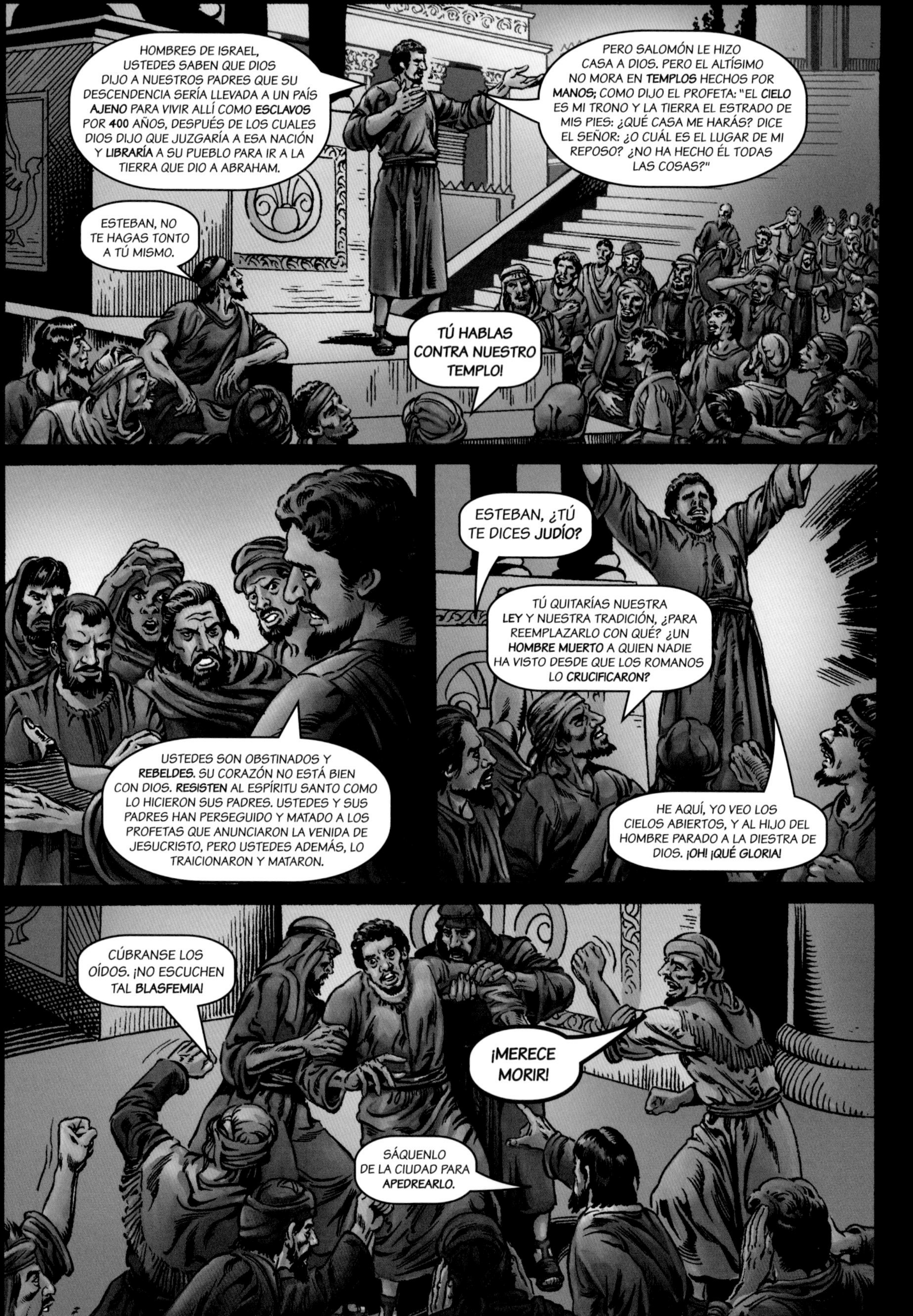
HOMBRES DE ISRAEL, USTEDES SABEN QUE DIOS DIJO A NUESTROS PADRES QUE SU DESCENDENCIA SERÍA LLEVADA A UN PAÍS AJENO PARA VIVIR ALLÍ COMO ESCLAVOS POR 400 AÑOS, DESPUÉS DE LOS CUALES DIOS DIJO QUE JUZGARÍA A ESA NACIÓN Y LIBRARÍA A SU PUEBLO PARA IR A LA TIERRA QUE DIO A ABRAHAM.
PERO SALOMÓN LE HIZO CASA A DIOS. PERO EL ALTÍSIMO NO MORA EN TEMPLOS HECHOS POR MANOS; COMO DIJO EL PROFETA: "EL CIELO ES MI TRONO Y LA TIERRA EL ESTRADO DE MIS PIES: ¿QUÉ CASA ME HARÁS? DICE EL SEÑOR: ¿O CUÁL ES EL LUGAR DE MI REPOSO? ¿NO HA HECHO ÉL TODAS LAS COSAS?"
ESTEBAN, NO TE HAGAS TONTO A TÚ MISMO.
TÚ HABLAS CONTRA NUESTRO TEMPLO!
USTEDES SON OBSTINADOS Y REBELDES. SU CORAZÓN NO ESTÁ BIEN CON DIOS. RESISTEN AL ESPÍRITU SANTO COMO LO HICIERON SUS PADRES. USTEDES Y SUS PADRES HAN PERSEGUIDO Y MATADO A LOS PROFETAS QUE ANUNCIARON LA VENIDA DE JESUCRISTO, PERO USTEDES ADEMÁS, LO TRAICIONARON Y MATARON.
ESTEBAN, ¿TÚ TE DICES JUDÍO?
TÚ QUITARÍAS NUESTRA LEY Y NUESTRA TRADICIÓN, ¿PARA REEMPLAZARLO CON QUÉ? ¿UN HOMBRE MUERTO A QUIEN NADIE HA VISTO DESDE QUE LOS ROMANOS LO CRUCIFICARON?
HE AQUÍ, YO VEO LOS CIELOS ABIERTOS, Y AL HIJO DEL HOMBRE PARADO A LA DIESTRA DE DIOS. ¡OH! ¡QUÉ GLORIA!
CÚBRANSE LOS OÍDOS. ¡NO ESCUCHEN TAL BLASFEMIA!
¡MERECE MORIR!
SÁQUENLO DE LA CIUDAD PARA APEDREARLO.

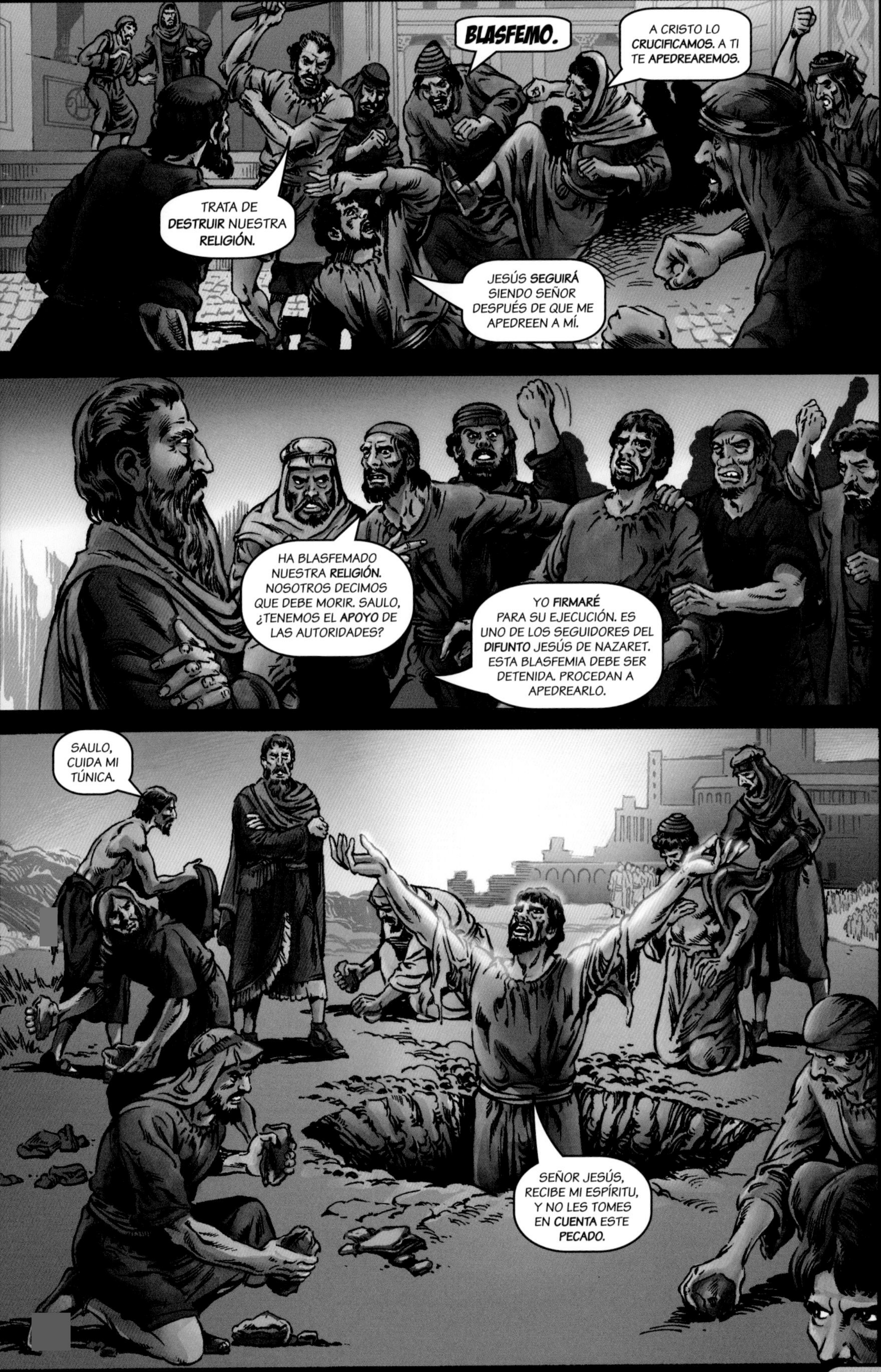
BLASFEMO.
A CRISTO LO CRUCIFICAMOS. A TI TE APEDREAREMOS.
TRATA DE DESTRUIR NUESTRA RELIGIÓN.
JESÚS SEGUIRÁ SIENDO SEÑOR DESPUÉS DE QUE ME APEDREEN A MÍ.
HA BLASFEMADO NUESTRA RELIGIÓN. NOSOTROS DECIMOS QUE DEBE MORIR. SAULO, ¿TENEMOS EL APOYO DE LAS AUTORIDADES?
YO FIRMARÉ PARA SU EJECUCIÓN. ES UNO DE LOS SEGUIDORES DEL DIFUNTO JESÚS DE NAZARET. ESTA BLASFEMIA DEBE SER DETENIDA. PROCEDAN A APEDREARLO.
SAULO, CUIDA MI TÚNICA.
SEÑOR JESÚS, RECIBE MI ESPÍRITU, Y NO LES TOMES EN CUENTA ESTE PECADO.

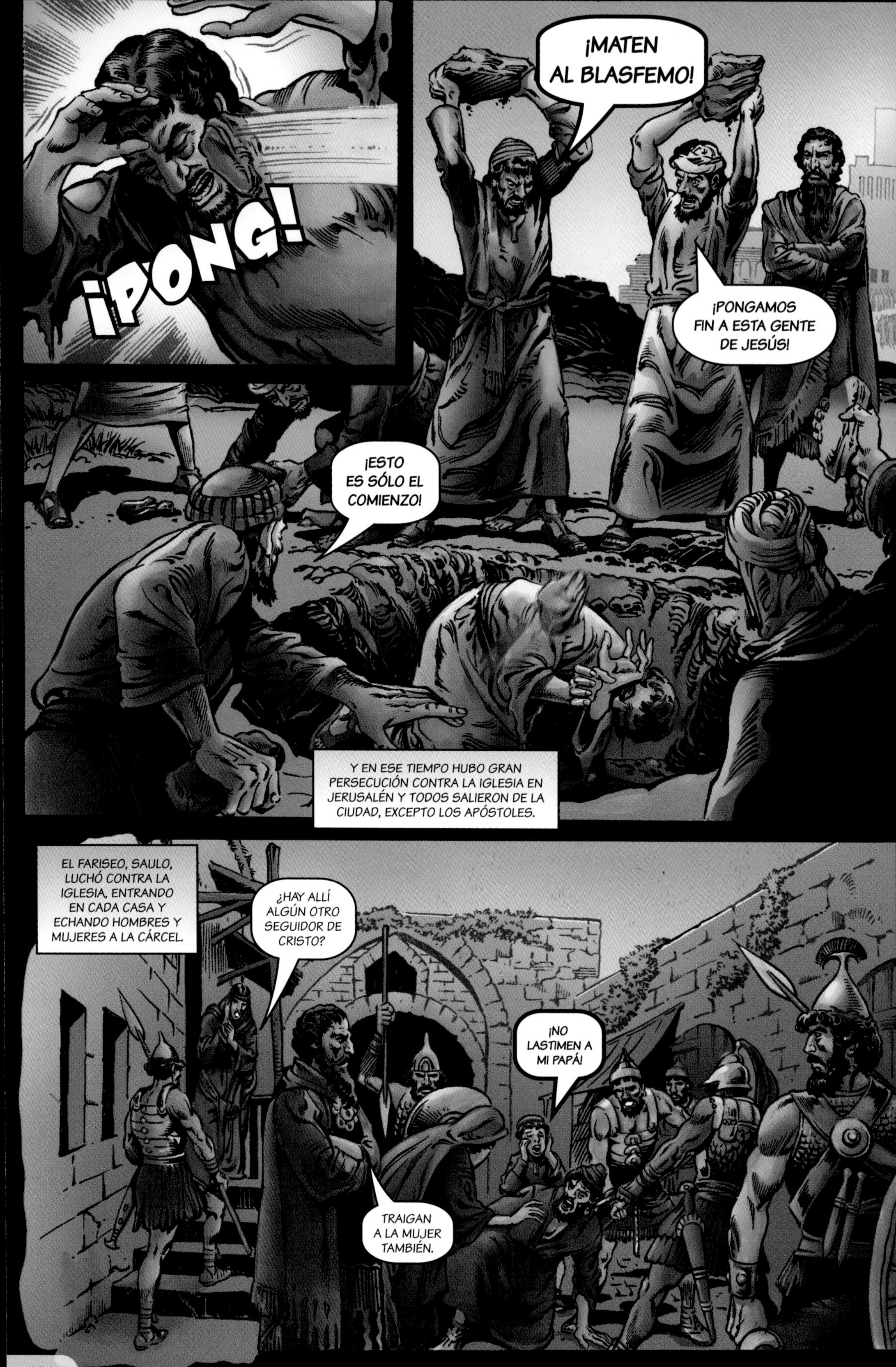

¡PONG!
¡MATEN AL BLASFEMO!
¡PONGAMOS FIN A ESTA GENTE DE JESÚS!
¡ESTO ES SÓLO EL COMIENZO!
Y EN ESE TIEMPO HUBO GRAN PERSECUCIÓN CONTRA LA IGLESIA EN JERUSALÉN Y TODOS SALIERON DE LA CIUDAD, EXCEPTO LOS APÓSTOLES.
EL FARISEO, SAULO, LUCHÓ CONTRA LA IGLESIA, ENTRANDO EN CADA CASA Y ECHANDO HOMBRES Y MUJERES A LA CÁRCEL.
¿HAY ALLÍ ALGÚN OTRO SEGUIDOR DE CRISTO?
¡NO LASTIMEN A MI PAPÁ!
TRAIGAN A LA MUJER TAMBIÉN.

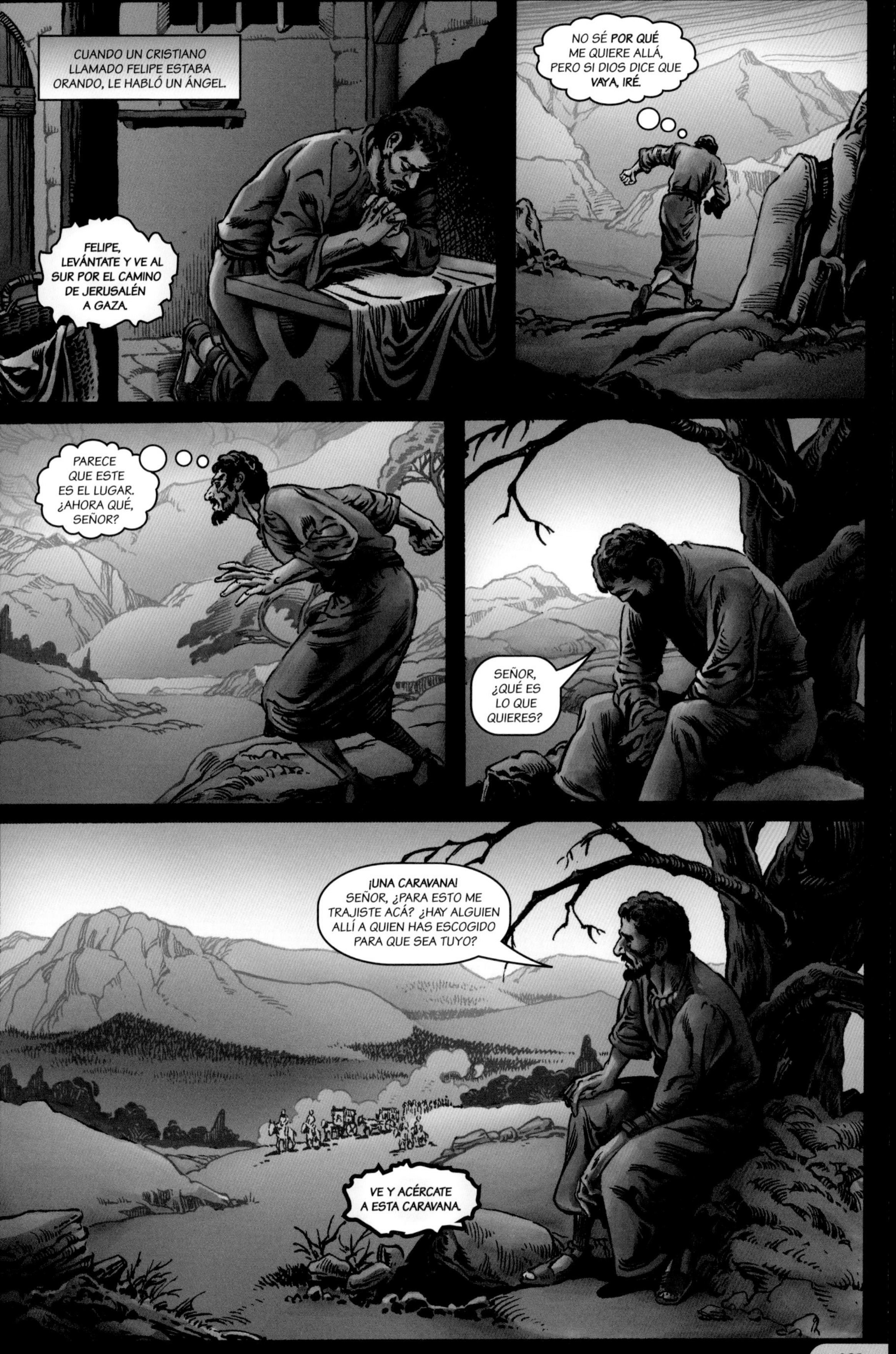
CUANDO UN CRISTIANO LLAMADO FELIPE ESTABA ORANDO, LE HABLÓ UN ÁNGEL.
FELIPE, LEVÁNTATE Y VE AL SUR POR EL CAMINO DE JERUSALÉN A GAZA.
NO SÉ POR QUÉ ME QUIERE ALLÁ, PERO SI DIOS DICE QUE VAYA, IRÉ.
PARECE QUE ESTE ES EL LUGAR. ¿AHORA QUÉ, SEÑOR?
SEÑOR, ¿QUÉ ES LO QUE QUIERES?
¡UNA CARAVANA! SEÑOR, ¿PARA ESTO ME TRAJISTE ACÁ? ¿HAY ALGUIEN ALLÍ A QUIEN HAS ESCOGIDO PARA QUE SEA TUYO?
VE Y ACÉRCATE A ESTA CARAVANA.

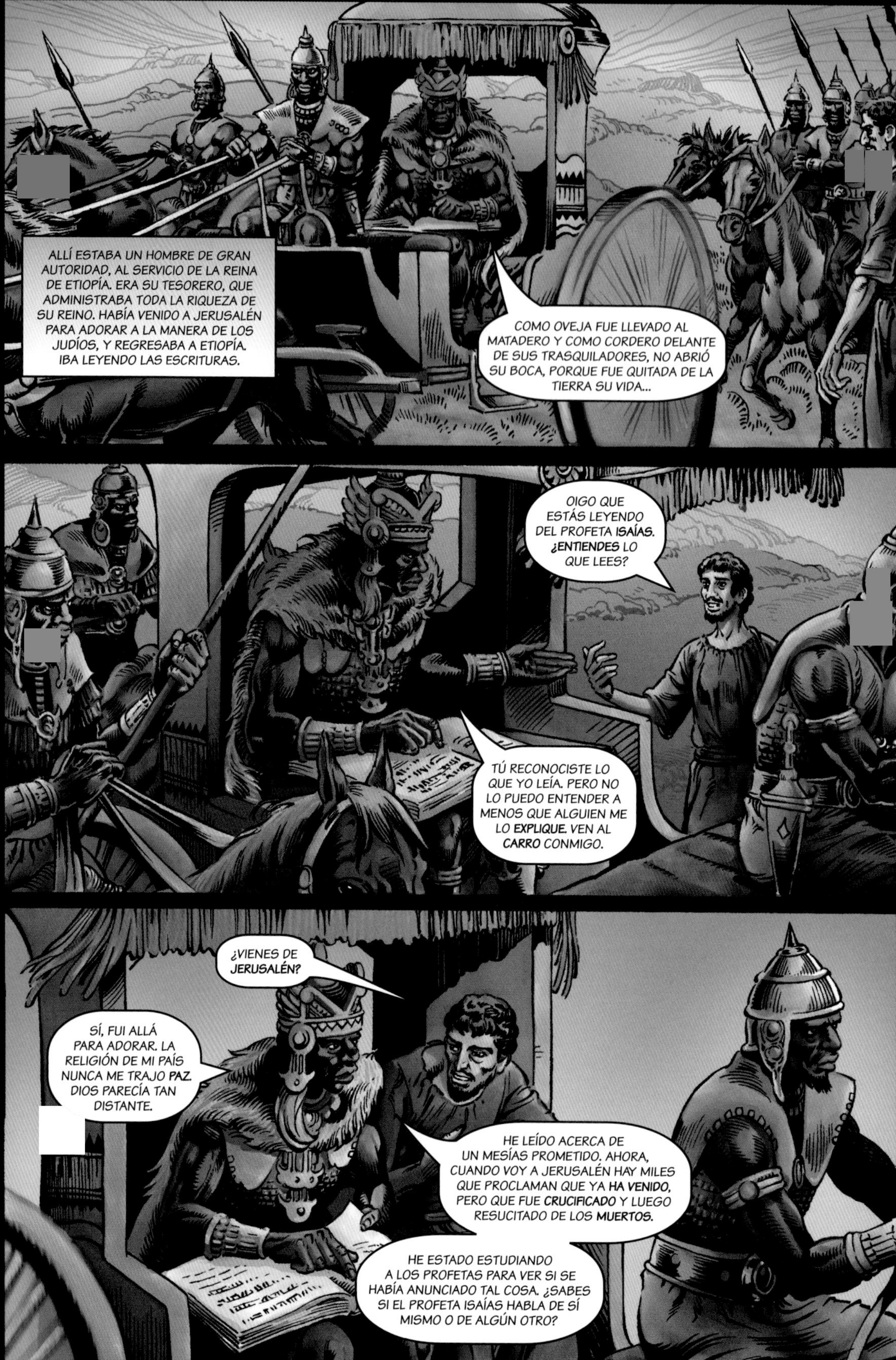
ALLÍ ESTABA UN HOMBRE DE GRAN AUTORIDAD, AL SERVICIO DE LA REINA DE ETIOPÍA. ERA SU TESORERO, QUE ADMINISTRABA TODA LA RIQUEZA DE SU REINO. HABÍA VENIDO A JERUSALÉN PARA ADORAR A LA MANERA DE LOS JUDÍOS, Y REGRESABA A ETIOPÍA. IBA LEYENDO LAS ESCRITURAS.
COMO OVEJA FUE LLEVADO AL MATADERO Y COMO CORDERO DELANTE DE SUS TRASQUILADORES, NO ABRIÓ SU BOCA, PORQUE FUE QUITADA DE LA TIERRA SU VIDA...
OIGO QUE ESTÁS LEYENDO DEL PROFETA **ISAÍAS**. **¿ENTIENDES** LO QUE LEES?
TÚ RECONOCISTE LO QUE YO LEÍA. PERO NO LO PUEDO ENTENDER A MENOS QUE ALGUIEN ME LO **EXPLIQUE**. VEN AL **CARRO** CONMIGO.
¿VIENES DE **JERUSALÉN**?
SÍ, FUI ALLÁ PARA ADORAR. LA RELIGIÓN DE MI PAÍS NUNCA ME TRAJO **PAZ**. DIOS PARECÍA TAN DISTANTE.
HE LEÍDO ACERCA DE UN MESÍAS PROMETIDO. AHORA, CUANDO VOY A JERUSALÉN HAY MILES QUE PROCLAMAN QUE YA **HA VENIDO**, PERO QUE FUE **CRUCIFICADO** Y LUEGO RESUCITADO DE LOS **MUERTOS**.
HE ESTADO ESTUDIANDO A LOS PROFETAS PARA VER SI SE HABÍA ANUNCIADO TAL COSA. ¿SABES SI EL PROFETA ISAÍAS HABLA DE SÍ MISMO O DE ALGÚN OTRO?

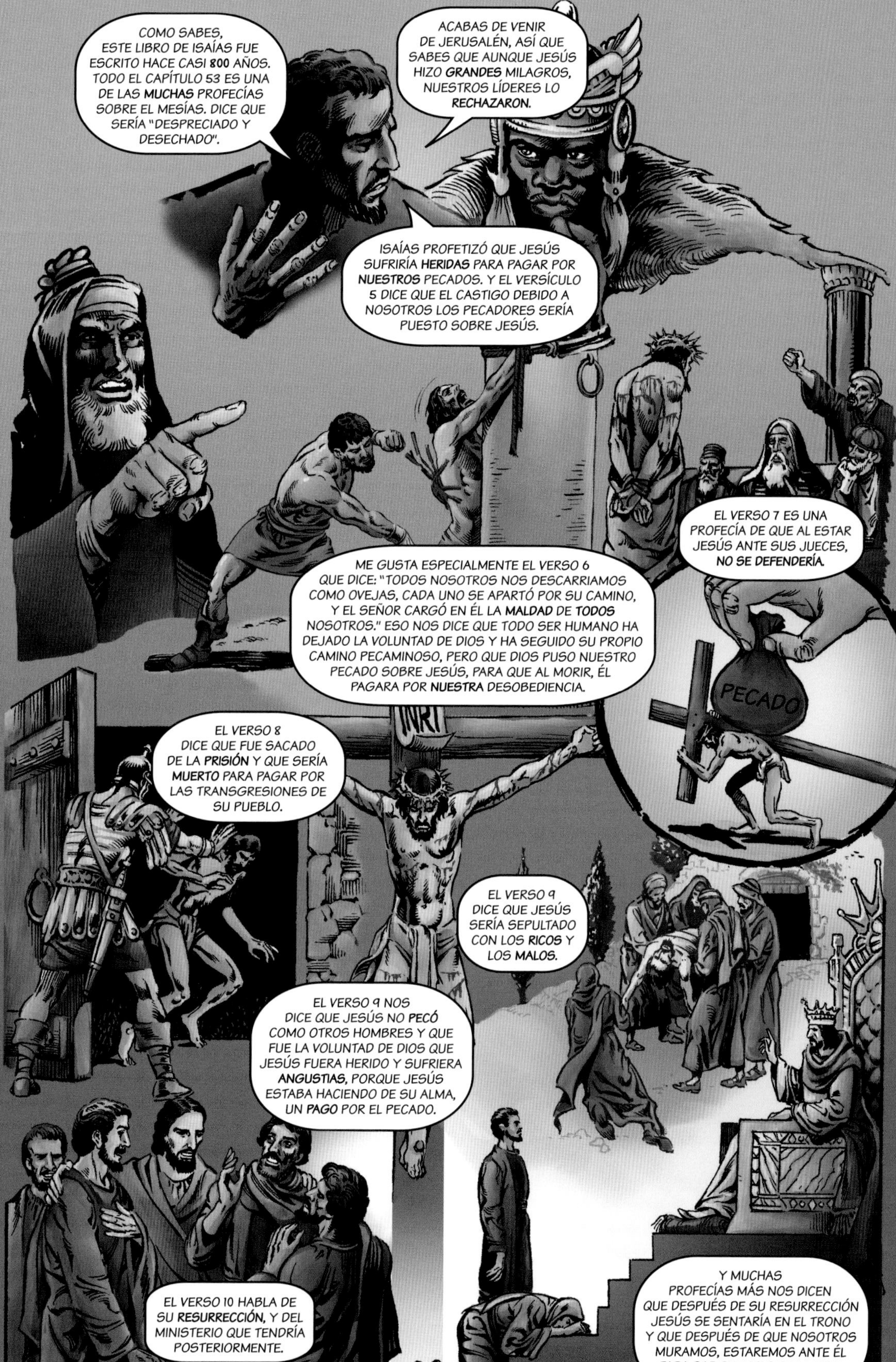
COMO SABES, ESTE LIBRO DE ISAÍAS FUE ESCRITO HACE CASI 800 AÑOS. TODO EL CAPÍTULO 53 ES UNA DE LAS MUCHAS PROFECÍAS SOBRE EL MESÍAS. DICE QUE SERÍA "DESPRECIADO Y DESECHADO".
ACABAS DE VENIR DE JERUSALÉN, ASÍ QUE SABES QUE AUNQUE JESÚS HIZO GRANDES MILAGROS, NUESTROS LÍDERES LO RECHAZARON.
ISAÍAS PROFETIZÓ QUE JESÚS SUFRIRÍA HERIDAS PARA PAGAR POR NUESTROS PECADOS. Y EL VERSÍCULO 5 DICE QUE EL CASTIGO DEBIDO A NOSOTROS LOS PECADORES SERÍA PUESTO SOBRE JESÚS.
EL VERSO 7 ES UNA PROFECÍA DE QUE AL ESTAR JESÚS ANTE SUS JUECES, NO SE DEFENDERÍA.
ME GUSTA ESPECIALMENTE EL VERSO 6 QUE DICE: "TODOS NOSOTROS NOS DESCARRIAMOS COMO OVEJAS, CADA UNO SE APARTÓ POR SU CAMINO, Y EL SEÑOR CARGÓ EN ÉL LA MALDAD DE TODOS NOSOTROS." ESO NOS DICE QUE TODO SER HUMANO HA DEJADO LA VOLUNTAD DE DIOS Y HA SEGUIDO SU PROPIO CAMINO PECAMINOSO, PERO QUE DIOS PUSO NUESTRO PECADO SOBRE JESÚS, PARA QUE AL MORIR, ÉL PAGARA POR NUESTRA DESOBEDIENCIA.
PECADO
INRI
EL VERSO 8 DICE QUE FUE SACADO DE LA PRISIÓN Y QUE SERÍA MUERTO PARA PAGAR POR LAS TRANSGRESIONES DE SU PUEBLO.
EL VERSO 9 DICE QUE JESÚS SERÍA SEPULTADO CON LOS RICOS Y LOS MALOS.
EL VERSO 9 NOS DICE QUE JESÚS NO PECÓ COMO OTROS HOMBRES Y QUE FUE LA VOLUNTAD DE DIOS QUE JESÚS FUERA HERIDO Y SUFRIERA ANGUSTIAS, PORQUE JESÚS ESTABA HACIENDO DE SU ALMA, UN PAGO POR EL PECADO.
EL VERSO 10 HABLA DE SU RESURRECCIÓN, Y DEL MINISTERIO QUE TENDRÍA POSTERIORMENTE.
Y MUCHAS PROFECÍAS MÁS NOS DICEN QUE DESPUÉS DE SU RESURRECCIÓN JESÚS SE SENTARÍA EN EL TRONO Y QUE DESPUÉS DE QUE NOSOTROS MURAMOS, ESTAREMOS ANTE ÉL PARA DAR CUENTAS DE LA VIDA QUE HEMOS VIVIDO.

ISAÍAS 53:3-10; HECHOS 8:35; ROMANOS 2:16

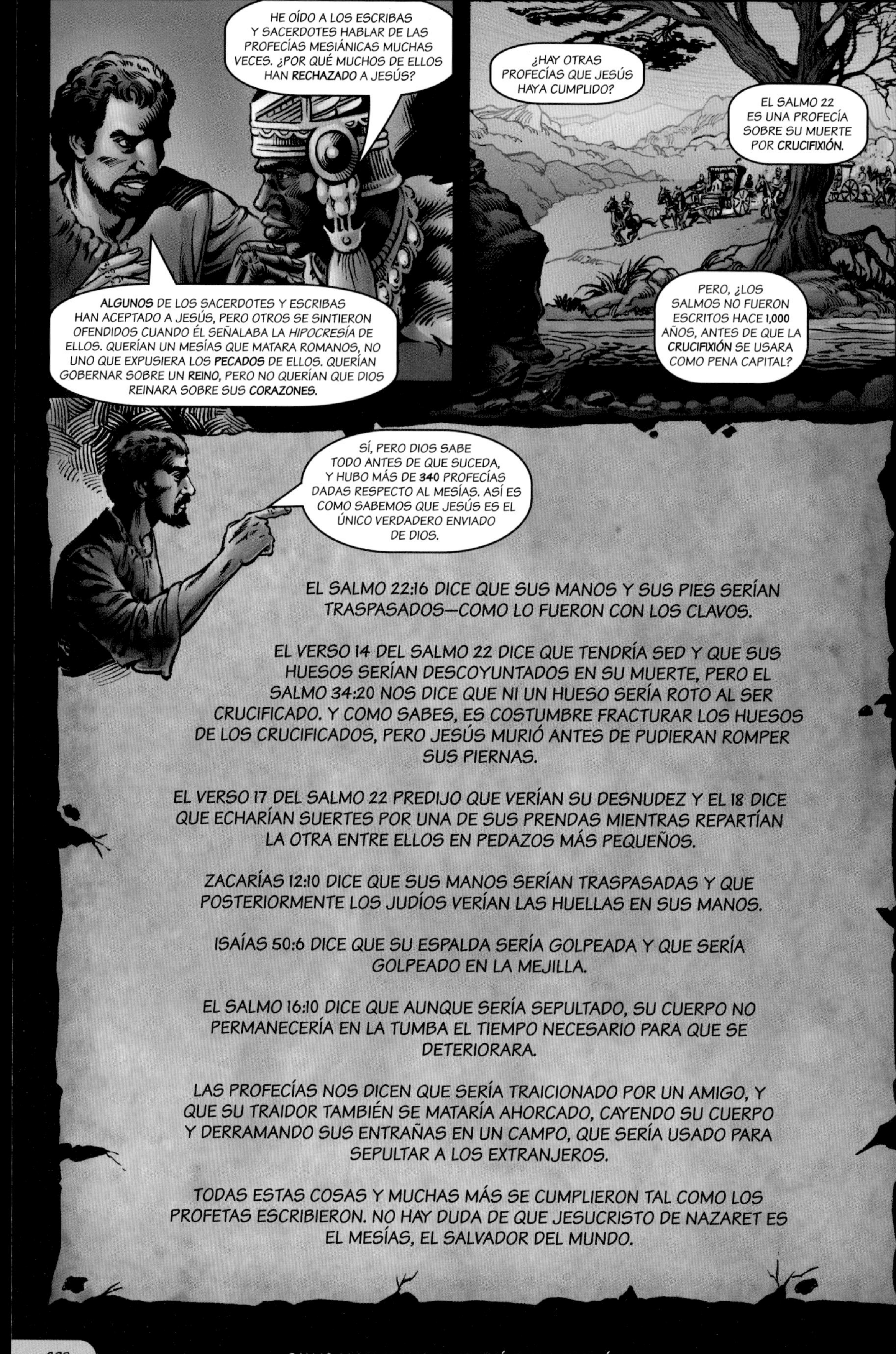
HE OÍDO A LOS ESCRIBAS Y SACERDOTES HABLAR DE LAS PROFECÍAS MESIÁNICAS MUCHAS VECES. ¿POR QUÉ MUCHOS DE ELLOS HAN **RECHAZADO** A JESÚS?
ALGUNOS DE LOS SACERDOTES Y ESCRIBAS HAN ACEPTADO A JESÚS, PERO OTROS SE SINTIERON OFENDIDOS CUANDO ÉL SEÑALABA LA *HIPOCRESÍA* DE ELLOS. QUERÍAN UN MESÍAS QUE MATARA ROMANOS, NO UNO QUE EXPUSIERA LOS **PECADOS** DE ELLOS. QUERÍAN GOBERNAR SOBRE UN **REINO**, PERO NO QUERÍAN QUE DIOS REINARA SOBRE SUS **CORAZONES**.
¿HAY OTRAS PROFECÍAS QUE JESÚS HAYA CUMPLIDO?
EL SALMO 22 ES UNA PROFECÍA SOBRE SU MUERTE POR **CRUCIFIXIÓN**.
PERO, ¿LOS SALMOS NO FUERON ESCRITOS HACE **1,000** AÑOS, ANTES DE QUE LA **CRUCIFIXIÓN** SE USARA COMO PENA CAPITAL?
SÍ, PERO DIOS SABE TODO ANTES DE QUE SUCEDA, Y HUBO MÁS DE **340** PROFECÍAS DADAS RESPECTO AL MESÍAS. ASÍ ES COMO SABEMOS QUE JESÚS ES EL ÚNICO VERDADERO ENVIADO DE DIOS.
EL SALMO 22:16 DICE QUE SUS MANOS Y SUS PIES SERÍAN TRASPASADOS—COMO LO FUERON CON LOS CLAVOS.
EL VERSO 14 DEL SALMO 22 DICE QUE TENDRÍA SED Y QUE SUS HUESOS SERÍAN DESCOYUNTADOS EN SU MUERTE, PERO EL SALMO 34:20 NOS DICE QUE NI UN HUESO SERÍA ROTO AL SER CRUCIFICADO. Y COMO SABES, ES COSTUMBRE FRACTURAR LOS HUESOS DE LOS CRUCIFICADOS, PERO JESÚS MURIÓ ANTES DE PUDIERAN ROMPER SUS PIERNAS.
EL VERSO 17 DEL SALMO 22 PREDIJO QUE VERÍAN SU DESNUDEZ Y EL 18 DICE QUE ECHARÍAN SUERTES POR UNA DE SUS PRENDAS MIENTRAS REPARTÍAN LA OTRA ENTRE ELLOS EN PEDAZOS MÁS PEQUEÑOS.
ZACARÍAS 12:10 DICE QUE SUS MANOS SERÍAN TRASPASADAS Y QUE POSTERIORMENTE LOS JUDÍOS VERÍAN LAS HUELLAS EN SUS MANOS.
ISAÍAS 50:6 DICE QUE SU ESPALDA SERÍA GOLPEADA Y QUE SERÍA GOLPEADO EN LA MEJILLA.
EL SALMO 16:10 DICE QUE AUNQUE SERÍA SEPULTADO, SU CUERPO NO PERMANECERÍA EN LA TUMBA EL TIEMPO NECESARIO PARA QUE SE DETERIORARA.
LAS PROFECÍAS NOS DICEN QUE SERÍA TRAICIONADO POR UN AMIGO, Y QUE SU TRAIDOR TAMBIÉN SE MATARÍA AHORCADO, CAYENDO SU CUERPO Y DERRAMANDO SUS ENTRAÑAS EN UN CAMPO, QUE SERÍA USADO PARA SEPULTAR A LOS EXTRANJEROS.
TODAS ESTAS COSAS Y MUCHAS MÁS SE CUMPLIERON TAL COMO LOS PROFETAS ESCRIBIERON. NO HAY DUDA DE QUE JESUCRISTO DE NAZARET ES EL MESÍAS, EL SALVADOR DEL MUNDO.

SALMO 22:6,17-18, 16:10, 34:20; ISAÍAS 50:6, ZACARÍAS 12:10

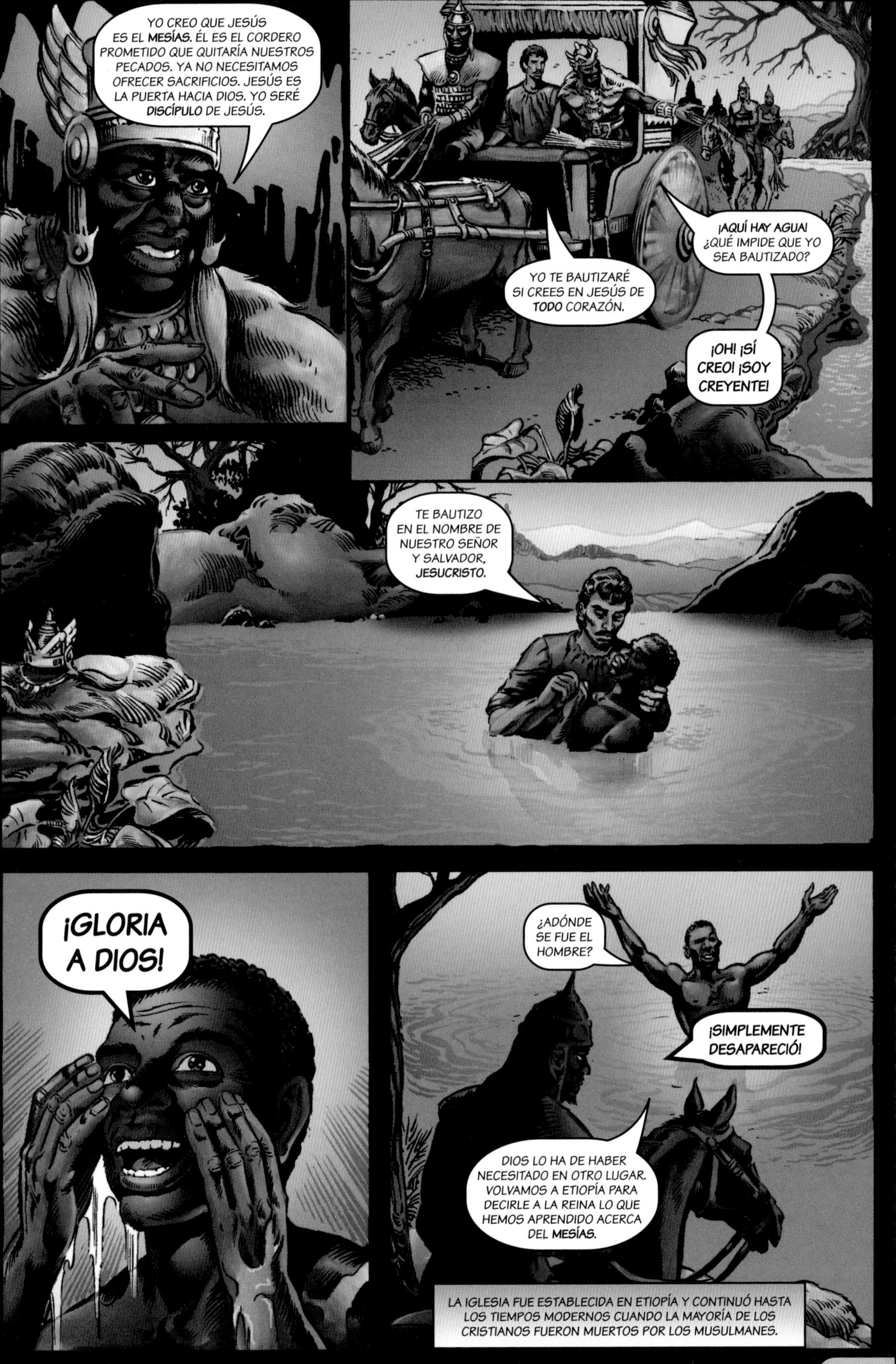
YO CREO QUE JESÚS ES EL MESÍAS. ÉL ES EL CORDERO PROMETIDO QUE QUITARÍA NUESTROS PECADOS. YA NO NECESITAMOS OFRECER SACRIFICIOS. JESÚS ES LA PUERTA HACIA DIOS. YO SERÉ DISCÍPULO DE JESÚS.
¡AQUÍ HAY AGUA! ¿QUÉ IMPIDE QUE YO SEA BAUTIZADO?
YO TE BAUTIZARÉ SI CREES EN JESÚS DE TODO CORAZÓN.
¡OH! ¡SÍ CREO! ¡SOY CREYENTE!
TE BAUTIZO EN EL NOMBRE DE NUESTRO SEÑOR Y SALVADOR, JESUCRISTO.
¡GLORIA A DIOS!
¿ADÓNDE SE FUE EL HOMBRE?
¡SIMPLEMENTE DESAPARECIÓ!
DIOS LO HA DE HABER NECESITADO EN OTRO LUGAR. VOLVAMOS A ETIOPÍA PARA DECIRLE A LA REINA LO QUE HEMOS APRENDIDO ACERCA DEL MESÍAS.
LA IGLESIA FUE ESTABLECIDA EN ETIOPÍA Y CONTINUÓ HASTA LOS TIEMPOS MODERNOS CUANDO LA MAYORÍA DE LOS CRISTIANOS FUERON MUERTOS POR LOS MUSULMANES.

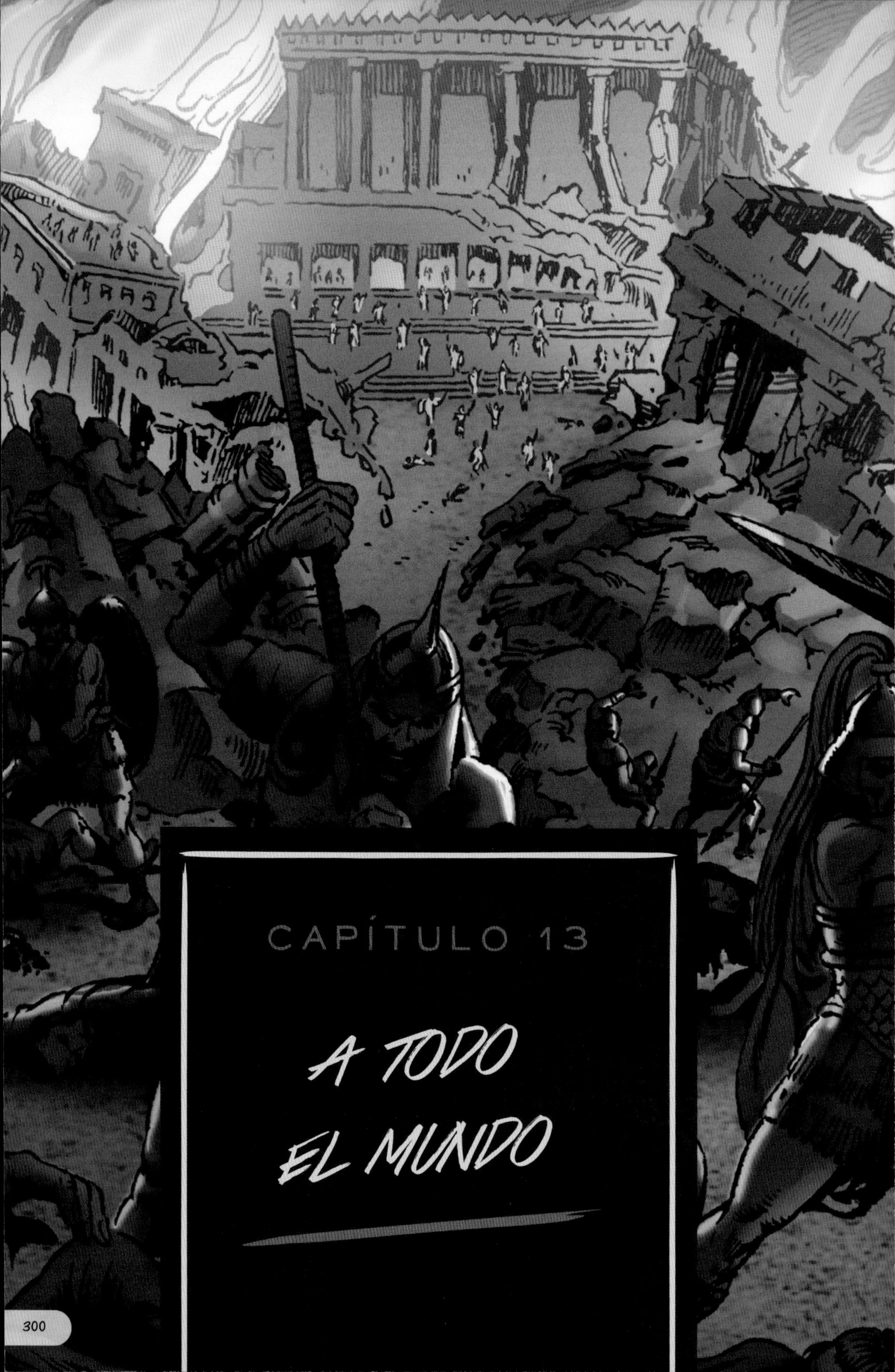

CAPÍTULO 13

A TODO EL MUNDO

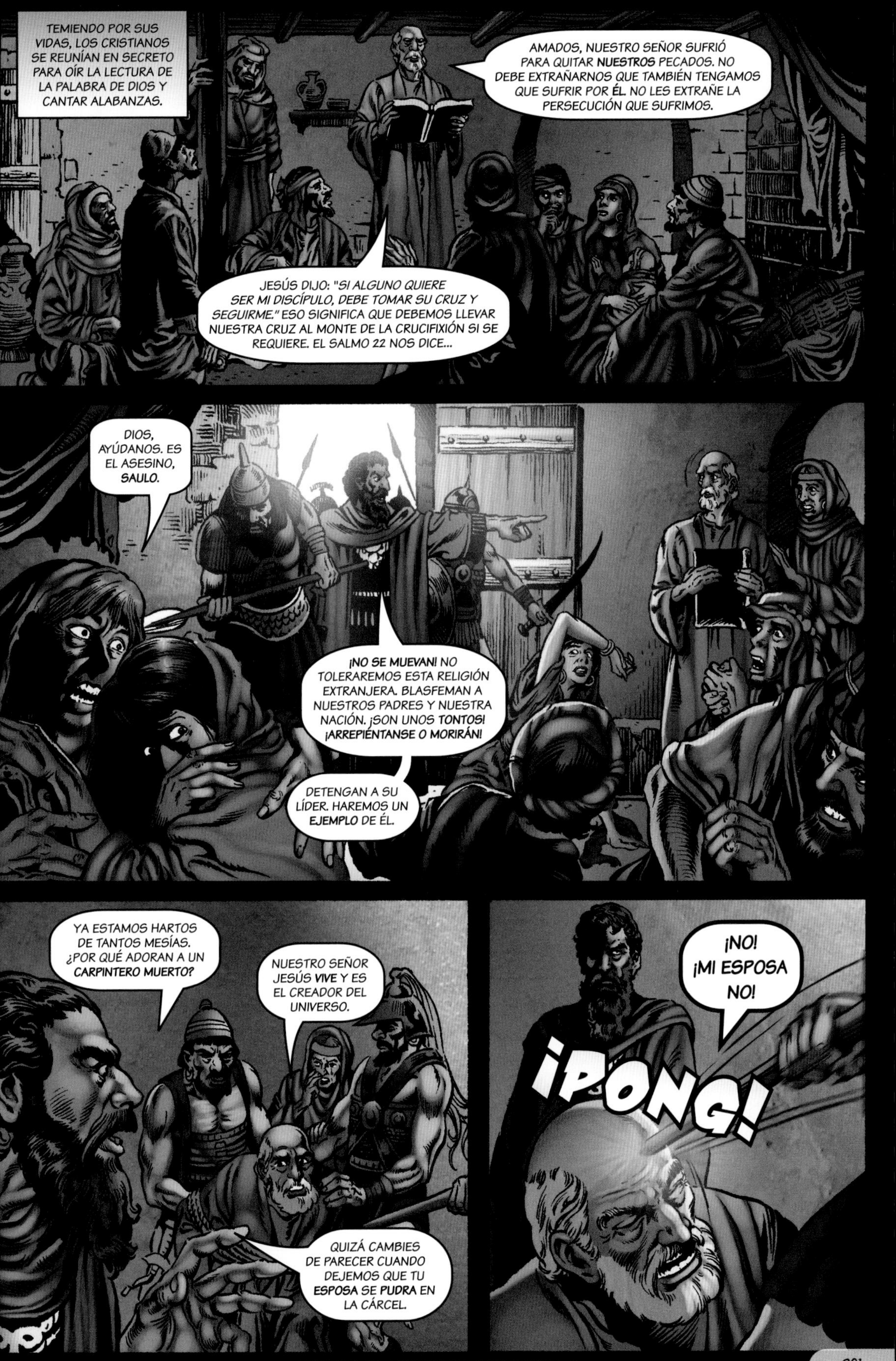
TEMIENDO POR SUS VIDAS, LOS CRISTIANOS SE REUNÍAN EN SECRETO PARA OÍR LA LECTURA DE LA PALABRA DE DIOS Y CANTAR ALABANZAS.
AMADOS, NUESTRO SEÑOR SUFRIÓ PARA QUITAR NUESTROS PECADOS. NO DEBE EXTRAÑARNOS QUE TAMBIÉN TENGAMOS QUE SUFRIR POR ÉL. NO LES EXTRAÑE LA PERSECUCIÓN QUE SUFRIMOS.
JESÚS DIJO: "SI ALGUNO QUIERE SER MI DISCÍPULO, DEBE TOMAR SU CRUZ Y SEGUIRME." ESO SIGNIFICA QUE DEBEMOS LLEVAR NUESTRA CRUZ AL MONTE DE LA CRUCIFIXIÓN SI SE REQUIERE. EL SALMO 22 NOS DICE...
DIOS, AYÚDANOS. ES EL ASESINO, SAULO.
¡NO SE MUEVAN! NO TOLERAREMOS ESTA RELIGIÓN EXTRANJERA. BLASFEMAN A NUESTROS PADRES Y NUESTRA NACIÓN. ¡SON UNOS TONTOS! ¡ARREPIÉNTANSE O MORIRÁN!
DETENGAN A SU LÍDER. HAREMOS UN EJEMPLO DE ÉL.
YA ESTAMOS HARTOS DE TANTOS MESÍAS. ¿POR QUÉ ADORAN A UN CARPINTERO MUERTO?
NUESTRO SEÑOR JESÚS VIVE Y ES EL CREADOR DEL UNIVERSO.
QUIZÁ CAMBIES DE PARECER CUANDO DEJEMOS QUE TU ESPOSA SE PUDRA EN LA CÁRCEL.
¡NO! ¡MI ESPOSA NO!
¡PONG!

MATEO 16:24; MARCOS 16:24; HECHOS 9:1-2

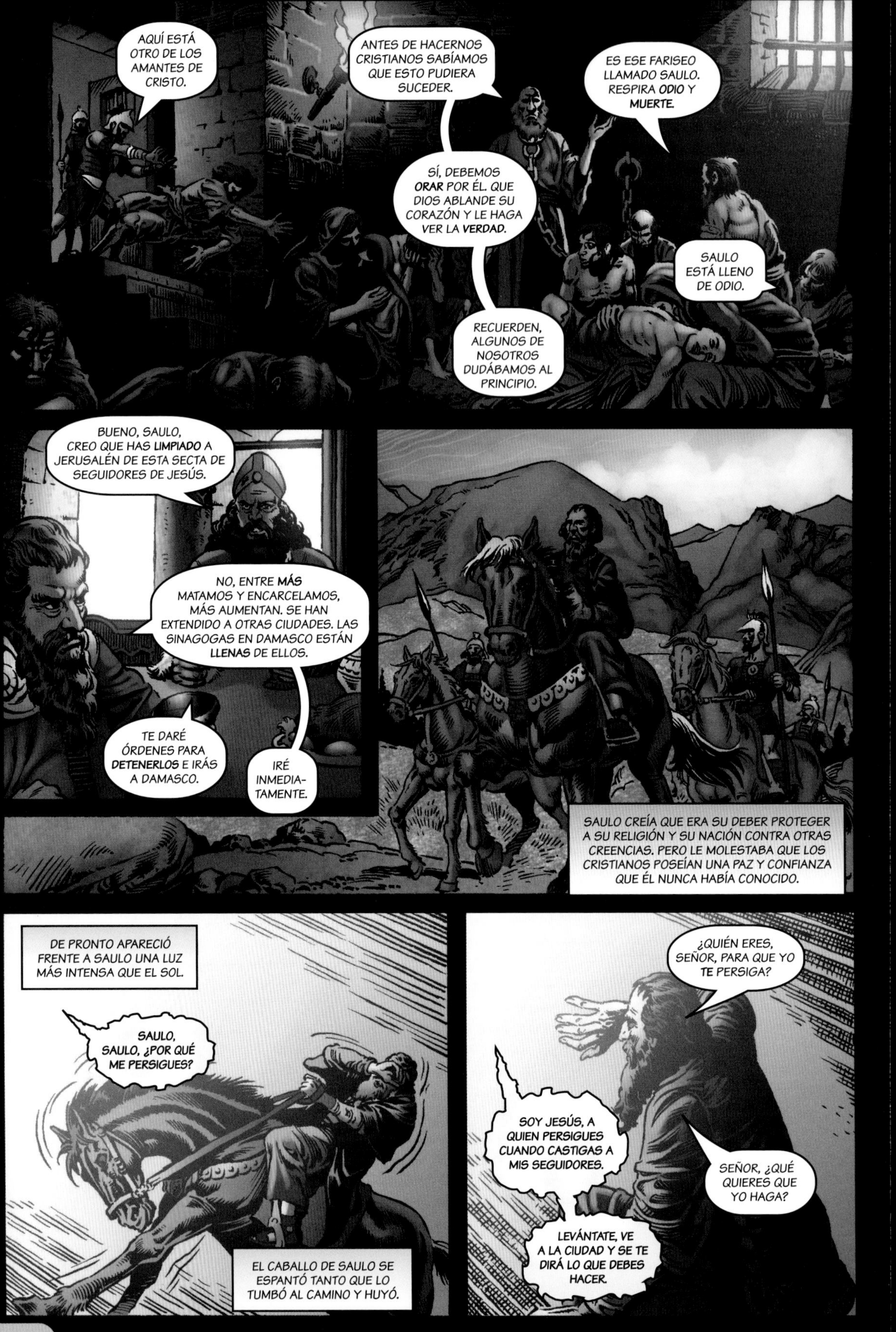

AQUÍ ESTÁ OTRO DE LOS AMANTES DE CRISTO.
ANTES DE HACERNOS CRISTIANOS SABÍAMOS QUE ESTO PUDIERA SUCEDER.
ES ESE FARISEO LLAMADO SAULO. RESPIRA **ODIO** Y **MUERTE**.
SÍ, DEBEMOS **ORAR** POR ÉL. QUE DIOS ABLANDE SU CORAZÓN Y LE HAGA VER LA **VERDAD**.
SAULO ESTÁ LLENO DE ODIO.
RECUERDEN, ALGUNOS DE NOSOTROS DUDÁBAMOS AL PRINCIPIO.
BUENO, SAULO, CREO QUE HAS **LIMPIADO** A JERUSALÉN DE ESTA SECTA DE SEGUIDORES DE JESÚS.
NO, ENTRE **MÁS** MATAMOS Y ENCARCELAMOS, MÁS AUMENTAN. SE HAN EXTENDIDO A OTRAS CIUDADES. LAS SINAGOGAS EN DAMASCO ESTÁN **LLENAS** DE ELLOS.
TE DARÉ ÓRDENES PARA **DETENERLOS** E IRÁS A DAMASCO.
IRÉ INMEDIA-TAMENTE.
SAULO CREÍA QUE ERA SU DEBER PROTEGER A SU RELIGIÓN Y SU NACIÓN CONTRA OTRAS CREENCIAS. PERO LE MOLESTABA QUE LOS CRISTIANOS POSEÍAN UNA PAZ Y CONFIANZA QUE ÉL NUNCA HABÍA CONOCIDO.
DE PRONTO APARECIÓ FRENTE A SAULO UNA LUZ MÁS INTENSA QUE EL SOL.
SAULO, SAULO, ¿POR QUÉ ME PERSIGUES?
EL CABALLO DE SAULO SE ESPANTÓ TANTO QUE LO TUMBÓ AL CAMINO Y HUYÓ.
¿QUIÉN ERES, SEÑOR, PARA QUE YO **TE** PERSIGA?
SOY JESÚS, A QUIEN PERSIGUES CUANDO CASTIGAS A MIS SEGUIDORES.
SEÑOR, ¿QUÉ QUIERES QUE YO HAGA?
LEVÁNTATE, VE A LA CIUDAD Y SE TE DIRÁ LO QUE DEBES HACER.

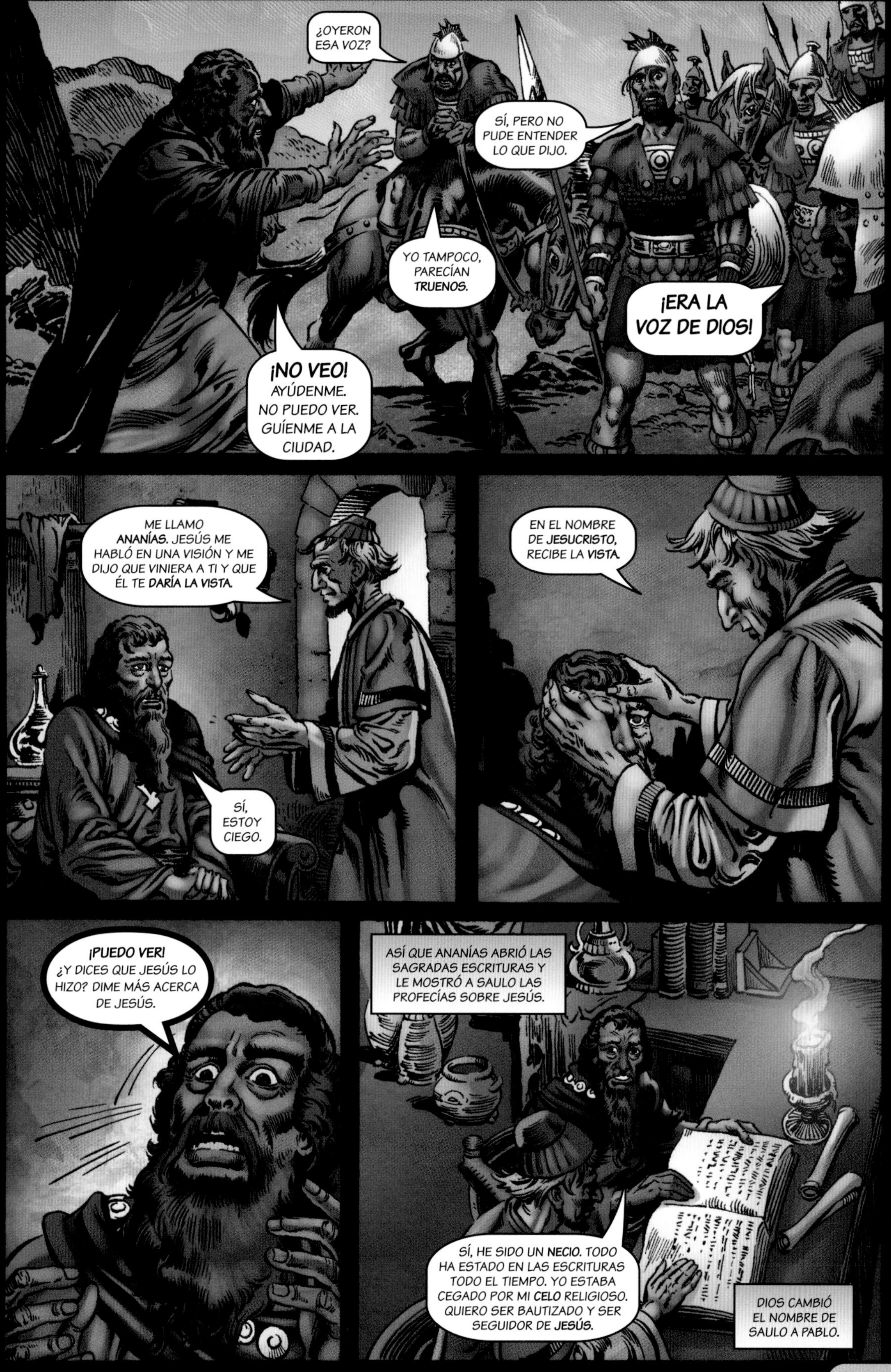
¿OYERON ESA VOZ?
SÍ, PERO NO PUDE ENTENDER LO QUE DIJO.
YO TAMPOCO, PARECÍAN TRUENOS.
¡ERA LA VOZ DE DIOS!
¡NO VEO! AYÚDENME. NO PUEDO VER. GUÍENME A LA CIUDAD.
ME LLAMO ANANÍAS. JESÚS ME HABLÓ EN UNA VISIÓN Y ME DIJO QUE VINIERA A TI Y QUE ÉL TE DARÍA LA VISTA.
SÍ, ESTOY CIEGO.
EN EL NOMBRE DE JESUCRISTO, RECIBE LA VISTA.
¡PUEDO VER! ¿Y DICES QUE JESÚS LO HIZO? DIME MÁS ACERCA DE JESÚS.
ASÍ QUE ANANÍAS ABRIÓ LAS SAGRADAS ESCRITURAS Y LE MOSTRÓ A SAULO LAS PROFECÍAS SOBRE JESÚS.
SÍ, HE SIDO UN NECIO. TODO HA ESTADO EN LAS ESCRITURAS TODO EL TIEMPO. YO ESTABA CEGADO POR MI CELO RELIGIOSO. QUIERO SER BAUTIZADO Y SER SEGUIDOR DE JESÚS.
DIOS CAMBIÓ EL NOMBRE DE SAULO A PABLO.

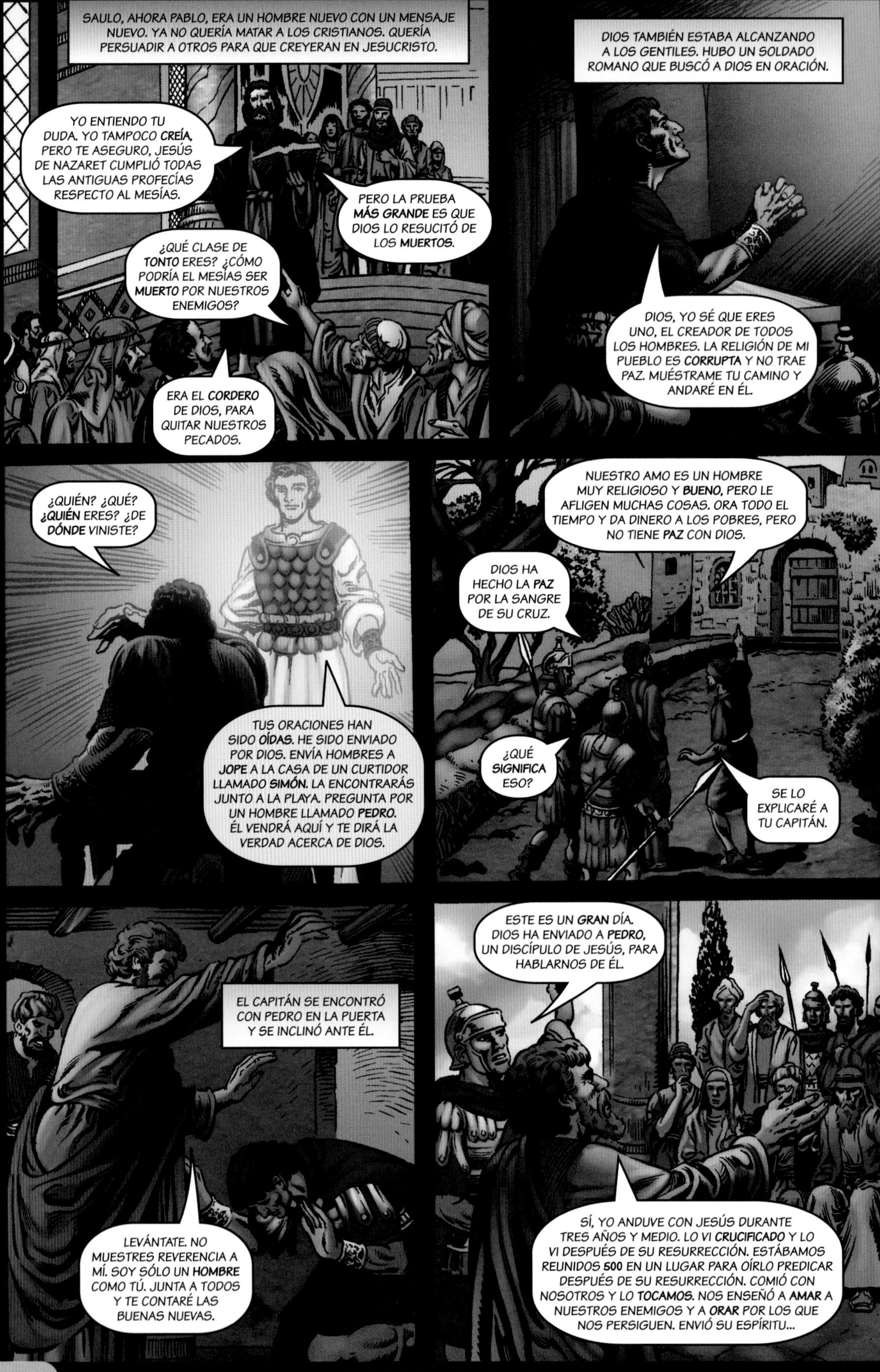
SAULO, AHORA PABLO, ERA UN HOMBRE NUEVO CON UN MENSAJE NUEVO. YA NO QUERÍA MATAR A LOS CRISTIANOS. QUERÍA PERSUADIR A OTROS PARA QUE CREYERAN EN JESUCRISTO.
YO ENTIENDO TU DUDA. YO TAMPOCO CREÍA, PERO TE ASEGURO, JESÚS DE NAZARET CUMPLIÓ TODAS LAS ANTIGUAS PROFECÍAS RESPECTO AL MESÍAS.
PERO LA PRUEBA MÁS GRANDE ES QUE DIOS LO RESUCITÓ DE LOS MUERTOS.
¿QUÉ CLASE DE TONTO ERES? ¿CÓMO PODRÍA EL MESÍAS SER MUERTO POR NUESTROS ENEMIGOS?
ERA EL CORDERO DE DIOS, PARA QUITAR NUESTROS PECADOS.
DIOS TAMBIÉN ESTABA ALCANZANDO A LOS GENTILES. HUBO UN SOLDADO ROMANO QUE BUSCÓ A DIOS EN ORACIÓN.
DIOS, YO SÉ QUE ERES UNO, EL CREADOR DE TODOS LOS HOMBRES. LA RELIGIÓN DE MI PUEBLO ES CORRUPTA Y NO TRAE PAZ. MUÉSTRAME TU CAMINO Y ANDARÉ EN ÉL.
¿QUIÉN? ¿QUÉ? ¿QUIÉN ERES? ¿DE DÓNDE VINISTE?
TUS ORACIONES HAN SIDO OÍDAS. HE SIDO ENVIADO POR DIOS. ENVÍA HOMBRES A JOPE A LA CASA DE UN CURTIDOR LLAMADO SIMÓN. LA ENCONTRARÁS JUNTO A LA PLAYA. PREGUNTA POR UN HOMBRE LLAMADO PEDRO. ÉL VENDRÁ AQUÍ Y TE DIRÁ LA VERDAD ACERCA DE DIOS.
NUESTRO AMO ES UN HOMBRE MUY RELIGIOSO Y BUENO, PERO LE AFLIGEN MUCHAS COSAS. ORA TODO EL TIEMPO Y DA DINERO A LOS POBRES, PERO NO TIENE PAZ CON DIOS.
DIOS HA HECHO LA PAZ POR LA SANGRE DE SU CRUZ.
¿QUÉ SIGNIFICA ESO?
SE LO EXPLICARÉ A TU CAPITÁN.
EL CAPITÁN SE ENCONTRÓ CON PEDRO EN LA PUERTA Y SE INCLINÓ ANTE ÉL.
LEVÁNTATE. NO MUESTRES REVERENCIA A MÍ. SOY SÓLO UN HOMBRE COMO TÚ. JUNTA A TODOS Y TE CONTARÉ LAS BUENAS NUEVAS.
ESTE ES UN GRAN DÍA. DIOS HA ENVIADO A PEDRO, UN DISCÍPULO DE JESÚS, PARA HABLARNOS DE ÉL.
SÍ, YO ANDUVE CON JESÚS DURANTE TRES AÑOS Y MEDIO. LO VI CRUCIFICADO Y LO VI DESPUÉS DE SU RESURRECCIÓN. ESTÁBAMOS REUNIDOS 500 EN UN LUGAR PARA OÍRLO PREDICAR DESPUÉS DE SU RESURRECCIÓN. COMIÓ CON NOSOTROS Y LO TOCAMOS. NOS ENSEÑÓ A AMAR A NUESTROS ENEMIGOS Y A ORAR POR LOS QUE NOS PERSIGUEN. ENVIÓ SU ESPÍRITU...

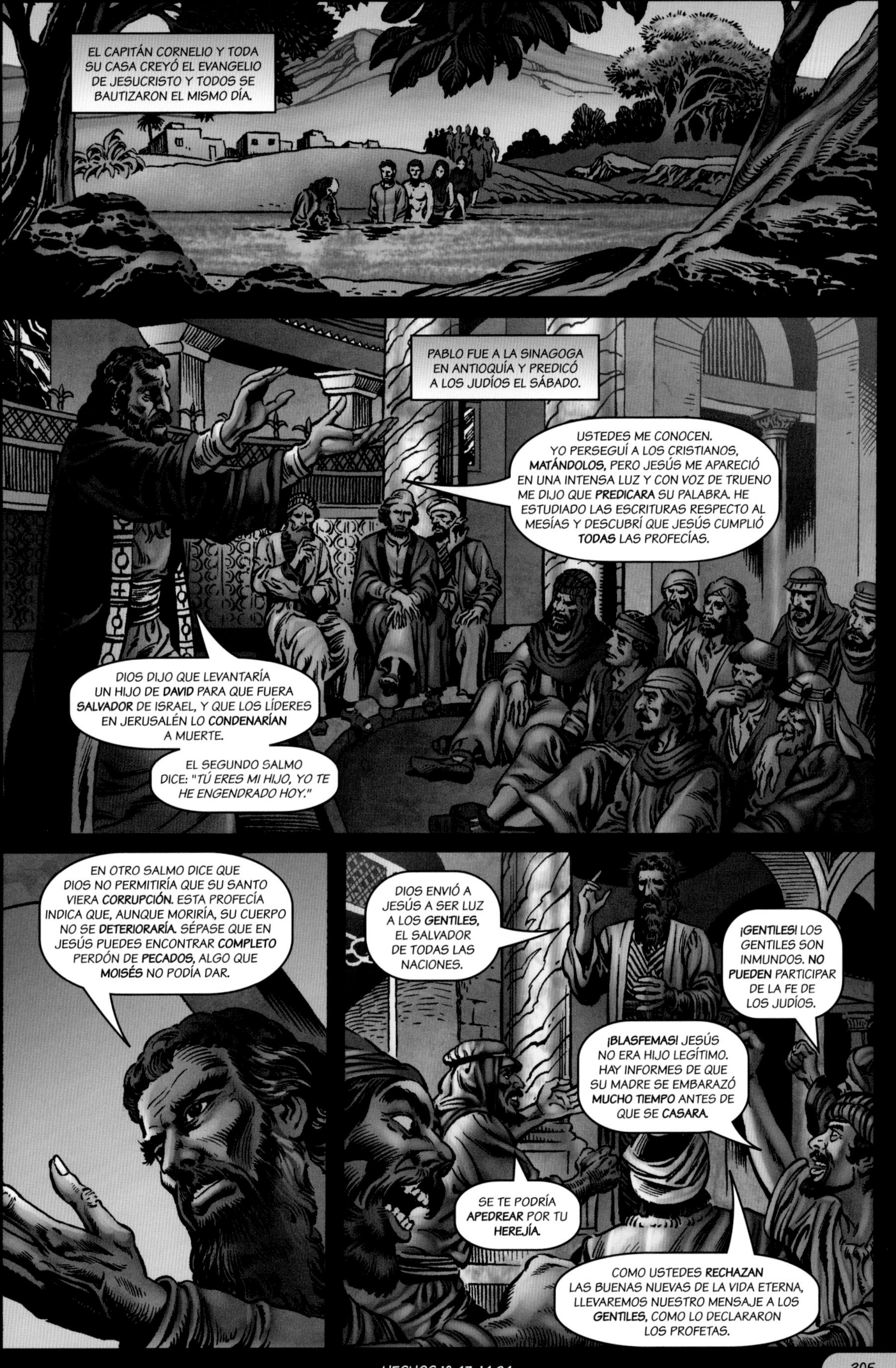
EL CAPITÁN CORNELIO Y TODA SU CASA CREYÓ EL EVANGELIO DE JESUCRISTO Y TODOS SE BAUTIZARON EL MISMO DÍA.
PABLO FUE A LA SINAGOGA EN ANTIOQUÍA Y PREDICÓ A LOS JUDÍOS EL SÁBADO.
USTEDES ME CONOCEN. YO PERSEGUÍ A LOS CRISTIANOS, MATÁNDOLOS, PERO JESÚS ME APARECIÓ EN UNA INTENSA LUZ Y CON VOZ DE TRUENO ME DIJO QUE PREDICARA SU PALABRA. HE ESTUDIADO LAS ESCRITURAS RESPECTO AL MESÍAS Y DESCUBRÍ QUE JESÚS CUMPLIÓ TODAS LAS PROFECÍAS.
DIOS DIJO QUE LEVANTARÍA UN HIJO DE DAVID PARA QUE FUERA SALVADOR DE ISRAEL, Y QUE LOS LÍDERES EN JERUSALÉN LO CONDENARÍAN A MUERTE.
EL SEGUNDO SALMO DICE: "TÚ ERES MI HIJO, YO TE HE ENGENDRADO HOY."
EN OTRO SALMO DICE QUE DIOS NO PERMITIRÍA QUE SU SANTO VIERA CORRUPCIÓN. ESTA PROFECÍA INDICA QUE, AUNQUE MORIRÍA, SU CUERPO NO SE DETERIORARÍA. SÉPASE QUE EN JESÚS PUEDES ENCONTRAR COMPLETO PERDÓN DE PECADOS, ALGO QUE MOISÉS NO PODÍA DAR.
DIOS ENVIÓ A JESÚS A SER LUZ A LOS GENTILES, EL SALVADOR DE TODAS LAS NACIONES.
¡GENTILES! LOS GENTILES SON INMUNDOS. NO PUEDEN PARTICIPAR DE LA FE DE LOS JUDÍOS.
¡BLASFEMAS! JESÚS NO ERA HIJO LEGÍTIMO. HAY INFORMES DE QUE SU MADRE SE EMBARAZÓ MUCHO TIEMPO ANTES DE QUE SE CASARA.
SE TE PODRÍA APEDREAR POR TU HEREJÍA.
COMO USTEDES RECHAZAN LAS BUENAS NUEVAS DE LA VIDA ETERNA, LLEVAREMOS NUESTRO MENSAJE A LOS GENTILES, COMO LO DECLARARON LOS PROFETAS.

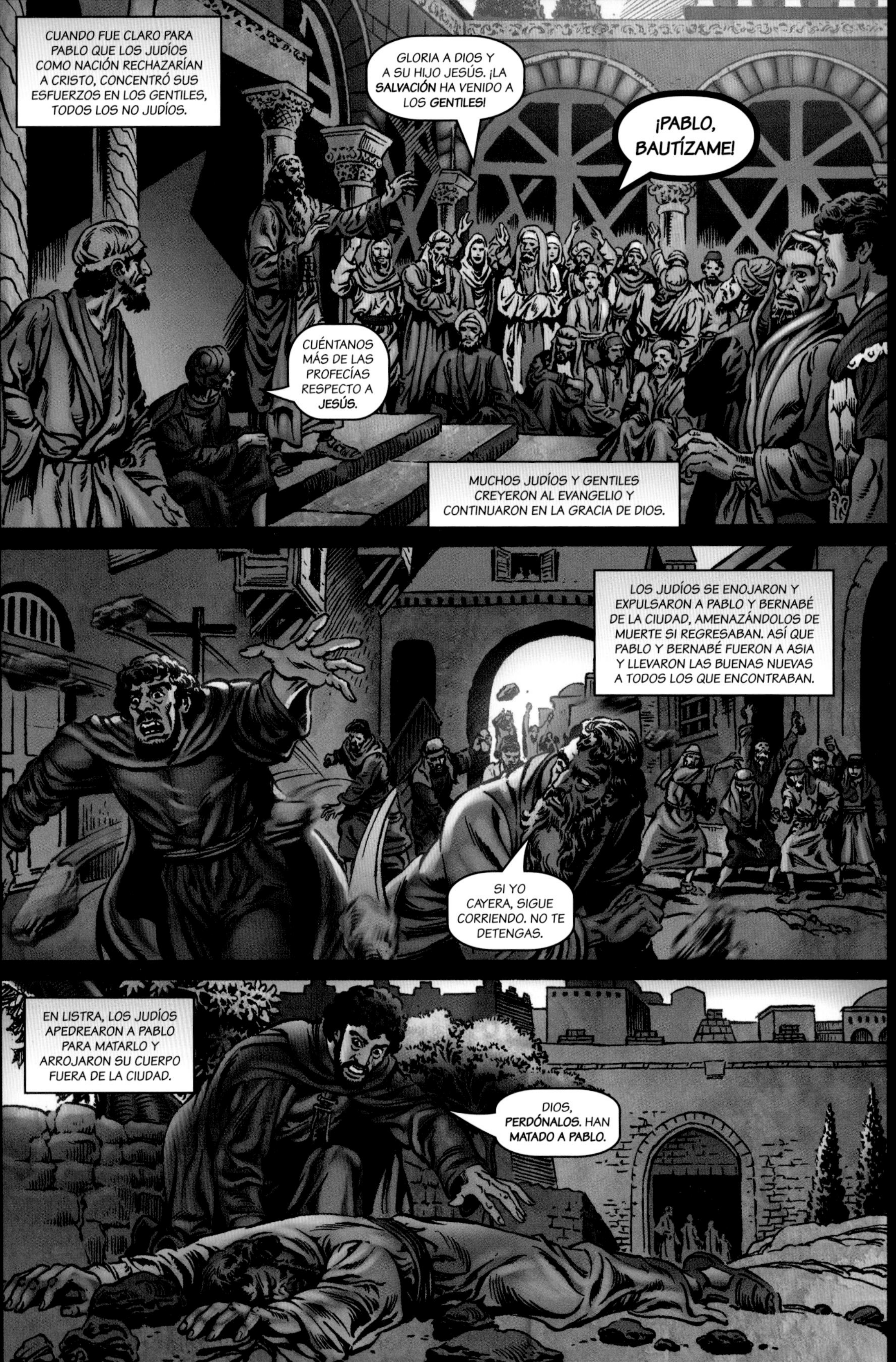
CUANDO FUE CLARO PARA PABLO QUE LOS JUDÍOS COMO NACIÓN RECHAZARÍAN A CRISTO, CONCENTRÓ SUS ESFUERZOS EN LOS GENTILES, TODOS LOS NO JUDÍOS.
GLORIA A DIOS Y A SU HIJO JESÚS. ¡LA **SALVACIÓN** HA VENIDO A LOS **GENTILES**!
¡PABLO, BAUTÍZAME!
CUÉNTANOS MÁS DE LAS PROFECÍAS RESPECTO A **JESÚS**.
MUCHOS JUDÍOS Y GENTILES CREYERON AL EVANGELIO Y CONTINUARON EN LA GRACIA DE DIOS.
LOS JUDÍOS SE ENOJARON Y EXPULSARON A PABLO Y BERNABÉ DE LA CIUDAD, AMENAZÁNDOLOS DE MUERTE SI REGRESABAN. ASÍ QUE PABLO Y BERNABÉ FUERON A ASIA Y LLEVARON LAS BUENAS NUEVAS A TODOS LOS QUE ENCONTRABAN.
SI YO CAYERA, SIGUE CORRIENDO. NO TE DETENGAS.
EN LISTRA, LOS JUDÍOS APEDREARON A PABLO PARA MATARLO Y ARROJARON SU CUERPO FUERA DE LA CIUDAD.
DIOS, **PERDÓNALOS**. HAN **MATADO A PABLO**.

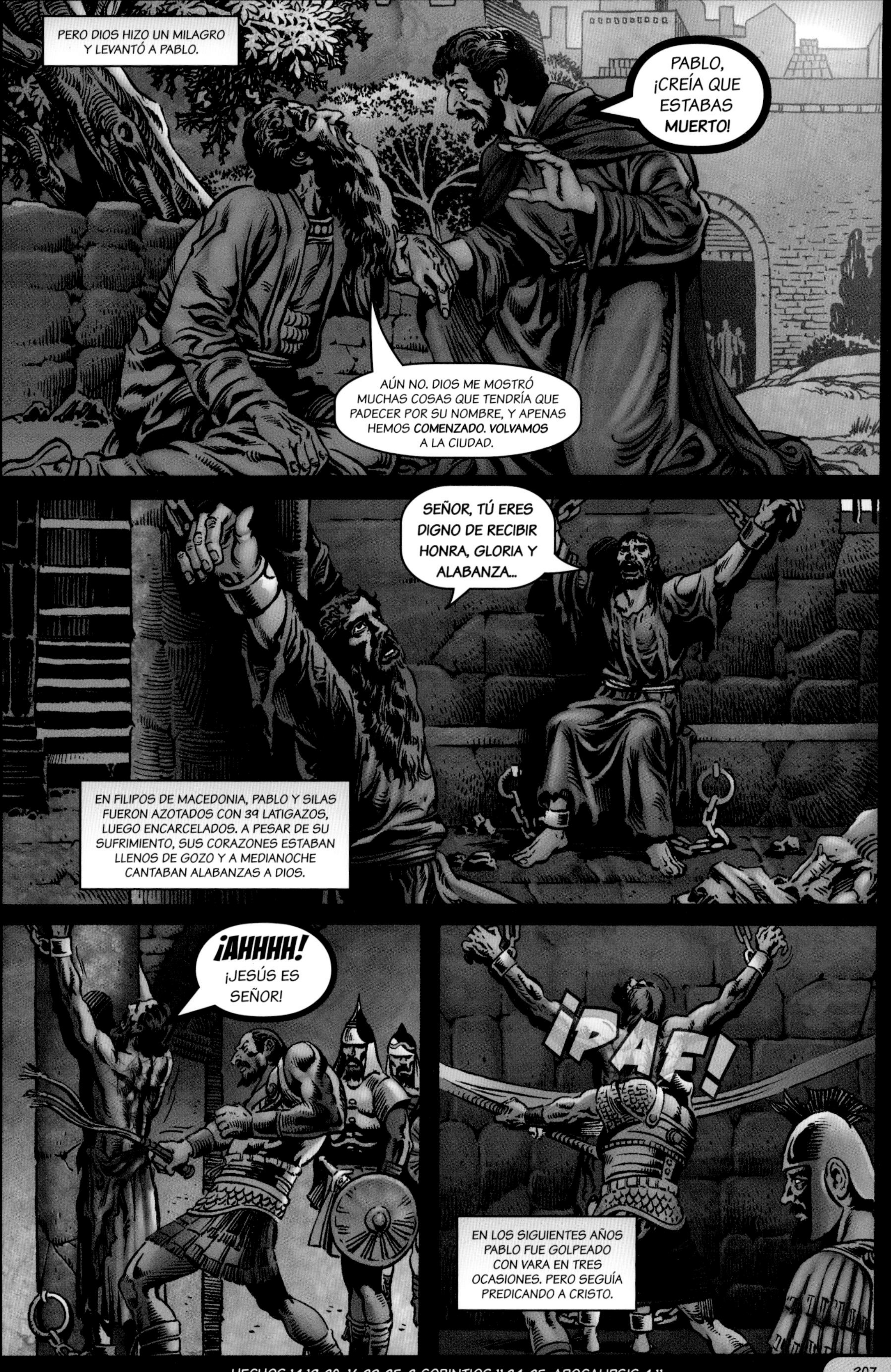
PERO DIOS HIZO UN MILAGRO Y LEVANTÓ A PABLO.
PABLO, ¡CREÍA QUE ESTABAS MUERTO!
AÚN NO. DIOS ME MOSTRÓ MUCHAS COSAS QUE TENDRÍA QUE PADECER POR SU NOMBRE, Y APENAS HEMOS COMENZADO. VOLVAMOS A LA CIUDAD.
SEÑOR, TÚ ERES DIGNO DE RECIBIR HONRA, GLORIA Y ALABANZA...
EN FILIPOS DE MACEDONIA, PABLO Y SILAS FUERON AZOTADOS CON 39 LATIGAZOS, LUEGO ENCARCELADOS. A PESAR DE SU SUFRIMIENTO, SUS CORAZONES ESTABAN LLENOS DE GOZO Y A MEDIANOCHE CANTABAN ALABANZAS A DIOS.
¡AHHHH! ¡JESÚS ES SEÑOR!
¡PAF!
EN LOS SIGUIENTES AÑOS PABLO FUE GOLPEADO CON VARA EN TRES OCASIONES. PERO SEGUÍA PREDICANDO A CRISTO.

HECHOS 14:19-20, 16:23-25; 2 CORINTIOS 11:24-25; APOCALIPSIS 4:11

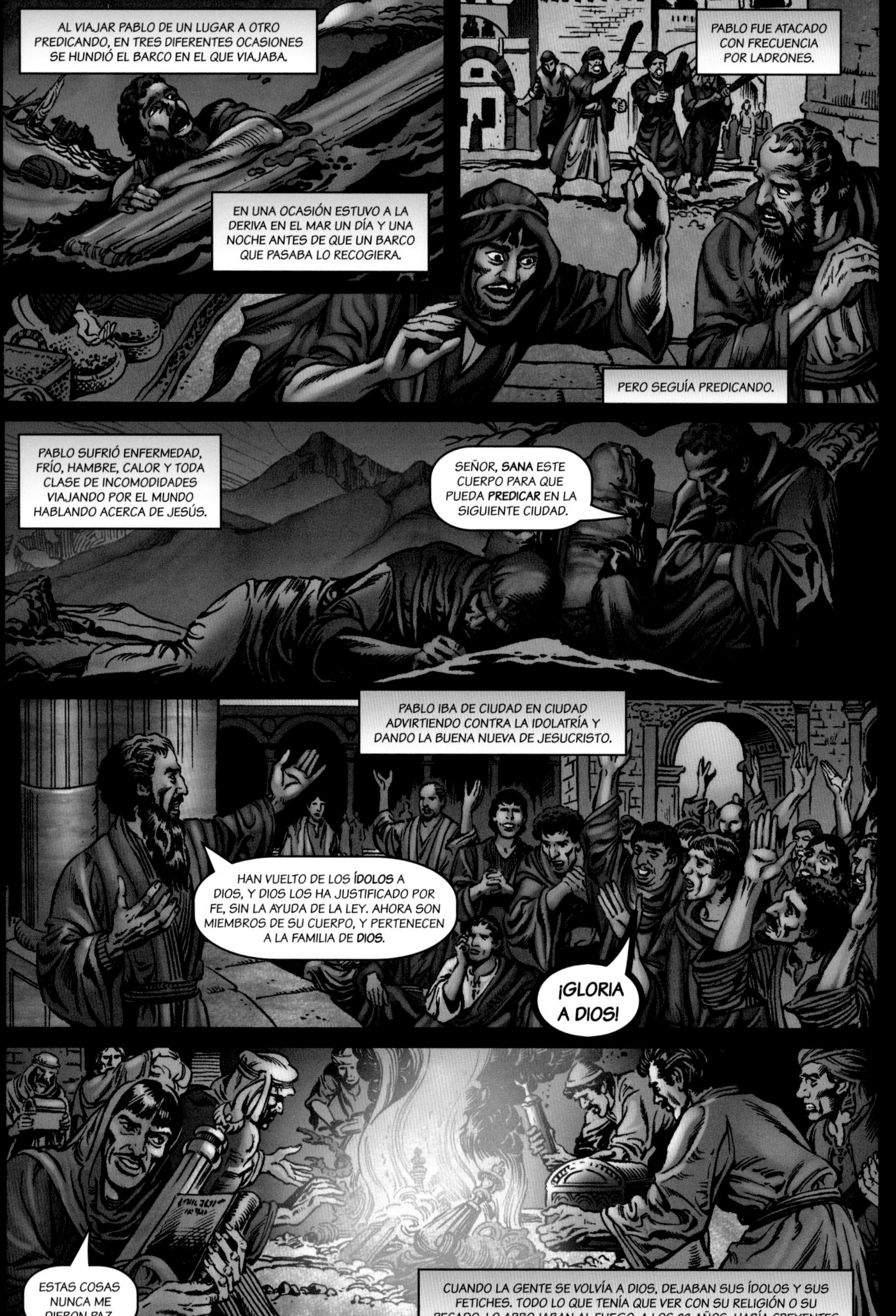
AL VIAJAR PABLO DE UN LUGAR A OTRO PREDICANDO, EN TRES DIFERENTES OCASIONES SE HUNDIÓ EL BARCO EN EL QUE VIAJABA.
EN UNA OCASIÓN ESTUVO A LA DERIVA EN EL MAR UN DÍA Y UNA NOCHE ANTES DE QUE UN BARCO QUE PASABA LO RECOGIERA.
PABLO FUE ATACADO CON FRECUENCIA POR LADRONES.
PERO SEGUÍA PREDICANDO.
PABLO SUFRIÓ ENFERMEDAD, FRÍO, HAMBRE, CALOR Y TODA CLASE DE INCOMODIDADES VIAJANDO POR EL MUNDO HABLANDO ACERCA DE JESÚS.
SEÑOR, **SANA** ESTE CUERPO PARA QUE PUEDA **PREDICAR** EN LA SIGUIENTE CIUDAD.
PABLO IBA DE CIUDAD EN CIUDAD ADVIRTIENDO CONTRA LA IDOLATRÍA Y DANDO LA BUENA NUEVA DE JESUCRISTO.
HAN VUELTO DE LOS **ÍDOLOS** A DIOS, Y DIOS LOS HA JUSTIFICADO POR FE, SIN LA AYUDA DE LA LEY. AHORA SON MIEMBROS DE SU CUERPO, Y PERTENECEN A LA FAMILIA DE **DIOS**.
¡GLORIA A DIOS!
ESTAS COSAS NUNCA ME DIERON PAZ.
CUANDO LA GENTE SE VOLVÍA A DIOS, DEJABAN SUS ÍDOLOS Y SUS FETICHES. TODO LO QUE TENÍA QUE VER CON SU RELIGIÓN O SU PECADO, LO ARROJABAN AL FUEGO. A LOS 22 AÑOS, HABÍA CREYENTES POR TODO EL MUNDO ADORANDO A DIOS POR MEDIO DE JESUCRISTO.

1 CORINTIOS 10:14, 12:12-13,18; 2 CORINTIOS 11:25; GÁLATAS 2:6; EFESIOS 2:19

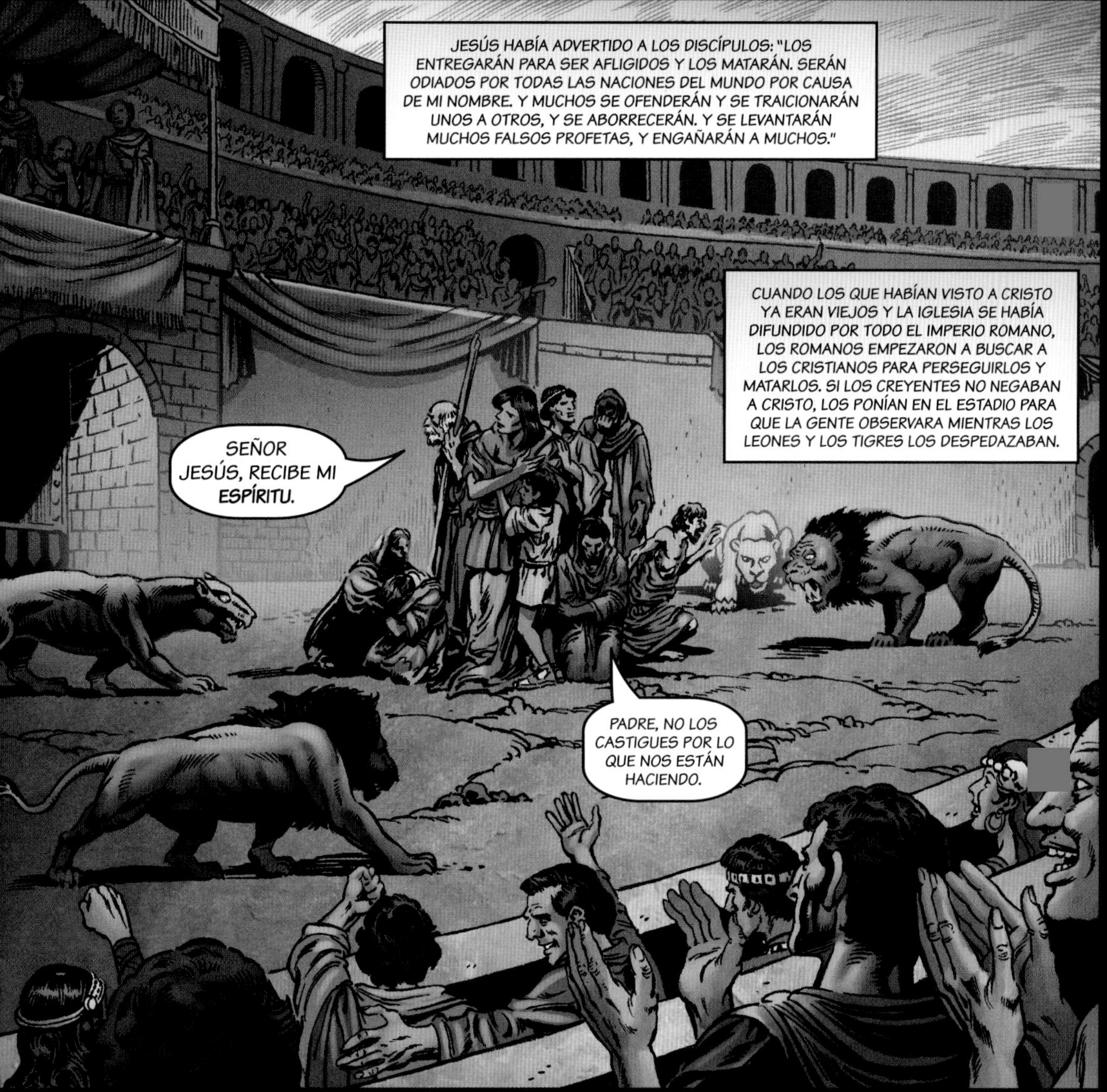
JESÚS HABÍA ADVERTIDO A LOS DISCÍPULOS: "LOS ENTREGARÁN PARA SER AFLIGIDOS Y LOS MATARÁN. SERÁN ODIADOS POR TODAS LAS NACIONES DEL MUNDO POR CAUSA DE MI NOMBRE. Y MUCHOS SE OFENDERÁN Y SE TRAICIONARÁN UNOS A OTROS, Y SE ABORRECERÁN. Y SE LEVANTARÁN MUCHOS FALSOS PROFETAS, Y ENGAÑARÁN A MUCHOS."
CUANDO LOS QUE HABÍAN VISTO A CRISTO YA ERAN VIEJOS Y LA IGLESIA SE HABÍA DIFUNDIDO POR TODO EL IMPERIO ROMANO, LOS ROMANOS EMPEZARON A BUSCAR A LOS CRISTIANOS PARA PERSEGUIRLOS Y MATARLOS. SI LOS CREYENTES NO NEGABAN A CRISTO, LOS PONÍAN EN EL ESTADIO PARA QUE LA GENTE OBSERVARA MIENTRAS LOS LEONES Y LOS TIGRES LOS DESPEDAZABAN.
SEÑOR JESÚS, RECIBE MI ESPÍRITU.
PADRE, NO LOS CASTIGUES POR LO QUE NOS ESTÁN HACIENDO.

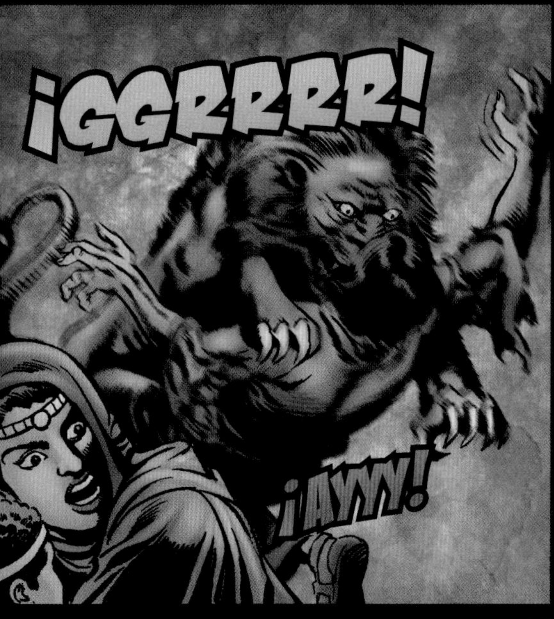
¡GGRRRR!
¡AYYY!

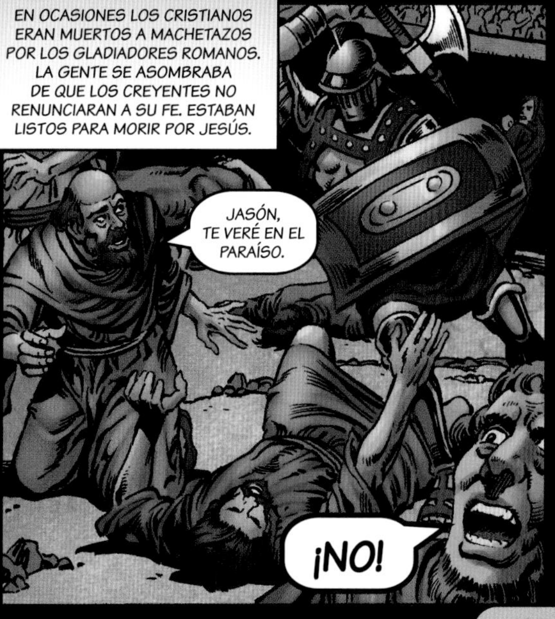
EN OCASIONES LOS CRISTIANOS ERAN MUERTOS A MACHETAZOS POR LOS GLADIADORES ROMANOS. LA GENTE SE ASOMBRABA DE QUE LOS CREYENTES NO RENUNCIARAN A SU FE. ESTABAN LISTOS PARA MORIR POR JESÚS.
JASÓN, TE VERÉ EN EL PARAÍSO.
¡NO!

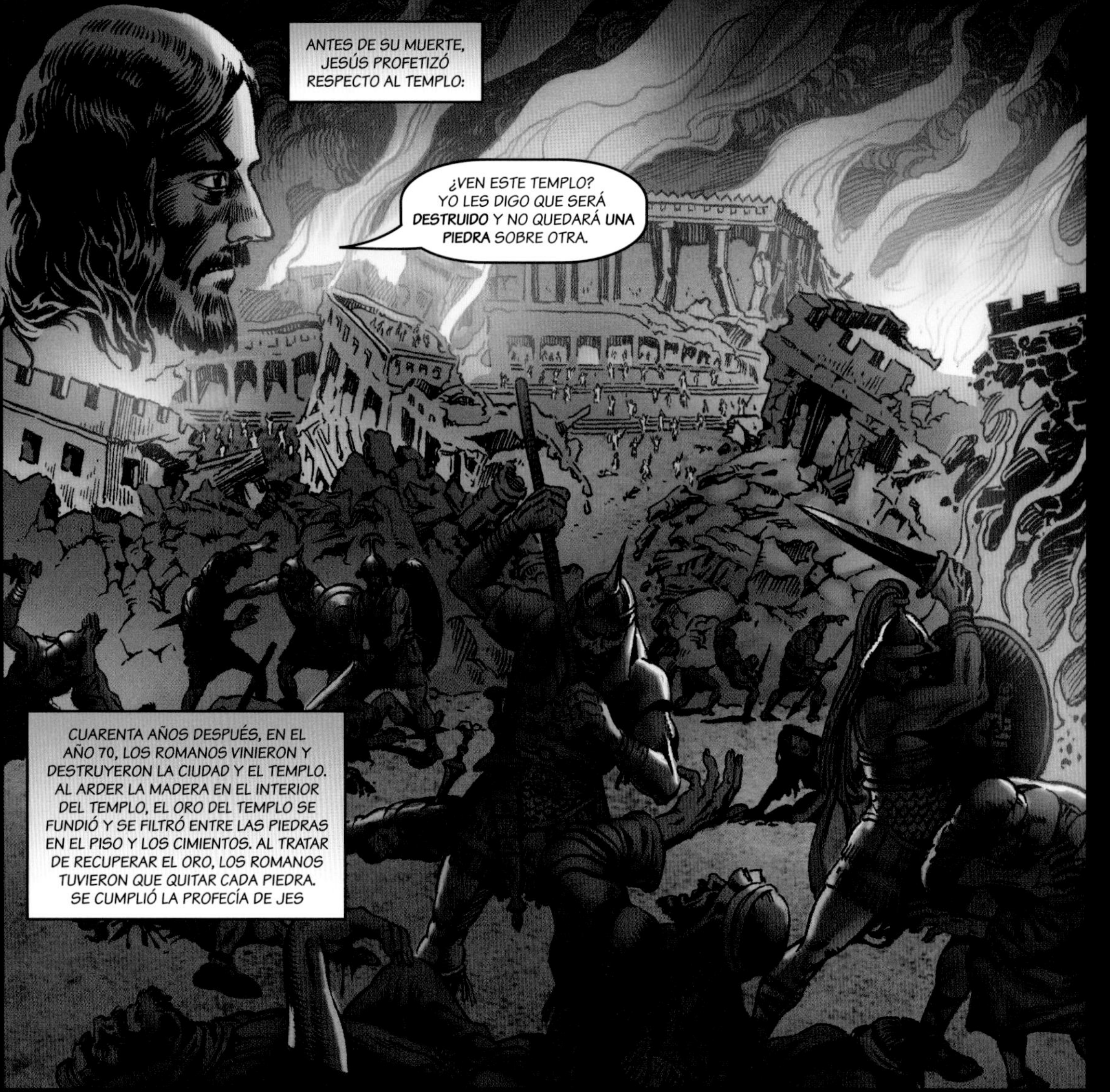
ANTES DE SU MUERTE, JESÚS PROFETIZÓ RESPECTO AL TEMPLO:
¿VEN ESTE TEMPLO? YO LES DIGO QUE SERÁ DESTRUIDO Y NO QUEDARÁ UNA PIEDRA SOBRE OTRA.
CUARENTA AÑOS DESPUÉS, EN EL AÑO 70, LOS ROMANOS VINIERON Y DESTRUYERON LA CIUDAD Y EL TEMPLO. AL ARDER LA MADERA EN EL INTERIOR DEL TEMPLO, EL ORO DEL TEMPLO SE FUNDIÓ Y SE FILTRÓ ENTRE LAS PIEDRAS EN EL PISO Y LOS CIMIENTOS. AL TRATAR DE RECUPERAR EL ORO, LOS ROMANOS TUVIERON QUE QUITAR CADA PIEDRA. SE CUMPLIÓ LA PROFECÍA DE JES

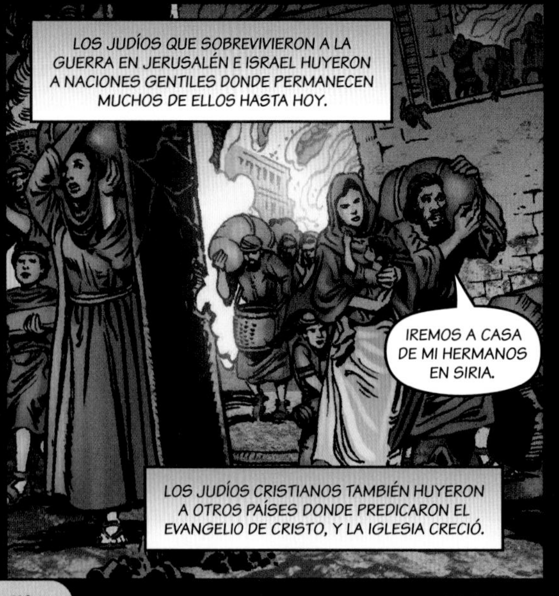
LOS JUDÍOS QUE SOBREVIVIERON A LA GUERRA EN JERUSALÉN E ISRAEL HUYERON A NACIONES GENTILES DONDE PERMANECEN MUCHOS DE ELLOS HASTA HOY.
IREMOS A CASA DE MI HERMANOS EN SIRIA.
LOS JUDÍOS CRISTIANOS TAMBIÉN HUYERON A OTROS PAÍSES DONDE PREDICARON EL EVANGELIO DE CRISTO, Y LA IGLESIA CRECIÓ.

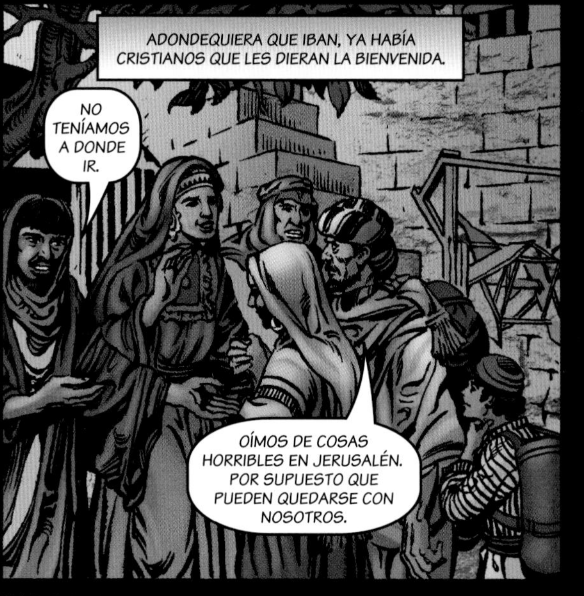
ADONDEQUIERA QUE IBAN, YA HABÍA CRISTIANOS QUE LES DIERAN LA BIENVENIDA.
NO TENÍAMOS A DONDE IR.
OÍMOS DE COSAS HORRIBLES EN JERUSALÉN. POR SUPUESTO QUE PUEDEN QUEDARSE CON NOSOTROS.

MATEO 24:2; LUCAS 19:43-44

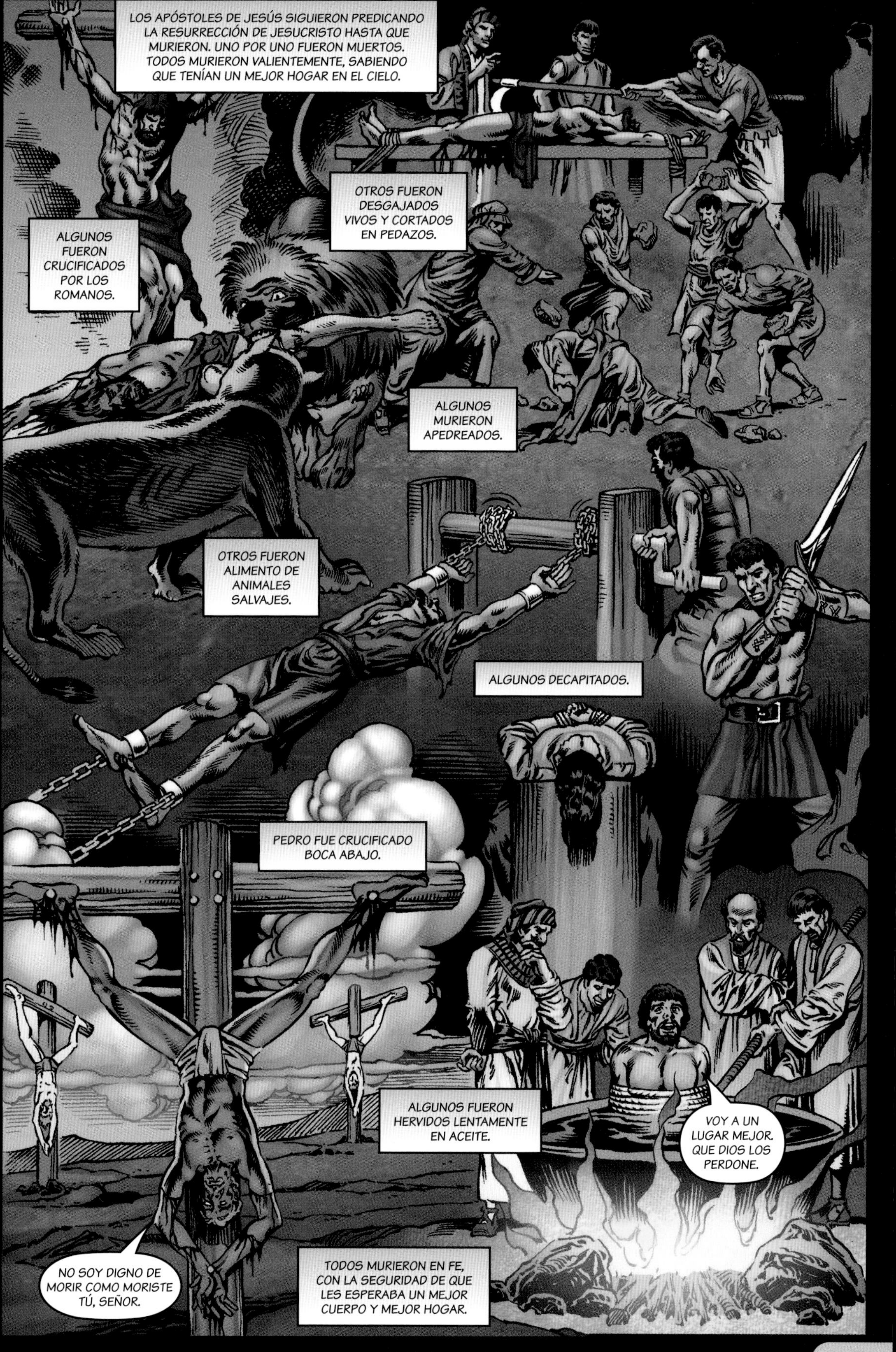
LOS APÓSTOLES DE JESÚS SIGUIERON PREDICANDO LA RESURRECCIÓN DE JESUCRISTO HASTA QUE MURIERON. UNO POR UNO FUERON MUERTOS. TODOS MURIERON VALIENTEMENTE, SABIENDO QUE TENÍAN UN MEJOR HOGAR EN EL CIELO.
ALGUNOS FUERON CRUCIFICADOS POR LOS ROMANOS.
OTROS FUERON DESGAJADOS VIVOS Y CORTADOS EN PEDAZOS.
ALGUNOS MURIERON APEDREADOS.
OTROS FUERON ALIMENTO DE ANIMALES SALVAJES.
ALGUNOS DECAPITADOS.
PEDRO FUE CRUCIFICADO BOCA ABAJO.
ALGUNOS FUERON HERVIDOS LENTAMENTE EN ACEITE.
VOY A UN LUGAR MEJOR. QUE DIOS LOS PERDONE.
NO SOY DIGNO DE MORIR COMO MORISTE TÚ, SEÑOR.
TODOS MURIERON EN FE, CON LA SEGURIDAD DE QUE LES ESPERABA UN MEJOR CUERPO Y MEJOR HOGAR.

MATEO 14:10; JUAN 21:18

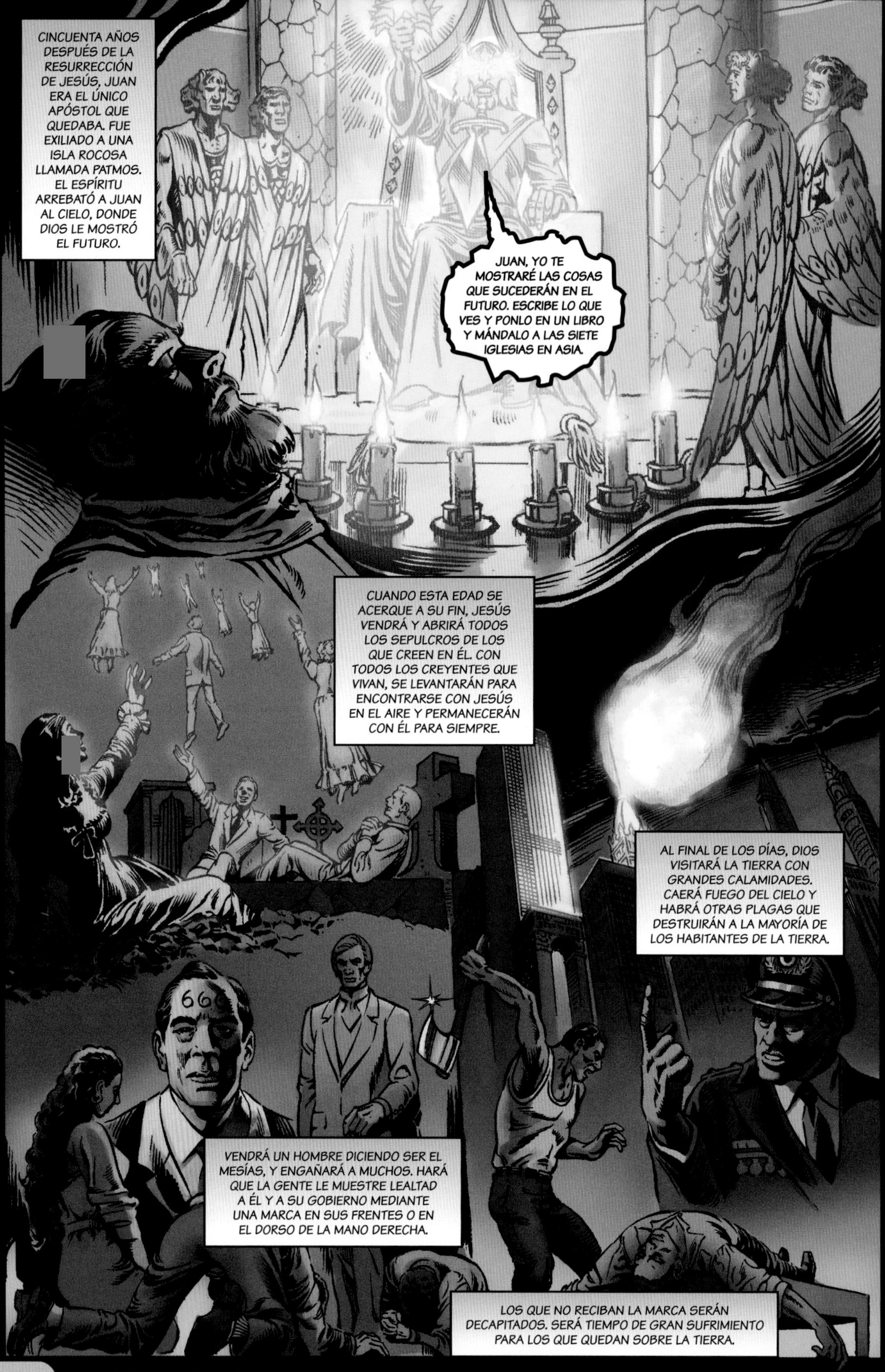
CINCUENTA AÑOS DESPUÉS DE LA RESURRECCIÓN DE JESÚS, JUAN ERA EL ÚNICO APÓSTOL QUE QUEDABA. FUE EXILIADO A UNA ISLA ROCOSA LLAMADA PATMOS. EL ESPÍRITU ARREBATÓ A JUAN AL CIELO, DONDE DIOS LE MOSTRÓ EL FUTURO.
JUAN, YO TE MOSTRARÉ LAS COSAS QUE SUCEDERÁN EN EL FUTURO. ESCRIBE LO QUE VES Y PONLO EN UN LIBRO Y MÁNDALO A LAS SIETE IGLESIAS EN ASIA.
CUANDO ESTA EDAD SE ACERQUE A SU FIN, JESÚS VENDRÁ Y ABRIRÁ TODOS LOS SEPULCROS DE LOS QUE CREEN EN ÉL. CON TODOS LOS CREYENTES QUE VIVAN, SE LEVANTARÁN PARA ENCONTRARSE CON JESÚS EN EL AIRE Y PERMANECERÁN CON ÉL PARA SIEMPRE.
AL FINAL DE LOS DÍAS, DIOS VISITARÁ LA TIERRA CON GRANDES CALAMIDADES. CAERÁ FUEGO DEL CIELO Y HABRÁ OTRAS PLAGAS QUE DESTRUIRÁN A LA MAYORÍA DE LOS HABITANTES DE LA TIERRA.
666
VENDRÁ UN HOMBRE DICIENDO SER EL MESÍAS, Y ENGAÑARÁ A MUCHOS. HARÁ QUE LA GENTE LE MUESTRE LEALTAD A ÉL Y A SU GOBIERNO MEDIANTE UNA MARCA EN SUS FRENTES O EN EL DORSO DE LA MANO DERECHA.
LOS QUE NO RECIBAN LA MARCA SERÁN DECAPITADOS. SERÁ TIEMPO DE GRAN SUFRIMIENTO PARA LOS QUE QUEDAN SOBRE LA TIERRA.

1 TESALONICENSES 4:16-17, 14:4; 2 TESALONICENSES 2:3-4; APOCALIPSIS 1:9,11, 8:1-13, 9:18, 13:16, 20:4

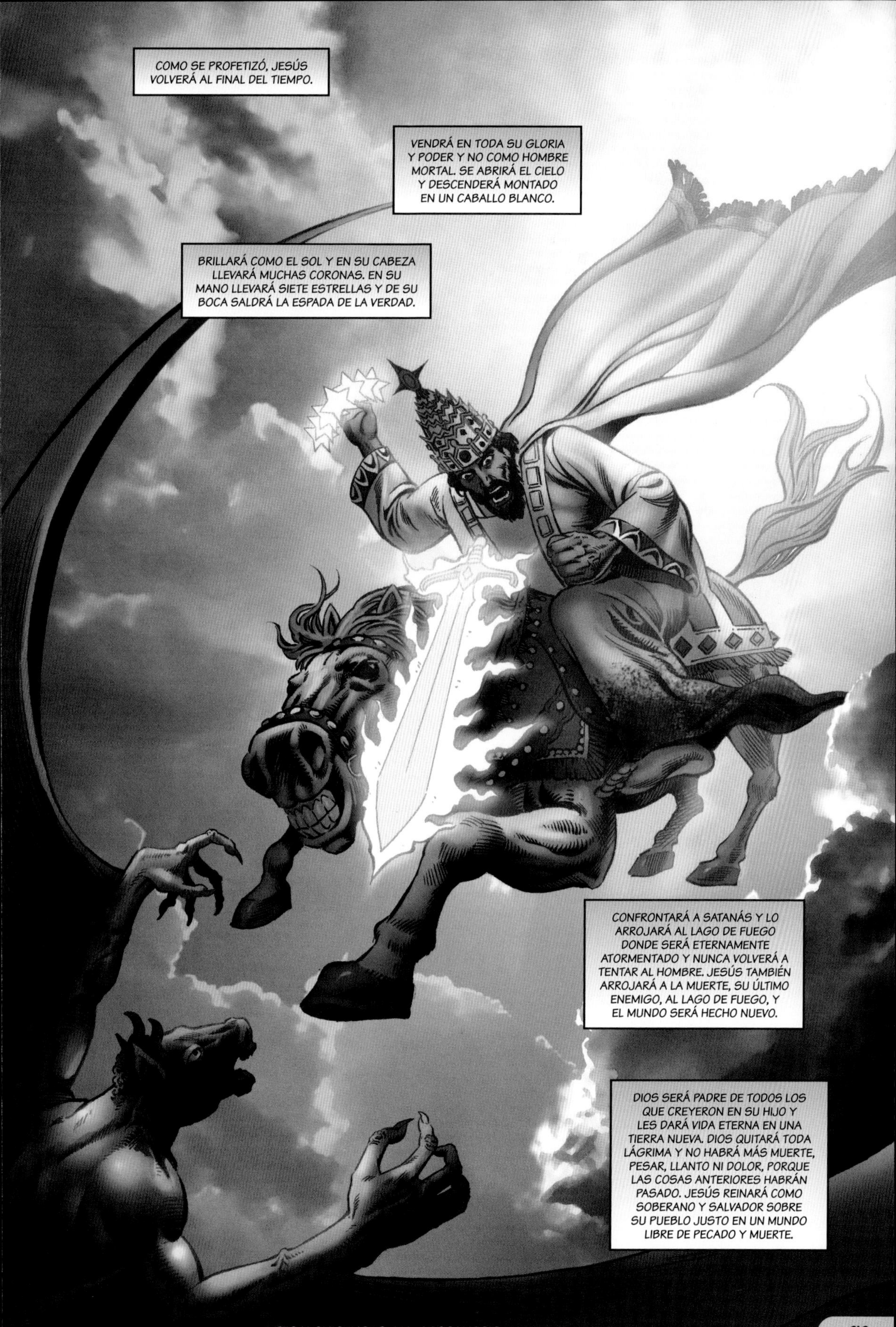
COMO SE PROFETIZÓ, JESÚS VOLVERÁ AL FINAL DEL TIEMPO.
VENDRÁ EN TODA SU GLORIA Y PODER Y NO COMO HOMBRE MORTAL. SE ABRIRÁ EL CIELO Y DESCENDERÁ MONTADO EN UN CABALLO BLANCO.
BRILLARÁ COMO EL SOL Y EN SU CABEZA LLEVARÁ MUCHAS CORONAS. EN SU MANO LLEVARÁ SIETE ESTRELLAS Y DE SU BOCA SALDRÁ LA ESPADA DE LA VERDAD.
CONFRONTARÁ A SATANÁS Y LO ARROJARÁ AL LAGO DE FUEGO DONDE SERÁ ETERNAMENTE ATORMENTADO Y NUNCA VOLVERÁ A TENTAR AL HOMBRE. JESÚS TAMBIÉN ARROJARÁ A LA MUERTE, SU ÚLTIMO ENEMIGO, AL LAGO DE FUEGO, Y EL MUNDO SERÁ HECHO NUEVO.
DIOS SERÁ PADRE DE TODOS LOS QUE CREYERON EN SU HIJO Y LES DARÁ VIDA ETERNA EN UNA TIERRA NUEVA. DIOS QUITARÁ TODA LÁGRIMA Y NO HABRÁ MÁS MUERTE, PESAR, LLANTO NI DOLOR, PORQUE LAS COSAS ANTERIORES HABRÁN PASADO. JESÚS REINARÁ COMO SOBERANO Y SALVADOR SOBRE SU PUEBLO JUSTO EN UN MUNDO LIBRE DE PECADO Y MUERTE.

1 TESALONICENSES 4:16; APOCALIPSIS 1:16, 19:11-21, 20:10-15, 21:1-4

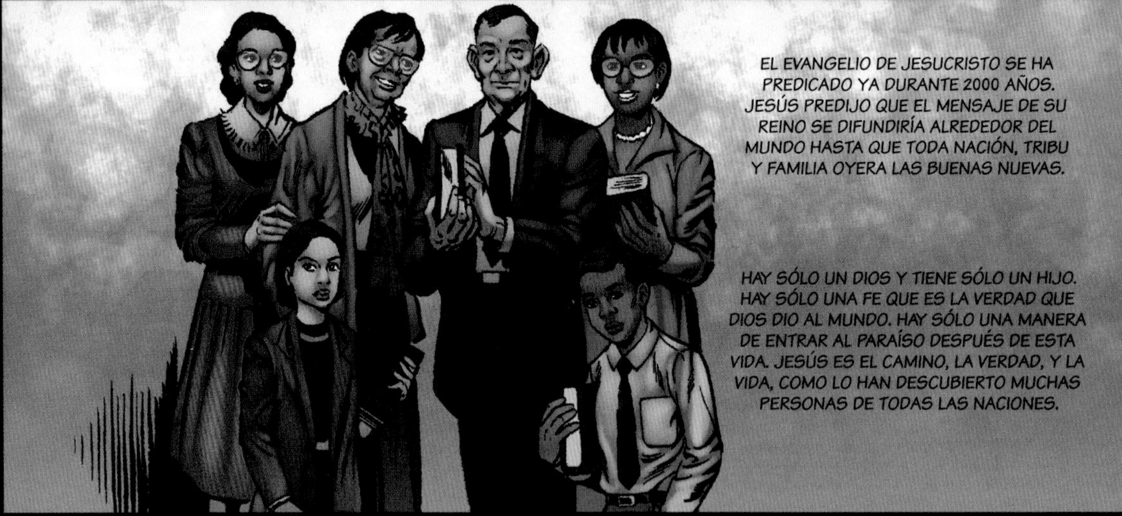
EL EVANGELIO DE JESUCRISTO SE HA PREDICADO YA DURANTE 2000 AÑOS. JESÚS PREDIJO QUE EL MENSAJE DE SU REINO SE DIFUNDIRÍA ALREDEDOR DEL MUNDO HASTA QUE TODA NACIÓN, TRIBU Y FAMILIA OYERA LAS BUENAS NUEVAS.
HAY SÓLO UN DIOS Y TIENE SÓLO UN HIJO. HAY SÓLO UNA FE QUE ES LA VERDAD QUE DIOS DIO AL MUNDO. HAY SÓLO UNA MANERA DE ENTRAR AL PARAÍSO DESPUÉS DE ESTA VIDA. JESÚS ES EL CAMINO, LA VERDAD, Y LA VIDA, COMO LO HAN DESCUBIERTO MUCHAS PERSONAS DE TODAS LAS NACIONES.

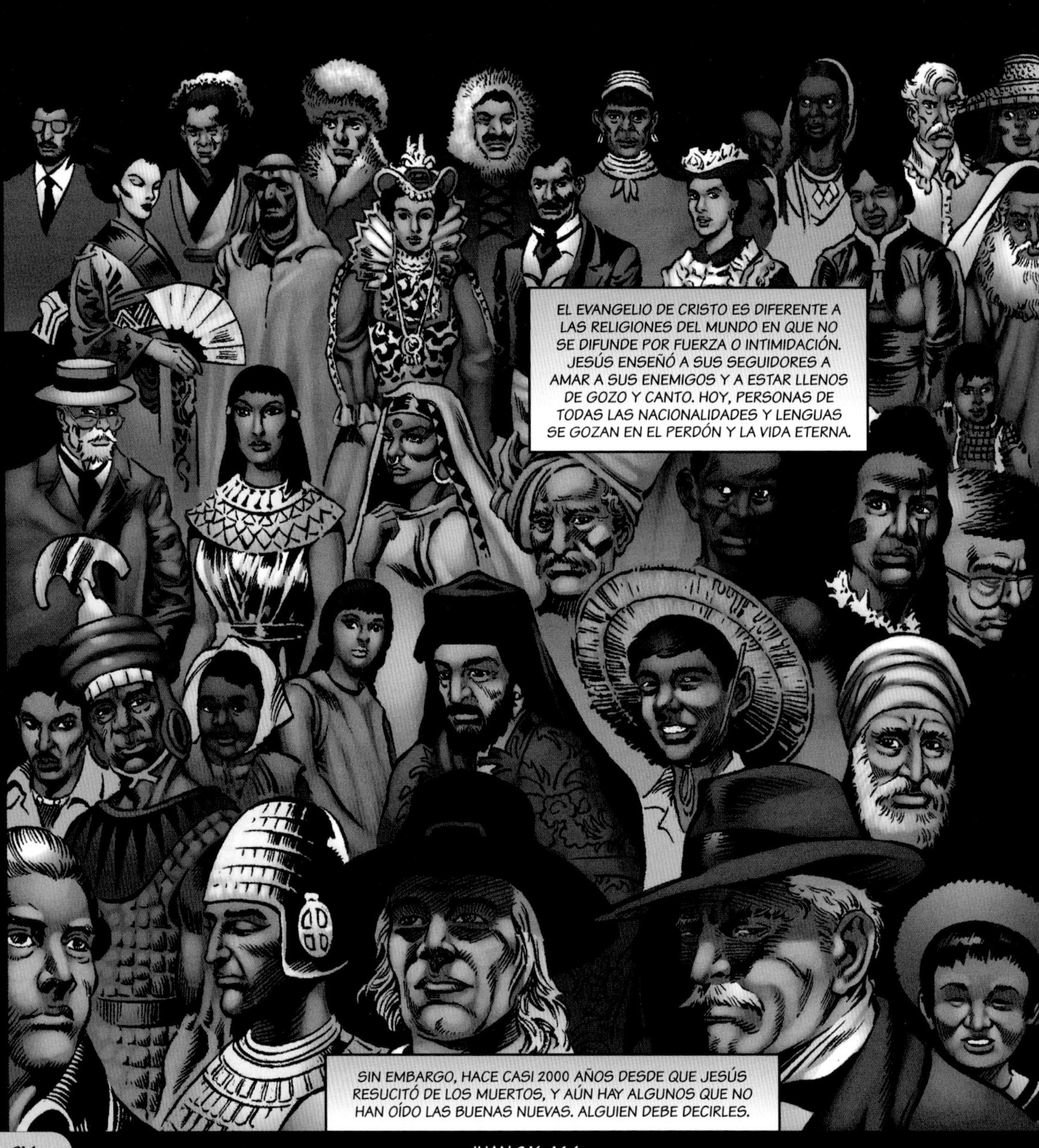
EL EVANGELIO DE CRISTO ES DIFERENTE A LAS RELIGIONES DEL MUNDO EN QUE NO SE DIFUNDE POR FUERZA O INTIMIDACIÓN. JESÚS ENSEÑÓ A SUS SEGUIDORES A AMAR A SUS ENEMIGOS Y A ESTAR LLENOS DE GOZO Y CANTO. HOY, PERSONAS DE TODAS LAS NACIONALIDADES Y LENGUAS SE GOZAN EN EL PERDÓN Y LA VIDA ETERNA.
SIN EMBARGO, HACE CASI 2000 AÑOS DESDE QUE JESÚS RESUCITÓ DE LOS MUERTOS, Y AÚN HAY ALGUNOS QUE NO HAN OÍDO LAS BUENAS NUEVAS. ALGUIEN DEBE DECIRLES.

JUAN 3:16, 14:6

EL JUICIO DEL GRAN TRONO BLANCO

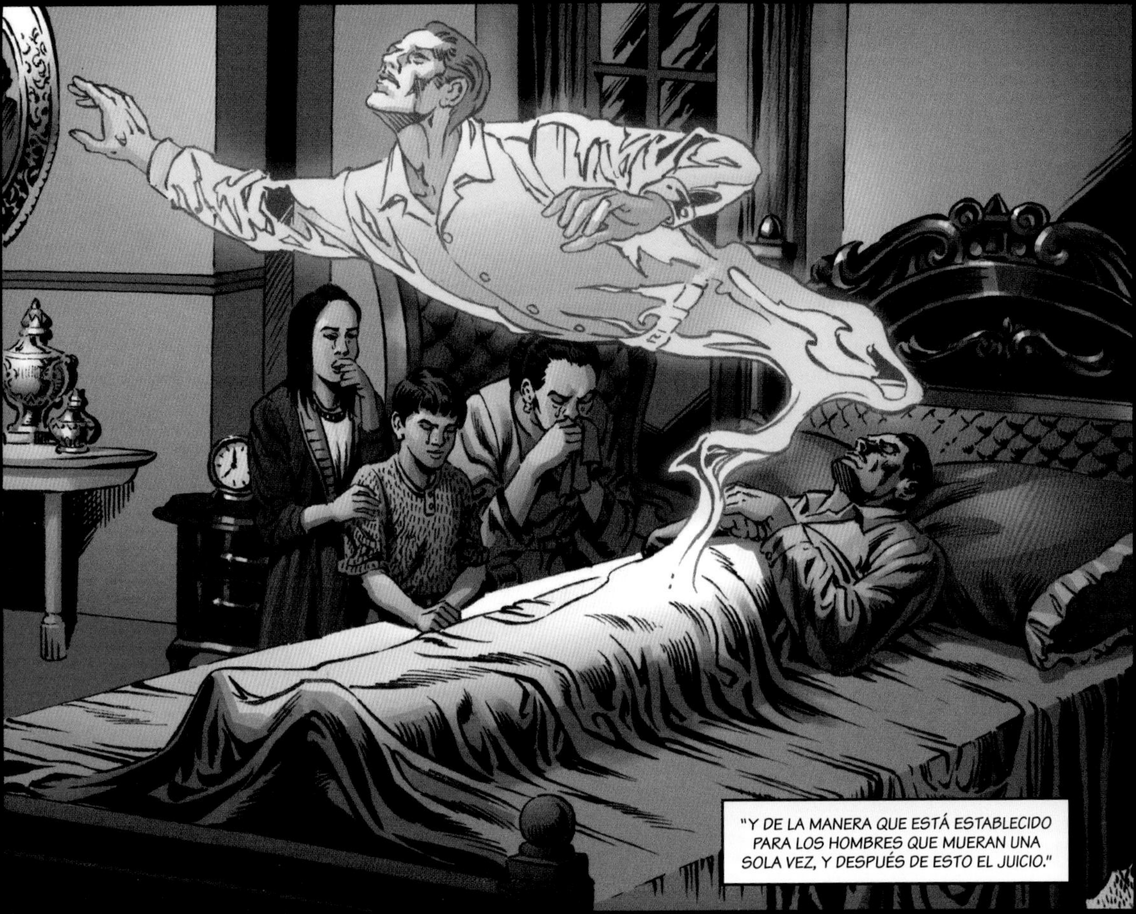
"Y DE LA MANERA QUE ESTÁ ESTABLECIDO PARA LOS HOMBRES QUE MUERAN UNA SOLA VEZ, Y DESPUÉS DE ESTO EL JUICIO."

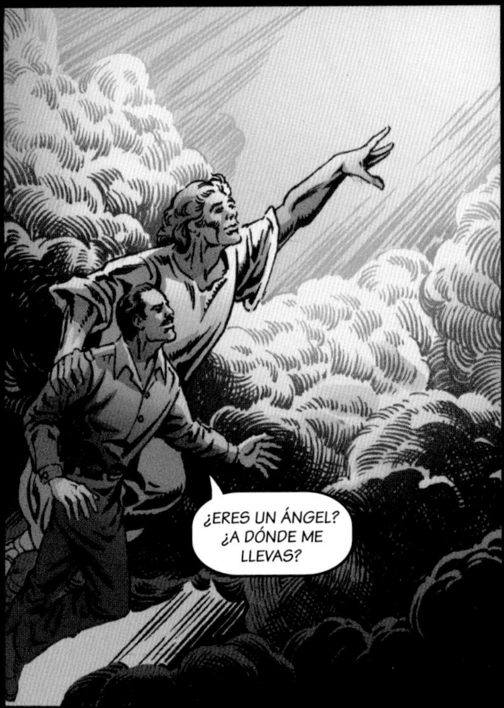
¿ERES UN ÁNGEL? ¿A DÓNDE ME LLEVAS?

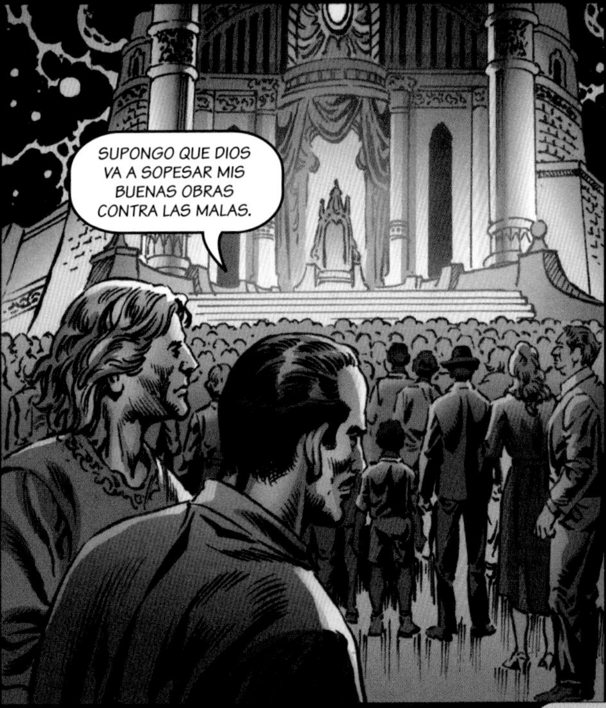
SUPONGO QUE DIOS VA A SOPESAR MIS BUENAS OBRAS CONTRA LAS MALAS.

HEBREOS 9:27

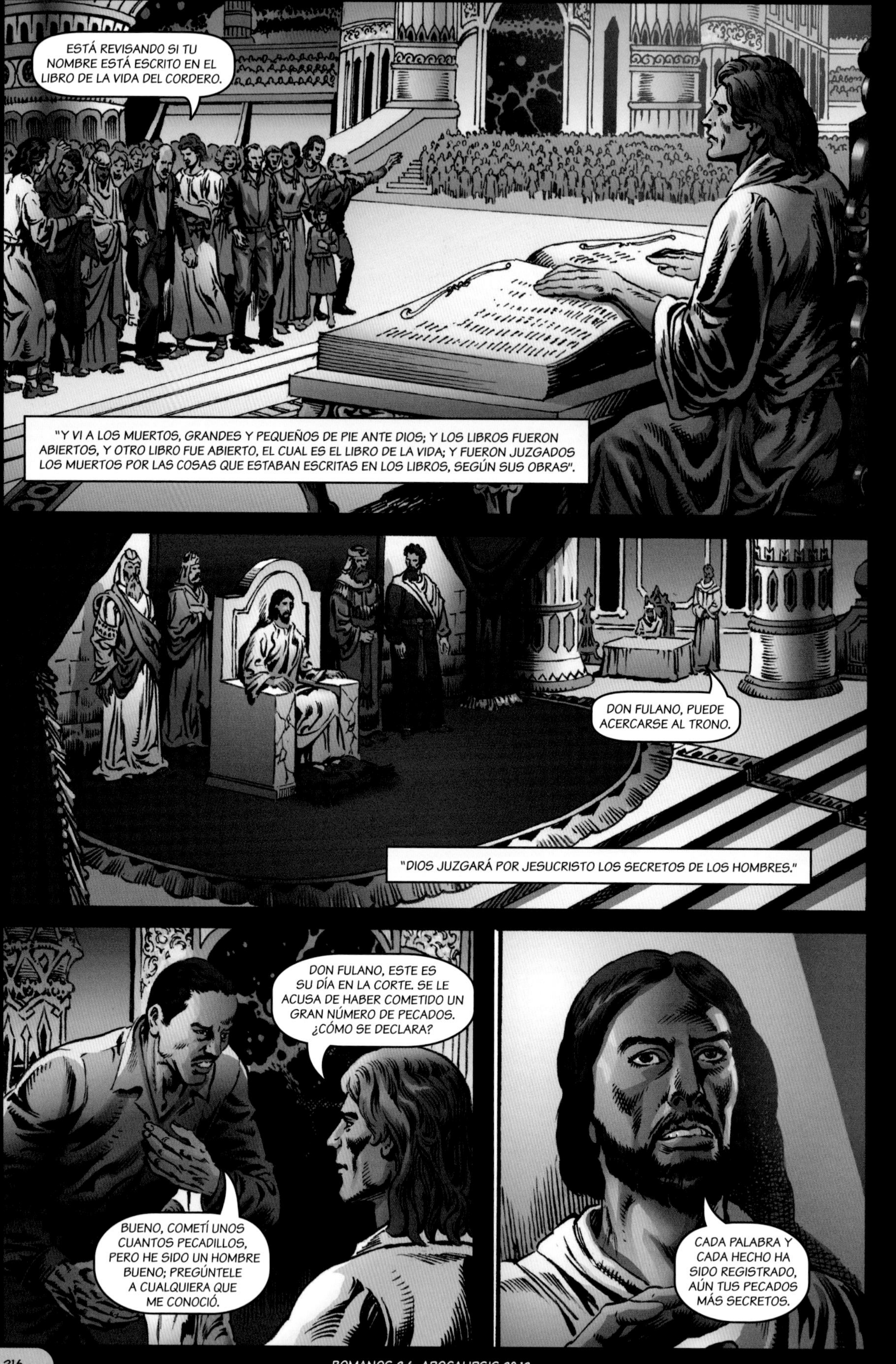
ESTÁ REVISANDO SI TU NOMBRE ESTÁ ESCRITO EN EL LIBRO DE LA VIDA DEL CORDERO.
"Y VI A LOS MUERTOS, GRANDES Y PEQUEÑOS DE PIE ANTE DIOS; Y LOS LIBROS FUERON ABIERTOS, Y OTRO LIBRO FUE ABIERTO, EL CUAL ES EL LIBRO DE LA VIDA; Y FUERON JUZGADOS LOS MUERTOS POR LAS COSAS QUE ESTABAN ESCRITAS EN LOS LIBROS, SEGÚN SUS OBRAS".
DON FULANO, PUEDE ACERCARSE AL TRONO.
"DIOS JUZGARÁ POR JESUCRISTO LOS SECRETOS DE LOS HOMBRES."
DON FULANO, ESTE ES SU DÍA EN LA CORTE. SE LE ACUSA DE HABER COMETIDO UN GRAN NÚMERO DE PECADOS. ¿CÓMO SE DECLARA?
BUENO, COMETÍ UNOS CUANTOS PECADILLOS, PERO HE SIDO UN HOMBRE BUENO; PREGÚNTELE A CUALQUIERA QUE ME CONOCIÓ.
CADA PALABRA Y CADA HECHO HA SIDO REGISTRADO, AÚN TUS PECADOS MÁS SECRETOS.

ROMANOS 2:6. APOCALIPSIS 20:12

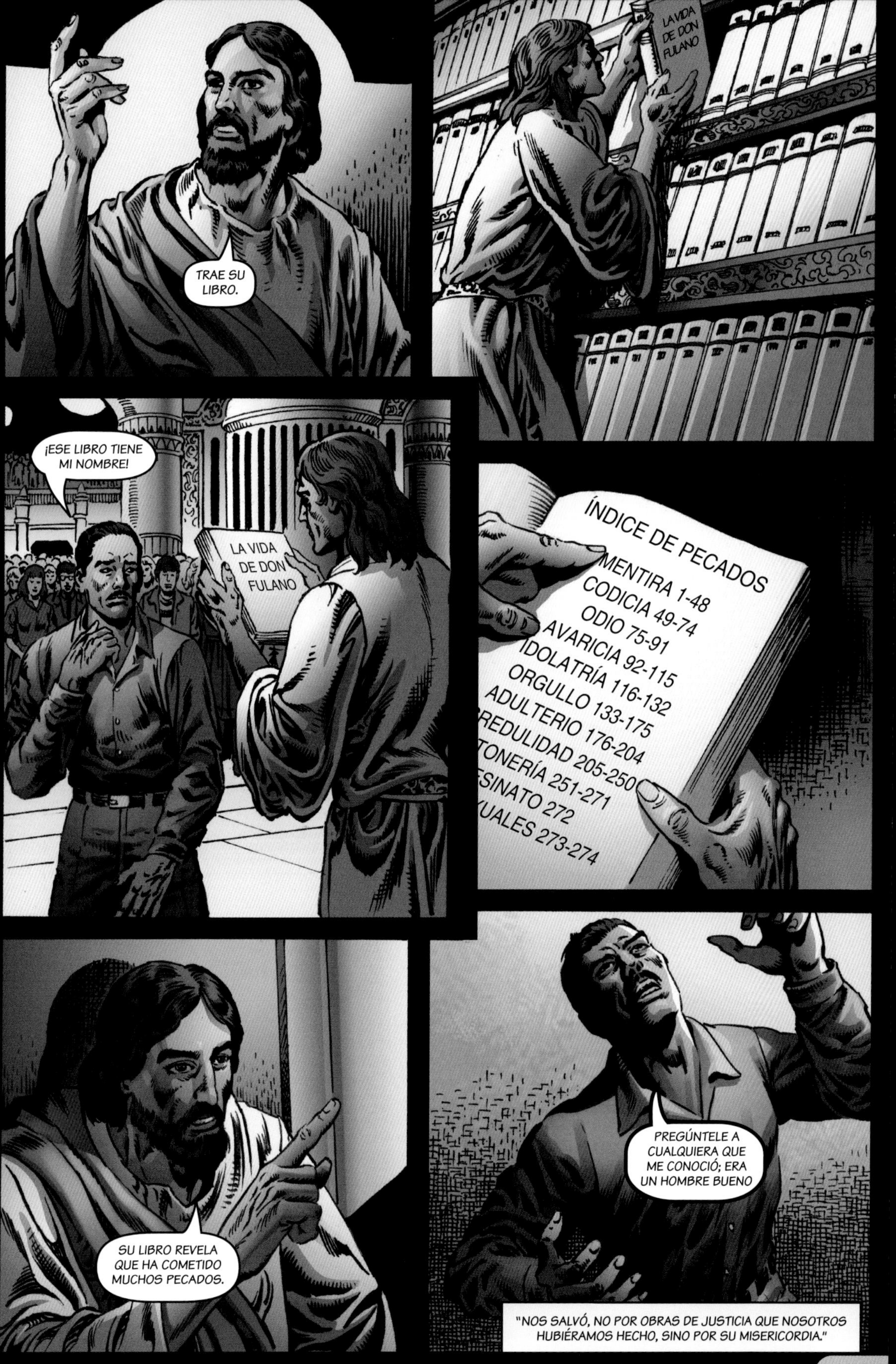
TRAE SU LIBRO.
LA VIDA DE DON FULANO
¡ESE LIBRO TIENE MI NOMBRE!
LA VIDA DE DON FULANO
ÍNDICE DE PECADOS
MENTIRA 1-48
CODICIA 49-74
ODIO 75-91
AVARICIA 92-115
IDOLATRÍA 116-132
ORGULLO 133-175
ADULTERIO 176-204
REDULIDAD 205-250
TONERÍA 251-271
SINATO 272
UALES 273-274
SU LIBRO REVELA QUE HA COMETIDO MUCHOS PECADOS.
PREGÚNTELE A CUALQUIERA QUE ME CONOCIÓ; ERA UN HOMBRE BUENO
"NOS SALVÓ, NO POR OBRAS DE JUSTICIA QUE NOSOTROS HUBIÉRAMOS HECHO, SINO POR SU MISERICORDIA."

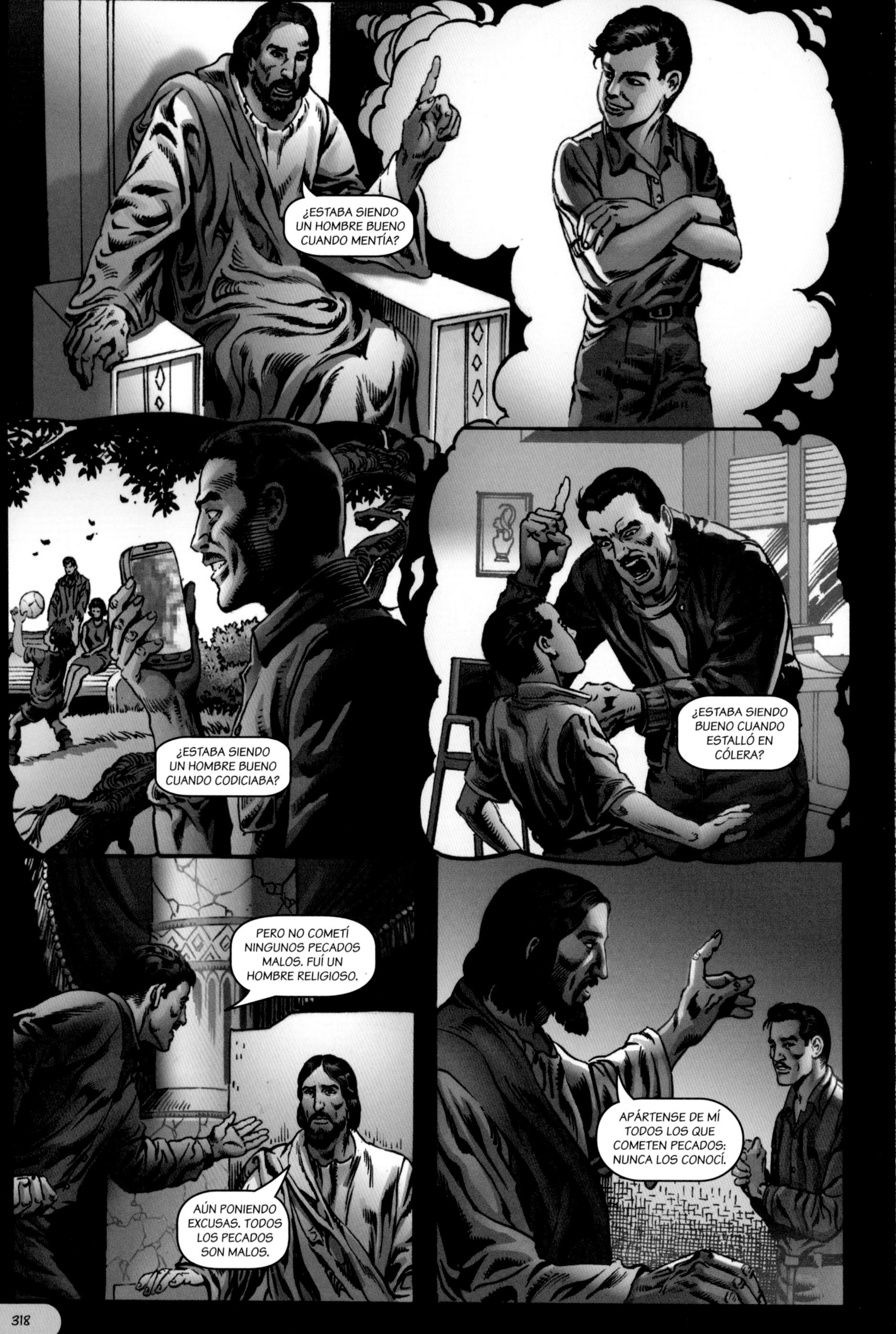
¿ESTABA SIENDO UN HOMBRE BUENO CUANDO MENTÍA?
¿ESTABA SIENDO UN HOMBRE BUENO CUANDO CODICIABA?
¿ESTABA SIENDO BUENO CUANDO ESTALLÓ EN CÓLERA?
PERO NO COMETÍ NINGUNOS PECADOS MALOS. FUÍ UN HOMBRE RELIGIOSO.
AÚN PONIENDO EXCUSAS. TODOS LOS PECADOS SON MALOS.
APÁRTENSE DE MÍ TODOS LOS QUE COMETEN PECADOS: NUNCA LOS CONOCÍ.

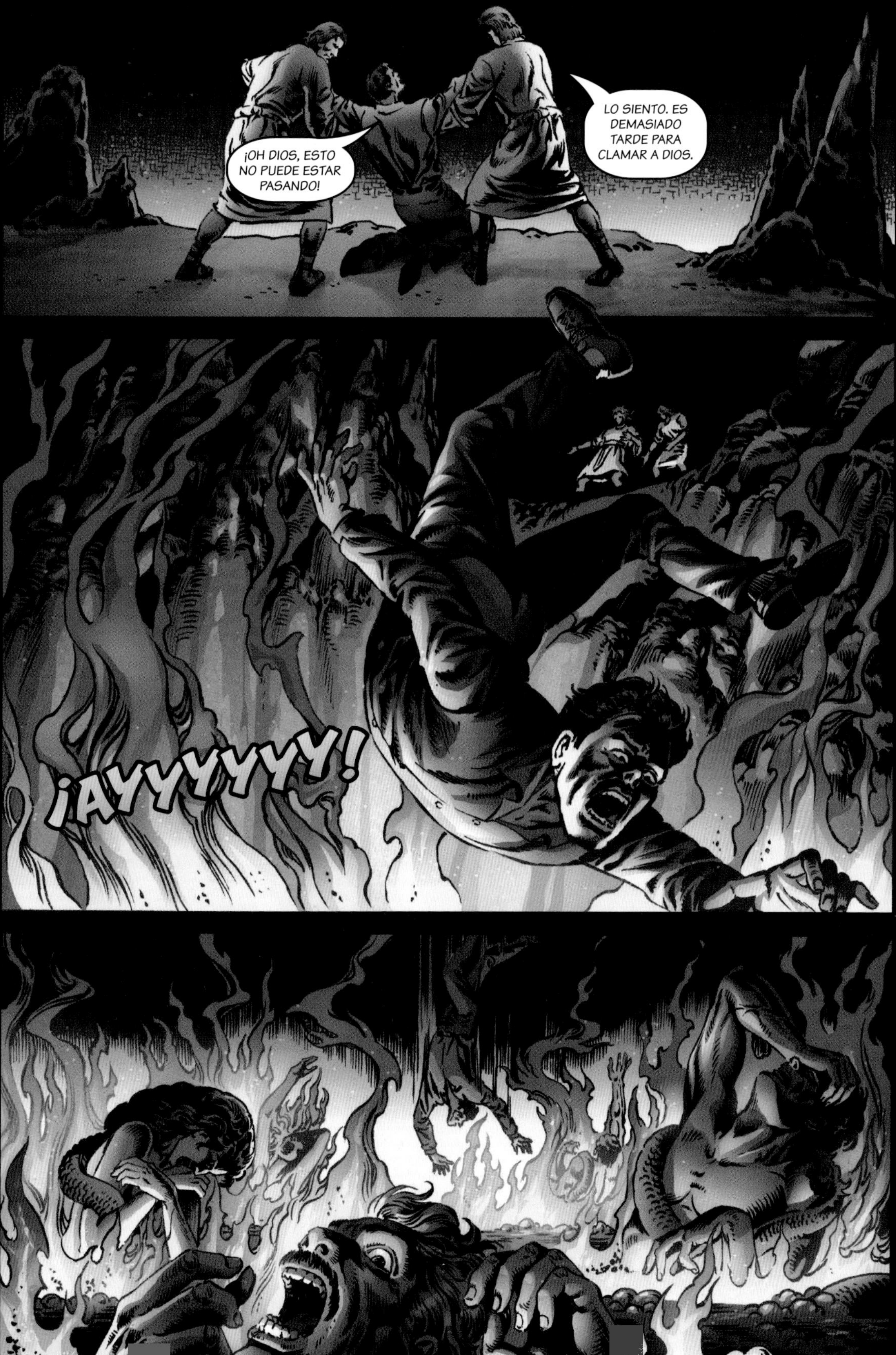
¡OH DIOS, ESTO NO PUEDE ESTAR PASANDO!
LO SIENTO. ES DEMASIADO TARDE PARA CLAMAR A DIOS.
¡AYYYYYY!

A LOS MALOS... LOS ECHARÁN EN EL HORNO DE FUEGO; ALLÍ SERÁ EL LLORO Y CRUJIR DE DIENTES.
MATEO 13:49-50

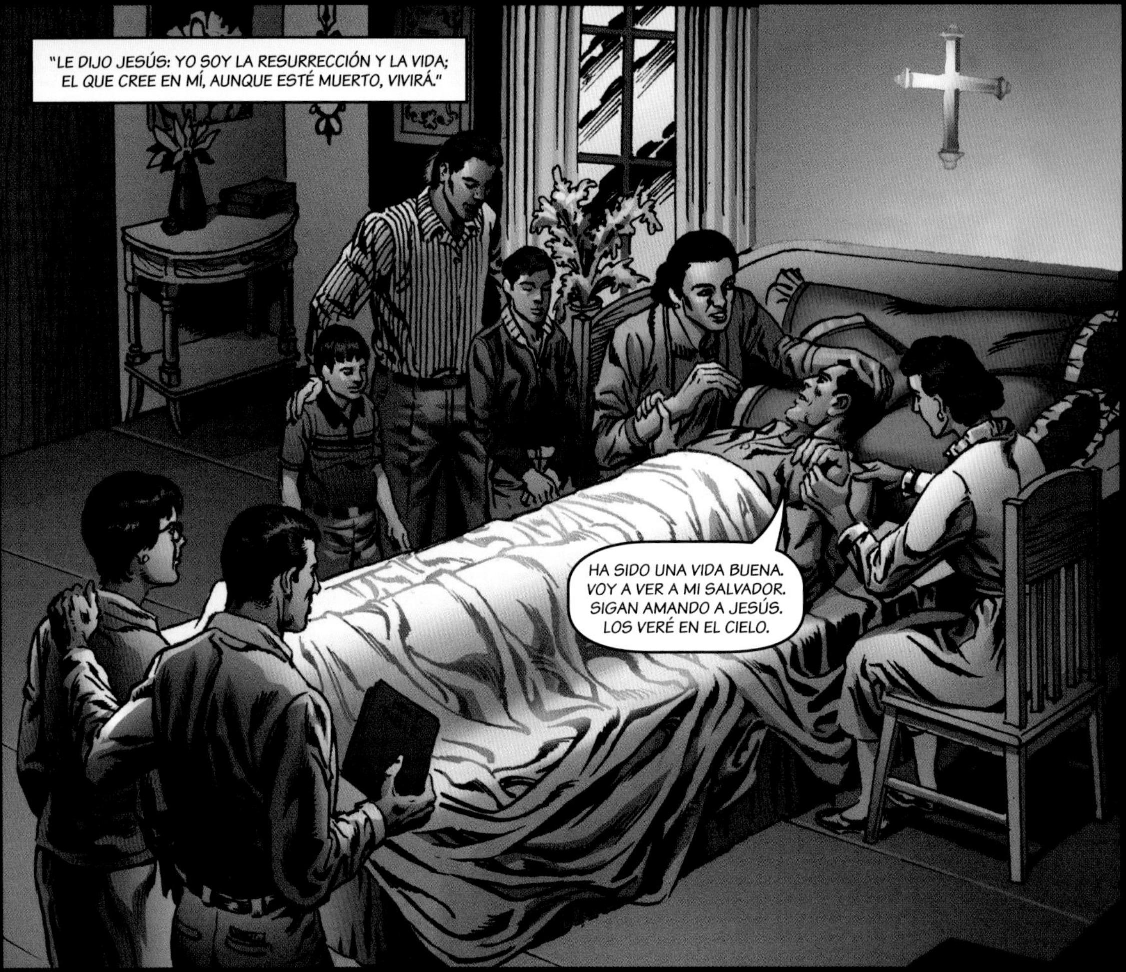
"LE DIJO JESÚS: YO SOY LA RESURRECCIÓN Y LA VIDA; EL QUE CREE EN MÍ, AUNQUE ESTÉ MUERTO, VIVIRÁ."
HA SIDO UNA VIDA BUENA. VOY A VER A MI SALVADOR. SIGAN AMANDO A JESÚS. LOS VERÉ EN EL CIELO.

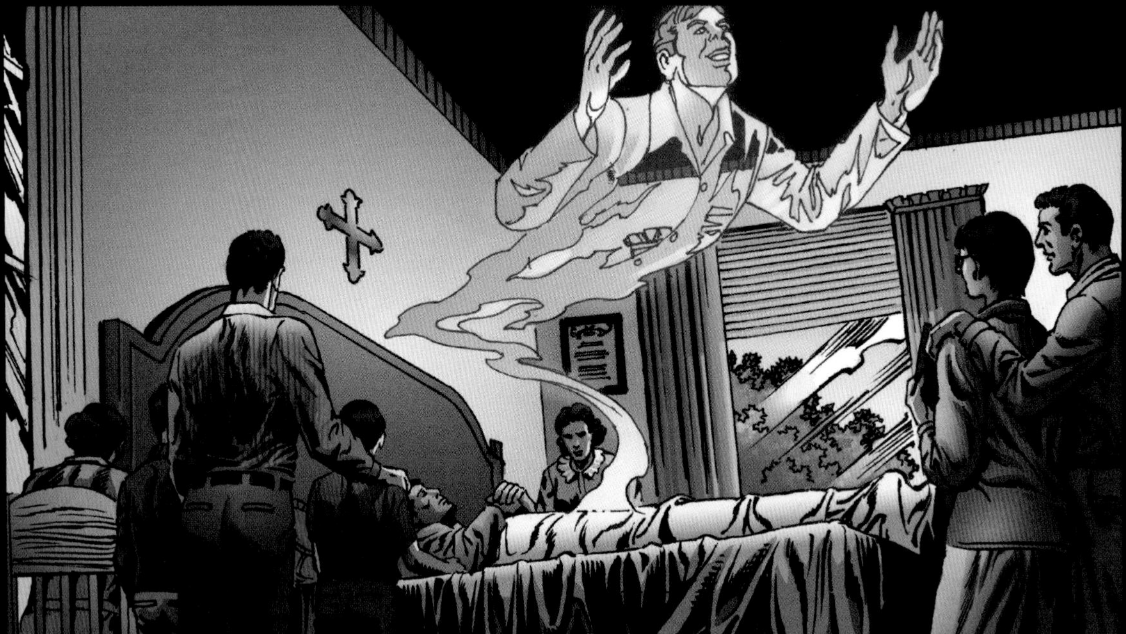

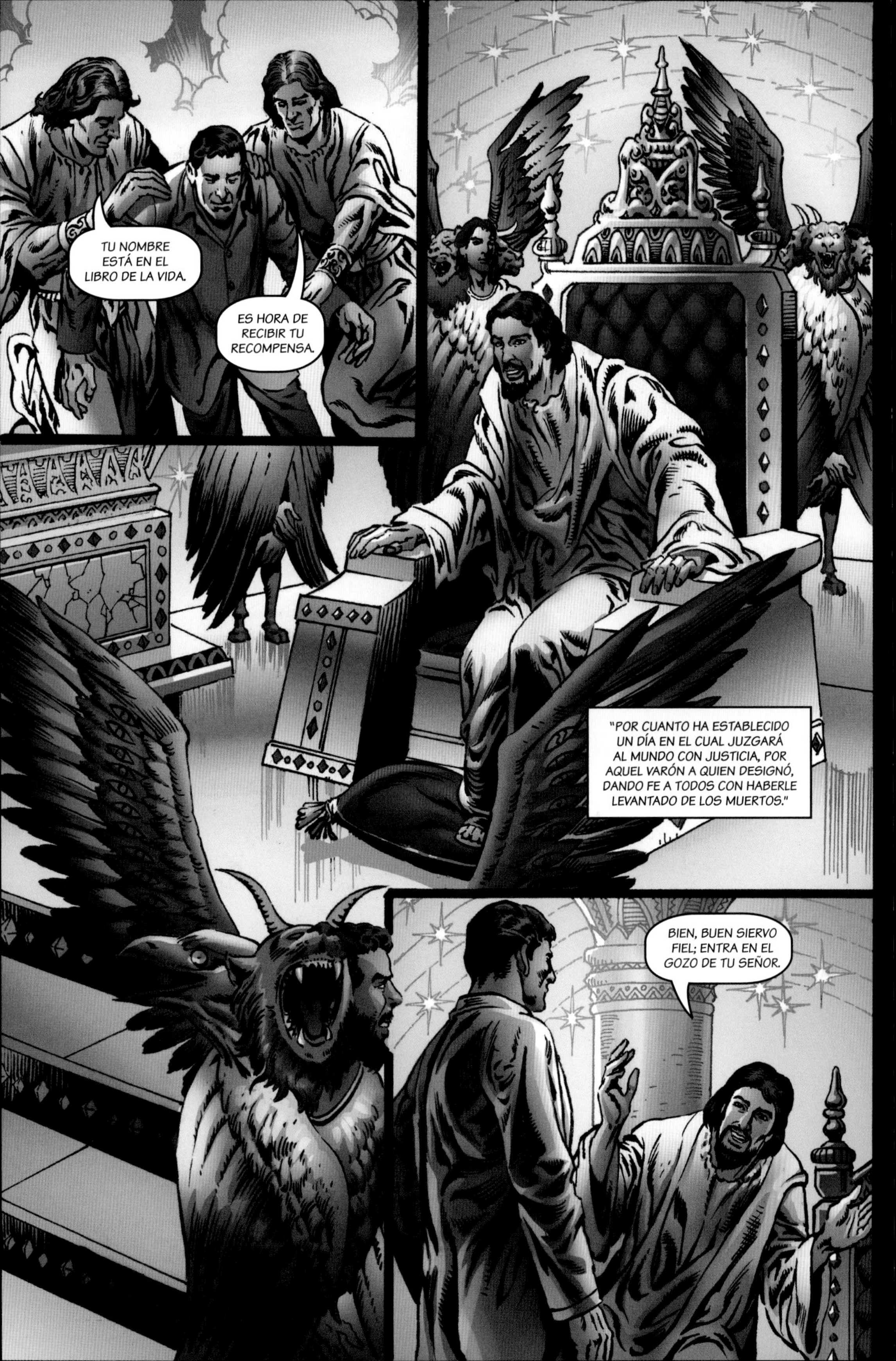
TU NOMBRE ESTÁ EN EL LIBRO DE LA VIDA.
ES HORA DE RECIBIR TU RECOMPENSA.
"POR CUANTO HA ESTABLECIDO UN DÍA EN EL CUAL JUZGARÁ AL MUNDO CON JUSTICIA, POR AQUEL VARÓN A QUIEN DESIGNÓ, DANDO FE A TODOS CON HABERLE LEVANTADO DE LOS MUERTOS."
BIEN, BUEN SIERVO FIEL; ENTRA EN EL GOZO DE TU SEÑOR.

EL SUPERHÉROE DE LOS LIBROS

La "Biblia", "Escrituras", o "La Palabra de Dios" es la base de la fe para la religión Cristiana. Además ha sido el libro más influyente jamás escrito. Esta composición extraordinaria es una colección de 66 libros individuales que fueron escritos por aproximadamente 40 diferentes autores, los cuales eran del continente de Asia, y con la posible excepción de dos, todos eran Judíos. Sin embargo, sus diferencias son más marcadas que sus similitudes. Sus ocupaciones abarcaban una variedad extrema de posibilidades. Algunos eran reyes y otros eran recaudadores de impuestos. Había pescadores, doctores, campesinos, sirvientes, abogados, y más. Además, escribieron durante periodos de tiempo radicalmente diferentes que abarcaron aproximadamente 15 siglos, desde justo después de 1500 a.C. hasta aproximadamente 100 d.C. La mayoría no se conocían entre sí, sin embargo, cuando los distintos libros de la Biblia fueron finalmente compilados, la Biblia mostraba la misma historia en todo.

Este carácter sobrenatural de la Biblia se debe a que el Espíritu Santo de Dios inspiró a estos hombres a escribir. Como resultado, esta obra antigua sigue siendo el libro más popular en el mundo hasta la fecha. Fué el primer libro en producirse en una imprenta de tipos movibles y es aún el libro más ampliamente distribuido año con año que cualquier otro libro. La Biblia completa ha sido traducida en más de 500 lenguajes y existen cerca de 3000 traducciones de por lo menos una porción de las Escrituras.

La Biblia está dividida en dos partes principales: el Antiguo Testamento y el Nuevo Testamento. El Antiguo Testamento consta de 39 libros individuales divididos en 927 capítulos. Una gran parte fué escrita en el lenguaje Hebreo , que se ve así:

בראשית ברא אלהים את השמים ואת הארץ

Además de ser clave para la fe Cristiana, el Antiguo Testamento aún es sagrado para el Pueblo Judío.

En cuanto al Nuevo Testamento, se compone de 27 libros en 260 capítulos. Los autores de esta sección de la Biblia utilizaron varios lenguajes incluyendo el Griego, que se ve así:

εν αρχη ην ο λογος και ο λογος ην προς τον θεον και θεος ην ο λογος

La Biblia cuenta la historia del mundo, mostrando que Dios es el Creador de todas las cosas. A diferencia de otros libros de historia, las Escrituras también predicen el final de los tiempos y explica el por qué las cosas se desarrollan como lo hacen.

De la Biblia aprendemos sobre el origen de la humanidad, la causa del pecado y del mal, y la realidad del cielo y del infierno. La Biblia ha profetizado el futuro reiteradamente y esas profecías siempre se han cumplido - lo cual quiere decir que podemos contar con su veracidad sobre eventos que están por suceder.

Como guía de cómo vivir, la Biblia provee las respuestas correctas para sus preguntas más importantes como:

- ¿De verdad hay un Dios?
- ¿Por qué estamos aquí y cuál es nuestro propósito?
- ¿Por qué tenemos que morir?
- ¿Qué nos pasa después de morir?
- ¿Vamos a reencarnar después de la muerte?
- ¿Los demonios son diferentes a los espíritus de la gente que ha muerto?
- ¿Cómo difiere el humano de los animales?
- ¿Exactamente qué es el pecado?
- ¿Qué tenemos que hacer para ser salvos del ciclo del pecado y del karma?
- ¿Cómo podemos vivir para siempre en el cielo?
- ¿Por qué la humanidad experimenta sufrimiento, decepción y al final muere?

Las respuestas a estas preguntas y muchas más se pueden encontrar en la Biblia. Léala usted mismo.

NO GREATER JOY MINISTRIES, INC.

EN NUESTRA VISIÓN, LOS BUENOS GANAN.

El Bien y El Mal Internacional establece la base de operaciones para un ejército único de guerreros para Cristo. Somos una organización basada en la Biblia enfocada en misiones que lleva el mensaje de salvación del Evangelio de Cristo utilizando medios innovadores conocedores de la tecnología.

El Bien y El Mal Internacional produce y distribuye versiones impresas, electrónicas y en video del libro gráfico de historias Bíblicas El Bien y El Mal y otros productos de comunicación. Nuestro público objetivo incluye grupos socio-gráficos específicos y ofrecemos medios para que partidarios participen activamente en oportunidades misioneras.

ESTOS GRUPOS SON NUESTRO OBJETIVO PRINCIPAL PARA EXPOSICIÓN AL EVANGELIO.

Las personas no alcanzadas alrededor del mundo; Personas ya expuestas a través de otras obras misioneras pero sólo penetradas marginalmente por el Evangelio;
Personas que han sido "olvidadas", como los prisioneros, indigentes, y otras personas similarmente desconectadas dentro de poblaciones que en los demás aspectos han sido "alcanzadas"; Niños y jóvenes;

Audiencias "sobre-expuestas", para las cuales presentaciones tradicionales del Evangelio han llegado a ser ineficaz, como personal militar, escuelas, hospitales y otros grupos identificables como estos.

En busca de nuestra misión, El Bien y El Mal Internacional, se ha fijado una meta de ver que se traduzca y se distribuya El Bien y El Mal, en por lo menos 100 diferentes lenguajes. Para hacer ésto, estamos en busca de colaboradores en traducción y publicación. Si usted comparte nuestra visión y cree estar en posición de traducir este libro a uno de los lenguajes que aún no ha sido traducido, nos gustaría ayudarle a que nos ayude. Mientras nosotros retenemos los derechos de autor en cualquier lenguaje y la distribución única en Inglés, ponemos a su disposición los medios necesarios para el formato y traducción del libro.

En honor a nuestro compromiso con Dios, revisamos las posiciones doctrinales claves de nuestros colaboradores potenciales antes de finalizar cualquier acuerdo de traducción. Y para maximizar el alcance misionero de cada edición de El Bien y El Mal, al completarse una traducción retenemos el derecho de poner a disposición esa traducción a otros misioneros quienes pueden imprimirla y distribuirla a través de sus redes.

Si está interesado en traducir, favor de contactarnos por escrito o por correo electrónico:

No Greater Joy Ministries, Inc.
1000 Pearl Road
Pleasantville, TN 37033-1796
Contact us by email at:
GoodAndEvil@nogreaterjoy.org

Hasta la fecha, El Bien y El Mal ha sido traducido en 45 idiomas y varias docenas más en curso. La versión en color está disponible para la compra y envío inmediato en Inglés, Español, Chino y Ruso. Más de 40 idiomas adicionales se pueden comprar en blanco y negro por Print On Demand (POD) (Impresión bajo Pedido) incluyendo Árabe, Hindú, Vietnamita, y Ucranio.

CON SU AYUDA
ENVIAREMOS A LOS BUENOS 'ALLÁ.'

UTILICE EL ENFOQUE DE DERECHOS PARA LAS MISIONES

A través de nuestro agente de derechos internacionales, No Greater Joy Ministries, Inc. ha negociado docenas de contratos para que editoriales en África, Asia, Europa, Norteamérica y Sudamérica imprimen y distribuyan El Bien y El Mal en lenguajes indígenas. Las 49 traducciones disponibles actualmente incluyen Español, Chino, Alemán, Polaco, Ruso, Francés, Afrikaans, Zulú y muchos más.

Para una lista completa, ir a **www.goodandevilbook.com/languages/** Otras tres docenas de traducciones están en proceso—incluyendo Italiano, Finlandés, Holandés, Malayo, Lahu, y Urdu pero estamos en busca de más colaboradores internacionales para traducción y distribución.

Con un acuerdo de derechos de distribución, usted puede publicar nuestra traducción de El Bien y El Mal en cualquiera de los lenguajes que usted elija usando el logotipo de su organización. Estos acuerdos son una manera eficiente de poner El Bien y El Mal a disposición en países fuera de los Estados Unidos en los lenguajes indígenas y evitar los altos costos de envío desde Los Estados Unidos.

PARA MÁS INFORMACIAÓN ACERCA DE ACUERDOS DE DERECHOS. CONTACTAR A:

Correo electrónico: GoodAndEvil@nogreaterjoy.org
Llamar: 1-866-292-9936

~

MINISTERIO PARA NINOS Y FAMILIAS

MISIONES DOM STICAS PARA EL HOGAR

Mientras que muchos de nosotros somos llamados a los confines de la tierra para compartir a Cristo, la mayoría no lo son. Y eso quiere decir que su campo de misión más grande es probablemente su propio hogar. Criando niños de luz en un mundo de oscuridad más y más profunda es una tarea crucial y una presentación de la verdad de Dios apta para los niños puede ser una de sus herramientas más valiosas para lograr esta tarea. Además de este libro estilo novela gráfica, El Bien y El Mal está disponible en un video animado de 13 episodios.

Los jóvenes y los niños por igual se pueden pasar horas con El Bien y El Mal y se empapan de la verdad mientras lo hacen. El libro y la serie en DVD también son un buen regalo para otros miembros de la familia o amigos que necesitan una exposición reciente a la verdad de Dios. Para ordenar el libro o la serie en DVD de El Bien y El Mal, ir a **www.nogreaterjoy.org/shop/el-bien-y-el-mal-color-book**. Cuando se trata de alcanzar a su familia y amigos, nada podría ser más crítico para la misión.

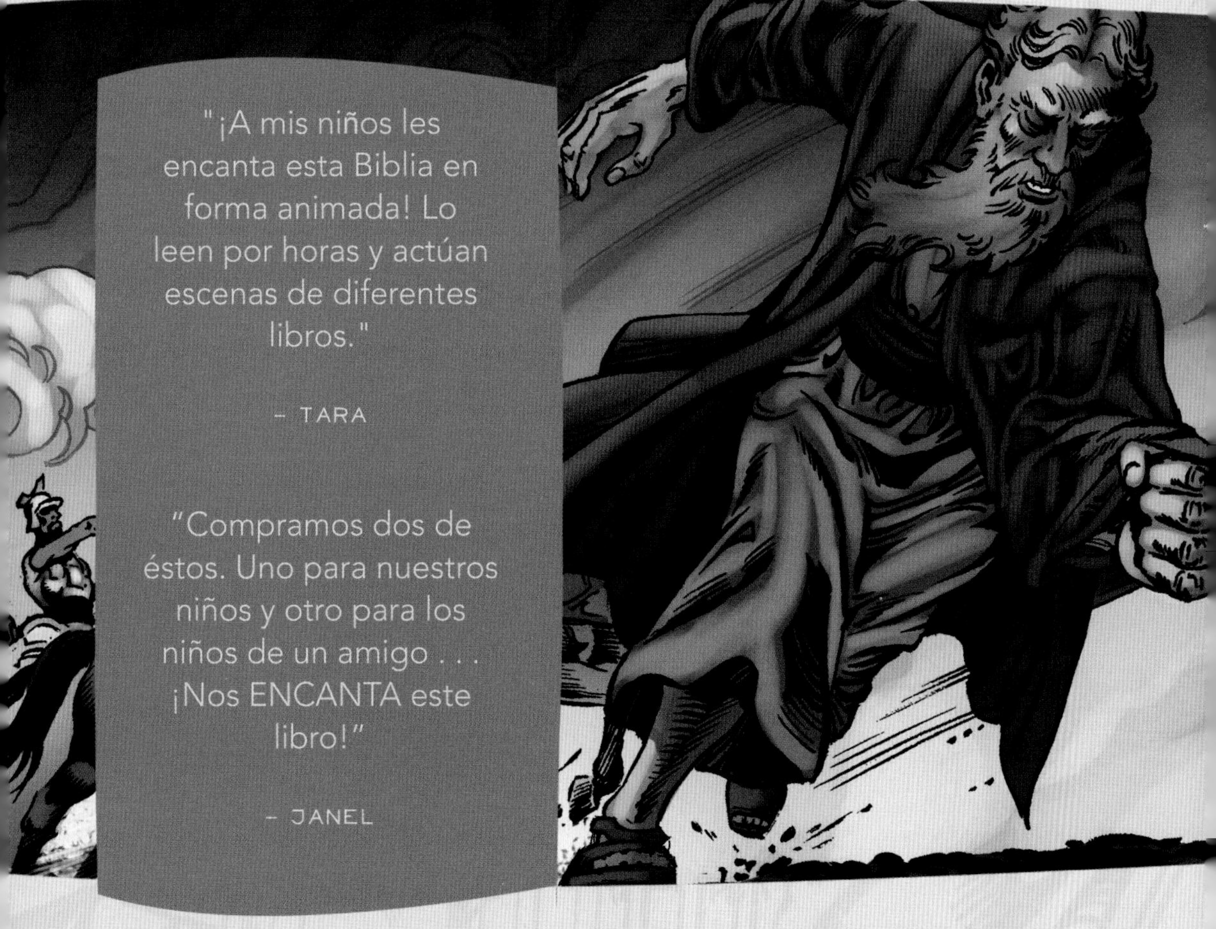

"¡A mis niños les encanta esta Biblia en forma animada! Lo leen por horas y actúan escenas de diferentes libros."

– TARA

"Compramos dos de éstos. Uno para nuestros niños y otro para los niños de un amigo . . . ¡Nos ENCANTA este libro!"

– JANEL

PARA ORDENAR EL LIBRO O LA SERIE EN DVD DE EL BIEN Y EL MAL,
NOGREATERJOY.ORG/SHOP/EL-BIEN-Y-EL-MAL-COLOR-BOOK

Juan 1:1-37 (RVR60)

1 En el principio era el Verbo, y el Verbo era con Dios, y el Verbo era Dios.

2 Este era en el principio con Dios.

3 Todas las cosas por él fueron hechas, y sin él nada de lo que ha sido hecho, fue hecho.

4 En él estaba la vida, y la vida era la luz de los hombres.

5 La luz en las tinieblas resplandece, y las tinieblas no prevalecieron contra ella.

6 Hubo un hombre enviado de Dios, el cual se llamaba Juan.

7 Este vino por testimonio, para que diese testimonio de la luz, a fin de que todos creyesen por él.

8 No era él la luz, sino para que diese testimonio de la luz.

9 Aquella luz verdadera, que alumbra a todo hombre, venía a este mundo.

10 En el mundo estaba, y el mundo por él fue hecho; pero el mundo no le conoció.

11 A lo suyo vino, y los suyos no le recibieron.

12 Mas a todos los que le recibieron, a los que creen en su nombre, les dio potestad de ser hechos hijos de Dios;

13 los cuales no son engendrados de sangre, ni de voluntad de carne, ni de voluntad de varón, sino de Dios.

14 Y aquel Verbo fue hecho carne, y habitó entre nosotros (y vimos su gloria, gloria como del unigénito del Padre), lleno de gracia y de verdad.

15 Juan dio testimonio de él, y clamó diciendo: Este es de quien yo decía: El que viene después de mí, es antes de mí; porque era primero que yo.

16 Porque de su plenitud tomamos todos, y gracia sobre gracia.

17 Pues la ley por medio de Moisés fue dada, pero la gracia y la verdad vinieron por medio de Jesucristo.

18 A Dios nadie le vio jamás; el unigénito Hijo, que está en el seno del Padre, él le ha dado a conocer.

19 Este es el testimonio de Juan, cuando los judíos enviaron de Jerusalén sacerdotes y levitas para que le preguntasen: ¿Tú, quién eres?

20 Confesó, y no negó, sino confesó: Yo no soy el Cristo.

21 Y le preguntaron: ¿Qué pues? ¿Eres tú Elías? Dijo: No soy. ¿Eres tú el profeta? Y respondió: No.

22 Le dijeron: ¿Pues quién eres? para que demos respuesta a los que nos enviaron. ¿Qué dices de ti mismo?

23 Dijo: Yo soy la voz de uno que clama en el desierto: Enderezad el camino del Señor, como dijo el profeta Isaías.

24 Y los que habían sido enviados eran de los fariseos.

25 Y le preguntaron, y le dijeron: ¿Por qué, pues, bautizas, si tú no eres el Cristo, ni Elías, ni el profeta?

26 Juan les respondió diciendo: Yo bautizo con agua; mas en medio de vosotros está uno a quien vosotros no conocéis.

27 Este es el que viene después de mí, el que es antes de mí, del cual yo no soy digno de desatar la correa del calzado.

28 Estas cosas sucedieron en Betábara, al otro lado del Jordán, donde Juan estaba bautizando.

29 El siguiente día vio Juan a Jesús que venía a él, y dijo: He aquí el Cordero de Dios, que quita el pecado del mundo.

30 Este es aquel de quien yo dije: Después de mí viene un varón, el cual es antes de mí; porque era primero que yo.

31 Y yo no le conocía; mas para que fuese manifestado a Israel, por esto vine yo bautizando con agua.

32 También dio Juan testimonio, diciendo: Vi al Espíritu que descendía del cielo como paloma, y permaneció sobre él.

33 Y yo no le conocía; pero el que me envió a bautizar con agua, aquél me dijo: Sobre quien veas descender el Espíritu y que permanece sobre él, ése es el que bautiza con el Espíritu Santo.

34 Y yo le vi, y he dado testimonio de que éste es el Hijo de Dios.

35 El siguiente día otra vez estaba Juan, y dos de sus discípulos.

36 Y mirando a Jesús que andaba por allí, dijo: He aquí el Cordero de Dios.

37 Le oyeron hablar los dos discípulos, y siguieron a Jesús.

Job 38 (RVR60)

1 Entonces respondió Jehová a Job desde un torbellino, y dijo:

2 ¿Quién es ése que oscurece el consejo Con palabras sin sabiduría?

3 Ahora ciñe como varón tus lomos; Yo te preguntaré, y tú me contestarás.

4 ¿Dónde estabas tú cuando yo fundaba la tierra? Házmelo saber, si tienes inteligencia.

5 ¿Quién ordenó sus medidas, si lo sabes? ¿O quién extendió sobre ella cordel?

6 ¿Sobre qué están fundadas sus bases? ¿O quién puso su piedra angular,

7 Cuando alababan todas las estrellas del alba, Y se regocijaban todos los hijos de Dios?

8 ¿Quién encerró con puertas el mar, Cuando se derramaba saliéndose de su seno,

9 Cuando puse yo nubes por vestidura suya, Y por su faja oscuridad,

10 Y establecí sobre él mi decreto, Le puse puertas y cerrojo,

11 Y dije: Hasta aquí llegarás, y no pasarás adelante, Y ahí parará el orgullo de tus olas?

12 ¿Has mandado tú a la mañana en tus días? ¿Has mostrado al alba su lugar,

13 Para que ocupe los fines de la tierra, Y para que sean sacudidos de ella los impíos?

14 Ella muda luego de aspecto como barro bajo el sello, Y viene a estar como con vestidura;

15 Mas la luz de los impíos es quitada de ellos, Y el brazo enaltecido es quebrantado.

16 ¿Has entrado tú hasta las fuentes del mar, Y has andado escudriñando el abismo?

17 ¿Te han sido descubiertas las puertas de la muerte, Y has visto las puertas de la sombra de muerte?

18 ¿Has considerado tú hasta las anchuras de la tierra? Declara si sabes todo esto.

19 ¿Por dónde va el camino a la habitación de la luz, Y dónde está el lugar de las tinieblas,

20 Para que las lleves a sus límites, Y entiendas las sendas de su casa?

21 ¡Tú lo sabes! Pues entonces ya habías nacido, Y es grande el número de tus días.

22 ¿Has entrado tú en los tesoros de la nieve, O has visto los tesoros del granizo,

23 Que tengo reservados para el tiempo de angustia, Para el día de la guerra y de la batalla?

24 ¿Por qué camino se reparte la luz, Y se esparce el viento solano sobre la tierra?

25 ¿Quién repartió conducto al turbión, Y camino a los relámpagos y truenos,

26 Haciendo llover sobre la tierra deshabitada, Sobre el desierto, donde no hay hombre,

27 Para saciar la tierra desierta e inculta, Y para hacer brotar la tierna hierba?

28 ¿Tiene la lluvia padre? ¿O quién engendró las gotas del rocío?

29 ¿De qué vientre salió el hielo? Y la escarcha del cielo, ¿quién la engendró?

30 Las aguas se endurecen a manera de piedra, Y se congela la faz del abismo.

31 ¿Podrás tú atar los lazos de las Pléyades, O desatarás las ligaduras de Orión?

32 ¿Sacarás tú a su tiempo las constelaciones de los cielos, O guiarás a la Osa Mayor con sus hijos?

33 ¿Supiste tú las ordenanzas de los cielos? ¿Dispondrás tú de su potestad en la tierra?

34 ¿Alzarás tú a las nubes tu voz, Para que te cubra muchedumbre de aguas?

35 ¿Enviarás tú los relámpagos, para que ellos vayan? ¿Y te dirán ellos: Henos aquí?

36 ¿Quién puso la sabiduría en el corazón? ¿O quién dio al espíritu inteligencia?

37 ¿Quién puso por cuenta los cielos con sabiduría? Y los odres de los cielos, ¿quién los hace inclinar,

38 Cuando el polvo se ha convertido en dureza, Y los terrones se han pegado unos con otros?

39 ¿Cazarás tú la presa para el león? ¿Saciarás el hambre de los leoncillos,

40 Cuando están echados en las cuevas, O se están en sus guaridas para acechar?

41 ¿Quién prepara al cuervo su alimento, Cuando sus polluelos claman a Dios, Y andan errantes por falta de comida?

*Escanee con la cámara de su teléfono
para ver este libro en línea*

https://goodandevilbook.com/es